Hans Biedermann

LEXIKON DER MAGISCHEN KÜNSTE

Hans Biedermann

LEXIKON
DER MAGISCHEN KÜNSTE

Alchemie – Sterndeutung – Hexengaube
Geheimlehren – Mantik – Zauberkunst

VMA-VERLAG WIESBADEN

Titelbild:

Darstellung der Beschwörung des Teufels durch Faust,
englischer Holzschnitt, 17. Jahrhundert,
aus der Ausgabe von Marlowes Faust von 1636

VMA-Verlag 1998
Wiesbaden

Lizenzausgabe der 3., verbesserten und erweiterten
Auflage mit freundlicher Genehmigung der
ADEVA, Graz

Dort erscheinen unter dem Titel:
Handlexikon der magischen Künste
von der Spätantike bis zum 19. Jahrhundert

Alle Rechte vorbehalten
Druck und Bindung: Mladinska knjiga Tiskarna – Slowenien
ISBN 3-928127-59-4

VORWORT ZUR 1. AUFLAGE

Die Frage, ob die Beschäftigung mit der uns Heutigen oft abstrus erscheinenden Geisteswelt der magischen Künste sinnvoll ist, beantwortet sich eigentlich schon aus der Tatsache, daß diese Welt nicht nur in den Büchern von Gelehrten wie Albertus Magnus, Roger Bacon und Paracelsus noch lebendig ist, sondern schon dadurch, daß sie in zwei Werken konserviert wurde, die zu den größten der Weltliteratur zählen: in Shakespeares »Sturm« und in Goethes »Faust«.

Die Erkenntnis, daß Alchemie und Sterndeutung, Hexenglauben und Mantik sowie zahllose andere Disziplinen, die in den großen Kreis der magischen Künste gehören, in der Kultur- und Geistesgeschichte des Abendlandes durch viele Jahrhunderte eine große Rolle spielten, wird heute eher zur Kenntnis genommen als im vorigen Jahrhundert, in dem sich die Historiker immer wieder bemüßigt fühlten, ihre geistige Überlegenheit über diesen »Wust des wirren Aberglaubens« mit geringschätzenden Werturteilen zu dokumentieren.

So schrieb etwa ein großer Gelehrter wie Jacob Burckhardt 1860 in seiner »Kultur der Renaissance in Italien« im Hinblick auf Agrippa von Nettesheim: »Bei zweideutigen Individuen, wie Agrippa eines war, bei Gaunern und Narren, wie die meisten anderen heißen dürfen, interessiert uns das System, in welches sie sich etwa hüllen, nur sehr wenig, samt seinen Formeln, Räucherungen, Salben, Pentakeln, Totenknochen usw.« Seit dieser Zeit erschienen jedoch Bücher wie jene von L. Thorndike, C. G. Jung, W.-E. Peuckert, K. A. Nowotny, G. Hartlaub u.a., und es dürfte in unserer Zeit möglich sein, sich mit den Randbereichen der Kulturgeschichte zu befassen, ohne sich hiefür eigens entschuldigen zu müssen.

Um ein echtes Handlexikon handelt es sich bei vorliegendem Buch; es soll nicht ein Thesaurus sein, sondern ein kleines und praktisches Nachschlagewerk für alle, die sich mit Wissenschaftsgeschichte, mit der Entstehung und Überwindung des Hexenglaubens, mit der Geisteswelt der Alchemie oder ähnlichen Problemen befassen. Viele Termini jener Disziplinen sind heute nicht mehr ohneweiters verständlich und scheinen in modernen Lexika auch nicht auf. Dies gilt auch für die Biographien der »Magier« im weitesten Sinne, die oft nur mit Mühe rekonstruierbar sind, für die Kultur- und Ideengeschichte jedoch wertvolles Material darstellen. Das Handlexikon kann bibliographische Werke wie jene von Grässe, Weller, Hayn-Gotendorf, Panzer, Brunet, Hauber usw. nicht ersetzen und soll auch nicht in diesem Sinne verstanden werden. Seine Aufgabe ist es, über Halbvergessenes kurz und möglichst klar zu informieren und Literatur zu nennen, die im Bedarfsfall weiterhelfen kann.

Das Thema dieses Handlexikons ist in erster Linie die Welt der Magie in all ihren Erscheinungsformen, soweit sie in Büchern ihren Niederschlag fand. Für die

Volkskunde-Forschung, die sich vorwiegend mit dem mündlich überlieferten »Saggut« befaßt, dürfte das hier vorliegende Material im Hinblick auf jenes Geistesgut, das in erster Linie der Stadtkultur angehört, eine willkommene Abrundung des Bildes bieten. Daß volkskundliche Stoffsammlungen lexikalischer Art (Bächtold-Stäubli) im Prinzip auf einer andersartigen Basis beruhen und nicht als Parallele zu vorliegendem Buch herangezogen werden können, ist dem Fachmann wohl klar.

Auch das Arbeitsgebiet der parapsychologischen Forschung mit ihren zahlreichen Vorstufen konnte hier nur am Rande behandelt werden. Die Erörterung älterer Quellen für dieses Gebiet müßte Gegenstand einer eigenen Untersuchung sein.

Von Werturteilen über die alten magischen Vorstellungen im Sinne der besonders im vorigen Jahrhundert üblichen Aufklärungsliteratur wurde hier grundsätzlich abgesehen. Man wird in dem vorliegenden Handlexikon Begriffsbestimmungen, aber keine Verdammung des »finsteren Aberglaubens«, des »Hexenwahnes« usw. finden — die Aufgabe dieses Buches ist es lediglich, möglichst objektiv darzustellen, was geglaubt wurde, und zwar ohne den eventuellen Wahrheitsgehalt einzelner Details zu prüfen. Wer Werturteile braucht, mag sich diese anhand der bei den einzelnen Stichworten angegebenen Literatur selbst bilden.

Im übrigen ist der Verfasser für Anregungen, Ergänzungsvorschläge und jede konstruktive Kritik, die ihn über die Anschrift des Verlages erreicht, dankbar und wird sich bemühen, sie bei späteren Auflagen zu verwerten.

Graz

Dr. Hans Biedermann

VORWORT ZUR 2. AUFLAGE

Die Tatsache, daß die — nach den Maßstäben anderer Verlage freilich knapp bemessene — Erstauflage dieses Werkes in relativ kurzer Zeit völlig vergriffen war, gab mir die Gelegenheit, nicht nur mehrere Satzfehler zu verbessern, sondern auch den Umfang des Buches durch Einfügung neuer Textstellen, Stichworte, Illustrationen und Literaturangaben zu verdoppeln. Vor allem konnte eine ganze Reihe neuer Untersuchungen, die seit Redaktionsschluß der Erstauflage im Dezember 1967 verfügbar geworden waren, in die Zweitauflage eingearbeitet werden. Dennoch kann auch diese Edition nicht darauf Anspruch erheben, lückenlos die einschlägige Fachliteratur zu dokumentieren. Es handelt sich nicht um die Arbeit eines Institutes mit entsprechend kompletter Bibliothek, sondern — was offenbar einige Rezensenten der Erstauflage nicht glaubten, die mich als »Herausgeber« bezeichneten — um eine »Einmann-Arbeit«. Was mir an Originalquellen und an Sekundärliteratur zugänglich wurde, ist registriert. Obwohl das vorliegende Werk nunmehr notwendigerweise im Umfang angewachsen ist, kann es noch immer als ein »kleines und praktisches Nachschlagewerk« bezeichnet werden, im Gegensatz zu anderen »Handlexika«, die in Wahrheit aus mehreren dickleibigen Folianten bestehen.

Das Echo, das die Erstauflage gefunden hat, war erstaunlich positiv, ungeachtet mancher Mängel, die allem Anschein nach dem Autor selbst störender erschienen als den Rezensenten. Allgemein honoriert wurde die Tendenz des möglichst objektiven Referierens über »das, was geglaubt wurde« ohne Einflechtung persönlicher Werturteile. Nur ab und zu wurde ich aufgefordert, doch hier oder dort Farbe zu bekennen, denn ich wisse doch, was gemeint sei oder dahinterstecke… Auch wenn ich ein erleuchteter Kenner magischer Geheimnisse wäre, so hätten meine Ansichten nichts in einem Werk historischen Charakters zu suchen, das — wie zumindest der Untertitel zeigt — kein okkultes Lehrbuch ist, sondern Handwerkszeug für den ideengeschichtlich Arbeitenden.

Interessant war der Einwand eines kundigen Rezensenten, das Buch hätte eher als »Handlexikon der magischen Wissenschaften« (statt »Künste«) bezeichnet werden sollen (PHYSIS XIII, Fasc. 3/1971, Firenze). Der wissenschaftsgeschichtliche Gesichtspunkt ist hier jedoch nicht der allein entscheidende: der religionswissenschaftliche ist ebenso relevant. Die Abgrenzung der Welt des Magischen zu jener der Wissenschaft ist unter dem Stichwort »Magie« (S.224 der Erstauflage) angedeutet, wo davon die Rede ist, daß der Forscher die Ausgangspositionen systematisch variieren und daraus seine Schlüsse ziehen muß, während für den Magier die strikte Einhaltung der Vorschriften charakteristisch ist, damit mittels akausaler Wirkweisen die angestrebten Effekte möglichst präzise eintreten. Wo in wissenschaftlichem Denken der logische Kausalnexus herrscht, nimmt seinen Platz in der Magie das analogistische (paralogische) Denken seinen Platz ein. Den Terminus »prälogisch« vermeide ich, da ich nicht an ein ursprüngliches Fehlen der Fähigkeit zu logischem Denken glaube, andererseits aber registriere, daß es neben kausalen Denkprozessen auch ganz andersartige gibt, deren Macht empfunden wird. Ich habe einmal in einem Aufsatz über die Alchemie von einer Geisteswelt »am Kreuzungspunkt zwischen Kunst, Wissenschaft und Religion« gesprochen. Das künstlerische Element ist die nötige Intuition, das Gestimmtsein für diese Art des Wirkens; das wissenschaftliche die zielgerichtete Operation mit der Materie, das religiöse das Fortwirken alter Heilstheorien in verhüllter Form (in diesem Falle: gnostisch-manichäischer Traditionen). Da ich das (quasi-)künstlerische Element für sehr wichtig halte, möchte ich den Titel in dieser Form beibehalten. Der Ausdruck »Kunst« wird übrigens in alten Büchern wie auch in Märchen gern im Sinne von »besonderen, der Allgemeinheit nicht zugänglichen Fähigkeiten« gebraucht, »auch zuweilen das durch Kunst zuwegen gebrachte Werk selbst« bezeichnend (Zedlers Universal-Lexicon, Bd.15, Halle und Leipzig 1737). Etwa in diesem Sinne wollte ich den Titel verstanden wissen.

In diesem Zusammenhang sei auf den Faksimile-Tafelband »Medicina Magica« (Akademische Druck- u. Verlagsanstalt, Graz 1972) hingewiesen, in dem versucht wird, die Welt des Magischen in ihrer Rolle als Inspirationsquelle für Kunst *sensu stricto* (in diesem Falle: für Buchkunst) zu erfassen und einige Themen — Volksmedizin, Entsprechungen, Alraune, Signaturlehre usw. — ausführlicher darzulegen, als dies hier im »Handlexikon« möglich ist.

Nochmals muß an dieser Stelle darauf verwiesen werden, daß es oft Ansichtssache ist, welcher Name oder Begriff als eigenes Stichwort gewählt wurde. Themen, die in der Literatur ohnehin reichlich belegt sind, wie etwa die Biographien von mehr in die Geschichte der Philosophie als in jene der magischen Künste gehörender Persönlichkeiten, wurden aus Gründen der Platzersparnis im Zweifelsfalle hier nicht eigens berücksichtigt. Der Abschnitt »Hinweise für den Benützer« sollte auf jeden Fall beachtet werden, um in dieser Hinsicht Mißverständnisse zu vermeiden.

Möge denn auch diese Auflage des vorliegenden Werkes so verstanden werden, wie sie ihr Verfasser meint: als Handwerkszeug beim Einstieg in die noch immer viel zu wenig erforschten Grenzbereiche des menschlichen Strebens, die allem Anschein nach auch im Zeitalter der Raumflüge ihre Faszination nicht verloren haben.

Graz   Dr. Hans Biedermann

VORWORT ZUR 3. AUFLAGE

Nachdem das »Handlexikon« einige Zeit vergriffen war, folgt nunmehr eine wesentlich erweiterte Neuauflage. Nur wenige der Stichworte konnten unverändert bleiben, die meisten wurden durch Einschübe und Nachträge, besonders in bibliographischer Hinsicht, ergänzt. Neue Stichworte wurden ausgearbeitet. Daß der Umfang des Werkes sich wesentlich erhöhte, bedingt eine Aufteilung auf zwei Bände.

Dennoch sollte der angestrebte Charakter eines nicht weitschweifig, sondern knapp informierenden Handlexikons im Prinzip nicht verändert werden. Ausführlicher wurden jedoch die Zitate aus Quellenwerken behandelt, die nicht nur ihr Thema, sondern auch den ideengeschichtlichen Charakter ihrer Entstehungszeit wiedergeben. Dabei wurden, um die Benützbarkeit für breitere Leserkreise zu erhöhen, Übersetzungen bevorzugt. Philologische Kenntnisse sind, was nicht zu verkennen ist, auf einen immer kleiner werdenden Kreis von Fachleuten beschränkt, doch unter Studenten bereits recht selten.

Erfreulich ist aber jedenfalls, daß die Beschäftigung mit dem gesamten Spektrum der alten magischen Künste sich nicht auf »esoterische Kreise« beschränkt, sondern in zunehmendem Maße als wertvolle Bereicherung geistesgeschichtlicher Studien gewertet wird. Es hieße, aus den geistigen Grundlagen des Abendlandes eine wichtige Grundlage zu eliminieren, wollte man dieses große Gebiet vernachlässigen. Neuauflagen und Nachdrucke einschlägiger Bücher aus früheren Epochen sind heute in einem Ausmaß zugänglich wie nie zuvor und können nicht, wie alte Originalausgaben, nur in den Lesesälen großer Bibliotheken benützt werden. Auch auf dem Taschenbuchsektor gibt es (neben viel pseudowissenschaftlicher Makulatur) bereits erschwingliche Editionen historisch bedeutsamer Quellen. Auch auf solche Ausgaben wurde nunmehr in verstärktem Ausmaß hingewiesen. Die »Demokratisierung« des Basismaterials sollte jedoch nicht notwendigerweise zu einer Verflachung des Studiums führen.

Graz   Dr. Hans Biedermann

DANK DES VERFASSERS

Der Verfasser dankt all jenen, die ihm während der Abfassung des Werkes sowie nach Erscheinen der Erstauflage mit wertvollen Hinweisen und mit Darbietung schwer zugänglicher Fachliteratur unterstützt haben, so etwa Herrn H. Alan, Wien; Dr. A. Adelhofer, Wien; Doz. Dr. F. Anders, Klosterneuburg; H. J. Baltes, Staufen; H. Prof. Dr. J. B. Bauer, Graz; Mr. C. A. Burland, F.R.A.I, Molesey; Prof. F. Ficker, München; Prof. F. Fleckenstein, München; Dr. K. Frick, Bochum; M. L. Gerschel, Levallois-Perret; Ing. K. Guttmann, Wien; Dr. A. L. Mackay, London; Mr. G. Heym †, London; Dr. K. Gratzl, Graz; Doz. Dr. K. Jaritz, Graz; Prof. Dr. A. J. Pfiffig, Perugia; H. C. Novak, Tel Aviv; Prof. Dr. C. Schedl, Graz; Prof. A. Rosenberg, Zürich; Dr. P. Struzl †, Graz; Dir. H. Koegeler, Graz; Dr. G. Reibenschuh, Graz; Prof. K. Teply, Wien; H. J. Witt, Tzaneen/Tvl.; Ob. Staatsbibl. Dr. B. Zimmel †, Wien.

HINWEISE FÜR DEN BENÜTZER

In dem folgenden Text innerhalb eines Stichwortes wird dieses durch den Anfangsbuchstaben abgekürzt wiedergegeben. Kreuzverweise auf andere, als eigene Stichworte behandelte Namen und Begriffe sind durch einen Pfeil (→) angedeutet, der also »siehe unter diesem Stichwort« angibt.

Nicht jeder einzelne Name oder Begriff konnte als eigenes Stichwort Raum finden. Aus diesem Grunde ist es angezeigt, vor dem Nachschlagen im Hauptalphabet den I n d e x zu konsultieren. Wichtige Quellenwerke, die sich nur auf ein Stichwort beziehen, sind in dem betreffenden Abschnitt selbst genannt; häufiger zitierte Werke sind am Ende der Stichworte mit Autornamen und Erscheinungsjahr vermerkt. Die vollständigen bibliographischen Daten sind dann im Literaturverzeichnis am Ende des Buches zu finden. In dieses Register wurden vorwiegend solche Werke aufgenommen, die in größeren Bibliotheken, entweder als Originalausgaben oder fotomechanische Nachdrucke, relativ leicht zugänglich sind. Literatur, die nach der Mitte des Jahres 1984 erschien, konnte nur in Ausnahmefällen berücksichtigt werden.

ABKÜRZUNGEN

Abb.	=	Abbildung
A.T.	=	Altes Testament
Ausg.	=	Ausgabe
Bd.	=	Band
bes.	=	besonders
Cod.	=	Codex
dt.	=	deutsch
engl.	=	englisch
entspr.	=	entsprechend
f., ff.	=	die folgende(n) Seite(n)
Faks.	=	Faksimile
fol.	=	Folio, Blatt
fr.	=	französisch
gr.	=	griechisch
Hrsg., hrsg.	=	Herausgeber, herausgegeben
Hs., Hss.	=	Handschrift(en)
idg.	=	indogermanisch
Jb.	=	Jahrbuch
Jh., Jhs.	=	Jahrhundert(s)
Kat.	=	Katalog
lat.	=	lateinisch
Lit.	=	Literaturangaben
MA.	=	Mittelalter(s), mittelalterlich
mag.	=	magisch
Mus.	=	Museum
Ndr.	=	Neudruck, fotomechanischer Nachdruck
N.T.	=	Neues Testament
o.J.	=	ohne Erscheinungsjahr
o.O.	=	ohne Erscheinungsort
r	=	recto (Vorderseite)
repr.	=	reproduziert
S.	=	Seite
s.o.	=	siehe oben
SMH	=	Süddeutsche Monatshefte, München
Sp.	=	Spalte (wenn statt Seiten Spalten gezählt wurden)

s.u.	=	siehe unten
u.ö.	=	und öfter, d. h. es gibt mehrere spätere Ausgaben des betreffenden Werkes
v	=	verso (Rückseite)
ZdMG	=	Zeitschrift der deutschen Morgenländischen Gesellschaft
zit.	=	zitiert

ABERGLAUBE, in der älteren Literatur vor allem Bezeichnung aller »paralogi-schen« und irrationalen Gedankengänge im religiösen Bereich, also etwa »wahnwitziger Glaube«, vgl. Witz/Aberwitz oder Tausend/Abertausend. Der ursprüngliche Sinn deutet nicht auf »falschen«, sondern auf übertriebenen, übersteigerten Glauben ohne echte Fundierung hin. In Schriften der Aufklärungszeit wird oft darauf hingewiesen, daß der Ungläubige zuwenig, der Abergläubische zu viel Glauben (an trügerische oder inexistente Kräfte und Wesen) an den Tag lege, während die Glaubensbereitschaft des reifen Menschen in der Mitte liege. Daraus ergibt sich, daß die Bewertung dessen, was als normal-vertretbarer Glaube und was bereits als A. bezeichnet wird, vom weltanschaulichen Standpunkt des Urteilenden abhängt. Der Atheist wird bereits die für den Gläubigen akzeptablen Dogmen als A. einstufen, wenn er etwa mit Karl Marx Religion als »illusorisches Glück des Volkes« bezeichnet. Im Sinne des Kampfes gegen altertümliche Anschauungen wurde bereits im 17.Jh. statt »A.« auch das Wort »Affterglaube« gebraucht. »Glaube wie A. waren (und sind) seit Menschengedenken zwei schwankende, relative, völlig abstrakte, stets aber mit einander kommunizierende Begriffe, die ihren Stellenwert untereinander… häufig verändert und gelegentlich sogar umgekehrt oder ausgetauscht haben… Der A. wird gelegentlich als ein Glaube an die Wirkung und Wahrnehmung naturgesetzlich unerklärbarer Kräfte definiert. Diesen Kräften werden dann durch die Geister, Dämonen oder Hexen Wille und Gestalt verliehen. Der A. 'glaubt' nach unserer Definition an geheime Zusammenhänge aller Dinge untereinander und bringt in Form assoziativen Denkens die verschiedenartigsten, zufällig oder nach uns unbekannten Gesetzmäßigkeiten zusammentreffenden Dinge in einen [quasi-]kausalen Zusammenhang« (Frick 1982, 7—9). Für den Theologen M. Pfliegler ist der A. nicht nur Ausdruck außerreligiöser und vorchristlicher Traditionen, sondern »auch Wildwuchs einer verwahrlosten Religiosität, (zugleich auch) verkehrte Religion selbst (observantia vana) und kann so zur Grimasse des christlichen Antlitzes werden« (Frick 1982, 11—12). Bewertungen sind jedoch nicht Gegenstand der Religionswissenschaft, sondern der Theologie, die vom festen Standpunkt einer verbindlichen, für die Wissenschaft uneinsichtigen Offenbarung ausgeht.

Im 16. und 17.Jh. findet sich auch die Form »Affterglaube«. Jacob Grimm, Dt. Mythologie, Kap. XXXV, schreibt: »da, wo das christenthum eine leere stelle gelassen hat, … wucherte der aberglaube oder überglaube. Niederdeutsch sagt man biglove, beiglaube, nnl. overgelôf, bygelôf, dän. overtro, isl. hiatrû, die alle dem lat. superstitio nachgebildet wurden« (nach F. Mauthner also eine »Lehnübersetzung«). Früher wurde der Begriff A. für alle magischen Gedankengänge verwendet; da er jedoch ursprünglich ein abwertendes Urteil enthält, wird er in der neueren Literatur nur da gebraucht, wo ausdrücklich der Gegensatz zu einem herrschenden und anerkannten Weltbild und Glauben (etwa dem christlichen) zum Ausdruck gebracht werden soll. In diesem Sinn wird. A. z.B. als »Produkt des irrenden Verstandes, des schwächlichen Willens und des überreizten Gefühls« von R. Hofmann in der »Realencyklopädie f. prot. Theol. und Kirche« Bd. 1/1896, S.82, geschildert. Es gibt jedoch »keine Argumente, die dafür angeführt werden könnten, den Horizont kulturgeschichtlicher Betrachtungen deshalb einzuengen, weil ein bestimmtes Thema den Bereichen des 'Aberglaubens' zugerechnet wird. Die anthropologischen Wissenschaften, wie Folklore und Ethnographie, haben einen solchen Standpunkt niemals eingenommen. In der Geschichtswissenschaft... setzt sich der Verzicht auf eine Wertung, die von persönlichen Anschauungen ausgeht, weit schwieriger durch« (Agrippa/Nowotny 1967, S.421). In der Volkskunde stellt der A. eine Fundgrube z.T. uralter, vorchristl. Überlieferungen dar und wird in vorliegendem Buch, soweit er in die alte Literatur eingegangen ist, ebenfalls behandelt (vgl. vor allem → Aderlaß-Männchen, Allermannsharnisch, Alp, Alraun, Böser Blick, Elementargeister, Entsprechung, Grimoire, Hexenglaube, Incubus, Krötenstein, Mandragora, Mantik, Nestelknüpfen, Pentagramm, Philtrum, Ponderation, Signaturenlehre, Talisman, Vampire, Volksmedizin, Werwolf, Wetterzauber, Zaubersprüche).

Der sog. A. ist häufig auch ein Sammelbecken von Gedankengängen, die im volkskundl. Bereich weiterleben, »offiziell« von der Wissenschaft jedoch ad acta gelegt wurden: etwa das Denken in Entsprechungen anstelle von Kausalverbindungen; der Glaube an das Vorhandensein okkulter, empirisch nicht nachweisbarer Kräfte, die sich der Mensch dienstbar machen kann; eine animistische Weltsicht (Glaube an die Beseeltheit der Natur). Hochblütezeiten des A.s sind fast immer geistige Krisenperioden, in welchen der Mensch seine Umwelt mit rationalen Mitteln nicht bewältigen zu können glaubt und Zuflucht im Irrationalen sucht (im Sinne des alten Spruches »Flectere si nequeo superos Acheronta movebo«, d.h. »Wenn ich die höheren Mächte nicht beeinflussen kann, werde ich die unteren bewegen«): also etwa dann, wenn ein bestehendes Weltbild in Auflösung begriffen ist, aber noch kein neues an seine Stelle gesetzt wurde; so etwa in der Spätantike (Juvenal: »Was ein [→] Chaldäer gesagt, das ist, als wär es von Ammons Quelle gebracht, denn verstummt sind jetzt die Orakel zu Delphi, und schwer liegt auf dem Menschengeschlecht Unkenntnis der Zukunft...«) — Über die kirchl. Wertung des A.s vgl. die betr. Abschnitte bei Schmitz 1958, Wasserschleben 1958, Regino von Prüm 1964, S.349 ff. Während im frühen MA. der Glaube an die Realität von → Wetterzauber, Beschwörung der → Dämonen, von magischen → Philtren und teuflischen Verblendungen als A. mit Kirchenbußen belegt wurde (Wasserschleben S.645; corrector Burchardi Wormat. cap. 60), änderte sich diese Einstellung gegenüber der traditionellen Volksmeinung, als sich die Ansicht von der Realität der die Erde bedrängenden Dämonenwelt etwa im 13.Jh. in der kirchl. Lehrmeinung durchzusetzen begann. Bis etwa zum 11.Jh. war das Fürwahrhalten des auf altheidn. Anschauungen beruhenden Zauber- und Hexenwesens, »so vor allem der Glaube an nächtliche Hexenfahrten und an die teuflische Verwandlung der menschl. Gestalt in eine andere, namentlich auch in eine thierische« (→ Werwolf) von der Kirche verworfen worden (Hinschius 1959, V, S.397—98). Charakterist. für die abwertende Einstellung der »Aufklärer« aller Zeiten ist etwa das Zitat von Joh. Christoph Gottsched aus seiner Zs. »Der Biedermann« (Leipzig 1728 f.) im 71.Bl, 13. Sept. 1728, wo es u.a. heißt: »Nicht nur die grobe Abgötterey ist eine solche Thorheit; auch die gemeinen Einbildungen von Hexereyen, von Gespenstern, von Träumen, vom Wahrsagen, vom Schatzgraben und andern solchen Alfanzereyen, sind lauter Arten des allerdümmsten Aberglaubens. Gleichwohl herrschet der meiste Theil davon mitten in der Christl. Religion. Man glaubt Erscheinungen der Geister und abgeschiedenen Seelen: Man hält davor, daß es Wettermacher, Crystallseher, Traumdeuter, Seegensprecher, Hexenmeister, Beschwerer und Teufelsbanner gebe. Man fürchtet sich vor Cometen und andern natürlichen Dingen. Man hält gewisse Tage und Stunden vor glücklich und unglücklich. Man schreibt gewissen Figuren, Zeichen und Characteren eine geheime Kraft zu. Man leget gewissen Worten, so etlichemahl wiederholet werden, eine unbegreifliche Wirckung bey. Man punctiret, man cabbalisiret, chiromantisiret, prophezeyet und schwärmet auf tausendfältige andre Weise, die man unmöglich alle nahmhaft machen kan. Und das thun nicht nur die Einfältigsten unter uns. Nein, auch diejenigen, die sich ihres Standes und Vermögens halber, klug düncken; ja so gar viele, so sich Gelehrte nennen lassen, sind in solchen Grillen ersoffen. Ist das nun nicht Aberglaubens genug? Schicket sich das vor Christen, vor das auserwehlte Volck, vor die Anbeter des wahren GOttes? Sollte man dawieder nicht schreiben, predigen, eifern und streiten? Sollte da nicht billig eine grosse Menge gründlich gelehrter Männer aufwachen und mit vereinigten Kräften diesem Unheile zu steuren suchen?«

BÄCHTOLD-STÄUBLI 1927 ff.; GRAESSE 1843; GRIMM 1953; LEHMANN 1908; STEMPLINGER 1948; WUTTKE 1900

ABRACADABRA, berühmtes Zauberwort aus der Spätantike, heute in der Umgangssprache ähnl. wie → Hokuspokus ein Ausdruck für »faulen Zauber«. Es handelt sich wohl um eine andere Form von Abraxas oder Abrasax (→ Abraxasgemmen); in dieser Form stand es in der gnostischen Sekte des Basilides (2.Jh. n.Chr.) in hohem Ansehen. Das Wort, für dessen magischen Gebrauch der gnost. Arzt Serenus Sammonicus (um 220) genaue Anweisungen gibt (»Inscribes chartae quod dicitur *ABRACADABRA* / Saepius, et supter repete, sed detrahe summam / Et magis atque magis desint elementa figuris / Singula quae semper rapies, et caetera figes / Donec in angustum redigatur littera conum« etc.), sollte die Hilfe guter Geister herbeirufen und als → Amulett Unglück (auch Fieber) abwehren. Dabei wurde es meist elfmal in der Form untereinander geschrieben, daß immer ein Buchstabe (der erste oder der letzte) weggelassen wurde (»Schwindeschema«), bis nur das A übrigblieb. Dieses Zeugnis gnostischer Wortmagie stand in der → Volksmedizin bis in die Neuzeit hinein in praktischem Gebrauch; es wurde (lt. Zedlers Lexikon Bd.1/1732) auf »einen Zettul geschrieben«, um »die Kranckheiten zu vertreiben«. An der Deutung des Wortes versuchten sich ohne Erfolg Gelehrte wie Scaliger, Athanasius Kircher und A. X. Harduin. Das Wort ist im Dreieckschema 1024mal zu lesen (nach H. Allan, Wien). Neuere hebr. Lexika weisen darauf hin, daß z.B. ABR die Anfangsbuchstaben von Aw (Ab) — Vater, Ben — Sohn und Ruach — Geist sind (Anklang an Dreifaltigkeitsidee); daß in gemiatrischer Umstellung »abra kad bara« Fieber bedeutet; daß »abra kadabra« als »Verringere dich, Krankheit« gedeutet werden kann (also im Sinne des Schwindens des Wortes; Mitteilung von C. Novak, Tel Aviv).

Dornseiff (1925/1980, 64 f.) erwähnt die Erklärung von A. aus einer Verballhornung der Worte (hebr.) Abbada kedabra — Nimm ab wie dieses Wort, und nennt ähnliche Zauberworte aus der Spätantike wie Santallala, Akrakarba, Gorgophonas, Erechisiphthe usw.; »Diese Figuren werten die für magisch geltenden Characteres stoicheion geradezu alchemistisch aus. Die zugrunde liegende instinktiv-unbewußte Erwägung ist die: der ganze Name, z.B. Ablanathanalba, ist zauberkräftig, folglich auch jedes Teilstück von ihm. Aber sicherlich kommt die Kraft etwa von nathalalba oder lba nicht voll zur Geltung, wenn diese Reihe nur als Teil des Zaubernamens dasteht. Es besteht die Gefahr, daß ihre spezifischen Energien im Ganzen chemisch gebunden sind. Also ist jeder Teil des Zaubernamens gesondert hinzuschreiben, damit alle 'dynameis' (Kräfte) frei werden.« Der Name wird dadurch gleichsam sukzessive eingeschmolzen und gewissermaßen reaktionsfähiger als im kompletten Zustand allein. Der Medizinhistoriker Sprengel schrieb im 1. Bd. von Ersch-Grubers Enzyklopädie (Ndr. Graz 1969), S.153, daß die Schreibung ABRACADABPA auf gr. Amuletten deutlich zeigt, daß das Wort eigentl. »Abrasadabra« gesprochen wurde, daß also das C ein gr. S ist. Vgl. → Zaubersprüche. Ähnl. im »Schwindeschema« geschriebene Zauberworte sind das talmudische »schawriri« (zerbrechlich) und das im Rezeptbuch des Marcellus Empiricus (4.—5.Jh.) genannte »Icucuma cucuma...« usw.; vgl. Dornseiff, Alphabet in Mystik und Magie, Leipzig 1925, Ndr. 1980.

STEMPLINGER 1948

ABRAHAM, hebr. Name mehrerer histor. nicht faßbarer Autoren von → Zauberbüchern und alchemist. Schriften, so z. B. A. von Worms, Verfasser eines Buches »der wahren Practic in der göttlichen Magie« etc., angeblich aus dem Jahr 1387 stammend und 1725 in Köln in dt. Ausg. erschienen. Vgl. W. E. Peuckert, Von schwarzer und weißer Magie, 1928; Zs. f. Volkskde. 15/1905, Nr. 1. MS-Druck des dt. Textes durch G. Dehn, Worms, ab 1984. Peuckert 1956, 59 erwähnt, daß im späten MA zahlreiche Bücher aus dem jüd. Kulturkreis im dt. Sprachraum populär wurden: »Der Jude wird früh als Arzt gebraucht. Arzttum und Zauberei standen sich nahe. Dann aber ist wohl wichtig gewesen, daß er den Zauber, wie er uns heut aus den Papyri der Spätantike und koptischen Welt aufs neue ersteht, ergriffen hat. Die mag. Welt... verrät die Nähe jüdischen Denkens. Es sind nicht nur hebr. Worte, Namen der (→) Engel und Dämonen, die es anzeigen, — mit fremden Namen hat jede Magie zu tun gehabt —, nicht nur der Anruf des Gottes Jhwh... der Umstand bereits, daß man im Zauber die Engel und nicht die Gottheit ruft, beweist uns die Nähe der jüdischen Welt.« Peuckert fragt, »ob wir nicht einen Weg vom hellenist. Magiertum (über die Kopten) zu den Arabern, und von da zu den Juden, annehmen müssen.« — A. Eleazar ist auch der legendäre Autor eines alchemist. Buches mit dem Titel »Uraltes chymisches Werk — Donum Dei Samuelis Baruch... gefunden von Abrahamo Eleazare, dem Juden«, 2.Auf. Leipzig 1760, wobei sich der Autor als Lehrmeister noch Nicolas → Flamel ausgibt. Repr. bei Biedermann 1971, 188 ff.

ABRAXASGEMMEN, entweder aus der Spätantike stammende oder aber im MA. nach spätantiken Vorbildern gefertigte → Talismane, die aus der Geisteswelt der gnostischen Sekte des Basilides (um 130 n.Chr.) stammen. Die Buchstaben des Namens Abraxas oder Abrasax haben zusammen nach gr. Zählung den Zahlwert 365 und symbolisieren als Zahl der Tage des Jahres das Ganze, d.h. die Gottheit (A — 1, B — 2, R — 100, A — 1, X — 60, A — 1, S — 200. Auch »Mithras« [Meithras] ergibt nach dieser Berechnungsweise 365, »Jesus« [Iesous], jedoch 888; ähnlich die Zahl 666 in der Apokalypse Johannis 13, 18 gedeutet als Zahlwert von A. KAI. DOMET. SEB. GE., d.h. Autokrator Kaisar Dometianos Sebastos Germanikos, von E. Staufer, Christus und die Cäsaren, Hambg. 1952). Der betr. Text (n. Irenäus bei Schultz 1910, S.153) lautet: »Und (es) sind im ganzen 365 Himmel. Deshalb hat auch das Jahr 365 Tage, entsprechend der Anzahl der Himmel. Und der große Herr über alle diese Himmel ist Abraxas, da sein Name den Zahlenwert 365 hat, so daß der Zahlenwert seines Namens das All umfaßt.« Die unterste Himmelsstufe ist jene, der die Erde mit ihren Geschöpfen entspricht, die darüberliegenden stellen stufenweise Emanationen der Gottheit dar. Das System des Basilides wird bei Rudolph (1980, 335 f.) so charakterisiert, daß aus dem Paar »Sophia« (Weisheit) und »Dynamis« (Kraft) in absteigender Folge 365 Engelmächte als

ABRAHAM: Der legendäre Rabbi Abraham Eleazar, Kupferstich von J. E. Boeck im »Uralten chymischen Werk«, Leipzig 1760

Repräsentanten der Himmelssphären hervorgehen, die das Weltenjahr (Aion) bilden. Diese Klasse von Engeln hat, dem basilidianischen System zufolge, die sichtbare Welt und die Menschheit geschaffen.»Ihr Anführer ist der Judengott, der offenbar auch 'Abrasax' (oder 'Abraxas') heißt, ein Name, dem der Zahlenwert 365, wie die Anzahl der Himmel, zugrunde liegt, ursprünglich aber wahrscheinlich eine geheimnisvolle Umschreibung des mit vier (hebräisch: arba — abra) Konsonanten geschriebenen jüdischen Gottesnamens Jahwe (Tetragramm) gewesen ist« (Rudolph 1980, 336). Die A.-Gemmen tragen Inschriften wie »Jao Abrasax Sabaoth Adonaios«, »Jao«, »Sabao Abrasax« usw. und zeigen Prägungen von hahnen- und eselsköpfigen, oft auch schlangenfüßigen Mischwesen (»Anguipes«), häufig von der sich in den Schwanz beißenden Schlange (→ Ouroboros) eingefaßt.

Bei Dornseiff (1925/1980, 42) ist A. »der Aion des Jahres, dessen Name zu gematrischen Spielen dienen mußte« (→ Gematrie), wobei sein »Name 7 Buchstaben [die Zahl der griech. Vokale] enthält. Erst durch Reitzenstein... ist die aus persischer Mystik stammende Aion-Gottheit etwas deutlicher geworden als 'die Vereinigung ganz verschiedener Vorstellungen in dieser einen Götterfigur, die Lichtgott, Zeitgott, Weltschöpfer, Weltregent, ja Weltgott, Offenbarungsgott und Erlöser ist, verschiedene Namen annimmt und doch immer seltsam unbestimmt bleibt... Er wird gleichgesetzt mit Agathos daimon, Sarapis, Iao, Kronos... Nach Eisler gehört der Name zur Merkabahmystik, der Auslegung der Thronvision des Hesekiel. Das Gnostische daran ist, daß die 4 Tiere zusammen den Gott bilden, ähnlich dem polymorphen mithräischen Chronos.« Dabei sei »der Versuch nicht aussichtslos, eine durch die Gemmen fortlaufend illustrierte Ausgabe der Zauberpapyri herzustellen.« Die A.-G. verkörpern eindrucksvoll den Synkretismus der Spätantike, wobei jüdische, persische und gnostische Elemente zu kaum analysierbaren neuen Einheiten geformt wurden. Ausführl. Erörterung des Gesamtproblems durch W. Drexel, Stichw. »Abrasax« in (Herzog-Hauck) Realencykl. f. prot. Theol. u. Kirche I, S.113 ff., Ndr. Graz 1969.

BARZILAI 1873

ABRAXASGEMMEN, nach Laarss 1932

ADAM, im A.T. der erste Mensch (A. = Mensch, ursprüngl. kein Eigenname im engeren Sinn; vgl. Stichw. A. im »Lex. f. Theol. u. Kirche«, 2. Aufl., Freibg. 1957). Spätantike Schriften aus dem Bereich der → Gnosis werten die Paradieserzählung der Genesis anders als orthodoxe Quellen. Gott ist dort der eifersüchtige Tyrann, der A. und Eva den Weg zur Erkenntnis versperren will. »Aber die Schlange war [Inkarnation der Weisheit] klüger als alle Tiere im Paradies« — sie verheißt: »An dem Tag, an dem du von dem Baum issest, der in der Mitte des Paradieses steht, wird das Auge deines Verstandes geöffnet werden« (Das »Geheime Buch des Johannes«, nach Pagels 1981, 71). »Mit der Feststellung, daß das Versprechen der Schlange sich bewahrheitet hat« (Öffnung der Augen), »Gottes Androhung eines unmittelbaren Todes aber nicht, fährt der gnostische Autor mit einem Zitat der Worte Gottes aus Gen. 3,22 fort, fügt aber einen redaktionellen Kommentar hinzu: 'Siehe, Adam ist wie einer von uns geworden, der Gut und Böse kennt.' Dann sagte er: 'Wir wollen ihn aus dem Paradies hinauswerfen, damit er nicht von dem Baum des Lebens nimmt, und für immer lebt.' Aber von welcher Art ist dieser Gott? Zuerst mißgönnt (er) Adam, daß er essen sollte vom Baum der Erkenntnis... ganz sicher hat er sich selber als arglistiger Neider gezeigt« (Pagels 1980, 72). Vgl. → Bahir. Die A.-Spekulation der → Gnosis steht in engem Zusammenhang mit dem »Anthropos-Mythos«: »Der Körper Adams wird vom Weltenschöpfer und seinen Engeln (Archonten, Planeten) aus den Elementen geschaffen; da er aber kein richtiges Leben in sich hat, wird er vom höchsten Wesen auf verborgene... Weise mit dem göttlichen Geist, d.h. der Pneumasubstanz, ausgestattet, die ihn über die Schöpfung erhebt und ihm die Fähigkeit zur Erlösung verleiht. Die Erlösung besteht in der Erweckung Adams zur Erkenntnis seiner wahren Herkunft und der Niedrigkeit des Weltschöpfers« (des Demiurgen, der die Materiewelt ins Dasein gerufen hat; Rudolph 1980, 111—112). Für den Alchemisten ist die »materia adamica« folgerichtig der für die Vergeistigung prädestinierte Urstoff, der in das Lichtreich zurückgeführt werden muß. Die alte Vorstellung, in A. wäre vor der Erschaffung der Eva das männl. und das weibl. Element als → Androgyn vereinigt gewesen (so etwa bei Philo von Alexandria: da der Schöpfergott eine gegensatzlose Einheit ist, ist auch der »nach seinem Ebenbild« geschaffene A. ursprüngl. als mannweibl. Einheit vorzustellen, und er muß die geschlechtl. Zweiheit überwinden, um wieder zur Göttlichkeit aufsteigen zu können; vgl. Klijn 1965, S.77), führte zu weitläufigen Spekulationen über die »Zwitternatur« des Grundstoffes bei der Bereitung des → Steins der Weisen. Bei → Olympiodoros (5. Jh.) heißt es etwa, A. (auch »das Rote«, das männl. Sperma oder der Same des Arsens genannt) müsse mit »Eva« (dem Weißen, der Jungfernerde, dem göttl. Wasser) vereinigt werden, und diese Zeugung bringe Gold hervor. In dem hellenist.-synkretist. Henoch-Buch (in gr., äthiop. und slav. Version überliefert) wird berichtet, A. wäre aus 7 Bestandteilen (den Grundmetallen, → Metallbezeichnungen) gebildet und mit 7 Naturen (Eigenschaften) ausgestattet gewesen. In Zedlers Lexikon Bd.1/1732 heißt es, »was man sonsten von ihm erzehlet, … ist offenbahrlich fabelhaft und ungereimt. Also weiß man von seiner sonderbaren Leibes=Schönheit und grosser Wissenschafft zu sagen, wobey einige des Engel Raziel vor seinen Lehrmeister ausgeben [vgl. »Sepher Razielis« unter den von → Trithemius genannten → Zauberbüchern], ihm auch ein und andere Schrifften, als ein Buch von denen Namen derer Thiere, eine Apocalypsin, den 92. und andere Psalmen, das Cabbalistische Buch Raziel, das Buch [→] Jezira, imgleichen eines von der Alchymie, und noch andere mehr andichten.« Darauf nimmt der Kapuziner Martin von Cochem in seinem christl. Hausbuch »Das grosse Leben Christi« (z.B. Mainz 1727) Bezug: A. sei »auch der erste gewesen, welcher die Buchstaben und das schreiben hat erdacht, und welcher die ersten Bücher hat geschrieben auf die häut der thieren… In disen seinen büchern waren vile Geistliche lehren und gebott GOtt zu dienen, wie auch vile weissagungen, was künfftiger zeit geschehen solte« (nach Ath. Kirchers »Arca Noae«, Amsterd. 1679). Dornseiff (1922/1980, 4) erwähnt die islamische Tradition, derzufolge Gott selbst die Buchstaben schuf und sie dem A. als ein Geheimnis kundtat, das er keinem der Engel offenbarte. — Einem Vers der Sibyllinischen Orakel wurde die Auslegung unterschoben, die Buchstaben des Namens A. symbolisierten die 4 Winde, eine Vorstellung, die auch die Architektur-Theorie MA einging. Bei → Zosimos ist A. als 'protos anthropos' identisch mit Thoth-Hermes (Dornseiff, 137—38). Vgl. E. Benz: Adam, der Mythos vom Urmenschen. München-Planegg 1955.

ADERLASS-MÄNNCHEN, Laßmännlein, in früheren Jahrhunderten häufig gedruckte Darstellungen, die im Sinne der astrolog. Lehre von den → Entsprechungen angaben, unter welchen Zeichen des → Zodiacus bestimmte Arten von Aderlässen (Phlebotomien) vorgenommen werden sollten. Die Ansicht, Aderlässe sollten nur unter besonderer Berücksichtigung der Mondphasen vorgenommen werden, um die jeweils günstigen oder ungünstigen Körperteile herauszufinden, ist schon in der astrolog. Spruchsammlung »Centiloquium«, dem → Ptolemaios zugeschrieben, vertreten. Dort heißt es, es sollten jene Glieder, in deren korrespondierendes Tierkreiszeichen der Mond eintritt, von Phlebotomien ausgenommen werden: Centiloquium 21. Beim Aderlaß sollte »eine Ader geöffnet, und das verderbte oder überflüßige Geblüt abgezapfft, und den Adern Lufft gemacht« werden (Zedler 1732). Im Detail wurde die Stellung des Mondes in den einzelnen Tierkreiszeichen beachtet, wobei es als bedenklich galt, »zur Ader zu lassen, so lange der Mond in demjenigen Tierkreiszeichen stand, dem der zu lassende Körperteil zugeordnet war… Diese Regeln fanden weiteste Verbreitung auf den sog. Laßzeddeln, die als Einblattdrucke zu Tausenden ins Volk wanderten, so wie später in den Kalendern und Praktiken« (H. A. Strauß 1926, S.83—84). Die bis ins

ADERLASSMÄNNCHEN, oben nach einem Einblatt-Druck aus Konstanz, ca. 1607, unten aus dem engl. »Ravens Almanacke«, einer Parodie auf die astrolog. Handbücher (England, 17. Jh.)

19.Jh. häufig in Gestalt von Einblatt-Drucken verbreiteten A. dienten Badern und Kurschmieden dazu, die Phlebotomie an bestimmten, den Tierkreiszeichen zugeordneten Organen zu den günstigsten Zeiten durchführen zu können. Befand sich z.B. die Sonne im Zeichen des Widders, so war ein Aderlaß nicht angezeigt, da beide den Kopf regieren und daher Kopfschmerzen verursachen konnten. Antike Texte (etwa Manilius, Zeitgenosse des Tiberius) zeigen, daß schon damals Figuren ähnl. den späteren A. bekannt gewesen sein müssen:»Der Widder schützt den Kopf, den Hals der Stier; die Arme, helle Zwillinge, unterstehen eurer Herrschaft; die Schultern gehören dem Löwen, dem Krebse gehorcht die Brust...« usw. Ähnlich heißt es im → Corpus hermeticum»Der Makrokosmos hat 12 Zeichen des [→] Zodiakus, und der Mensch enthält sie ebenfalls: von seinem Kopf, vom Widder, bis zu den Füßen, die den Fischen entsprechen«. Der»Sterngläubige richtete sich beim Aderlaß, Haarschneiden, Nägelstutzen, Purgieren, Entwöhnen der Kinder usw. genau nach der Mondphase und der Konstellation seiner günstigen Gestirne« (Stemplinger 1948, S.202). Vgl. → Iatromathematik. In MA. Handschriften ist der»Tierkreismensch«, Vorbild des A.s, nicht selten abgebildet (Abb. s. MacNeice 1965, S.127; Rosenberg 1949, Taf.IV); vgl. auch J. M. Knapp: Tierkreismann und Aderlaßmann. In: Ciba-Zeitschr., Basel 1953, S.758 ff. A. Castiglioni: Der Aderlaß. ebd.; 1954, Nr. 66.

ADLERSTEIN, auch Aetites, Klapperstein, Lapis Aquilae, Aquilaeus, Erodalis, Endryos, ein seit Plinius bekannter und noch von Jean Paul (Richter) erwähnter → Talisman, der vor allem Schwangere bzw. das ungeborene Kind behüten helfen soll; es handelt sich um einen Knollen Toneisenstein mit innen gelöstem Kern, der umherrollt und klappert. Die Analogie zu dem im Inneren des Uterus behüteten Embryo soll diesem Glück bringen bzw. (als → Amulett) Unglück von ihm abwehren (daher auch lat. Bezeichnung »lapis praegnans«). Abarten des A.es waren unter den Namen Callimus, Geodes, Hydrotites, lapis Violaceus, Thapusium im Handel. In Zedlers Lexikon Bd.1/1732 heißt es, dem A. werde die Kraft zugeschrieben,»daß er verhüte, damit es einer schwangern Frau nicht unrichtig gehe, wenn sie denselbigen am Arme aufgebunden trägt: auch soll er die Geburt befördern können... Andre geben vor, daß er dem Gifft und der Zauberey wehre, auch Diebe offenbahre... Seine vornehmste Tugend ist, daß er sich reiben lässet, und zu Pulver gestossen... wider die Schwere = Noth hilfft, die Milch vermehret, auf solche Art auch die Geburt befördern kan. Er ist anziehend, dienet dahero wider die Pestilentialischen Fieber und rothe Ruhr... Das Pulver in eine Wunde gestreuet, stillet das Blut... Von diesem Steine hat ausführlich geschrieben Laur. Bauschius in seinem Buch de Haemat. & Aetit.« (Sp.526). Der Name rührt daher, daß »man geglaubet, die Adler trügen diese Steine in ihre Nester und Horste, um ihre Jungen dadurch vor Ungewittern und Gift zu bewahren« (Sp.525). — In Konrad Gesners »Historia animalium« (1551—1634) ist davon die Rede, daß der Adler einen Stein ins Nest legt, entweder um es zu beschweren, oder diesen »aus dem berg Caucaso« holt, wo es die allerkältesten Steine gebe, denn er sei so hitzig, daß er sonst »die eyer mit der brut gar verkochte« (Frdl. Mitteilung von Fr. M. Martiny, Graz).

AGATHODAIMON, RÄTSEL DES —, in der Spätantike oft genannte Spruchformel, deren Beantwortung einen geheimen Namen oder ein Zauberwort bilden soll. Sie ist in einer dem »Herrscher Heraklius« gewidmeten alchemist. Werk enthalten, das einem um 615 in Alexandrien wirkenden Polyhistor namens Stephanos zugeschrieben wird. Dieser steht »auf dem Standpunkte der Metallfärbung und hält mit Arsenik erzeugtes Weißkupfer für Silber, fügt aber in die gleich unverständlich praktischen Vorschriften lange mystische Betrachtungen ein« (Kiesewetter 1895/1977, 24). In dieser Lehrschrift ist ein etwa aus der Zeit um 300 stammendes Rätsel eingefügt, das so transkribiert und übersetzt wurde: »Buchstaben zähle ich neun. Viersilbig bin ich. Nun erkenn mich/ Welche von dreien zuerst, hat zwei der Buchstaben jede/ Und was übrig die anderen faßt; aber fünfe sind lautlos/ Aber die Summe der Zahlen enthält Achthunderte zweimal/ Dreimal dreißig dazu mit sieben. Und weißt du, wer ich bin/ Dann bist du nicht uneingeweiht in die göttliche Weisheit.« Eine andere Übersetzung ab der 2. Zeile lautet so: »Merk': von den ersten drei Silben hat zwei der Buchstaben jede/ Aber die vierte hat drei. Fünf Buchstaben sind Konsonanten/ Bilde die Summe der Zahlen — du findest zweimal Achthundert/ Dreimal Dreißig dazu und Sieben…« Agathodaimon (gr., wörtl. »guter Geist«, → Dämonen) ist eine in den alexandrinischen Texten oft erwähnte mythische Persönlichkeit, ähnl. wie → Hermes Trismegistos, und oft mit Seth, dem Sohn des → Adam, identifiziert. Das. R.d.A. ist im Stil der spätantiken »sibyllinischen Orakel« gehalten; die Beantwortung des Rätsels wurde oft versucht, doch ist nicht sicher, was wirklich gemeint war. Ein Wort, das den genannten Bedingungen entspricht und aus dem Gesichtskreis der hellenist. Magie stammt, wurde bisher nicht überzeugend nachgewiesen, die vorgeschlagenen Lösungen (Arsenikon, → Ampelitis, Lithargyros, Theanthropos, Kinabaris, Phosphoros, Kassiteros) entsprechen den Bedingungen nur teilweise. Kiesewetter l.c. erwähnt unter den Rätsellösern (mit verschiedensten Resultaten) Gelehrte wie Morhof, Leibniz, Borrichius, Cardanus, Gohory, G.W. Wedel und K.A. Kortüm, den Autor der »Jobsiade«. Die Zahlwerte der griech. Buchstaben, die Basis des R.d.A., sind am Ende des 2. Bandes angeführt.

AGLA, häufige Inschrift auf → Amuletten und → Talismanen, auf der kabbalist. Kunst → Notarikon basierend. Das Wort besteht aus den Anfangsbuchstaben des hebr. Dankgebetes »Schemoneh esre«, die lauten: »Ateh gibor (gebir) Le-Olahm

Adonai«, d.h. »allmächtig bist du in Ewigkeit, o Herr«. Die Inschrift A. soll einerseits das Glück herbeiziehen, andererseits Fieber und böse Einflüsse im allgemeinen vertreiben.

AGRIPPA VON NETTESHEIM, eigentl. Henricus ab (de) Nettesheym, Cornelius Agrippa, wurde am 14. Sept. 1486 zu Köln geboren; er führte ein wechselvolles und abenteuerliches Leben: nach Studien in Köln und Paris diente er von 1501—07 in der Armee Maximilans I., studierte und lehrte später in Spanien (1508), Italien und Avignon (1509), hielt an der Universität von Dôle (Franche-Comté) eine Vorlesung über Reuchlins »De verbo mirifico« (→ Kabbala), ging 1510 nach England

AGRIPPA VON NETTESHEIM: Porträt Agrippas,
Holzschnitt auf der Titelseite des Druckes Köln (1533)

und zurück nach Köln. Durch Anfeindungen immer wieder belästigt, zog A. 1511 nach Italien, wo er auch an den Kämpfen der Liga teilnahm; nach dem fr. Sieg von Marignano (1515) verlor er jedoch seinen gesamten Besitz, auch Bücher und Aufzeichnungen. Nach einem Aufenthalt in Turin (1517) wandte sich A. nach Metz (1518) und arbeitete hier als Advokat, später nach Köln, Fribourg und Lyon (1524—25). Ab 1528 wirkte er als Arzt in Antwerpen, ab 1530 als kaiserl. Archivar und Historiograph in Mechelen. In dieser Eigenschaft erhielt er das Patent (entspr. etwa einem befristeten »copyright«) für seine Bücher »De Occulta Philosophia«, »De incertitudine et vanitate scientiarum« u.a., die ihm Beifall und Widerspruch eintrugen. Sein Famulus war → Wierus. A. starb am 18. Feber 1535 zu Grenoble; er war dreimal verheiratet gewesen und hinterließ sieben Kinder. — A., schreibt Kiesewetter (1891—95/1977, 5), »teilte das Schicksal seiner Geistesverwandten wie Roger Baco, Paracelsus, Cardanus, Fludd u.a.m., er wurde für einen Teufelsbündler gehalten... So berichtet Delrio (Disqu. magic. II, 29, Sct.1), A. habe — wie Faust und Paracelsus — seine Zeche mit 'verblendetem Geld' bezahlt, welches sich später in Hornstücke verwandelte. Ferner habe ein Student in Löwen in A.s Abwesenheit in dessen Studierzimmer den Teufel citiert und dabei sein Leben verloren. Als A. nun heimkam und die Geister auf dem First des Hauses tanzen sah, habe er einen Teufel in den Leichnam citiert und ihn auf den Marktplatz hinabgehen lassen, woselbst der Geist wieder ausfuhr und der Student nun, wie vom Schlage getroffen, zusammenstürzte. Paul Jovius berichtet in seinen 'Elogiis doctorum virorum', daß ein Familiarteufel A. als schwarzer Pudel begleitet habe. Als er im Begriff war, zu sterben, nahm er dem bösen Geist ein ledernes Halsband mit aus Nägeln gebildeten nekromantischen Inschriften unter folgendem Ausruf ab: Packe dich, verwünschte Bestie, die du an meinem ganzen Unglück schuld bist. Darauf stürzte sich der Geist in die Saone und wurde nicht mehr gesehen. A.s Schüler Johannes (→) Wier gab sich in seinem berühmten Werk 'De praestigiis daemonum' (II, cap.5) alle erdenkliche Mühe, seinen Lehrer vom Verdacht der Teufelszauberei zu reinigen, aber trotzdem wurden alle Fabeln bis tief ins vorige Jh. allen Ernstes citiert, und (Wier) erreichte nur, daß er selbst argwöhnisch betrachtet wurde.«

Der erwähnte Hund ist offenbar das Vorbild des Pudels → Mephistopheles in Goethes Faust. — A.s bedeutendstes Werk ist zweifellos die »Occulta Philosophia«, um 1510 in Köln geschrieben (Antwerpen 1531, Gesamtwerk 1533; neuere Ausg., z.T. zusammen mit einem → spuriosen IV. Buch, das (n. Peuckert 1956) »alles wieder heraufbrachte, was 'De Oculta Philosophia' verworfen hatte: eine verunreinigte Magie« und von demselben Autor stammt, der auch »Doctor Johannes Fausts magia naturalis et innaturalis oder Dreifacher Höllenzwang« geschrieben hatte, o.O., o.J., 1550, 1551; Basel 1565, Paris 1567, Mechelen, 1633, Lyon 1713. Zahlr. Übersetzungen: fr. Den Haag 1727, Paris 1910, 1962; engl. Lon-

don 1651, 1898; dt. Stuttgt. 1856; »Mag. Werke« 1916 u.ö.; krit. Ausg. mit zahlr. Faksimile-Wiedergaben und ausführl. Kommentar von K.A. Nowotny, Graz 1967). Dieses Werk des großen »Kompilators und zugleich letzten Interpreten des Neuplatonismus der Frührenaissance... setzt eine Unmenge von kulturgeschichtl. Kenntnissen voraus, die teilweise recht abseits von den gewohnten Wegen liegen. Seine (A.s) Werke bleiben daher unverständlich, wenn man die Mühe scheut, sich in diese vergessene Vergangenheit der eigenen Kultur einigermaßen einzuleben« (Nowotny 1967, S.387, 421). Die »Occulta philosophia« versucht eine Synthese von Christentum und → Magie auf dem Boden der neuplatonischen Mystik. Gott ist der Schöpfer des Alls aus dem Nichts; die Schöpfung ging vor sich aufgrund der Archetypen seines Geistes, die in der Schöpfung nachgebildet erscheinen. Sie gliedert sich in drei Bereiche: in jenen der Elemente, zu welchen als »quinta essentia« der übergeordnete Weltgeist (spiritus mundi) kommt, der auf die anderen einwirkt, dann in jene der himmlischen Gestirne und schließlich in den höchsten der Geister (→ Engel). Die Namen der Gottheit, die Sephirot der → Kabbala, sind gleichsam Ausstrahlungen der göttl. Macht. Da der Mensch Anteil an allen drei Bereichen hat, kann er geistig in sie eindringen. Dieses höhere Wissen, das, richtig angewendet, zu Gotterkenntnis führt, ist die Magie; sie versetzt den Menschen in die Lage, sich die geheimen Kräfte der Natur dienstbar zu machen und sie zu beherrschen. In Anbetracht der kosmischen Stufenordnung, sagt A., halten es »die Magier für keine unvernünftige Sache, daß wir auf denselben Stufen durch die einzelnen Welten zu der archetypischen Welt selbst, zum Schöpfer aller Dinge aufsteigen und... nicht nur die Kräfte benützen, die in den edleren Naturdingen vorhanden sind, sondern überdies von oben herab neue an uns heranziehen«. Für A., schreibt Peuckert 1956, S.119, »fügten sich die Dinge in einen... Zusammenhang, der alles umfaßte, das Oben und das Unten«. — Die Schrift »De incertitudine et vanitate scientiarum«, in weiteren Kreisen bekanntgeworden bes. durch die Übersetzung von Fritz Mauthner (1913), ist als ein sich an die »Occulta Philosophia« anschließendes Satyrspiel aufzufassen. Die scholast. Gelehrsamkeit, auch die → Astrologie (→ Pico della Mirandola) und → Alchemie, wird skeptisch-ironisch beleuchtet. Dennoch kann von einem »Widerruf der Occulta Philosophia« keine Rede sein, da die neuplaton. Philosophie als positiver Grund erhalten bleibt und A. betont, durch die Magie großes Wissen erreicht zu haben; diese dürfe sich bloß nicht unmoralischen Triebfedern oder dem Dienst der → Dämonen unterordnen. Beide Werke stellen ihren Autor als einen großen Denker und Humanisten dar, dessen wahre Bedeutung noch nicht Allgemeingut der Forschung geworden ist. — Biogr. von M.A. Prost, Paris 1881—82. Ausführl. Bibliogr. bei Nowotny 1967. Dt. Ausg., Ndr. d. Ausg. Berlin 1924: Schwarzenburg 1979, »Magische Werke«.
KIESEWETTER Ndr. 1977. MÜLLER-JAHNCKE 1973.

ÄGYPTISCHES WELTSYSTEM — ein in der älteren → Astrologie nachweisbares Bild des Sonnensystems, geozentrisch geordnet, wobei die Erde von Sonne und Mond umkreist wird, während sich Merkur und Venus um die Sonne und Mars, Jupiter und Saturn um die Erde bewegen. Die Reihenfolge der → Planeten ist daher in diesem System eine andere als bei dem geläufigen »chaldäischen« System, nämlich: Mond, Sonne, Merkur, Venus, Mars, Jupiter, Saturn.

ALBERTUS MAGNUS (Albert d.Gr., eigentl. Albrecht Graf von Bollstädt, »Doctor Universalis«), geb. zu Lauingen in Schwaben 1193, gest. zu Köln 1280 (»Albertus Coloniensis«), gilt als der größte Gelehrte des MA. und wurde 1931 heiliggesprochen. A. wirkte als Philosoph, Naturforscher und Theologe; nach Studien in Padua trat er dem Dominikanerorden bei, lehrte 1228—45 in Köln, Hildesheim, Freiburg, Regensburg und Straßburg, von 1245—48 in Paris und ab 1248 am studium generale der neugegründeten Dominikaner-Universität zu Köln. Sein großer Schüler war → Thomas von Aquino. A. bemühte sich, die aristotel. Philosophie unter Berücksichtigung der arab. Kommentare systemat. wiederherzustellen und sie im Sinne der kirchl. Dogmatik auszubauen; doch auch der → Neuplatonismus übte auf dieses System als »Unterströmung« Einflüsse aus. Auf dem Gebiet der Naturwissenschaft bereicherte A. besonders die Zoologie und Botanik durch originale Beobachtungen. Seine Volkstümlichkeit äußert sich in zahlreichen Legenden, in welchen A. als kunstreicher Magier auftritt; es wird etwa erzählt, er habe am Dreikönigstag des Jahres 1248 (mitten im Winter) für König Wilhelm II. durch Zauberkunst einen blühenden Garten und frische Früchte erscheinen lassen (vgl. z.B. A. Schultz, Höfisches Leben z. Zeit d. Minnesinger I, S.571 f., Ndr. Osnabrück 1965). Oft wird auch erzählt, A. habe einen »künstlichen Menschen« gebaut (Vorbild für die Sage vom → Golem?), den jedoch schließlich der hl. Thomas von Aquino wieder zerschlagen habe. — A. verfaßte eine ungeheure Menge von Schriften, deren Echtheit z.T. bestritten wird. Zweifellos stammt von ihm nur die große Synthese »Compendium theologicae veritatis« (Erstausg. Nürnberg 1473), als fraglich bezeichnet werden »Liber secretorum Alberti Magni de virtutis herbarum«, »Historia naturalis«, »De rebus metallicis et mineralibus« und »De secretis mulierum et virorum«. Darin wird u.a. die Ansicht vertreten, jeder der → Planeten regiere einen Monat lang das Kind im Mutterleibe, für Mißgeburten seien ungünstige Konstellationen verantwortlich, und jede der himmlischen Sphären verleihe dem Kind schon vor dessen Geburt bestimmte Eigenschaften.

Ein »Speculum astronomiae« wurde zeitweilig Roger → Bacon zugeschrieben, doch weist es L. Thorndike (vol.II/1923) mit guten Gründen dem A. zu, ebenso die erwähnten Werke über die Mineralien, die Kräuter und die »Heimlichkeiten der Frauen und Männer«. Mit dieser Zuschreibung steht Thorndike jedoch isoliert da (Geyer 1927, S.406). In diesen (pseudo?)albertischen Schriften ist u.a.

viel über die mag. Wirkung der → Edelsteine die Rede (»lapides pretiosi praeter alios habent mirabiles virtutes«, d.h. die edlen Steine haben vor allen anderen wunderbare Kräfte), von der Wirkung der Sterne (sie regieren die »Seelen« der Pflanzen und Tiere, nicht jedoch die der nach Gottes Ebenbild gestalteten Menschen — es sei denn, jene hätten sich der Sünde und den Trieben ausgeliefert), jedoch nur sehr selten und andeutungsweise über → Alchemie. die Traktate »Compositum de compositis« und »Libellus de alchemia« werden allgemein als → spurios bezeichnet. In letzterem heißt es u.a., der Alchemist müsse verschwiegen sein, zwei oder drei Räume des Hauses ausschließlich dem Laborieren widmen und für seine Versuche die rechte Stunde wählen.»Er soll in folgender Reihenfolge verfahren: zerreiben, sublimieren, fixieren, lösen, destillieren, coagulieren… Er muß reich genug sein, um seine Ausgaben für diese Arbeiten bestreiten zu können und soll endlich den Kontakt mit Fürsten und Mächtigen meiden«. — Die unter dem Namen des A. veröffentlichten → Zauberbücher (»Le Grand Albert« u.a.) haben mit dem doctor universalis naturgemäß nicht das geringste zu tun. — Eine revidierte und ergänzte Ges.-Ausg. seiner Schriften wurde in 38 Bden. von A. Borgnet herausgegeben (1890—99), eine neue wird vom Kölner Albertus-Magnus-Institut überwacht und enthält u.a. die Schriften »De bono«, »Super Isaiam« und »Quaestiones super De animalibus«. — Vgl. M. Schwertner, »St. Albert the Great«, 1932. → Trithemius sagt, daß dieser »frömmste aller heiligen Männer« sich in der → magia naturalis wohl ausgekannt habe, sie jedoch niemals aktiv ausübte. — Bibliographie: vgl. Paetow, Guide to the Study of Mediaeval Hist., Ndr. 1959, S.463 f.; Überwegs Grundriß d. Phil.II (Geyer), S.410 f, 739 ff.; H. v. Berg (R. Spieker u. M. Entrich): Albertus Magnus, Stuttgt. 1980. — I. Craemer-Ruegenberg: Albertus Magnus. Beck'sche Schwarze Reihe 501. München 1980. — Werkausgabe: Alberti Magni Opera Omnia, ad fidem codicum manuscriptorum edenda… curavit Institutum Alberti Magni Coloniense Wilhelmo Kübel praeside. Tom. subsid. p.1: W. Pauser, Die echten Werke. Münster 1982.

»A.M., der eigentliche Begründer der durch das Vordringen der gesamten Philosophie des Aristoteles im 13. Jh. herbeigeführten Blüte der Scholastik, sowie der wissenschaftl. Richtung innerhalb des Predigerordens, ist — von den eigentlichen Mystikern abgesehen — der größte Deutsche unter den Philosophen und Theologen des Mittelalters, von denen ihn zwar manche trotz seines Scharfsinns an systematischer Begabung … überragten, aber keiner an Belesenheit und Fülle des Wissens«. (Herzog-Hauck, Bd.1, S.291). — Biogr. (A.d.Gr.) von H. Chr. Scheeben, 2.Aufl. 1955.

ALBUMAZAR (auch Abumassar, Apomazor, Aboazar, Alboassar etc.), eigentl. Dschafar abu-Ma'sar, 805—885, arab. Astrologe und Philosoph, Schüler des Alkendi (Abu Jussuf Jaqub Ibn Eshaq al-Kendi) an der Sternwarte und Astrologenschule von Balkh, Khorassan. Neben Arbeiten auf dem Gebiet der Traumdeutung (Apotelesmata, s. de significatis et eventis insomniorum, Frankf. 1577) wurde aber seine Beschäftigung mit astrolog.-kosmolog. Sekulationen bekannt, etwa: die Weltschöpfung müsse während einer Konjunktion aller 7 Planeten im 1. Grad des Widders stattgefunden haben, und der Weltuntergang sei bei einer Konjunktion aller Planeten im letzten Grad der Fische zu erwarten; De magnis coniunctionibus annorum ac revolutionibus eorum. Venet. S.1515 (auch in der Introductio ad astronomiam, Nürnbg. 1488). Tractatus forum astrologias, Augsbg. 1488. Vgl. → coniunctio aurea. Albumazaris liber imaginum multarum — vgl. Agrippa/Nowotny 1967, Appendix XIX bzw. S.910 ff. Vgl. das Stichw. Abu Ma'shar Djafar B. Muhammad B. 'Umar al-Balkhi in der »Encyclopaedia of Islam«, Leiden-London 1960, vol.1, p.139—140. J. Vernet, Problemas bibliográficos en torno a Albumasar, Barcelona 1962. Bei Nowotny/Agrippa 1967, S.441 wird A. unter der Namensform »Apomasar« erwähnt. Seine »große Einführung« (al-Madkhal al-Kabir) wurde durch zahlr. Übersetzungen für das MA. Europa sehr bedeutsam; »Ein Exemplar des Werkes wurde am 19.2.1494 vor der Sorbonne verbrannt«. Die 1. lat. Übersetzung stammt von Johannes Hispalensis (1130).

ALCHABITIUS, in der älteren astrolog. Literatur oft erwähnter Name eines arab. Astrologen des 12.Jhs., dessen Werke über Optik, »De lumine animae« und bes. »Isagoge ad Scrutanda stellarum Magisteria« (lat. Inkunabel-Ausg. Venedig 1491) als grundlegend galten. A. war auch an der Berechnung der »Alfonsinischen Tafeln« (→ Alfons X.) beteiligt. Die Namensschreibung erfolgte in zahrleichen Varianten: Albohali, Abohali, Albohazen Hali, Alcabitius. Werke: De iudiciis astrorum. Venet.R. 1485, Nürnbg. 1546, Basel 1551 u. 1571. Libellus isagogicus adilazi, Venet.S. 1512, 1521. — Übersicht über die Zeitgenossen des A., mit ähnlich entstellten Namen (Albupater, Abalachius, Thebit, Albategni, Arzachel, Almeon, Avenares u.a.) bei Kiesewetter 1895/1977. S.300 ff.

ALCHEMIE, (mittellat. alchimia, abzuleiten wahrscheinl. v. gr. chemeia, Lehre vom Feuchten; vgl. chymos — Saft, cheo — ich gieße; Vorsilbe al-, ähnl. wie bei Alkohol, Alkali, Algebra, verrät Vermittlerrolle der Araber in der Spätantike) auch Alchimie, Alchymie, nicht bloß, wie in den meisten Nachschlagewerken angegeben, die »vermeintliche Goldmacherkunst«, sondern ein geistesgeschichtl. überaus interessanter und heterogener Ideenkomplex, der sich in erster Linie mit Läuterung und Veredelung (einerseits des Menschen selbst, andererseits, in → Entsprechung dazu, der Natur) befaßt. Zwischen organischer und anorganischer Natur wird nicht streng geschieden, sondern vor allem den Metallen wird ein geheimes Leben zugeschrieben, das bewirken soll, daß sich im Laufe der Zeit aus »unedlen« Metallen »edle«, vor allem Gold, entwickeln (→ arbor philosophica).

Diesen Prozeß sucht der Alchemist abgekürzt nachzuschaffen, wobei er sichtlich Symbole für eine subjektive, innere Reifung und Läuterung in die unbelebte Natur hineinprojiziert. Daraus ergibt sich, daß »die Lehre der Alchemisten keine bloß chemische Phantastik war, sondern ein philosophisches System, das sie auf den Kosmos anwandten, auf die Elemente und selbst auf den Menschen, und daß sie die Erzeugung von Gold aus unedlen Metallen nur als Teil einer allgemeinen Umwandlung aller Dinge in eine göttliche und unvergängliche Substanz anstrebten« (W. Butler Yeats, in »Rosa alchymica«; vgl. → Hitchcock). Die Erfolglosigkeit des alchemist. Strebens konnte die Suchenden nicht abschrecken; so schreibt etwa Gerhard → Dorn: »Obgleich nach vielgehabter Mühe, stinckenden und ungesunden empfangenen Dämpffen, Verlust nit geringen Unkosten, Ich endlich mühe und Arbeit verlohren befande, So hat gleichwol dieses alles mein Gemüht von solcher Kunst dennoch nicht Abwendig machen können«. Das beharrlich immer neu in Angriff genommene → magnum opus soll den Weisen auch in die Lage versetzen, ein Allheilmittel herzustellen (→ Elixir), das verschiedentlich als das eigentliche Ziel der A. gilt, während die »Goldsynthese« nur als ein Nebenwerk angesprochen wird. Diese kann nicht aus den unedlen Metallen (bes. Blei und Quecksilber) direkt, sondern nur mit Hilfe eines pulverförmigen Extraktes

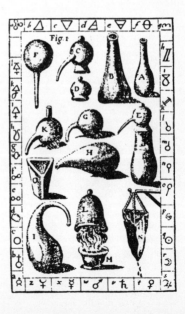

ALCHEMIE: Instrumentarium (→ Cucurbit, → Alembic u.a.) und Symbolzeichen

(→ Stein der Weisen, lapis philosophorum), der als Motor der sonst unmerklich und langsam vor sich gehenden Metallreifung wirkt, in die Wege geleitet werden. Dabei ist es zunächst wichtig, die Ausgangsbasis für die Darstellung dieses »lapis«, die → materia prima, aufzufinden bzw. als solche zu erkennen, obgleich sie immer nur in Allegorien und Metaphern umschrieben wird.

E. Ploss (München 1970) weist im Hinblick auf die Ansicht von der → Transmutation der Metalle auf die Tatsache hin, daß viele Erze nicht metallisch aussehen; »Kupfer-, Zinn-, Blei-, Eisen- und Silbererze haben geradezu das Aussehen der Urmaterie, und vor der Verhüttung wurden sie noch zerstampft«. Wie dem Quecksilber durch Legierung mit Silber (Silberamalgam) die Festigkeit verliehen wurde, so glaubte man an die Möglichkeit, einem weißen Metall durch Tingierung (Tinktur, Färbung) die Qualität der Gelbheit verleihen zu können.

Soweit die Phänomenologie der A. in neuerer Zeit überhaupt Gegenstand wissenschaftlicher Untersuchungen ist, gehen diese meist von der Thematik der Naturwissenschafts-Geschichte (history of science) aus und befassen sich nur wenig mit der ideologischen Fundierung der Doktrin. Diese ist eindeutig in der Ideenwelt der → Gnosis verwurzelt, demgemäß »häretisch«. Das erhellt nicht nur aus der Grundvorstellung einer Läuterung und Erlösung der in der dunklen Welt der Erdhaftigkeit verborgenen Natur von Mensch und Welt, sondern auch aus der gnost. Symbolik und Allegorik mit → Androgyn, → Ouroboros, der → chymischen Hochzeit und der Bilderwelt, die mit dem Absterben der materieverhafteten Leiblichkeit (nigredo, putrefactio) als Voraussetzung des Aufstieges in reinere Regionen verbunden ist: vgl. Biedermann 1973, »Materia Prima«. Die umgebende Natur muß im Zuge einer Allegorese, eines Enträtselns und Aufschlüsselns der verborgenen Inhalte, ebenso dem Lichtreich zugeführt werden wie die Natur des Adepten selbst. Die geistige Arbeit des Rätsellösens ist dabei an sich verdienstlich und drängt die dunkle und belastende Materiewelt zurück. Dabei ist die für den heutigen Historiker dunkel und verwirrend wirkende Symbolsprache nicht ausschließlich dem Wunsch nach »Ideenschutz« zuzuschreiben, sondern weitgehend mit den konventionell gebrauchten Symbolen und Formeln der Wissenschaft zu vergleichen. Freilich soll (nach Äußerung vieler Alchemisten) auch vermieden werden, daß Unwürdige in den Besitz der Geheimnisse gelangen und sie zu eigensüchtigen Zwecken gebrauchen; es ist daher nicht abwegig, an eine Art von → Arcandisziplin mit persönlicher Einweihung des »Adepten« durch seinen Lehrer und Meister zu denken, wodurch die schriftlich niedergelegten Erfahrungen für den Außenstehenden nicht mehr aus sich heraus verständlich zu sein brauchten. Die Grundlage allen Strebens kann, neben der Anleitung durch einen Meister, auch göttl. Eingebung sein; so heißt es in dem (pseudo-) paracelsischen »Manuale de lapide philosophico medicinali« (zit. bei Peuckert 1956): »got gibts wem er wil, laßt sich mit gewalt nichts abnöten; wem aber Gott es nicht beschert, der wird es nie und nimmer erlangen«. — Über die Symbolsprache in den alchemist. Büchern äußert sich Fischart (→ Bodin) sehr grob: »Entweder schreib, dass man versteh/ Oder des Schreibens müssig geh:/ Willst schreiben, daß man nicht soll wissen/ So last das Papir wol unbeschissen«. —

Ist die Idee der → Entsprechung von innerer und äußerer Veredelung auch magisch, so führte die prakt. Arbeit mit den verschiedensten Substanzen (ungeachtet des nicht-wissenschaftlichen Ausgangspunktes) immer wieder in die Nähe der naturwissenschaftl. Forschung und bildete tatsächlich in vieler Hinsicht das Fundament der neuzeitlichen Chemie und Physik, während sich der immer mehr seiner realen Basis entkleidete spirituelle Teil der A. als durch faszinierende Bilder illustriertes Läuterungsstreben in den Bereich der → Theosophie, der → Gold- und Rosenkreuzer und in manche Systeme der Freimaurerei (s. Lennhoff-Posner, Sp.40/41) rettete.

Die Geschichte der A. kann hier nur kurz angedeutet werden. Die Anfänge sind wohl in Ägypten zu suchen, werden aber erst in ptolemäischer Zeit greifbar (→ Hermes Trismegistos); auch der Name (arab. Vorsilbe al-, verb. mit »chema«) wurde hypothet. auf eine ägypt. Wurzel zurückgeführt. In der Zeit des Hellenismus wird das alchemist. Streben durch jüdische, griechische und orientalische Züge bereichert. Aus diesem Synkretismus ergeben sich die neuplatonischgnostischen Elemente, die noch in der abendländischen A. des MA. und der Neuzeit fortwirken und wahrscheinl. für das Suchen nach Ausdruck in für Außenstehende unverständliche Sinnbilder mitverantwortlich sind. Im Orient überlebte die Tradition der A. die Islamisierung, und die von Arabern überlieferten bzw. neu verfaßten Texte trugen dazu bei, dem Abendland die Geisteswelt der A. zu vermitteln (→ Geber). Noch bedeutungsvoller ist die A. der mesopotamischen → Sabier (Ssabier) von Harrân und der Mandäer, wo antiker Gestirnkult und die Lehre von den Metall-Planeten-Sympathien noch bis ins 10.Jh. lebendig blieb. Mazal (1981, 395 f.) erwähnt, daß die A. wohl im Ägypten des 2.—3. Jhs. n.Chr. entstand. »In ihr kreuzten sich wissenschaftliche und metawissenschaftliche Strömungen. Durch die Vorstellung der allwaltenden Sympathie erfuhr die Technik der Veränderung und Umwandlung von Stoffen, speziell Metallen, eine scheinbar philosophische Fundierung. Für die griechische Alchemie waren die Erfindung des Destillationsapparates und die Entdeckung der chem. Eigenschaften des Schwefels im 3. Jh. maßgeblich. Auch der Islam übernahm eine reiche spätantike Tradition und baute diese aus. Selbst in Byzanz lebte die Alchemie fort, wie etwa eine Schrift des Michael (→) Psellos über Goldherstellung zeigt. Zahlreiche Rezepte und Traktate dokumentieren das Interesse an der geheimen Kunst. Durch Rückströmen arabischer Texte in den Westen wurde die Alchemie im Westen wieder besser bekannt und konnte trotz kirchlicher Opposition nie mehr verdrängt werden, da sie als Teil der Naturerforschung angesehen wurde und den Bedürfnissen nach Sublimation, Läuterung und Beherrschung der Natur entgegenkam. Die Zunahme chemischer Kenntnisse in der Renaissance hing mit der Entwicklung neuzeitlicher Technologie und (→) Iatrochemie zusammen; aber die alchemist. Versuche bereiteten auch den Boden für die moderne Chemie.« Dennoch wäre es irrig, die A. lediglich als eine noch unentwickelte und fehlerhafte Vor-Chemie anzusehen, ohne das andersartige spirituelle Fundament der Doktrin zu berücksichtigen.

Viele Details der alchemist. Allegorik (z.B. der → Androgyn, bei den Ssabiern des »doppelgeschlechtl.« Mondes) dürften aus dem Bereich der → Sabier stammen. Im Abendland befaßten sich mit der A. nicht nur große Gelehrte (→ Albertus Magnus, Roger → Bacon), sondern — bes. in der Renaissance — auch zahllose Glücksritter und Scharlatane (→ Borri, → Cagliostro), was das ganze System immer mehr in Verruf brachte. Dennoch wurden auf traditioneller Grundlage noch in neuerer Zeit alchemist. Experimente durchgeführt (→ Tiffereau, Jollivet Castellot, Autor eines Buches mit dem Titel »Comment on devient alchymiste«, Paris 1897). Gessmann 1922 erwähnt weiters F. Wurzer, W. G. Kastner, W. F. Wackenroder, den Baron Hellenbach u.a.; s. auch → Argentaurum Company, und als Beweis für echtes, wenn auch irrendes Streben die »Lettres sur la chimie«, 1896—97, und das »Blaubuch« von August Strindberg); der Betrugsprozeß des dt. Schwindlers Tausend (1930—31) zeigt, daß die Faszination der A. auch im 20. Jh. nicht erloschen ist. Gute Einführung in den gesamten Problemkomplex: Ploss et al., 1970, sowie die Zeitschr. »Ambix« (Heffer, Cambridge, ab 1937); L. Gérardin, Les Domaines de l'Alchimie, Paris 1971.

Material zur Geschichte der A. → unter den Stichworten Adam, Alembic, Alipuli, Aludel, Ambix, Ampelitis, Androgyn, arbor philosophica, arcanum, Arnaldus Villanovanus, Athanor, aurum nostrum, Avicenna, Aquila, Azoth, Bacon, Balinus, Balneum Mariae, Basilius Valentinus, Blumen, Borri, Böttger, Boyle, Breton, caput mortuum, cuada pavonis, Chaos, Chemiatrie, chymische Hochzeit, Codex Casselanus, Corpus alchimisticum, Crocus, Crollius, Cucurbit, Digby, Digestion, Dorn, Ei, Elemente, Elixir, d'Espagnet, Fabre, Fiat, Flamel; Geber, Glauber, Gluten, Gold- u. Rosenkreuzer, Grassaeus, Gratarolus, grün, Gummi, Helmont, Helvetius, Hermes Trismegistos, hermetisch, Himmeltau, Hitchcock, homunculus, INRI, Jean de Meung, Khunrath, Kleopatra, Kunckel, Lacinius, Laigneau, lapis noster, Laton, Libavius, Madathanus, Magisterium, magnum opus, Majer, Manget, Maria judaica, materia prima, menstruum, mercurius, Metallbezeichnungen, Morienus, Mortificatio, Mumie, Musaeum hermeticum, Mutus liber, Mylius, Mazari, Newton, nil nisi parvulis, Norton, Ouroboros, Pantheus, Paracelsus, Pelikan, Philaletha, Projektion, Rabenhaupt, Rectificatio, Retorte, Ripley, Rot, Rothscholtz, Ruland, Rupescissa, sal, Sala, Sendivogius, Sethonius, Signatstern, solve et coagula, Spagyrik, Starkey, Stein der Weisen, sulphur, Thurneisser, Tiffereau, Transmutation, Trevisanus, Trismosinus, venter equinum, Vigenère, Vitriol.

ALEMBIC, (arab. al-anbiq), auch »Caput Mauri« genannt, alchemist. Destilliergefäß. Die arab. Vorsilbe al- zeigt, daß die Araber bei der Vermittlung antiken Wissens an das Abendland große Verdienste erwarben. Der A. entstand aus dem einfachen Destillierhelm → Ambix durch feste Verbindung mit einem Abflußrohr für die darin kondensierte Flüssigkeit. Es handelt sich dabei um eine Vorstufe der → Retorte. Der A. heißt auch Galea, Capitellum.

SCHMITZ 1966

ALFONS X. von Kastilien (A. der Weise, span. »el Sabio«), 1221—84, König von Kastilien von 1252—84, gilt als großer Förderer von Wissenschaft und Kunst. In polit. Hinsicht war A. trotz der unter seiner Regierung erfolgten Eroberung großer Teile Spaniens (Cartagena, Cadiz) aus maurischer Hand wenig glücklich, bes. durch seinen Versuch, dt. König und röm. Kaiser zu werden, dem Papst Gregor X. die Anerkennung versagte. Als sein größtes Verdienst gilt die Kodifizierung des Verfassungs-, Zivil und Strafrechts (»Leyes de las Siete Partidas«). Interessant sind seine geheimwissenschaftl. Neigungen, die ihn zu häufigem Umgang mit jüd. und oriental. Gelehrten bewogen. Die Planetentafeln des → Ptolemäus, bei welchen Abweichungen von den realen Beobachtungsdaten fühlbar wurden, ließ A. durch die von 50 Astronomen (→ Alchabitius) ausgearbeiteten »Alfonsinischen Tafeln« ersetzen, die bis in die Zeit → Keplers der Kanon der Astronomie waren (1252 vollendet; schönes Ex. Codex 2352 der Österr. Nat. Bibl.). Von der → Astrologie war die Astronomie in dieser Zeit kaum zu trennen (→ Astronomus). A.s astrolog. Neigungen wurden ihm oft vorgeworfen; »da er sich einbildete, aus dem Gestirn erforscht zu haben, daß man ihn seines Reiches berauben würde, gerieth er darüber in grosses Mißtrauen, und erzeigte sich sehr grausam, wodurch er dann jedermanns Haß gegen sich erregte, und also die Erfüllung seiner eigenen Weissagung selbst beschleunigte« (Zedlers Lexikon Bd.1/1732); gemeint ist die Empörung von A.s Sohn Sancho, die ihn seines Thrones beraubte und ihn bewog, bei den Mauren Hilfe zu suchen). Dem Namen nach gilt A. als Verfasser von Werken wie den »Libros del saber de astronomia« (Ausg. v. M. Rico, 1863—67), eines »Lapidario« (Ausg. v. Fernández Montaña, 1881), »Libro conplido« (Ausg. v. G. Hilty, 1954), »Libro de las Cruzes« (Ausg. v. Kasten/Kiddle 1961) und eines chem.-alchem. Gedichtes (»Tesorero«); es dürfte sich jedoch weitgehend um unter A'. Ägide hergestellte Umarbeitungen und Übersetzungen von arab. Quellen handeln. Berühmt ist die auf seinen Befehl hergestellte Übertragung des arab. Magie-Buches »Ghājat al-hakīm« (Das Ziel der Weisen), das unter dem Namen → Picatrix (entstellt aus »Hippokrates«) eine große Rolle in der Magie des MA. spielte. Vgl. E.S. Procter, Alfons X of Castile, Oxford 1951; Nowotny/Agrippa 1967, S. 441 f.

ALI PULI, auch Alipuli, Alipili u. ähnl., arab. klingender Name eines Autors von »Centrum Naturae Concentratum, oder: Ein Tractat Von dem Wiedergebohrnen Saltz« etc., angebl. aus dem Arab. übers. von Johann Otto Helbig, 1682, 1702, 1756, engl. 1696; dieses Werk wurde u.a. von → Fictuld sehr geschätzt und auch von → Hitchcock zitiert (»Der gesamte Kreis der Welt schließt nicht so große Geheimnisse und Wunder ein wie ein kleiner Mensch. O Mensch, erkenne dich selbst; in dir liegt verborgen der Schatz der Schätze«: in »Remarks upon Alchemy«, Boston 1857, S.34). Engl. Ausg. der »Epistles« des A., »edited after a Dutch MS of 1735«, erschien 1951.

ALLERMANNSHARNISCH, eine in der → Volksmedizin einst bedeutende Pflanze (Allium victorialis, früher Victorialis longa, Allium alpinum, auch »Siegwurz«), eine Lauch-Art, deren Zwiebel von einem netzartigen Fasergewebe umhüllt ist, das an ein Panzerhemd erinnert. Der A. wurde als → Amulett gegen Podagra, »böse Luft« und Behexung (auch der Pferde) getragen und noch in neuerer Zeit in

Medaillons verkauft, gewissermaßen als Ersatz für den selteneren → Alraun; der A. wurde daher auch als »Berg = Alraun« bezeichnet; in Bergwerken sollte die A.-Knolle vor mißgünstigen Gnomen (→ Elementargeister) schützen. Vgl. → Volksmedizin. Gessmann (1899) führt als Synonyme »Wegbreit« und »Wegbreitblättriger Lauch« an und erwähnt, es handle sich um ein Zaubermittel, das durch seine mag. Kraft gegen Verwundungen, Zauberei, böse Geister und Gespenster Schutz biete. Die »Siegwurz« wurde auch als Mittel für das → Festmachen von Soldaten getragen, vielfach als → Alraun verkauft und es »befinden sich gegenwärtig noch in der kaiserlichen Hofbibliothek zu Wien zwei derartige falsche Allräunchen, an denen man bei genauerer Untersuchung constatiren kann, dass sie mit einem Messer stark zugerichtet sind und die als Arme geltenden Teile mit Gummi angeklebt wurden. Sie stammen aus dem physikalischen Cabinete Kaiser (→) Rudolfs II. her und waren ehemals mit Hemd, Lederkappe und einem Sammetmantel bekleidet« (Gessmann 1899, 84).

FISCHER Ndr. 1967; MARZELL 1964; ZEDLER 1961—64

ALKAHEST, von den Alchemisten häufig genannte Substanz, meist als identisch mit dem aus dem → Stein der Weisen bereiteten → Elixir betrachtet, manchmal aber auch allgemeiner als »menstruum universale«, als allgemeines Lösungsmittel, das alle festen Stoffe aufzulösen imstande sein sollte. Nur das Wasser sollte von der Lösekraft des A. unbeeinflußt bleiben. Gessmann 1922 erwähnt, daß dem A. u.a. die Fähigkeit zugeschrieben wurde, Glas plastisch formbar (hämmerbar) zu machen, und erwähnt ein paracelsisches Rezept zu seiner Darstellung durch wiederholte Destillation von Alkohol auf reinem Ätzkalk.

ALMUTIN, Almuden, Almuth, alter astrolog. Name für den nach gewissen Gesichtspunkten als beherrschend gewerteten Planeten des → Horoskops. Man findet ihn, »indem man bey den einzelnen Fragen vornämlich den Planeten betrachtet, der die meiste Würde, Macht, und … die meiste Bedeutung hat… In Beziehung auf die Frage der Lebensdauer hat er den eigenen Namen [→] Hylech« (J. W. Pfaff, Astrologie, München 1816, S.162).

ALP, besser Alb, im Volksmund auch Drud, Nachtmahr, Nachtmännlein, Schröterlein genannt, wurde mit den antiken Vorstellungen von → Incubus und Succubus in Verbindung gebracht (vgl. Zedlers Lexikon Bd.1/1731, und Görres Ndr. 1960, Bd.III/S.296 ff.). Bis in die neuere Zeit hielt sich der Glaube, der Alptraum würde von einem dämonischen Wesen erzeugt: so etwa bei → Bodin. Als → Amulette dagegen verwendete man Korallenäste, den Chrysolith, Smaragd, Achat und Jaspis, ebenso den Wolfszahn, oder man verwendete als Bettdecke ein Wolfs- oder

Eselsfell. Der Drudenfuß (das → Pentagramm) sollte das Eindringen dämonischer Wesen in das Schlafgemach verhindern. Er wurde daher bis in die neuere Zeit häufig auf den Türbalken gezeichnet. — Erst im 18.Jh. wurden die dem A. ähnlichen Erscheinungen physiolog. erklärt, so etwa in J. S. Halles »Zauberkräften der Natur« Bd.9/1798, S.315: »In den finstern Zeiten des Aberglaubens, und noch jetzt in den Gehirnen des niedrigen Volkes, hielt man diese Erscheinung für eine Einquartierung böser Geister … (jedoch) nach dem Resultate der Beobachtung entsteht der A. von einem Krampfe der Muskeln, der entweder Folge oder Ursache eines schreckhaften Traumes war… Veranlassungen dazu sind die zu niedrige Lage des Kopfes, die Überladung des Magens, hitzige, gewürzhafte, geistige Getränke« usw.; in ähnl. Weise enthält das Lexikon von Zedler den Hinweis auf (etwa asthmat.) Beklemmungsgefühle als Ursache des »Alpdrückens«. Reiches volkskundl. Material s. etwa bei Grimm, Dt. Mythologie, Ndr. 1953. S.384.
BÄCHTOLD-STÄUBLI 1927 ff.

ALRAUN aus dem »Hebrarius zu teutsch«,
Augsbg. 1488

ALRAUN (m.), auch w. die Alraune, ahd. alruna, -runa wurzelverwandt m. got. runa, Geheimnis (vgl. Runen), häufigste Bezeichnung der Radix mandragorae, der → Mandragora-Wurzel. Dieser rübenartige, oft gegabelte und verzweigte Wurzelstock erinnert entfernt an die Gestalt eines Menschen, was offenbar die Phantasie der Rhizotomen (Wurzelgräber) schon in der Antike bewegte. Schon bei Theophrast (gest. 287 v.Chr.) ist von gewissen Zeremonien beim Freilegen der Wurzel die Rede, die darauf schließen lassen, daß man den A. als Aphrodisiacum verwendete. Josephus Flavius (37—93 n.Chr.) berichtet in seinem »Bellum Judaicum« (VII, 6, 3), daß sich der A. dem Ausgräber zu entziehen sucht und dieser sterben muß; aus diesem Grunde läßt man die Wurzel von einem Hund aus der Erde ziehen, der dann als »stellvertretendes Opfer« zugrunde geht. Die so gewonnene Wurzel, Baara genannt, vertreibe Dämonen. Ähnliches erzählt Claudius Aelianus (ca. 170—235 n.Chr.), der den A. als Heilmittel gegen Epilepsie und Augenkrankheiten beschreibt. Eine schöne spätantike Darstellung des A.s ist auf der Widmungsseite des Anicia-Juliana-Codex (Wiener → Dioskurides) zu finden (um 512 n.Chr.). Die Szene beim Ausgraben der A.-Wurzel ist u.a. abgebildet im »Hausbuch der Cerruti« (Tacuinum Sanitatis), Cod. Vindob. S.N. 2644, fol. 40 r. (Faks.-Ausg. Graz 1967).

Der Schrei, den der A. ausstößt, wenn man ihn aus der Erde zieht, wird bei Shakespeare (Romeo und Julia) erwähnt; schon im MA. hieß es, man sollte diesen Schrei durch Trompetenblasen zu übertönen suchen und sich überdies die Ohren verstopfen, um beim Ausgraben der Wurzel nicht Schaden zu erleiden. Dem Volksglauben nach wuchs der A. unter dem Galgen, und zwar aus dem Sperma eines gehenkten Diebes. In diesem Sinne berichtet die pseudoparacelsische Schrift »Secretum magicum« (n. Peuckert 1956), die A.-Wurzel sei »gestaltet wie ein Mensch, und dieselbig Wurtz muß man graben, eines Ellenbogen tief (unter dem Galgen), mit einem starken Span, von dem Galgen geschnitten… Und du mußt den Tag merken, daran der Mensch erhängt ist worden, und das Graben muß geschehen im Jahr darnach, an diesem Tage. Aber nit an der Stunde des Tages, sondern an dieser Stunde der Nacht« (1616); Der A. verschaffte dem Eigentümer nicht nur Liebe, sondern auch Reichtum. Das »Glücksmännlein« oder »Ertmänneken« wurde gelegentlich auch spiritus familiaris (→ Familiar) genannt; in den dt. Sagen der Brüder Grimm heißt es, man bewahrte den A. in einem verschlossenen Fläschchen, und er ließ den Besitzer verborgene → Schätze sehen, verschaffte Glück, behütete vor Gefängnis und vor Verwundung (→ Festmachen). Der Eigentümer müsse aber trachten, seinen A. wieder loszuwerden, was nicht leicht sei; wer ihn bis zum Tode behalte, müsse mit ihm in die Hölle. In diesem Sinne schrieb schon Hildegard von Bingen, die »christl. Sibylle vom Rhein«, in der A.-Wurzel wäre der Einfluß des Teufels fühlbarer als in anderen Pflanzen; sie rege den Menschen im Sinn seiner Wünsche zm Guten oder Bösen an. Im → Hexenprozeß

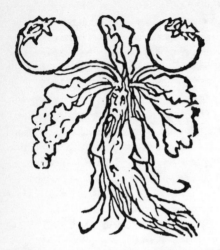

Von denen Goldbringenden Alruncken.

Die Alruncken sind auch solche Teuffels-Fanterle, die um geringes schnödes Geld des Menschen kostbahre Seele davon führen. Ich habe einige gekennet, welche mit diesem Geschmeiße umgegangen sind, und täglich zwey oder drey auch mehr Ducaten, nachdeme der Accord gemacht worden ist, davon zugeniessen hatten: Sie musten hingegen den Alruncken, wie ein kleines Kind, einfätschen, speisen, und vom Unflathe reinigen;

Vor einigen Jahren hat ein gewisser Prälat, dessen Orden, Closter und Landschafft zu nennen ich verschone, aus Geitz einen solchen Alruncken in einen Kelch gebannet, ist aber verkundschaffet, deswegen abgesetzt, und das Kloster gestrafft worden.

ALRAUN: Textstelle aus dem Hausväterbuch
»138 Geheimnisse« etc., 1732

gegen Jeanne d'Arc (die Jungfrau von Orleans) wurde diese u.a. auch beschuldigt, eine A.-Wurzel bei sich getragen zu haben. Solche »Galgenmännchen« wurden (soweit es sich um aus dem Orient importierte, echte Mandragora-Wurzeln handelte) durch Beschnitzen deutlicher menschenähnlich gestaltet und in manchen Gegenden Deutschlands sorgfältig in Kästchen aufbewahrt, bekleidet und gebadet (vgl. Achim v. Arnim: Isabella von Ägypten; J. Fromschmidt: Bericht, woher man die sog. Araunigen oder Goldmännlein bekommt. o.O.1768). Sie sollten dann als Haus-Schutzgeister Glück und Reichtum bringen (Geldmandl, Heinzelmännchen). In Wahrheit handelte es sich bei den von wandernden Salbenkrämern um teures Geld feilgebotenen A.-Wurzeln vielfach um Fälschungen. In Zedlers Lexikon (1732) liest man: »Was sonsten von der Mandragora oder Alruna, Alreona, Alraun, Alruncke, so die die Landstreicher... zu verkauffen und → Homunculum, Galgenmännlein, Heinztel = Männchen, Alraunen = Wurtzel, Pisse = Dieb, zu nennen pflegen, vorgebracht wird, ist lauter Fabel = Werck, weil es nicht Alraun ist, sondern ein gemachtes Bild aus Bryonien = Wurtz in warmen Sand gedörret...« (lt. Marzell wurde noch 1955 in Oberbayern eine Zigeunerin belangt, die zum Preise von DM 30—50 »echte A.-Wurzeln« verkaufte, wobei es sich jedoch lediglich um Salatwurzeln handelte). Ein ähnlicher Ersatz für den echten A. war häufig die »runde Siegwurz« (Gladiolus communis) sowie der unter dem Namen »lange Siegwurz« feilgebotene → Allermannsharnisch.

Außer bei A. v. Arnim findet sich der Glaube an die Wirksamkeit des A.s literarisch gestaltet noch bei F. de la Motte-Fouqué (Das Galgenmännlein, 1810 und Madragora, 1827), schließlich in dem mehrmals verfilmten Trivialroman »Alraune. Die Geschichte eines lebenden Wesens«, von H. H. Ewers (1913). Abb. bei Agrippa/Nowotny 1967, Appendix III h; zahlr. Belegstellen bei Grimm, Dt. Mythologie, Ndr. 1953, S. 1005 ff. Vgl. auch W. Hävernick: Wunderwurzeln, Alraunen und Hausgeister etc., Beitr. z. dt. Volks- u. Altertumskde. Hambg. 10/1966, S. 17 ff. — Zahlr. Abb. der A.en finden sich in alten Kräuterbüchern (→ Volksmedizin). Eine andere Art von A. beschreibt → Agrippa von Nettesheim in der Occulta Philosophia I/37, wonach sich in einem einer Bruthenne untergelegten Ei eine menschenähnl. Gestalt bilden läßt, der »wahre A.« der Alten, mit wunderbaren Kräften begabt (Peuckert 1967, S.50).

BIEDERMANN 1972; MARZELL 1964; SCHERR 1866; ZEDLER 1961—64

ALUDEL, kleines und rundes alchemist. Gefäß, meist als identisch mit dem → Cucurbit betrachtet, gelegentl. jedoch auch als Glaskugel mit zwei Ansatzhöhen (oben und unten) bezeichnet, die man auf den Sublimierkolben aufstecken konnte, um so eine Art »fraktionierter Destillation« bei stufenweisem Aneinanderreihen dieser Kolben zu erreichen (Gessmann 1922). Die A. besteht nach der

Anweisung des → Geber (Summa perfectionis) aus einem Glas von ganz bestimmter Dichte; die eiserne A. hat bei den arab. Alchemisten den Decknamen »Hochtreiber der Geister«. A. wird allegorisch auch in der Bedeutung »die Erde« gebraucht.

AMBIX (gr.), in der Alchemie gebrauchtes Gerät. Es handelt sich um einen Destillierhelm, der über den Kolben gestülpt wird, in dem das Destilliergut erhitzt wird. Aus diesem Helm entstand bald der → Alembic.

AMPELITIS, Terra A., bei → Dioskurides V/181 Ge A. (ein bei Seleukia vorkommendes Material, das »lösend und kühlend« wirkt), auch Terra Pharmacitis, in der → Alchemie und → Chemiatrie übliche Bezeichnung für Anthrazit oder auch für gewöhnl. Steinkohle, die von K.A. Kortum 1796 als → materia prima angesehen wurde. Zedlers Lexikon Bd.1/1732 beschreibt A. als »eine Gattung Erde, welche steinigt, schwarz und sehr harzigt ist, gleich dem Gagate... sie führet viel Schwefel und Saltz. Wann sie alt wird, zerfället sie von sich selbst zu Staub, und wird Salpeter daraus gelauget. Sie dienet die Würmer im Leibe zu tödten, und das Haar schwartz zu färben«. Der Versuch, A. als Lösungswort des → Agathodaimon-Rätsels aufzufassen, trifft nicht zu, da es den darin genannten Bedingungen nur teilweise entspricht.

AMULETT, lat. amuletum, von amoliri — abwenden, magisches Schutzmittel zur Abwehr feindlicher Mächte, etwa des → bösen Blickes, innerlich verwandt mit dem → Talisman, der Glück anziehen soll, und nicht immer von ihm zu trennen. Die »apotropäischen« Bildwerke der Antike, etwa das Gorgoneion (Haupt der Medusa, deren Blick in Stein verwandelt), bezeugen das hohe Alter der Ansicht, die sich in dem Spruch »Maleficia posse, per artem quam facta sunt, destrui« (böse Mächte können durch die Kunst, die ihnen zukommt, auch zunichte gemacht werden) äußert. Auf klassischen und frühgeschichtl. Gegenständen treten nicht selten Augenornamente auf, die feindliche Blick-Emanationen neutralisieren sollen. Die als magisch-kraftgeladen betrachteten Genitalien treten häufig in symbol. Form als A. auf: etwa die »fica«-Geste (der bei geballter Faust zwischen Zeige- und Mittelfinger gesteckte Daumen), fixiert und plastische Bildwerke (Schmuckanhänger, Schnitzereien) oder phallische A.e als Abwehr des → bösen Blickes.

Manche Naturprodukte sollen aus sich heraus A.-Wirkung besitzen: etwa die Koralle, der Sage nach aus dem Blut des von Perseus abgeschnittenen Gorgonenhauptes gewachsen, die häufig zu Schmuck verarbeitet wurde; der im Anschliff augenähnlich gezeichnete Achat (»Augenstein«), der Amethyst als Verscheucher

LECTORI S.

Günstiger Leser/es werden die Characteres vnd Sigilla in vorgehenden 3. Büchern vngleich gefunden/villeicht auß vrsachen/ das sie (wie offt geschicht) auß Vnfleiß nicht eigentlich abgerissen vnnd geschnitten worden. Weil nun das Autographum nicht vorhanden/ hab ich dieselbigen/ wie sie in der vorigen Teutschen Edition gefunden/bleiben lassen. Damit aber dem Leser nichts abginge/folgen jetzt die Sigilla vnnd Characteres alle widerumb hernach / auff ein ander Gattung/wie sie Gerardus Dorn in seiner Lateinischen Edition hatt setzen lassen: Wo er derselbē Abcontrafetung bekommen/ ist mir vnwissendt. Das Iudicium aber vnnd Discretion/ welchs die rechten seyende/ stehe bey dem Verstendigen Leser/ der solche will brauchen vnd zurichten lassen/rc.

LIBRI PRIMI ARCHIDO-
xis Magica Sigilla, à superioribus
variantia.

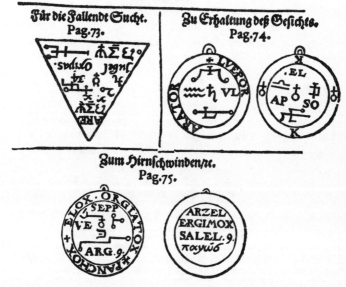

AMULETTE: Eine Seite aus der (pseudo-)paracelsischen »Archidoxis magica« (Huser 1590) mit A. gegen verschiedene Krankheiten. Nach Agrippa/Nowotny 1967

der Melancholie, der Diamant für die Abwehr quälender Träume usw. Vielen →
Characteres sollte A.-Charakter zukommen, etwa dem → Pentagramm. In der
Renaissance tragen Talismane und A.e häufig astrolog. Symbole (→ Medaillen,
astrologische).

H. Nemec (1976, 106 ff.) betont die Rolle, die A. und Talisman bei der Herausbildung des Schmuckes im bäuerlichen Bereich spielten und erwähnt, daß im
Alpenraum das Wort A. vielfach unbekannt ist; Synonyme: »Wehrer« (Unglücks-
Abwehrer) und »Amadesl«; ältere Bezeichnung für A.: Phylacterium. Für A. und
Talisman ist die enge Bindung charakteristisch, »die sie zum Menschen haben
müssen, damit sie ihre Aufgabe erfüllen können: Sie werden entweder einzeln oder
in mehreren Stücken getragen oder in Haus und Stall an bestimmten Plätzen aufbewahrt.«

A. und J. Knuf weisen darauf hin (1984, 186), daß für A. wie auch für → Talismane »die Manipulationen, denen man sie unterzieht, von entscheidender Bedeutung für ihre Wirkung sind. Solche Manipulationen können stark formal und
historisch verkrustet sein, so daß die einzelnen Elemente in ihrer Beziehung untereinander nur noch unvollkommen zu erkennen sind. Meistens aber sind sie einfach und stehen in direkter Verbindung mit den menschlichen Sinnen. Typische
'Manipulationen' sind: Berühren, Streicheln, Reiben. Damit verbundene
Umgangsformen sind z.B. das Tragen unter der Kleidung, d.h. direkt am Körper,
an oder auf der Kleidung... Durch ihre Identifikation mit solchen ritualisierten
Formen der Manipulation erfüllen A. und Talismane in sich ständig die Merkmale
ihres Vollzuges, am einfachsten zu erkennen dort, wo sie direkt in Vertretung solcher Kommunikationsformen gebraucht werden, wie z.B. bei den Schriftamulet-
ten oder den Darstellungen von Gesten... (Sie sind) rituelle Gegenstände, als Ver-
körperungen von Ritualen zu erkennen, deren körperliche Form den dauernden
Vollzug des Rituals beinhaltet... Es zeigt sich, daß A. und Talisman notwendig
sind, da durch die formale Einheitlichkeit im Umgang mit ihnen Sicherheit
erzeugt wird. Das Bedürfnis nach Sicherheit ist im Menschen immer groß, besonders dann, wenn seine Lebenswelt erschüttert wird... Zusammenfassend sehen
wir, daß über die festgestellten Wirkungen im psychischen, physischen und emo-
tionalen Bereich hinaus A. und Talismane auch dort real, d.h. meßbar wirksam
sind, wo ein Gefühl der Sicherheit schon allein die Erfolgsaussichten einer Handlung vergrößert: Im Umgang mit der Natur, im Umgang mit den Menschen und
im Umgang mit dem übernatürlichen Bereich.« Wichtige Quellen zur Geschichte
des A.s sind vor allem Agrippa von Nettesheim (Ausg. 1967), → Gaffarel (1676)
und → Arpe (1717). In der Zeit der Aufklärung schwand der Glaube an die Wirksamkeit der A.e rasch dahin; im 1. Band von Zedlers Lexikon (1732) ist davon die
Rede, »wie nichtig und betrüglich diese Kunst sey... (so) haben es vernünfftige
Leute iederzeit, theils vor abergläubische Possen gehalten, theils vor Betrug,

dahero die erste Kirche es schon verboten und untersaget. Canon.XXXVI. Concil. Laodicen. welchem Verbote die Kayser mit scharffen Befehlen und Edicten mehrern Nachdruck gegeben«. Vgl. auch das Stichw. A. in (Herzog-Haucks) Realencykl. f. prot. Theol. u. Kirche I, Ndr. 1969, S.467 ff., von J. Ficker. Über handschriftl. hergestellte A.e bei den Juden vgl. Bloch o.J., S.29 ff., wo Rabbi Naftali ha-Kohen, ein Nachkomme des Rabbi Jehuda Löw (→ Golem) und bekannter Kabbalist (gest. 1718), als Verfertiger erwähnt wird.

BORN 1937; HANSMANN/KRISS-RETTENBECK 1966; STEMPLINGER 1948; VILLIERS 1927; ZEDLER Ndr. 1961—64

ANDREAE, Johann Valentin, der eigentl. Begründer des → Rosenkreuzer-Bundes, wurde 1586 als Sohn des luther. Theologen Jakob A. in Herrenberg (Württembg.) geboren. 1607—14 bereiste er als Hofmeister junger Edelleute die Schweiz, Frankreich und Italien, nachdem er von 1601—06 in Tübingen studiert hatte. Hier war er mit dem Werk des → Paracelsus, durch seinen Lehrer Besold mit esoterischer Wissenschaft und mit der Utopie Campanellas bekannt geworden. 1614 wurde A. Diakon in Vaihingen, 1620 Superintendent in Calw, 1639 Hofprediger in Stuttgt., 1646 Mitglied der »Fruchtbringenden Gesellschaft«, 1650 Abt und Generalsuperintendent zu Bebenhausen, 1654 Abt zu Adelberg. A. starb 1654 in Stuttgt. — In seiner Tübinger Studienzeit muß ihm der Gedanke zur Gründung eines Bundes erlauchter Geister gekommen sein, die das Papsttum, den Islam und die scholast. Philosophie bekämpfen und ein reformiertes, mit der Esoterik in Einklang stehendes Christentum herbeiführen sollten. So schuf A. den Mythus einer bereits 120 Jahre bestehenden Geheimgesellschaft, von einem »Christian Rosenkreutz« begründet (»Fama Fraternitatis, oder Entdeckung der Brüderschaft des hochlöblichen Ordens des Rosenkreutzes, gedruckt anonym zu Kassel 1614; »Confessio Fraternitatis R.C.; 1615). Der mythische Gründer des Ordens, Christian Rosenkreutz, soll diesen Schriften zufolge nach langen Orientreisen den Plan einer Sammlung reifer Gelehrter gefaßt, jedoch zu wenig Erfolg gehabt haben; daher wäre sein Grabmal nach seinem Tode im Jahre 1486 so gebaut worden, daß es sich nach 120 Jahren (also 1606) öffne und die Geheimnisse preisgebe. Den weitaus größten Erfolg hatte jedoch die »Chymische Hochzeit Christiani Rosencreutz. Anno 1459«, Straßbg. 1616, die man früher als »derbe Satire auf geheime Gesellschaften und die Alchemie« auffaßte, während man sie heute als allegorische Schilderung des geheimwissenschaftl. Einweihungsweges und der Herstellung des → Steines der Weisen ansieht. Der Erzähler (Rosencreutz) wird zu der Hochzeit eines Königs geladen, muß viele Proben bestehen, nimmt an alchemist. Operationen teil, belauscht aber schließlich die nackte Venus (hier wohl Symbol der Weltlust) und kann daher die endgültige Erleuchtung nicht erlangen. Der Schluß

Chymische Hoch-
zeit:
Christiani Rosencreütz.
ANNO 1459.

Arcana publicata vilescunt; & gratiam prophanata amittunt.

Ergo: ne Margaritas obyce porcis, seu Asino substerne rosas.

Straßburg,
In Verlägung / Lazari Zetzners.
Anno M. DC. XVI.

ANDREAE: Titelseite der »Chymischen Hochzeit«
Ausg. Straßbg. 1616

wurde nicht geschrieben — A. bricht mitten im Text mit dem Hinweis ab, in den Schriften des Rosenkreutz fehlten hier »zwei quart Blättlin«. — Es wäre falsch, dieses Buch als satir. Mystifikation aufzufassen; es handelt sich eher um einen utopischen Mythus, der in weiten Kreisen das Interesse an Rosenkreutz und seinem geheimen Bunde wachrief. Der Stil des Buches ist von innerer Begeisterung erfüllt, stellenweise naiv und holprig, aber jedenfalls geistesgeschichtlich ein überaus wertvolles Zeitdokument. A. leugnete später die Autorenschaft der beiden anderen Rosenkreuzerschriften ab, »wohl zu seinem Schutze und in Erkenntnis der Unerfüllbarkeit seines hohen Traumes« (Alfons Rosenberg 1957), und er rückte von seinen Ideen später auch mehr oder weniger ab, ohne jedoch zu leugnen, die »Chymische Hochzeit« verfaßt zu haben. Von seinen späteren Schriften verdienen Erwähnung: »Christianopolis« (1619), »Turbo«, ein Drama mit faustischen Zügen (1616), die »Menippus«-Dialoge (1649) und »Theophilus« (1649). A.s Selbstbiographie, »Andreae vita ab ipso conscripta«, erschien neu in der Ausgabe von Rheinwald, Berlin 1849 (dt. Übersetzung von Seybold, 1799).

D. Hölscher vertritt in der »Realencyklopädie f. prot. Theol. u. Kirche« Bd.1/1896, Ndr. 1969, S.507, die Ansicht, A.s Rosenkreuzerschriften wären ursprüngl. als Satire auf die »mystische und alchymistische Geheimniskrämerei der Zeit gemeint gewesen, doch habe sich dem Autor die Möglichkeit eröffnet, »einen Geistesbund von christlichen Freunden aus allen Ländern zu stiften... Diese Gedanken entwickelte er 1617 in der Invitatio Fraternitatis Christi ad amoris candidatos und 1620 in der Christianae societatis idea und der Christini amoris dextra porecta.« Vgl. R. Kienast: J. V. Andreae und die vier echten Rosenkreutzerschriften (Palästra 152), Leipzig 1926.

H. Schick (1942/1980, 77) spricht sich im Gegensatz zu manchen Versuchen, die Autorschaft der drei alten Rosenkreuzer-Schriften anderen Verfassern, etwa Besold, zuzuschreiben, nach sorgfältiger Analyse der Argumente eindeutig für A. aus: »Am Schluß der 'Fama' steht der Spruch: 'sub umbra alarum tuarum Jehova'. Das ist... eine Variation des Wahlspruches A.s: in te domine speravi, non confundar in aeternuum. Nur eine Person, und zwar Johann Valentin Andreae, kommt somit nach Untersuchung von Form und Inhalt der drei echten Rosenkreuzer-Schriften als Verfasser in Frage.« Bei Schick ab S.299 auch eine gute Bibliographie der bis 1942 greifbar gewesenen Literatur. Vgl. Chr. McIntosh, The Rosy Cross Unveiled. The History and Rituals of an Occult Order. Wellingborough 1980.

ANDREAE (ROSENBERG) 1957; ARNOLD 1956; FEDERMANN 1964; NIGG 1959

ANDREAE: Porträt-Kupferstich mit dem Emblem des Rosenkreuzes rechts oben

ANDROGYN (gr.), ein mannweibliches Doppelwesen, in der alchemist. Allegorik häufig irreführend als Hermaphrodit bezeichnet, dient hier einerseits als Symbolbild für die → Materia prima, anderseits auch für den → Stein der Weisen, der die polaren Gegensätze in sich auflöst (»Coincidentia oppositorum«). Die A.-Gestalt geht offenbar auf alte kosmogonische Vorstellungen zurück und stellt die ursprüngl. Einheit der beiden später einander suchenden Gegenpole dar: etwa in Form des Urriesen Ymir (german.), des Purusha (ind.), Gayomard (pers.), gemahnend an den orphischen Urgott Phanes, an die Urwesen in der Euryximachos-Rede (Platons Symposion), an die hermaphroditische Statue in der Dandamis-Erzählung des Bardesanes (Schultz 1910, S.LV); über die verschiedenen Systeme der → Gnosis drang der Gedanke, daß jede Schöpfung gewissermaßen eine Zeugung wäre und daher eines männlichen und eines weiblichen Elementes bedürfe, die anfänglich untrennbar verbunden waren und am Ende wieder ineinander aufgehen, in die Bilderwelt der → Alchemie ein. In der gnost. Symbolik ist häufig von einer heiligen Hochzeit von Sophia (der Weisheit) mit dem Sotér (Erlöser) die Rede, und so tritt an die Stelle des einzigen A.-Wesens oft das Bild der zeugenden Umarmung (→ chymische Hochzeit), etwa von Sonne und Mond (→ coniunctio). Eine Tarnbezeichnung für den A. ist »Rebis«, von res bina (das Zweifache). Bekannte bildliche Darstellungen des A.s sind etwa enthalten in der Hs. des Michael Cochem, Bibl. Vadiana, St. Gallen, und in der Hs. Rh 172 der Zentralbibl. Zürich (repr. bei Burckhardt 1960).

Die große Bedeutung, die jenem Symbol in der Alchemie-Lit. zukommt, erhellt z.B. aus dem »Kleinen Bauern« des → Grassaeus, ebenso aus dem »Kompaß der Weisen« des (Pseud.) Ketmia Vere (→ Gold- u. Rosenkreuzer), 2. Aufl. Berlin 1782, S.401 (»Der [→] Mercurius, wovon Montesnyders redet, hat eine zwiefache Natur, und wird deswegen Hermaphrodit genennt. Hat zween Eltern, oder entstehet aus zween andern Mercuriis, deren der eine weiß, der andere roth ist. Die Lunaria [Zedlers Lexikon Bd. 18, 1738, Sp.1166: L. »heisset bey denen Chymisten, was sie sonsten Aquam mercurialem, Acetum Philosophorum, Mercurium mineralum, und Sputum lunae, zu nennen pflegen«] ist der weiße Mercurius; der allerschärfste Weinessig des [→] Lullius ist der rothe. Dieser weisse Mercurius ist das Bad des Monden, und der rothe Mercurius das Bad der Sonnen... Ich schließe endlich die Braut und den Bräutigam in eine helle Kammer« (→ chym. Hochzeit) usw.

Charakterist. für die Metaphorik dieser Epoche ist z.B. der Text »Aus dem hermaphroditischen Sonn- und Monds-Kind, d.i. des Sohns der Weisen natürlich-übernatürliche Gebärung, Zerstöhrung und Wiedergeburt... durch einen Lehrjünger der Natur L.C.S. Maynz 1752«, in dem Sammelwerk »Hermetisches A.B.C.... vom Stein der Weisen«, Berlin 1779, Ndr. Schwarzenburg 1979, II, 301 ff.: »Von Art hab ich einen grauen Leib,/ bin doch kein Mann und auch kein

Weib;/ beide Naturen an mir zu han,/ das zeigt mein Fleisch und Blut wohl an,/ das Blut männlich, das Fleisch weiblich,/ die Kraft beider die ist geistlich./ Ich habe Mann- und Weibes-Glied,/ drum nennt man mich Hermaphrodit:/… Ein Ding der Welt vor Augen steht,/ so in sich nimmt des Goldes-Secret:/ sein Form ist männ- und weiblich Gestalt/ und sein Natur ist heiß und kalt./ Der Mann bleibt fest, das Weib das fließt/ wenn mans aus seiner Miner gießt:/ ist doch nur eins, Anfang und End, hiemit der Mann zum Weib sich wend…« etc.

Vermutlich hat nur die wissenschaftsgeschichtl. erklärbare Tatsache, daß Fachleute für die Geschichte der → Alchemie sich nicht mit dem religionshistorischen Basismaterial der → Gnosis befaßten, die bei entsprechender Quellenkenntnis naheliegende Erkenntnis behindert, daß sich in der alchemist. Doktrin gnost. Lehrinhalte verbergen. Dies erhellt vor allem aus Texten, die sich mit der Gestalt des androgynen Gottes (der den Menschen »nach seinem Ebenbilde« und zugleich als »männlich und weiblich« geschaffen hat). Diese esoterischen Lehren spielen auch in der jüdischen Geisteswelt der Spätantike eine große Rolle. Im Traktat Megilla des babylon. Talmud wird die Bibelübersetzung diskutiert: 'Männlich und weiblich erschuf er ihn', statt 'erschuf er sie'. R. Mayer schreibt in seinem Kommentar dazu: »Raschi verweist zu dieser Stelle auf die Aggada, nach welcher der eine erste Mensch [→ Adam] zunächst zwei Gesichter gehabt habe. Eine ähnliche Legende wird von Aristophanes im Symposion von Platon erzählt (189c—190b).« Die Lehre von einer ursprünglich vorhandenen Doppelnatur, die später auf höherer Stufe bewußt wiederhergestellt werden soll, wird in den alchemist. Texten in Form von Allegorien der zur Einheit strebenden Dualität von Sol/Luna, Mars/Venus, Gabricius-Beja, König/Königin, Sulphur/Mercurius usw. immer neu paraphrasiert. Diese polaren Gegensätze sollen von der uranfänglichen Doppelgestalt über einen Prozeß der Läuterung zu einer vergeistigten Ganzheit hinleiten. Sowohl A.-Bilder als auch solche der → chymischen Hochzeit spielen damit auf Doktrinen aus dem Mutterboden der → Gnosis an.

Kennzeichnend für die der A.-Vorstellung zugrundeliegende Geisteswelt ist z.B. Vers 22 des syrischen (apokryph.) Thomas-Evangeliums: »Wenn ihr das Männliche und das Weibliche zu einem einzigen machen werdet, so daß das Männliche nicht männlich und das Weibliche nicht weiblich sein wird…, dann werdet ihr in das Königreich eingehen«. Vgl. E. Wilh. Möller, Gesch. d. Kosmologie, Halle 1860, Index unter »Mannweiblichkeit« (Gottes, der Äonen, des Menschen).

HARTLAUB 1959; JUNG 1955/56; PAGELS 1981

ANHORN, Bartholomäus, 1616—1700, evangel. Pfarrer in Bischofszell, wurde bekannt durch sein volkskundl. und geistesgeschichtl. aufschlußreiches Buch »Magiologia. Christliche Warnung für dem Aberglauben und Zauberey; darinnen gehandelt wird von dem Weissagung, Tagwehlen und Zeichendeutern; von dem Bund der Zauberer mit dem Teufel; von den geheimen Geisteren, ... und Wasser = Probe; ... Von der Hexen = Gabel. Reiten, Versammlung, Mahlzeiten, Beyschlaf, Wettermachen, Leute und Vieh beschädigen. Von dem Nestel knüpfen... der Passauer Kunst, Schatzgraben, Allraunen, Allchimey, Schlangenbeschweren und Lieb = Gifften... Der fürwitzigen Welt zum Eckel, Scheusal und Unterweisung« etc., Basel 1674, Aug. raurar. 1675 (u.d. Pseud. Philo). Ein Beispiel von A.s Kasuistik ist etwa der von Görres (Ndr. 1960, Bd. 3, S.268—69) berichtete Fall eines → Werwolfs im »Herzogthum Preußen«, der ein »wüster, unförmlicher Mensch« war; er habe sich zweimal im Jahr in ein solches Tier verwandelt (zu Weihnachten und am St. Johannistag) und das Vieh der Bauern zerrissen, bis er gefangengenommen wurde. Man »ließ ihn von dem Gefängnißwärter fleißig beobachten, ob er etwa in einen Wolf verwandelt werde; er hat aber seine menschl. Gestalt jederzeit behalten« (S.566). A. (zubenannt »von Hartwiss«) ist auch Autor der Predigtsammlung »Theatrum concionum sacr. topicum«, Erstausg. Basel 1670—91, 9 Bde.; Peuckert 1967 bezeichnet die »Magiologia« als ein »wahres Kompendium des Aberglaubens und verworfenen Denkens« (S.122).

ANTICHRIST, auch Widerchrist, b. Luther Endechrist, in alten Quellen oft Entkrist, bezeichnet die eschatolog. Vorstellung einer Verkörperung des Bösen, eines Gegenbildes des »am Ende der Tage« wiederkehrenden Messias, der knapp vor der zweiten Erscheinung Christi alle dem Christentum feindl. gesinnten Kräfte zum großen Endkampf sammeln soll. Schon im AT sind derartige Vorstellungen vorweggenommen (Gog, König des Reiches Magog, bei Hesekiel 38, 2; 34, 1.6) und treten um die Zeitenwende deutlich in den Vordergrund: so heißt der endzeitliche Widersacher in den Qumran-Texten der »Gemeinde vom Toten Meer« Belial (hebr. belija'al, Bosheit), ein in späterer Zeit oft gebrauchter Dämonenname. Im babylon. Talmud ist bei Erörterungen der Endzeit von einer dem messianischen Erlösung vorhergehenden Greueln die Rede: »Wenn sie nicht Umkehr tun, werden sie nicht erlöst. Aber der Heilige, gelobt sei er, läßt ihnen einen König erstehen, dessen Verordnungen hart sind wie die Hamans« (vgl. Esther 3, 5 ff. Traktat Sanhedrin 97b). Dem frühen Christentum war die Vorstellung einer nahen Endzeit, in der die Bedrängnisse durch böse Mächte einen Höhepunkt erreichen, völlig geläufig und erreichten in der Apokalyptik ihren gültigen Ausdruck. Falsche Erlöser wurden vielfach als A.-Gestalten etikettiert: »A. heist insgemein ein jeglicher falscher Lehrer, der die Kirche Christi zu zerstören suchet. Es war ein solcher 1) Theudas, der vor den Meßiam angesehen seyn wolte, Act.5.36. 2) Judas aus Galiläa, 5.37. 3) Simon der Zauberer, Act. 8.18. 4) Bar=Zehu in Zypern, Act. 13.6. 5) alle falsche Propheten, Matth. 24,5 und insonderheit derjenige, der uns 2 Thess.II → [der »Mensch der Sünde«] → und in vielen Orten der Offenbahrung Johannis beschrieben wird« (Zedlers Lexikon Bd.2/1732; vgl. hier auch das Stichwort »Tausendjähriges Reich« Bd. 42/1744, Sp. 444 ff.). In der Urkirche wurde oft der röm. Kaiser Nero (54—68) als A. angesehen, später häufig Mohammed und allgemein der Islam (so etwa von Papst Innocentius III., 1213).

Die Vorstellung vom Wirken des A. in der frühchristl. Zeit schildert eindrucksvoll Atzberger (Gesch. d. christl. Eschatologie, Ndr. Graz 1970, S.250 ff.) im Anschluß an St. Irenäus, Bischof von Lyon (gest. um 202): »Er wird kommen mit der ganzen Macht (virtus) des Teufels, nicht als ein gerechter und in Unterwürfigkeit gegen Gott rechtmäßiger König, sondern als ein gottloser, ungerechter und ungesetzlicher, als Abtrünniger, Missetäter und Mörder, als ein Räuber, der den ganzen diabolischen Abfall von Gott in sich zusammenfaßt. Die Götzenbilder wird er beseitigen, um die Menschen zu überreden, er selbst sei Gott… Vom A. ist ferner gesagt, daß die zehn Könige ihm ihre Macht und Gewalt geben (Offenb. 17, 12—13), um mit ihm die Kirche zu verfolgen. Er ist das aus dem Meere aufstei-

ANTICHRIST: Die Verehrung des A.en, aus dem Blockdruck »Des Entkrist Leben«, o. O. (Straßbg.?), o. J. (um 1480); vgl. K. Falkenstein, Gesch. d. Buchdruckerkunst, Leipzig 1840, S. 23 ff.

gende Tier der Apokalypse, dessen Zahl 666 [→ Abraxas]... Es sei allerdings sicherer und gefahrloser [als herumzurätseln], die Erfüllung der Prophetie abzuwarten ... Nur beispielsweise führt er [Irenäus] solche Namen an: Euanthes, Lateinos, Teitan... Seinen Sitz wird der A. im Tempel zu Jerusalem aufschlagen. Die Zeit seiner Schreckensherrschaft wird drei Jahre und sechs Monate betragen... Wenn so der A. alles in der Welt wird verwüstet haben, so wird der Herr kommen auf den Wolken, in der Herrlichkeit des Vaters und wird ihn und seine Anhänger (sofort, nicht etwa erst beim Endgerichte) in den Feuerpfuhl werfen«. Das Vorkommen der Gestalt des A.en in alchemist. Texten wird von Ganzenmüller 1938, S.227 erwähnt, u.zw. im MS»Buch der hl. Dreifaltigkeit« (1419), wo die Trinität den → Stein der Weisen repräsentiert, der A. hingegen die aus unreinen Stoffen hervorgebrachten Fälschungen.

Die Vorstellung des A.en spielte im Mittelalter im Zusammenhang mit dualist. Endkampf-Vorstellungen eine große Rolle, etwa im altbayer. Gedicht »Muspilli« (9.Jh.) und im »Liber de Antichristo« des Adso v. Toul (10.Jh.), ebenso in den Liedern der Frau Ava und bei Freidank. Bekannt wurde das in Tegernsee entstandene »Ludus de Antichristo« (12.Jh.), in dem sich der A. mit zauberischem Blendwerk bemüht, alle Herrscher auf seine Seite zu ziehen. Etwa vom 13.Jh. an wird nicht selten das Papsttum als eine Institution des A.en bezeichnet, u.zw. von Sektengründern und Reformatoren (Art. Smalc. 2,4. Tractatus de pot. Pap.), so auch in dem lat. Drama »Pammachius« (Wittenbg. 1538) des Th. Naogeorgius (Pseud. f. Kirchbauer od. Kirchmaier, 1511—63). Kulturgeschichtl. wertvolle Quellen über die A.-Vorstellung sind u.a. die Inkunabel »Des Entkrist leben« (um 1480), Hartmann Schedels »Weltchronik« (1493), Sebastian Brants »Narrenschiff« (1498) und Sebastian Francks »Chronica, Zeitbuch unnd Geschichtsfibell« etc. (1536), ein Werk, das im Sinne des theosoph. Geschichtsbildes des Autors am Ende eine große Vision von der Erhebung des A.en vor dem Jüngsten Tage enthält; vgl. auch Th. Malavenda, De Antichristo, Lyon 1647. — Über eine jüd. A.-Legende, in deren Zentrum eine »Armillus« genannte Gestalt — entstanden »durch Vermischung einiger heidnischer Bösewichter mit der marmornen Bildsäule einer schönen Jungfrau« — berichtet Gesenius im 4. Band der Enzyklopädie von Ersch-Gruber (Ndr. Graz 1969), S.293 f. — Auch in der Volkssage tritt der A. nicht selten auf (z.B. I. V. Zingerle, Sagen aus Tirol, Ndr. Graz 1969, Nr.1022; Artikel »Endschlacht« in Bächtold-Stäubli Bd.II). — Lit.: J. Geffken, Die Sage vom A., Preuß. Jahrbuch 102, Berlin 1900; P. Steigleder, Das Spiel vom A., Würzbg. 1938 (reiche Bibl.); W. Bousset, Der A. in der Überlieferung d. Judentums, 1895; H. Preuss, Die Vorstellungen vom A.en im späten MA, 1906; Stichw. »A.« in (Herzog-Haucks) Realenzyklopädie f. prot. Theol. u. Kirche Bd. I, Ndr. Graz 1969, S.577 ff.; über Belial (Qumran) vgl. G. Molin, Die Söhne des Lichts, 1954; J. Maier (Hrsg.), Die Texte vom Toten Meer, München 1960 (Bes. 1 QM, S.123 ff.). Zur Geistesgeschichte vgl. Peuckert 1966. Ndr. des Blockbuches aus dem 15. Jh. mit Kommentaren von G. Schübel, H. Th. Musper, F. Geldner und E. Kyriss: München (Prestel) 1971. Chr. Hill: Antichrist in 17th Century England. Oxford Univ. Press, 1971. Über die A.-Vorstellung unter den Beginen von Narbonne, nach dem Handbuch der Inquisitionspraxis des Dominikaners Bernard Gui, um 1323, vgl. A. Borst, Lebensformen im MA., Frankfurt/M. 1979, S.594 f.

AQUILA, lat. f. Adler, vieldeutiger alchemist. Terminus, meist komplexes Symbol f. → Mercurius, Wasser, Seele, wobei sich dieses Element in der Coagulatio (einem Stadium bei der Darstellung des → Steines der Weisen) mit dem »männlichen« Prinzip des → Sulphur vereinigt (→ Chymische Hochzeit). Zedlers Lexikon Bd.2/1732 nennt daher als Bedeutung von A. »bey den Chymicis« an erster Stelle »den Mercurium Philosophorum oder Metallorum... das ist, ein in sein erstes Wesen versetztes Metall« (n. → Rulandus). A. steht aber auch für Salmiak, und A.alba für das, »was aus dem Sale ammoniaco bereitet... wird, der allmählich oben im Digerir-Glase aufsteigende Dampf oder Nebel« (Dämpfe als Vögel, → hermetisch), und das Sublimat heißt dann »Mercurius vitae« oder »Flores salis ammoniaci« (nach → Libavius). »So wird auch bey Zubereitung des Steines der Weisen, das geistige und durchsichtige sublimirte Wesen, dessen Leim (→ Gluten) das wahre Aqua Mercurialis ist, mit diesem Namen beleget... A. Coelestis, sonst auch Sulphur oder Tinctura Mercurii genannt, soll von unbeschreiblicher Würckung seyn und alle Kranckheiten heben können, (wenn es nur wahr wäre) er wird aus dem Mercurio essentificato gemacht«. A. nigra steht für »Spiritus Cadmiae« oder Kobalt, »A. veneris ist, welcher aus dem Croco → [Crocus] des Grünspans und Salmiac sieben mahl sublimiret worden... A.volans per aerem & bufo gradiens per terram, was dieses vor ein Geheimniß sey, ist zu sehen im Rosar. abbreviat. Tract. v. Th. Chym. Vol. III p. 679. Auch wird bei dem Lagn. [→ Laigneau] Harm. Chym. Vol. IV. p. 727 der [→] Stein der Weisen also benennet«. Vgl. → Chaos.

ARBATEL, Name eines → Zauberbuches aus dem 16.Jh., zuerst abgedruckt im IV. Buch der Werke des → Agrippa von Nettesheim (1565) unter dem Titel »A. de magia seu pneumatica veterum«. Spätere Ausgaben: Basel 1575 (»A. de magia veterum. Summum sapientiae studium«), Wesel (→ Geomantie) 1686. Peuckert 1956 gibt als Entstehungszeit des A. den Zeitraum von etwa 1550—60 an; es handle sich um ein »Zauberbuch der weißen Magie« (→ Theurgie). Dennoch nennt es → Wierus ein Werk, »welches durchaus voller schädlicher Zauberei und Teufelswerk steckt«. — Der A. soll ursprüngl. 9 Teile umfaßt haben, doch ist nur ein einziger (der 1.) erhalten: Aphorismen, die eine Einführung in die Beschwörungsmagie darstellen. Im 36. Aphorismus etwa heißt es »wir aber verwerfen alle

Teufelszauberer«. Trotzdem war das Mißtrauen der Dämonologen gegen den A. immer groß. Das Werk enthält weiters → Charactere der 7 Planetengeister, die später auf astrolog. → Medaillen häufig auftauchten, u. zw. Aratron (Saturn), Bethor (Jupiter), Phaleg (Mars), Och (Sonne), Hagith (Venus), Ophiel (Merkur) und Phul (Mond). Jedem von ihnen wird, 60 v.Chr. beginnend, die Herrschaft über die Erde zugewiesen: Bethor regierte danach von 60 v.—430 n.Chr., dann Phaleg bis 920, dann Och bis 1410, dann Hagith bis 1900 (später offenbar Ophiel, der Herrscher der »mercurialischen Ämter«). Der A. stellt eine Übergangsform von den magischen Büchern der Renaissance zu den populären Zauberbüchern des 17.Jhs. dar. — Vgl. Agrippa/Nowotny 1967, Appendix XXIX. Die dt. Übersetzung (A. Von der Magie der Alten, oder das höchste Studium der Weisheit) ist u.a. abgedruckt im 2. Bd. der Ausg.»Magische Werke« des → Agrippa von Nettesheim, Ndr. Schwarzenburg 1979 (ursprüngl. Bd. 5, S.95—156 der Scheible-Ausg.).

ARBOR PHILOSOPHICA, eine Kristallisationserscheinung aus einer mit Quecksilber versetzten wäßrigen Silbernitrat-Lösung, die den Alchemisten als sehr bemerkenswert erschien, da die Kristalle wie Bäumchen aussehen und so einen Hinweis auf die »pflanzenhaft sprossende Natur« der Metalle zu bilden scheinen. In Wahrheit handelt es sich um Fadenkristalle (»whiskers«), wie sie auch bei elektrolytischer Metallgewinnung gelegentlich auftreten (briefl. Mitteilung von Doz. Dr. F. Sauter, Wien). In Zedlers Lexikon Bd.2/1732 heißt es, die Erzeugung von A.ph., auch arbor Dianae oder Silber=Baum genannt, sei ein »Chymisches Kunst=Stück, aus Silber einen Baum in einem Glaß Wasser wachsen zu machen. Es heisset diese Operation billig ein Philosophischer Baum, weil solcher von den Philosophis per ignem oder Chymicis zu erst erfunden und bekannt gemacht worden«. In H. F. Teichmeyers »Institutiones Chemiae«, Jena 1729, wird diese Ausfällungserscheinung auf S.211 (Praecipitatio lunae per mercurium, & arbor Dianae) beschrieben: »...ita ex mixtura hac videbis excrescere in altum arbuscula diversae figurae«. Ähnl. »Bäumchen« erwähnt. E.Erd 1968, S.103 im Zusammenhang mit den Forschungen von Rudolf → Glauber: »Aus Wasserglas und bunten Metallsalzen stellte er zuerst die Bildung der 'baumartig wachsenden' Metallsilikate fest. Noch heute zeigt sie der Lehrer seinen Schülern im Chemieunterricht unter der Bezeichnung 'Chemischer Garten'«.

ARCANDISZIPLIN, lat. disciplina arcani od. arcana; seit dem 17.Jh. gebrauchte Bezeichnung für christl. Riten, zu welchen der Ungetaufte keinen Zutritt hat, u.zw. im Anschluß an die Geheimhaltungsgebote der antiken Mysterienkulte. Diese Gepflogenheit begann im 13.Jh. mit der Einführung des Katechumenates, geriet dann in Vergessenheit und wurde erst in der Reformationszeit wieder betont. A. im weiteren Sinn bedeutet Geheimlehre (Esoterik). Eine Art A. ist im späten MA. auch die → Alchemie, deren wesentliche Inhalte nur mündlich vom Lehrer auf seinen Schüler weitergegeben wurden, während sie in den Büchern nur allegorisch verhüllt auftreten dürfen. So heißt es in der von Peuckert 1956, S.470 zitierten »Alchimia vera« aus dem Jahr 1604: »Welche dieses dinges geheim den Vnwirdigen offenbaren und entdecken, die sein zerbrecher deß Himmlischen Siegels... Derhalben ich alle Christgleubigen... von hertzen bitt, daß sie mit niemands davon reden, und keinem mittheilen, dann denen, die gottselig leben« etc. Der Gedanke einer alchemist. Geheimgesellschaft klingt schon in der grundlegenden Schrift »Turba Philosophorum« an. Vgl. Thorndike IV/1935, S.332; desgl. die »Alchimia vera« (s.o.): »Wisse, daß die Philosophi... durch eine vorsichtigkeit mancherley geschrieben haben, damit die Narren, so nur nach Gelde trachten, und die untrewen hoffertigen Menschen, irre gemacht würden« (Peuckert 1956, S.496). In ähnl. Sinn schreibt auch Thomas → Norton in seinem »Ordinall of Alchemy« (in Ashmole's Theatrum Chemicum Britannicum): »... this Science must ever secret be, The cause hereof, as ye may see, If one evil man had hereof his will, All Christian Peace he might easily spill« etc., wobei also die bei den alchemist. Operationen entfesselten Naturkräfte als so gefährlich betrachtet wurden, daß ihre Kenntnis nur sittlich Hochstehenden anvertraut werden sollte.

Die → Alchemie und bes. die Lehre von der Natur des »hermet. Gefäßes« (vas hermetis) faßt z.B. der Rosenkreuzer »Ketmia Vere« (→ Gold- u. Rosenkreuzer) als eine Art A. auf: »Dieses ist der Stücken eines, so die Weisen niemals zu schreiben sich erkühnet, sondern ihren würdigen Söhnen von Mund zu Mund eröffnet haben«. Ähnl. Warnungen, das Geheimwissen nicht leichtfertig preiszugeben, finden sich in der gesamten alchem. Literatur. — Diskussion der theolog. Problematik der A. im engeren Sinne bei Herzog-Hauck, Bd.II, S.54 ff.; vgl. → Esoterik.

ARCANUM, lat. das Eingeschlossene, d.h. Geheime, Inhalt der Mysterienkulte, alles für Uneingeweihte Unzugängliche (→ Arcandisziplin). In der → Alchemie und → Chemiatrie bedeutet A. das Geheimpräparat, das → Elixir, den → Stein der Weisen. In Zedlers Universal-Lexikon 1732 heißt es: »Jetzo sind die Arcana so gemein, daß auch jeder Pfuscher, sonderliche Arcana zu haben, sich rühmet: Ja es kann auch ein jeder seine Artzeneyen für Arcana ausgeben, wenn er nur die Ingredientia und den Modum praeparandi verschweiget...« und erwähnt in der Folge: »Arcanum Corallinum, oder Praecipitatum rubrum, ein durch den Spiritum Nitri aufgelöseter, und die Abstraction praecipitirter Mercurius oder Quecksilber« (Ätzmittel), »Arcanum Corallinum juxta le Febur... ein Specificum in Frantzosen (d.h. Lues), böß artiger Krätze und unfläthigen Schaden«, »A.Corallinum D. Margraff« (desgl.), »A.Cosmeticum«, »A.duplicatum, oder Nitrium vitriolatum, auch Panacaea Holsatica... gegen Verstopffungen des Unterleibes, in Stein = Beschwerungen, in malo hypochondriaco, Aufwallen des Geblüthes etc.«, »A. Materiale ist der Spiritus Salis, so mit dem Spiritu Vini Alcoholisato abgesüsset worden...« »A. specificum« oder Quintessenz eines Stoffes, desgl. »A. Theophrasti«, das ist »die durch tausendfältige Erhöhung verbesserte Kraft eines Dinges«, etwa A. primae materiae, A. lapidis philosophorum, A. Mercurii vitae und A. Tincturae im Sinne der paracelsischen Medicin. — In der Zeit Zedlers wurde die Frage diskutiert, ob die Geheimhaltung eines Medikamentes eines christl. Arztes würdig wäre, und dahingehend beantwortet, daß dies nur dann vertretbar wäre, wenn ein Mißbrauch durch Unkundige zu verhüten sei.

ZEDLER 1961—64

ARGENTAURUM COMPANY (lat. argentum — Silber, aurum — Gold), eine gegen Ende des 19.Jhs. in den USA gegründete alchemist. Gesellschaft, die als AG eingetragen war und sich, nach dem Verfahren eines Dr. Emmens aus New York, der »künstlichen Metallveredlung« widmete; darüber berichtete Gessmann 1922, S.28 u. 35 und beschreibt den Prozeß als Hämmern und Umschmelzen von Silber, bis »Argentaurum« entstehe. Es handelt sich offenbar um den Vorgang der Zementation, wie ihn Lehmann 1908, S.226 schildert: »Man schmolz Gold zusammen mit Silber und Kupfer und hämmerte die Mischung in ganz dünnen Blättern aus. Diese wurden dann schichtenweise mit dem Zementpulver in einen Tiegel gepackt... (und dieser) mit immer stärkerem Feuer erhitzt; die Metallplatten bestanden dann scheinbar aus reinem Gold, und zwar war dessen Gewicht jetzt etwas größer als das der ursprünglich vorhandenen Menge Goldes... Das Zementpulver war so zusammengesetzt, daß es in der Wärme Kupfer und Silber, nicht aber Gold auflöste. Es blieb also nur das Gold in den Metallblättern zurück, dieses enthielt jedoch jetzt meistens eine geringe Menge Kupfer und Silber, wenn man nur dafür gesorgt hatte, nicht zu viel Zementpulver hinzuzufügen. Das Gesamtgewicht des Goldes war so ein größeres als das des ursprünglich genommenen; das Gold war aber auch nicht mehr so rein«. Vgl. auch → aurum nostrum. Allgemeines über die epigonale → Alchemie des 19.Jhs. bei Kiesewetter 1895/1977, 230—240.

ARNALDUS VILLANOVANUS, auch Arnold von Villanova (eigentl. Arnoldo Bachuone), 1235 oder 1240—1311, bedeutender Arzt, Philosoph und Alchemist des Mittelalters, wurde im katalan. Villanova geboren (obwohl er häufig als Franzose bezeichnet wird, da man früher Villeneuve bei Montpellier für seinen Geburtsort hielt; so etwa bei Michael → Maier, Symbola aureae mensae, Frankf. 1617), studierte in Barcelona, Neapel und Montpellier und war vorwiegend als Arzt, daneben auch als Theologe tätig, dessen Predigten den portug. König Jakob II. und den aragon. König von Sizilien Friedrich II. (1296—1337 nicht zu verwechseln mit dem Stauferkaiser, der als sizilian. König Friedrich I. hieß) sehr beeindruckt haben sollen. Reisen führten ihn nach Frankreich, Spanien, Italien und wahrscheinl. auch nach Nordafrika. Am päpstl. Hof soll A. vor Bonifatius VII. alchemist. Experimente durchgeführt und dabei »goldene Stäbe« produziert haben, wie der Theologe und Kanonist Johannes Andreae (1270—1348) berichtet (vgl. Kiesewetter 1895/1977, 39). Als Alchemist bildet A. die Theorien → Gebers weiter; er ist der erste, der deutlich über die Bereitung des → Elixirs aus dem → Stein der Weisen schreibt (Rosarium philosophorum, Novum lumen chymicum, Flos florum). Seine philosoph. Schriften hingegen brachten A. wiederholt in Schwierigkeiten mit der Inquisition; sein Buch »Tetragrammaton« über den heiligen Namen (1292) läßt Anklänge an die Wortmagie der → Gnosis erkennen. Interessant sind auch seine sozialreformator. Bestrebungen, bei welchen er sich auf direkte Inspiration durch den Erlöser beruft. Als Astrologe sagte er Katastrophen oder gar das Weltende für 1335 oder 1345 voraus. Obwohl seine »Refutatio magorum« die öffentl. Brandmarkung der Zauberer, Wahrsager und Geisterbeschwörer fordert, geriet A. bald in den Ruf, selbst zu diesen gefährlichen Sektierern zu

ARNALDUS VILLANOVANUS: Idealporträt, Holzschnitt,
Ende des 15.Jhs.

¶ Incipiunt sigilla magistri Arnaldi.

Magice faciutates sunt Nectomantice

IN nomine viui patris dñi noſtri ieſu xp̃i:ac
cipe aurum puriſſimuʒ ꝛ fundatur ſole intrã
te arietem.ſ.ꝛv.kal.apulis:poſt formetur in
de ſigillum rotundum:ꝛ dum formabitur in
rotundum dicas. Exurge lux mundi ieſu ve
re agnus qui tollis peccata mundi: et illumines tenebꝛas
noſtras:ꝛ dicatur pſalmus. Domine dominns noſter ꝛc. et
cum factum fuerit reponatur:ꝛ poſt luna exiſtente in cãcro
vel leone ſculpatur in eo ab vna parte figura arietis duꝛ ſol
eſt in ariete ꝛ in circunferentia.araḫel tribus iuda.v.et.vij.
ꝛ ex alia parte in circuferentia ḫec ſacratiſſima verba ſcul-
pantur. Uerbuꝛ caro factũ eſt ꝛ ḫabitauit in nobis: ꝛ in me
dio alpha.ꝛ o:ꝛ ſanctus Petrus:valet autem iſtud pꝛecio-
ſum ſigilluꝛ contra omnes demones:ꝛ inimicos capitales
ꝛ contra maleficia:ꝛ valet ad lucrum ꝛ gratiã acquirendã:
et in omnibus ſubuenit periculis et vectigalibus ꝛvalet cõ
tra fulgura et tempeſtates et inundationesaquarum:ꝛ cõ
tra impetum ventoꝛ et peſtillentias aeris:et qui poꝛtat eũ
ḫonoꝛat et timetur in omnibus cauſis:et in domo in qua
fuerit nul'us illi domui nec ḫabitantibus nocere poterit:ꝛ
valet demoniacis freneticis et maniacis et ſquinanticis et
omnib⁹ paſſionibus et capitis oculoꝛ et illis quib⁹ reuma
deſcẽdit a capite:et vniuerſaliter dicam omnia mala auer-
tit et bona confert:et qui poꝛtat eũ caueat inquãtũ poterit
ab immundicia et luxuria:et ab alijs peccatis moꝛtalibus
et poꝛtetur in capite cum reuerentia et ḫonoꝛe.

¶ In noie dñl noſtri Yeſu criſti.

¶ Accipiaꝛ aurum puriſſimum et fundaꝛ poſt formetur ſi-
gillũ rotũdũ ꝛ dũ foꝛmabiꝛ dicas. Exurge dñe in ſtatera et
exaudi vocẽ meam:quia clamaui ad te:miſerere mei et exaudi me.et dicaꝛ pſalmus. Dñs illuminatio mea ꝛc. q̃ cuꝛ
factum fuerit reponaꝛ:et ḫoc fiat ſole intrante in libꝛa. vide
licet.ꝛv.calen.octob.et poſt luna exiſtête in capricoꝛno vꝉ i
aquario:ſculpatur ab vna parte figura hominis in mani-
bus tenens libꝛam ad modum crucis ſole exiſtente in libꝛa
ꝛ in circũferêtia ſui ſit ḫely ḫely lamaꝛabaṫḫani:cõſumma
tũ eſt:et ab alia parte in circũferêtia Jeſus nazaren⁹ rex iu
deoꝛ:ꝛ i medio Michael, Joṫḫ, Matthe⁹,Uau. Ualꝛ aũt
iſtud ſigillum

ARNALDUS VILLANOVANUS: Abschnitt aus einem vielleicht →
spuriosen Tractat der »Opera« des A.V., Lugd. 1532.
Nach Nowotny/Agrippa 1967

gehören. Schon 1305 wurden seine Bücher durch die Inquisition verboten, A. mußte seine Thesen vor einem geh. Konsistorium abschwören. Der Papst riet ihm, sich lieber mit Medizin als mit Theologie zu befassen; A. gehorchte und konnte Bonifatius VII. mit so großem Erfolg behandeln, daß er von ihm das Schloß Anagni als Geschenk erhielt. Trotz auch später auftretender Spannungen blieb A. der nächste Papst, Clemens V., ebenso gewogen. A. konnte seine Thesen in Avignon verteidigen. Er starb jedoch 1311 nach einem Schiffbruch, dessen Opfer er auf der Reise von Friedrich II. als Botschafter an Clemens V. geworden war. Am sizilian. Hofe hatte A. zuletzt nicht als Arzt, sondern als Traumdeuter gewirkt (vgl. seine Schrift »Libellus de somniorum interpretatione et somnia Danielis«). Seine medizin. Bücher trugen dazu bei, daß trotz »gefährlicher« Tendenzen in den philos. Werken mehrere Ausgaben seiner »Opera« erschienen (Lyon 1520, »nuperrime revisa« 1532, Basel 1585). Alchemist. Gedankengut enthält auch sein Buch über die Weine (»De vinis«). Ob hingegen die Zuweisung eines Traktates über Siegel (astrolog. Talismane) an A. zu Recht besteht, kann nicht mehr geklärt werden. Danach wurden die meisten astrolog. → Medaillen der folgenden Jahrhunderte hergestellt; vgl. Agrippa/Nowotny 1967, Appendix XIV. — Häufig wird A. als »Erfinder des Branntweines« (aqua vitae, d.h. Lebenswasser) bezeichnet. — Nach Kiesewetter (1895/1977, 40) ist A. der erste Alchemist, der einen → Homunculus darstellen wollte und dem → Stein der Weisen eine medizinische Wirksamkeit zuschreibt. »Jedoch traut er dem alchymistischen Gold nicht die Wirkung zu, die das MA dem natürlichen zuschrieb.« Vgl. auch Paul Diepgen, Arnold v. V. als Politiker und Laientheologe. Abh. z. mittleren und neueren Gesch., Berlin—Leipzig 1909. Die katalan. Schriften gaben M. Batllori und J. Carreras Artau heraus (Obras catalanes, 1947). Vgl. auch R. Verrier: E tudes sur Arnaud de Villeneuve, Leiden 1947—49; Holmyard 1968, S.122—26. A.v.V., Parabeln der Heilkunst, übers. und ed. von P. Diepgen, Leipzig 1922, Ndr. Leipzig 1968.

ARPE, Peter Friedrich (1682—1748), lt. Zedlers Suppl. II/1751 »ein sehr gelehrter, fleißiger und vernünftiger Jurist«, war Verfasser des wichtigen Buches über → Talismane »De prodigiosis naturae et artis operibus Talismanes et Amuleta«, Hambg. 1717, n. Nowotny (1967, S.434) ein Epilog der Talismanologie aus einer Zeit, in der die Blütezeit dieser Kunst längst vorüber war. Unter seinen übrigen Schriften sind zu nennen: Bibliotheca fatidica, sive Musaeum scriptorum de divinatione, Wolfenbüttel 1711; Theatrum fati, seu Noticia scriptorum de providentia, fortuna et fato, Rotterdam 1712. Vgl. Michaud, Biographie universelle Bd.2/1854 (Ndr. Graz 1966), S.287—88.

Des
Griechischen Philosophen
Artemidori
Grosses und vollkommenes
Traum = Buch,
In dem
Der Ursprung, Unterschied und die
Bedeutung allerhand Träume, die
einem im Schlafe vorkommen
können,
aus natürlichen Ursachen
hergeleitet und erkläret wird,
Nebst
einer Erinnerung
Philipp Melanchtons
vom
Unterschied der Träume
und angehängtem Berichte,
was
von Träumen zu halten sey.
Neue verbesserte
und mit einem vollständigem Register und einer
Astronomischen
Traum=Tafel

ARTEMIDOROS: Titelseite einer der zahlr. dt. Ausg. seiner »Oneirokritika«
(Ndr. Darmstadt 1968)

ARTEMIDOROS von Daldis, gr. Autor und Zeitgenosse des Antoninus Pius, stammte eigentl. aus Ephesos (sein Beiname erklärt sich aus der Geburtsstadt seiner Mutter, Daldis in Lydien). Sein »Oneirokritikon«, ein in 5 Bücher gegliedertes Werk über → Oneiromantie, war bis in die Neuzeit ein Grundlagenwerk der Traumdeutung. Es ist nicht klar, inwieweit es sich um ein selbständiges oder um ein aus älteren Quellen kompiliertes Werk handelt. A. unterscheidet theoremantische (unmittelbar die Zukunft voraussagende) und allegorische (also der Deutung bedürftige) Träume, wobei er sich der Mehrdeutigkeit vieler Symbole wohl bewußt ist. In dieser Hinsicht steht sein »Oneirokritikon« höher als die Bücher seiner zahlr. Kopisten in der Neuzeit. Dieses Werk wurde häufig aufgelegt (gr. Venedig 1518; gr.-lat. Paris 1603; dt. Straßbg. um 1580, Leipzig 1677, 1735; fr. Lyon 1546, 1555, Paris 1547; zus. mit der Abh. d. Augustinus Nifo über das Augurium, Rouen 1664; zahlr. weitere Übersetzungen und Ausg.), ein Beweis für die hohe Wertschätzung des Buches. Brauchbare dt. Ausg., mit guter Bibliographie, von Friedrich S. Krauss, Wien 1881; Neuausg. Basel 1965; »Das Traumbuch« des A. von Daldis, dtv-Bibliothek 6111, München 1979.

BOSSARD 1951

ARTEPHIUS, arab. Alchemist, wahrscheinl. identisch mit dem als Dichter bekannten Al-Toghraî oder Al-Tughra'i (gest. 1128; vgl. J. Gildemeister, ZdMG Bd.XXX), der u.a. schreibt, daß die Alchemisten Metalle künstlich herstellen könnten und zahlr. Geheimnamen für sie nennt (etwa 16 verschiedene für Silber, 20 für Gold und 51 für Quecksilber, z.B. »Anfang der Metalle«). Von den unter dem Namen A. bekannten Traktaten heißt es, daß sie in lat. Übersetzung zuerst von → Alfons X. in Umlauf gebracht wurden (vgl. die Studie von Chevreul im Journ. des Savants, Paris 1867 u. 1868): »Clavis maioris sapientiae«, im Druck ersch. Paris 1609 u.ö., »Liber secretus de arte occultae atque lapide philosophorum«; auch enth. in dem Sammelwerk »Hermet. Rosenkrantz«, hrsg. v. D. Herlicius, Hambg. 1659.

LIPPMANN 1919, S.408

ASCENDENT, lat. ascendere — aufsteigen, in der → Astrologie Bezeichnung jenes Zeichens des → Zodiacus, der in der Minute der Geburt gerade über dem Osthorizont aufsteigt und nach den Regeln der Sterndeutung im → Horoskop bes. über Charakter und Körperbau des betr. Menschen bestimmt. Dem A.en gegenüber liegt der Descendent; er »vertritt das Du im Gegensatz zum Ich des A.en« (A. Rosenberg 1949, S.173). Der A. gibt somit das 1. Haus oder Feld an (→ Häuser, Felder, Örter).

»Der A. ist der wichtigste Punkt der Ekliptik im Horoskop und seine möglichst genaue Bestimmung ist die Grundlage nahezu jeglicher astrologischer Untersuchungen« (Lexikon d. Astrologie, ed. U. Becker, Freiburg 1981).

ASPEKTE (eigentl. »Anblicke« oder »Ansichten«), in der Astrologie die geozentrisch gesehenen Winkel zwischen zwei → Planeten, dann zwischen Planeten und signifikanten Fixsternen und Mondknoten (→ Drachenkopf). Da wirklich exakte A. im Sinne der unten angeführten »großen Winkel« kaum jemals auftreten, wird eine Fehlergrenze im Sinne eines Bereiches um den betr. Planetenort als »Orbis« angenommen, als Wirkungskreis, dessen Größe von der Einflußstärke des Planeten abhängt. Die Lehre von den A.n und ihrer Bedeutung für das → Horoskop wurde besonders von den arab. Astrologen des MA. (Schule von Toledo) ausgebildet. Ausgangspunkt ist (nach Henseling) die Interpretation des Naturgeschehens, derzufolge die Sonne die vermeintlich die Jahreszeiten schaffende Auswirkung der Ekliptiksterne dann anregt, wenn ihre Strahlen mit den astralen parallel verlaufen. Diese Konjunktion (eigentl. »Verheiratung«, Winkel 0°, ♂) ist nach astrolog. Ansicht der bedeutsamste A., weil sich in diesem »A. der Häufung und Ballung« die Planetenwirkungen summieren, besonders wenn die Planeten ihrer Natur nach »verwandt« sind (z.B. Mond und Venus). Besonders beachtet wurde die »→ coniunctio aurea«. Gewissermaßen das Gegenteil der Konjunktion ist die Opposition (Gegenschein, Winkel 180°, ☍), in der die Planeten einander gegenüberstehen; sie gilt als Ausdruck der Spannung, gegenseitigen Hemmung und des Kampfes. Die Quadratur oder das Quadrat (Geviertschein, Winkel 90°, □) gilt in ähnl. Weise als A. der Behinderung und der auferlegten Aufgabe, hingegen das Trigon (Gedrittschein, Winkel 120°, △) als harmonischer A., der die Planetenwirkung fördert. Ähnliches wird über das Sextil (Gesechstschein, Winkel 60°,⚹) berichtet, das die beteiligten Planetenkräfte aufeinander abstimmt. Kaum beachtet wurden das Halbsextil (schwach positiv wirkend) und das Halbquadrat (schwach negativ wirkend) und die Quincunx.

HENSELING 1924; KÜNDIG 1950; ROSENBERG 1949

ASTROLOGIE (wörtl. Sternlehre, von gr. astron — Stern), die Lehre von den → Entsprechungen der Gestirne in der Menschenwelt, ist bei allen Hochkulturen in irgendeiner Form bekannt; in der dem Abendland geläufigen Form geht die A. jedoch auf die sumerisch-babylonischen Kulturen Mesopotamiens (3.—2.Jahrtausend v.Chr.) zurück und erfuhr in der Zeit des Hellenismus ihre eigentl. Ausprägung. Uralt ist die Unterscheidung von Fixsternen und → Planeten, welche eigene Bahnen haben und sich unabhängig vom Fixsternhimmel scheinbar willkürlich bewegen, daher als Gestirngötter angesehen wurden. Schon frühzeitig wurde offenbar versucht, menschl. Charakter- und Schicksalstypen mit

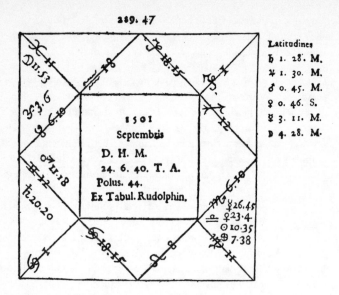

ASTROLOGIE: Beispiel für die Darstellung eines → Horoskops in »Alter Manier« (Quadratschema)

den schrittweise entschleierten kosmischen Gesetzen in Beziehung zu bringen. Das astrolog. Weltbild ist geozentrisch (entspricht also dem subjektiven Eindruck eines irdischen Beobachters von den himmlischen Vorgängen). Im Laufe der Geistesgeschichte lassen sich wiederholt Meinungsverschiedenheiten darüber feststellen, ob die Sterne direkten Einfluß auf den menschl. Mikrokosmos nehmen (wobei meist gesagt wird »astra inclinant, sed non necessitant«, d.h. die Gestirne machen geneigt, aber sie zwingen nicht) oder ob sie das mikrokosmische Geschehen im Sinne der → Entsprechungslehre bloß »synchronistisch« (C. G. Jung) widerspiegeln.

Zur Namens- u. Begriffsgeschichte schreibt J.A.M. Mensinga: »Horaz hält es für etwas Gottloses (nefas), die 'babylonischen Zahlen' zu befragen; Gellius spottet derselben, Juvenal verachtet sie — sie und ihre Pfleger kommen jetzt (röm. Kaiserzeit) vor unter den Namen Mathesis, Mathematici, Chaldaei, Babylonii; später genethliaci, planetarii (beide zus. bei Augustinus confess. lib. 4, c.3). Das Wort Astrologia gebrauchte Aristoteles sowohl als Cicero synonym mit astronomia: meinten sie die Sterndeutung, so sagten sie astrologia apotelesmatike (bestimmende A.) oder einfach das letztere, die Lateiner astrologia judiciaria.« (Sammlg. gemeinverständl. wiss. Vortr., hrsg. v. R. Virchow u. F. v. Holtzendorff, Berlin 1871).

Es müßte untersucht werden, inwieweit die etwa in der Philosophie der Stoa mächtig wirkende Idee der »necessitas« (Notwendigkeit) von der Beobachtung der unabänderlichen kosmischen Gesetzmäßigkeiten und ihrer astrolog. Projektion auf den Menschen bestimmt war: Manilius (Zeitgenosse des Augustus, Autor des Lehrgedichts »Astronomica«) schreibt etwa »Fata regunt orbem, certa stant omnia lege«, um das direkte Regieren der Astralmächte über den menschl. Bereich auszudrücken. Der sich daraus ergebende Fatalismus ist (lt. Cumont) im Weltbild des Islam rein erhalten geblieben. Tiberius war überzeugt, daß alles durch das Fatum bestimmt sei und vernachlässigte daher bewußt die Übungen der Religion (Suetonius, Vita Tib., 69); vgl. → Vettius Valens. → Firmicus Maternus hingegen, obwohl von der Macht des Schicksals überzeugt, ruft die Götter an, damit sie ihn in seinem Bemühen stärken, den astralen Einflüssen zu widerstehen. Wenn eine Lehre oder ein Kult verspricht, geheime Mittel gegen die Schicksalsmächte mitzuteilen, etwa das Leben über die vom Fatum vorgezeichnete Frist hinaus zu verlängern, führt die A. nicht zu einer Vernachlässigung des Kultischen, sondern im Gegenteil zu einer besonderen Ausgestaltung und Vertiefung. Viel seltener wurde eine weitere Alternative realisiert, die vertrauensvolle Hingabe an das als vorgezeichnet empfundene Schicksal (»amor fati«). — Die A. überlebte den Zerfall des antiken Polytheismus und trug z.B. dazu bei, das Weihnachtsfest in die Nähe des »Geburtstages der neuen Sonne« (natalis solis invicti) zu verlegen (zwischen 354 und 360). Das geistesgeschichtl. Phänomen der Konstanz der A. über die Auflösung der antiken Welt hinweg datiert (lt. Gressmann 1925) aus den unruhigen Zeiten des Hellenismus, als der Mensch »ein wohlgeordnetes Ganzes mit ewig unwandelbaren Gesetzen« suchte; »der menschlichen Willkür trat hier ein göttlicher Zwang mit seinem unerbittlichen Muß gegenüber. Die Astralreligion… hatte auch den Vorteil, daß sie ihre Anschauungen vor dem Verstande rechtfertigen und mit scheinbar naturwissenschaftlicher Genauigkeit beweisen konnte. Der rationale und verkappte wissenschaftliche Charakter hat ihr eine erstaunliche Widerstandskraft auch gegen den christlichen Glauben verliehen; denn sie war die einzige heidnische Religion, … deren Untergang erst die moderne Wissenschaft im Zeitalter des Rationalismus besiegelt hat«. Theoret. wurde die A. von der christl. Kirche bekämpft (vgl. Regino v. Prüm, Ndr. 1964, S.356 »De observatione mensium et dierum«), praktisch jedoch nicht selten toleriert, solange die Astrologen ihre Lehren nicht zu laut und aggressiv verkündeten (→ Cecco d'Ascoli).

Francisco de Os(s)una verurteilt in seinem »Flagellum Diaboli« (dt. Ausg. München 1602) die astrolog. Prognostikation: Der böse Feind »zaiget den Menschen underschiedliche Häuser im Himmel und sonderbare aspecten und beschawungen: Er sagt, daß der ein aspect oder das eine hauß dem einen etwas guts, und dem andern etwas böses verhaisse: Er sagt, daß durch dise und dise Coniunction oder zaichen, sich erheben und begeben sollen sonderbare Krieg, blutige schlach-

Bartolemæi Sculteti Philom. Gorl.

PROGNOSTICON
vber das Jahr nach Christi Geburt
1 6 0 4.

I. Von den Finsternissen/ wie es mit denselben hewer einen Zustandt haben werde.

II. Von der fürnemesten Planeten Gewalt vnd Regierung/ Item/ von Kranckheiten/Kriegen/ vnd andern Vngefällen.

III. Von den vier Quatembern dieses 1 6 0 4. Jahres/ ihren Anfängen/ vnd nachfolgender Lenge. Item/ von dem Jahrgewächse/Witterung vñ Fruchtbarkeit/ was in demselben zugewarten. Deßgleichen auch von der bestellung der Sommer vnd Wintersaaih.

Regenten in diesem Jahre.

IVPITER vnd MARS.

Zu Görlitz druckts vnd verlegts Johann Rhambaw.

ASTROLOGIE: Titelseite eines astrolog. Kalenders des Bartholomäus Scultetus (Schulze, 1540—1640), Autor des Calendarium ecclesiasticum et horoscopium perpetuum«, Görlitz 1578, Mars und Jupiter als Jahresregentenen (→ Chronokratorien).

ten, und tödtliche abgang dises oder jenen Potentatens: er verhaist durch die Erkäntnus der Planeten, Gestirn und Himmelsleuff, ob das Kind oder ein Person solle lang leben, glücklich oder unglücklich sein etc... Aber O grosse thorheit und unsinnigkeit aller deren, welche disen und dergleichen traumereyen und listigen erfindungen deß Sathans glauben, und ihr Fundament und vertrawen setzen auff die stundt ihrer Geburt. Wo bleibt die Providentz und Fürsichtigkeit [Vorsehung] Gottes?... Wer aber sich understehet, durch die Himmelsleuff und Gestirn zukünfftige ding zuverkünden, der ist ein Aberglaubischer Christ, ain Ketzer, ein Narr, ain Lugner und Verführer der Menschen, und daher wirdig, verfolgt und vertrieben zuwerden, auß aller Gesellschafft der Menschen« usw. (S.66 r.u.v.). Das Ansehen des → Astronomus an den Fürstenhöfen konnten diese Angriffe von kirchlicher Seite in der Praxis jedoch nicht beeinträchtigen.

Auf jeden Fall lieferte das astrolog. Lehrgebäude der wissenschaftlichen Astronomie durch intensive Beschäftigung mit der Himmelskunde die Basis späteren Fortschrittes, wobei der → Astronomus lange Zeit vom Astrologen nicht unterschieden wurde. In neuerer Zeit sind interessante Versuche festzustellen, die sehr feingegliederte astrolog. Typologie statist.-empir. zu fundieren, so H. Frh. v. Klöckler, A. als Erfahrungswissenschaft (Vorw. H. Driesch), Leipzig 1927. Neue ideolog. Ansätze auch bei Ring 1972. Ausführl. Erörterung des ideengeschichtlichen Problems inklusive der rezenten Versuche, statist. Beweismaterial zur Lehre der A. beizubringen (M. Gauquelin, H.J. Eysenck), im Lex. d. A., ed. U. Becker, Freiburg 1981 (26 ff.) mit den Abschnitten: A. als Wissenschaft; Hauptlinien der Entwicklung der A.; Die heutige Situation der A.; sowie Christentum und A., S.53—58. Vgl. auch H. J. Eysenck u. D. Nias, A. — Wissenschaft oder Aberglaube? München 1983 (Astrology, Science or Superstition? London 1982).

Im tägl. Leben hat die A. durch den Stern (*) für »geb.« und Redensarten wie »unter einem guten Stern stehen« Spuren hinterlassen, desgl. in den Ausdrücken »jovial« und »martialisch« (eigentl. vom Jupiter bzw. Mars regiert). Auch die Namen der Wochentage weisen auf den alten Gestirnkult hin: Montag, dies lunae (Mond): fr. vendredi, dies veneris (Venus) usw.; vgl. a. engl. disaster, lunatic u.a. — Details über die Geschichte der A. → in den Stichworten Aderlaßmännchen, Albertus Magnus, Albumazar, Arbatel, Arnaldus Villanovanus, Ascendent, Aspekte, Bacon, Bonatti, Campanella, Cardanus, Cecco d'Ascoli, Chaldäer, Characteres, Chronokratorien, Coniunctio aurea, Edelsteine, Elemente, Ficino, Firmicus Maternus, Fludd, Gauricus, Gnosis, Häuser, Horoskop, Iatromathematik, Intelligentia und Daemonium, Kepler, Klimakterion, Leo, Lilly, Magische Quadrate, Medaillen, Mercurius, Metallbezeichnungen, Mikrokosmos, Mizaldus, Morin, Mundanastrologie, Nausea, Paracelsus, Pegius, Petrus Aponensis, Picatrix, Pico della Mirandola, Planeten, Porta, Ptolemaios, Rudolf II., Sabier, Sacrobosco, Sator arepo, Seni, Spagyrik, Sympathie, Talisman, Titis, Vettius

Der Astronomus.

So bin ich ein Astronomus/
Erkenn zukünfftig Finsternuß/
An Sonn vnd Mond/durch das Gestirn
Darauß kan ich denn practiciern/
Ob künfftig komm ein fruchtbar jar
Oder Theuwrung vnd Kriegßgefahr/
Vnd sonst manicherley Kranckheit/
Milesius den anfang geit.

ASTRONOMUS: Bild von Jost Amman und
Vers von Hans Sachs aus »Eygentl. Beschreibung
Aller Stände auf Erden«, Frankf. 1568

Valens, Virdung, Weltzeitalter, Zodiakus. — Bibliographie zur A. des MA. bei Paetow, Guide to the Study of Mediaeval Hist., Ndr. 1959. S.467; vgl. ferner C. J. Thompson: The Mystery and Romance of Astrology, London 1929; R.A. Proctor: Old and New Astrology, London 1892; F. Leigh Gardner: Bibliotheca Astrologica, London 1911; J. Lindsay: Origins of Astrology, London 1971. Das in mancher Hinsicht abweichende System der manichäischen A. vgl. bei G. Widengren, Mani u. d. Manichäismus, Stuttgart 1961, S.72 ff.

BÄCHTOLD-STÄUBLI (»Sterndeutung«, Bd. 9, 1939—41); BOLL-BEZOLD 1931; GUNDEL 1922; MAURY 1877; PEUCKERT 1960; RING 1972; SMH 1927/9; STRAUSS 1926; ZINNER 1951, 1959.

ASTRONOMUS steht in alten Quellen auch für Astrologus (bei J. → Bodin 1580 auch »Mathematicus«). Der Spruch in »Eigentliche Beschreibung aller Stände auff Erden« von Hans Sachs (Frankfurt 1618) lautet: »So bin ich ein Astronomus/ Erkenn zukünfftig Finsternuß/ An Sonn und Mond, durch das Gestirn / Darauß kan ich denn practiciern/ Ob künfftig komm ein fruchtbar jar/ Oder Theuwrung und Kriegßgefahr/ Und sonst manicherley Krankheit/ Milesius des anfang geit«. Die Astronomie war die theoret. Grundlage der Prognosen, die daher → »Practica« hießen (z.B. bei → Paracelsus), und vor der Zeit der Aufklärung gab es kaum Astronomen, die nicht astrologisch »praktizierten«. Ein berühmtes Beispiel dafür ist etwa → Kepler. Erst in der Zeit des Barock wurde deutlich zwischen Astronomie und → Astrologie unterschieden: »Astrologia ist eine Kunst, nach welcher man sowol die natürlichen Würckungen des Wetters, und Hervorbringung derer Gewächse aus der Erde, als auch die Handlungen und Zufälle derer Menschen aus dem Einflusse und Zusammenfügung der Gestirne herleiten will, um sowol die Nothwendigkeit der geschehenen Sachen daraus zu beweisen, als zukünftige Dinge vorher zu sehen. Man siehet aus dieser Beschreibung gar wohl, daß dieselbe mit der Astronomia nicht einerley sey. Die Astronomia gehöret unter die Mathematischen Wissenschaften... dahero man ihr die Ungewißheit und Eitelkeit, die der Astrologie eigen ist, gar nicht zuschreiben darff« (aus Zedlers Lexikon, Bd.2/1732).

ATHANOR (arab. at-tannur, d.h. Backofen), der Sandbade-Ofen der Alchemisten, auch »Fourneau cosmique« oder »Piger Henricus«, »Fauler Heinz« genannt. Der A. ist so gemauert, daß er eine stetige, gelinde Hitze liefert. Es handelte sich um eine Art von Kohle-Füllofen, bei dem das Brennmaterial dem Rost über eine schräge Ebene gleichmäßig zufiel, ohne daß man immer wieder nachlegen mußte. Dies war nötig, da manche alchemist. Prozesse konstante Wärme über mehrere Tage oder Wochen verlangten. In den Laboratorien des 17. u. 18.Jhs. nennt man einen Zentralofen A., der mehreren Herden gleichzeitig Heißluft zuleitet. In der

ATHANOR (Sandbadeofen) aus dem → Musaeum Hermeticum, Frankf. 1678.

hermetischen Symbolik etwa der → Rosenkreuzer versinnbildlicht der hitzespendende A. das männliche, die hitzeaufnehmenden → Cucurbiten das weibliche Element (daher »kosmischer Ofen«, Hinweis auf die → Chymische Hochzeit). Die angeschlossenen Kondensierkolben (→ Aludel) sind die »Kinder«, die an der »Mutter« saugen. — Eine andere Art von in der Alchemie gebrauchten Öfen sind die Flamm- oder »Reverberier-Öfen«, worin die zu behandelnden Stoffe unmittelbar dem Feuer ausgesetzt waren (Reverberatorium).

GESSMANN 1922; SELIGMANN 1958; ZEDLER 1961—64

ATWOOD, Mary Anne, 1813—1910, engl. alchemist. Schriftstellerin, Tochter des ebenfalls an der »hermet.« Philosophie interessierten Thomas South aus Gosport. Das 1850 in London veröffentlichte Buch von A. »A Suggestive Enquiry into the Hermetic Mystery« befaßt sich (ähnlich wie jenes von E.A. → Hitchcock) mit der spirituellen Seite der Alchemie und betont damit den Teil ihres Wesens, der ansonsten im 19.Jh. meist vernachlässigt wurde (→ Argentaurum Company, → Tiffereau). Obwohl die Autorin bald versuchte, die Restauflage ihres Werkes aufzukaufen und zu vernichten, erschien 1920 in Belfast eine Neuauflage, 1960 in New York ein Ndr.; Mary Ann A. hatte vergeblich versucht, ihre Erkenntnisse vor

Unwürdigen und Scharlatanen zu sichern. Ihr Buch gilt als »very good guide to the unity of thought which ran through the ancient and medieval teachings on this subject« (Burland 1967).

AURIPIGMENT, aurum pigmentum, Operment, auch Risigallum (eigentl. Realgar), ein in der → Alchemie viel beachtetes Mineral, eine Arsen-Schwefel-Verbindung, die mitunter Spuren von Gold enthält, »welches bei entsprechender Erhitzung zurückbleibt. Hier meinten sie (die Alchemisten), eine Metallverwandlung zu sehen: das goldähnliche A. verwandle sich unter dem Einfluß der Wärme teilweise in Gold« (Lehmann 1908, S.170). Wohl aus diesem Grund erwähnt Zedlers Lexikon Bd.25/1740 das A. als ein »großes Geheimniß der Chymisten, desgl. Fumus rubeus, Gumma paradisi usw.«. Normalerweise wird A. auch in der Chemie, jedoch nur als Farbstoff und als Teil eines Enthaarungsmittels verwendet. In der Naturgeschichte des Plinius (L.XXXIII, cap.22) ist ein Hinweis darauf enthalten, daß unter Caligula die Goldmacherei versucht worden sei, u.zw. mit Hilfe des A.s; diese Textstelle wird jedoch meist nicht als Beweis für »röm. Alchemie« aufgefaßt, sondern als Beleg für den metallurg. Kunstgriff, den natürl. Goldgehalt des Schwefelarseniks rein darzustellen (Schmieder 1832). Vgl. → aurum nostrum.

»AURUM NOSTRUM«, d.h. unser (der Alchemisten) Gold, das durch → Transmutation aus unedlen Metallen erzeugt wurde, gleichzeitig ein Symbol für den geläuterten Menschen. Ein oft zitiertes Motto lautet: a.n. non est aurum vulgi, d.h. unser Gold ist nicht das Gold der Menge. Damit wird einerseits auf die alchemist. Esoterik angespielt, andererseits auch auf die in manchen Schriften erwähnten Unterschiede zwischen dem mineralischen Gold und jenem, das durch → Projektion entstanden sein soll. So schreibt etwa → Flamel, das durch seine Kunst gewonnene Gold wäre besser als das »gewöhnliche Gold, nämlich weicher und geschmeidiger« (Burckhardt 1960, S.203). → Arnaldus Villanovanus (»De Vinis«) meint, das Gold der Alchemisten besäße nicht die geheimen Kräfte, die dem natürl. Gold innewohnen. Das alchemist. Gold sei daher für die Heilmittel-Herstellung nicht geeignet; in Zedlers Lexikon Bd.11/1735, Sp.103 heißt es: »Das durch Kunst nemlich den [→] Stein der Weisen zubereitete Philosophische Gold soll röther und feiner seyn, als das natürliche. Es ist aber dessen so wenig vorhanden, daß man die genugsame Probe davon schwerlich haben kann«. Lehmann, 1908, deutet derartige Äußerungen als Hinweis darauf, daß die Alchemisten »goldähnliche Metallmischungen« erzielten, die nur wenig echtes Gold enthielten. »So hat das Münzkabinett in Wien [im Kunsthistor. Museum] noch eine Medaille von alchimistischem Gold; das spezif. Gewicht beträgt aber nur 12,6 und das des Goldes 19,3; es ist also kein echtes Gold. 1675 wurden in Österreich Dukaten aus alchimist. Gold geprägt [→ Medaillen]. Sie hatten die Inschrift 'Aus Wen-

Abbildung einer Transmutations-Gedenkmedaille aus dem »Musaeum Hermeticum« von 1678. Das Metall hiezu soll am 15. Jänner 1643 vor Kaiser Ferdinand III. in Gold verwandelt worden sein.

zel Seylers Pulvers Macht/ bin ich von Zinn zu Gold gemacht'; sie waren größer als gewöhnliche Dukaten, jedoch geringer an Gewicht, waren also auch nicht von reinem Gold« (S.225—26); ähnl. W. Siggel 1951. Diese Medaillen, (lt. Buntz bei Ploss et al. 1970) nicht 1675, sondern 1677 geprägt, »bestehen nur zu 44 Prozent aus Gold, das andere ist Silber und Kupfer« (op. cit. S.188). — Gessmann 1922 erwähnt ein »Truggold«, auch »aurum sophisticum« genannt, »ein durch Kochen von Kupfervitriollösung mit Quecksilber in einem eisernen Gefäß hergestelltes, dann abgepreßtes Kupferamalgam, welches nach dem Umschmelzen eine goldgelbe Farbe besitzt und vielfach zu alchymist. Betrügereien verwendet wurde« (S.65). Über die Schwierigkeit, mit Hilfe der Technologie des 16.Jhs. Legierungen und Verunreinigungen nachzuweisen, »so daß mancher Alchimist fest daran glaubte, die Transmutation durchgeführt zu haben«, vgl. Buntz bei Ploss et al., München 1970, S.181 f., u.zw. nach einem Zitat aus den Schriften des Alexander v. Suchten (über ihn W. Hubicki in Sudhoffs Archiv 1960/44, S.54 ff.). Mit der Alchemie der neueren Zeit, auch des 19.Jhs., und den von manchen Historikern wörtlich geglaubten Transmutationsberichten setzt sich Kiesewetter (1895/1977, 171—240) kritisch auseinander.

AVICENNA, eigentl. Abu 'Ali al Hosain ibn' Abdallah ibn Sina, geb. um 980 in der Provinz Buchara, gest. 1037 zu Hamadân, bedeutender pers.-arab. Philosoph und Enzyklopädist, vor allem auf dem Gebiet der Heilkunst (Leibarzt mehrerer pers. Fürsten) führend tätig, gilt in der Philosophie als der eigentl. Vermittler gr. Denkens an den Orient. Sein System ist eine Art Aristotelismus auf der Grundlage des → Neuplatonismus. Dennoch war A. weitgehend rational eingestellt, was sich in seiner großen Enzyklopädie »Kitâb aš-šifâ« (Buch der Genesung) auch dann auswirkt, wenn er über die Macht der Gestirne oder → Talismane als reine Auswirkungen wunderbarer Naturkräfte spricht. Der ihm zugeschriebene Traktat »De anima in alchimiae« ist (lt. H. Kopp 1886) → spurios. Diese Abhandlung wurde im MA. häufiger zitiert als die Werke des → Geber und geht von der Realität der → Transmutation der Metalle aus. In seiner Enzyklopädie schreibt A. lediglich, daß die Metalle aus dem → sulphur und → mercurius im Sinne der Zwei → Element-Lehre des Geber bestehen, daß scheinbare Verwandlungen jedoch nur als Färbungen bezeichnet werden könnten. Hingegen ist A. von der Darstellbarkeit des → Elixirs überzeugt. — Zur Bibliographie vgl. Überwegs Grundriß d. Phil. (Geyer) II, S.291 u. 721—22, zur Biographie vgl. Holmyard 1968, S.92 ff; über die Zuweisung des Traktates »De Mineralibus«, im MA. als eine Schrift des Aristoteles aufgefaßt, an A. vgl. E. J. Holmyard und D. C. Mandeville: Avicennae De congelatione et conglutinatione lapidum, Paris 1927. Schipperges bei Ploss et al., München 1970, S.87 f.

FEDERMANN 1964

AZOTH (Azot), alchemist. Bezeichnung für verschiedene Stoffe, z.B. lt. Zedlers Lexikon Bd.2/1732 »die Urstuffe derer Metallen, oder das gemeine Zeug, aus welchen alle Metalle gezeuget werden«, aber auch »ein Hartz von Ertz, auch der silberne Leim; es zergehet in der Wärme wie Butter und in der Kälte gerinnet es. Dieses Hartz, wenn es ohne Zusatz digeriret [→ Digestion], wird schwartz, hernach weiß und denn der Weisen = Stein [→ Stein der Weisen] genennet. Bey dem Paracelso [→ Paracelsus] aber bedeutet es vielerley, als 1) den Mercurium Metallicum, welcher aus dem vollkommenen Metall resuscitiret worden, 2) den Mercurium philosophicum duplicatum, so aus Schwefel, Gold und allgemeinem Mercurio bestehet, 3) bedeutet es bey einigen das höchste Remedium, welches aus Mercurio, Gold und Silber bestehet, 4) den Mercurium fixum, und endlich 5) die höchste Medizin des Paracelsi«. Auf Flugblättern ist → Paracelsus häufig mit einem Schwert dargestellt, dessen Knaufkugel das Wort A. aufweist und offenbar auf den Besitz des → Elixirs hinweisen soll (Abb. z.B. Spunda 1941, S.112—13; Seligmann Abb.126). Bei Zedler (s.o.) wird die Darstellung eines amalgamartigen A. Heslingii beschrieben, jedoch nichts über seine Verwendung ausgesagt. — Ein Traktat des Bautzener Lizentiaten Georgius Clett(us), erschienen zusammen mit »Cabala Chymica« und »Concordantia Chymica«, trägt den Titel »Azot philosophorum solificatum« (hrsg. von F. Kieser, Mühlhausen 1606), ein Buch des → Basilius Valentinus (o.O. 1613) heißt »Azoth sive Aureliae occultae philosophorum«. Vgl. auch → Fictuld. Gessmann 1922 erklärt A. als »in der Alchymie gebrauchten Ausdruck für das allgemeine Lebensprinzip«. Lt. Ersch-Grubers Enzyklopädie Bd.6 bedeutet A. »bald den Quecksilbergehalt metallischer Körper, bald eine vermeinte Universalarznei, die aus Quecksilber, Gold und Silber besteht« (S.527). Von A. leitet sich seit Lavoisier (1743—94) die Bezeichnung für Stickstoff (azote) ab, damit auch für chem. Termini wie Azotometer, Azotobakterien, Azotierung usw. sowie Azoturie und Azotorrhöe in der medizin. Pathologie. Die etymolog. Wurzel ist wahrscheinlich die arab. Bezeichnung »al-zauq« für ein anderes chem. Element, u.zw. für Quecksilber.

BACO VON VERULAM, Francis (Francis Bacon, Baron Verulam, Viscount St. Albans), engl. Philosoph, Staatsmann und Gelehrter, 1561—1626, propagierte die »neue Philosophie«, d.h. hier die auf systemat. Beobachtung gegründete Naturwissenschaft, nimmt aber in vieler Hinsicht eine vermittelnde Stellung zwischen dem Denken des MA. und der Neuzeit ein. Hier kann nur im Hinblick auf seine Einstellung zur → Alchemie auf seine bedeutsamen Werke eingegangen werden. Die Einstellung ist ähnl. wie bei dem jüngeren → Boyle nicht eindeutig, als er zwar die eigentl. Gesamtheit der Alchemie verwirft, jedoch die → Transmutation als Teil davon für möglich hält; »er gibt hierzu sogar eine ausführliche Anweisung, die darauf hinausläuft, die einzelnen 'Formen' des Goldes (d.h. seine Charakteristika wie spezif. Gewicht, Farbe, Glanz usw.) zu vereinigen, um so eine Art Synthese des Goldes zu bewerkstelligen« (Lippmann 1919, S.507). »Haben wir«, so charakterisiert M. Frischeisen-Köhler in Überwegs Grundriß (Bd. Neuzeit, S.204) diese Lehre, »die gesetzmäßigen Wirksamkeiten oder Formen entdeckt, dann folgt daraus eine unbeschränkte Macht des Menschen... Denn die Form einer Natur ist derart, daß mit ihrer Setzung auch die Natur unfehlbar darauf folgt« (Novum Organum II).

Konkreter spricht B.v.V. in seiner Schrift »Sylva sylvarum or A Natural History« von der Metallumwandlung und meint, der beste Ausgangsstoff für die Golderzeugung wäre das »nächstverwandte« Silber; in zweiter Linie käme Kupfer in Frage, während Quecksilber zu schwer und hitzeunbeständig sei; »we conceive indeed, that a perfect good Concoction, or Digestion, or Maturation of some Metalls, will produce Gold... let the Worke be continued by the Space of Six Moneths, at the least« etc.

B.s Lehre »ist eine Überführung der Wünsche und Hoffnungen, welche der phantastischen Naturphilosophie der Renaissance und ihrer Magie vorschwebten, in die Aufgabe einer induktiven Wissenschaft, die dem Erfinder- und Entdeckergeist der Zeiten entspricht« (Überweg s.o., S.193). — Ausg. der Werke: Letters and Life of Francis Bacon, ed. Spedding, London 1861—67. Vgl. J. v. Liebig, Über Francis B. v. V. und die Methode der Naturforschung, 1863. Collected Works, ed. Spedding, Ellis and Heath, London 1857—74, Ndr. 1962—63.

BACON, Roger (»doctor mirabilis« od. »admirabilis«), engl. Philosoph und Naturforscher, geb. ca. 1214 in Ilchester, gest. ca. 1294 in Oxford. B. war bestrebt, die Theologie von der profanen Wissenschaft zu trennen, wobei er jene nur auf Beobachtung, Versuch und Berechnung gegründet wissen wollte. Obwohl er diese Forderungen in der Praxis nur selten erfüllte, wird er als einer der ersten echten Naturforscher des MA. bezeichnet. — Von 1244 bis ca. 1252 studierte B. in Paris und hörte dort u.a. → Albertus Magnus. Um 1257 trat er dem Franziskanerorden bei, ohne jedoch offenbar für den Dienst in einem strengen Orden geboren gewesen zu sein. Durch Verbreitung eigenwilliger Lehren machte sich B. bei seinen Oberen unbeliebt; als Papst Clemens IV., mit dem B. korrespondiert hatte, 1268 starb, konnten seine geheimwissenschaftl. Neigungen nur dazu führen, daß ihn sein Ordensgeneral zu Klosterhaft verurteilte. Die gelegentl. geäußerte Annahme, der Anlaß hiefür wäre das »Speculum astronomiae«, wurde von L. Thorndike mit guten Gründen widerlegt, da dieses Werk sicherlich von Albertus Magnus stammt; B.s. ferneres Schicksal ist ungewiß. Das letzte von ihm bekanntgewordene Werk (Compendium studii theologiae, 1292 oder 1293) zeigt seine ungebrochene Eigenständigkeit. — B.s Hauptwerke (Opus maius [darin u.a. die Traktate »de iudiciis astrologiae; prognostica et siderum cursu; de specierum multiplicatione; de arte experimentali«], opus minus, opus tertium) dürften zwischen 1260 und 1268 entstanden sein. In philosoph. Hinsicht ist B. Aristoteliker, jedoch mit deutlichen Anklängen des → Neuplatonismus. Kulturgeschichtl. interessant ist seine »Epistola de secretis operibus artis et naturae«, worin B. zahllose Maschinen, Fahrzeuge, Luftschiffe usw. vorausahnt und beschreibt. Er zweifelte nicht an der Realität der Magie, wollte aber zwischen der satanischen und der erlaubten → magia naturalis unterscheiden. Die Alchemie schätzte er hoch, obwohl Aristoteles nichts über sie geschrieben habe; sie könne durch Erzeugung von Gold und → Elixiren viel nützen, doch wäre sie nur für jene zugänglich, die mit der Bedeutung von Adler, Hirsch, Schlange und Phönix (d.h. mit dem Geheimnis der Erneuerung) vertraut wären. Sie habe sich mit allen denkbaren Zusammensetzungen der tellurischen Stoffe zu befassen, und das Goldmachen sei nur eine von 145 verschiedenen Kombinationsarten. In astrolog. Hinsicht ist B. der Meinung, daß die Gestirne nur die allg. Tendenzen des Schicksals bestimmten, der Wille des Menschen jedoch frei sei. Alchemie, Astrologie und Magie sind für B. der Höhepunkt der Naturwissenschaft, eine Geheimlehre im strengen Sinn. — Bibliographie: vgl. Überwegs Grundriß d. Phil. (Geyer) II, S.463—64 und 760—61; Paetow, Guide to the Study of Mediaeval Hist., Ndr. 1959, S.464. f. — B.s Autorschaft verschiedener unter seinem Namen herausgegebener Texte (z.B. »Speculum alchymiae«, Nürnbg. 1541; »De arte chymiae scripta«, Frankf. 1603) wurde oft diskutiert. »Opus Majus« ed. J. H. Bridges, Oxford 1897—1900, Ndr. 1964.

LITTLE 1914; THORNDIKE 1923—58; HERZOG-HAUCK II, S. 344 ff.

BAHIR, ein mittelalterlicher Text aus der Geisteswelt der → Kabbala, im Süden Frankreichs entstanden — in einem Raum, der stark von den gnostizierenden Doktrinen der Katharer und Albigenser beeinflußt war. Vermutlich war dieses geistige Klima dafür verantwortlich, daß auch die Juden sich esoterischen Lehren zuwandten und für Einflusse aus dem Orient zugänglich waren. Das Buch B. hat seinen Namen nach Hiob 13,21 (»hell, klar«), ähnlich wie das kabbalist. Hauptwerk → Sohar (»Glanz« nach Daniel 12,3), das an Bedeutung später unter den

Juden Spaniens das Buch B. übertraf. Obwohl die Sprache im B. vielfach jene der → Gnosis ist, wird der Weltschöpfer nicht als böser Demiurg betrachtet, sondern steht als der wahre Gott Israels im Mittelpunkt des Weltbildes. In ideologischer Hinsicht ist daher der B. trotz seiner ähnlichen Terminologie nicht als gnostisch zu bezeichnen (Schubert 1983). Die in der aus jüngerer Zeit überlieferten Kabbala ausgearbeitete Struktur der Sephirot wird so erwähnt, als werde ihre Kenntnis vorausgesetzt. Interessant ist im Zusammenhang damit die Spekulation über die Abtrennung des Satanischen von der göttlichen Macht. Es entstand durch → Adams Genuß vom Baum der Erkenntnis; die Eigenschaft der Strenge und Beschränkung, die früher durch die Ströme des Lebens und der Liebe aufgewogen worden war, wurde durch Adams Kontemplation isoliert, aus dem Verband der Sephirot losgelöst »und gewann nun als das Böse, als das Prinzip des Satans, über ihn Gewalt. Die Trennung und Isolierung dessen, was geeint sein sollte, ist die Natur des Bösen. Wo der Mensch eine solche Trennung in sein Wesen aufnahm,... schafft er uneigentliche, unechte Zusammenhänge der Wirklichkeit und produziert damit das Böse, das das von Gott Abgetrennte ist... Im Sinne der alten Kabbalisten war es die Isolierung, welche die Vergröberung und Materialisation der menschlichen Erfahrungswelt bedingte« (Scholem 1977, 64 f.). Daraus ergibt sich, daß die Herstellung illegitimer Einheiten, die demiurgische Anmaßung der Magie (im Sinne des → Sohar), als eine Folge des Einbruches des Bösen in die Weltordnung interpretiert wird.

Bei Scholem 1970, 17 f., heißt es über den B.: »Die theosophische Exegese, die in den Worten der Bibel Aussagen über diese Kräfte findet [d.h. über jene der Sephirot], beansprucht das lebendige Interesse des Buches... Es ist sozusagen ein Bruchstück aus der gnostischen Hierarchie der Dinge. Gerade der Anfang, den die Gnostiker in so eindrucksvollen Bildern beschrieben, wird schweigend übergangen. Weder gnostische noch neuplatonische Bestimmungen werden von ihm gegeben. Doch steht hinter alldem eher eine durchaus persönliche Gottesauffassung als deren Gegenteil. Die Äonen sind nicht selber Gott, sie bilden nur einen Bereich, in dem sich seine Macht manifestiert... Der torsohafte Text konnte allen möglichen spekulativen Ausdeutungen als Beweisgrund dienen. Eine kabbalistische Theologie in irgendeinem präzisen Sinne enthält er nicht.«

BALINUS, durch die Übertragung aus arab. Schriften verstümmelte Namensform des neupythagoräischen Thaumaturgen (Wundertäters) Apollonius von Tyana, der im 1.Jh. gelebt haben soll; der Wunderroman des Philostratos will ihn zu einem nichtchristl. Gegenspieler Jesu stempeln (vgl. E. Meyer in Hermes 52, 1917). B. als Autor des hermet. Buches »Dhakhurat al-Iskandar«, das Aristoteles dem Alexander übergeben haben soll, wird bei Ruska 1926 besprochen. Vgl. die »Encyclopaedia of Islam«, vol. 1, Leiden-London 1960, S.994 (M. Plessner). B.

80

tritt auch in der alchemist. Dialogschrift »Turba Philosophorum« (arab., 9.Jh.) wiederholt auf, die in der MA. Alchemie Europas immer wieder zitiert wurde. In einem anderen »B.«-Traktat, Sirr al Khalika, ist von dem Fund einer Inschrift in einer Höhle die Rede, die → Hermes Trismegistos dem Adepten gezeigt hat und ihn darüber aufklärt, wie das Weltall in seiner Harmonie als Einheit verständlich ist. Quellen dafür sind das syrische »Buch der Schatzhöhle« des Job von Edessa (um 817) und die Schriften des Nemesius von Emesa (5.Jh.). — Ausführl. Auswertung d. älteren Lit. über Apollonius in Ersch-Grubers Encyclopädie (Ndr. Graz 1969) Bd. 4, S.440—54.

BALNEUM MARIAE, das der Überlieferung nach von der Alchemistin → Maria Judaica erfundene Wasserbad, in dem chemische Substanzen bis 100 ° C erhitzt werden können. Fr. heißt das Wasserbad noch heute »bain-marie«. In älteren Werken, wie z.B. Teichmeyers »Institutiones chemiae«, Jena 1729, scheint das B. unter Abkürzung »MB« auf, das Dampfbad (balneum vaporis) als »VB«.

BAPHOMET, Name eines mysteriösen Kultobjektes der Tempelritter, deren Orden 1312 aufgehoben wurde. Es soll sich um einen Kopf eines orientalischen »Götzen« gehandelt haben, und meist wird B. als Verballhornung von »Mahomet« (Muhammed) gehalten. Zahlreiche Erklärungsversuche überzeugen nicht; am ehesten dürfte eine von Idries Schah vorgeschlagene Lösung diskutabel sein, der B. für eine »entstellte Form des arabischen 'abufihamat' (der im maurischen Spanien etwa wie 'bufihimat' ausgesprochen wird)« hält. »Das Wort bedeutet 'Vater des Erkennens'. Im Arabischen bedeutet 'Vater' auch 'Quelle, Urgrund' und dergleichen. In sufischer Terminologie bedeutet ras el-fahmat (Haupt der Erkenntnis) die geistige Tätigkeit des Menschen… Der B. ist nichts anderes als das Symbol für den Vollendeten Menschen«. Weiters weist der genannte Autor auf die Sagen der »sprechenden Köpfe« bei Papst Sylvester II. und Albertus Magnus hin und meint dazu: »Der Ausdruck 'ich mache einen Kopf', den Derwische benutzen, um in bestimmten Übungen ihre Verbundenheit mit dem Sufismus zu bekunden, mag sehr wohl auch von Albertus Magnus und Papst Sylvester in diesem Sinne gebraucht worden sein; übertragen im wörtlichen Sinn, hat man ihn dann als Hinweis auf ein künstlich hergestelltes Ding verstanden« (Idries Shah, Die Sufis, Düsseldf.-Köln 1976, 198 f.). Vgl. auch → Picatrix.

BASILISK, »Schlangenkönig« (gr. basileus, König), in alten Tierbüchern oft erwähntes Fabelwesen. Über den B.en berichtet → Hildegard v. Bingen (ca. 1098—1179): »Als sich die Kröte einst trächtig fühlte, sah sie ein Schlangenei, setzte sich zum Brüten darauf, bis ihre Jungen zur Welt kamen. Diese starben; sie aber bebrütete das Ei weiter, bis sich darin Leben regte, das alsbald von der Kraft der Paradieses-

Ceu speculi adspectu moritur Basiliscus inhaevens
  Lumina dum recipit pernitiosa sibi:
Sic malus ipse suo jugulatur (jure) veneno,
  et quam construxit decidit in foveam.

Er wird ihnen ihr unrecht vergelten. v 23

Der böse Basilisk auß hellem spiegel säuget
  Zu aignem untergang selbst seiner augen gifft:
wer bosheit anzuthun dem nächsten ist geneiget
  ist billig, daß ihn selbst sein mörder=anschlag trifft.

BASILISK: Emblem-Bild aus dem „Lust- und Arzeneygarten"
von →Hohberg, Regensbg. 1675 (Ndr. Graz 1969)

schlange beeinflußt wurde… das Junge zerbrach die Schale und schlüpfte aus, gab aber sogleich einen Hauch wie heftiges Feuer von sich… Bis zum völligen Auswachsen gräbt sich das Wesen 5 Zoll tief in den Boden; dann kommt es wieder hervor und tötet alles, was ihm in den Weg kommt.« Die Vorstellung blieb jahrhundertelang lebendig. Im → Malleus maleficarum, I/cap. 2, heißt es etwa: »Der B. tötet, wenn er zuerst sieht; er stirbt, wenn er zuerst gesehen wird. Der Grund, weshalb der B. durch seinen Blick den Menschen tötet, ist allein, weil infolge des Anblicks und der Vorstellung in seinem Körper Giftstoff erregt wird, durch welchen zuerst die Augen infiziert werden, dann die umgebende Luft und so ein Teil derselben nach dem anderen, bis zu der den Menschen umgebenden Luft hin. Wenn der Mensch diese durch Einatmen in sich aufnimmt, wird er behext und stirbt. Wenn aber der B. zuerst vom Menschen gesehen wird, und der Mensch will ihn töten, so behängt er sich mit Spiegeln. Während der B. hineinblickt, wird die Luft durch die Spiegelung von ihnen aus infiziert und so fort, bis sie zum Basilisken kommt, der nun so getötet wird. Aber es ist zweifelhaft, warum der Mensch, der Töter des Tieres, nicht selbst stirbt. Hier muß man eine geheime Ursache annehmen«. Das Basiliskengift wird als so mächtig beschrieben, daß diese Tiere »durch ihr bloßes Anschauen und Anhauchen nicht nur Menschen, sondern auch selbst andere Schlangen töten können… Sonst sagt man, daß die alten Hahnen im siebenden oder neunten Jahr ihres Alters zuweilen ein Ey in den Mist legen, aus welchem, so es von einer Kröte ausgebrütet würde, nachgehends ein B. hervorkomme, welcher so giftig sey, daß alle diejenigen, so ihn nur ansehen oder höreten, gleich sterben müsten… (es ist aber) vielmehr mit dem Hahnen = Ey ein blosses Mährlein, ohnerachtet der sonst kluge und gelehrte Joh. Pincier demselben zu Ehren ein eigenes Reim = Rätzel in seinen Aenigmat. Nom. XXIII p.261 gemacht… Von dem B. sagt Ambrosius Paraeus XX.19 seiner Chirurgie nicht, daß es aus dem Ey eines Hahnen komme, sondern mahlet ihn als eine Schlange mit einer Krone ab… und giebt ihr aus dem Galeno de Theriac. ad Pison.8, eine gelbe Farbe, einen spitzen Kopff und mit dreyen Hügeln als mit einer Cronen und mit weissen Flecken gezieret… Bes. Forest. I. I.XXX. Obs.I. in Schol. Aldrov. de serp. & drac.II,2« usw. (Zedlers Lexikon Bd.3/1733). Eine alte Wiener Lokalsage, aufgez. im 18.Jh. von Wolfgang Lazius, berichtet von einem in einem Brunnen hausenden B.en, der zerplatzte, als ihm ein metallener Spiegel vorgehalten wurde. Der Geologe E. Sueß führte diese Erzählung auf Schwefeldämpfe und die absonderlich gestaltete Konkretion (»Lößkindel«) zurück, die noch heute in der Nische eines Hauses der Wiener Schönlaterngasse zu sehen ist. — Vor Aldrovandi erwähnte schon Plinius den B.en; der Name bedeutet in der Allegoriensprache der → Alchemie nach Zedler (s.o.) den → Stein der Weisen (Lagneus, Harmon. Chym. Th. Chym. vol. VI, p.727: → Laigneau). In den (pseudo?)albertinischen Schriften heißt es, die Asche des B.en vertreibe Spinnen und giftige Tiere, weshalb sie in den

Tempeln der Antike ausgestreut worden wäre; die Asche des B.en verleihe dem Silber den Glanz und das Gewicht des Goldes.

Im Hinblick auf die MA Symbolik weist Blankenburg (1975, 178 f.) darauf hin, daß der B. als König der Schlangen und als Herrscher der »bösen Wesenheiten der Tierwelt« gilt. »Rex est serpentum basiliscus, sicut diabolus rex est daemoniorum« (Augustinus, Sermo II, Opp. IV. S.978 ff.). »Augustin und weiterhin Gregor d. Gr. werten in diesem Sinne des Basilisken. Auch in den Bestiarien ist der Basilisk König der Schlangen und erscheint in den Bildern der Handschriften mit der Krone und mit Schlangen, die ihm Ehren erweisen. Auch die Bibel betont die böse Natur des Basilisken. 'Denn aus der Wurzel der Schlange wird ein Basilisk kommen, und ihre Frucht wird ein feuriger fliegender Basilisk sein« (Blankenburg l.c.).

BASILIUS VALENTINUS (Pseudonym), angeblich ein bedeutender Alchemist des 15. Jhs., dessen Lebensdaten unbekannt sind. Er soll 1413 am Peterskloster zu Erfurt gelebt haben. Seine Schriften enthalten einerseits mystische Spekulationen, lassen aber auch auf solides chem. Wissen schließen. Ihm gelang u.a. die Reindarstellung von Quecksilber und Antimon. Die Theorie von den Grundbestandteilen der Welt corpus (sal), spiritus (mercurius) und anima (sulphur) soll → Paracelsus von B.V. übernommen haben, doch ist angesichts der ungenauen Lebensdaten von einer »Priorität« kaum zu reden. Die Abhandlung »Practica cum 12 clavibus« scheint in dem Sammelwerk → Musaeum Hermeticum auf (ed. Thölde »Tractat vom Stein der Weisen mit den zwölf Schlüsseln«, Eisleben 1599, Frankenhausen 1602, 1612). Die berühmteste Arbeit des B.V. ist der »Currus triumphalis Antimonii«, ed. Thölde 1602, dt. 1604 (Triumphwagen des Antimonii), 1646; engl. Ausg. »The Triumphal Chariot of Antimony« von A. E. Waite, London 1893, Ndr. 1962; zus. mit »De magno lapide antiquorum Sapientium«, »Apocalypsis Chemica« und anderen Schriften auch hrsg. von Peträus (Hambg. 1677, 1717).

Die histor. Existenz eines B.V. wurde bereits im 19.Jh. bezweifelt und die Autorenschaft an den unter seinem Namen laufenden Schriften den sich als Herausgebern bezeichnenden Rosenkreuzern des ausgehenden 16. Jhs. zugeschrieben. So war etwa H. Kopp (1869) davon überzeugt, daß der »Herausgeber« Johann Thölde in Wahrheit der Verfasser dieser Schriften wäre und sie daher nicht im 15.Jh., sondern um 1600 entstanden (vgl. dazu auch Kiesewetter 1895/1977, 52—70). Hingegen weist G. Hartlaub 1959, S.24 darauf hin, daß »vor etwa siebzig Jahren« in dem »Buch von der Heiligen Dreifaltigkeit« (Hs., ca. 1430—40, heute im German. National-Museum, Nürnbg; andere Hss. in Berlin, Wolfenbüttel und München) eine originale, d.h. nicht aus Abschriften und Zitaten bestehende frühe B.V.-Handschrift entdeckt wurde. Die Frage »echt oder → spurios« müßte daher im einzelnen untersucht werden. H. A. Erhard schreibt in Ersch-Grubers Enzyklopädie Bd.8, S.41: »Die Urschriften seiner Werke hat ehedem die Bibliothek des Paterklosters zu Erfurt besessen. Nach einer Nachricht, welche der ehemalige Prälat Nicolaus dem berühmten Georg Wolfgang Wedel (1645—1721) mittheilte, waren diese sämtlichen Handschriften, nebst einer Schachtel mit einem unbekannten goldgelben Pulver (vielleicht sulfur auratum antimonii) in einem eigenen Behältniß in der Mauer unter dem Refectorium des Klosters aufbewahrt worden; allein im dreißigjährigen Krieg wären sie auf Befehl der Königin Christina nach Schweden geschafft worden; von den übrig gebliebenen sey hernach das eine... dem Kurfürsten von Köln... zum Geschenk gemacht worden, das andere habe der Prior des Karthäuserklosters geliehen (und bald)... gleichfalls verloren gegangen. So viel ist gewiß, daß sich — als die ehemalige Klosterbibliothek neuerlich an die Boineburgische Bibliothek überwiesen wurde, von den Schriften des B.V. gar nichts mehr darin fand. Wedel will ein Manuscript, unter dem Titel: Handgrif und Bereitung seiner vornehmsten Arznei, das ungefähr 1620 abgeschrieben gewesen, unter den Händen gehabt haben...« — Bibliograph. Hinweise auf die einzelnen Schriften in Ersch-Grubers Enzyklopädie Bd.8, S.40—41 (Fußnoten). Vgl. R. Tischner, Wer war B.V.? AHZ 190/1942, 3.

FEDERMANN 1964, HARTLAUB 1959, SELIGMANN 1958

BEAUMONT, John (Jr.), engl. Autor des 17.—18.Jhs., der von 1693—1724 mehrere Bücher verfaßte, wovon sein »Treatise of Spirits« etc., London 1705, oft zitiert wurde; dieses Buch sollte die Realität des Geister- und → Hexenglaubens durch eigene (wohl halluzinatorische) Erfahrungen beweisen. Eine dt. Übersetzung mit einem Vorwort von J. Chr. → Thomasius erschien in Halle 1721.

BEKKER (Becker), Balthasar, 1634—94, holländischer Theologe, war einer der entschiedensten Kämpfer gegen den Hexenglauben. Nach Studien in Groningen und Franeker wurde er schließlich Prediger in Amsterdam, wo er wegen seines berühmten Buches »De betoverde Weereld« (Die bezauberte Welt; Leeuwarden 1690, zahlr. Ausg.; fr. in 4 Bden., 1694) mit dauernder Anfeindung zu kämpfen hatte. »Seine Meynung aber, so er darinnen an den Tag geleget, gieng nicht nur dahin, daß es keine vom Teufel leibhaftig besessene, keine, die durch einen mit dem Teufel gemachten Pact zaubern könten, auch keine wahrhafte Gespenster gebe, sondern er läugnete auch so gar, daß der Teufel die Macht habe, jemanden zu verführen, als von welchem er glaubte, daß er mit ewigen Ketten gebunden sey... Wider solche paradoxa regten sich sowol die Theologi in Holland, als insonderheite seine Collegen im Amsterdam, und weil er sich davon nicht wolte abbringen lassen,... brachten sie es endlich dahin, daß ihm die Cantzel verbothen wurde. In diesem Zustande lebte er noch 6 Jahr, bis er an. 1698 den 11. Jun. starb« (Zedlers

Lexikon Bd.3/1733, Sp.873). An weiteren Werken von B. sind zu nennen: »De Philosophia cartesiana Admonitio sincera«, 1668 (Versuch eines Vergleichs der cartesianischen Philosophie mit der Theologie), und »Ondersoeck van de bete keninge der Kometen«, Leeuwarden 1683, Amsterdam 1692 (hier bestreitet B., daß die Kometen Vorboten kommenden Unheils sind), schließlich eine »Schriftelyke satisfactie«, eine Rechtfertigung gegen die böswilligen Auslegungen seiner »bezauberten Welt«.

GRAESSE 1843 (S. 61, 62); SOLDAN-HEPPE 1968; HERZOG-HAUCK II, S. 545.

BELOT, Jean, fr. Autor des 17.Jhs., der einst sehr geschätzte Bücher über Chiromantie und Physiognomik verfaßte (Opera Mathematica, Rouen 1640; Chiromantia et Physiognomia, Rouen 1649; L'Oeuvre des Ouevres, ou le plus Parfait des Sciences Stéganographiques, Paulines, Armedelles et Lullistes, Paris 1623, Rouen 1640). B. erweist sich darin als Kenner der Schriften des Raimundus → Lullus und des → Agrippa von Nettesheim. Seine Werke erschienen gesammelt unter dem Titel »Oeuvres de J. Belot, contenant la chyromancie, physionomie, l'art de la mémoire de Raymond Lulle« etc. zu Rouen 1647 und 1669, Lyon 1654 und Liège 1704. Zedlers Lexion Bd.43/1745, Sp. 1291, gedenkt des »Frantzosen, Nahmens Johann Belott, der sich einen Meister der Göttlichen und himmlischen Wissenschafften genennet und eine Chiromantiam & Physiognomicam geschrieben, worinne er verschiedene magische Dinge mit eingemischet, auch die Kunst, sich bey dem Schutzgeist beliebt zu machen.« Jöchers Gelehrten-Lexicon Bd. 1 (Ndr. Hildesheim 1960), S. 143 erwähnt, daß die Chiromantie B.s »unter die verbotenen Bücher gehöret« (1750).

ıBERTHOLD DER SCHWARZE (Bertholdus Niger, auch Bartholomäus), sagenhafter Erfinder des Schießpulvers im Abendland, wird im Feuerwerkbuch (Cod. 1481 a) des German. National-Museums Nürnberg als ein »maister in artibus« bezeichnet, der seine Entdeckung machte, als er mit »grosser Alchymy vmbgegangen«. In Zedlers Lexikon Bd. 35/1741 heißt es: »Schwartz... hieß sonst Constantin Angklitzen, war zu Freyburg in Deutschland um die Mitte des 14.Jhs. gebohren, und seiner Profeßion nach zu Mayntz ein Münch, und hat die Erfindung des Schießpulvers und der Büchsen 1330 wider sein Vermuthen zu Stande gebracht... Im übrigen haben einige vorgegeben, daß endlich Kayser Wentzel den Schwartz wegen dieser seiner Erfindung 1388 lebendig habe verbrennen lassen«. Der Name »Constantin Ancklitzen« wird B. auch in dem Buch von A. Thevet, Portraits et vies des hommes illustres, Paris 1584 genannt, wo B. als Franziskaner geschildert wird. Vgl. F. M. Feldhaus, Zs. f. hist. Waffenkde. 1906, S.65 ff. und 113 ff. Eine Version der B.d.S.-Sage aus einem Feuerwerksbuch vom Ende des 14.Jhs. findet sich bei H. Meynert, Gesch. d. Kriegswesens I, S.329 ff., Wien 1868: »Also wollt derselbe Meister Bertholdus eine Goldfarb brennen, zu derselben Farb gehört Salpeter, Schwefel, Blei und Öl. Und als er diese Stücke in einen kupfernen Hafen brachte und den Hafen wohl vermachte, wie man thun muss, und ihn über das Feuer that, dass er warm ward, so brach der Hafen in gar viele Stücke« etc. Meynert erwähnt auch die Namen »Constantin Arlitz in Cöln und Alitrel von Prag« als sagenhafte Erfinder des Schießpulvers.

BESCHWÖRUNG, lat. conjuratio, allg. ein Anreden der → Dämonen bzw. des Satans, das den Zwang enthält, Antwort geben oder gehorchen zu müssen. Eine B. ist daher auch der → Exorcismus, bei welchem Dämonen zum Ausfahren aus Besessenen gezwungen werden. Häufiger wird der Ausdruck B. im Sinne von Zitierung (citatio daemonum, eigentl. Vorladung der Dämonen) gebraucht, vor allem in den populären → Zauberbüchern, wie z.B. den Höllenzwängen und → Grimoires. Bevorzugte Orte für die B. sind einerseits verrufene Plätze (Ruinen, Galgenberge), andererseits → Kreuzwege. Hier wird ein mag. Zirkel (Zauberkreis) auf den Boden gezeichnet, der ringsum mit → Characteres und den Namen von → Engeln und Dämonen beschriftet wird. Der → Nigromant darf sich durch keine List der erscheinenden Dämonen verleiten lassen, diesen Kreis zu verlassen, da er ihnen sonst wehrlos ausgeliefert ist. In manchen Zauber- und ⟩ Hexenprozessen ist auch davon die Rede, daß eine Rinderhaut den gleichen Zweck wie der Zauberkreis erfüllt. Oft ist von → Räucherungen die Rede, die dämon. Wesen herbeiziehen sollen. Der erscheinende Teufel wird nun mit → Zaubersprüchen gepeinigt, bis er sich bereit erklärt, den Nigromanten zu begünstigen, z.B. ihm zu einem vergrabenen → Schatz zu verhelfen, den der Teufel womöglich selbst herbeischaffen soll. »Wenn du das Geld und die Juwelen an dich genommen hast und Lucifer verschwunden ist, dann danke Gott mit einem Psalm... Bleibe fromm, vergiß die Armen nicht und die bekehrten Heiden« (Dr. Fausts Großer und mächtiger Meergeist, Amsterdam 1692). Zahlr. Quellen zit. bei Graesse 1843, S.24—31. Zahlr. Beispiele in Zedlers Lexikon Bd.3/1733, Sp.1477—86. — R. Feldes, 1979, 210 f., zitiert im Zusammenhang mit den oft absurd wirkenden Beschwörungstexten (etwa der bei Peuckert 1956, 170 erwähnten »Citatio Azielis«: XrFpLyQTQUfDxZVAoz Theos + Cadeloi Sambra + Elhoe. NGluROCRwIMBAFy Xorvetho + Woye + Vzewot usw.; »Möglicherweise geheime Schriften; möglicherweise auch Versuche, ein Unverstandenes abzuschreiben«, Peuckert), die Worte »Lucifer, Ouia, Kameron, Aliscot, Mandesumini« und: »Das Kauderwelsch der Beschwörungen, das im Zauberkreis mit den sinnbetörenden Duftwolken zum stillen Nachthimmel aufsteigt, einst auch von antiken Nekromanten in mystischen Rhythmen gemurmelt, stellt uns die Frage, ob diese verwirrende Sprache, den seltsamen Wortgebilden Wahngeschlagener oder dem Zungenreden Enthusiastischer ähnlich, nicht letztlich ein Mittel ist, eindringlich und suggestiv halluzinatorische Phänomene auszulösen, wie sie der Hexen- und Zauberprozeß nicht selten bietet«, n. A. Jacoby, Die Zauberbücher vom MA bis zur Neuzeit, in: Mittlg. d. Schles. Ges. f. Volkskde. 31/1931, 219. Ritualmagische Operationen dieser Art, die dem Außenstehenden wie ein groteskes Gaukelspiel erscheinen müssen, können zweifellos bei entsprechender Einstimmung mit oder ohne Hilfsmittel in Form von psychotropen Drogen zu künstlich induzierten visionären Erlebnissen von großer Eindringlichkeit führen, die als Manifestationen außerpersönlicher Wesenheiten interpretiert werden. Neurophysiologisch spielen dabei vermutlich Endorphine, vom Körper selbst produzierte Halluzinogene, eine wichtige Rolle, die durch die Streßsituation des Rituals mobilisiert werden. Auf diese Weise können »intuitionsähnliche Bewußtseinsveränderungen und visionäre Erleuchtungserlebnisse« erzielt werden; dies »gilt freilich nur für die in ihrem jeweiligen kulturellen Rahmen religiöse Persönlichkeit« (J. Wagner, in dem Aufsatz »Eine Methode, mit Knochen Orakel zu werfen«, Wr. völkerkdl. Mittlg.en NF Bd. XXV/XXVI, 1983/83, 16; Vgl. Zs. Curare 6/1983, Heft 4).

Die Ähnlichkeit mit schamanistischen Riten schriftloser Völker ist evident. Unfälle bei in der traditionellen Form durchgeführten B.s-Riten wurden als Folgen dämonischer Wirkungen verstanden, so etwa das Unglück in der Christnacht des Jahres 1715, die »Jenaische Christnachts-Tragödie«, die drei Todesopfer forderte (die Beschwörer hatten in einem kleinen Raum ein offenes Kohlenfeuer unterhalten; vgl. Feldes 1979, nach Scheibles »Kloster«, Stuttg. 1847). — Für B. wird auch der Ausdruck »incantatio« (ursprüngl. »Ansingen«) gebraucht, jedoch auch im Sinne von »jemandem ein Übel anhexen«. — B. eines Planetengeistes → Intelligentia und Daemonium. Mit den durch B. herbeigerufenen Dämonen konnte nach allg. Ansicht entweder auf der Basis der »Höllenzwänge« verhandelt werden, d.h. man konnte sie durch → Zauberworte zu Dienstleistungen zwingen, ohne ihnen etwas zuzugestehen, oder aber es konnte mit ihnen ein »Rechtsabkommen« (Teufelspakt) abgeschlossen werden (→ Faust). Eine im eigentl. Sinne religiöse Devotions-Haltung ist für die B. nicht erforderlich, sondern es wird angenommen, daß die richtig rezitierten Formeln (ursprüngl. wohl Gesänge) zur rechten Zeit und am rechten Ort zwangsläufig den Kontakt mit den herbeizitierten Übernatürlichen bewirken. Vgl. → Evocation, Goëtie. Lit.: W. Mannhardt, Zauberglaube und Geheimwissen, 5. Aufl. 1920; Bächtold-Stäubli (Stichw. »B.«) Bd. 1, 1927; G. Mensching, Das heilige Wort; Stichw. »Beschwörungskunst« (von → Horst) in Ersch-Gruber Bd. 9, Ndr. Graz 1970.

PEUCKERT 1956

BESESSENHEIT, das Wohnen dämonischer Wesen im Leibe von Menschen (daemoniaci, obsessi, lunatici); der Glaube an B. war schon in der vorchristl. Antike verbreitet. Auf sie führte man patholog. Phänomene zurück, die man heute als Epilepsie, Hysterie, Neurosen und Psychosen bezeichnen würde. Gelegentlich wird jedoch von paranormalen Äußerungen berichtet, die sich in der Terminologie der Psychiatrie und Psychologie nicht erschöpfend beschreiben lassen. »Zu jeder Zeit haftete B.szuständen das Fascinans des Geheimnisvollen, Numinosen an. Der Einbruch einer dämon. Überwelt in die normalen Lebensläufe — so jedenfalls wird die B. erlebt — wird als tiefgreifende Erschütterung erlebt, und zwar nicht nur vom Besessenen selbst, sondern auch von seiner Umwelt« (G. Sannwald, Bespr. von »Ergriffenheit und B.«, hrsg. von J. Zutt, München 1972; Wiss. Lit. Anz., 5/6, 1972). In der Bibel, auch im N.T. ist häufig von B. die Rede: Matth. 4,1; 12,43 ff.; Mark. 3,1; 5,7 ff.; 9,14. Eph. 2,2; 6,12.

Jesus trieb die → Dämonen nicht durch mag. Riten, sondern unmittelbar durch persönlichen Befehl aus, der »einen psychisch vermittelten Einfluß auf das leibliche Leben der Kranken« zur Folge hatte (Delitzsch). In der Folge wurde wiederholt der Ansicht Ausdruck verliehen, die bösen Geister könnten zwar die Besessenen quälen, indem sie in ihrem Leibe hausten und aus ihrem Munde sprachen, jedoch nicht die Seelen ihrer Opfer direkt schädigen (→ collationes Cassiani; → Psellos). Daß der Glaube an die dämon. B. nicht mit dem → Hexenglauben identisch ist, beweist u.a. Einzinger von Einzingen in seiner Ausgabe der → Thomasius-Schrift gegen den Glauben an »Zauber= und Hexerey« (1755), wo er schreibt, es sei wohl möglich, daß jemand sich bemühe, mit dem Teufel zu paktieren; »und solcher fiele hierauf in eine ungewöhnliche Kranckheit, wider welche keine natürlichen Mittel, ungeachtet alles angewandten Fleysses... verfangen wollten. Einem solchen Besessenen kann freylich kein Artzt helfen. Ein solcher Besessener muß sich dem Exorcisten überlassen, wenn er will geheilet werden«. Vgl. → Exorcismus. — J. von → Görres unterscheidet die eigentl. B. (obsessio) von der »Umsessenheit«) (circumsessio), dem Umgebensein von dämonischen Wesen, die jedoch nicht im Körper ihres Opfers wohnen. — Über die moderne psycholog. Deutung des Phänomens der B. vgl. Bender, »Mediumist. Psychosen«, in Bender, 1966; volkskundl. Material bei Grimm, Dt. Mythologie, Ndr. 1953, S. 848 f. Vgl. auch T. K. Österreich, »Die Besessenheit«, 1921 u. 1927. Zusammenfassung des kirchl. Standpunktes zum Phänomen der B. bei L. Monden S. J., Theologie des Wunders, Freiburg-Basel-Wien 1961, S. 151—162. — Psycholog. Material bei G. Zilborg und G. W. Henry, Hist. of Medical Psychology, London 1941. Vgl. auch J. Starobinski, B. und Exorzismus, Frankf./M. 1978.

DELITZSCH 1861; FRANZ 1960; GÖRRES 1960; GRAESSE 1843; (S. 69—80); C. MÜLLER 1893; HERZOG-HAUCK Bd. IV, S. 410 ff.

BIBLIOMANTIE, einer der zahllosen Versuche, durch → Mantik die Zukunft zu erforschen oder in der Art eines Gottesgerichtes Zufallsentscheidungen durch göttl. Fügung zu sanktionieren. Es handelt sich um das blinde Aufschlagen eines Buches und Berühren einer beliebigen Stelle mit einem Stäbchen. Das dort stehende Wort soll Aufschluß über die gestellte Frage geben (→ Sortes Vergilianae). Mit Vorliebe wurden hiefür die Bücher der Bibel (Könige, Psalmen) verwendet (Bächtold-Stäubli Band 5, Sp. 1375 ff.), im Sinne von Fragen nach kommenden Dingen oder »als Orakel, mit deren Hilfe man z.b. zwischen bischöflichen Kandidaten entschied oder den Leichnam des hl. Leodegar unter kirchl. Würdenträgern verloste. Die Berechtigung zu Entscheidungen in dieser Weise holte man sich aus den Psalmen und Propheten, die zahlr. Anspielungen auf Losentscheidungen aufweisen… Hingegen wurde… die Wissenschaft der Wahrsagung 'sub nomine fictae religionis' untersagt (so nach dem 16. Canon der Synode von Vennes, 465), denen, die sie ausüben, die Exkommunikation angedroht… Auch jüd. Autoritäten des MA. untersagten den Gebrauch der Bibel zu Loszwecken, bzw. sie fanden ihn zumindest unangemessen«. W. Abraham, Studien zu einem Wahrsagetext des späten MA. Hess. Blätter f. Volkskde. 59/1968; S.21; vgl. → Losbücher.

BILDZAUBER, lat. invultuatio, urtümlich anmutende mag. Praktiken, durchgeführt mit Hilfe von bildlichen (meist plastischen) Darstellungen des zu beeinflussenden Objektes. Es handelt sich um Ausübungen von Schaden- oder → Liebeszauber, häufig beschrieben im Sinne des dem Volkskundeforscher noch aus der Neuzeit geläufigen Analogiezaubers mittels Wachsfigürchen (»Atzmännern, Atzelmännern«; vgl. Grimm, Dt. Mythologie, Ndr. 1953, S.913—15 und Anhang (III.) S.314), die unter Anrufung von bösen → Dämonen mit Nadeln durchbohrt, ins Feuer geworfen, vergraben oder verstümmelt wurden. Belege dafür gibt es schon in der Antike, etwa bei Ovid, in den Heroidenbriefen (6,91—92) heißt es, Medea »weiht Menschen dem Untergang, auch wenn sie abwesend sind, durchbohrt ihr wächsernes Bild und treibt in die arme Leber dünne Nadeln« (devovet absentis simulacraque cerea figit, et miserum tenuis iniecitur egit acus); Amores V, 79—80: »Dich hat eine Hexe dem Untergang geweiht, indem sie eine Wollpuppe durchstach« (te traiectis Aeaea venefica lanis devovet); auf den → Fluchtäfelchen vertritt oft der Name die Stelle des Bildes und wird ebenfalls mit Nadeln durchbohrt (Amores 3, 7, 29—30).

Stemplinger (1948, 182) resümiert die B.-Zauber Vorstellungen im antiken Volksglauben so: Es »durchstach das Mädchen das Wachsbild des Treulosen mit einer Nadel, verbrannte es oder tauchte es ins Wasser; all diese Leiden, glaubte man, träfen den Lebenden selbst. Dem Verhaßten bringt man Brandwunden bei, wenn man nur ein Stückchen seines Gewandes verbrennt. Eine bleierne Puppe stellt einen kopflosen, nackten Mann dar, dem Hände und Füße auf den Rücken gebunden sind, der ringsum mit Nägeln gespickt ist… Wenn der Ägypterkönig Nektanebos von einer feindlichen Flotte angegriffen wurde, erzählt der Alexanderroman, setzte er Wachsmodelle von Schiffen und Menschen in ein Wasserbecken, um sie dann zu versenken…« Im frühen MA. sind Belege für B. nur schwer zu erbringen, da der Ausdruck »imagines« sich nicht auf »Atzmänner« beziehen muß, sondern auch »Götzenbilder« bezeichnen kann. Erst im 13. und 14.Jh. sind die urkundl. Belege für zauberische Anschläge im Sinne eines echten B.s klarer. Ein Beispiel für viele aus den von Byloff 1929 veröffentlichten Prozeßakten (Innsbruck, 1485): Beim Nachgraben unter der Türschwelle fand man »ein handgroßes Wachsbild, darstellend ein Weib, durchstochen und voll von Löchern. Auch steckten in dem Wachsbild zwei Nadeln, eine in Richtung von der Brust zur linken Schulter, die andere in Richtung von der Brust gegen den Rücken; in eben diesen Richtungen« (berichtet die Zeugin) »aber empfand ich die allerbittersten Schmerzen, obwohl ich auch sonst am ganzen Leib von Leiden geplagt wurde, wie auch das Wachsbild nach allen Seiten durchstochen war.« Fälle von derartigem B. (»ivultuatio«, von lat. vultus, fr. envoûtement) werden besonders nach der Verbreitung des → malleus maleficarum häufiger, der auch sonst dazu beitrug, antike Formen des → Aberglaubens zu revitalisieren (zahlr. Beispiele im Text, u.a. zit. nach dem »Formicarius« des J. → Nyder).

Dabei konnten Hexen auch einen Gegenzauber vornehmen, indem sie auf Verlangen von durch Magie Geschädigten flüssiges Blei in Wasser gossen, »bis mit Hilfe des Dämons aus dem Blei ein Bildnis sichtbar wurde. Wenn die Hexe dies erblickt hatte, fragte sie den Ausforscher: An welchem Teile willst du, daß dein Hexer geschädigt werde, um ihn an ebendieser Wunde zu erkennen? Wenn der Ausforscher eine Stelle wählte, brachte die Hexe sogleich an eben demselben Teil des Bildnisses… mit dem Messer einen Schnitt oder eine Wunde an und bezeichnete den Ort, wo er den Schuldigen finden würde… Wie die Erfahrung bezeugt, fand es sich, daß der Hexer in allem so verletzt wurde, wie es sein bleiernes Bildnis zeigte« (II. Buch, II). — Eine große Rolle spielte der B. in den Hexenprozeßakten. »Durch die Konstitution Johannes XXII. 'Super illius specula' von 1326/27 wurden u.a. die zauberischen 'imagines' im gesamten Abendland bekannt und spielten von nun an in Hexen- und Hochverratsprozessen eine gewichtige Rolle… [Nach dem 16.Jh.] drang die Beachtung solcher corpora delicti bis in die Gesetzestexte vor, etwa für Bayern 1611 und für Österreich in die Ferdinandea von 1656« (W. Brückner, Handwtb. d. dt. Rechtsgesch., Berlin 1964 ff.). Durch B. versuchte Katharina v. Medici, Königin v. Frankreich (1519—89), die Hugenottenführer Coligny und den Prinzen de Condé zu töten, indem sie in ihre Bilder Schrauben eindrehen ließ. Königin Elisabeth d. Gr. v. England (1533—1603) fürchtete, durch B. mit Hilfe von Wachspuppen behext zu werden. Sie billigte 1563 den »Act against conjurations, enchantments and witchcrafts«, worin mit dem Galgen bedroht wurde, wer auf mag. Weise den Tod eines Menschen verursacht habe. — Ein Beispiel für B. beschreibt → Campanella: »Einst wollte eine Gesellschaft von Frauen in einen Garten gehen; nur eine weigerte sich, dies zu tun, worüber die anderen so wütend wurden, daß sie eine Orange mit Stecknadeln durchstachen und dazu sprachen: Wir zerstechen die N. N., weil sie sich geweigert hat..., worauf sie sich entfernten, nachdem sie die Orange in einen Brunnen geworfen hatten. Von diesem Augenblick an fühlte jene Frau unerträgliche Schmerzen, als ob sie von Nägeln durchbohrt würde, und dieselben ließen nicht eher nach, als bis die Frauen unter guten Wünschen die Nadeln aus der Orange gezogen hatten« (Kiesewetter 1891—95/1977, 178). → Kunckel (1716), bei Kiesewetter l.c., schreibt derartige Fernwirkungen der starken Imaginationskraft zu. Sie hören auf, wenn solche Operationen ausgeübt würden, ohne daran zu glauben: »Und solte ich bald auff die Gedanken gerathen, daß ein starker Glaube sowohl in guten als bösen Dingen seine Krafft habe.« Auf antike Parallelen weist Jean → Bodin (Fischart) hin, wenn er erwähnt, Berichte über zeitgenössischen B. seien »beinahe gläublich«, wenn man bedenkt, »daß des Königs auß Calydonien Sohn, Meleager, eben durch solche weiß verbrunnen sey, als die Zauberin Althea den Stipidem Fatalem, oder den Todbringenden Notstock aus Raach (Rache) verprennet hat. Dann man möchts sonst für Traumwerck achten, wann solche Bilder nicht vor alten zeiten auch in übung gewesen weren. Nuhn befindt sich aber, daß auch der ältest Philosophus Plato im Eilfften Buch von den Gesatzen, dise erzehlung von den Zauberischen Wäßinen (wächsernen) Bilderen für warhafft anziehet und bekräfftiget« (1591/1973, 144).

Offenbar liegt bei derartigen Praktiken ein Denken in → Entsprechungen (Analogien) vor, das einen Konnex zwischen Abbild und Dargestelltem voraussetzt. Diese → Sympathie wird häufiger beim → Liebeszauber als bei Schadenzauber durch ein verbindendes Element (etwa ein Stück der Kleidung der zu beeinflussenden Person, ein Haar von ihr usw.) verstärkt. Vgl. F. des Aulnoyes, Envoûtement, désenvoûtement, contre-envoûtement. Paris 1959; A. Osmont: Envoûtements et Exorcismes, Paris 1954; R. Villeneuve: L'Envoûtement. Paris 1963.

BÄCHTOLD-STÄUBLI 1923—41; LUCK 1962

BLUMEN, in der älteren Chemie und Alchemie Bezeichnung für ein Sublimat, »Flores chymici« in Zedlers Lexikon 2/1733, Sp.197, »die subtilsten Teilgen derer Cörper, so durch die Sublimation von denen gröberen Theilen in einer trockenen Form geschieden werden, und in der Höhe des Sublimir-Gefässes behangen blieben«. B. nannte man in der Metallscheidekunst auch aufsteigende Blasen, alles im Hinblick auf ein pseudovegetabilisches »Leben der Elemente«. Heute erinnert an diese Terminologie noch der Ausdr. »Schwefelblume« für sublimierten Schwefel.

BODIN, Jean (Bodinus, Joannes), 1529 oder 1530—96, bedeutender fr. Rechtsgelehrter, wurde berühmt durch sein staatsrechtlich bedeutendes Werk (Six livres) »De la République« (Paris 1577, zahlr. Ausgaben), das noch heute Gegenstand rechtshistorischer Studien ist. B. bemüht sich darin u.a., eine histor. Periodizität von jeweils 729 (= 9³) Jahren aufzuzeigen, die einen Wechsel der Verhältnisse mit sich brächten; z.b. fand die Schlacht von Actium 729 Jahre nach der Gründung Roms statt usw. Sein in Dialogform abgefaßtes Buch »Heptaplomeres« über den Vorrang der verschiedenen Religionen konnte erst 1841 im Druck erscheinen. Mit kosmologischen Fragen befaßt sich sein »Universae naturae Theatrum«, Lyon 1569, fr. 1597. Geistesgeschichtlich überaus aufschlußreich ist jedoch sein Buch »De la Démonomanie des Sorciers«, Paris 1580, 1582, 1587, lat. (unter dem Pseud. Lotarius Philoponus) Basel 1581, it. Venedig (Aldus) 1589, dt. (übersetzt von Johann Fischart unter dem Titel »Vom außgelasnen Wütigen Teüffelsheer/ Allerhand Zauberern/ Hexen unnd Hexenmeistern/ Unholden/ Teuffelsbeschwerern/ Warsagern/ Schwartzkünstlern/ Vergifftern/ Augenverblendern/ etc.«) Straßbg. 1581, 1586, 1591. Hier bietet B. eine späte, mit ausführlichen Zitaten aus den Werken antiker, patristischer und zeitgenössischer Autoren ausgestattete Zusammenfassung des Zauber-, Hexen- und Dämonenglaubens seiner Zeit. Im Anhang weist er mit heftigen Worten die Ansicht des Johannes → Wierus (Weyer) zurück, derzufolge die »Hexen« nichts mit dem Satan zu tun haben (gegen ihn wendet sich auch B.s »Diss. de fallacibus indiciis magiae«, Halae 1701). Vor allem macht es B. → Agrippa von Nettesheim und Wier zum Vorwurf, in ihren Büchern ganz offen teuflische → Characteres und → Zaubersprüche zitiert zu haben. Die im vorigen Jh. geäußerte Ansicht, so ein kluger Mann wie B. könne keinesfalls wirklich an Hexerei geglaubt haben und seine »Démonomanie« daher nur als Persiflage aufgefaßt werden (Grosley), verrät mangelhaftes Verständnis der geistesgeschichtl. Situation des 16.Jhs.; → Hexensalbe. Vgl. G. Roellenbleck, Offenbarung, Natur und jüd. Überlieferung bei Jean B., eine Interpretation des Heptaplomeres, Gütersloh 1964 (Bibl. S.155 ff). — Ndr. des »Teuffelsheeres« von 1591, Vorw. H. Biedermann: Graz 1973.

GRAESSE 1843, S.54, 55; MICHAUD 1854 (1966), Bd. 4

BOGUMILEN, oder Bogomilen, »Gottliebende« oder »Gottesfreunde«, slav. Sekte des MA., entstand im 10.Jh. in Bulgarien und Thrazien, daher auch »Bulgari, Bulgri«, fr. bougres (Schimpfwort). Der Name soll sich von dem Sektengründer Bogumil (slav. Übersetzung des gr. Theophilos) herleiten. Die Lehre wird bes. in der glagolit. geschriebenen »Predigt gegen die Häretiker« des St. Kosmas (um 975) beschrieben; sie besitzt vorwiegend dualist.-manichäische Züge. Die Materie gilt als das geistfeindliche, böse Prinzip, und daher wurde auch die Leiblichkeit Christi verneint (doketische Häresie). Staatl. Autorität, Fleisch- u. Weingenuß,

Ich hab beinah gleichmässigen fall gelesen bei dem Hochgelehrten Herrn Paulo Grillando/ einem Rechtsgelehrten auß Italien/so sehr viel Zauberer hat verurtheilen heissen: Der schreibet/daß im M. D. XXVI. Jar bey Rom ein Bawrsman gewesen/welcher/nach dem er gesehen/daß sein Weib bey Nacht gantz Nackend sich angestrichen oder gesalbt gehabt/unnd darauff nit mehr im Hauß anzutreffen war/ den folgende tag sei zugefahren/un mit eim guten Handvölligen Bengel so sie so lang hab abgeschmiert/biß sie die gäntzliche warheit habe bekant/unnd darüber umb verzeihung und Gnad gebetten. Welche jhr der Mann widerfahren lassen/ doch mit dem Anhang/daß sie jhn auch zu diser Versamlung/darvon sie sagte/führen un bringen solte. Nachgehenden Tags schafft sie/daß der Mann sich eben mit der Salb/wie sie bestrich/un fuhren darmit beide auff einem Bock sehr ringfertig zum Hexentag dahin. Aber das Weib hat den Mann gewarnet/ sich zuhüten/daß er Gott nicht nennet/es geschehe dann zu Gespött/oder Gott dardurch zu lästeren.

Dann sie stimmen hierinn alle überein/das der Teuffel/den jenigen/so Gott nennet/gleich unter wege niderleget: Welches dann anzeigung gibt/ das Schmär oder die Salb nichts darzu thut: Und daß der Teuffel die Leut so geschwind darvon führt wie ein Pfeil vom Armprost: Inn

massen der H. Augustinus darvon schreibet. Dæmones Auium volatus incredibili celeritate vincunt: Die Bösen Geister übertreffen der Vögel Flug vil an geschwindigkeit. Und noch viel mehr die Engel: Welchen auß diser ursach/jhre unbegreiffliche geschwindigkeit anzudeiti/die Heilig Schrifft sechs Flügel zugibt.

Als nun der vorgedacht Baursman zur Hexen versamlung auch gefahren kommen hieß jn sein Weib ein wenig zur seiten abstehen/da er das schön Geheimnuß gar übersehen konte/ da merckt er / daß sein Weib zuforderst jhre Ehrerbietung dem Haupt unnd Vorsteher der Versamlung that: Und daß derselb sehr Herrlich unnd köstlich wie ein Fürst bekleidet war/und zu dienst umb sich herumb ein grosse Meng Volcks von Männern und Weibern/die jhm alle Eyd und Gelübd gethan/lauffen hatte. Nach gethaner Reuerentz/sahe er/ daß man einen Runden Tantz oder Reyen hielte/doch daß sie das Angesicht auß dem Reyen kehrten/also daß keins das ander im Angesicht sehe konte/wie sonst in anderem gemeinê Täntzen pflegt zugeschehen. Vil leicht auß disem bedencken/damit keins das ander so leichtlich ins Gesicht fasse/und es erkennen lehrne/un hernach/wann eins auß der Gespilschafft von der Oberkeit gefänglich eingezogen und befragt würde/das ander verzahte und angebe.

BODIN: Textprobe aus Bodin/Fischart: Vom Außgelasnen Wütigen Teüffelsheer etc., Straßbg. 1591 (Ndr. Graz 1973)

Heirat und Zeugung wurden abgelehnt, um die von »Sat(h)anael« aus Übermut mit Hilfe gefallener Engel geschaffene materielle Welt nicht zu stärken (vgl. → Gnosis), ebenso wurde Bilder- u. Kreuzverehrung verworfen. Die Gegner der B. sagten diesen (ähnl. wie später den Tempelrittern!) homosexuelle Praktiken nach, die dazu dienen sollten, die Fortpflanzung in eine dem antispirituellen Prinzip dienende Welt zu verhindern. Unter dem byzantin. Kaiser Alexios Komnenos fand 1111 ein großes Ketzergericht statt, das die Sekte äußerlich unterdrückte. Ihr Haupt, Basilius, wurde 1118 verbrannt. Dennoch verbreitete sie sich auf dem Balkan und gewann in der Modifikation der »Patarener« bes. in Bosnien und der Herzegowina an Einfluß. Das bulgar. Konzil von Trnovo (1211) mußte ihre Lehren neuerlich verdammen, die jedoch erst nach der türkischen Eroberung des Balkans (Bosnien 1463) in diesem Bereich in Vergessenheit gerieten. »Die Bewegung entfaltet sich seit dem 11.Jh. in Norditalien (Patarener) und im 11. — 12.Jh. besonders in Südfrankreich (Katharer [vgl. hiezu B. Belperron: La Croisade contre les Albigeois etc., Paris 1942]). Mit ihren letzten Ausstrahlungen erreicht sie Nordfrankreich, Westdeutschland und sogar England. Welch ernste Gefahr dieser mittelalterl. Neumanichäismus für Kirche und Gesellschaft bedeutete, dafür sprechen Verfolgungen, Kirchenkonzile, Kreuzzüge, Inquisitionsgerichte eine beredte Sprache« (A. Schmaus, Der Neumanichäismus auf dem Balkan, in »Saeculum« II/1951, S.271 ff.).

Zweifellos hat sich im Kampf gegen diese Strömung die Ketzer- und Hexeninquisition des MA. und der Neuzeit formiert, wobei manche »bogumilische« Züge (Jahwe, der Schöpfergott der Genesis, wird mit Satan, dem »Herren dieser Welt«, gleichgesetzt, dem auch die 10 Gebote zugeschrieben werden, woraus leicht eine Art → »Satanismus« entstehen kann) im → Hexenglauben wieder aufzutauchen scheinen. Die Theorie von → Görres, daß dieser im Manichaismus ihre Wurzeln hat, ist daher nicht ganz von der Hand zu weisen. Über die hl. Fünfzahl → Pentagramm. Vgl. St. Runciman: The Medieval Manichee, Cambridge 1947; D. Oblensky: The Bogomils, Cambridge 1948; E. Werner: Die B. in Bulgarien, Studi Medievali 3/1962; alte Quellenkompilation von J. Chr. Wolff: Historia Bogomilorum, Hambg. 1712. — An den Manichäismus erinnernde, wohl aus dem Orient stammende häret. Lehren wurden übrigens schon viel früher nach Westeuropa verbreitet, so etwa die gnost. Züge tragende Lehre des Priscillianismus, deren Haupt — Priscillianus — zus. mit einigen Anhängern wegen des Verbrechens des → Maleficiums (»da er auch nicht leugnete, dass er sich obscönen Lehren hingegeben, nächtliche Zusammenkünfte mit schändlichen Weibern gehalten, und nackt zu beten pflegte«; Gams, Kirchengesch. v. Spanien, Ndr. Graz 1956, Bd.II/1, S. 376) hingerichtet wurde. Die manichäischen Ostwestkontakte, die im MA. im Zusammenhang mit den B. deutlich werden und sich in Südwesteuropa auswirkten, erscheinen damit schon in der Spätantike vorweggenommen bzw. vorbereitet.

Gute Zusammenfassung bes. der älteren Lit. bei Herzog-Hauck Bd.13, Stichwort »Neumanichäer«. Neuere Lit.: Dimitŭr S. Angelov, Bogomilstvoto v Bŭlgarija, Sofia, 1969. Antoine Dondaine, Un Traité néomanichéen du XIIIe siècle, le »Liber de duobus principiis«, Roma 1939. Anton Glogov, Bogomilskoto učenie i istorija na bogomilstvoto, Sofia 1943. Jordan Ivanov, Livres et légendes bogomiles, Paris 1976. Rudolf Kutzli, Die Bogumilen, Stuttgart 1977. Borislav Primov, Les Bougres, Paris 1975. Henri-Charles Puëch-André Vaillant, Le Traité contre les Bogomiles de Cosmas le Prêtre, Paris 1945.

BONATTI, (Bonatus) Guido, it. Astrologe, ca.1230-1300. B. war Minoritenmönch, Cascia bei Florenz gebürtig und verfaßte ein einst vielbeachtetes Buch mit dem Titel »Tractatus de Judiciis astrorum«, das im Druck 1491 in Venedig und Augsbg., 1530 und 1536 in Basel und dort 1572 in dt. Übersetzung (Ausslegung der Menschlichen Geburts = Stunden Teutsch) erschien. B. empfahl geistl. und weltl. Würdenträgern das Studium der → Astrologie und forderte, daß die Grundsteine der Kirchen nach astrolog. Gesichtspunkten gelegt werden müßten. Nur der Sternkundige könne nicht an der Güte Gottes verzweifeln, da er das Unglück in der Welt als von des → Aspekten hervorgerufen erkennen könne. Das Wort Christi »Sind nicht des Tages 12 Stunden« (N.T.,Joh.11,9) sei als Hinweis auf astrolog. Stundenwahl, das Wunder der göttl.Liebe des hl.Franz von Assisi durch einen hiefür günstigen Planetenstand zu deuten; wegen dieser und ähnlicher Sätze versetzte Dante den Astrologen B. in das Inferno (XX.), während er z.B. → Albertus Magnus in das Paradies stellte. C.Kiesewetter 1895/1977, 311 ff., erwähnt, daß der Stauferkaiser Friedrich II. den noch nicht Zwanzigjährigen als Hofastrologen anstellte; dieser lehrte später in Paris und Bologna »und trat endlich in die Dienste des Grafen Guido von Montefeltro, eines in Forli residierenden Kriegsmannes« (deshalb B.s Beiname »Foroliviensis«). B. soll auch einen gepanzerten Reiter aus Kupfer gebaut haben, der seinem Grafen Kriegsglück weissagte. Die engl. Ausg. seines »Tractatus« wurde von W. → Lilly besorgt (Anima Astrologiae, or A Guide for Astrologers, being the Considerations of the Famous G.Bonatus etc.), London 1676.

BONUS, Petrus, ital. Arzt und Alchemist des 14.Jhs., der in Ferrara wirkte, verfaßte mehrere Traktate wie »De secreto omnium secretorum«, Venedig 1546; »Introductio in alchemiam«, Basel 1572 u.ö.; seine »Rationes pro Alchymia et contra« wurden zusammen mit den »Collectanea« des Janus → Lacinius veröffentlicht (davon engl. Ausg., ed. A.E.Waite, London 1963).

BORRI, Giuseppe Francesco (1602-81), berühmter it.Alchemist, geb. zu Mailand, geriet in Rom wegen prophetisch-reformatorischer Reden in den Verdacht der

Ketzerei und hatte große Schwierigkeiten mit der Inquisition. Ein Prozeß gegen B. wurde 1660 eingeleitet und er, da er inzwischen nach Straßburg und Amsterdam geflohen war, 1661 »in effigie« verbrannt. In Holland wurde B. als Chemiater und Alchemist hochberühmt und tauchte bald in Hamburg auf, »woselbst er die Königin Christinam antraff, die ihn in ihren Schutz nahm, und auf sein Einrathen zu Verfertigung des Steins der Weisen ein grosses Geld verschwendete. Bald darauf kam er nach Coppenhagen, und erweckte bey dem Könige von Dännemarck eine grosse Begierde, den Lapidem Philosophicum zu erfinden...« (Zedlers Lexikon Bd.4/1733, Sp.769). Nach abenteuerlichen Reisen, die ihn über die Türkei in die kaiserl. Erbländer führten, wurde er in die Verschwörung der Frangipani, Nadasdy und Serini (Zrinyi) verwickelt und 1670 gefangen nach Wien gebracht. Der päpstl. Nuntius verlangte B.s Auslieferung, »welches auch geschahe, nachdem vorher der Pabst dem Kayser, den Borri von einer augenscheinlichen Lebensgefahr errettet, da er ihm bey einer audientz entdecket, daß die Wachs = Lichter im Zimmer vergifftet wären, versprochen, daß er ihn nicht am Leben straffen wolte.« B. mußte in Rom seinen Irrlehren abschwören und blieb von 1672-80 im Gefängnis, heilte aber dann den Herzog d'Etrées von einer schweren Krankheit und verbrachte seine letzten Jahre auf der Engelsburg »mit studiis und chymischen Operationibus«. Sein Buch »La Chiave del Gabinetto del Cavagliere Gios. Franc. Borri Milanese, datta al Ré di Dannamarca« (Köln 1681) ist ein wertvolles Dokument über die Geisteswelt jenes Vorläufers von berühmten »Magiern« wie → Cagliostro und dem Graten von → St. Germain. — Die Lebensdaten B.s werden in verschiedenen Quellen abweichend angegeben (L.B.Phillips, Dictionary of Dates: 1627—1685; K.Frick in Sudhoffs Archiv 48/2, S.177: 1616-1695; Michaud Bd.5, Ndr. 1966: 1627-1695; desgl. Oettinger [Moniteur] Ndr. 1964).

BÖSER BLICK; der Glaube an den vom Auge gewisser Personen ausgehenden Schadenzauber ist die häufigste Ursache für die Anfertigung von → Amuletten. Schon in der Antike ist diese Ansicht verbreitet (Belegstellen bei Grimm, Dt.Mythologie, Ndr.1953, S.920f.), und ganze Völker (Illyrier, Skythen) sollten die Fähigkeit zur Blickbehexung besitzen. Noch in der Gegenwart ist der Glaube an den b.B. lebendig, etwa in Süditalien (malocchio, jettatura), bei den Arabern und in manchen slawischen Ländern. Die Grundlage ist die Ansicht, daß das Auge nicht nur Eindrücke empfängt, sondern auch unheilbringende »Strahlen« emaniert. Dadurch seien besonders Kinder und Haustiere gefährdet. Der b.B. könne etwa die Milchproduktion der Kühe zum Schwinden bringen, er heißt daher norweg. skjaertunge von skerda, d.h. dahinschwinden machen. In der Volkskunde ist die Furcht vor starren oder entzündeten Augen von den Tagen der Griechen (»probaskania«) und Römer bis in die Gegenwart Gegenstand vieler Untersuchungen. Vgl. Görres

1960/III, S.288 ff. und S.Seligmann, 1910 (Ndr. Hildesheim 1960); D.Frey, Dämonie des Blickes, 1953. Besonders häufig wurde der b.B. den → Hexen zugeschrieben. Daß der Glaube an die Emanationswirkung des Auges sehr alt ist, zeigen nicht nur völkerkundl. Parallelen, sondern u.a. antike Quellen; das Wort fascinatio ist wurzelverwandt mit dem altlat. fascinum, d.h. männl Genitale, weil phallische → Amulette häufig gegen den b.B. getragen wurden. Im 1.Buch des → Malleus maleficarum ist ausführlich vom b.B. die Rede (cap.2): So etwa bekommen »Spiegel, wenn sie neu und rein sind, eine gewisse Trübung durch die Spiegelung eines Weibes, welches die Regel hat... Wenn also eine Seele heftig zur Schlechtigkeit bewegt worden ist, wie es besonders alten Weibern passiert,...(so ist) ihr Blick giftig und schädlich, und zwar am meisten für Kinder, die einen zarten Leib haben und leicht empfänglich sind für Eindrücke.« Cap.5: »Manchmal geschieht durch Ansehen oder Blick irgend einer bösen Vettel, die einen Knaben ansieht, (eine Beeinflussung), wodurch der Knabe verändert oder verzaubert wird.« — Ausführliche quellenkritische Untersuchung, ausgedehnt auf die italien. Vorstellungen um »malochio« und »jettatura«: Th. Hauschild, Der b.B., ideengeschichtl. u. sozialpsycholog. Untersuchungen (Beiträge zur Ethnomedizin,VII), Hambg. 1977. Vgl. auch das Stichwort »Beruffen oder Beschreyen der Kinder« im 3. Band von Zedlers Universal-Lexicon, Halle/Leipzig 1733.

BÖTEKUNST, vom dt.-mundartl. böten — entbieten, ein Gebot ausrichten, im engeren Sinn Besprechungs- und Segensprechkunst. Das Segensprechen spielte eine große Rolle im relig. Volksglauben (vgl. Franz 1960), daneben aber auch im → Aberglauben des Land- und Stadtvolkes. »Das Böten war... die eingebildete Kunst, Krankheiten, namentlich alle Arten von Fieber, die Gicht, Wunden, Blutflüsse etc. durch bloße geheimnisvolle Worte, ohne Gebrauch äußerer Hilfsmittel, zu heilen«, eine mag. Kunst, die man »für erlaubt und christlich hielt, ja als eine höhere Potenz des Glaubens ... betrachtete, weil man ausschließlich gute erlaubte Zwecke dadurch zu erreichen strebe, und bloß Anrufungen Gottes und guter Geister dabei Statt fänden« (Ersch-Grubers Enzyklopädie Bd.9, S.290). Die Grundlage der B. ist die Anschauung, daß derartige Krankheiten von → Dämonen hervorgerufen werden, also eine Art von → Besessenheit darstellen, die durch einen geeigneten → Exorcismus zu beheben sein müsse. Oft wurde die Anwendung der B. mit jener der → Transplantatio morborum kombiniert, indem etwa mag.-exorcist. Besprechungsformeln aufgeschrieben und der Zettel einem Baum, auf den die Krankheit übertragen werden sollte »imponiert« (eingepflanzt) wurde. Die Formeln der B. überschneiden sich weitgehend mit den → Zaubersprüchen, soweit diese als Heilzauber gebraucht wurden. Wie G.C. → Horst in oben erwähnter Enzyklopädie ausführt, lassen sich zahlr. vorchristl. Parallelen aus dem antiken Schrifttum feststellen, etwa die in Catos »De re rustica« als Besprechungsformel gegen das Hüftweh erwähnte Formel »Daries Dardaries Astartaties, haut haut haut, ista pista sista«. Die dreimalige Wiederholung ist auch in MA. Besprechungsformeln häufig (Wider die Epilepsie: »Caspar fert myrrham, Melchior thus, Baltasar aurum. Dreimal zu blasen und zu sprechen: Pustus, Pustus, Pustus«).

BÖTTGER (Böttcher, Bötticher) Johann Friedrich, 1682-1719. Anfänglich Apothekerlehrling, war bereits frühzeitig mit alchemist. Experimenten beschäftigt, war deswegen 1701 in Berlin in Gefahr, verhaftet zu werden und ging nach Dresden, wo ihm Fürst Egon v. Fürstenberg ein Laboratorium für alchemist. Versuche einrichtete; als sich kein Erfolg einstellte, versuchte B. nach Wien zu fliehen (1704), wurde jedoch zurückgeholt, und König August II. zwang ihn, seine Geheimnisse zu offenbaren. B. verfaßte einen Traktat über Alchemie, der sichtlich Eindruck machte, denn auf Veranlassung des Grafen E.W. v. Tschirnhaus(en) wurde B. die Aufgabe übertragen, die Mineralien des Landes nutzbar zu machen. Es gelang ihm, aus rötlichem Ton das »B.-Steinzeug« zu brennen, und 1709 konnte auf der Leipziger Messe auch weißes Porzellan aus B.s Manufaktur ausgestellt werden. Auf die Wahrung des Fabrikationsgeheimnisses wurde streng geachtet. In Zedlers Lexikon 1741 heißt es, daß »nunmehro das Chinesische Porzellan an künstlicher Arbeit, Nettigkeit und Schönheit von dem Dreßdnischen weit übertroffen wird.« B. schrieb jedoch 1716 und 1717 Briefe nach Berlin, die über Produktionsgeheimnisse berichteten, und wurde deshalb 1719 verurteilt. Er starb in Dresden am 13.März 1719. Der ehemalige Alchemist ist heute als Erfinder des Meißner Porzellans berühmt, obwohl er in der Tat diese Ehre mit E.W. v. Tschirnhaus (1651-1708), der auch als spinozist. Philosoph Bedeutung hatte (»Heilkunde der Geister«, 1687, 1695, 1708; Medicina mentis, übers. v. J.Hausleitner, Beitr. v. H.Oettel u. R.Zaunick, Acta Histor. Leopoldina Nr.1, 1963), teilt. Vgl. → Lascaris Archimandrita. Ausführliche Biographie bei Ersch-Gruber Bd.11/1823, S.289-93. W.Hentschel, Bibl. z. sächs. Kunstgesch., S.220; Kiesewetter 1895/1977, 173 ff. Biograph. Roman: Schaff Gold, Böttger! von J. Ch. F. v. Langermann, Berlin 1939.

OPPELN-BRONIKOWSKI 1927

BOYLE, Robert (1627-91), einer der Begründer der modernen Chemie und Autor des Buches »The Sceptical Chemist« (1661), kritisierte die Experimente, durch die »vulgäre Spagyriker sich erkühnen, ihr sal, sulphur und mercurius für die wahren Prinzipien aller Dinge zu erklären« (→ Elemente). Seiner Ansicht nach besteht die Materie aus Korpuskeln, deren Zusammensetzung die chem. Elemente bedingt (vgl. z.B. sein Buch »New Experiments, physicomechanical, touching the spring of the Air« etc., Oxford 1660, 1662, 1668; s. auch → Newton). In B.s Nachlaß fand man Aufzeichnungen über die Kunst, Gold mittels des Quecksilbers und einer »roten Erde« (gemeint ist offenbar der → Stein der Weisen) zu vermehren. B. dachte wahrscheinlich an eine Variante der → Transmutation der Metalle: Gold sollte nicht neu erzeugt, sondern nur »multipliziert« werden. Dafür hatte er 1689 den Widerruf der Verfügung Heinrichs IV »against multiplying gold and silver« erhalten. Isaac Newton erhielt den Auftrag, sich der Notizen B.s anzunehmen und »tat es mit Skepsis hinsichtlich der Kunst, Metalle zu verwandeln. Er hegte damals bereits Zweifel an der alchemist. Grundvorstellung, daß alle Stoffe aus einem Urbaustein… aufgebaut seien. Die Versuche führten natürlich zu keinem Ergebnis« (Dessauer 1945). Ein Ndr. der 6bändigen Ausg. der Werke von B., London 1772, erschien 1965 in Hildesheim. Vgl. auch C.Kiesewetter 1895/1977, 157 f., wo auch die Transmutationsversuche im Anschluß an Manget und Schmieder (Gesch.d.Alchemie) diskutiert werden.

BRETON, N.le (auch LeBreton), Hermetiker und Alchemist des beginnenden 18.Jhs., wirkte als Arzt in Paris auf dem Gebiet der → Chemiatrie. Bedeutung erlangte sein Werk »Les Clefs de la Philosophie Spagyrique«, in dem er u.a. Phänomene des Magnetismus bespricht und darin häufig Entdeckungen der späteren physikal. Forschung vorwegnimmt. Eine Neuausgabe dieses Werkes erschien kürzlich in Paris (o.J.), mit einem Vorwort von René Alleau (Éditions Caractères).

BURCHARD von Worms (Burchardus Wormaciensis), Bischof von Worms im 11.Jh., geb. ca. 965, gest. 1024 oder 1026, dessen Werk »Burchardii Wormaciensis ecclesaie episcopi Decretorum libri XX«, um 1020 abgeschlossen, durch den Abschnitt »De incantatoribus et auguribus« im Buch 10 und das im Buch 19 enthaltene Poenitential (meist zit. als »Corrector Burchardi«) wertvolle Quellen zur Geschichte des → Aberglaubens (→ maleficium) darstellen. Gewisse Malefizien werden als real empfunden, der Glaube an den → Werwolf (werewulf), an → Wetterzauber, → Incubus und Succubus sowie an die »Nachtfahrt« jedoch ausdrücklich abgelehnt. Auszug bei Grimm, Dt.Mythologie, III (Ndr. Graz 1953); Migne, Patrologia 140. Auszüge betr. den → Liebeszauber auch bei A.Schultz, Das höfische Leben zur Zeit d. Minnesinger I, S.650 (Ndr. Osnabrück 1965). Vgl. auch A.M.Koeniger: B.I. von Worms etc., 1905; E.Seckel und H.Fuhrmann, in: Dt. Archiv f. Erforschg. d.MA. Bd.15(1959)

BYLOFF 1902

CAGLIOSTRO, Comte Alexandre de, eigentl. Giuseppe Balsamo, 1743-95, ein als »Erzzauberer« bekannter it. Abenteurer und Scharlatan aus Sizilien, der jahrelang als Heilkünstler, Magier und Pseudo-Freimaurer auftrat und die Gesellschaft des ausgehenden 18.Jhs. in seinen Bann zog. Um 1775 gründete der entlaufene Apothekergehilfe aus Palermo nach wechselvollen Wanderungen ein eigenes »ägypt.« System der Freimaurerei, das mit seinem phantast. Ritual eine starke Faszination auf die Zeitgenossen ausgeübt haben muß (Gegenpol zu der Sachlichkeit der »Aufklärung«). Die Grundlage dafür soll nach C.s Angaben eine Handschr. gewesen sein, die er in London erhalten haben will und Anklänge an den okkultist. Ritus des fr. Kabbalisten Martines de Pasqually (gest. 1774; »Elus Coëns«) aufweist. 1780 wurde C. durch den Kardinal Louis de Rohan nach Paris eingeladen, wo seine Séancen eine gesellschaftl. Attraktion bildeten. Da er jedoch in die berühmte »Halsband-Affäre« (1785) verwickelt wurde, verbannte ihn Ludwig XVI. aus Frankreich; seine Verbindungen zu Zirkeln wie den Illuminaten, → Philalethen, Swedenborgianern usw. konnten ihm keine neue Operationsbasis verschaffen. So reiste C. nach Rom, wo er jedoch 1789 von Beamten der Inquisition festgenommen wurde. Er wurde wegen Häresie, Zauberei und Freimaurerei (unter Berufung auf die Bullen von Clemens XII. und Benedikt XIV.) zum Tode verurteilt, später jedoch zu lebenslangem Gefängnis begnadigt. C. starb 1795 im päpstl. Gefängnis San Leone bei Urbino. — Seine Gestalt diente oft als Vorwurf zu künstlerischer Gestaltung: Fr. v. Schiller, »Der Geisterseher« (1789); J.W. von Goethe, »Der Großkophta« (1791); A.N.Tolstoi, »Graf Kaliostro« (1921); J.v.Guenther, »C.« (1949); H.W.Geißler, »Der Zauberlehrling« (1918). Vgl. R.Clemens, »Der Graf C.«, Stuttgt. 1924. Biogr. Hauptquelle ist das seltene Buch »Compendio della vita e delle gesti die Giuseppe Balsamo« etc., Roma 1791 (fr. »Vie de Joseph Balsamo«, Paris 1791). Vgl. Michaud, Biogr. universelle, Ndr. Graz 1966 ff., Bd.VI, S.339-40. Darstellg., unter Verwendung von zeitgenössischem Material, von H.Conrad, bearb. von Ewers, »Das sündhafte Leben des Grafen C., Die Geschichte eines Mysterienschwindlers«, o.J.(1961).

H.Fink (Adriatische Ufer, Wien 1978,257 f.) charakterisiert prägnant »Giuseppe Balsamo, berühmt und berüchtigt in ganz Europa als Graf Alessandro Cagliostro, Kabbalist und Philosoph, Arzt und Prophet, galanter Weltmann des 18. Jahrhunderts, der die Gunst der europäischen Aristokratie erringen konnte, der zwischen London, Warschau, St. Petersburg und Paris mit seinen unheimlichen Elixieren und spiritistischen Scharlatanerien ein Vermögen machte und auch wieder verspielte, diplomatische Verwicklungen und mühsam vertuschte Skandale heraufbeschwor, mit alchimistischen Kunststücken protzte, Freimaurerlogen errichtete, Gräfinnen um ihre Ehre und Fürsten um ihr Vermögen brachte; ein gerissener Gauner mit genialen Einfällen...«

CAGLIOSTRO, nach P. Christian, »Histoire de la Magie«, Paris o.J.

CALCES METALLORUM, (Einzahl calx m.) lat. für »Metallkalke«; unter Kalzinieren verstand man in der → Alchemie das Brennen oder Glühen eines Stoffes im Feuer. Die c.m. sind daher nach heutiger Nomenklatur als Oxide (Oxyde) zu bezeichnen. Nach der »Phlogiston«-Theorie von G. E. Stahl 1684 wurde die Verkalkung als Austreten des Phlogistons (Feuerstoffes) aus den Stoffen beschrieben.
GESSMANN 1922

CAMPANELLA, Tommaso (1568—1639), Dominikaner. Der sehr vielseitige und geistreiche Philosoph und Dichter, der 27 Jahre seines Lebens im Gefängnis zubringen mußte, da man ihn einer Verschwörung gegen die span. Herrschaft in Unteritalien verdächtigte, wurde vor allem wegen seines utopischen Werkes »Città del Sole« (Sonnenstaat, 1602) bekannt; er verfaßte jedoch insgesamt 82 Schriften, darunter auch über Astrologie, so etwa »Tres magni influxus« und »Astrologicorum libri 6« (Ludg. 1626), »De sensu rerum et magia libri quatuor, pars mirabilis occultae philosophiae« etc., Frankf. 1620, Paris 1637. Er vertrat die Ansicht, daß Gott gewisse Züge des sich astral widerspiegelnden Fatums abändern könne, wenn sich der Mensch in innigem Gebet an ihn wende. Kiesewetter (1891—95/1977, 156 ff.) setzt sich besonders mit C.s »De sensu rerum et magia« auseinander und faßt zusammen: »Alles besitzt Empfindung, denn was in den Wirkungen vorhanden ist, muß auch in den Ursachen enthalten sein, und deshalb empfinden die Elemente, ja das Weltall selbst. Kein Wesen kann nämlich einem anderen mitteilen, was es selbst nicht besitzt. Da die Tiere Empfindung besitzen, die Empfindung aber nicht aus dem Nichts entsteht, so müssen wir... annehmen, daß die Elemente als Ursachen der Tiere ebenfalls empfinden, und zwar alle, weil das, was einem Element innewohnt, allen zukommt. Es empfinden also der Himmel, die Erde, und überhaupt die ganze Welt. Die Lebewesen auf der Erde verhalten sich zu ihr wie die im Inneren des Menschen lebenden Organismen zum Menschen selbst... Alle Dinge fliehen den leeren Raum und erfreuen sich an ihrer gegenseitigen Berührung, weshalb wir sagen müssen, daß die Welt ein empfindendes Lebewesen ist... Im Menschen ist offenbar die verkleinerte Welt«. C. hält das Vermögen der Seele, aus dem Körper auszutreten und die Möglichkeit des Verkehrs mit → Engeln und → Dämonen für Beweise der Unsterblichkeit. — Eine Gesamtausgabe der Werke C.s (L. Firpo) erscheint ab 1954 in Milano. Bibliographie in Überwegs Grundriß d. Phil. III, S.38—39 und 631—32. Vgl. F. Hiebel: Campanella, der Sucher des Sonnenstaates, Stuttgart 1972. Biogr. in Ersch-Grubers Enzyklopädie Bd. 15/1826, S.30 ff. — Vgl. Der utopische Staat, rororo-Klassiker 68, Reinbek 1960.

WALKER 1958

CAMPANELLA: Porträt-Kupferstich aus seiner lat. Ausgabe einer Utopie »Città del Sole«

ĊAPUT MORTUUM (Totenkopf), in der Symbolsprache der Alchemisten der in der → Retorte verbleibende Rückstand bei der Destillation flüchtiger Substanzen, besonders der als → Vitriol bezeichneten Chemikalien, aus dem »der Geist ausgetrieben ist«.

CARDANUS, Hieronymus (Geronimo, Girolamo), geb. 1501 zu Pavia, gest. 1576 zu Rom, it. Arzt, Mathematiker und Astrologe, studierte in Pavia und Padua, wurde 1526 zum Dr. med. promoviert, lebte ab 1532 in Mailand und wirkte dort als Dozent f. Mathematik. 1536 erschien sein Werk »De malo recentiorum medicorum medendi usu libellus«, in dem er (ähnl. wie → Paracelsus) die galenisch-hippokratische Schulmedizin durch eigene Beobachtungen zu ersetzen suchte. Ein interessanter Versuch auf einem der Physiognomik verwandten Gebiet ist sein Buch »Metoposcopia, 800 faciei humanae eiconibus complexa« (bekannte Ausg. Paris 1658; vgl. die »Phytognomonica« des → Porta), worin C. aus den Details der Gesichtsbildungen → Entsprechungen für menschl. Charaktertypen sucht, u.zw. vor allem aus den astrolog. gedeuteten Stirnlinien. So wird diese Lehre zu einer »Astrologie des Mikrokosmos« (Seligmann). C. fand darin jedoch nur wenige direkte Nachfolger (etwa Ph. Phinella, 1648; C. Spontini, 1637). Die Metoposkopie ist durch ihre Betonung der kosmischen Entsprechungen eine mag. Kunst, während die eigentl. Physiognomik dieser Zeit (→ Indagine, Cocle [→ Chiromantie], M. Lescot) eher als Vorstufe späterer charakterolog. Typenlehren und Ausdruckswissenschaften zu bezeichnen ist. — Auf mathemat. Gebiet verfaßte C. überaus wertvolle Werke (etwa »Practica arithmetica«, 1539, und »De regulis algebraicis«, 1545), und seine Studie »Liber de ludo alae« ist, lange vor Fermat und Pascal, eine brauchbare Untersuchung der Wahrscheinlichkeitsrechnung (Theorie der Glücksspiele). Eher problematisch, aber als Beispiele für naturkundlich-naturphilosophische Werke dieser Zeit interessant, sind C.s Werke über zahlr. Entdeckungen und Erfindungen (→ magia naturalis) »De subtilitate rerum« (1550 u.ö.) und »De rerum varietate« (1557). Hier ist u.a. davon die Rede, daß aus der Wechselwirkung der drei → Elemente Erde, Wasser und Luft im Erdinneren die Metalle entstehen und »wachsen« (das Feuer ist für C. kein Element, sondern bloß ein Accidens, da es der Nahrung bedarf). »Bald erklärt er die Astrologie, Chiromantie, Alchemie und Magie für trügerische Künste, tadelt es, daß man in Worten und Charakteren übernatürliche Kräfte suche, nennt die Gespenster Geschöpfe der Einbildungskraft; bald lehrt er selbst magische Charaktere zeichnen, vertheidigt den Glauben an Hexen, schreibt sich einen spiritus [→] familiaris zu, leitet alle Schicksale und Fehler der Menschen aus der bei ihrer Geburt Statt findenden Constellation her, gibt sich selbst für einen Propheten und Thaumaturgen [Wundertäter] aus u. dgl.« (Ersch-Grubers Enzyklopädie Bd. 15/1826, Ndr. Graz 1970 S. 173). Vgl. auch → Hexensalbe. — Kiesewetter (1891—95/1977, 122 ff.) weist ausführlich auf mediumistisch-visionäre Anlagen von C. hin, die zu zahlreichen visionären oder halluzinatorischen Erlebnissen führten, u.a. auch zu einer ekstatischen Himmelsreise durch die Sphären der → Planeten: »Ich habe«, schreibt C. (de vita propria, cap. 37), »den Aufenthalt in den einzelnen Sphären so verstanden, als ob in der Sphäre des Mondes Gramma-

Lib. XVI. Cap. XCI.   1065

Septimum.
Demonſtrat experimēta propria, tum faciendi, tum
cognoſcendi.

Octauum.
Declarat uirtutem producendi uitam ad multa ſecula.
¶ *Primùm.*
CHARACTERES *igitur* Planetarum ſic ſcribit:
Sol.

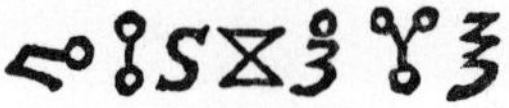

Luna.

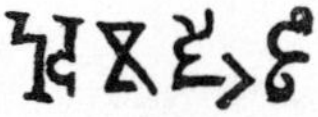

Mars.

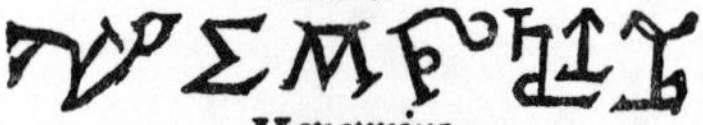

Mercurius.

Iupiter.

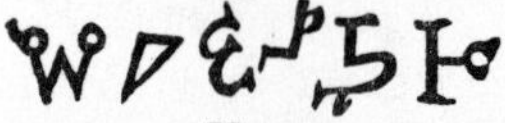

Venus.

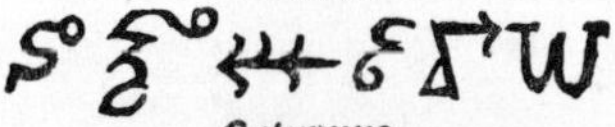

Saturnus.

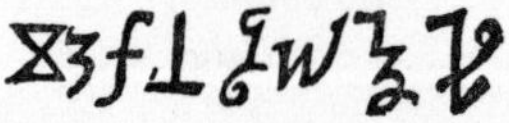

ANNVLOS *ueró ſic:*
Sol.

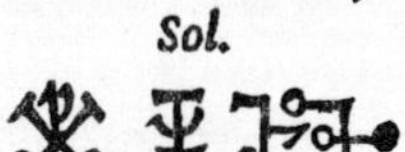

CARDANUS: Eine Seite aus De rerum varietate libri XVII,
Basel 1557; → Characteres der 7 → Planeten.
Nach Agrippa/Nowotny 1967

tik, in der des Merkur Arithmetik und Geometrie, in der der Venus Musik und Divination, sowie Poesie, in der der Sonne Moral, in der des Mars Medizin, in der des Jupiters Naturwissenschaft, in der des Saturn Ackerbau, Kräuterkunde und niedere Künste, in der achten Sphäre endlich (d.h. in jener der Fixsterne) eine Nachlese zu den verschiedenen Wissenschaften und die natürliche Magie gelehrt werde«. C. sah, wie Kiesewetter bemerkt, das Sonnensystem im Sinne der ptolemäischen, geozentrischen Ordnung. Seine Erlebnisstruktur erinnert stark an jene der sibirischen Schamanen; dazu gehört auch der Glaube an einen persönlichen Schutzgeist (Spiritus familiaris), an dessen Realität C. freilich selbst zweifelte (De varietate cap. 43, Lib. III). Dieser habe ihm jedoch mehrere Fremdsprachen beigebracht und ihm einen glänzenden Schein, eine Art Aura, verliehen, wovon er sich jahrzehntelang umgeben fühlte.

Nach einem tragischen Ereignis (sein Sohn wurde 1560 wegen Mordes hingerichtet) wirkte C. eine Zeit in Bologna (ab 1562). In Zedlers Lexikon wird unter Bezugnahme auf sein einst vielbeachtetes Werk »De somniis« (Basel 1585; dt. »Wahrhafftige Unterweisung, wie allderhand Träume, Erscheinungen und nächtliche Gesicht ausgelegt werden sollen«, Basel 1563) über ihn erzählt: »Er giebt vor, daß ihm allezeit dasjenige, was ihm begegnen sollen, durch Träume und andere Zeichen, welche er sogar an seinen Nägeln bemerckt, sey kund gethan worden, welches er einem sonderbaren Schutz=Engel zuschreibt, wiewohl er überhaupt dafür gehalten, daß fast alle seine Träume gewisse Bedeutung auf zukünfftige Dinge hätten …: (Bd. 5/1733). Da sich C. zu einer pantheist. Naturphilosophie bekannte und die Dogmen nur aus polit.-ethischen Gründen mit Gewalt aufrechterhalten wissen wollte, wurde er 1570 der Häresie angeklagt, eingekerkert und zu Widerruf seiner inkriminierten Lehrsätze gezwungen. Er starb bald nach Vollendung seiner Autobiographie »De propria vita« (1575, dt. 1914, engl. 1940). Über seine Einstellung zur → Astrologie schreibt Zedler: »Er war auch der Astrologie sehr ergeben, sogar, daß er auch dem Heylande der Welt eine Nativität gestellet, worüber er gar scharffe Censuren ausstehen müssen. Ja es wollen einige vorgeben, daß, da er ihm selbst die Nativität gestellet, und die Zeit seines Todes bestimmet, er sich, da selbige herangekommen, zu Tode gehungert, damit seine Prophezeyungen nicht falsch mögten befunden werden. Doch gestehet er auch selbst an verschiedenen Orten, daß er diese Kunst so wohl in dem, was er von anderen, als was er von sich selbst dadurch vorzusagen getrachtet, falsch befunden habe.« — Vgl. O. Ore, »Cardano, the Gambling Scholar«, 1953. Bibliographie in Überwegs Grundriß d. Phil. III, S.37—38 und 631.

CAROLINA, Kurzbezeichnung der »Constitutio Criminalis Carolina« (C.C.C., »Peinliche Gerichts=Ordnung des Kaisers Karl V.«), eine auf Befehl Karls V. unternommene Überarbeitung des durch Johann v. Schwartzenberg zu Anfang des 16.Jhs. codifizierten fürstbischöfl.-bambergischen Strafrechts, auf dem Reichstag zu Regensburg 1532 zum Reichsgesetz erhoben, jedoch nur als subsidiäres Gesetz zu den »alten, wohlhergebrachten und billigen Gebräuchen« der bisherigen Rechtspraxis. Die C. stellte durch 3 Jahrhunderte die Basis des gem. dt. Strafrechts dar; die Grausamkeit der Leibesstrafen entsprachen den Gepflogenheiten der damaligen Zeit. Für die Geschichte der → Hexenprozesse sind bes. die Artikel 106 (Todesstrafe für die »Gottßschwerer und Gottlesterung«), 109 (»Strauff der Zauberey. Item so jemandt den leuten durch zauberey schadenn oder nachteill zufuegt, soll man straffen vom lebenn zum tode, Unnd man solle solliche straff mit dem feur thun. Wo aber jemandt zauberey gebraucht und damit nymandt schadenn gethon hete, soll sunst gestrafft werden nach gelegennheit der sache; Darjnne die urtheiler Raths geprauchen sollen…«); weiters 44 (»Vonn Zauberey genugsam anzeigung«, → Indicia magiae), 52 (»So die gefragt persone Zauberey bekennt… Man soll auch nach der ursach, umbstenden, alls obsteet fragenn… Wamit, Wie unnd wann die zauberey bescheen, mit was Wortenn oder Werckenn…«), 21 (»Von anzeigung der, die mit zauberey warzusagen understeen«, wobei einerseits Ankläger wegen abergläubischer Verleumdung, »angemaßter warsager« andererseits wegen Betruges und Verdachtes der Zauberei bedroht werden), 130 (»Vonn straff der, die mit Gifft oder Venen heimlich vergebenn«; hieher gehören auch mag. Gifte u. → Philtren), 106 und 172 (Sakrilegium, Blasphemie — Hostienschändung ist ein oft genanntes »crimen magiae«), schließlich 116 (widernatürl. Unzucht, wegen der Vorstellung der Teufelsbuhlschaft) und 122 (Ehebruch — verheiratete Hexen brechen die Ehe). Die CCC erschien ab 1533 in mehreren Ausg.; vgl. Güterbock, Die Entstehungsgesch. d. CCC., Würzbg. 1876. — Auf der C. basieren die späteren Landesrechtsordnungen, u.a. auch die Abhandlungen von → Carpzov. Die Gerichtspraxis der in neuerer Zeit als ungebührlich hart empfundenen Leibes- und Lebensstrafen wandte sich bereits gegen Ende des 17.Jhs. von der Basis der CCC ab. Vgl. G. Radbruch (Hrsg.): Die Peinliche Gerichtsordnung Kaiser Karls V., 1926 (Ndr. 1966).

BYLOFF 1902

CARPZOV, Benedictus (1595—1666), einer der berühmtesten Rechtsgelehrten seiner Zeit, der in Wittenberg, Leipzig, Jena und am kurfürstl. Hof zu Dresden wirkte. C. gehörte einer bedeutenden sächsischen Gelehrtenfamilie an; von seinen zahlr. Werken, in welchen er die in Deutschland seit der Aufnahme des römischen Rechts befolgte juridische Praxis wissenschaftlich abschloß, sind zu nennen: »Practica nova Imperialis Saxonica rerum criminalium« (Wittenbg. 1635; Frankf. 1758), »Definitiones forenses« (Leipzig 1638, 1721). Hier und in seinen anderen Büchern berichtet C. u.a. über die Praxis der Hexen-Inquisition und die Folter (Pars III.

Quaest. CXVII, 35). Als Argumente für die Tatsächlichkeit der Hexerei führt C. Stellen aus dem A.T. (Exod. 22,18), aus der klass. Literatur (Tacitus ann. lib. II; Plato de legib. II), aus der Praxis des Zivilrechts und aus neueren Autoren (→ Bodin, → Rémy u.a.) an. Die Zauberer und Zauberinnen teilt C. in 5 Klassen ein: täuschende »praestigiatores«, prophezeiende »haruspices« (dazu zählt er auch die Astrologen), bösartig zaubernde »veneficii«, die eigentlichen Hexen (lamiae, sagae ac striges, die mit dem Teufel Umgang haben; nur diese sind durch das Feuer hinzurichten) und die → necromantici. Besonders in Sachsen stand die »Practica nova« bis ins 18.Jh. in hohem Ansehen und verblüfft den heutigen Leser durch ihre Synthese von gnadenloser Härte gegen Hexen und Zauberer und Gelehrsamkeit. Christian → Thomasius setzte sich später mit den Argumenten des C. auseinander und bemühte sich, sie zu widerlegen. Vgl. C. Müller 1893, S.54—59 und 139 ff. Als Thomasius wegen seiner Freisinnigkeit von der Leipziger Universität vertrieben wurde (1690), richtete sich der Groll des konservativen C. gegen dessen neue Wirkungsstätte, die Univ. Halle, die er ein »höllisches Institut« nannte. Die in auch neueren populären Werken immer wieder aufgestellte Behauptung, C. sei persönlich für die Todesurteile von 20.000 Menschen (vor allem Hexen) verantwortlich, wird in seriösen Studien als Fabel bezeichnet (vgl. H. v. Weber im Juristen-Jb. 1966/Bd. 7). Vgl. Jöchers Gelehrten-Lexikon Bd. 1/1750 (Ndr. Hildesheim 1960), Sp. 1692.

CASAUBON(US), Méric (1599—1671), berühmter Apologet d. Zauber- und Hexenglaubens, Sohn des berühmten Gelehrten Isaac Casaubon (1559—1614). C. wirkte als Canonicus von Canterbury und Prof. theol. an der Univ. Oxford und wurde u.a. bekannt durch sein Buch »Off Credulity and Incredulity in Things Divine and Spirituall«, London 1668—70, 1673. Darin bekämpft er den »modernen Sadduzismus« und bekräftigt den Glauben an Geister, übernatürl. Erscheinungen und die Hexerei. Er verfaßte auch ein Vorwort zu dem Buch »True and faithfull relation of what passed for many years between Dr. John [→] Dee and some ghosts…«, London 1659, mit dem sich u.a. Leibniz ausführlich beschäftigte. Im 18.Jh. fand sein Tractat »Commentarius de enthusiasmo« (lat. Ausg. Greifswald 1708) viel Beachtung.

CAUDA PAVONIS, Pfauenschweif, ein schillerndes Farbenspiel der halb umgewandelten → materia prima im Laufe der → Transmutation, soll nach Ansicht der meisten Alchemisten anzeigen, daß der Prozeß mißglückt ist und statt der Bildung des Steines der Weisen im → caput mortuum (Totenkopf) endet. Andere Autoren führen c.p. hingegen als Beweis dafür an, daß ein Umwandlungsprozeß im Gange ist. In der »Cantilena« des G. → Ripley wird das Farbenspiel allegorisch beschrieben, u.zw. als Verfärbung der Haut einer Frau, die den König gebären soll; nach der Verfaulung (Putrefactio, → Stein der Weisen) heißt es: »Gar vielfärbig war die Haut anzusehn an dieser Frauen/ Schwartz und grün und Aschengrau/ und gleich einem Schwantz der Pfauen/ Auch hochroth wie Blut so fliest aus den Adern« (Ausg. Nürnbg. 1680). — Über Farbwechsel bei Amalgambildungen → aurum nostrum.

CECCO D'ASCOLI, auch C. Esculano, eigentl. Francesco degli Stabili, 1257—1327, it. Enzyklopädist und Astrologe, der Tradition nach der häretische Astrologe par excellence: C. soll in seinem Kommentar zu dem Traktat »De sphaeris« behauptet haben, das Geburtshoroskop habe Jesus Christus notwendigerweise einen schmählichen Tod gebracht, während der Antichrist schon aufgrund seiner Nativität in Glanz und Reichtum werde leben können; die Gestirndämonen der oberen Sphären könne man durch Beschwörung unter gewissen → Aspekten herabrufen und in den Dienst des Menschen stellen. »Durch die Herrschaft der Quarte der achten Sphäre würden göttliche Menschen geboren, die sich Dii de Nabcoh (wahrsch. erhabene Götter, vom semit. Nabi, hoch) nennten, und die Gesetze und Meinungen der Welt änderten, wie Moyses, [→] Merlin und Simon der Magier gethan« (Görres Bd. 3, S.515).

C., der Hofastrologe im Dienst des Herzogs von Calabrien war, wurde wegen seiner rückhaltlos geäußerten Meinung durch die Inquisition angeklagt und soll schließlich, ungeachtet seines Widerrufes, in Florenz als Ketzer hingerichtet worden sein (nach Zedlers Lexikon Bd. 5/1733, Sp. 1767, auf Betreiben seines Rivalen Dinus; dieser war ebenfalls »ein gelehrter Natur=Kündiger, der über des Cecci großen Ruhm mißgünstig geworden«). Bei dem inkriminierten Werk handelt es sich um »Commentarii in Sphaeram Joannis de → Sacrobosco«, Basel 1485, Venedig 1449, 1559 (andere Ed., ohne Jahr und Ort: Sphaera Mundi, cum tribus commentariis Cicchi Esculani, Franc. Capuani de Manfredonia, Jac. Fabri Stapulensis). In der Bibl. Vaticana befindet sich eine Hs. von C. mit dem Beginn »Incipit scriptum de principiis astrologiae secundum Cicchum, dum juvenis erat electus per universitatem Bononiae ad legendum«. Ein in Terzinen verfaßtes Werk mit dem Titel »Acerba« (auch Acervo, Acerbo) wurde wiederholt aufgelegt (Venedig 1476, 1478, 1481, 1484, 1487, 1519, 1550; Milano 1484, 1505 und 1521), »ein aufgeworfener Haufen gelehrten Wustes von Astrologie, Physik, Naturgeschichte und sogenannter Philosophie,... Es konnte einer Inquisition nicht schwerfallen, aus diesem mit... Phantasien und Träumereien reichlich versehenen Lehrgedicht Stellen aufzusuchen, die der kathol. Dogmatik widersprachen. In den Kommentaren über die Sphäre [des → Sacrobosco] soll vorzüglich die Lehre von dem Einflusse böser Geister auf die Welt und die Menschen Anstoß erregt haben« (W. Müller in Ersch-Grubers Enzyklopädie Bd. 16/1827, Ndr. Graz 1970, S.4). Michaud nennt den Namen des von Zedler genannten Rivalen C.s: es handelt sich um den

110

Arzt Dino del Garbo, der »cette sentence aussi absurde que barbare« herbeiführen half. Biographie des C.d'A. auch in Jöchers Gelehrten-Lexikon Bd.1/1750 (Ndr. Hildesheim 1960), Sp. 1791—92.

MICHAUD Bd. 7, 1966 (1854)

CHALDÄER, in der spätantiken mag. (bes. astrolog.) Literatur Sammelbezeichnung für Sternkundige im Sinne der babylon. Lehre. »Chaldaios« bedeutet ursprüngl. Einwohner des südl. Mesopotamien, später die im Zweistromland einheimische Priesterschaft (zum Unterschied von den pers.»Magi«), nachher im übertragenen Sinn gr. Astronomen, die der babylon. Sternkunde mächtig waren, in der Spätzeit endlich wandernde Wahrsager (vgl. das Juvenal-Zitat, → Aberglauben). Eudoxos von Knidos (zit. bei Cicero, De Divinatione II, 42,87) schreibt: »Man glaube nicht den Ch.n, die das Leben des Menschen vorhersagen und nach dem Tag seiner Geburt bestimmen«. Im röm. Kaiserreich wurde Ch. meist mit dem Ausdruck »mathematici« übersetzt: »Ars... mathematica damnabilis est et interdicta omnino« bei Diokletian (c. 2, C. de maleficis et mathematicis 9,18), und Constantius, der die Ch. mit den »magi« als »maleficos« bezeichnet, verbot jede Art der Divination (→ Mantik) bei Todesstrafe (Byloff 1902, S.107 ff). Ein typisches Produkt des Synkretismus in der Zeit des → Neuplatonismus waren die »Chaldäischen Orakel« (logia chaldaika), wohl im 2.Jh. entstanden. »In diesen Werken sind phantast. Mystizismus, worin die ganze neuplaton. Schule eine Offenbarung erhabener Weisheit sah, und alte Glaubensinhalte des semit. Gestirnkultes mit hellenist. Theorien verbunden; sie sind für Babylon das gleiche wie die → hermet. Literatur für Ägypten« (Cumont 1960, S.53).

CHAOS, in den alchemist. Texten (etwa in der »Aurea Catena Homeri« des → Kirchweger) nicht selten anzutreffende Bezeichnung der → materia prima im weiteren Sinne, auch jener Urmaterie, aus der sich durch das göttl. Schöpferwort → Fiat die Welt bildete. Das Ch. wird im »Opus magico-cabbalisticum« von → Welling als »schleimlichtes, schweflichtes Saltz=Wasser« beschrieben (also als Gemenge der 3 noch nicht ausgesonderten → Elemente → sal, sulphur und mercurius), in Texten der → Rosenkreuzer des 18.Jhs. als → Ei aus Feuer und Wasser (vgl. C. v. Nettelbladt, Gesch. freimaurerischer Systeme, Berlin 1879). Der engl. Hermetiker George → Starkey beschreibt das uranfängl. Ch., aus dem sich die Welt und (unter besonders günstigen Umständen) auch das Gold bildeten, als »a moist vapour, raised by the action of the central fire in the bowels of the earth«; daraus dürfte → Helmont den Ausdruck »Gas« abgeleitet haben. Im 17. und 18.Jh. war Ch. auch eine Bezeichnung für verschiedene Medikamente, so etwa »Ch. magnum Poterii«, ein Quecksilberpräparat. Meist jedoch steht der Name für »Materie in statu nascendi«. Vgl. → aquila.

CHARADRIUS, zoolog. der Regenpfeifer, ein in der Wundermedizin des Mittelalters häufig genannter Vogel; im → Physiologus wird in Text und Bild gezeigt, daß er am Bette eines Kranken die Heilungsmöglichkeit andeuten konnte: setzte er sich so nieder, daß sein Kopf zu dem Kranken gekehrt war, so hatte dieser Aussicht auf Genesung, wandte der Ch. jedoch seinen Kopf ab, so war keine Hoffnung auf Heilung. In Zedlers Lexikon 5/1733 heißt es hingegen, daß man dem Ch. (auch Galgulus, Hiatula) die Macht zuschrieb, einen Gelbsüchtigen von seinem Leiden zu befreien, wenn er nur in den Gesichtskreis des Erkrankten gelangte. In der Dt. Mythologie von J. Grimm (Ndr. Graz 1953, S.711) wird als Quelle späterer Erwähnungen des Ch. erwähnt »Freidank einl. LXXXVI, wo eine strophe des Titurel 5154, 5155 und der altfranz. bestiaire (Roquef. s.v. caladrio) angeführt sind«. Die Quellen sind sich nicht einig darüber, ob der Ch. den Ausgang des Leidens nur anzeigen kann oder ob ihm die Macht gegeben ist, das »Krankheitsgift« dem Körper des Patienten zu entziehen. Die Namensform »Calandrius« (so bei Eysenhut, s. Abb.) kann abzuleiten sein von »Calandra, ist eine Gattung Lerchen, welche etwas größer, als die gemeinen sind. Aldrovand.« (Zedlers Lexikon, s. oben). — In der kirchl. Symbolik des MA. ist der dem Todkranken zugewendete Ch. häufig das Symbol für den Erlöser, der gleichsam das Krankheitsgift der Sünde an sich zieht und so eine Genesung ermöglicht (vgl. auch Molsdorf, Christl. Symbolik d. MA. Kunst, Ndr. Graz 1968). E. Hackett (Adelaide) deutet den Ch. als Steinbrachvogel (Burhinus oedicnemus L.): s. den Aufsatz »Der Caladrius (Triel)« in Abbottempo« 1969, Buch 2, S. 18 ff.

BUSCHAN 1942; ZEDLER 1961—64

CHARACTERE(S) bedeutet ursprüngl. eingegrabene Zeichen, und in diesem Sinne werden mag. Symbole auf → Talismanen, → Medaillen und in darauf bezüglichen Büchern (etwa des → Agrippa von Nettesheim) benannt. Es handelt sich um Epigraphik ohne unmittelbaren Mitteilungscharakter, die »an sich« magisch wirken soll. Manche Ch. Agrippas sind, wie Nowotny 1949 und 1967, S.433 zeigen konnte, nur in Verbindung mit → mag. Quadraten zu verstehen und »so konstruiert, daß die Buchstaben der Namen der betr. Intelligenzen und Dämonen verbunden sind. Verwendet sind nur die Einer und die Zehner. Dabei können nach Art vieler Geheimschriften Einer den Zehnern und Hundertern gleichgesetzt werden... Häufig ist der erste und letzte Buchstabe durch einen kleinen Ring bezeichnet. Worte, die mit dem selben Buchstaben enden, mit dem sie beginnen, haben sinngemäß in sich zurücklaufende Ch.«. Die älteren Ch., die schon in den → Zauberpapyri des Hellenismus auftauchen, können nach ihrer Herkunft nicht gedeutet werden. Es handelt sich wohl um Verstümmelungen von Schriftzeichen, ähnlich wie bei den Symbolen der → Planeten, die (außer ○ sol und ☽ luna) abgeschliffene »Sigel« griechischer Buchstabenkombinationen sind. So entstand das

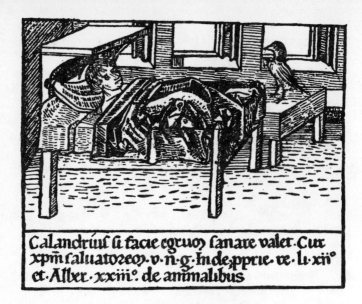

Calandrius si facie egrum sanare valet. Cur xpm saluatore m. v. n. g. Inde pprie. ve. li. xii° et Alber. xxiii°. de animalibus

Pellicanus si sagwine animare fetus claret. Cur xpm puro exsagwine virgo no. g. ysi., xii°: ethymologa 2r

CHARADRIUS: (hier »Calandrius«) und → Pelikan, Holzschnitte aus dem Blockbuch »Defensorium inviolatae virginitatis b. Mariae« von Joh. Eysenhut, Regensbg. 1471

CHARACTERES: Geomantisch-astrologische Zeichen nach Francis Barrett,
»The Magus«, 1801

Symbol des Saturn aus Kr (Kronos), jenes des Jupiter aus Zs (Zeus), das des Mars
aus Ths (Thourios), das der Venus aus Phs (Phosphoros, d. h. Lichtträger, Mor-
genstern) und das des Merkur aus St (Stilbon). Diese Ableitung
(Nowotny/Agrippa 1967, S.449) widerspricht der üblichen, daß z.B. das graph.
Symbol der Venus aus einem Spiegel mit Handgriff und das des Mars aus Schild
und Speer abzuleiten sei. → Agrippa von Nettesheim war der Ansicht, die Ch.

CHARACTERES: Vier magische Geheimschriftalphabete, nach Francis Barrett, »The Magus«, 1801

wären von Urbildern der Dargestellten abzuleiten (De Occulta Philosophia, 2. Buch, Kap. 51—52). Er gibt auch Ch. von 15 hellen Fixsternen nach dem »Quadripartitum hermetis« wieder. Der Glaube, daß bestimmte traditionell festgelegte Ch. aus sich heraus mag. wirken können, ist weit verbreitet (→ Runen). In lat. Schriften werden sie meist »signacula« (kl. Zeichen) genannt. F. Spunda 1942 wollte in den Signa und Ch. »zweidimensional festgehaltene Diagramme astraler Schwingungen« sehen. — Im Ostalpenraum befinden sich an vielen Felswänden einfache Ritzzeichen meist aus den letzten Jahrhunderten, die neben religiösen Symbolen auch Pentagramme, stilisierte Genitalzeichen und ähnliche Ch. wiedergeben. Es dürfte sich um ortsgebundene apotropäische (Unheil abwehrende) Zeichen handeln, die Jäger, Almhirten, Schmuggler, Hausierer usw. vor Unglücksfällen behüten sollten (Vgl. H. Biedermann, Felsbilder in den Ostalpen, in: Alpinismus, München, 1981/Heft 1). — Die »Characteromantia« (vgl. Zedler Bd. 61/1749) hat mit diesen Ch. nichts zu tun, sondern betrifft die Deutung von Vorzeichen (→ prodigia). — Übersichtl. Sammlung vom mag., astrolog. und alchemist. Symbolzeichen: H. Biedermann und I. Schwarz-Winklhofer, Das Buch d. Zeichen u. Symbole, Graz 1972, 1980.

CHARNOCK, Thomas, engl. Alchemist des 16.Jhs. (1526—1581), Autor eines 1557 verfaßten »Breviary of Naturall Philosophy«, das Elias Ashmole in sein »Theatrum Chemicum Britannicum« aufnahm. Vgl. Holmyard 1968, S.199 ff.

CHEMIATRIE (gr. iatér — Arzt), eine vor allem auf → Paracelsus zurückgehende Schule der Arzneimittelbereitung mit Hilfe von anorganischen Verbindungen anstelle der bisher üblichen Drogen. Vor allem (im Anschluß an → Basilius Valentinus) Antimonverbindungen wurden häufig verschrieben, z.B. als schweißtreibendes Mittel. Schwefelsaures Kali hieß »Specificum purgans«. Unsachgemäße Anwendung der Mittel aus dem Bereich der Ch. führten oft zu schweren Rückschlägen; 1566 verbot die med. Fakultät der Universität Paris den ärztl. Gebrauch des Antimons, und ähnliche Verordnungen wurden an deutschen Universitäten erlassen. Die sparsamere Anwendung chemiatrischer Medikamente ließ sich jedoch nicht aufhalten, als D. Sennert (1572—1637) und F. Sylvius (eigentl. Franz de la Boe, 1614—72) große Heilerfolge verzeichnen konnten. Der bedeutendste Vertreter der Ch.-Schule war J. B. van → Helmont. Im deutschen Sprachraum war Johannes Hartmann (gest. 1631) ein wichtiger Chemiater; er gab 1659 die Arbeiten des → Crollius heraus und verfaßte die »Officina Sanitatis sive Praxis Chymiatrica« (posthum erschienen Nürnberg 1677, dt. Übers. 1678); seine »Opera omnia medico-chymica« erschienen in 7 Bänden 1690 zu Frankfurt. Vgl. → Libavius, → Sala. Synonym für Ch. wird auch der Ausdruck »Iatrochemie« gebraucht.

SCHWERTZ 1938

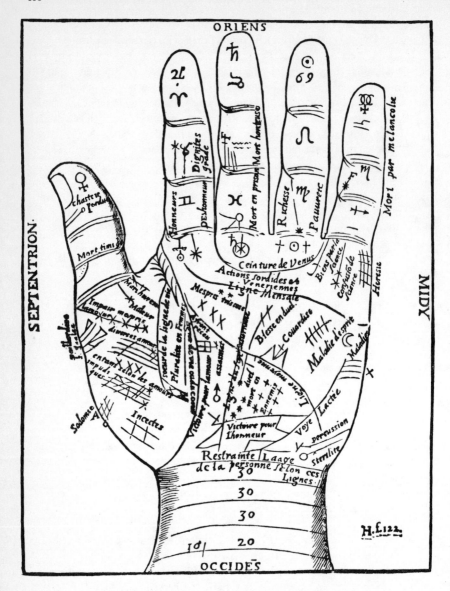

CHIROMANTIE: Astrologische Deutung der Handlinien in den »Oeuvres« des Jean Baptiste Belot, 1640

CHIROMANTIE, Handlesekunst, eine der zahlr. mantischen Disziplinen, die in diesem Fall eine → Entsprechung zwischen Gestalt der Hand und Handbeugefurchen einerseits und Anlagen und Schicksal des Menschen andererseits annimmt. Es handelt sich um eine Spielart der → Signaturenlehre, die bereits in der Antike bezeugt ist (schon Aristoteles kennt Handlinien als Merkmal langen oder kurzen Lebens. Lexikographen erwähnen Handbücher der Ch., etwa unter dem Namen des Mysterienstifters Eumolpos und des Priamos-Sohnes Helenos. Vgl. auch Juvenal Sat. VI; → Artemidorus) und in MA. und Neuzeit immer wieder die Aufmerksamkeit der mantisch Interessierten erweckte (Andrea Corvo de Mirandola, vermutl. Pseud. für Bartolommeo Cocle della Rocca, 1476—1504; → Indagine; → Tricasso de Cerasari, gest. 1550; → Belot u.a.). Dabei wird sehr häufig eine astrolog. Verknüpfung einzelner Kuppen und Linien mit den → Planeten in astrolog. Sicht angenommen, wie dies noch in der überraschend weit verbreiteten Ch. der neueren Zeit der Fall ist. Im Barock war die Ansicht verbreitet, der Beschaffenheit der Hand könne zwar keine mantische Bedeutsamkeit im Hinblick auf das Schicksal des Menschen beigemessen werden, hingegen könne man, gewissermaßen physiognomisch, »die Beschaffenheit des menschlichen Leibes in Ansehung seiner Gesundheit und Kranckheit etc.« chiromantisch diagnostizieren (Zedlers Lexikon Bd. 5/1733, Sp. 2152). An mehreren Universitäten wurden damals Kollegien über Ch. gelesen. Im 19.Jh. suchte der fr. »Spätromantiker und Eingeweihte in die kosmische Weisheit«, Desbarolles, im Sinne der traditionellen Ch. die Hand als Abbild des Kosmos (wie bei → Fludd, → Agrippa v. Nettesheim u.a.) aufzufassen, und die Lehre wiederzuerwecken (»Les Mystères de la Main«, Paris 1855 u.ö.). Vgl. Stichw. »Cheirologie« in Ersch-Grubers Enzyklopädie Bd. 16/1827, (S.235—40) verf. von G. → Horst.

CHRONOKRATORIEN, eigentl. »Zeitherrschertümer«, d.h. Zuweisung einzelner Stunden, Tage, Jahre oder anderer Zeitabschnitte an gewisse Gestirne oder Sternbilder (→ Weltzeitalter), die »Regentschaft« etwa bestimmter → Planeten (z.B. → Seni in Schillers »Wallenstein«: »Mars regiert die Stunde«). Die Ch. sind erstmalig in der hellenist. Wissenschaft des 2.Jhs. belegt, und die Namen der Wochentage (Sonntag, dies solis; Montag, dies lunae usw.) gehen auf diese planetarisch-zeitlichen → Entsprechungen oder → Sympathien zurück.

CUMONT 1912

CHYMISCHE HOCHZEIT, die Vereinigung der polaren Gegensätze, coincidentia oppositorum, in der hermet.-alchemist. Symbolik Bezeichnung des chem. oder geistigen »Schöpfungsaktes«, der für die »Geburt« alles Neuen nötig ist (→ Androgyn). Bekannt wurde dieses Symbol bes. durch die »C. H. Christiani → Rosenkreutz«, worin es heißt: »Des Mondes Schein wird sein wie der Sonnen

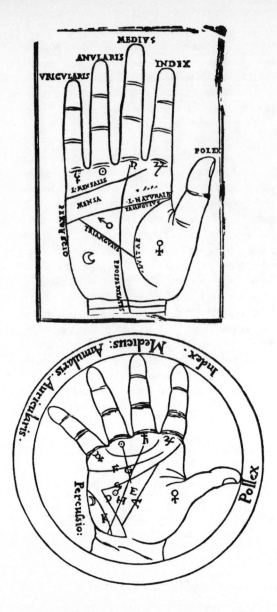

CHIROMANTIE: Hand mit Linien und Symbolen der →
Planeten, oben nach Cervus (i.e. B. Cocle della Rocca, o.O.,
ca. 1500), unten nach → Fludd

Schein, und der Sonnen Schein wird siebenmal heller sein als jetzt«, womit die »coniunctio« der männlichen Sonne mit dem weiblichen Mond gemeint ist (→ Androgyn). In manchen alchemist. Texten ist von der C. H. des »geistigen Schwefels« mit dem »geistigen Quecksilber« die Rede, das wäre materiell die Bildung von Zinnober (Quecksilbersulfid) durch die Einwirkung von Schwefel auf Quecksilber; das Symbol hiefür ist oft eine Verbindung des Zeichens für → mercurius (☿) mit jenem des »feurigen« Widders (♂), vgl. → Leo. Schwefel steht dabei jedoch gleichzeitig für Sonne, Gold und Geist, Quecksilber für Mond, Silber und Seele, und die Vereinigung dieser Prinzipien tritt bei der Coagulatio ein, einer Stufe bei der Herstellung des → Steines der Weisen. Die weitverbreitete alchemist. Auffassung, Gold könnte aus dem menstruum (Quecksilber, das »Weibliche«) und sperma (Schwefel) gezeugt werden wie — der alten medizin. Auffassung nach — der Mensch aus Blut und Samen, findet sich u.a. in der »Margarita pretiosa novella« des Petrus → Bonus (Ploss 1970, S.130 f.). Tiefenpsycholog. Deutungsversuch der C. H. bei C. G. Jung: Mysterium Coniunctionis (Ges. Werke 14, Olten 1968). Die »Verheiratung« der polaren Gegensätze, die mit allegorischen Namen wie Mars/Venus, Sol/Luna, Gabricius/Beya, Mercurius/Sulphur usw. umschrieben werden, geht auf die Idee aus der Doktrin der → Gnosis zurück, derzufolge Sophia (die Weisheit) und Dynamis (die Kraft) als Teile der Fülle (des Pleroma) die Natur in die Existenz gesetzt haben. Die sexuelle Symbolik, die in kaum verhüllter Form die Bilderwelt der → Alchemie beherrscht, führt in konsequenter Ausprägung zu der Vorstellung des → Androgyns, in dem die ursprünglich angelegten Gegensätze harmonisch auf spiritueller Ebene aufgelöst und zu einer höheren Ganzheit geführt worden sind. Vlg. → rot und weiß. Bekannte Darstellungen der C. H. findet man z.B. auf fol. 3 des Codex Egerton 845, British Museum, London, und im »Rosarium Philosophorum« des → Arnaldus Villanovanus, Ms. in der Bibl. Vadiana, St. Gallen (Wiedergaben bei Burckhardt 1960).

ANDREAE (ROSENBERG) 1957; BURCKHARDT 1960; FEDERMANN 1964; JUNG 1955

CODEX CASSELANUS, berühmte alchemist. Hs., eine 1565 entstandene Kopie der »Goldmacherkunst der → Kleopatra«, kulturgeschichtl. wertvoll durch zahlreiche Glossen von der Hand des engl. Okkultisten John → Dee, der das Manuskript wahrscheinl. dem Landgrafen Moritz von Hessen schenkte. G. Goldschmidt vermutete, daß Goethe die Kassler Hs. kannte und dieses Wissen in seinem »Faust« (Hexen-Einmaleins) verwertete. Vlg. G. Siebert: Das Hexen-Einmaleins, der Schlüssel zu Goethes Faust, 1914.

GOLDSCHMIDT 1938, 1939

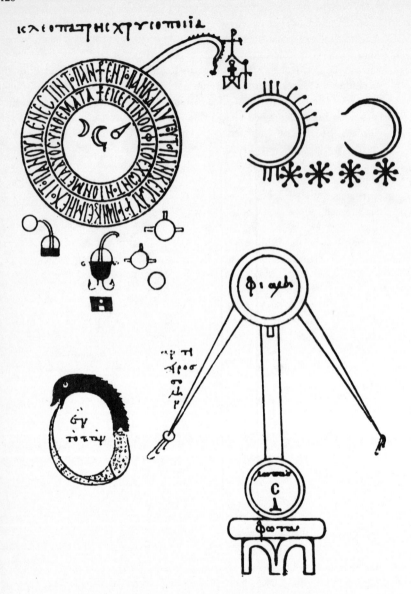

CODEX CASSELANUS: Eine Seite aus der »Goldmacherkunst der Kleopatra«, Symbole (links unten → Ouroboros) und Destillationsapparat.

COLLATIONES CASSIANI, eine der Hauptquellen des abendländischen Dämonenglaubens, das 429 n. Chr. abgeschlossene Werk eines Johannes Cassianus; darin erörtert der ägypt. Abt Serenus die zu seiner Zeit anerkannten Ansichten über die Macht der Dämonen: sie wären überaus zahlreich, unsichtbar und von so greulicher Gestalt, daß der Mensch von ihrem bloßen Anblick sterben müßte. Es stünde in ihrer Macht, in den Körper des Menschen einzudringen (→ Besessenheit), vor allem dann, wenn sie das Denken und Sinnen ihrer Opfer bereits vergiftet hätten. Jedoch stünde es nicht in ihrer Macht, in die Seele einzudringen. Serenus erwähnt verschiedene Arten von Dämonen und ihre Namen, die antiken Einfluß zeigen. Manche der bösen Geister begnügen sich mit Neckereien, andere verführen zu Unzucht und Blasphemie. Es empfehle sich, die Besessenen nicht vom Tisch des Herrn abzuweisen, sondern sie als Unglückliche zu betrachten und gegen sie Barmherzigkeit zu üben. Diese Anschauung unterscheidet sich sehr von späteren Dämonologien, etwa von Michael → Psellos d. J.

FRANZ 1960

CONIUNCTIO AUREA, ein selten auftretender und daher nach astrolog. Ansicht besonders bedeutsamer → Aspekt (»Königsaspekt«), u.zw. die Konjunktion der »Zwillingsplaneten« Jupiter und Saturn. Im MA. und zu Beginn der Neuzeit haben Prognosen über die unmittelbar bevorstehende c.a. wiederholt das Abendland beunruhigt, etwa 1484, 1504, 1563 und 1603. Als (u.a. durch die Astronomen Stöffler und Pflaum, 1507) die Ephemeriden bis 1530 berechnet wurden, ergab sich für 1524 eine c.a. im Zeichen der Fische. Eine große Zahl von Prognostiken wurde gedruckt, etwa die »Practica Teütsch« des Johann → Virdung (Oppenheim 1522), die zahlreiche Katastrophen voraussagte. In Toulouse ging man in Erwartung einer neuen Sintflut daran, eine Arche zu bauen. Später wurden vielfach die Wirren der Bauernkriege mit der c.a. von 1524 in Verbindung gebracht. — Der span. Astrologe Rabbi Abarbanel (1437—1508) wollte aus der Wiederkehr der »Königsaspekte« den Gang der Weltgeschichte und Krisenperioden ableiten. Eine berühmte Abhandlung über die c.a. ist Johannes Lichtenbergers »Prognosticatio super magnam Saturni et Jovis coniunctionem«, 1484, 1488, 1530; dieser Astrologe betrachtete die c.a. im Zeichen des Skorpions als besonders ungünstig. — Über die Beachtung, die der als besonders schicksalsträchtig aufgefaßten 3. Wiederkehr der c.a., nach je 60 Jahren beigemessen wurde (5 Umläufe des Jupiter und 3 des Saturn) vgl. Ring 1972, S. 75. — Eine andere Konjunktion, die viel beachtet wurde, war die von Mars und Venus; sie verursachte (nach »La Géomancie et Néomancie des Anciens«, Paris 1688) »Unzucht höchsten Grades«.

Signum der c. a. nach Agrippa von Nettesheim

HENSELING 1924, NEUFFORGE o.J., ROSENBERG 1949

122

CONIUNCTIO AUREA: Titelbild mit Darstellung der zu erwartenden Katastrophen anläßlich der C.A. von 1524 aus der »Practica« des H. Virdung von Haßfurth.

CORPUS ALCHIMISTICUM, Bezeichnung einer Sammlung alchemist. Schriften, von einem byzantin. Hofbeamten namens Theodorus im 8. Jh. zusammenge-stellt, enthält Sammlungen antiker Texte über alchemist. Themen, darunter jene der → Kleopatra. Im 15. und 16.Jh. wurden davon mehrere Abschriften herge-stellt, später auch mehrfach ins Lat. übersetzt und kommentiert.

GOLDSCHMIDT 1939

CORPUS HERMETICUM, spätantike Sammlung synkretistisch-esoterischer Schriften aus Alexandrien, dem → Hermes Trismegistos (gr. Name des ägypt. Gottes Thot) zugeschrieben und häufig nach dem Titel des ersten Traktats »Poi-mandres« genannt. Es sind dies die 17 → hermetischen Schriften im engeren Sinne der Bezeichnung. Sie geben die Grundhaltung einer uneinheitlichen Geisteswelt wieder, die hellenist.-jüdische, neuplatonische, neupythagoräische und orphische Gedankengänge auf einer noch schattenhaft vorhandenen altägypt. Basis ver-schmolzen hat; alchemist. und astrolog. Probleme werden nicht selten erörtert, u.zw. in Form von Predigten, Dialogen und Briefen, die aus der Zeit vom 1.—3. Jh. n.Chr. stammen. Das frühe Christentum hatte sich mit dieser komplexen und schwärmerischen Mentalität auseinanderzusetzen, die über Byzanz (→ Corpus alchimisticum) auch das Abendland beeinflußte. Eine Übersetzung ins Lat. erschien bereits 1471 in Treviso, u.zw. von Marsilio → Ficino (Mercurii Trismegisti liber de potestate et sapientia Dei), eine dt. Ausgabe von »Alethophilus« (Herme-tis Trismegisti Erkaentnüsse der Natur…) 1706 in Hambg. Die beste wissensch. Ausgabe mit engl. Übersetzung und Kommentar sind die »Hermetica« von W. Scott und A. S. Ferguson, Oxford 1924—36. Wertvolle Studien über dieses Thema stammen von R. Reitzenstein (Poimandres, Leipz. 1904 [66]), A.-J. Festugière (Paris 1945—54, 2. Aufl. im Druck ab 1950) und G. van Moorsel (Utrecht 1955). — Die Titel der einzelnen Teile des c. h. lauten: Hermes Trismegistos an Asklepios; Ein heiliges Wort von Hermes Trismegistos; Hermes an Tat (= Thot)/ Der Kessel; Hermes an seinen Sohn Tat; Gott, der Unsichtbarste, der am meisten Offenbare; Daß das Gute nur in Gott ist, nirgendwo anders/ Von Hermes Trismegistos; Daß das größte menschliche Übel das Nichterkennen Gottes ist; Daß nichts Seiendes vergeht, daß man den Wechsel nur durch Irrtum Tod und Aufhören nennt; Über Einsicht und Wahrnehmung; Der Schlüssel; Nous an Hermes; Über den gemein-samen Nous/ An Tat; Hermes Trismegistos an seinen Sohn Tat/ Geheimes Wort über die Wiedergeburt; Gruß des Hermes Trismegistos an Asklepios; Definitio-nen/ Asklepios an König Ammon; (Unbenanntes Fragment); Über die vom Affekt des Körpers gehemmte Seele. — Ursprünglich umfaßte die Sammlung sicherlich weit mehr Schriften dieser Art. So ist eine davon in arab. Version erhal-ten geblieben (»Von der Seelenzüchtigung«), weitere Fragmente können nicht mehr unmittelbar zum c.h. gerechnet werden (→ hermetische Schriften). Auch vereinzelte lat. und kopt. Schriften sind erhalten geblieben. »Unter dem Namen des Hermes Trismegistos... kannte die Spätantike eine große Zahl astrologischer, religiös-philosophischer und okkultistischer Schriften, von denen 17 in einer Sammlung, dem sog. C. H., erhalten sind. Die Hermetik, welche sowohl Kosmogonie wie Entstehung des Menschengeschlechtes und Erlösungslehre umfaßt, zeigt prophetische Tendenzen auf synkretistischer Grundlage. Der Text bei A. D. Nock — A. J. Festugière, Hermès Trismégiste, 2. Bde., Paris 1945«. (H. Hunger, Lex. d. griech. u. röm. Mythologie, Reinbek 1974, S.178 ff.). Vgl. J. Kroll, die Lehren des H. T., Münster 1914.

COURT DE GÉBELIN, Antoine, fr. Gelehrter, 1725—84, königl. Zensor und Mitglied der Académie Française, war einer der Gründer des Ordens der Philalethen (→ Philaletha), gleichzeitig Präsident der 1780 gegründeten »Société Apollonienne«. Sein großes Werk »Le Monde primitif, analysé et comparé avec le Monde Moderne« sollte 30 Bände erhalten, wovon jedoch nur 9 erschienen (1773—82). C.d.G. wollte darin zeigen, daß die Kenntnis der Mythologie und Sprachwissenschaft der Schlüssel für das Verständnis der Antike ist. Er hielt u.a. das → Tarock-Spiel für ein der Zerstörung entgangenes Buch der ägypt. Geheimlehren, in das Gewand eines Spieles gekleidet. — C.d.G. setzte sich sehr für Friedrich Anton Mesmer (1734—1815), den »Entdecker des tierischen Magnetismus«, ein und wurde von ihm behandelt, starb jedoch, nachdem er geheilt zu sein schien; Mesmer verließ daraufhin Frankreich und starb 29 Jahre später, fast vergessen und unbekannt, in Deutschland.

CROCUS bedeutet in alten pharmazeut. Vorschreibungen nicht unbedingt C. sativus oder Safran im botan. Sinn (»die höchste Medicin wider alle Betrübniß und Traurigkeit, Theophrast. Paracels. Schol. in cap. 2 lib. de Grad. & Compos. Er macht Lust zum Beyschlaffe, Dioscorides lib. I c. 25, Plin. lib. XXI c.20... reiniget das Geblüte, und zertreibet das geronnene Blut im Leibe« etc., Zedlers Lexikon Bd. 33/1742, Sp. 526), sondern C. oder »Saffran« kann auch Metalloxide — ähnl. wie → calces metallorum — bedeuten; so steht statt Kupferoxid auch Venus calcinirt (→ Metallbezeichnungen) oder C. Veneris, statt Eisenoxid auch Eisensaffran. In erwähntem Lexikon Bd. 6/1733 ist in diesem Sinne von C. Auri nach Zwelfferus und Le Febur, Lemery und LeMort, von C. Chymicus, C. Martis albus saccharinus, antiscorbuticus, aperitivus, cacheticus, ex Capite mortuo (→ caput mortuum) Vitrioli Martis, flavus, niger, niger per calcinationem immersivam siccam fusoriam per sulphure paratus, ruber, cum salibus, uterinus (Mars = Eisen!), C. Metallorum (»oder C. Antimonii, sonst auch Hepar Antimonii genannt. Dessen Zubereitung wird Martino Rulando [→ Rulandus], seniori, zugeschrieben. C. Metallorum heisset er, weil er, nach allgemeiner Meynung der Hermeticorum, vor

„Eisensaffran"

die Wurzel und Ursprung aller Metallen gehalten wird« — das »vornehmste
Vomitorium« für den Pharmazeuten) und C. Veneris oder Aes ustum angeführt.
Handelt es sich bei C. im eigentl. Sinne um eine echte Droge, so ist C. im Sinne
von Metalloxid ein Heilmittel der → Chemiatrie, dessen botanischer Name wohl
auf das Mißtrauen weiter Kreise den Rezepturen der Paracelsisten (Chemiater)
gegenüber zurückzuführen ist.

C. Veneris

CROLL(IUS), Oswaldus, bedeutender Vertreter der → Chemiatrie-Schule im 16.Jh.,
1580—1609, stammte lt. Zedlers Lexikon »aus der Wetterau«; er galt als großer
»Medicus und Chymicus«. C. war Leibarzt des Fürsten Christian v. Anhalt-
Bernburg und kaiserl. Rat Kaiser → Rudolfs II. Berühmtheit erlangte er durch
sein Werk »Basilica chymica, continens philosphicam, propria laborum experientia confirmatam descriptione... in fine libri additus est tractatus novus de signatu-
ris rerum internis«, Frankf. 1609 u.ö., z. B. Genf 1658 (mit Zusätzen von J. Hartmann), dt. (»Alchymistisches königliches Kleinod«) Frankf. 1623, fr. Lyon 1624.
Der Traktat über die → Signaturen erschien selbständig London 1670. »Die Einleitung enthält einen kurzen und faßlichen Begriff von dem ganzen Umfange der
paracelsischen Theosophie... u.a. behauptet er, das Leben könne eben so verlän-
gert werden, wie das Feuer durch Zuthat von Brennmaterialien, und versichert,
Paracelsus sey im Besitze dieses Geheimnisses gewesen...« (Baur in Ersch-
Grubers Enzyklopädie Bd. 20/1829, S.169). Vgl. Peuckert 1967, S.274 ff.

CUCURBIT, von lat. cucurbita, Kürbis oder Gurke, in der Alchemie gebrauchter,
runder, bauchiger Glaskolben, der in das Sandbad des → Athanor eingesetzt wird,
um das in dem Gefäß enthaltene Destilliergut gleichmäßig zu erhitzen; ein in den
Hals des Kolbens gestecktes »hermetisches Gefäß« läßt die destillierte Flüssigkeit
wieder in den C. zurückrinnen. Eine Trennung erfolgt durch Aufsatz des → Alembic.

CYPRIANUS ANTIOCHENUS, Bischof und Märtyrer, soll nach der Legende
ursprüngl. ein Magier gewesen sein, der die christl. Jungfrau Justina mit Hilfe der
ihm zu Gebote stehenden → Dämonen verführen wollte. Als dieses Vorhaben an
ihrer Tugend scheiterte, soll er sich selbst zum Christentum bekehrt und die Geister
verhöhnt haben. Nach ruhmreichem Wirken in seiner Vaterstadt Antiochia soll
C. 304 unter Diokletian den Märtyrertod zusammen mit Justina erlitten haben.
— Die Überlieferung machte C. zu einem großen Magier, und eines der bekanntesten → Zauberbücher wurde ihm zugeschrieben (Abb. nach einer Hs. aus der
Königl. Bibl. Kopenhagen bei Lehmann 1908, S.242—43).

DÄMONEN: Lucifer als Höllenfürst verschlingt die Seele des Judas. Aus den »Opere del divino poeta Danthe« Venedig 1512

DÄMONEN (gr. daimones), von der Spätantike an vorwiegend Sammelbezeichnung für böse Geister, während der Name früher einfach »Übernatürliche« bedeutete (etwa bei Homer, der die Götter so nennt; vgl. Platons »daimon« usw.); D. im neueren Sinne wären in der Antike mit dem Sammelnamen »Kakodaimones« (im Gegensatz zu Agathodaimones) bezeichnet worden. Der antike Volksglaube offenbart sich im Ausspruch des Epiktet (um 140) »Alles ist erfüllt mit Göttern und Dämonen«. Böse D. wurden als Urheber von Krankheiten angesehen, vor allem von Geistesstörungen, von welchen exorcist. Sprüche und Zeremonien befreien konnten. Für Plutarch sind die D. Bewohner eines Zwischenreiches inmitten der Regionen der Götter und der Menschen. Besonders ausgeprägt ist der D.glaube bei Neupythagoräern und im → Neuplatonismus. Bei Plotin (205-270) ist die Welt der D. zwischen die der Götter und die der Menschen eingeordnet, wobei die D. mit den Menschen Triebe, Affekte und Sinnesempfindungen teilen; sie können deshalb angerufen werden und besitzen wohl eine eigene Sprache. Plotins Schüler Porphyrius (233—ca.304) baut diese D.lehre weiter aus; böse D. nehmen hier viele Züge an, die später den Teufeln zukommen. Sie können Krankheiten, bes. Seuchen, und Impotenz hervorrufen (→ Fernel, → Nestelknüpfen), und sie können auch durch Nahrungsmittel in den Körper eingeschleppt werden. Vgl. das Stichw. »Dämonologie« in Ersch-Grubers Enzyklopädie Bd.22/1832, S.30 ff., desgl. bei Herzog-Hauck Bd.4, S.408 ff. und E.Wilh.Möller, Gesch.d.Kosmologie, Halle 1860, S.66 ff. (hier zahlr. Belegstellen aus der klassischen Literatur).

Jamblichos beschrieb einerseits die D. der Elemente (also Feuer-, Wasser-, Luft- und Erd-D.), andererseits die Stoff-D., die in den Tieren, Pflanzen und Gesteinen wirken. Proklos unterscheidet die 4 Gruppen der Elementar-D. von der 5., den »Unterirdischen«; Michael → Psellos fügte als 6.Ordnung die der »Lichtscheuenden« hinzu. Bei Maximos von Tyrus heißt es, daß es die Bestimmung der D. wäre, sich am Menschenschicksal zu beteiligen, »den Guten zu helfen, den

DÄMONEN: Teufelsbeschwörung im Zauberkreis, nach → Guazzo 1608

Unrecht Leidenden beizustehen, den Unrecht Verübenden aber Strafe aufzuerlegen«.

Allg.-religionswissenschaftl. wird der Begriff D. von J.Zwernemann (Die Erde in Vorstellungswelt und Kulturpraktiken der Sudanischen Völker, Berlin 1968, S.26 f.) so besprochen: »D. sind unkörperlich, personifiziert und meist unsterblich gedachte, übernatürl. Mächte mit eigenem Willen, aber begrenzter Kraft und Fähigkeit. Sie werden mit Objekten, Lokalitäten, Naturerscheinungen oder Tätigkeiten in Verbindung gebracht und können durch mag. Praktiken oder Kulthandlungen beeinflußt werden. Die ihnen zugeschriebenen charakterl. Eigenschaften sind typolog. irrelevant. Ebenso ist das Vorhandensein eines Kultes m.E. keine conditio sine qua non, denn jeder D. erhält einen Kult, sobald Menschen versuchen, mit ihm in direkten Kontakt zu treten. Das geschieht, wenn Menschen sich im gedachten Einflußbereich eines D. niederlassen oder dort eine Tätigkeit aufnehmen, oder wenn der D. sich einem Menschen offenbart. Neben namentlich oder nach ihrem Aufenthaltsort bekannten D.en kann die Vorstellung zahlloser anonymer D.en bestehen, die nach ihrer Entdeckung durch die Menschen Gegenstand eines Kultes werden können. Auch der umgekehrte Weg ist denkbar: das Zurücktreten einzelner D.en in die Anonymität.«

Die D.lehre des Judentums leitet sich aus dem A.T. (1.Mos.6,1-4) ab, aus einer Textstelle, die sich im Sinne der Lehre von der Empörung und dem endlichen Fall der → Engel, die als Übertreter der Schöpfungsordnung zu D. werden, deuten läßt (vgl. J.Maier, Die Texte vom Toten Meer, Basel 1960/11, S.45, Anm.18 mit zahlr. Belegstellen). Dabei könnte die D.lehre des Judentums und später des Christentums (N.T., Luk.8,27) vom pers. Dualismus beeinflußt sein. So wurde dem Lichtreich der Engel eine entgegengesetzte Hierarchie des teuflischen Satansreiches gegenübergestellt.

Der Volksglaube in den 1.Jhn.n.Chr. kannte zahllose D., die den Menschen auf mannigfache Weise zu plagen die Macht hatten (→ Besessenheit, → Exorcismus). Bei Grimm, Dt.Mythologie, Ndr. 1953, Kap.XXXIII, ist religionsgeschichtl. und volkskundl. Material zu dem Vorstellungskomplex der D. gesammelt: »heidnische gottheiten u. geister, die an sich schon übelthätig und finster waren, giengen leicht in den christl. begriff teuflischer wesen über, schwieriger erfolgte die verwandlung der guten götter des althertums in gespenster und teufel... (sie) wandelten sich den neuen Christen nicht bloß in götzen, sondern in teufel, d.h. genossen und theilhaber eines feindl. reichs, dessen herschaft gebrochen war, aber noch im zurückweichen kräfte entwickelte«. So wurde in der Patristik die heidn. Religion vielfach durch die Verblendung der Menschheit durch dämon. Wesen erklärt; Hieronymus schreibt, die Luft sei erfüllt von D., und Augustinus erklärt, »alle Krankheiten der Christen sind D. zuzuschreiben«. in »De Civitate Dei« XV, 23; XVIII, 17, 18; XXI, 6 ist davon die Rede, daß die D. weiters Krankheiten verursachen,

DÄMONEN: Versuchung des Hl. Antonius. Lucas Cranach d. Ältere, 1506

Menschen zum Prophezeien zukünftiger Dinge und zur Verrichtung sonst unmöglicher Taten (vor allem zum Schaden der Mitmenschen), etwa zum → Wetterzauber, befähigen und sie zur D.-Buhlschaft verleiten. Augustinus hält also an der Vorstellung von → Incubus und Succubus fest; ähnliche Vorstellungen finden wir bei → Thomas von Aquino (Summa theol.P.I, qu.51, art.3), was in den späteren → Hexenprozessen als Äußerung einer hohen Autorität ins Treffen geführt wurde. Auch Ungewitter führt Thomas auf die direkte Einwirkung der D. zurück, ebenso wie → Paracelsus. Luther nennt Unglücksfälle, Verletzungen usw. »eitel Teufelsauswürf«.—

In der neueren Zeit ist das Wort Dämon meist ein Synonym für Teufel, jedoch in dem Sinn, daß meist der Satan als Teufel, seine untergeordneten bösen Geister als D. bezeichnet werden. Wie lange der ausgeprägte D.glaube in der Neuzeit in vollem Umfang lebendig blieb, zeigt die ausführl. Kasuistik bei Görres (Ndr. 1960), der zahllose Fälle der »dämon. → Besessenheit« nach Originalakten wiedergibt. — Quellen für den D.glauben aus der Spätantike sind die → Collationes Cassiani; aus dem Byzanz des MA. besitzen wir die Werke des Michael → Psellos, aus dem Abendland die etwa ein Jh. jüngeren Bücher des Cäsarius von Heisterbach (1170-1240, »Dialogus miraculorum«, »VIII libri miraculorum«) und von Jacobus v.Teramo (1328). In neuerer Zeit wird der D.glaube ausführlich dargelegt von Pierre LeLoyer (1520—1634), vor allem aber in der »Pseudo-Monarchia« des Johannes → Wierus. Im → Malleus Maleficarum heißt es über die D.: »Als Eigenschaften sind ihnen aber von den Theologen beigelegt, daß es unreine Geister sind, wenn auch nicht unsauber von Natur. Weil ihnen nach Dionysius [Areopagita] innewohnt unvernünftige Wut, sinnlose Begehrlichkeit, schrankenlose Phantasie, nämlich bezüglich ihrer geistigen Sünden, als Stolz, Neid und Zorn, darum sind sie die Feinde des Menschengeschlechts, vernünftig im Geiste, doch ohne Erörterung begreifend, getrieben in Nichtsnutzigkeit; begierig zu schaden, immer auf neuen Trug bedacht; sie verändern die Sinne, erforschen die Triebe, stören die Wachenden, schrecken die Schlafenden durch Träume, bringen Krankheiten, erregen Stürme, verwandeln sich in (→) Engel des Lichts, tragen immer die Hölle bei sich, verlangen von den Hexern göttliche Verehrung, Zauberkünste geschehen durch sie, über die Guten wollen sie herrschen und bedrängen sie weiterhin nach Kräften; den Auserwählten werden sie zur Prüfung gegeben, suchen immer das Ende der Menschen herbeizuführen. Aber mögen sie auch tausend Arten und Kunstgriffe zu schaden haben, da der Teufel versucht, vom Anfang seines Sturzes an, die Einheit der Kirche zu zerstören, die Liebe zu verletzen… und auf alle Weise das Menschengeschlecht zu vernichten und auszurotten: seine (des Teufels) Stärke beruht doch in den Lenden und in dem Nabel… weil sie nämlich durch die Üppigkeit des Fleisches mächtig in den Menschen herrschen. Denn der Sitz der Üppigkeit ist bei den Männern in den Lenden, weil von hier der Same abgesondert wird,

DÄMONEN (rechts) treiben die Seelen der Verdammten in den Höllenrachen.
Stich nach P. Breughel d. Ä., 1558

wie bei den Weibern aus dem Nabel« (1.Teil.Kap.4). Darauf beruht der Glaube an → Incubus und Succubus. Nicht ganz klar ist im → Malleus Maleficarum, ob die Namen des Teufels und seiner dienstbaren D. auf verschiedene Personen oder bloß Aspekte einer Macht hinweisen: Den Diabolus nennt man auch »Daemon, d.h. nach Blut riechend oder blutig, nach Sünden nämlich, nach denen er dürstet... Er heißt auch Belial, was verdolmetscht wird mit 'ohne Joch' oder 'ohne Herrn', weil er nach Kräften gegen den ankämpft, dem er untertan sein müßte. Er wird ferner auch Beelzebub genannt, welches übersetzt wird mit 'Mann der Fliegen', d.h. der sündigen Seelen, welche ihren wahren Bräutigam Jesus Christus verlassen haben. Ebenso heißt er Satanas, d.h. 'Gegner'... Auch Behemoth, d.h. Bestie, weil er die Menschen bestialisch macht. Der eigentliche Dämon der Hurerei und der Fürst jener Unflätterei heißt Asmodeus, was verdolmetscht wird mit 'Bringer des Gerichts', weil wegen eines derartigen Lasters ein furchtbares Gericht erging über Sodom und noch vier andere Städte. Der Dämon des Übermuts with Leviathan genannt, was übersetzt wird mit 'Zugabe', weil der Teufel, als er die ersten Eltern versuchte, ihnen im Übermute die Zugabe der Göttlichkeit versprach (→ Adam).

Über ihn spricht auch Jesaias durch den Mund des Herrn: Ich werde heimsuchen durch Leviathan, die alte, gewundene Schlange. — Der Dämon des Geizes heißt Mammon, von dem auch Christus im Evangelium gesprochen hat: Matth. 6: Ihr könnt nicht Gott dienen und dem Mammon.« (1.Teil, Kap.4).

Viel jünger sind die dämonolog. Bücher von Francis Barett (»The Magus«, London 1801) und Collin de Plancy (»Le Diable peint par lui-même«, Paris 1825; »Dictionnaire infernal«, Paris 1818, 1826). Zahlr. Werke sind genannt in der Bibliographie von Grässe (1843), S.4-24. Vgl. → Molitor, → Bodin, → Guazzo. Die Namen der D., die auch in den → Zauberbüchern oft auftauchen, gehen z.T. auf alte Vorbilder zurück (z.B. Asmodeus von Aschmodi, Aschmedai), sind aber häufig auch Neubildungen (z.B. Luzifuge, d.h. Fliehe das Licht, als Parallelname zu Lucifer, d.h. Lichtträger). Ähnl. Namen, die häufig auftauchen: Buer, Forcas, Marchocias, → Lilith, → Mephistopheles, Behemoth, Astaroth, Theutus, Belphegor, weiters die besonders bei Beschwörungen im Dienste des → Liebeszaubers zit. D. Amon, Raum, Saleos, Bestarberto u.v.a.

Eine anschauliche Beschreibung der D., wie man sie sich im 16.Jh. vorstellte, gibt z.B. das → Faust-Volksbuch von 1589, S.70 ff.: »Belial aber erschien Doctor Fausto in gestalt eines zotteten und gantz kolschwartzen Beeren, alleine das seine Ohren uber sich stunden, unnd waren die Ohren unnd Rüssel gantz brennend roth, mit hohen schneeweissen Zeenen, unnd einem langen Schwantz, drey Ellen lang ungefehrlich, am Halse hatte er drey fliegender Flügel... Lucifer, in Gestalt eines Mannes hoch, unnd war härig und zottig, in einer Farbe wie die rothen Eichhörnlein sind, den Schwantz gantz uber sich habend... Darnach der Beelzebub, der hatte ein leibfarbes Haar, und einen Ochsenkopff, mit zweyen erschrecklichen Ohren, auch gantz zottig und härig, mit zweyen grossen Flügeln, unnd so scharff, wie die Disteln im Felde, halb Grün unnd Gelb, allein das uber den Flügeln Fewerstromen heraus flogen, hatte einen Kühschwantz« usw. (es folgt die Beschreibung der D.Asteroth, Sathanas, Anubis, Dythicanus und Drachus). Vgl. auch R.Müller-Sternberg, »Die Dämonen, Wesen und Wirkung eines Urphänomens«, Bremen 1964, S.166 ff.; zur Ikonographie der dämon. Mischwesen ebd. S.102 f.

In der Neuzeit wurde häufig jedem dieser D. ein besonderer Kompetenzbereich zugewiesen: Buer etwa wird von → Wierus als Experte für Ethik und Logik, für pflanzl. Heilsäfte und als Zuweiser von → Familiaren beschrieben. Um D. zu vertreiben, bediente man sich seit vorchristl. Zeit bestimmter → Zaubersprüche, Segensformeln, des → Exorcismus und bestimmter → Amulette. Eine große Rolle spielte der Glaube an D. im → Hexenglauben. Vgl. auch → Incubus und Succubus, → Familiar, → Antichrist. — Kurze Darstellg. d. rudimentären kathol. Dämonenlehre d. Gegenwart durch M.Limbeck bei J.B.Bauer (Hrsg.), Die heißen Eisen, ein aktuelles Lexikon f. Christen, Graz 1972, S.337-348.

DEE, John (1527—1608), berühmter engl. Astrologe und Mathematiker, befaßte sich nach Studien in Louvain, Brüssel und Paris mit Mystik, Nekromantie und Alchemie, wobei ihn Jahre hindurch sein Assistent Edward Kelley (Kelly) unterstützte. Seine Reisen führten D. durch Holland, Deutschland, Polen, Ungarn und Böhmen. Sein Buch, »Monas hieroglyphica, mathematice, magice, cabbalistice et onagogice, explicata«, enthalten im »Theatrum Chemicum«, Straßbg. 1602—61, ist Maximilian II. gewidmet. Kelley berichtete D. über »Erscheinungen derer Geister, mit welchen er in genauer Gemeinschaft lebte, und durch ihren Dienst vermittelst einer Crystallinen Kugel die Geheimnisse der Göttlichen Weißheit in Erfahrung brächte. Dee hatte Lust selbige mit anzusehen, und fieng den 22.Dec.an.1581 an, sich dergleichen Vorstellungen thun zu lassen, welche... dem Dee theils lächerliche, theils gottlose Dinge anbefohlen... Dis alles hat er in einem besonderen Tag = Buche sorgfältig aufgezeichnet, welches in der Bibliothec zu Oxford aufbehalten wird« (Zedlers Lexikon Bd.7/1734, Sp.393; vgl. »The Private Diary of Dr.John Dee«, ed. by J.O.Halliwell for the Camden Society, 1842; »A True and Faithful Relation of what Passed for Many Years between Dr.John Dee... and some Spirits...« [London 1659], → Casaubon. Literar. frei gestaltet in dem Roman »Der Engel vom westl. Fenster« von Gustav Meyrink). 1584 führte D. in Prag Kaiser Rudolf II. seinen → Zauberspiegel und alchemist. Experimente vor, mußte aber bald auf Betreiben des päpstl. Nuntius den Hof wieder verlassen. Für die engl. Königin Elizabeth I. bestimmte D. astrologisch einen günstigen Krönungstag; sie berief ihn 1595 zum Präfekten des Manchester College, wo er bis zu ihrem Tode (1608) verblieb. Bei König Jakob war D. jedoch nicht beliebt; er ging nach Mortlake und starb dort im Alter von 81 Jahren. Eine Ausgabe seiner Schriften erschien in London 1659. Sein Vorwort zu der engl. Euklid-Ausg. (1570) verrät großes mathemat. Wissen. Vgl. Burland 1966, Taf.36 u. 37; Burland 1967. Thorndike VI/392; Jöchers Gelehrten-Lexikon Bd.2/1750 (Ndr.Hildesh.1960), Sp.64-65 mit bibliograph. Angaben; C.H. Josten: A Translation of John D.'s 'Monas Hieroglyphica', in »Ambix« (London) 1964, vol.XII, p.83-221; fr. Übersetzg. (Grillot de Givry) nach der Ausg. 1564, Paris 1925.

Kommentierte Ausg. (ed. A.Klein): Die Monas-Hieroglyphe, Interlaken 1984.
— Biographie von C. Kiesewetter: John Dee, ein Spiritist des 16. Jahrhunderts, kulturgeschichtliche Studie. Leipzig 1893 (Ndr. Schwarzenburg 1977).

DEKANE (Facies, Prosopoi) sind Unterteilungen des Tierkreises in Abschnitte von je 10 Grad (→ Zodiacus). Die ältere → Astrologie kennt daher 36 D., wobei je drei einem Tierkreiszeichen entsprechen. Der spätägyptische »Tierkreis von Dendera« stellt die Personifikationen oder Regenten als Götter und Mischwesen dar, → Firmicus Maternus nennt die 36 Namen (z.B. für Widder: Senator, Senacher, Sentacher; für Stier: Suo, Aryo, Romanae; für Zwillinge: Thesogar, Ver, Tepis usw.), die auf entstellte ägyptische Wörter zurückgehen dürften. Sie wurden in die Astrologie der Spätantike übernommen und vielfach umgebildet. Diese Unterteilung geht auf die 36 zeitbestimmenden Sterne der babylonischen Gestirnkunde zurück, wobei in Ägypten wieder eine Zuordnung zu mit ihnen gemeinsam aufgehenden Sternen vorgenommen wurde. Ähnliche Systeme sind in den Astrologien Ostasiens zu beobachten, die auf hellenistisch-ägyptische Wurzeln zurückgehen (U.Becker 1981,69). Die D. wurden vorwiegend für die medizinische Prognostikation herangezogen, später dienten sie zur genaueren Gliederung der Zeichen des Zodiacus. Die in der heutigen Vulgär-Horoskopie der Presse übliche Unterteilung der Tierkreiszeichen in je 3 Dekaden geht auf die antiken D. zurück.

DELRIO (del Rio), Antonio Martínez, 1551—1608, berühmter span. Jurist, Theologe und Rhetoriker, Dr.d.Univ.Salamanca (1574), ab 1580 Jesuit, der u.a. von 1601-03 auch in Graz tätig war. D. wurde bes. durch sein mehrbändiges Werk »Disquisitionum magicarum libri sex« bekannt (zahlr. Ausg.: 1593; Louvain 1599/1600, 1604; Leyden 1608, 1612; Mainz 1603, 1628; Venedig 1616; Köln 1657, 1679 u.a.). Neufforge (Versuch einer dt.Bibliothek) nennt dieses Buch »eines der wichtigsten Quellenwerke über Dämonologie; enthält die Erfahrungen des Autors als Hexenrichter«. In Zedlers Lexikon wird kritisch vermerkt, es wäre »voller unbegründeter Erzehlungen«. Es beschäftigt sich »mit der Zauberei als Erscheinungsform u. als Verbrechen, schildert die bestehenden geistlichen u. weltlichen Schutzmittel u. gibt eine Anweisung über das gegen Zauberer und Hexen einzuschlagende kirchliche und staatliche Prozeßverfahren... (es) war dazu bestimmt, eine Grundlage der Hexenverfolgung überhaupt zu sein, es wendete sich daher auch an die Protestanten und ist auch tatsächlich von diesen nicht weniger gelesen, verwendet und als unumstößliche Autorität anerkannt worden als von den Katholiken« (Byloff 1926, S.6, 13). Es hat geistesgeschichtl. eine ähnlich große Bedeutung wie die Bücher von de → Lancre, → Remy und der → malleus maleficarum. D. war jedoch auch Autor andersgearteter Werke: z.B. »Syntagma Tragoediae Latinae« (Antwerpen 1593, 1594). Vgl. dazu Ersch-Grubers Enzyklopädie Bd.23/1832, S.423.

DIETERICUS (Dietrich), Helvicus, ein deutscher Medicus (1601—27), wirkte zuerst als hessischer, dann als brandenburgischer und schließlich als königl.-dän. Leibarzt; D. wurde bekannt durch sein Buch »Elogium planetarum caelestium et terrestrium, macrocosmi et microcosmi«, Straßbg. 1627, worin er die in der → Volksmedizin konservierten Anweisungen, Heilkräuter unter Beachtung der astrolog. Regeln zu pflücken und zu verarbeiten, genau ausarbeitete. Vgl. Jöchers Gelehrten-Lexikon Bd.2/1750, Ndr. Hildesh. 1961, Sp.120.

DIGBY, Sir Kenelm, 1603—48, bedeutender engl. Heilkünstler und Alchemist, der sich des Besitzes des → Steines der Weisen rühmte und häufig als Scharlatan bezeichnet wurde. Unter seinen zahlr. Schriften, die sich mit Religion, Philosophie (von Descartes abhängig), Medizin und Alchemie befassen, ist das Buch »Chymical Secrets«, ed. G.Hartmann, London 1683, zu nennen, weiters der oft zit. Traktat »Lucerna salis«. Porträt von Van Dyck, repr. by Burland 1967. — Grässe 1843 nennt die dt. Ausg. der »Chymical Secrets«: Heimlichkeiten der Natur, Reden über Sympathie, Frankf. 1684, 1700; Ratzebg. 1718, o.O. 1724 (mit Kupfern). Vgl. Überwegs »Grundriß d. Phil.« Bd.III, S.189—93, und Jöchers Gelehrten-Lexikon Bd.2/1750 (Ndr.Hildesh. 1961). Sp.124-25.

DIGESTION, in der Alchemie oft genannter Prozeß, eine Auflösung oder Zerteilung eines festen Stoffes in einer Flüssigkeit unter Einwirkung mäßiger Hitze, nach Gessmann 1922 die Erwärmung in einer Flüssigkeit bei einer Temperatur zwischen ca. 30° C und dem Siedepunkt. Digerieren heißt jedoch auch das Herstellen eines Extraktes oder einer Essenz, etwa eines pflanzlichen Inhaltstoffes. Astrolog. soll diese Operation möglichst im Tierkreiszeichen Leo (Löwe) vorgenommen werden. Lt. Zedlers Lexikon Bd.7/1734 sondert die D. »das zarte und subtile von dem groben ab, und was grob, macht sie dünne, und kochet das rohe, das herbe macht sie süsse, befördert die Aufschlüssung, Extraction und Gährung... Bey der D. darff man dem Digerir = Gefässe nicht alle Lufft benehmen, sondern es muß noch in etwas selbige darangehen können, damit der, von vielleicht starcker Wärme flüchtig gemachte Liquor nicht das Glaß zerbreche.« In der Allg. Enzyklopädie von Ersch-Gruber Bd.25 (Ndr. Graz 1971) wird die D. als eine Operation beschrieben, »durch welche man zwei oder mehre (sic) flüssige Körper, oder einen flüssigen und einen festen, gewöhnlich in Pulverform, mit einander vermischt, und eine Zeit lang in verschlossenen Gefäßen ruhig hingestellt, damit sie erweichen, oder sich auflösen und vereinigen sollen.« Die »kalte D.« braucht nur die atmosphärische Wärme, die »heiße« einen Sandbadeofen (→ Athanor) (Th. Schreger, op. cit. 25, S.186).

DIOSCURIDES (Dioskorides), Pedanios, gr. Arzt des 1.Jhs. n.Chr., aus Anazarbos in Kilikien gebürtig, war in Antike und MA. berühmt als Sammler und Beschreiber des Drogenschatzes seiner Zeit. Neben pharmazeutisch wirksamen Pflanzen scheint in seiner materia medica noch manches mag. Heilmittel auf, dessen Wirkung als Droge sich nicht erweisen läßt. Somit gewährt das Werk, erhalten etwa in Form des fast 1000 Seiten umfassenden »Codex Anicia Juliana« der Österr. National-Bibl., Einblick in die hellenist. Naturwissenschaft. Ein Faksimiledruck

DIOSCURIDES: Umzeichnung eines Bildes des Wiener Anicia-Juliana-Codex nach Lambecius (Lambeck), Comm. de Bibl.Caes.Vindob., vol.II. D. empfängt von der »Heuresis« eine → Mandragora-Wurzel

der gesamten Hs. erschien in Graz (lieferungsweise) 1965—1970 (vol. XII, Cod. Sel.). — Vgl. O. Mazal: Pflanzen, Wurzeln, Säfte, Samen. Antike Heilkunst in Miniaturen des Wiener Dioskurides. Graz 1981.

BIEDERMANN 1972; GUNTHER 1959

DIPPEL, Johann Konrad (1673—1734), Pietist und Alchemist, u.a. Autor einer unter
dem Pseud. Christianus Democritus verfaßten polemischen Schrift »Papismus
Protestantium vapulans«, 1698, und Erfinder des Dippel-Öls, das heute zum
Denaturieren des Brenn-Spiritus verwendet wird (oleum animale foetidum); D.
gab mit seinen chem. Experimenten auch die Grundlagen für die Darstellung des
Farbstoffes Berlinerblau. In seinen Schriften (Gesamtausg. in 3 Bden., Berlebg.
1747) erzählt D. u.a., daß er 1707 in Amsterdam einer → Transmutation von Kupfer zu Silber und Gold beiwohnte, die ein aus diesen drei Metallen bestehendes
Stäbchen ergeben habe. Lt. K. K. Doberer (Goldsucher — Goldmacher, München
1960) diente das Dippel-Öl, eine Kohlenstoffverbindung, im Jahr 1880 J. B. Han-
nay in Glasgow als Ausgangsmaterial für die Darstellung winziger künstlicher
Diamanten. — Biogr. D.s bei Ritschl, Gesch.d.Pietismus Bd.2, Bonn 1884, desgl.
bei Herzog-Hauck Bd.IV, S.703 ff. (»seine Goldmacherei steht durchaus im Dienste seiner alchymistischen Reformpläne«).

DORN(EUS), Gerardus, dt. Arzt und Alchemist des 16.Jhs., wirkte in Frankf. a.M.,
Straßbg. und Basel. Als eifriger Paracelsist verfaßte D. eine Reihe von Werken zum
besseren Verständnis der Werke seines Meisters: »Dictionarium Paracelsi«,
Frankf. 1584; »Commentarium in Paracelsi libros Archidoxorum«, Frankf. 1584;
»Compendium Astronomiae Magnae Paracelsi«; »Fasciculum Paracelsicae
Medicinae«, Frankf. 1581; »Clavis Philosophiae Chemicae«, Herborn 1594, dt.
(Schlüssel der Chymischen Philosophy: mit welchen die heimlich und verborgene
Dicta u. Sprüch der Philosophen, eröffnet und auffgelöst werden) Straßbg. 1602,
m. Holzsch.; »De Naturae Luce Chemica« (de Transmutatione Metallorum;
Genealogia Mineralium ac Matallorum; Artificium super naturale, Artificium
Chemisticum), 1568; »De Lapide Philosophico«, 1570. »Die Alchymie ist (für D.)
nicht mehr darauf aus, aus Blei oder Zinn Gold herzustellen; sie will erkennen,
die Kräfte finden... Sein Suchen wird von mystischen Lehren vorwärts getrieben«
(Peuckert 1956, S.272, 277). Bibliograph. Angaben in Jöchers Gelehrten-Lexikon
Bd. 2/1750, Ndr. Hildesheim 1961, Sp. 193—94.

DRACHENKOPF und Drachenschwanz, aus der Spätantike stammende Bezeichnung für die Kreuzungspunkte der Mondbahn mit der Ekliptik; der »aufsteigende
Mondknoten« ist der D., in der Ekliptik-Ebene gegenüber liegt der Drachenschwanz, der »absteigende Mondknoten«. Der Name ist wohl auf die archaische
Vorstellung zurückzuführen, derzufolge bei Finsternissen ein Drache Sonne oder
Mond verschlingt. Auch dann, wenn keine Verfinsterungen stattfanden, betrachtete das traditionelle Weltbild der → Astrologie diese Knotenpunkte als wirksam,
und zwar den D. als glückverheißend, den Drachenschwanz als unglückbringend.

STRAUSS 1926

EDELSTEINE, ebenso Halbedelsteine und seltene Mineralien spielten in der Magie seit den Babyloniern eine große Rolle, und zwar als Konzentrat kosmischer Kräfte (im Sinne der Lehre von den → Sympathien), das dauerhafter und unvergänglicher ist als etwa mag. wirkende Pflanzen. Aus der Antike sind mehrere Quellen erhalten: das Steinbuch des Theophrastos (um 200 v. Chr.); das »Orphische Steinbuch«; die Kompilation eines Lapidars, das unter dem Namen »Damigeron« (nach einem antiken Wundermann) bekannt ist; Kapitel aus der »Nat. Hist.« von Plinius d. Ä.; das Steinbuch des Aetios von Amida, des Leibarztes Justinians; die Steinbücher von Epiphanios und von Michael → Psellos (peri lithon dynameon, in »Scripta minora«, ed. Kurtz u. Drexl, 1936—41) und ähnl. Quellen; → Paracelsus bezeichnete die E. als die »höchste Subtilität der Natur« und teilte die Mineralien in seinem Traktat »de mineralibus« in Salia, Mineralia, Lapides, weiters in Gemmen und Gluten ein (der Traktat »de mineralibus«, dem → Albertus Magnus zugeschrieben, ist vielleicht → spurios). → Cardanus schrieb, die E. seien wunderkräftiger und mächtiger als die Stoffe pflanzl. und tierischen Ursprungs, weil sie höheres Alter und »weniger Funktionen« besäßen. Jeder schön geschliffene Stein besitze die Macht, Liebe, Reichtum und langes Leben zu bewirken. Bekannte Lapidarien (aus der neueren Zeit sind jene von de Boot (»Gemmarum et lapidarum historia«, Hannover 1609) und Swedenborg (»Regnum subterraneum«, Dresden 1734). Gegen Ende des 18.Jhs. war der Glaube an die mag. Wirksamkeit der E. bereits weitgehend geschwunden; K. v. Eckartshausen berichtet in seinen »Aufschlüssen zur Magie«, München 1788: »Die Wunderdinge, die die Alten davon erzählten, bestätigten sich selten durch bewährte Versuche. Albertus Magnus und Albertus Parvus schrieben sehr viele lügenhafte Sachen von den Steinen«, etc., doch führt er im Anschluß eine Liste jener E. an, die in mag. Büchern eine Rolle spielten: »Adamas (Diamant), Achates (Achat), Alectorius (Hahnenstein), Amethystus (Ametist), Androdamas (Quadrat- oder Zornstein), Absinthos (Wunderstein, Hitzstein), Asbestos (Asbest), Alabandina, Berillus (Berill), Carbunculus (Karfunkel), Chrysolithus (Krisolit), Chrysopras, Chrysoprasius (Gold=Topas, Rubin), Chelidonius (Schwalbenstein), Carneolus (Karniol), Calcophonos (Klingstein), Chrysolectros (Augstein), Chalazias, Chelonites (Indischer Schildkrötenstein), Corallium (Korallen), Chalcedonius (Kalcedon), Cerauneus (Donnerstein), Cristallus (Kristall), Diadochos, Dionysias, Etites ([→] Adlerstein), Enhidros (Wasserstein), Gagates (Agtstein), Gagatromeus, Galactites, Hieracites (Fliegenstein), Hienia (Hienenstein), Heliotropia (Sonnenwender), Hephestites (Feuerflammenstein), Hematites (Blutstein), Hexeconthalithos (die Sechzigfärbige), Hyacinthus (Hyacinth), Jaspis, Iris (Iris, Prisma), Lyncurius (Luchsenstein), Lipares, Magnes ([→] Magnetstein), Molochites (Molochit, Schreckstein), Medus (Mederstein), Onix, Orites, Ophtalmius (Augenstein), Pantherus (Pantherstein), Pyrites, Peanites, Prasius, Saphirus (Saphir), Smarag-

Tractatus

ne fici. Hinc reges eũ bñtes in ore fortit vi-
micant. ¶ Pbifiolo. Allectozius in vêtre gal
li nafcitur: q́ poſt tres annos caſtratus: τ po
ſtea per septẽ annos viues:bunc lapidẽ poz
tat idẽ galinacius. ¶ Hic lapis ſitim extin-
guit:bominẽq discretũ et gratũ: maximeq́
vxorẽ marito facit. Ut autẽ babeat bec om
nia clauſus in ore portatur.

¶ Ex Lapidario.

Uentriculo galli qui teſticulis viduatus
Cũ tribꝰ ad minimũ facit ſpado vixerit ānis
Naſcitur ille lapis:cuius non vltima laus ē
Et per bis binos capit incrementa ſeqntes
Menſuramq́ſabe creſcens excedere neſcit.
Criſtallo ſimilis vel aque cum limpida paret
Inuictum lapis bic reddit quecũq́ gerentẽ
Extinguitq́ ſitim patientis ore receptus.
Hã milocrotonias pugiles bic preſide vicit
Hoc etiam multi ſuperarunt prelia reges.
Hic oratorem verbis facit eſſe diſertum.
Conſtantem reddes cunctiſq́ per oia gratũ
Hic circa veneris facit incentiua vigentes.
Cōmodus vxori q̃ vult fore grata marito.
Ut bona tot preſter clauſus portetur in ore

Caput. vij.

Meriſtus. Iſid. Ametiſtus indic[us]
inter purpureas gẽmas tenet pnci
patũ. Eſt aũt color eius purpureus p
mixto colore violaceo:et quaſi roſe nixor:leni
ter quaſdã flãmulas fundẽs. Alterus genus
eius deſcendit ad iacinctos. Cauſam nominis
eius reddũt: quia ſit in eius purpura quod-
dã nõ in toto igneũq́ vini coloze bñs. Eſt au
tẽ ſculpturis facilis. Huius gẽme. gñas ſunt
qnq́. ¶ Arnol. Ametiſtus ē gẽma purpurei
colozis vt roſa:et tranſmittit ab India. Sũt

quedam eius ſpecies, ſz. bec. i. indica ceteris
vtilio: eſt. Huic mollicies ad ſculpendũ ineſt
Plinius. lib. xvj. Indice quidẽ ameriſte pn
cipatum tenent. Sed in Arabie quoq́ par
te que eſt finitima Syrie perria vocatur. Et
in Armenia minore τ in Ballacia repertun-
tur τ in Egypto. Sordidiſſime atq́ viliſſi-
me i Tharaſo τ Lypto. Indice abſolutũ phe
nicis purpure colorem babent. Et ad banc
ringentium officine vota dirigunt. Fundit
autem cum aſpectu leniter blandum neq́ in
oculos vt carbunculi vibzant. Alerum earuz
genus deſcendit ad iacinctos: et bunc colorem indiſacon vocat. Eſt τ panarites in con
tinuo Arabice gentis:quarum genus colorem vini babet: quintum ad vicinia deſcen
dit criſtalli albi. Has gemmas Magorum
vanitas promittit ebrietati reſiſtere multa-
q́ mira efficere.

Operationes

¶ Ex lib. de natu. rez. Ameriſtus violacei
coloris eſt optimus. Eſt autem quedam ve-
lut gutta vini rubei aqua corrupta:et bec fa
cile eſt ad ſculpendum:valet multum vinum
bibentibus/quoniam ebrietati eſt contrari[us]
¶ Areſtore. Lapis ameriſtus ſi eũ poſueris
ſuper vmbilicum/vapores vini probibet:ebri
erateq́ ſoluit:τ bominem a contagio liberat
¶ Arnoldus. Uirtus ameriſti eſt contra ebri
etatem: facitq́ bominem vigilem: malamq́
cogitationem repellit:et intellectum bonum
tribuit.

Caput. viij.

Sius. Dyalco. Aſius lapis in Alexā
dria tm̃ inuenit: q́ optimus eſt ad vſum medi

EDELSTEINE: Eine Seite aus dem (H)Ortus Sanitatis, Ausg. Straßbg. 1517, die Heilwirkung von verschiedenen E.n. (z.T. nach → Arnaldus Villanovanus) beschreibend

EDELSTEINE: Holzschnitt aus Johann Sporers »Büchlein... von der Kraft, welche an den edlen Steinen sind«; Ende d. 15. Jhs.

dus (Smaragd), Sardius (Sarder), Sardonix, Selenites (Selenit, Mondstein), Sagda (Holzmagnet), Topazius (Topas), Tecolitus (Blasenstein), Unio (Perle).« Eckartshausen zitiert dazu Angaben aus Solinus, Bartholomaeus Anglicus, Aristoteles, → Dioskurides, Isidorus, → Vincentius Bellovacensis, Avicenna, Galenos u.a.

Die den einzelnen E.n zugeschriebenen Kräfte werden von der Spätantike bis in die Neuzeit weitgehend identisch beschrieben: der Diamant etwa soll die Kraft haben, Gespenster zu verscheuchen (→ Alp), Gunst bei Frauen zu verschaffen, auch hieb- und stichfest zu machen und Unsichtbarkeit zu verleihen; böse Geister fliehen auch den Bernstein, den Jaspis und den Chrysolith; der Amethyst hilft gegen Ungewitter und Trunkenheit; die Koralle verwandelt bitteres Wasser in süßes, schützt gegen Gift und verscheucht Dämonen; der Nephrit vertreibt Schlangen und macht bei Frauen beliebt; der Rubin bewahrt vor Schiffbruch; Stürme und Ungewitter vertreibt der Smaragd, die Seekrankheit der Topas, welcher auch reichen Gewinn beim Handel bringt; der Opal verscheucht quälende Träume usw. Als besonders wirkungsvoll wurden die E. dann betrachtet, wenn sie durch die Kunst des Goldschmiedes in → Amulette und → Talismane eingesetzt waren. Das komplizierte System der kosmischen → Entsprechungen bzw. → Sympathien machte die Zusammenstellung von Tabellen nötig, worin die Korrespondenzen zwischen E.n einerseits und → Planeten und Zeichen des → Zodiakus andererseits registriert waren: so entspricht etwa der Rubin der Sonne und dem Tierkreiszeichen Leo (Löwe) usw. (»Monats- und Planetensteine«). Vgl. Grimm, Dt. Mythologie, Ndr. 1953, S.1017 ff. und Nachtr. (III) S. 361ff.

CLOSS 1958; STEMPLINGER 1948

EI, philosophisches, alchemist. Allegorie für die → materia prima, aus welcher der → Stein der Weisen durch die Hitze des »philosophischen Feuers« ausgebrütet wird. Eine Zurückführung auf antike Symbole, etwa auf das orphische Ur-Ei, liegt nahe, ist aber kaum zu belegen. Im Ei ist das Weiße Symbol des Silbers, der Dotter Symbol des Goldes, das als Anlage in der materia prima enthalten ist. In Michael → Maiers »Atalanta fugiens« (Oppenheim 1618) zeigt einer der Kupferstiche, wie der Adept mit »flammendem Schwert« das philosoph. Ei zerschneidet: »Es gibt in unserer Welt einen Vogel, der erhabener ist als die anderen. Nach seinem Ei zu suchen, sei dein einziges Bestreben...« Ein ähnliches Symbol ist das Haupt des Zeus, aus dem Vulcanus mit der Axt die Pallas Athene befreit (ebd.). Lippmann (1931) deutet das Symbolbild des philos. Eies als Hinweis auf eine Vierheit (Tetrasomie), Schale, Haut, Eiweiß, Eigelb, und meint, daß sie Kupfer, Blei, Zinn und Eisen bedeuten, die gleichzeitig alles (also auch Gold und Silber) bereits keimhaft in sich trügen, »freilich nur der Möglichkeit nach und noch 'in seinem Inneren verborgen', aber eben deshalb ist nichts weiter mehr nötig, als 'die Natur herauszukehren', damit man das Erstrebte auch in Wirklichkeit besitze«. — Als »Ovum philosophicum« (ph. Ei) wird in Woyts »Gazophylacium« (1718 u.ö.) die »Casselische Gold = Erde«, auch Minera Martis Solaris, Terra Materialis, bezeichnet; sie »steckt gemeiniglich [an versch. Orten in Hessen] in einem Letten oder Thon in runden Stücken, wie Eyer gebildet, ... ist schwartz = grau, mit glänzenden Ertz − Stücklein, wie das Antimonium, vermischet, und hat einen recht vitriolischen Geschmack«. Woyt empfiehlt dieses »Ey« gegen Erbrechen, Appetitlosigkeit, »Miltz = Beschwerung, Spuhl = Würmer etc.«. — Volkskdl. Material u.a. bei R. Wildhaber, Zum Symbolgehalt u.z. Ikonographie d. Eies, Dt. Jahrb. für Volkskde, 6 (1960).

ELEMENTARGEISTER, nach dem Volksglauben des MA.s lebende, aber unbeseelte Wesen, die in den vier Elementen ihren Wohnort haben, aber auch zu Menschen Verbindung aufnehmen können. Der Glaube an E. tritt auch bei → Trithemius, → Agrippa von Nettesheim und vor allem bei → Paracelsus auf, der ihnen »sein schönstes Buch« (Peuckert) widmete: »De nymphis, sylphis, pygmaeis et salamandribus«. Noch heute am geläufigsten sind uns die in vielen Sagen auftretenden Wassergeister (Nymphen, Nixen, Undinen, Melosinen). Im Erdreich hausen die Gnomen oder Pygmäi, in der Luft die Sylphen, auch Silvani oder Waldleute genannt (→ incubus), im Feuer die Salamander (im Anschluß an Plinius XI cap. 36, wo es heißt, das Amphibium dieses Namens sei das einzige Tier, das im Feuer leben könne; Benevenuto Cellini erzählt in seiner Autobiographie, er hätte ein derartiges Wesen selbst beobachtet).

Am ausführlichsten hat sich → Paracelsus mit den E. auseinandergesetzt. Kiesewetter (1891—95/1977, 96 f.) referiert so: »Die E. besitzen ein Fleisch, das nicht aus Adam ist; sie sind organische Wesen, aber von den Menschen verschieden wie Fleisch und Geist. Jedoch sind die E. keine Geister, denn sie haben Fleisch, Blut und Gebein, gebären Kinder, essen, reden und wandeln... Es sind Leute, die den Menschen und den Geistern gleichen... Mittelkreaturen, Composita aus zwei Stücken, wie zwei ineinander gegossene Farben zu einer verschmelzen. Die E. haben keine Seele, darum sind sie sterblich und vergehen wie das Vieh. Ihnen schadet weder Wasser noch Feuer, auch sind sie unsperrbar wie die Geister. Hingegen sind sie wie die Menschen Krankheiten ausgesetzt. Ihre Sitten, Reden, Gebärden und Gestalt sind menschlich. Sie haben nur eine tierische Vernunft, welche für ihre Bedürfnisse ausreicht, einer höheren geistigen Entwicklung sind sie nicht fähig... Eine jede Gattung ist auf ihr Element angewiesen, in welchem sie lebt wie der Mensch auf der Erde und in der Luft. Keine Gattung kann in dem Element einer anderen leben. Einem jeden E. ist sein Element durchsichtig wie uns die Luft. — Was die Persönlichkeit dieser E. betrifft, so sind die des Wassers den Menschen... gleich; die der Luft sind größer und stärker, weshalb sie auch Riesen genannt werden; die Salamander sind lang, schmal und dürr; die Pygmäen etwa zwei Spannen hoch, können sich aber bis zur Riesengröße ausdehnen. Die E. der Luft und des Wassers sind dem Menschen zugetan; die Salamander können ihrer Natur nach nicht mit ihnen umgehen; die Pygmäen sind bösartiger Natur... Alle E. scheuen Gelehrte, Trunkene, Fresser, grobes, streitsüchtiges Volk, sind gerne bei der Einfalt und wo Kindheit ist, und je weniger Hinterlist, je mehr offenbaren sie sich; sonst sind sie scheu wie die wilden Tiere«.

Insgesamt sieht Paracelsus die E. als von Gott bestellte Hüter der Naturbereiche: also nicht wie → Trithemius als → Dämonen, sondern vielmehr als die »Blüte der Elemente«. Nach Paracelsus befaßten sich mehrere Alchemisten mit den E.n, so etwa → Crollius in seiner »Basilica chymica«: Es gibt »in den Wassern die Nymphen, Undenae, Melosynae, und derselbigen monstra oder Bastarten Syrenen, die in den Wassern schwimmen. In der Erden die Gnomi, Lemures, oder Boldergeister, Sylphes (sonst Bezeichnung der Luftgeister!), Montani und Zonetti, deren monstra sind die Pygmaei oder Bergmännlin. In der Lufft die Umbratiles, Silvyestres, Satyri, deren monstra sind die Gigantes oder Riesen. In dem Fewr oder Firmament die Vulcanales, Pennates, Salamandrae, Superi, deren monstra sind die Zundel«. C. v. → Welling zufolge sind auch die filii Dei (Gen. 6,2) nicht Engel, sondern Elementarwesen, »nicht so subtil, wie die Engel, auch nicht von einer solchen groben Composition, gleichwie des Menschen Leib ist... es sind aber aus diesem unerlaubten Ehestand nicht allein zu der Zeit der Sünd-Fluth... grosse und gewaltige, ja berühmte Leute gezeuget worden; sondern es sind auch daher alle die Götter der Heyden, und alle Helden, als Achilles, Romulus, Alexander, Hercules etc. ja wohl gantze Nationen, als die Hunni in Pannonien entsprossen«.

In etwas abgewandelter Form findet man die E. auch bei Jacques Gohory (Leo Suavius Solitarius; vgl. Thorndike V, S.235 ff.), dem Autor von »Theophrasti Paracelsi philosophiae... compendium« (1568), ebenso in dem »Filosofiska fragment« des Schweden Georg Stjernhelm (17.Jh.; »einer der letzten Pansophen« lt. Peuckert 1956), der eine dem schwed. Volksglauben nahestehende Dämonologie der E. bietet. Bekannte Beschwörungsbücher enthalten u.a. auch Formeln für die Zitierung dieser Wesen, so etwa die »Faustae Disquisitiones« und das → spuriose Buch 4 der »Occulta Philosophia« (Pseudo → Agrippa): z.B. die Incantation der Gnomen »Venite venite principes pygmaeorum! Ich beschwöre dich König Urinaphaton« usw., bei Peuckert 1956, S.138 f. — In Goethes Faust I (Studierzimmer) werden die E. im Sinne der Tradition erwähnt: »Salamander soll glühen, Undene sich winden, Sylphe verschwinden, Kobold sich mühen«. Literar. gestaltet ist der Glaube an die E. auch bei Fouqué (Undine) und Mörike (Historie von der schönen Lau). Vgl. auch den Abschnitt »E.« in H. Heines »Deutschland, ein Wintermärchen«; → Familiar, → Kobolde, → Villars. Grässe 1843, S.20—24. — Die neuere okkultist. Lt. bevorzugt statt E. die Namensform »Elementale« (engl. elementals, für niedere Naturgeister).

HAUPT 1923; JUNG 1944; PEUCKERT 1967, S. 504 f.; SPUNDA 1941

ELEMENTE, die Grundbausteine des Weltganzen, in der aristotelischen Philosophie die 4 Urqualitäten (Stoicheia) bzw. die aus ihnen abgeleiteten Somata; dazu kommt als 5. essentia (davon »Quintessenz«) der inkommensurable Äther. Der alte Elementbegriff herrschte durch viele Jahrhunderte und wurde erst sehr spät von jenem der Naturwissenschaft abgelöst. In der Astrologie sind die vier E. den nach 4 Trigonen gegliederten Zeichen des → Zodiakus zugeordnet, ebenso (etwa bei → Agrippa von Nettesheim im Anschluß an die neuplaton. Weltsicht) die → Planeten und Engelchöre. So entspricht dem Feuer die Sonne und der Mars (ebenso die Seraphim »Tugenden« und »Kräfte«), der Luft der Jupiter und die Venus (Cherubim), dem Wasser der Saturn und der Merkur (Erzengel und »Gekrönte«) und der Erde die Fixsterne und der Mond (»Herrschaften« und »Fürstentümer«). In dem → hermetischen Traktat »Quadripartitum Hermetis« (eigentl. »Liber Hermetis de XV stellis« etc.) sind folgende → Entsprechungen genannt: Feuer (Planet — Mars; Farbe — rot; Temperament — cholerisch; Geschmack — bitter), Erde (Saturn, blau, melancholisch, sauer), Luft (Jupiter, gelblich, sanguinisch, süß) und Wasser (Venus, weiß, phlegmatisch, salzig). Nur 3 E. anerkennt → Cardanus. — Ein anderer Begriff von Grundbausteinen, häufig

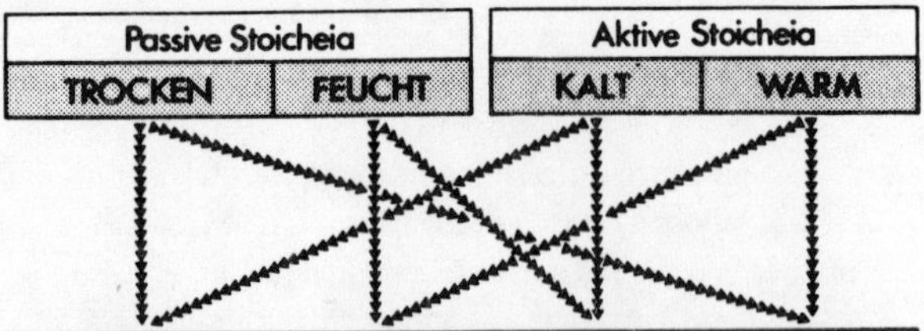
Passive Stoicheia
TROCKEN
FEUCHT
Aktive Stoicheia
KALT
WARM

Elemente:	ERDE	LUFT	WASSER	FEUER
Jahreszeiten:	Herbst	Frühling	Winter	Sommer
alchemist. Symbol	🜃	🜁	🜄	🜂
Körpersäfte:	Schwarze Galle	Blut	Schleim	Gelbe Galle
Temperamente:	Melancholiker	Sanguiniker	Phlegmatiker	Choleriker
Hauptorgane:	Milz	Herz	Hirn	Leber

ELEMENTE: die 4 »E.« der aristotelischen Philosophie und ihre Entstehung aus den Urqualitäten, samt der »Säften« der galenischen Medizin, die den Elementen entsprechen.

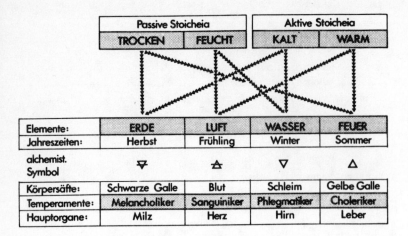

	Symbol:	Charakter:	Entsprechung:
mercurius	☿	das „Flüchtige“	spiritus
sulphur	🜍	das „Brennende“	anima
sal	🜔	das „Greifliche“	corpus

ELEMENTE: die drei »philosophischen E.« im Sinne der Schriften des → Paracelsus und der Paracelsisten, mit ihren Entsprechungen im menschlichen Bereich

ELEMENTE: Der Mensch im Schnittpunkt der 4 E., nach einem Holzschnitt von H. Weiditz, in der Ausgabe Frankfurt 1582 der Historia Naturalis des C. Plinius Secundus

ebenfalls als E. bezeichnet, ist der unter dem Namen des → Geber eingeführte, wonach die gesamte Materia aus → sulphur (Schwefel) und → mercurius (Quecksilber) in verschiedener Anordnung und Mischung besteht. Durch → Paracelsus wurde als 3. Grundbaustein das → sal (Salz) hinzugefügt: Im Holz etwa verbrennt der sulphur, der mercurius verdampft und das sal bleibt als Asche zurück. Dieser Elementbegriff wurde erst im 18.Jh. ad acta gelegt, als ihn → Kunckel auf experimentellem Wege widerlegt hatte, während die Kritik daran durch Robert → Boyle (1622—91), den Verfasser des »Sceptical Chemist« (1661), noch keine tiefgreifende Wirkung gezeitigt hatte. »Als Lavoisier die Entdeckung machte, daß die Luft aus zwei Gasen — Sauerstoff und Stickstoff — bestehe und daher kein Element sei, gab es einen Sturm der Entrüstung. Ein angesehener Vertreter des wissenschaftlichen Establishments, der Chemiker Baumé, nannte die Entdeckung 'absurdes Geschwätz' — man würde allen bisherigen Forschungsresultaten die Basis entziehen, wollte man Feuer, Wasser, Luft und Erde nicht mehr als Elemente gelten lassen« (H. Swoboda, Propheten und Prognosen, München 1979, 181). — Elementsymbole → Salomo. Über die Herkunft der 4-E.-Lehre aus der vorsokratischen Philosophie vgl. K. A. Notwotny, Völkerkunde und europäische Geistesgeschichte, in »Mittlg.en d. Antrhop. Ges. in Wien« XCV/1965m S. 162 ff.

AGRIPPA/NOWOTNY 1967; BIEDERMANN 1972

ELIAS ARTISTA, in der → Alchemie nach → Paracelsus häufiger Name, der sich auf die Person des im A.T. als Wundertäter und durch einen feurigen Wagen leiblich in den Himmel entrückten Propheten Elias (Elijahu) bezieht, dessen Wiederkunft die Juden in nachexilischer Zeit als Vorläufer des Messias erwarteten (vgl. G. Fohrer, Elias, 1957). Im Zusammenhang mit dem Geschichtsbild des → Joachim von Fiore tauchte (etwa bei → Crollius) die Vorstellung auf, E. A. werde im Zeitalter des Hl. Geistes wiederkehren; ähnl. Stellen findet man auch bei → Paracelsus (de tinctura philosophorum, IV), wo davon die Rede ist, die alchemist. Geheimlehren seien geheimzuhalten, »bis auff die zukunfft Heliae Artistae, da das verborgen wirdt offenbar werden«. Weitere alchemist. Schriften, die sich auf E.A. beziehen, bei Kopp, Ndr. Hildesh. 1962, I/250 f. — → Glauber meinte, der Name Elias sei durch Buchstabenvertauschung (→ Temurah) magisch zu verstehen und als »Salia« zu lesen, daher ein Ausdruck für noch unbekannte Salze, deren Gebrauch der Alchemie und → Chemiatrie viel nützen werde. Das »Sal mirabile Glauberi« wurde später oft mit E.A. bezeichnet. — E.A. taucht oft als Pseud. für die Verfasser von → Rosenkreuzerschriften auf: etwa »E.A., d.i. Wohlmeintliches Urtheil von der neuen Bruderschaft R.C.«, 1619; ein unter dem Autoren Ps. »E.A.« publizierter alchemist. Text (»Geheimnis vom Salz«) ist enthalten im IV. Teil des Sammelwerkes »Hermet. A.B.C.... vom Stein der Weisen«, Berlin 1779, Ndr. Schwarzenburg 1979; → Helvetius führt E.A. als Teilnehmer eines imaginären Gespräches mit ihm selbst und einem Medicus am Ende seines »Vitulus Aureus« an. Auch in den Visionen der Anna Katharina Emmerich (1774—1824) spielt die Gestalt des Propheten E. eine große Rolle (Rosenberg 1960, S.161 ff.).

ELIXIR, auch Elixier, abgeleitet von einem arab. Wort al-ichsir oder el-eschir, d.h. der Stein, nach dem gr. xerion, trockenes Pulver; in der → Chemiatrie im weiteren Sinne jede flüssige Arznei, die gelöste Stoffe enthält (→ menstruum), in der alten Pharmakologie auch Sammelbezeichnung für Essenzen und Emulsionen. So nennt Zedlers Lexikon Bd. 9/1734, Sp. 867—96 nicht weniger als 154 verschiedene E.e., z.T. nach Mynsicht (→ Madathanus) und → Crollius. E. im engeren Sinne, auch »E. vitae« oder → »Alkahest«, ein legendäres Lösungsmittel, bedeutet in der → Alchemie die Universalmedizin (Panacee), die aus dem → Stein der Weisen hergestellt und oft als das eigentl. Ziel der alchemist. Bemühungen bezeichnet wird (während die → Transmutation der Metalle als bloßes Nebenwerk oder Parergon gilt). Bei → Paracelsus (De natura rerum) heißt das E. auch »Tinctura physica« und wird beschrieben als ein »Universal, welches verzehrt alle Krankheiten... Seine Dosis ist klein, aber seine Würckung mächtig groß. Daher sind von mir curiret worden Aussatz, Frantzosen [Lues], Wassersucht, hinfallende Sucht, Colica, Gutta; desgleichen Wolff, Krebs, Sprey, Fisteln und allerley inwendige Mängel...« (→ Azoth).

CAPVT LXXXII.

A Lchymiſta. Fit autem elixir duobus modis. Vno modo ex ſpiritibus mineralibus, & corporibus mundis præparatis. Alio modo ex quibuſdam rebus prouenientibus ex animatis, ſcilicet ex capillo, vel ouo, vel ſanguine:primo modo ſic. Mortificantur quidam ſpiritus, & ſublimantur, donec mundi fiant, poſt hoc vnum de corporibus à natura generatis combutitur, donec poſſit teri, deinde calcinatur donec in modum calcis mundum efficiatur. Tandem vero Spiritus, & corpora ſic præparata teruntur, & imbibuntur cum aquis acutis diſtillatis: poſtea tamdiu inhumidantur, donec in aquam claram conuertantur, deinde congelantur, ad extremum tamdiu ponuntur in igne, donec fixa efficiantur. *Auicenna vbi ſupra.* Abimazer Alpharabi in libris de principio mundi poſt naturam dicit, petram quam abſconderunt philoſophi, Alij dicunt quod ſit petra herbalis. Alij, quod naturalis, Alij, quod vitalis, ſiue animalis:mihi autem videtur & probaui, quod petra herbalis ſunt capilli. Et petra naturalis oua, petra vero animalis ſanguis humidus. Hæ ſunt petræ de philoſophis extractæ: vnde Bazamur accepit filium ſuum in collo ſuo, & iurauit per Deum cœli, & terræ, lapis eſt de me, & de ipſo. De me dicit propter ſperma, de ipſo propter capillos, & ſanguinem : dicit quoque Ieber, quod petra, quæ non eſt petra, inuenitur in fimis. Lapis itaque noſter non eſt aliud niſi capillus, oua, ſanguis. Capilli quidem hominis, & non niſi pueri vel virginis. Sanguis etiam hominis, & hoc iuuenis. Oua vero de gallinis non eſt niſi gallo exiſtente cum eis. Diuiditur autem lapis noſter in quatuor elementis, & parum de illo accipitur ac proijcitur, vt faciat argentum vel aurum. Quod fieri non poteſt ſine præparatione, & ſubtiliatione corporis, quia partes eius minimæ non poſſent ingredi, niſi minimis ac ſubtiliatis partibus corporis. Ideoque materia præparatur ac ſubtiliatur, & in quatuor elementa diuiditur, plufquam de vno quam de alio mittitur iuſtè, prout debet, & in ipſa hora tunc corpori ſe incorporat, quod prius propter craſſitiem multam non poterat.

Confeĉtio elixir.

Petra philoſophia abſĉôdita qualis ?

ELIXIR: Abschnitt aus der Kompilation »Speculum Naturale« des → Vincentius Bellovacensis, Ausg. Douai 1624 (Ndr. Graz 1965)

In seiner Schrift »De viribus membrorum« schreibt Paracelsus über den »Alkahest«, daß er bes. auf die Leber stark wirke und den Menschen kräftige und vor Krankheiten bewahre. Über dieses Allheilmittel schrieb später bes. J. B. van → Helmont, der es Wundermedizin, Feuerwasser und Höllenwasser nennt. Es handle sich »um das gesegnetste aller Salze«, und nur Gott könne das Geheimnis seiner Herstellung offenbaren. Darüber berichtet d' → Espagnet, man müsse rote Erde (d.h. → Stein der Weisen, vgl. → Boyle), Luft und Wasser mischen, daraus eine metallische Paste »wie Butter« bereiten: »Hinzu füge 1 1/2 Teile Feuer und setze es in ein sorgfältig verschlossenes Gefäß, gib ihm Feuer des ersten Grades zur [→] Digestion. Du bereitest dann einen Extrakt der Elemente nach den Graden des Feuers, bis sie in eine feste Erde reduziert werden. Die Materie wird wie ein glänzender roter Stein und ist dann fertig. Setze sie in einen Gießtopf auf schwaches Feuer und befeuchte sie mit ihrem roten Öl, Tropfen für Tropfen, bis sie ohne Rauch flüssig wird. Befürchte nicht, daß sich dein Mercurius verdampft; die Erde trinkt die Feuchtigkeit begierig, denn sie ist von ihrer Natur. Du hast nun das E. vollendet. Danke Gott für seine Gunst, die er dir erwiesen hat, gebrauche es zu seinem Ruhm und bewahre das Geheimnis.« — → Glauber betrachtete das Natriumsulfat als E., und erst → Kunkel äußerte sich über die Existenz einer Universalmedizin skeptisch: »Einige sagen, sein Name (Alkahest) bedeute 'Alkali est'; andere behaupten, er sei von dem dt. 'All-Geist' oder von 'all ist' abgeleitet. Aber ich glaube, daß ein solches Lösungsmittel nicht besteht und nenne es bei seinem wahren Namen: alles ist Lüge«. — Die Vorstellung eines das Altern verhinderten E.s dürfte auf myth. Vorstellungen (Götterspeise Nektar und Ambrosia) zurückgehen. Der Göttertrank der ind. Sage, Amrita, besteht aus reinem Wasser, »flüssigem Gold« und aufgelösten → Edelsteinen. Die ptolemäische Königin → Kleopatra ließ sich ein ähnl. E. aus in Wein aufgelösten Perlen herstellen (Sueton, Calig. 37).

Döbereiner schreibt in Ersch-Grubers Enzyklopädie, Bd. 33, S.377 (Ndr. Graz 1971), daß der »Begriff dieser Arzneimittel in der neueren Zeit (d.h. in der 1. Hälfte des 19.Jhs.) sehr beschränkt worden sei, wo man sehr viele derselben zu den Tincturen gezogen hat«. Von diesen unterscheiden sie sich dadurch, daß sie nicht klar, sondern dunkel und zuweilen undurchsichtig sind. In der christl. Allegorik steht E. oft für das Altarsakrament (etwa schon in den apokr. Thomasakten ist das Abendmahl das »pharmacum vitae«), das den Gläubigen des ewigen Lebens teilhaftig werden läßt.

GRIMM 1953; SELIGMANN 1958; SPUNDA 1941; ZEDLER 1961—64

ENGEL, der Bote Gottes (lat. angelus von gr. angelos, Lehnübersetzg. des hebr. malach oder maleach, d.h. Botschafter, Verkünder); die E. wurden im A.T. als »Söhne Gottes, nie Schlafende, Lebendige, feurige Steine, Morgensterne, Augen

Gottes, Feuerfackeln, starke Helden« u.dgl. bezeichnet (Rosenberg 1967, S.53).
Obwohl sie immer als der Gottheit nahestehende übernatürl. Wesen aufgefaßt
wurden, bildete sich seit der Epoche des → Neuplatonismus in der Spätantike die
Bestrebung heraus, sie durch »weiße Magie« (→ Theurgie) zu beeinflussen und
in den Dienst kundiger Beschwörer zu stellen. St. Augustinus weist in seinen
»Confessiones« (IX, 42) mit Nachdruck auf die Gefahr hin, daß sich anstelle der
von den neuplatonischen Theurgen beschworenen E. trügerische → Dämonen
einstellen: sie lockten »mit ihrem Stolz sich verbündende 'Machthaber dieses
Luftkreises' herbei, mit dem Erfolg, daß sie von ihnen durch mag. Mittel betrogen
wurden, während sie doch nach dem Mittler suchten, der sie reinigen sollte; der
Gerufene aber war es nicht. Es war der 'Teufel in Gestalt eines Lichtengels'. Und
daß … der Verbündete nicht körperlicher Natur war, schmeichelte gewaltig dem
Hochmut des Fleisches« (der Engelbeschwörer). Die im N.T. nur angedeutete und
in der Patristik konsequent ausgearbeitete Gliederung der E. in 9 »Chöre« oder
Hierarchien (Seraphim, Cherubim, Throni, Dominationes, Principatus, Potesta-

Schemhamphorasch.

	14	13	12	11	10	9	8	7	6	5	4	3	2	1	
	M	J	H	L	A	H	K	A	L	M	Gh	S	J	V	Anfang von V. 19.
Letzte Zeile von V.20.	B	Z	H	A	L	Z	H	K	L	H	L	J	L	H	Ende von V. 20.
	H	L	Gh	V	D	J	Th	A	H	Sh	M	T	J	V	Anfang von V. 21.

	28	27	26	25	24	23	22	21	20	19	18	17	16	15	
	Sh	J	H	N	Ch	M	J	N	P	L	K	L	H	H	Fortsetz. von V. 19.
Fortsetz. von V. 20.	A	R	A	Th	H	L	J	L	H	V	L	A	Q	R	
	H	Th	A	H	V	H	J	K	L	V	J	V	M	J	Fortsetz. von V. 21.

	42	41	40	39	38	37	36	35	34	33	32	31	30	29	
	M	H	J	R	Ch	A	M	K	L	J	V	L	A	R	Fortsetz. von V. 19.
Fortsetz. von V. 20.	J	H	J	H	Gh	N	N	V	H	Ch	Sh	K	V	J	
	K	H	Z	Gh	M	J	D	Q	Ch	V	R	B	M	J	Fortsetz. von V. 21.

	57	56	55	54	53	52	51	50	49	48	47	46	45	44	43	
	N	P	M	N	N	Gh	H	D	V	M	Gh	Gh	S	J	V	Fortsetz. von V. 19.
Fortsetz. von V. 20.	M	V	B	J	N	M	Ch	N	H	J	Sh	R	A	L	V	
	M	J	H	Th	A	M	Sh	J	V	H	L	J	L	H	L	Fortsetz. von V. 21.

	72	71	70	69	68	67	66	65	64	63	62	61	60	59	58	
Ende von V. 19.	M	H	J	R	Ch	A	M	D	M	Gh	J	V	M	H	J	Fortsetz. von V. 19.
Anfang von V. 20.	V	J	B	A	B	J	N	M	Ch	N	H	M	Sz	R	J	
Ende von V. 21.	M	J	M	H	V	Gh	Q	B	J	V	H	B	R	Ch	L	Fortsetz. von V. 21.

ENGEL: Die drei Zeilen aus dem 2. Buch Mosis (14., 19—21), die für den Kabbalisten die »Rekonstruktion« von 72 geheimen Engelnamen ermöglichten
(»Schemhamphorasch«, eigentl. Schem ha-Meforasch). Nach Lehmann 1908

150

tes, Virtutes, Archangeli, Angeli), wobei die Rangordnung oft abweichend angegeben wird, war schon im frühesten MA., noch mehr aber in neuerer Zeit oft Gegenstand magisch-theologischer Spekulationen u. wurde von den »Theosophen« (→ Fludd) mit dem Bau des Kosmos u. seiner Sphären-Gliederung in Verbindung gebracht. Sie geht hauptsächl. auf Dionysius Areopagita, einen syrischen Autor des 5.Jhs., zurück. In der »Occulta Philosophia« des → Agrippa v. Nettesheim (III, 25) wird beschrieben, wie der Magier (Kabbalist) die geheimen Namen der E. erfahren könne: Wenn man die Verse 19—21 von Kap. 14, 2. Buch Mosis, in je einer Linie aufschreibt, so bilden je 3 untereinander stehende Buchstaben mit der hinzugefügten Endsilbe »-EL« oder »JAH« 72 Engelnamen (Vehujah, Jeliel, Sitael, Elemjah usw.). Diese als »Schemhamphorasch« bezeichneten Namen spielten in der Magie der → Beschwörung eine große Rolle und tauchen oft in → Zauberbüchern auf (→ Clavicula Salomonis). Obwohl dort gesagt wird, man dürfe diese Namen nur »mit Furcht und Zittern« artikulieren, läßt die theurgische Vorgangsweise, die E. nicht um Hilfe bitten, sondern sie durch mag. Zwang zur Hilfe zu bewegen, eine Unterscheidung von religiöser und mag. Einstellung zu. Die 72 Namen werden in der neueren okkultist. Lit. auch als die »72 Gottesnamen der Kabbala« oder als Namen von »kosmischen Genien« bezeichnet. Vgl. J. Turmel, Hist. de l'angelologie, in: Revue d'hist. et de litt. rélig. III, Paris 1898; E. Peterson, Das Buch von den Engeln, 2. Aufl. 1955; R. Müller-Sternberg, Die Dämonen, Bremen 1964, S.161 ff.; über die Lehre von den Rangunterschieden der E. vgl. u.a. Hauck-Herzog Bd. V, S.369 f.; kurze Darstellg. d. kathol. Engel-Lehre durch L. Limbeck bei J. B. Bauer (Hrsg.), Die heißen Eisen, ein aktuelles Lexikon f. Christen, Graz 1972, S.100—108 (mit Quellen und Bibl.). Über can. 35 des Konzils von Laodicea (344 n.Chr.), gegen den häret. Engelkult gerichtet, und über die Bezeichnung der damaligen Häretiker als »angelici« vgl. Harless 1858, S.120.

AGRIPPA/NOWOTNY 1967; BAEUMKER 1902; LEHMANN 1908; PEUCKERT 1956; ROSENBERG 1967

ENTSPRECHUNG, oder Analogie, das »wie hier, so dort« ohne Zuhilfenahme eines kausalen Zusammenhanges. Das Denken in dieser Kategorie liegt fast allen mag. und vor allem mantischen Disziplinen zugrunde, vor allem auch der → Astrologie; Magie ist die praktische Konsequenz eines auf E. gegründeten Weltbildes, indem sich der Kenner der Zusammenhänge und Korrespondenzen mit Hilfe seiner Technik befähigt fühlt, selbst aktiv in den Weltlauf einzugreifen. Der »wahrsagende Zauberer« (im Sinne der Unterscheidung in Stichwort »Zauberey«, Zedlers Lexikon 1749) hingegen begnügt sich damit, seine Kenntnis der E. zum Ablesen von Widerspiegelungen in anderen Bereichen zu benützen, ohne sich aktiv in die Vorgänge einzumengen. Ursprünglich genügt die Annahme einer bloßen Parallelität, etwa in der primitiven Magie (was mit dem Abbild etwa des Jagdwildes geschieht, muß auch mit dem Tier selbst geschehen; daher ist das Beschießen des Bildes mit Pfeilen eine Bezauberung). Bei größerer rationaler Durchdringung des Komplexes wurde die Alogik des Denkens in E. vielfach erkannt und man behalf sich damit, zur Erklärung der mag. Wirkungen Emanationen, Strahlungen u. dgl. anzunehmen: so etwa Franz Anton Mesmer (1734—1815), der schon in seiner Dissertation »De influxu planetarum« (1766) von einer »gravitas animalis« spricht, die durch eine Art von Lichtäther (»materia luminosa« die kosmischen Körper mit den irdischen Lebenwesen in Zusammenhang bringt (Leibbrand 1956, S.178 f.). Ähnl. Schmitz in SMH/1927, 9, S.166, der den »Äther« als Träger astrolog. »Korrelationen« ansieht.

Die moderne Psychologie (C. G. Jung) führte zur Beschreibung einer auf E. gegründeten Betrachtungsweise den Terminus »Synchronizität« ein, d.i. die zeitl. Koinzidenz zweier oder mehrerer nicht kausal verknüpfter Ereignisse, die zu der »Hypothese akausaler Zusammenhänge« führt. Jung bezeichnet daher die Vorgangsweise der Astrologie, Mantik usw. als »synchronistisch« (Bender 1966, S. 747 f.).

BIEDERMANN 1972

EPHESISCHE BUCHSTABEN (besser: E. Worte), in der Antike unverständliche Zauberworte, die einst auf dem Bild der Artemis von Ephesus gestanden haben sollen (Ephesia grammata; vgl. das Werk dieses Namens, Wien 1886, von Wessely). Auf Tontäfelchen eingeritzt haben die E. B. den Charakter eines → Amulettes. Die Worte »ASKI KATASKI LIX TETRAX DAMNAMENEUS AISION« oder »ASKION KATASKION LIX TETRAX DAMNAMENEUS AISION«, die König Krösus auf dem Scheiterhaufen sprach, konnten auch ihre Wirkung entfalten, wenn man sie in einer schwierigen Situation hersagte; lt. Plutarch wurden sie als → Exorcismus zitiert, um Besessene von den in ihnen hausenden Dämonen zu befreien. W. Schultz (Philologus LXVIII, 488—99) liest die E. B. als Hexameter und errechnet die Buchstaben-Zahlwertsumme 360 als Hinweis auf das Sonnenjahr (vgl. → Abraxas).

ESOTERIK, eigentl. (gr. esoterikós, innerlich) »das nach Innen Gewandte«, die nur einem Kreis von Auserwählten zugängliche Geheimlehre (→ Arcandisciplin). Hinweise auf die E. bestimmter Erkenntnisse, Riten, Lehren, Deutungsmöglichkeiten usw. gibt es in frühchristl. Zeit vor allem in gnost. Sekten (→ Gnosis), u.zw. aufbauend auf die Anschauung, daß nur ein Teil der Menschheit als »Pneumatiker« anlagemäßig fähig ist, Höheres zu erkennen, während der Rest (Psychiker und Hyliker) dazu ohnehin nie in der Lage sein wird und ihr Zugang zu den Geheimnissen diese nur entweihen würde. E. ist somit nur in geordneten Bünden und Verbänden möglich, die ihre Lehren nur andeutungsweise (damit sie nur der Eingeweihte erkennt) mitteilen — so z. B. die Mysterienbünde der Antike. Damit wird das, was als wesentlich erlebt wird, bewußt nur auf einen kleinen Kreis von Menschen beschränkt, zum Unterschied etwa von der christl. Ansicht, daß das Heil jedem offenstehen müsse, wenn er sich darum bemüht. Im weiteren Sinne wird E. (Geheimwissenschaft) auch definiert als »religiöse Lehren vom Geheimnisvollen«, nicht bloß als Lehren, die als Geheimnis bewahrt werden (so etwa bei Danzel 1924, S. VIII). Das esoter. Wissen, das entweder aus der geheimen Tradition oder aus Offenbarungen abgeleitet wird, erfahren die Einzuweihenden meist in Form einer stufenweise aufgebauten Initiation mit verschiedenen Graden. K.R.H. Frick (in »Kursbuch der Weltanschauungen«, Frankfurt 1980, S.251) meint, das esoter. Verhalten eines Menschen oder einer Gruppe diene »bei der angestrebten Verwirklichung einer Weltanschauung durch das Individuum als Medium, als ein Vehikel, als ein Weg oder eine Methode zu dieser Verwirklichung«, sei also nicht eine Weltsicht im engeren Sinne, sondern ein Aspekt des »Illuminismus«. Der Gegensatz von »esoterisch«, also das allg. Zugängliche, wird »exoterisch« genannt. Dieser Unterschied wird auf die Pythagoräer zurückgeführt. Bei Aristoteles ist E. zunächst der Teil der philosoph. Lehre, der für den Angehörigen seiner eigenen Schule bestimmt ist (so bei seinen neuplaton. Exegeten). Der Begriff E. im Sinne des → Occultismus taucht erst im 19.Jh. auf, in dem 68-bändigen Lexikon von Zedler (1732—54) etwa ist er noch nicht enthalten. Ausführl. dargelegt ist der Begriff in Ersch-Grubers Enzyklopädie Bd. 38, S.134—140, Ndr. Graz 1971. Vgl. den Aufsatz »Geheimlehren und Geheimgesellschaften« von K.R.H. Frick in ADEVA-Mittlg., Okt. 1972, Graz. »Oft wird unter E. auch das seit altersher tradierte, aber von den offiziellen Wissenschaften nicht anerkannte Wissen verstanden« (Zahlner 1972).

ESPAGNET, Jean d' (auch d'Espaignet), fr. »Hermetiker« des 17.Jhs. und Präsident des Parlaments von Bordeaux, ist bekannt als Autor der beiden oft zitierten Schriften »Enchiridion physicae restitutae« und »Arcanum philosophiae hermeticae«, auch enthalten in der Sammlung »Bibliotheca Chemica Curiosa« von → Manget (→ Elixir). Das erste davon befaßt sich mit der Theorie der → Transmutation, das zweite mit der Praxis des → magnus opus. D'E. ist der Ansicht, daß alle Stoffe letzten Endes aus einer gemeinsamen Urmaterie bestehen (vgl. → Boyle) und sich der Kosmos in Körperwelt, Himmelswelt und Welt der Archetypen gliedert. Die Materie wieder teilt d'E. in grobe, mittlere und subtile ein. Die Darstellung des → Steins der Weisen wird »avec un air de sincérité« beschrieben (so bei Michaud Bd. XIII, S.49—50; hier sind auch die verschiedenen Ausgaben genannt. Die bekannteste ist die 1., Paris 1623, weiters die von Hannemann edierte »Synopsis Philosophiae naturalis«, Tübingen 1728, und die fr. »La Philosophie naturelle restabilé en sa pureté«, Paris 1651); dt. Ausg. Leipzig 1685 (Geheimes Werck der Hermetischen Philosophie), lt. Jöcher Bd. 2, Leipzig 1750, Sp. 401. — D'E. verfaßte auch ein Vorwort in Gedichtform zu dem Buch »Tableau de l'inconstance« etc. von de → Lancre, worin er u.a. über Kinderopfer während des Hexensabbaths erzählt.

EVOCATION (lat. evocatio — Herausrufung), ursprüngl. im Sinne der evocatio sacrorum gebraucht, d.i. das bei den Römern üblich gewesene Herausrufen der Schutzgötter einer belagerten Stadt, damit deren Bewohner nicht auf übernatürl. Hilfe zählen konnten. Die Götter wurden mit Zeremonien aufgefordert, eine neue Heimstätte in Rom zu beziehen. Die Formel (si deus, si dea es…) ist bei Macrobius (Saturn. III, 9) überliefert. Vgl. G. Rohde, Studien u. Interpretationen, 1963. — In der Magie wird unter E. häufiger die E. von Geistern (evocatio manium, mortuorum), eine rituelle Art der → Beschwörung von → Dämonen, Totengeistern (→ Nekromantie), → Elementargeistern oder höheren Wesen (→ Engel, → Intelligentia und Daemonium) verstanden, wofür auch die Ausdrücke coniuratio und incantatio üblich waren. Eine der wichtigsten Quellen dafür war das berüchtigte, auf hellenist.-oriental. Grundlagen basierende Zauberbuch → Picatrix, das → Agrippa von Nettesheim immer wieder heranzog: »Von ganz besonderem Interesse sind die [Picatrix]-Kapitel über 'das Herabziehen des Pneuma' (rūhānīǧūn) der Planeten, wobei es zu Epiphanien dieser Wesen kommt [S.420]… Gestalten und Attribute der bei Beschwörungen erscheinenden Geister sind ausführlich besprochen… Als Pentakel zum Schutz des Beschwörenden dienen Schriftzeichen [→ Characteres], geometrische Figuren, Bilder nach der Hl. Schrift und Gottesnamen… Dabei trägt man die weiße Kleidung mit der spitzen weißen Mütze. Den Beschwörenden schützt sein Zauberkreis, in dem eine mit einem Pentakel verschlossene Tür gelassen werden kann« (Nowotny/Agrippa 1967, S.457, Besprechung des spuriosen 4. Buches der Occ. Phil.). Erwähnt wird nicht selten, daß evozierte Astralwesen unsichtbar anwesend sein können, auch wenn sich keine (wohl durch Autosuggestion provozierte oder durch Autohypnose herbeigeführte) Epiphanie erreichen läßt. Die histor. Wurzel dieser Bestrebungen ist wohl der Gestirnkult der → Sabier, der im Picatrix seine Spuren hinterlassen hat (vgl. → Räucherungen). In der Lit. oft erwähnt ist der tragische Ausgang einer E. auf Anweisung des Zauberbuches Arbatel, die am Weihnachtsabend 1715 bei Jena ein Todesopfer (wohl durch Ersticken im Rauch) forderte (Cavendish 1967, 284 f.). Vgl. auch F. King, Ritual Magic in England, London 1970. — Ritualmagische Evocationen spielen im Zusammenhang mit autosuggestiv und z.T. durch psychotrope Drogen erzielten Erlebnissen auch in der neueren okkulten Praxis eine bedeutende Rolle.

EXORCISMUS, die Austreibung des Satans oder der Dämonen unter Anrufung Gottes. Josephus Flavius beschreibt einen jüd. E. in seinen Ant. Jud. (I, c. 22) sehr genau: »Ich selbst habe gesehen, daß... ein gewisser Eleazar in Gegenwart Vespasians und dessen Sohnes Titus sowie des ganzen röm. Heeres vielen Personen glücklich geholfen hat, die von bösen Geistern besessen waren... Er legte an oder unter die Nase des Besessenen einen Siegelring, in dessen Siegel eine gewisse Wurzel eingeschlossen war, deren Kräfte, Wirkungen und Gebrauch [→] Salomon umständlich beschrieben hat... daß der arme Mensch sofort niederfiel; dann beschwor Eleazar den Teufel, sich auf der Stelle fortzumachen und nie wiederzukehren. Unterdessen nannte Eleazar den Namen Salomons und rezitierte verschiedene von diesem König selbst verfaßte und vorgeschriebene Beschwörungsformeln... und beschwor den Teufel, der aus dem Menschen ausgefahren war, durch Umstoßen eines [wassergefüllten] Beckens den Zuschauern ein sichtbares Zeichen zu geben, daß er den unglücklichen Menschen gänzlich verlassen habe«. Ein entsprechender Ritus zur Heilung »Besessener« und zur Bannung böser Mächte wurde vom frühen Christentum aus dem Heidentum der Spätantike übernommen und wird im N.T. wiederholt erwähnt. Bis zum 3. Jh. scheinen die Exorcistae eine eigene Klasse von Kirchenbeamten gebildet zu haben, heute erhält diesen Grad jeder kath. Priester anläßlich der 3. der »niederen Weihen« verliehen. In der Praxis ist jedoch der E. als Ritus zur Heilung der › Besessenheit an die Erlaubnis des Ordinarius geknüpft, die nur bei »erwiesener dämonischer Besessenheit« erteilt wird, wodurch der Weihegrad des Exorcisten in dieser Hinsicht seine Wirksamkeit verloren hat (vgl. A. Rodewyk: Die dämonische Besessenheit in der Sicht des Rituale Romanum, 1963). Luther übernahm den E. einschließlich der »abrenunciatio« (dem Widersagen des Teufels) in seinen Kl. Katechismus, während er von den Reformierten abgelehnt wurde. Dies wieder wurde von den strengen Lutheranern als »Kryptocalvinismus« aufgefaßt und führte zu heftigen Streitigkeiten. Bei → Görres (Ndr. 1960) spielt der E. in der Bekämpfung der mannigfachen Besessenheits-Phänomene eine große Rolle als geistliches Heilmittel. Er wurde noch in neuerer Zeit häufig beim Auftreten »okkulter« Phänomene durchgeführt. Als berühmte Autoritäten auf dem Gebiet des E. galten u.a. im 17.Jh. Nicolaus Blum(e) von Dohna, später Superintendent zu Brieg in Schlesien, und Maximilian von Eynatten, Licentiatus der Theol. und Canonicus zu Antwerpen (gest. 1631), der Autor des »Manuale Exorcismorum« (1619, 1626). Darin wird der E. nicht nur für die Heilung kranker Haustiere, sondern auch gegen die Impotenz der Ehemänner empfohlen.

Im → Malleus maleficarum wird vor Leichtfertigkeit beim E. gewarnt, und zwar mit Quellenhinweis auf → Nyder. Dieser »habe im Kölner Sprengel einen Bruder gesehen, der in Worten recht witzig, aber in der Gnadengabe der Austreibung der Dämonen berühmt war. Als dieser... einen Dämon in einem besessenen

Körper hart bedrängte, bat der Dämon den Bruder um eine Stätte, wohin er sich zurückziehen könne. Erfreut darüber, sagte der Bruder im Scherz: Geh in meinen Abtritt! Der Dämon fuhr aus, und als der Bruder in der Nacht seinen Leib entleeren wollte, folterte ihn der Dämon so hart an der Kloake, daß er nur mit Mühen sein Leben rettete« (cap. 16).

Eine der bekanntesten Sammlungen von E.-Formeln stammt von Girolamo → Mengo. In MA. Handschriften ist der E. oft bildlich dargestellt, etwa das Ausfahren eines bösen Geistes aus einem Besessenen in der Prokopius-Legende des Krumauer Bildercodex der Österr. Nationalbibliothek (Mitte des 14.Jhs.). — Für den modernen Psychologen ist die Ausübung des E. eine Möglichkeit, auf die Psyche des sich besessen Fühlenden durch Suggestionswirkung Einfluß nehmen zu können (Huelsenbeck). → Collationes Cassiani. Die ausführlichste Darstellung exorcist. Rituale von der Spätantike bis zum Beginn der Neuzeit findet sich bei Franz, 1960, Bd. II, S.514—615. — Der letzte berühmte Exorzist war der Vorarlberger Pfarrer Johann Joseph Gassner (1722—79), ein »ins Geistliche übersetzter Mesmer«, dem die Heilung Hunderter Besessener zugeschrieben wurde. — Vgl. dazu als kirchl. Stellungnahme zu dem Problemkreis L. Monden, Theologie d. Wunders, Freibg. 1961, S.157, Fußnote 93 (Bibl.), S. 158—162. — Vlg. auch J. Starobinski, Besessenheit und E., drei Figuren der Umnachtung, Ullstein-TB 3400, Frankfurt/M. 1978.

FRANZ 1960; GÖRRES 1960; HUELSENBECK 1959; KRUMAUER BILDERCODEX 1967; ZEDLER 1961—64

EYMERIC (Eymerich, Eimerich), Nicolas, 1320-99, span. Dominikaner und Generalinquisitor des Königreiches Aragon, schrieb 1376 aufgrund seiner Erfahrungen ein »Directorium Inquisitorium« (zahlr. Ausg.: Barcelona 1503, Rom 1578, 1585). Darin unterscheidet E. solche Hexen, die → Dämonen anbeten, weiters solche, die sie bloß gelegentlich anrufen und schließlich jene, die sich mit mag. Operationen wie → Bildzauber, → Kristallomantie usw. befassen. Wer von den bösen Geistern etwas fordert, sei weniger schuldig als wer sie um etwas bittet, denn das komme einer Anbetung gleich. — Span. Übersetzung von D.J.Marchena, Montpellier 1819. — K. Kiesewetter (Geheimwissenschaften, Ndr. Schwarzenburg 1977) gebraucht die Namenschreibung »Nicolaus Aymericus«. »Dem in zahlreichen Auflagen erschienenen Buch ist ein zwölf engbedruckte Seiten starkes alphabetisches Verzeichnis aller Ketzereien beigefügt, von welchem der Buchstabe A allein 54 Ketzerein umfaßt. Dieses Buch war vor dem Erscheinen des Hexenhammers (→ Malleus maleficarum) die Hauptwaffe der Inquisitorum haereticae pravitatis und stand bis zum Erlöschen der Hexenprozesse innerhalb der kath. Kirche im höchsten Ansehen« (S.466).

BAROJA 1967

FABRE, Pierre-Jean (bei Zedler: Faber), fr. Arzt (der → Chemiatrischen Schule) und Alchemist, lebte um die Mitte des 17.Jhs. in Montpellier und verfaßte eine ganze Reihe von Schriften, wie »Palladium spagyricum«, Toulouse 1624; »Chirurgia Spagyrica«, Toulouse 1626; »Insignes curationes… medicamentis chymicis…«, Toulouse 1627; »Myrothecium spagyricum«, Toulouse 1628, 1646; »Alchymista christianus«, Toulouse 1632 (Michaud: »le plus curieux des ouvrages de Fabre«); »Hercules pio-chymicus«, Toulouse 1634; »Hydrographum spagyricum«, Toulouse 1639; »Propugnaculum alchymiae«, Toulouse 1645; »Panchymici, adversus misochymicos philosophos umbratiles«, Toulouse 1646. Zedlers Lexikon erwähnt eine dt. Gesamtausg., Frankf. 1626; bekannt wurde jene von 1713 unter dem Titel »Des scharffsinnigen, weltberuffnen u. unvergleichlichen Philosophi Petri Johannis Fabri… verfassete chymische Schrifften«. Gesamtausg. der »Opera chymica«, Frankfurt 1652 und 1656, sind in Jöchers Lexikon Bd.2, Sp.471 erwähnt. Die Chemie verdankt F. mehrere neue Erkenntnisse.

FACIES (lat. Gesicht) od. griech. Prosopon, alte astrolog. Bezeichnung jedes der 36 zehngradigen Abschnitte des → Zodiakus, die sonst »Dekane« heißen. Jedem der 12 Tierkreisbilder kommen somit 3 »Gesichter« (F.) zu, dem Widder etwa die »Senator, Senacher und Sentacher« genannten (nach → Firmicus Maternus) bzw. »Aidoneus, Persephone und Eros« nach Kosmas. »Während der Name Dekan rein mathemat.-geometr. Ursprungs ist… führte diese Bezeichnung (F.) in religiös-mystische Spekulationen. Prosopon kann an sich heißen: Gesicht, Maske, Persönlichkeit und Würde… denn das Gesicht bringt in der hellenist. Religion das Wesen des Gottes zum Ausdruck« (W. Gundel: Dekane u. Dekansternbilder, Stud.d.Bibl.Warburg, 1936, S.30-31).

FAMILIAR, Kurzbezeichnung für Spiritus familiaris, d.h. ein zum Hausstand gehöriger, dem kundigen Beschwörer der → Dämonen als persönlicher Diener zugeordneter dienstbarer Geist. Bekannt in dieser Rolle ist durch die Dichtungen von Marlowe und Goethe → Mephistopheles als F. des → Faust. In Zedlers Lexikon Bd.39/1743, Sp.163, wird berichtet, daß sich diese dienenden Geister »in Gestalt einer Wespe, Fliege oder anderer kleinen Thiere um den Menschen aufhalten, und sich auch wohl in Ringe, Crystallen, Gläser, Schachteln und dergleichen einschliessen lassen, damit sie sich nicht davon schleichen mögen… Theophrastus Paracelsus soll allemahl ein solch Thierchen in seinen Degenknopf verschlossen und bey sich geführt haben (→ Azoth)… GOtt Lob! daß unsere Zeiten diese ungereimten Thorheiten aberwitziger und in der Finsterniß steckender Leute verlachen.« Vgl. M. C. Schultzius, Dissertatio de spiritu familiari, Regiomonti 1694. Der Okkultist, Naturforscher und Exzentriker → Cardanus rühmte sich in seinen autobiographischen Werken mehrfach des Umganges einen F.s oder Genius, der ihm in seinen Träumen Warnungen habe zukommen lassen und ihn von mancher Krankheit geheilt habe. Ihn machte Cardanus auch für ein Vorherwissen vieler Ereignisse verantwortlich, ebenso für seine Fähigkeit, ohne Lehrer und Grammatik Latein, Französisch, Griechisch und Spanisch zu beherrschen. Der Genius machte sich durch Ohrenklingen bemerkbar: »Ich empfinde seit 1526, daß etwas von außen in mein Ohr eingeht... gerade von der Seite her, wo die Leute von mir reden; wenn es etwas Gutes bedeutet, von der rechten Seite her; wenn es von der linken Seite kommt, so dringt es bis zur rechten Seite und macht ein ordentliches Geräusch« usw. (Kiesewetter 1891-95/1977, 127 f.). Die alten Quellen weisen den F. teils dem Bereich der → Elementargeister zu (Heinzelmann auch Synonym für Gnom, d.h. Erdgeist, daneben Bezeichnung der als Geld- oder Galgenmännchen aufbewahrten → Alraun-Wurzel), teils faßt man sie als Dämonen auf. Vgl. → Kobold. Eine Vorstellung, die jener vom F. ähnelt, ist die von → Paracelsus vertretene von den »Flaga«, das sind persönlich zugeordnete Haus- oder Familiengeister, die dem Menschen beistehen und dem Elementarbereich entstammen. Ihre Beschwörung nennt Paracelsus »Nectromantia« (nicht zu verwechseln mit → Nekromantie). Vgl. auch Peuckert 1956, S.473. Bei J. → Bodin 1680, S.78, heißt der F. »petit maistre«, bei → Grillandus »parvus dominus«. In engl. Hexenprozeß-Akten ist oft davon die Rede, daß Hexen einen F. in Gestalt von Hunden, Katzen, Igeln, Wieseln, Kröten, Fröschen usw. besitzen (offenbar Lieblingstiere von einzelgängerischen alten Leuten, die oft Objekt von Hexenverfolgungen waren!) und diesen auch säugen. Bridget Bishop, eine der »Hexen« von → Salem, beschrieb ihren F. als schwarzes Ding mit einem Menschengesicht auf einem Affenkörper und mit Hahnenfüßen. Im kontinentalen Europa war der Glaube an die Existenz von F.en nicht unbedingt mit dem → Hexenglauben verknüpft (vgl. dazu G. Roellenbeck, Offenbarung etc. bei Jean Bodin, S.177 ff., »Der Schutzgeist«). Den Ethnologen erinnert die Vorstellung eines dienenden F.s an jene des Hilfsgeistes im Schamanismus; vgl. dazu als Gesamtdarstellung: A. Lommel, Die Welt der frühen Jäger, München 1965 (engl. Ausg.: Shamanism, The Beginnings of Art, New York 1967), desgl. den Aufsatz »Die Hausgeister und ihre Idole in Nordeurasien« von I. Paulson, Jahrb. »Tribus« Nr.12, Stuttgt.1963.

FAUST, Dr. Johannes (so in den Sagenbüchern; nicht wie bei Goethe Heinrich!), eine historisch nicht klar erfaßbare Persönlichkeit des 16.Jhs., ging als der Prototyp eines dem »epikureischen« Leben ergebenen Schwarzkünstlers in die Weltliteratur ein. In seiner Biographie, wie sie das Volksbuch (s. u.) wiedergibt, spiegelt sich das Mißtrauen des einfachen Mannes gegenüber der ihm unverständlichen Wissenschaft, die ihm teuflisch erscheint, wider.

Als Geburtsjahr des Dr. F. wird meist 1485, als sein Geburtsort wechselweise Knittlingen b.Pforzheim, Simmern b.Kreuznach, Roda b.Weimar, Anhalt oder

HISTORIA

Von D. Johañ

Fausten/ dem weitbeschreyten
Zauberer vnd Schwartzkünstler/
Wie er sich gegen dem Teuffel auff eine be-
nandte zeit verschrieben / Was er hierzwischen für
seltzame Abenthewr gesehen/ selbs angerich-
tet vnd getrieben / biß er endtlich seinen wol verdienten Lohn
empfangen.

Mehrertheils auß seinen eygenen

hinderlassenen Schrifften/ allen hochtragen-
den/ fürwitzigen vnnd Gottlosen Menschen zum schrecklu-
chen Beyspiel/ abschewlichem Exempel/ vnnd trew-
hertziger Warnung zusammen gezo-
gen/ vnd in Druck ver-
fertiget.

IACOBI IIII.

Seyt Gott vnderthänig widerstehet dem
Teuffel/ so fleuhet er von euch.

CVM GRATIA ET PRIVILEGIO.

Gedruckt zu Franckfurt am Mayn/

durch Johann Spies.

M. D. LXXXVII.

das brandenburgische Salzwedel genannt. F. soll in Wittenberg oder Heidelberg, später in Ingolstadt studiert und sich schon in der Jugend mit Magie befaßt haben. Nachdem er als Erbe seines Onkels zu Reichtum gekommen war, beschäftigte sich F. (dem Großteil der älteren Quellen zufolge) u.a. auch mit dem Studium der Medizin, weiterhin auch mit mag. Experimenten, wobei ihn sein »Famulus« Johannes Wagner, der Sohn eines Wasserburger Priesters, unterstützte. Ein Christoph Kaylinger soll F. in der Kunst des Kristallsehens unterwiesen haben. Schließlich habe F. einen Teufelspakt geschlossen, der ihm für 24 Jahre den Dienst des dämonischen Wesens → Mephistopheles (Mephostophiles) sicherte. Am Hofe von Kaiser Maximilian I. habe F. Beschwörungen durchgeführt, wie man sie auch dem Abt → Trithemius zuschrieb. Nach einem ruhelosen Vagantenleben soll F. um 1540 eines gewaltsamen Todes gestorben sein, als der Satan den Vertrag einlöste und F. den Hals umdrehte (in Staufen im Breisgau oder Rimlich bei Wittenberg).

FAUST: englischer Holzschnitt, 17.Jh., die → Beschwörung des Teufels durch F. darstellend; aus d. Ausg. von Marlowes F. von 1636

Melanchthon (1497—1560) spricht von F. wie von einer realen Persönlichkeit (»als er zu Krakau lernte, hatte er die Magie studiert, wie sie dort früher stark betrieben wurde«). → Trithemius bezeichnet F. als einen landfahrenden Scharlatan, der sich in Anlehnung an den fr. Humanisten Publius Faustus Androvinus, gest. 1517, »Magister Georgius Sabellicus Faustus junior« nenne und ein »tollkühner, aufgeblasener Mensch« sei. Der Erfurter Humanist Mutianus Rufus (Conrad Mudt) schreibt von F. als von einem Wahrsager mit dem Pseudonym »Georgius Faustus Helmitheus Hedebergensis«. Aug. → Lercheimer von Steinfelden erwähnt in seinem »Christlich Bedencken und Erinnerung vor Zauberey« (Frankf. 1586), daß F. den Geist der Helena beschworen und mit ihr einen Sohn namens Justus gezeugt habe, doch wären beide bei seinem Tode verschwunden. — Das bei Spies 1587 in Frankfurt a.M. erschienene Volksbuch »Historia von D. Johann Fausten, dem weitbeschreyten Zauberer und Schwarzkünstler« wurde von Georg Rudolph Wid(e)mann ausgestaltet und nach dieser Ausg. (Hambg.1599) von Johannes Nikolaus Pfizer neuerlich umgearbeitet. Daraus ging das Faustbuch des »Christlich Meynenden« hervor (Frankf. 1712, 1725), das Goethe als Quelle seiner Dichtung heranzog. Dabei konnte er die Kenntnis mag. und alchemist. Bücher verwerten (→ Codex Casselanus).

In neueren Nachschlagewerken wird meist die Identifikation des F. der Sagenbücher mit einem histor. Georg F., geb. um 1480 in Knittlingen, vorgetragen; »Seit 1506 trat er zuerst mit mag. Kunststücken und als Horoskopsteller auf, war 1507 Schulmeister in Kreuznach, wo er sich unwürdig benahm, erschien in Erfurt (1513), Bamberg (1520), Ingolstadt (1528), Nürnberg (1532), fast überall nach kurzem Verweilen ausgewiesen« (Brockhaus-Enzykl., Wiesbaden 1968/Bd.6, S.94). Georg und Johann F. werden von E. M. Butler (The Fortunes of Faust, Cambridge 1952) als Zwillingsbrüder angesehen. Vgl. auch M. G. Meek, Johann Faust, the Man and the Myth, Oxford 1930; P. M. Palmer und R. P. More, The Sources of the Faust Tradition, London 1966. G. Mahal (Faust — Die Spuren eines geheimnisvollen Lebens, Bern 1980) rekonstruiert die Biographie eines histor. F., der um 1480 im württembergischen Knittlingen geboren wurde (23.4.1478?), als fahrender Außenseiter der okkulten Wissenschaft viel Widerspruch erregte, wahrscheinlich als Illusionist wirkte und sich als Alleskönner betätigte; doch war er, Mahal zufolge, nicht bloß der »Schreihals und Charakterlump, wie ihn mit dem gehässigen Abt (→ Trithemius) auch spätere Beurteiler sehen zu müssen meinten... Daß er den elitären Humanisten seiner Zeit nicht gefallen konnte oder auch nicht gefallen wollte, spricht eher gegen diese als gegen ihn... Daß er Namen und Heimatorte wie Hemden wechselte, konnte Lust an der Maskerade ebenso sein wie das öffentlich geübte Freihalten einer Identität, die sich nur im Verborgenen fand, in jener Meditation und geistigen Anstrengung, die man Faust stets vorschnell abgesprochen hat... ein Mann, der sich in seiner Zeit laut und auffällig gab, es aber gleichzeitig verstand, hinter der berühmten Fassade ein Unbekannter zu bleiben« (S.346-359).

Eine exakte historische Fixierung der Person des F. ist dennoch kaum möglich; früher wurde gelegentlich vermutet, daß der Name von dem Mainzer Buchdrucker (also »Schwarzkünstler«) Johannes Faust (gest. 1467) entlehnt wurde und unter diesem Namen verschiedene Zaubersagen des 15. u. 16.Jhs. zusammengefaßt bzw. mit landfahrenden Scharlatanen dieser Zeit in Verbindung gebracht wurden. Die Gestalt des F. war im Barock in Deutschland bereits sehr berühmt (so heißt es in Zedlers Lexikon Bd.9/1735: »Und ist die Fabel, oder Historie von seinem Leben und Thaten in Teutschland so bekannt, daß auch Comödianten selbige, als eines von ihren vornehmsten Stücken, auf allen Schau = Bühnen vorstellen«). Mehrere der bekanntesten → Zauberbücher wurden dem F. zugeschrieben (Dr. Johannes Faust, Magia naturalis, Einleitg. K. Benesch, Wiesbaden 1984). Das Marionettenspiel vom Doct. F. war bis in neuere Zeit beliebt (vgl. Storm, »Pole Poppenspäler«) und geht wohl auf engl. Vorbilder zurück (C.Engel, Dt. Puppenkomödien, Oldenbg. 1874). Der F.-Stoff inspirierte seit Marlowe (1589) zahlr. Dichter (Lessing, Lenz, Goethe, Grabbe, Heine, Lenau) und Musiker (Berlioz, Liszt, Gounod). — Die neueste F.-Bibliographie, ältere Vorarbeiten umfassend, ist jene von Hans Henning, Berlin und Weimar 1966/70; über die volkskundl. Seite vgl. L. Kretzenbacher: Teufelsbündner und Faustgestalten im Abendlande, Klagenfurt 1967. — Eine poln. Parallelfigur zu F. ist »Meister Twardowski« (vgl. Roman Bugaj in den Folklorist. Stud. des Lit. Forschungsinst. der Poln. Akademie d. Wiss., Wroclaw-Warszawa-Kraków 1969). Frdl. Mittlg. von J. Baltes, Staufen.

DUMCKE 1891; FEDERMANN 1964; GÖRRES 1960/III;
GRAESSE 1843, S.25, 67-69; KIESEWETTER 1893 (1921); PEUCKERT 1956;
SELIGMANN 1958

FERNEL, Jean, 1497 od. 1506-1558, berühmter Gelehrter seiner Zeit, Leibarzt des fr. Königs Heinrich II., Verfasser mehrerer einst vielgelesener Werke über das Astrolabium, Vermessungswesen und Heilkunde. Hier bemühte er sich vor allem um die Analyse übernatürlicher Einflüsse auf die menschliche Gesundheit; sein Werk »De abditis rerum causis« (Paris 1548, 1552 in fol., Venedig 1550, Paris 1560, Frankf. 1592 u.a. Aufl., insgesamt etwa 30 Ausgaben) wurde u.a. von → Bodin zitiert, um dadurch die Ansicht über die Möglichkeit dämonischer Einflußnahme auf den Menschen zu rechtfertigen. F. erklärt z.B. die Epidemien als durch → Dämonen hervorgerufene »okkulte« Krankheiten, die mit göttl. Zulassung auch von Zauberern herbeigerufen werden können, und gegen sie seien daher nicht natürl., sondern geistl. Heilmittel anzuwenden.

MICHAUD 1967

FESTMACHEN, unverwundbar werden, wird im 16. Kapitel des → Malleus maleficarum besprochen. Zauberer stehlen von einem Kruzifix die Körperteile, die
unverwundbar gemacht werden sollen: »Wer z.B. will, daß er am Kopfe durch kein
Eisen und durch keinen Hieb verletzt werden kann, hat den Kopf des Bildes wegzu-
nehmen... (usw.), und zum Zeichen dessen findet man unter zehn auf Weggabe-
lungen oder im Felde aufgestellten Bildern kaum ein ganzes.« Entehrer des Kruzi-
fixes sind als Apostaten zu bestrafen, hingegen ist es eine geringere Sünde, sich
durch Breve-Amulette schützen zu wollen. Sprüche und Segen christl. Charakters,
mit welchen sich reisende Kaufleute zu schützen suchen, sind anders zu bewerten
als dämonische Zauberzeichen. — Das »gegen Hieb und Stich gefroren Machen«
ist eine in vielen alten → Zauberbüchern oft erwähnte mag. Kunst, vor allem aus
dem Soldatenaberglauben reich belegt (→ Flemming). Es handelt sich um Kunstgriffe, durch die man sich gegen Eisenwaffen (Schwerter, Säbel), vor allem aber
gegen feindl. Kugeln sichern zu können glaubte. Dazu dienten lt. Flemming in
erster Linie Zauberzettel (»Himmelbriefe«), auf die mag. → Characteres gezeichnet sind und die verschluckt werden müssen, um den Leib gebundene Riemen
(»Kolbrytschen«) und »dergleichen abergläubische Sachen mehr«, wie z.B. ein in
die Kleider genähtes Stück Fledermaus. Trägt man ein Hemd, dessen Garn von
einem 7jährigen Kinde gesponnen ist, so kann keine Kugel es durchdringen. Ein
pflanzl. → Amulett ist der → Allermannsharnisch. Berühmt wurden die Zettel
zum F., die um 1611 ein Passauer Scharfrichter verkaufte (Passauer Kunst; diese
Bezeichnung wird aber auch durch Hinweis auf ein frühes Blockdruck-Buch
erklärt, das mag. Beschwörungsformeln enthalten haben soll).

→ Flemming (Dt. Soldat) berichtet über »natürliche Festmachung durch
gewisse Gewächse,... wobey die Influenzen und gewisse Aspecten des Gestirns gar
viel zu thun. Zum Exempel, wann eine Gemse zu gewisser Zeit die
Gemsen=Wurtzel frißt, so thut ihr keine Kugel schaden... Wann zu gewisser Zeit
eine Gemse geschossen wird, und eine Kugel in ihr hat, so hat dieselbige, davon
etwas eingenommen, die Krafft, fest zu machen.« Will man Kugeln gießen, die
das F. verhindern, so muß man ein »Weitzen=Körnlein« eingießen (Flemming
S.355, 363).

Gegen »Hauen und Stechen« empfiehlt derselbe Autor »Totenmoos«, Moos
aus dem Schädel eines »Gehängten oder Geradebrechten« (d.h. durch Rädern
Hingerichteten), das man sich unter dem linken Arm in das Wams nähen muß
(S.356). Skeptisch äußert sich Einzinger von Einzing 1755 (→ Thomasius): der
Teufel sei nicht fähig, auf die Materie einzuwirken und könne weder Kugel noch
Klinge beeinflussen. »Es geschiehet freylich öfters, daß die Schneide eines
Schwertes auf das Brustbein gehet und... nicht durchgehen kann, (oder)... daß
eine Kugel, wenn sie vom Pulver nicht stark genug getrieben wird... nicht durch
die Haut gehet. Wenn der Teufel diese Sachen machen könnte: so müßte er die

Gesetze der Natur aufheben können. Diese Macht aber hat Gott der Schöpfer sich allein vorbehalten« (S.72). Vgl. auch A.L.Hartmann: »Neue Teufels = Stücklein, Passauer Kunst, Vestmachen« etc., Nürnbg. 1721, ebenso H.Meynert, Gesch.d.Kriegswesens, Wien 1868, Bd.3, S.118 ff. und S.270 ff. mit zahlr. Belegstellen. Belege aus Hexenprozeß-Akten (F. als → maleficium) bei Byloff 1929.

FEUER, lat. ignis, eines der → 4 Elemente im Sinne der traditionellen Elementenlehre, wird in der → Alchemie auch in abweichendem Sinne als »philosophisches F.« beschrieben, und zwar im Gegensatz zum natürl. oder »elementischen F.«; so etwa im Vorwort zum »Chym. Lustgärtlein des → Stoltzius, wo es heißt, dieses F. sei »in dieser gantzen Weltlichen Haußhaltung fast aller Secreten und Geheimnüssen ein rechter Speißmeister und Keller. Und ohne dasselbige hetten wir die voneinander scheydungen und zubereytungen der Metallen nimmermehr gelernet: Nimmermehr hetten wir die resolvirung aller dinge in seine drey Principia [d.h. die »Philosoph. Elemente« im Sinne der Lehre des → Paracelsus] oder Anfänge verstanden, nimmermehr hatten wir der Sachen Gebährung und verwandlung erkant: Nimmermehr hetten wir den Ursprung der Kranckheiten und derselbigen mittel außgelegt« usw. Dieses philosoph. oder »vulkanische« F. ist nach F. Weinhandl (Kommentar der Ausg. Darmstadt 1964 des »Lustgärtleins«, S.21) eine »menschliche, aktiv-dynamische Verhaltensweise, die den Leib, sein Verhalten und seine Kräfte mit Bewußtsein miteinschließt und auf diesem Weg eine sinnlich-sittlich-geistige Höherbildung und Entfaltung bewirkt«; vgl. → INRI. Im körperl. Bereich entspricht dem Element F. im Sinne der gr. Medizin das »pneuma«, ein feuriger Hauch; auch die Sperma-Substanz wird als feurigpneumatisch aufgefaßt, etwa im Manichäismus (vgl. Widengren 1961, S.62, 149). Vgl. → Hitze.

FEUERSEGEN, eine u.a in Eduard Mörikes Ballade vom »Feuerreiter« geschilderte, vorwiegend in Norddeutschland bekannte Art des Besprechens der → Elemente (hier mit einer Partikel des Kreuzes Christi), wird in anderen Quellen als kabbalist. Kunstgriff bezeichnet, etwa in Zedlers Lexikon Bd.9/1735, Sp.772 als »ein vergebenes Geheimniß derer Juden, dadurch sie behaupten wollen, daß sie aller Dings unter denen Christen zu dulden wären, weil sie ihnen damit viel Nutzen schaffen könnten«. Nach Schudts »Jüd. Merckwürdigkeiten« (vgl. → Golem) werden 2 Arten des F.s beschrieben: einerseits durch die Macht des Wortes (→ Zaubersprüche), indem als »Vor-Ahmung« Wasser auf ein Becken mit glühenden Kohlen gegossen wird, wobei der Beschwörende hebr. die Worte spricht »Da schrie das Volk zu Moses, und Moses bat den Herrn, da verschwand das Feuer« (4.Mos.11,4); andererseits sollen diese Worte auch als → Amulett, auf Papier geschrieben oder mit Kreide zusammen mit dem → Scutum Davidis gezeichnet, als F. wirken; »oder

wenn das Hauß bereits brennet«, so behelfen sich die jüd. Beschwörer so, daß sie »diese Sachen auf eine Brod = Rinde zeichnen, damit dreymahl um das Feuer herum gehen, und hernach dieselbe darein werffen... Unter denen Christen giebt es auch zuweilen einige, die andere überreden wollen, daß sie die Kunst... wüsten; die Erfahrung aber lehret, daß ihre Kunst nichts dauge«. Vgl. auch H.L.Fischer, Das Buch vom Aberglauben, Leipzig 1790. Auch das mag. Buchstabenquadrat →
SATOR AREPO wurde als F. verwendet. Siehe dazu das Stichwort Feuer (Freudenthalt) in Bächtold-Stäubli, Bd.2. Kiesewetter (Geheimwissenschaften, Ndr. Schwarzenburg 1977) erwähnt, daß der Herzog Ernst August v. Sachsen-Weimar (1707—1748) ein Reskript erließ, »nach welchem die Ortsvorstände seines Landes Holzteller, die mit einem Segen beschrieben waren, vorrätig halten mußten. Diese Teller sollten zur magischen Stillung ausgebrochener Brände ins Feuer geworfen werden« (S. 194).

FIAT, lat. »es werde« oder »es geschehe«, das göttl. Schöpferwort, das die Welt ins Dasein ruft. In den mag. Schriften gilt es als die Rechtfertigung für den Glauben an die Wirksamkeit der Zauberworte und → Zaubersprüche. Der → Rosenkreuzer Aegidius Gut(h)mann, Autor der »Cyclopaedia Paracelsica Christiana«, schreibt in seiner »Offenbarung der Göttl. Majestät« (1619/Bd.II, S.34), »Was würden wir im wahren Glauben nicht mit dem Wort: WERDE! allein ausrichten können? Würden wir nicht dadurch alle Kranken gesund machen können! Nicht gutes Wetter? Nicht unsere Feinde im Felde damit erlegen? Nicht den Türck damit erträncken?« usw. In den alchemist. Schriften ist »F.« die Bezeichnung des Augenblickes, in dem der → Stein der Weisen gebildet wird, jedoch (ähnlich wie bei → Vitriol) auch als aus den Anfangsbuchstaben der Wörter Forma Igne Artisque Transformatur (die Form wird durch Feuer und Kunstfertigkeit verwandelt) als Kunstwort im Sinne des → Notarikon gedeutet.

FICINO, Marsiglio (Ficinus, Marsilius), bedeutender it. Philosoph und Philologe, geb. 1433 zu Florenz, gest. ebd. 1499. Cosimo de Medici d.Ä. sorgte für F.s Ausbildung. Der Gelehrte wurde 1462 zum Haupt der »Platonischen Akademie« (→ Neuplatonismus), die 1459 gegründet worden war. Seine Übersetzungen spätantiker Autoren (Plotin, Jamblichus, Proclus u.a.) führten ihn zu einer intensiven Beschäftigung mit dem neuplaton. Gedankengut und damit zu dem Versuch einer Synthese dieser Ideenwelt mit der christl. Theologie, was sich u.a. in der »Occulta Philosophia« des → Agrippa von Nettesheim auswirkte, die jenes Streben fortsetzt. Von großer Bedeutung ist u.a. F.s Werk »De vita coelitus comparanda Libri Tres«, 1489, das sich mit Astrologie (»Die Sterne beeinflussen nicht unseren Willen, aber unsere Körper«) und Medizin befaßt und z.B. über → Talismane und → Characteres interessante Gedanken enthält (so etwa: die mag. Kraft stecke weniger in den Zeichen als in der sie tragenden Materie, am meisten aber in dem Glauben an ihre Wirksamkeit), weiters »Liber de Christina Religione« (1474) und in philosoph. Hinsicht »Theologia Platonica« (1474). — Im 19.Jh. war die geistesgeschichtl. Bedeutung des F. fast vergessen, und die Ausg. seiner Werke aus dem Jahr 1576 (Basel) blieb lange ohne Nachfolge (Ndr. Turin 1962). Erst in neuerer Zeit befaßte sich P.O.Kristeller ernsthaft mit F. und gab 1937 ein »Supplementum Ficinianum« heraus. Weitere bio-bibliograph. Lit. in Überwegs Grundriß d. Phil. III, S.16—20, 629, desgl. bei Walker 1958; Paul O.Kristeller: Die Philosophie des Marsilio Ficino. Frankf. 1972.

FICTULD (auch Ficktuld), Hermann, Pseud. für Joh. Heinrich Schmidt (nicht aufgelöst bei Weller und Holzmann-Bohatta), Autor einer Sammlung alchemist. Schriften, gesammelt hrsg. von → Rothscholtz (»Hermann F.s Chymische Schrifften, Darinnen in zwölff Königlichen Palästen, von dem Stein der Weisen gehandelt wird«, Frankf. — Leipzig 1734). Weitere Bücher von F. sind »Contracta, das ist das edle Perlein... der himmlischen Weisheit«, 1734; »Chymisch-Philosophischer Probier=Stein«, 1740, 1753, 1784; »Cabbala Mystica Naturae oder Von dem ewigen und einigen Eins«, 1741; »Occulta Occultissima, das ist Geheimniss« etc., 1741; »Azoth et Ignis, das ist Das Wahre Elementische Feuer« etc., 1749; »Hermetica Victoria, das ist Gesammelte Sprueche der Weisen« etc., 1750; »Abhandlung von der Alchymie«, 1754; »Turba Philosophorum, das ist Vollkommen erfochtener Sieg und Triumph des weltberuffnen Hermaphoroditi« etc., 1763. In seiner Schrift »Aureum Vellus, oder Goldenes Vliess, das ist Verhoffte Entdeckung, was dasselbige sey« etc., Leipzig 1749 (auch in »Hermetisches A.B.C. vom... Stein der Weisen«, Ndr. Schwarzenburg 1979, enthalten) spricht F. von einer »Societät der Goldenen Rosenkreutzer« (→ Gold- und Rosenkreuzer), die er als Erben der »Ritter des Goldenen Vlieses« nach der Schlacht von Nancy bezeichnet. Von diesem mysteriösen Bund, der das Erbe der → Rosenkreuzer anzutreten suchte, hatte schon die 1710 erschienene Schrift »Die Wahrhaffte und Vollkommene Bereitung des Philosophischen Steins« etc. von Sincerus Renatus (dem schles. Prädikanten Samuel Richter) gehandelt. In der 2. Hälfte des 17. Jhs. ist jedoch eine Tradition des Rosenkreuzer-Bundes zu jenem von F. und Sincerus Renatus im 18.Jh. nicht nachweisbar. Aus diesem Grund wird meist angenommen, daß in dieser Zeit »eine ganz neue Verbindung unter dem alten bewährten Namen« (Lennhoff-Posner) gegründet wurde.

Ch. McIntosh (The Rosy Cross Unveiled, Wellingborough 1980) nennt F. »a mysterious figure«, dessen echter Name wahrscheinlich Schmidt oder Mummenthaler gelautet habe und vermutlich 1747 mit der lose organisierten Gruppe der → Gold- uhnd Rosenkreuzer in Kontakt gekommen sei, die er dann besser zusammenfassen half.

FIRMICUS MATERNUS, Iulius, lat. Schriftsteller des 4.Jhs. n.Chr., aus Sizilien gebürtig, schrieb zwischen 335 u. 350 n.Chr. seine »VIII libros matheseos de vi et potestatibus stellarum ex Aegyptiorum et Babylonicorum doctrina«, meist kurz »Astronomicorum libri VIII« genannt. Darin wird eine Theorie des → Neuplatonismus im Sinne der Astrologie dargeboten. Während das 1. Buch sich mit den theoret. Fragen auseinandersetzt, befassen sich die 7 anderen mit Bedeutung und Wirkung der 7 Planeten, den »Vorstehern der allerheiligsten Religion«. »Der Astrologe«, heißt es etwa, »ist ein Hohepriester des Sonnengottes, der Mondgöttin und der anderen Gestirngötter. Wer sich der Religion der Sterne weiht, muß rein und unbescholten sein... wer reinen Herzens und in die Geheimnisse der Sternenwelt eingedrungen ist, vereinigt sich selbst mit den Göttern des nächtlichen Himmels«. — Diese Schrift ist in den »Astronomici veteres« Venedig 1499 (zus. mit Manilius und Aratus) enthalten; Zedlers Lexikon nennt Ausg. Venedig 1497 und 1501. Die bekanntesten sind jene von Bruckner (Basel 1533 und 1551), mit guten Holzschnitten (→ Horoskop). Neue Ausg., 2 Bde., 1897—1913 (ed. K.Ziegler; Bibl. Teubneriana 1968, Nr. 1350—51). — Von einem spätantiken Autor namens F.M. kennen wir auch eine scharfe Polemik gegen das Heidentum und seine Mysterien unter dem Titel »De errore profanum religionum« (geschrieben um 345 n.Chr.); die von den meisten Historikern vertretene Ansicht, sie stamme vom gleichen Verfasser wie die »Mathesis«, würde eine Bekehrung des Neuplato-

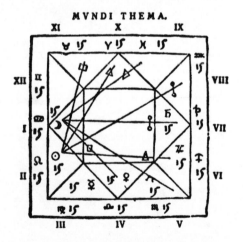

FIRMICUS MATERNUS: Das »Horoskop der Welt«, angenommener Planetenstand bei der Weltschöpfung. Aus der Ausgabe der Werke des F.M. von 1551

nikers zum Christentum voraussetzen. Die christl. Apologie »De errore« ist trotz ihrer polemischen Grundhaltung als Quelle über das Mysterienwesen und Geheimkulte in der Spätantike von Interesse (Ausg. v. K.Ziegler, Bibl. Teubn., 1908; dt. Übersetzg. »Vom Irrtum der heidn. Religionen«, 1953); Erörterung der Autorenfrage b. A. Ebert, Allg. Gesch. d. Lit.d.MA., Bd.1, Leipzig 1889, S.129—134. Vgl. auch J.B.Bauer, Textkritisches zu F.M., in: Scholia Biblica et Patristica, Graz 1972, S.203 ff. — Im Tusculum-Lexikon griech. u. lat. Autoren (Reinbek 1974) wird der Autor der »Mathesis« als ein Verfasser »mit geringen Fachkenntnissen, aber wichtigen kulturhistor. Nachrichten, namentlich über die Berufsbezeichnungen jener Zeit« charakterisiert. »Der Widerstreit von Schicksal und Freiheit wird nach der stoischen Theorie gelöst« (S.162).

FLAMEL (Flamellus), Nicolas, ca. 1330—1418, berühmter fr. Alchemist, der auch als Kalligraph, Maler, Poet, Schriftsteller und Handschriften- (vielleicht auch Immobilien-)Händler bedeutsam war, stammte aus Pontoise und lebte in Paris. F. will 1357 eine Art von Rinden-Codex mit dem Titel »Habraham, Juif, Prince, Prêtre, Lévite, Astrologue & Philosophe; à la Nation des Juifs que l'ire de Dieu a dispersé dans les Gaules«, etc., der aus 3 x 7 Blättern bestand, erworben haben. Darauf seien in allegor. Figuren die Stufen bei der Herstellung des → Steines der Weisen und der → Transmutation der Metalle beschrieben gewesen. Nach einer Wallfahrt nach Santiago de Compostela soll F. ein jüd. Gelehrter den Schlüssel für die Deutung der Blätter geliefert haben; am 17. Jänner 1382, »einem Montag« (der Tag war in Wahrheit ein Freitag) soll F. in Anwesenheit seiner Frau Perenelle eine Transmutation eines halben Pfunds Quecksilber in Silber gelungen sein, am 25. April 1382 die »Gold-Synthese«. F. war in den folgenden Jahren tatsächlich sehr wohlhabend und vermachte testamentarisch Pariser Kirchen, die nach seiner Anweisung mit Allegorien geschmückt wurden, beträchtl. Summen. F. war der einzige Alchemist, der es tatsächlich zu Reichtum brachte. Allerdings wurde bald die Meinung laut, der Codex wäre in Wahrheit ein Wegweiser zu den vergrabenen Schätzen der aus Frankreich vertriebenen Juden gewesen; in diesem Sinne auch Zedlers Lexikon Bd.9/1735; »Einige sagen, daß er dadurch [mit Hilfe der → Alchemie] über 150.000 Thaler gewonnen; andere hingegen behaupten, daß er diesen unglaublichen Reichthum durch den Jüden = Raub, und Königliche Gelder, die er unter den Händen hatte, an sich gebracht, nachgehends aber aus Sorge... sich gestellet, als hätte er dieses alles durch die Alchymie erworben«.

Jacques Gohorry, Autor des »Discours... sur les secrets de l'Art Chimique«, Paris 1575, gab 1561 drei Bücher unter dem Titel »Transformation Métallique« heraus: »La Fontaine des amoureux de la Science« des Jean de la Fontaine, »Remonstrances de la Nature à l'Alchimiste errant« des → Jean de Meung und das »Sommaire Philosophique« des Nicolas F. Dieses Buch wurde mehrmals aufgelegt (Lyon 1589, 1618), in die »Bibliothèque des Philosophes« von Salmon und Mauguin, in die Ausgabe des »Roman de la Rose« von Lenglet, in die Sammlung von → Manget und in das → Musaeum hermeticum aufgenommen, lat. Titel der Schrift von F.: »Summarium philosophicum«. Die Geschichte des F. ist auch in den »Trois Traictez de la Philosophie Naturelle« des Pierre Arnauld enthalten (1612, 1659, 1682). Über die übrigen F. zugeschriebenen oder unter seinem Namen verfaßten Schriften vgl. Michaud, Biographie universelle Bd.14/p.186, 1854 (Ndr. Graz 1967). Ein Buch mit dem Titel »Nicolas Flamel, his explanation of the hieroglyphicall figures« etc. von Eirenaeus Orandus erschien in London 1624. Mehrere Seiten aus dem Ms. Français 14765 der Bibliothèque Nationale Paris (»Alchimie de F.«) sind reproduziert bei Burland 1967, S.54—64. Illustrationen aus der dt. Ausg., hrsg. von D. Johann Lange (Des Berühmten Philosophi Nicolai Flamelli Chymische Werke, Hambg. 1681) bei Ploss et al., München 1970, S.152—153, vgl. auch Gilette Ziegler, Nicolas Flamel, Paris 1971.

BURCKHARDT 1960; FEDERMANN 1964; LARGUIER 1936

FLEM(M)ING, Johann Friedrich von, ca. 1670—1733, dt. militärwissenschaftl. Schriftsteller, der ein Buch mit dem Titel »Der Vollkommene Teutsche Jäger« (Leipzig 1719—21), das besonders im II. Band volkskundl.-geistesgeschichtl. interessantes Material zu Themen wie → Aberglaube, Schätze, Sympathie, Volksmedizin, Wünschelrute usw. enthält, verfaßte; weiters schrieb F. das seinerzeit sehr berühmte Werk »Der Vollkommene Teutsche Soldat« (Leipzig 1726, Ndr. Graz 1967). Dieses Buch enthält reiches kulturgeschichtl. Material, so etwa das Kapitel »Von allerhand magischen, sympathetischen und andern Kunst=Stücken« (S.355), über die sich F. freilich an anderer Stelle skeptisch äußert (»Dieses sind Methoden, die vernünfftigen Menschen und tapfern Soldaten im geringsten nicht anständig sind, geschweige denn, daß sie Christen in denen Kriegen wieder ihre Feinde gebrauchen solten«). Vgl. → Festmachen, → Kugeln, sympathetische, → Waffensalbe.

FLUCHTAFELN, auch Defixionstafeln (lat. tabulae s. tabellae defixionum, von defigere — anheften, festbannen), bes. aus der spätrömischen Zeit nicht selten überlieferte Täfelchen, die meist aus Blei bestehen, weil dieses Metall schon an sich als zauberkräftig und »bindend« galt. Die F. tragen eingeritzte Verwünschungen persönlicher Feinde und wurden in deren Haus oder Gräbern verborgen, um Schaden zu bringen. Angefertigt wurden sie meist an einem Dienstag, der dem Mars (auch Fluchgott) zugeordnet war. Beim Vergraben rief man die Unterirdischen zu Zeugen an. Die F. tragen häufig Inschriften in Geheimalphabeten, damit sie den etwaigen Findern möglichst lange unverständlich bleiben sollten; dies sollte einen Gegenzauber weitgehend unmöglich machen. Die Inschrift besagt etwa, die

Familie des Feindes solle von Unglück verfolgt, seine Ernte durch Hagel zerstört oder sein Haus vom Blitz getroffen werden. Es gibt sogar Listen aller Gliedmaßen und Organe vom Scheitel bis zur Sohle, die von den Fluchdämonen getroffen werden sollen. Eingeritzte primitive Zeichnungen sollen die mag. Wirksamkeit erhöhen: etwa die Darstellung eines gefesselten Hahnes mit dem Text »Wie dieser Hahn an Füßen, Krallen und Kopf gebunden ist, so bindet die Füße, Hände, den Kopf und das Herz des Wagenlenkers Biktorikos«. Das Aussenden derartiger Flüche war sehr verpönt und schon im röm. Zwölftafelgesetz mit Strafen bedroht (Audollent: Defixionum tabellae, 1904). Gewisse Formen des → Maleficiums in MA. und Neuzeit (→ Bildzauber, Vergraben von Zaubermitteln unter der Schwelle »Behexter«) scheinen die Ansicht von der Wirkungsweise der F. noch lange fortzusetzen. Ihr ursprüngl. Sinn ist aber nicht jener der direkten Übermittlung eines Fluches, sondern die Hinterlegung einer Anklage gegen einen Menschen vor den Unterirdischen, die ihn dann zur Strafe vernichten sollten.

BYLOFF 1902; STEMPLINGER 1948

FLUDD, Robert (Robertus de Fluctibus), geb. 1574 in Milgate (Kent), gest. 1637 in London, bedeutender engl. Paracelsist, Naturforscher und mystischer Philosoph, zu dem geistigen Kreis der → Rosenkreuzer gehörig (→ Majer). Auf seinen mehrjährigen Reisen durch große Teile des europ. Festlandes wurde F. mit der Ideenwelt des → Paracelsus und Nicolaus Cusanus vertraut, ebenso mit → Alchemie, → Astrologie und → Magie. Weiters beeinflußten ihn die Lehren der zu seiner Zeit bekannt werdenden → Kabbala, im besonderen auch die Lehre der Parallelität von → Makrokosmos und Mikrokosmos. Das Licht entspricht für F. dem göttlichen Geist, die Dunkelheit der Gottferne; alle sichtbaren Dinge enthalten Licht und Dunkelheit in verschiedener Konzentration, und die Wissenschaft hat die Möglichkeit, geheime Sympathien und Antipathien innerhalb der geschaffenen Welt zu erforschen und nutzbar zu machen. In Jöchers Gelehrten-Lexikon Bd.2 (1750), Sp.650, heißt es, F.s »Lehrsätze (seien) gröstentheils so dunckel und unverständlich, daß man sich keinen deutlichen Begriff davon machen kann. Er wärmte nicht nur die seltsamen Einfälle der Rabbinen und Cabbalisten wieder auf, sondern vermehrte dieselben mit vielen neuen nicht weniger ungereimten Speculationen.« Für F. sind (Kiesewetter 1891—95/1977, 235 ff.) »alle Elemente... von einem ihnen entsprechenden geistigen Leben beseelt und Vehikeln von Geistern und Seelen, welche das eigentliche Leben der Elemente sind, die sich ihrerseits nach der größeren oder geringeren Freiheit und der Menge der im geistigen Leben enthaltenen Lichtpartikeln unterscheiden« — ein gnostisch anmutender Gedankengang. »Die Verbindung des Weltgeistes mit einem Funken ihm innewohnenden göttlichen Verstandes schafft die lichtartige menschliche Seele und die geistigen Wesen überhaupt, bei welchen allen eine stufenweise Verfeinerung oder Vergröberung

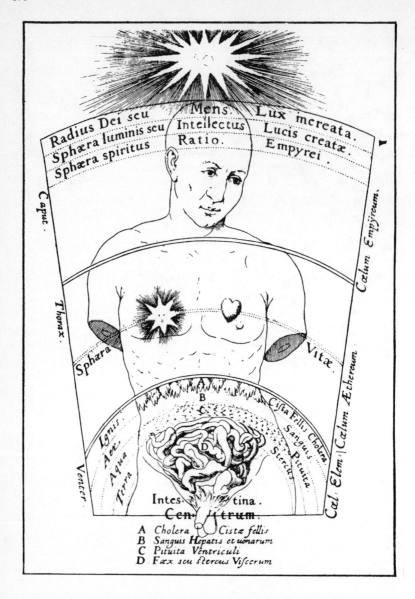

FLUDD: Entsprechungen der menschlichen Körperteile mit den Sphären des Kosmos (1619)

statthat. Hinsichtlich des Weltgeistes sind die geistigen Wesen geschaffen, hinsichtlich des göttlichen Funkens aber ewig… Der Mensch besitzt als Mikrokosmos die Eigenschaften aller Dinge, also auch die des Magneten« (l.c., 245—46), und darauf beruhen Sympathie und Antipathie. Viele Bücher F.s enthalten in Form von Kupferstichen komplizierte Diagramme, die sein theosophisches Weltbild illustrieren sollen.

In den Schriften F.s äußert sich ein umfassendes Streben nach Ordnung und System, um die kosmischen → Entsprechungen genau erfassen zu können, wenn auch diese Systematik mehr spekulativer als empirischer Natur ist. F.s Medizin, die auch auf eigener Anschauung basiert, beweist immer das Bestreben, Fehlfunktionen aus mangelhafter Einordnung des Organismus in das Weltganze zu erklären, und Astrologie, Zahlenmystik und ähnl. Gedankengänge sollen dazu beitragen, durch Kenntnis der großen Analogien für die körperlichen Vorgänge die richtigen Maßstäbe und Heilungsmöglichkeiten zu finden. F.s okkult-mystische Neigungen wurden von → Kepler, Pierre Gassendi (fr. Physiker, Mathematiker und Philosoph, 1592—1655) und von Marin Mersenne bekämpft (1623), der F. als üblen Magier bezeichnete. F.s wichtigste Werke sind: »Historia macro- et microcosmi«, »Philosophia mosaica« (1638), »Clavis philosophiae et alchymiae« (1617—33); die Rosenkreuzerschriften »Apologia compendiaria« (1616), »Tractatus apologeticus integritatem Societatis de Rosae Crucis defendens« (1617, dt. 1728) u.v.a., zahlr. Ausgaben; genaue Bibliographie bei Craven 1902 und in Überwegs Grundriß d. Phil.III, S.189. — Vgl. Agrippa/Nowotny 1967, Appendix XXVII, desgl. S.914.

Ausführl. Darstellung der ideengeschichtl. Position F.s bei H. Schick, Die geheime Gesch. d. Rosenkreuzer, Ndr. Schwarzenburg 1980, S.257—270. Desgl. J. Godwin, Robert Fludd, Hermetic philosopher and surveyor of two worlds, London 1979 (»Robert F. was one of the last true 'Renaissance men' who took all learning as their preserve and tried to encompass the whole of human knowledge«).

CRAVEN 1902; GRAESSE 1843, S.113—14; ZEDLER 1961—64

FREISCHÜTZ, durch die Oper von C.M.v.Weber (1821) bekanntgewordene Vorstellung des Jägeraberglaubens; das Wort bezeichnet einen Schützen, der über mag. beeinflußte Kugeln (Freikugeln) verfügt, die ihm nach einer → Beschwörung der Teufel unter der Bedingung verschafft haben soll, daß 6 von 7 unfehlbar treffen, während die letzte der Satan bzw. einer seiner → Dämonen lenkt. Diese Vorstellung taucht bereits im 16. Kap. des → Malleus maleficarum auf: Zauberer »schießen an einem Karfreitag während der Messe nach einem Kruzifix wie nach einer Scheibe. Soviele Schüsse das Kruzifix treffen, soviele Freischüsse haben sie jeden Tag und können damit ihre Feinde treffen und töten, ohne dieselben zu sehen,

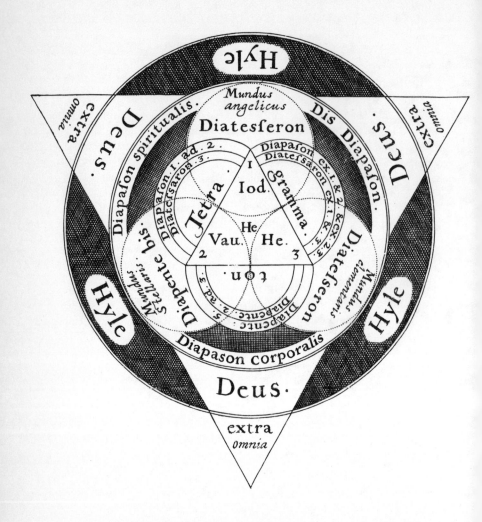

FLUDD: Zahlenverhältnisse als Abbild der göttlichen Harmonie vor dem Hintergrund der ungeformten Materie (Hyle); aus »De supernaturali, naturali, praeternaturali et contranaturali microcosmi historia« etc., Oppenheim 1619. Nach Nowotny/Agrippa 1967

indem der Teufel Kugeln in deren Herzen führt, selbst wenn sie sich in geschlossenen Räumen befinden« (Kiesewetter 1895/1977, 501). Es soll so geschickte Freischützen gegeben haben, daß sie mit einem Armbrustbolzen oder einer Kanonenkugel einen Pfennig von einem Barett schießen konnten, ohne dessen Träger zu verletzen. Auch Wilhelm Tell wird von Fischart, dem Übersetzer von → Bodins »Démonomanie«, des Freischützentums verdächtigt. In der Diözese Konstanz wurde, dem Malleus zufolge, ein Armbrust-F. wunderbar festgebannt, während das von ihm getroffene Kruzifix blutete; damit hatte er die Todesstrafe verdient. Auch in Jagdbüchern der neueren Zeit spielt die Vorstellung der vom Teufel ins Ziel gelenkten Kugeln eine Rolle, bes. im 17. und 18. Jh. (vgl. J. Lugs, Das Buch vom Schießen, Prag 1968). Ein Fall von F.entum, der sich 1710 in Böhmen ereignet haben soll, wird in dem Periodikum »Monatl. Unterredungen von dem Reiche der Geister«, hrsg. v. S.B.Walther, Leipzig 1730/Nr.41 geschildert, und dieser Bericht ist wohl das Vorbild einer Erzählung in dem einst viel gelesenen »Gespensterbuch« (4 Bde., Leipzig 1810—14) von J.A.Apel (1771—1816) und F. Laun (Pseud.f.F.A.Schulze, 1770—1849), die F.Kind, der Librettist Webers, als Vorbild verwendete. — Während die Anfertigung der »Freikugeln«, mit Hilfe blasphemischer Riten (Hostienschändung) und → Beschwörung des Teufels, zu den unzulässigen Schützenkünsten gezählt wurde, galt die Herstellung von »sympathet. → Kugeln« als zulässig. Vgl. Bächtold-Stäubli Bd.3/1930—31.

GAFFAREL, Jacques (Gaffarellus, Iacobus), Autor des wichtigen Werkes über Talismanik »Curiositez inoyes« (Paris 1629, 1630, 1637, Rouen 1650; Hambg. 1676; versch. Übersetzungen), geb. 1601 zu Maunes (Provence), gest 1681 zu Sigonce. Nach ausgedehnten Reisen wurde G. Bibliothekar des Kardinals Richelieu; die Zensur der Sorbonne zwang G., 1629 einen Widerruf seines Talismanbuches zu veröffentlichen, der indessen der Beliebtheit des Werkes keinen Abbruch tat. Unter seinen übrigen Büchern sind zu nennen: Cabalae mysteria contra Sophisticarum logomachiam defensa, Paris 1625; Dies Domini sive Tractatus de fine mundi, eine lat. Übersetzg. nach R.Eliha ben-David, Paris 1629; Index Codicum MSS. Cabalisticorum, Paris 1651.

GRAESSE 1843, S.46

GAMAHEU (Gamahei, Gamaheos), Ausdruck des → Paracelsus für die Talismanik und die mit ihr verbundenen mag. Operationen (z.B. in der »Philosophia sagax«: wie ein Harnisch vor Wunden schützt, »also vermag die vierte Species Magicae artis solchs zu tun durch Kunst unsichtbar, das die Natur sichtbar vermag. Und diese Kunst heißt mit ihrem rechten Namen Gamaheos«; n. Spunda 1941, S.192. »Ihr wisset, daß die Konstellation und die zusammengeordnete Influenz große Dinge wirket auf Erden, also daß ihr möget machen gamahei für Herren und Stände, gamahei zu erwecken Lieb in wem ihr wollet, gamahei zu Reichtum und zu vielen andern Dingen, und das mit wunderbarlichen Kräften des firmamentischen Laufs am Himmel« etc.). Die → Talismane der (pseudo-)paracelsischen »Archidoxis magica«, im Sinne der → Picatrix konstruiert, sollen die → Sympathic zwischen kosmischen Einflüssen, Metallen und dem Träger des Talismans mit Hilfe von Zauberworten und → Charakteren herstellen. Mit diesen Dingen befaßte sich u.a. → Thurneisser in seinen Berliner Jahren.

In der (pseudo-)paracelsischen Schrift »Aurora Philosophorum« (1605) wird G. von der gr. Wurzel in gameo (ich heirate) abgeleitet: Die »verbündung oder einfliessung der Himlischen kräfft in die undern Irrdische Elementalische Cörper / warde von den Magis und Weisen Gamahea, das ist Verlöbnuß und Matrimonium, der Himlischen kräfft und eygenschafft / mit den undern Irrdischen Cörpern / gleichsam dem Mann und dem Weibe / genennet« (n. Peuckert 1956, S.288). Vgl. hiezu → coniunctio, chymische Hochzeit. Zedlers Lexikon Bd.10/1735 bringt die Definition »G. sind Steine, denen himmlische Kräffte durch wunderbare [→] Characteres, Bildnisse und Figuren einverleibet sind, worauf sonderlich [→] Paracelsus viel gehalten«. Der etymolog. Ursprung ist vielleicht das hebr. gammadim (Ezechiel 27, 10—11), etwa Haus-Amulette, von Luther mit »Wächter« übersetzt.

GAURICUS, Lucas (1476—1558), berühmter it. Mathematiker, Astrologe und apostol. Protonotar, Professor zu Neapel, wurde 1545 zum Bischof geweiht. Berühmt wurde seine Vorhersage, daß der fr. König Heinrich II. nach einem Duell an einer Wunde am Auge sterben würde; dies traf ein, als der König bei einem Turnier durch den Grafen von Montgomery tödlich verwundet wurde und am 29. Juni 1559 starb (ein Ereignis, auf das auch der 35. Vers, 1. Zenturie des → Nostradamus anzuspielen scheint). »Anfangs habe man darüber gespottet, der Ausgang aber habe gezeigt, daß G. nicht gefehlet, wiewohl Gassendus das Wiederspiel versichern will... Er muste endlich über diese Kunst sterben: denn als er Joanni Bentivoglio prognosticiret, er sollte von seinem Vaterlande und Herrschafft verjagt werden, wurde er von ihm ergriffen, an einen Strick gebunden, und 5 Mahl von einem hohen Orte auf die Erde gestürtzet, daß er den 6. Merz 1588 elendiglich umkam« (Zedlers Lexikon Bd.10/1735, Sp.433/34). Diese Erzählung wird jedoch in neueren Werken (z.B. bei Michaud vol.XVI, Ndr. 1967) als Irrtum bezeichnet. — Von seinen zahlr. Werken, die in Basel 1573, 1575 gesammelt erschienen (Libellus isagogicus; Ars mystica de quantitate syllabarum; de Eclipsi miraculosa in Pas-

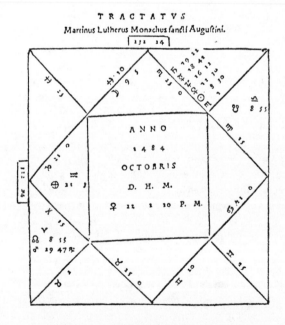

GAURICUS: Horoskop Martin Luthers unter Voraussetzung des Geburtsjahres 1484; vgl. Peuckert 1960, S. 121 ff.

sione Domini, u.a.), wurde besonders das »Prognosticon ab i.C.a. 1503 usque 35« (Mantua 1512) bekannt, das in Hexametern Epidemien, Erdbeben und ähnl. Ereignisse vorhersagt, ebenso im Sinne der → Mundanastrologie it. und fr. Städte charakterisiert und für 1523 eine → coniunctio aurea ankündigt; diese trat aber erst 1524 ein. Über G. sind, wie über Joh. → Faust, Zaubersagen im Hinblick auf Teufelsbündnerei überliefert. — Der Bruder von Lucas G., Pomponius G., befaßte sich nicht nur mit Literaturgeschichte, sondern auch mit Physiognomik (→ Gratarolus).

GEBER, im MA. übliche latinisierte Form des Namens von Jâbir (Dschâbir) ibn Hayyan (oder ben Haiyan), der im 8.Jh. gelebt haben und eine große Zahl von alchemist. Büchern verfaßt haben soll. Der Überlieferung nach war G. ein → Sabier von Harrân, weshalb er oft den Beinamen »al-Harrâni« trägt. Neuere Forschung neigt dazu, einem histor. G. nur das »Buch der Barmherzigkeit« zuzuschreiben, während man die übrigen Traktate meist als → spurios auffaßt. Der Name G. soll nach Kraus 1942/43 von einer ismaelitischen Sekte, die sich mit myst.-mag. Themen befaßte, als gemeinsames Pseudonym gebraucht worden sein. Weitere G.-Texte wie »Das Buch der Schmelzöfen« (Liber fornacum), »Das vollkommene Magisterium« u.a. scheinen um 1310 von einem span.-arab. Gelehrten verfaßt worden zu sein. Nur ein Teil der G.-Schriften wurde bisher ediert und veröffentlicht. Die gemeinsame Grundauffassung ist die, daß die Metalle biologisch reifen und sich entwickeln können, und daß es die Aufgabe des Alchemisten sei, den Wandlungsprozeß von »unedlen« zu »edlen« Metallen (also in Gold und Silber) so zu beschleunigen, daß er nicht in Jahrtausenden, sondern in kurzer Zeit vor sich gehen könne — eine Lehre, die in der Alchemie einen zentralen Platz einnimmt.

Auf das G.-Corpus geht auch die Auffassung zurück, daß die Metalle aus → sulphur (Schwefel) und → mercurius (Quecksilber) bestünden (→ Paracelsus fügte → sal als dritten Baustein hinzu). Auf welche Weise diese beiden Grundbestandteile die verschiedenen Metalle bilden, stellt G. in der 'Summa perfectionis' ausführlich dar. Gold enthält den feinsten Mercurius und wenig roten Sulphur; Silber reinen Mercur und reinen weißen Sulphur; Eisen erdigen, nicht reinen weißen Sulphur und ebensolchen Mercur, Kupfer groben, roten, unreinen und zum Teil unfixen Sulphur nebst grobem Mercur; Zinn und Blei weißen Sulphur und Mercur, welche jedoch bei letzterem von gröberer Natur als bei ersterem sind. Die ungleichen Eigenschaften der Metalle beruhen also auf den ungleichen Eigenschaften ihrer Grundbestandteile sowie auf der Verschiedenheit der Mengenverhältnisse derselben, weshalb durch Ab- oder Zutun derselben ihre chem. Behandlung und eine Metallverwandlung möglich wird«. (Kiesewetter 1895/1977, 31—32). Die Mittel, die eine Metallverwandlung bewirken, nennt G. »Medizinen«

und unterscheidet solche erster Ordnung (natürliche Rohmaterialien), zweiter Ordnung (chemisch vorbehandelte Stoffe) und dritter Ordnung: den »Stein« oder »Elixir«, der unedle Metalle in Gold oder Silber verwandeln könne. »Doch sagt er nirgends, daß er sie zu bereiten wisse, und trägt das Gesagte nur theoretisch vor« (Kiesewetter l.c.). Hier finden wir auch die Lehre von der Herstellung des → Elixirs. Neben den alchemist. Theorien enthalten die G.-Bücher auch zahlr. praktische Anweisungen, etwa betreffend die Darstellung von mineralischen Säuren, die Trennung von Gold und Silber, die Reinigung der Reagenzien und die Ausrüstung von chem. Laboratorien. Eine der bekanntesten Ausgaben trägt den Titel »Geberi philosophi ac alchimistae maximi, de alchimia libri tres« (Straßbg. 1529), eine andere »Enarratio methodica trium Geberi medicinarum« (Amsterdam 1678). Nach Sudhoff und Lippmann ist ein Teil der unter G.s Namen veröffentlichten Schriften (Liber de Summa perfectionis, Liber de investigatione perfectionis, Liber de inventione veritatis) im MA. nicht in Spanien, sondern in Süditalien entstanden; das erstgenannte Werk ist enthalten in dem Sammelband »De Alchemia«, Nürnbg. 1541. — Vgl. M. Plessner, Geber and Jabir etc., in »Ambix« Vol. XVI, No.3, Nov. 1969. Über Jabir, den arab. G., vgl. Holmyard 1968, S.68 ff., über den lat. G. ebd. S.134 ff.; Schipperges bei Ploss et al., München 1970, S.84 ff.

DARMSTÄDTER 1922; GOLDSCHMIDT 1939; KRAUS 1942—43

GEILER VON KAYSERSBERG (Geyler von Keisersberg), Johann, 1445—1510, berühmter dt. Kanzelredner, einer der originellsten und gebildetsten Männer seiner Zeit, gilt als Vorläufer des Abraham a Sancta Clara. Nach Studien in Freiburg und Würzburg wurde G. 1478 Domprediger zu Straßburg. Seine Schriften enthalten eine Fülle von wertvollem volkskundl. Material; in Grimms Dt. Mythologie wird vor allem sein posthum veröffentl. Buch »Die Emeis. Dis ist das Buch von den Omeisen«, Straßbg. 1516, 1517, erwähnt, das in Anlehnung an den »Formicarius« des → Nyder über den → Hexenglauben seiner Zeit berichtet: z.B. über die nächtl. Ausfahrt der Hexen, ihren Wetterzauber usw. — »Sein Tod soll ihm vorher von einer Jungfer von Augspurg, welche damahls sich aller Speise enthielt, schrifftlich seyn prophezeyet worden, darüber er sich nicht entsetzet, sondern gewünschet haben soll, aufgelöset zu werden und bey Christo zu seyn« (Zedlers Lexikon Bd.10/1735). Vgl. v. Ammon, G.v.K.s Leben, Lehren und Predigten, Erlangen 1826; R. Cruel, Gesch.d.dt.Predigt im MA., Detmold 1879, Ndr. Hildesh. 1966; Emeis, zur Geschichte des Volksaberglaubens im Anfang des XVI. Jahrhunderts... hrsg. v.A. Stöber, Basel 1856.

GEMATRIE, ein kabbalist. Kunstgriff wie → Notarikon und → Temurah; es handelt sich hier darum, den Zahlwert bestimmter Wörter durch Addition ihrer Quersumme zu ermitteln, der sich aus den Zahlbedeutungen der hebr. Buchstaben

Curieuse und ganz neue Art zu Punctiren.

Aus dem Arabischen ins Deutsche übersetzet von einem Liebhaber dieser Kunst.

Mit allergnädigstem Privilegio.

GEOMANTIE: Titelseite eines »Punctirbuches« aus dem 18. Jh.
(Ndr. Darmstadt 1968)

ergibt (Aleph — 1, Beth — 2, Lamed — 30, Tau — 400 usw.). Die vier Buchstaben des Gottesnamens JHVH (10, 5, 6, 5) ergeben danach 26, was zum Angelpunkt vieler mag. Operationen im Sinne der kabbalist. → Theurgie wurde. Bei dem Versuch, »daraus einen geheimen oder besondern Verstand zu nehmen« (Zedlers Lexikon Bd.10/1735), wurde z.B. das Gewicht des Goldenen Kalbes mit 125 Talenten errechnet. Auch Additionsfehler kamen nicht selten vor. Kabbalist. Magier bemühten sich häufig, aus Wörtern mit gleichem Zahlwert, wie ihn z.B. der Name der zu beeinflussenden Person hatte, durch Verbindung neue spezifische Zauberworte zu bilden. Ebenso diente die G. dazu, aus dem A.T. geheime Namen herauszufinden; z.B. aus I. Mosis, 18,2 »Vehenna Shalisha«, d.h. »und siehe, drei Männer« errechnete der Kabbalist den Zahlwert 701, denselben wie von »Elo Mikael Gabriel ve-Raphael«, d.h. »diese sind Michael, Gabriel und Raphael«, wodurch er nachgewiesen zu haben glaubte, wer die drei Männer eigentlich gewesen wären. Das Wort Gematrijjah ist lt. Schedl 1969, S.149, »eine hebraisierte Form des gr. Wortes Geometria. Man behauptet gewöhnlich, daß die Berechnung des Zahlenwertes eines Wortes aufgrund des Zahlenwertes der einzelnen Konsonanten erst späteren Ursprungs sein soll; die formkritische Untersuchung hat jedoch gezeigt, daß zahlensymbolische Gesichtspunkte bei der Formung und Reihung der Sprüche [des Talmud] bestimmend waren. Dies dürfte G. vor allem meinen, die Kunst nämlich, Texte als symbolisches Ganzes mit Hilfe von Leitzahlen zu ordnen«. Vgl. gematr. Verfahren (Zahl 666) → Abraxas.

LEHMANN 1908; SCHEDL 1967; SCHOLEM 1962

GEOMANTIE, eine kulturhist. interessante Disziplin der → Mantik, erwähnt u.a. in der »Occulta Philosophia« des → Agrippa von Nettesheim (II. Buch, Kap. 48). Es handelt sich um die uralte, aber noch in neuerer Zeit geschätzte »Punktierkunst«, bei welcher der Wahrsager rasch und ungezielt 16 Reihen von Punkten in Wachs, Sand, Ton oder auf Papier macht, die dann mit Hilfe eines aus 12 Feldern bestehenden Quadrates, des »geomant. Spiegels«, geordnet und nach astrolog. Gesichtspunkten interpretiert werden (Parallelen in China, Westafrika, Vorderasien). »Wer von der Ungewißheit dieser Kunst will vollkommen überzeuget seyn, lege nur zween Geomantisten eine und eben dieselbe Frage vor, so wird er gewahr werden, wie sie nimmermehr ... in Entwerffung der Puncte übereinkommen werden; also ist es unmöglich, daß sie einerley Figuren bekommen, und einerley Antwort geben solten« (Zedlers Lexikon; ausführl. Beschr. d. G. in Bd.29/1741, Sp. 1609—14). Vgl. Buddaeus, J.F.: »Theses theologicae de atheismo et de superstitione« (Jena 1716, dt. 1717, 1732); Peucer(us), C.: »De praecipuis divinationum generibus« (Zerbst 1591, Frankf. 1607); »Tabulae novae Geomanticae ex Ms. de anno 1535«, ed. Zunerus, Frankf. 1692; ferner den unter dem Namen Valentin → Weigels veröffentl. Traktat »Geomantia Nova« (zus. mit »Clavicula Salomonis,

Semiphoras et Schemhamphoras Salomonis« und → »Arbatel de magia veterum«, Wesel 1686). Kurze Beschreibung der G. bei Lehmann 1908, S.214—16. H.
de Pisis: Opus Geomantiae, Lugduni 1638. Weitere bibliograph. Hinweise bei W.
Abraham, Studien zu einem Wahrsagetext d. späten MA., Hess. Blätter f.
Volkskde. 59/1968, S.15. Der in der neueren esoter. Lit. gebrauchte Sinn des Ausdruckes »G.« (Beachtung von »Kraftfeldern der Erde«, die es zu respektieren gilt)
hat mit der traditionellen Definition des Begriffes nichts zu tun. J. Bolte, Zur
Gesch. der Punktier- und Losbücher, Jahrb. f. hist. Volkskde. 1/1925. Vgl. auch
R. Jaulin, Sur la géomancie, in: La Divination II, Presses Uiv. de France, Paris
1968, p.473—511.

GRAESSE 1943, S.104—11, 151

GILES DE RAIZ (Rais, Rays), auch G. de Laval, 1404—40, wahrsch. das histor. Vorbild der Blaubart-Figur (»Barbe bleue« in Charles Perraults Sammlung »Contes
de ma mère L'Oye«, Erstdr. 1697), fr. Marschall, der an der Seite der Jungfrau von
Orléans gegen die Engländer kämpfte. G. war sehr prunkliebend und wirkte als
Förderer von Musik und Dichtkunst, bis ihm maßlose Verschwendungssucht
finanzielle Schwierigkeiten bereitete. Er suchte sein Heil zuerst in erfolglosen
alchemist. Experimenten, später in Zauber und nekromantischer Beschwörung;
dabei scheint er in Kontakt mit satanist. Zirkeln gekommen zu sein, die ihn
schließlich zum vielfachen, monströsen Kindermörder werden ließen. Das Volk
der Umgebung seines Schlosses Champtoce (auch Chantocé) verdächtigte G. zu
Recht grausamer Menschenopferriten. Er wurde 1440 sakrilegischer Verbrechen
angeklagt und durch den Bischof von Nantes und Pierre de l'Hôpital, den Vorsitzenden des breton. Parlaments, verhört. Nach einem nicht in jeder Hinsicht klaren Gerichtsverfahren wurde G. am 26. Oktober (nach anderen Quellen am 23.
Feber) 1440 zu Nantes, zusammen mit zwei Mitschuldigen, durch den Strang hingerichtet, wegen beim Prozeß gezeigter Reue jedoch in geweihter Erde begraben.
Die Prozeßakten veröffentlichte D.G.A. Robineau (»Hist. de Bretagne«, T.I) Paris
1707. Die Volkssage machte aus dem Kinder- einen Frauenmörder. Vgl. E. Bossard, Gilles de Rais, maréchal de France etc. Paris 1885. Tondriau-Villeneuve 1968,
S.275—79. G. Zacharias, Satanskult etc., erwähnt die Deutung der Figur des G.d.
R. im theolog. Sinne durch den Schriftsteller Huysmans: »Dieser Mann war... ein
echter Mystiker... Der Umgang mit Jeanne d'Arc hatte sicherlich den Auf-
schwung seiner Seele zu Gott zur Überspannung gebracht... Er hat die Leiden-
schaftswut der Gebete ins Gebiet des Abwegigen verpflanzt... Es läßt sich ein
Stolz denken, der im Verbrechen die gleiche Wertstärke erreichen will, die ein Hei-
liger in der Tugend gewinnt...« (in »Là bas«).

GLANVILL (Glanvil), Joseph, 1636—80, engl. Philosoph, »ein wahrhaftiger, geistreicher und achtbarer Mann« (Görres), war Hofkaplan von König Karl II., Minister und Mitglied der Royal Society. Seine philos. Werke sind dadurch bedeutsam, daß G. noch vor Hume die Ausschließlichkeit der Kausalität in Frage stellte. Sein Werk »Plus Ultra or the Progress and Advancement of Knowledge since the Days of Aristotle« wird als die erste Geschichte der Wissenschaft im modernen Sinne bezeichnet. Im Hinblick auf dogmatische Sätze war G. Skeptiker, verteidigte aber nachdrücklich den Glauben an übernatürliche Ereignisse, an Geister, → Kobolde und Hexen, so vor allem in seiner Schrift »A Philosophical Edeavour Towards the Defense of the Being of Witches and Apparitions« (1666, 1700), die in der posthum erschienenen Ausg. 1681 unter dem Titel »Sad(d)ucismus Triumphatus« sehr bekannt wurde (auch »Sadducismus Triumphans; or a full and plain Evidence concerning Witches and Apparitions; with some Acct. of the Author's Life and Writings, by Dr. Henry More«, 1681; 1682, 1726. Mehrere Übersetzungen z.B. dt. »Vollkommener und klarer Beweis von Hexen und Gespenstern«, 1701). H. R. Trevor-Roper (1969, 108) resümiert: G. (Glanville) »used scepticism positively to reinforce belief in witchcraft«. — Ein Teil des hier zitierten Materials ist bereits enthalten in »A Blow at Modern Sad(d)ucism«, 1666, 1667, 1688. G. hielt Gedankenübertragung für möglich und zog zu ihrer Erklärung die Existenz einer »Weltseele« heran, gleichzeitig aber eine »mechanistische« Hypothese (Bender 1966). Geistesgeschichtl. interessant ist in diesem Zusammenhang sein Werk »The Vanity of Dogmatizing, or Confidence in Opinions« (1661, Ndr. New York 1931). Die moderne parapsycholog. Forschung zählt G. zu einem ihrer Vorläufer.

COPE 1956; GRAESSE 1843, S.58/59

GLAUBER, Johann Rudolf (1604—70), der »Paracelsus des 17.Jhs.«, ein Alchemist, der durch seine 1658 erfolgte Darstellung des Natriumsulfates (»sal mirabile Glauberi«, Glaubers Wundersalz, heute kurz Glaubersalz) bekannter wurde als durch seine Forschungen auf dem Gebiet der → Chemiatrie. G. verbesserte mehrere chem. Arbeitsweisen, etwa die Abscheidung von Salzen aus flüchtigen Säuren. Seine chemiatrischen Geheimmittel (→ Arcana) waren sehr gesucht und wurden hoch bezahlt. G. verfaßte mehr als 40 Bücher, die trotz ihrer lat. Titel in deutscher Sprache geschrieben sind. Die bedeutendsten davon sind: »Furni novi philosophici« (5 Bde., Amsterdam 1648), »Opus Minerale«, Frankf. 1651, »Miraculum mundi« (2 Bde. Amsterd. 1653) und »Pharmacopoea spagyrica« (Amsterd. 1654—67). Eine Gesamtausgabe, in der auch nationalökonom. Werke enthalten sind, erschien in 7 Bden. (Amsterd. 1661), eine Kurzfassung davon (»Glauberus concentratus«) in Leipzig und Breslau 1715, Ndr. Ulm 1961. In Adelungs »Geschichte der Chemie« wird G. zu Unrecht als Scharlatan bezeichnet, und erst in unserer Zeit wurde gewürdigt, daß er nicht nur in technolog. Hinsicht zahlreiche brauchbare Verfahren entwickelte, sondern auch Entdeckungen viel späterer Zeit vorwegnahm (Salpeter- und Ammoniumsalze als Kunstdünger, Rubinglas, Benzol, Phenol, Chloräthyl u.a.). Außer dem noch heute pharmazeutisch verwendeten G.-Salz fand G. auch die rauchende Salpetersäure (Starckwasser, Spiritus nitri fumans Glauberi), den Höllenstein, das als grüne Farbe verwendete Kupfertartrat u.a. Chemikalien. Vgl. E. Pietsch: Johann Rudolf G., 1956. Kiesewetter (Geheimwissenschaften, Ndr. 1977) weist darauf hin, daß G. die Alchemie »nicht als eine Quelle unerschöpflicher Reichtümer, sondern als wissenschaftliches Problem« ansah, »bei dessen Realisierung kein großer Gewinn herauskomme«, wie Zitate aus seinen Werken beweisen: »Auch bekenne ich wahrhaftig, daß ich noch zur Zeit nicht den geringsten Nutzen in Verbesserung der Metallen damit nicht gehabt...« (in »Furni novi philosophici«).

ERD 1968

GLOCKE, magische. Nach dem Volksglauben hat der Klang der G. große Macht und vermag etwa den → Wetterzauber unwirksam zu machen (»fulguras frango«). Außer den Wetterhexen sollen auch Zwerge, Riesen und (der) Teufel den Klang der G. fürchten (vgl. Grimm, Dt. Mythologie, Ndr. 1953, S.854, 908). Eine besondere m.G. als Mittel zur Beschwörung von Geistern der planetarischen Region (→ Theurgie) beschreibt ein Ms. im Besitz des Medizinhistorikers Karl Sudhoff (1893—1938; vgl. Peuckert 1956, S.475/76). In dieser Hs. mit dem Titel »Theophrasti Geheimnüß De Campana Phylosophica« heißt es, die m.G. sei am Geburtstag ihres Benützers zu gießen, an einem dies Jovis (Donnerstag) Gott und den 7 Planetengeistern zu weihen, dann nach besonderen Gebeten dreimal zu läuten und dabei zu sprechen: »Du Geist N. ich begehr auf mein fordern und durch diesen deinen Namen mir augenscheinlich zu erscheinen, — dann erscheint der Geist gehörig bekleidet, setzt sich und schreibt mit der bestimmten Tinte das auf, was man will, und antwortet, was man will«. Ähnliche Glocken werden in der pseudoparacelsischen »Archidoxis magica« und in → Zauberbüchern beschrieben: z.B. in »Geheimnüß aller Geheimnisse«, 1686, in dem Abschnitt »Von denen Magischen Glocken der Engeln, die sieben Fürsten der Planeten, auch die Thron Engel zu citiren«. Volkskundl. Material bei J.Pesch, Die G. in Geschichte, Sage, Volksglaube und Volksdichtung. Dülmen 1919. Über die »Armsünderglocke« und apotropäische Sinngebung der G. im allg. s. P.Sommer, Scharfrichter v. Bern, Bern 1966. Vgl. auch H. Otte, »Glockenkunde«, 2. Aufl. Leipzig 1884; P. Sartori, »Glockensagen und Glockenaberglaube«, Zeitschr. f. Volkskde., Bd. 8; Stichwort »Glocke« in Bächtold-Stäubli Bd.III (A.Perkmann), desgl. Stichw. »Hagelzauber«.

GLUTEN, bedeutet in der Alchemie nicht Glut, sondern (vom lat. glutina) Leim, im weiteren Sinne einen gel-artigen Aggregatzustand. So ist etwa in der pseudo-paracelsischen Schrift »Libellus de Tinctura Physicorum« davon die Rede, »das rosenfarbene Blut des Löwen und weiße Gluten des Adlers zu nehmen und beide darnach zu koagulieren... Auf diesem Wege entstehe die Tinktur« (Peuckert 1956, S.253). »Gluten Aquila« ist lt. Zedlers Lexikon Bd.10/1735 »bey denen Chymisten so viel, als Sal artis, welches Mann und Weib beständig copuliret« (als Kopulation wird allg. jede chem. Verbindung bezeichnet, → Chymische Hochzeit). Für G. oder Colla steht auch »Gummi« oder »Harz«. Doberer (Goldsucher, München 1960) erklärt »Adlers G.« als Antimonchlorid; → Aquila.

GNOSIS, treffender »Gnostizismus«, Sammelbezeichnung mystischer Lehren der Spätantike im Sinne einer theosoph. Gläubigkeit. Ein nahassenischer Text sagt: »Anfang der Vollendung ist die Erkenntnis des Menschen, die unbedingte Vollendung aber ist die Erkenntnis (Gnosis) Gottes«, wobei der Mensch selbst in die Höhen der Gottheit emporgehoben wird. Schon in vorchristl. Zeit gebräuchlich, wird der Ausdruck G. heute im engeren Sinne vorwiegend für die Glaubenswelt zahlr. Sekten angewendet, die vorwiegend im nordafrik.-oriental. Raum in der Spätantike blühten (bes. im 2.Jh.n.Chr.) und dabei synkretistisch jüdische, heidnisch-platonische und christliche Elemente verschmolzen. »Die Form der gnost. Spekulation ist nicht der reine Begriff, sondern die phantast. Vorstellung, welche die einzelnen Momente des religiösen Prozesses zu fingierten Persönlichkeiten hypostasiert, so daß eine halbchristl. Mythologie sich ausbildete« (B. Geyer 1927, S.26). Im Sinne eines ausgeprägten Dualismus wird die Seele als Gefangene der als prinzipiell böse aufgefaßten Materie angesehen (ähnl. Gedankengänge sind schon in den wohl essenischen »Schriftrollen vom Toten Meer« nachweisbar). Die Schöpfung der Körperwelt dient nicht der Verherrlichung Gottes, sondern ist das Ergebnis eines Abstieges und daher nicht dem Urgott selbst, sondern einem Zwischenwesen (Demiurgen) zuzuschreiben. Der Erlöser, ein mit dem Schöpfer in keiner Weise identisches Geistwesen, ruft die vom göttl. »pneuma« durchdrungenen Menschen auf, an der Überwindung der materiellen Welt mitzuwirken.

Im Sinne dieser Geisteswelt ist die menschl. Seele nicht Produkt eines Schöpfungsaktes, sondern hat als Geistwesen und Teil der göttl. Substanz (pars divinae substantiae) präexistiert, ehe sie — ihre wahre Natur vergessend — in die Körperwelt einging, jedoch mit dem nur dem Wissenden bewußten Auftrag, diese als Illusion zu erkennen und zugunsten ihrer geistigen Urheimat aufzugeben. »Die Leiblichkeit, die Vielheit und die Zeitlichkeit resorbieren sich unter dem Blick dessen, der da weiß. Man muß den Leib fliehen, um in unsere teure Heimat zurückzukehren... Ein Universum im Wechsel von Umwälzungen und Expansionen, mit unbegrenzten Degradationen und Regradationen«, referiert C. Tresmontant (Sittl.

Existenz bei den Propheten Israels, Freibg. 1961). Ein gutes Resümé über die Lehren der G. findet sich bei L. Atzberger, Gesch. d. Christl. Eschatologie, Ndr. Graz 1970, S.193: Der Autor erwähnt »die Verschiedenheit des höchsten Gottes vom Weltschöpfer (absolute Transcendenz des erstern, Entgegensetzung von Erlösung und Schöpfung); die Trennung des höchsten Gottes vom Gotte des AT... Die Annahme von Aeonen (realen Kräften und himmlischen Personen), in denen sich die absolute Gottheit entfaltet; die Anschauung, daß die gegenwärtige Welt aus einem widergöttlichen Unternehmen (Sündenfall) entstanden und das Produkt eines bösen oder mittleren Wesens sei; die Auseinanderreißung der Person Jesu Christi in den himmlischen Aeon Christus, der eine bisher unbekannte Gottheit verkündet, und die menschliche Erscheinung desselben; die Annahme eines von Natur gesetzten Unterschiedes der Menschen (Pneumatiker, Psychiker, Hyliker)... Für die Gegenwart konnte dem Gnostiker das Heil wesentlich nur erscheinen als der Besitz der rechten Erkenntnis und Aufklärung; von der Zukunft konnte er nichts erwarten als die Befreiung des Geistes von der Materie und die Einführung desselben in das pneumatische Pleroma«.

Eine nicht unbedeutende Rolle spielen in den meisten gnost. Systemen Spekulationen um die Qualitäten »Männlich« und »Weiblich« und die Frage, ob der Schöpfergott, der die Menschen einerseits »nach seinem Ebenbild« und andererseits »männlich und weiblich« schuf, zugleich als »Vater« und als »Mutter« aufzufassen sei, also als → Androgyn. »Gnostische Quellen verwenden fortwährend sexuelle Symbole zur Beschreibung Gottes... statt einen monistischen und männlichen Gott zu beschreiben, sprechen viele Texte von Gott als einer Zweiheit, die maskuline und feminine Elemente in sich vereinigt« (Pagels 1981, 91). Beim Gnostiker Valentinos ist »das Schweigen« weiblich und empfängt gleichsam als Mutterschoß den Samen der »Unaussprechlichen Quelle«, und es bringt dann die Emanationen des göttlichen Seins hervor, die in der Folge in den harmonischen Paaren von Wesenheiten aus männlicher und weiblicher Energie im Sinne des Weltenplanes wirken. Die kultische rituelle Praxis der verschiedenen gnost. Systeme umfaßte ein breites Spektrum von Verhaltensweisen, die von konsequenter Askese als Mittel einer Beendigung des Abstiegs in die geistfeindliche Materiewelt und einer Rückkehr in das Reich des reinen Geistes bis zu orgiastischen Exzessen reichen. Diese sollten nicht zu normalen Zeugungen und einer Fortsetzung der Kette des Lebens in der Materiewelt führen, sondern durch Pervertierung der Sexualität die vom Geist wegführende Körperwelt schwächen und ad absurdum führen. Vielfach wurde in neuerer Zeit die Ablehnung der Geschlechtlichkeit in den patristischen Epochen des sektenfeindlichen orthodoxen Christentums als konsequente Reaktion auf die exzessiven Richtungen der G. aufgefaßt. Da die Chronisten vorwiegend aus dem »feindlichen« Lager stammen, ist quellenkritisch kaum zu klären, in welchem Ausmaß der Vorwurf einer pervertierten Sexualität, der zahlreichen gnost. Richtungen gemacht wurde, berechtigt war. Die echten gnost. Texte, etwa jene aus dem Nag-Hammadi-Fund, ab 1950 publiziert, lassen eine Unterscheidung von allegorischen und wörtlich gemeinten, in die Ritualpraxis übernommenen Inhalten kaum zu. Sie »repräsentieren eine solche Vielfalt gnostischer Denk- und Verhaltensweisen, wie wir sie bisher nur ahnen konnten... Die Herausbildung der Orthodoxie war ein langwieriger Prozeß, der... aus einer Vielfalt frühchristlichen Denkens und Handelns herauswuchs. Diese gleichberechtigte Vielfalt, zu der auch die christlich-gnostische Richtung gehörte, wurde erst im Laufe der Auseinandersetzung zu Ketzerei und Häresie erklärt« (Rudolph 1980, 57). Viele gnost. Texte lehnen Rituale orgiastischen Charakters, in deren Verlauf mit Menstrualblut und Sperma manipuliert wurde, ausdrücklich ab (Rudolph 1980, 258—259). Die einschlägige Symbolik lebte jedoch unverkennbar in der Doktrin der → Alchemie fort.

In der volkstüml. Ausprägung dieser Lehren spielen → Zahlenmagie und -mystik, Wortmagie (→ Zaubersprüche, → Zauberpapyri), ein ausgeprägter Dämonenglaube und Nachklänge altorientalischer → Astrologie eine große Rolle. Wichtige Quellen sind die N.T.lichen Apokryphen (z.B. Apokryphon Johannis, aus dem frühen 2.Jh.; »Evangelium Veritatis«, engl. Ed. von Grobel 1960) und die »Pistis Sophia«, ein kopt. aufgezeichnetes Dokument aus dem 3.Jh. (Ed. W. Till 1954), das den Leidensweg der in die Finsternis verschlagenen Weisheit schildert, das »belangreichste, aber doch schon endlos weitschweifige, wirre und schemenhafte Buch« (Schultz 1910). In dem betr. Schrifttum, bes. der Verfallszeit, vereinigt sich Zaubergläubigkeit und Systemstreben zu höchst komplizierten Synthesen; »man ordnete den Weltherrschern, Engeln und Dämonen Schätze, Türen, Schlösser, Siegel, Geheimnisse zu und ließ die Gläubigen mystische, meist völlig sinnlose Namen auswendiglernen, die ihnen die Türen öffnen, die Siegel lösen, die Schlösser erschließen, die Geheimnisse offenbaren und die Schätze zu eigen machen sollten. Auch ließ man sie dabei → Amulette verwenden, auf denen geheimnisvolle Zeichen eingegraben waren«, (→ Characteres) »mittels welcher die gefährlichen überirdischen Gewalten gebannt werden sollten« (Schultz 1910, S.187).

Die G. drohte zeitweilig das gesamte Christentum zu überfluten, (vgl. W. Eltester [Hrsg.]: Christentum u. G., Berlin 1969) und ihre Begriffswelt ist in den Schriften von Clemens von Alexandrien (ca. 150—215), Origenes (ca. 185—254) und Tertullian (ca. 150—220) nachweisbar. Erst die innere Festigung des Katholizismus und die entschiedene Stellungnahme der »Häresiologen« (Justin d. Märtyrer, Irenäus, Hippolyt) konnte die in sich uneinige G. überwinden. Starke Anklänge an ihre Geisteswelt finden sich im → Neuplatonismus und Manichäismus, und viele ihrer Elemente lebten noch lange bei → Bogumilen und Katharern, in der Magie des MA.s und bes. in der → Alchemie fort, was wohl in erster Linie die dort feststellbare absichtlich verhüllende Allegorik erklärt. Vgl. → Hermes Trismegistos, → Abraxas, → Ouroboros. — Guter älterer Überblick: E. Wilh. Möller, Gesch. der Kosmologie in der griechischen Kirche bis auf Origenes, mit Specialuntersuchung über die gnost. Systeme, Halle 1860. — Neuere Lit.: H. Jonas, The Gnostic Religion, Boston 1963; R.M. Grant, Gnosticism and Early Christianity, New York 1966; R. C. Zaehner, The Teachings of the Magi, London 1956.

FESTUGI E RE 1945—49; GEYER 1927; HAARDT 1967; LEISEGANG 1941 (1955); SCHULTZ 1910; RUDOLPH 1980; PAGELS 1981.

GOBINEAU de Montluisant (Mont Luisant), Sieur Esprit, fr. Dichter und Alchemist des 17.Jhs., Autor des Buches »Explications trés curieuses des énigmes et figures hiéroglyphiques qui sont au grand portal de Notre Dame de Paris« (1685), das eine alchemist. Deutung der MA. Architektur-Details darstellt. Sie geht auf eine genaue Untersuchung der Figuren im Jahr 1640 zurück. Diese Arbeit ist enthalten im 4. Bd. der »Bibliothèque des Philosophes Chimiques« von Lenglet-Dufresnoy. — G. führt den von ihm im Sinne der alchemist. Allegorien verstandenen Plastik-Schmuck der Kathedrale auf den in den geheimen Wissenschaften bewanderten → Wilhelm von Paris zurück. Ausführl. Lit.-Angaben bei Van Lennep o.J., Kap. »A l'ombre des églises«, S.146 ff.

GOCLENIUS, Rudolphus, 1572—1621, Sohn des Philosophen gleichen Namens (1547—1628), wirkte in Marbg. a.d.L. als Professor der Physik und Mathematik, wurde jedoch bekannter durch seine Bücher über mag. Heilmethoden und über → Chiromantie: »Tractatus de portentosis, luxuriosis ac monstrosis nostri saeculi convivis«, Marbg. 1609; »Physiognomica et chiromantica specialia«, Halle 1652, incl. Metoscopia, Hambg. 1661, dt. ebd. 1692; »Memorabilia experimenta et observationes chiromanticae«, Hambg. 1651; »Aphorismum chiromanticus tractatus«, Lich. 1597; »Uranoscoporum et cheiroscoporum descriptio«, Frankf. 1618.

GODELMANN (Gödelmann), Johann Georg, 1559—1611, aus Schwaben stammender dt. Jurist, Prof. in Rostock, Hofrat in Dresden, comes palatinus. G. wurde vor allem berühmt durch sein Buch »De Magis, veneficiis et lamiis tractatus«, Frankf. 1601, 1691; Nürnbg. 1676; dt. von G. Nigrinus (»Bericht von Zauberern, Hexen und Unholden«), Frankf. 1592 (auch in Horsts Zauber-Bibliothek, 5.Abtlg./IX). »Die Hexen«, schreibt G., »gestehen entweder Mögliches, nämlich daß sie Menschen und Vieh durch mag. Kunst und Zauberei getötet haben; falls sich dies bewahrheitet, sind sie nach Artikel 109 der (→) Carolina zu verbrennen. Oder sie gestehen Unmögliches, daß sie z.B. durch einen engen Schlot zu den Sabbathen durch die Luft gefahren seien, sich in Tiere verwandelt und mit dem Teufel gebuhlt haben. In diesem Fall sind sie nicht zu bestrafen, sondern im Gegenteil aus dem Wort Gottes besser zu unterrichten. Oder sie gestehen, daß sie einen Pakt mit dem Teufel geschlossen haben, in welchem Fall sie... mit Staupenschlag, Landesverweisung oder — wenn sie bereuen — mit Geldstrafe zu belegen sind«. Es handelt sich um ein differenziertes Akzeptieren des Glaubens an Hexerei.

KIESEWETTER 1895/1977

GOËTIE (gr. Goēteia) wird meist eine besonders verwerfliche Art der Zauberei bezeichnet, und zwar vorwiegend die → Nekromantie oder Totenbeschwörung, daneben auch in allgemeinerem Sinne die Beschwörung dämonischer Wesen mit Hilfe »blasphemischer« Riten (→ Nigromantie). In der neueren Zeit, etwa in Zedlers Lexikon Bd.43/1745, Sp.1290, wird die G. der → Theurgie gegenübergestellt, wobei erstere sich mit bösen, die andere mit guten Geistern befasse (nach Jamblichus, Proclus und Porphyrius). Für G. findet man häufig die Einstufung in den Bereich der »Magia innaturalis, prohibita, diabolica« (→ Magie). In Zauber- und → Hexenprozessen fällt die G. unter den Begriff → »Maleficium«, Vgl. A. E. Waite: The Book of Ceremonial Magic, incl. the Rites and Mysteries of Goëtic Theurgy etc., London 1961 (Teil 2: → Grimoire).

GOLD- UND ROSENKREUZER, Fraternitas Rosae Crucis Aureae, abgekürzt FRCA. Der »Orden der → Rosenkreuzer« erfuhr um die Mitte des 18.Jhs. eine Neubelebung durch den schles. Prediger Samuel Richter, der 1710 unter dem Pseudonym → Sincerus Renatus Theophilus das Buch »Die Wahrhaffte und Vollkommene Bereitung des philosophischen Steines der Bruderschafft aus dem Orden des Gülden − und Rosen Creutzes« veröffentlicht hatte (→ Fictuld). Hier wird erstmals nachweisbar das Symbol »Gold« in Verbindung mit jenem des Rosenkreuzes gebraucht; der Orden erscheint in die beiden Zweige des Goldkreuzes (Symbol: grünes Kreuz) und des Rosenkreuzes (Symbol: rotes Kreuz) geteilt, was auf die theosophische und die »philosophische« Art des Strebens nach dem → Stein der Weisen hinweisen soll (→ Fictuld). Gerade in der Zeit der »Aufklärung« waren jene mystischen Tendenzen stark verbreitet; ein Prager Zirkel des G.- u. R.-Bundes wurde 1764 durch ein landesherrl. Edikt aufgehoben; der Bund, zum Teil mit freimaurerischen Logen in Verbindung, konstituierte sich 1767 und 1777 neu. Unterschieden wurden 9 Grade: Junior, Theoreticus, Practicus, Philosophus, Adeptus minor, Adeptus maior, Adeptus exemptus (Kenntnis des Steines der Weisen, der Kabbala und der Magia naturalis), Magister (Bereiter des → Steines der Weisen) und Magus. Den Ordensinhalt bildet ein »System von Alchemie, Magie, kabbalist. Gedankengängen und christl. Mystik« (Lennhoff/Posner). Zentrum des Bundes war eine Zeitlang Wien (Dietrichstein, Steeb, Bacciochi), später Berlin

(Christoph v. Wöllner, Gen. J.R. von Bischoffwerder), wo auf den unter dem Namen Ormesus Magnus 1781 aufgenommenen Friedrich Wilhelm II. beträchtlicher Einfluß ausgeübt wurde. Bei dem gespenstischen Ritual verzichtete man nicht auf mit Hilfe von betrügerischen Apparaturen und Bauchrednern hervorgerufene Effekte. 1787 wurde der Bund durch das »Silanum« eingestellt, während sich in Wien schon das Freimaureredikt (1785) als hemmend ausgewirkt hatte. Hier war die Alchemie besonders gepflegt worden, wie die Vorschriften der »Loge zur Gekrönten Hoffnung« (1780) zeigen; die Einrichtung eines Laboratoriums wird beschrieben bei Lennhoff/Posner, Sp.621. Ein Nachklang des G.- u. R.-Bundes, »Die Stillen im Lande«, blieb ohne Einfluß (Auflösung 1793). Zu den letzten Veröffentlichungen gehören: Ketmia Vere (Adv. Jäger aus Regensburg): Der Compaß der Weisen, Berlin 1782, und Chrysophiron (Chr. v. Wöllner, s.o.!): Die Pflichten der Gold= und Rosenkreuzer alten Systems, Altona 1792. Zu Anfang des 19.Jhs. hörte die Tätigkeit der G.- u. R. völlig auf. »Ketmia Vere« schreibt in seinem »Compaß der Weisen«, S.138, die rechte Schule der wahren Weisheit wäre der Orden der G.- u. R.; »Die Lehrer derselben sind die Besitzer aller natürlichen Geheimnisse, zu welchen ihnen Gott die Schlüssel anvertrauet, und sie zu Priestern der Natur geweihet hat. Durch diese allein, und deren väterliche Unterweisung, kann man diejenige Weisheit erlangen, von welcher der weise Salomon versichert, daß 'langes Leben zu ihrer rechten Hand, zu ihrer Linken aber Reichthum und Ehre zu finden sey', doch könnten nur wenige von ihnen als »vollkommene Adepten« angesprochen werden, und die Kunst des Goldmachens sei keineswegs der Endzweck, sondern vielmehr: »Kunst, Weisheit und Tugend zu erlangen, Gott zu gefallen, und dem Nächsten zu dienen«.

Die Ideologie der G.- u. R. stellt den geistesgeschichtlich sehr interessanten und noch zu wenig erforschten Versuch dar, im Gegensatz zu der offiziellen Kirchengläubigkeit einerseits altertümliche Vorstellungen aus der Geisteswelt der → Gnosis mit solchen der Aufklärung zu verbinden. Verbindendes Element ist dabei zunächst bloß der Widerstand gegen die anerkannte Lehre der Kirche als staatstragendes Element, während die Diskrepanz zwischen aufklärerischem Agnostizismus und alten Mysterienlehren sich in den Meinungsverschiedenheiten des ab 1717 konstituierten Freimaurertums bis in die Gegenwart verfolgen läßt. Alchemistische Goldsynthese-Texte sind dabei ebenso wenig wörtlich zu interpretieren, wie die Idee der Errichtung eines Tempels der Menschheit »architektonisch« aufzufassen ist. Lediglich Randgruppen der G.- u. R. nahmen die Texte im buchstäblichen Sinn auf, und so ist es erklärlich, daß sich diese Gruppierungen bald auflösten.

Über das System der G.- u. R. schreibt K. Frick (Berliner Medizin 15/1964, S.12): sie waren »als Traditionalisten ganz dem Aristotelischen Weltbild und der Vier-Elemente-Lehre verhaftet. Sie waren noch echte Alchemisten, wenn auch bei ihnen besonders theosophische Spekulationen die Erkenntnisse der zeitgenössischen Chemiker weitgehend aus dem Lehrgebäude verbannten. Kein Wunder, daß sie von ihren aufklärerischen Kritikern und den Chemiehistorikern des 19.Jhs. mit beißendem Spott überschüttet wurden«. Vgl. dazu B. Beyer, Das Lehrsystem des Ordens der G.- u. R., Leipzig 1925. — Eine Medaille der G.- u. R. ist abgebildet bei Agrippa/Nowotny 1967, S.727. — Vgl. Hermetisches A.B.C. derer ächten Weisen alter und neuer Zeiten vom Stein der Weisen. Ausgegeben von einem wahren Gott- und Menschenfreunde. Berlin 1778. Ndr. Schwarzenburg 1979. — H. Möller: Die Bruderschaft der Gold- und Rosenkreuzer. In: H. Reinalter (Hrsg.): Freimaurer und Geheimbünde im 18.Jh. in Mitteleuropa. Stw. 403, Frankfurt/M. 1983.

LENNHOFF/POSNER (1965); KLOSS 1970, S.197 ff.

GOLEM (hebr.) bedeutet ungeformte Materie, etwa Hylé, und bezeichnet (Psalm 139, Vers 16) Adam während dessen Schöpfung. Die kabbalist. Tradition spricht nicht selten davon, daß große Meister die Herstellung von »robot«-artigen Dienern aus Lehm mit Hilfe des Schöpferwortes (schem hamphorasch, → Engel) verstanden hätten; so etwa bei Rabbi Eleasar von Worms (vielleicht ident. mit dem Autor eines dem Engel Rasiel zugeschriebenen Buches), der über die Wirksamkeit des geheimen Gottesnamens schreibt. Ähnliches findet sich bei (Pseudo-)Saadia, einem Kommentator des Buches → Jezîra. Die jüd. Sage, die vielleicht christl. Wundererzählungen in den Heiligenlegenden paraphrasiert, berichtet etwa, daß Rabbi Elijah von Chelm (16.Jh.) einen G. herstellte, indem er einer Lehmfigur den geheimen Namen Gottes auf die Stirn schrieb. Der bekannteste Meister auf diesem Gebiet war jedoch der Prager Rabbi Jehuda Löw ben Besalel, der »hohe Rabbi Löw«, ein Zeitgenosse von Kaiser → Rudolf II., von dem die Erschaffung eines G.s berichtet wird; Rabbi Löw zerstörte ihn, als dieser den Sabbath entheiligte. Ähnliches wird (n. Schudt, Jüd. Merckwürdigkeiten, Frankf. 1714) von einem poln. Rabbi Elijah erzählt, von dem es heißt, daß er seinem dienenden G., der immer größer wurde, aus Furcht wieder das Leben nahm, indem er von dem mag. Wort »Emeth« (Wahrheit) das Aleph auslöschte (»Meth« heißt »tot«), worauf der G. zu Staub zerfiel, dabei jedoch den Meister erdrückte. — Die G.-Sage hängt vielleicht mit alchemist. Vorstellungen (→ Materia prima, → Homunculus) zusammen. Lit. Gestaltung d. Themas bei G. Meyrink, Der G. (1915 u.ö.). Vgl. C. Bloch, Der Prager G. (1919); G. Scholem: Die Vorstellung vom G. (1954).

EIS 1967; FEDERMANN 1964; SCHOLEM 1957; TRACHTENBERG 1939

GÖRRES, Joseph von (1776—1848), bedeutender Publizist, wurde als Sprecher der freiheitlichen Bestrebungen Deutschlands in der napoleonischen Zeit und ab 1814 als Herausgeber des »Rheinischen Merkurs« bekannt. Infolge von Anfeindungen zog er sich später vom polit. Leben zurück und suchte seinen inneren Frieden in der kath. Religion. 1827 berief ihn Ludwig I. von Bayern als Ordinarius für Geschichte an die Münchner Universität. G. befaßte sich immer mehr mit religionswissenschaftl. Themen (»Das Heldenbuch von Iran«, 1820; »Emanuel Swedenborg, seine Visionen und sein Verhältnis zur Kirche«, 1827; »Athanasius«, 1837, 4. Aufl. 1838). Sein wohl interessantestes Werk ist die 5bändige »Christliche Mystik« (1836—42, 1879—80, Ndr. Graz 1960), in dem G. »nicht nur die Verzückungen des christl. Europa... sondern auch seine Schattenseiten und Abscheulichkeiten, seine Dämonologie aufzeigte« (F. Spunda, Philos. Lit. Anz., XV/7), wie die Kapitelüberschriften »Die historische, sagenhafte, physische und psychische Begründung der dämonischen Mystik«, »Die dämonische Vorbereitung und Ascese«, »Die Besessenheit« und »Das Hexen- und Zauberwesen« zeigen. Vgl. → Besessenheit, Böser Blick, Exorcismus, Faust, Hexensalbe, Kobold, Philtrum, Vampire, Wasserprobe, Werwolf. Die physiolog. Theorien von G. werden geschildert bei Leibbrand 1956, S.120 ff.

GOT(T)FRIED VON VITERBO, dt. Historiograph des 12.Jhs., wirkte unter Konrad III. und Friedrich I. als Notar, Sekretär und Kaplan und starb nach 1191 in Viterbo. G. war Verfasser der »Gesta Friderici«, der »Memoria saeculorum« und vor allem eines »Chronicon universale«, das meist als »Pantheon« bezeichnet wird. Darin bietet G. eine geistesgeschichtl. aufschlußreiche Kompilation des mittelalterlichen Weltbildes, wobei er etwa im Sinne der Lehre von den → Entsprechungen den menschl. Körper den vier → Elementen zuordnet: die Körperwärme dem Feuer, den Atem der Luft, die Körperfeuchtigkeit dem Wasser und den Körper selbst der Erde. (Mon. Germ. hist.,/Scriptores Bd.22, Hannover 1874).

GRAL, v. lat. cratale aus cratus, abgeleitet von gr. kratér, altfr. graal, eine in der myst. Spekulation des MA.s sehr bedeutsame Schüssel, der Sage nach dieselbe, in die Jesus seine Hand tauchte (Matth. 26, 23) und in der Joseph von Arimathia das Blut des Erlösers auffing. Die Quelle der MA. Sage ist vor allem das apokryphe Nikodemus-Evangelium. Der G. soll in das Abendland gebracht worden sein, wo er so lange verborgen bleibt, bis ein vorhergesagter Gralskönig auftaucht (Perceval). In dieser Form findet sich die Sage bei Robert de Boron (12.Jh.), später bei Chrétien de Troyes (Conte del Graal, um 1190) u.a.; der Prosa-Roman, »Grand Saint Graal« (um 1200) macht Galahad, den Sohn Lancelots, zum Gralssucher. Bei Wolfram von Eschenbach, der auf Chrétien de Troyes und den Erzählungen eines wohl erfundenen Provençalen Kyot beruht, ist der G. eine ursprünglich von den → Engeln auf die Erde gebrachte Edelsteinschale, die später von den Tempelrittern in ihrer Burg auf dem Berg Mont-Salvage behütet wird. — Textausg. von F.Michel, »Le Roman du Saint Graal«, Bordeaux 1841; vgl. Birch-Hirschfeld,

»Die Sage vom G.«, Leipzig 1877. Diskussion der geistesgeschichtl. Probleme: »Les Romans du Graal«, Colloques int. du C.N.R.S., 1956. A.E.Waite: The Holy Grail, New Hyde Park/N.Y.1961; F.Bogdanow: The Romance of the Grail, New York 1966; Emma Jung u. M.L.v.Franz: The Grail Legend. Engl. Ausg., London 1971; J. Evola, Das Mysterium des Grals, Schwarzenburg 1978.

GRASSAEUS, Johannes (auch Chortalasseus, Crassaeus, Grossaeus, Hermannus Condesyanus, eigentl. Grasshoff), dt. Alchemist des 16.—17.Jhs., gest. 1623 in Riga. G. stammte aus Pommern, »ward erst Syndicus zu Stralsund, und hernach Rath bei Ernesto, Churfürsten zu Cöln. Vor seinem Ende... lebte er in Liefland als ein Privatus... Man will, er habe den Lapidem philosophicum würcklich gefunden« (Zedlers Lexikon Bd.11/1735). G. wurde bekannt durch sein meist kurz als »Kleiner und Großer Bauer« zitiertes Werk »Aperta arca arcani artificiosissimi, oder: des Grossen und Kleinen Bauers eröffneter und offenstehender Kasten der allergrößten und künstlichsten Geheimnüssen der Natur«, 1617, 1623, 1687, 1705, 1744, auch enthalten in dem Sammelwerk »Theatrum Chemicum«, Ursel-Straßbg., 1602-61. Dieser Text beschreibt die → materia prima in zahlr. Paradoxen und wurde bes. im 18.Jh. sehr hochgeschätzt. Interessant ist die von G. gewählte Art der Legende: dem verirrten Hermes-Jünger begegnet ein kleiner Bauer, der dem Suchenden rät, das → Magisterium unter dem Gleichnis einer aus einem Stengel wachsendsen weißen und roten Blüte zu suchen, und die → Materia prima unter dem eines vom Erdboden aufgehobenen Steines. Die Titel der zahlr., oft auszugsweise publizierten und kommentierten Ausgaben weichen stark voneinander ab (z.B. »Mysterium occultae naturae, d.i. von der herrlichen und edelen Gabe Gottes, der sternflüssigen Blume des kleinen Bauers«, Hambg. 1675. Eine gekürzte Textwiedergabe unter dem Titel »Aus des Doctoris Iuris, gewesenen Syndici zu Stralsund, Johann Grashofers, Chortalasseus genannt, Schriften: der Geheimnisse des grossen und kleinen Bauers« etc. ist enthalten in dem Sammelwerk »Hermetisches A.B.C. derer ächten Weisen«, Berlin 1778, Schwarzenburg 1979. »Philosophia Salomonis oder: Geheimes Cabinet der Natur und Kunst des weisen Königs Salomons eröffenet durch den sog. grossen und kleinen Bauer«, Augsburg 1753). — Die unter seinem Namen veröffentlichte Sammlung »Dyas Chymica Tripartita« (1625) enthält u.a. die Traktate »Aureum Seculum Redivivum« von → Madathanus und den »Tractatus Aureus de Lapide Philosophico«, die auch in der Sammlung → Musaeum Hermeticum enthalten sind. Zitiert werden auch Werke von G. mit den Titeln »Philosophia Salomonica« und »Harmonia imperscrutabilis«.

GRATAROLUS, Wilhelmus (Grataroli, Guglielmo), 1516-68, einer der gefeiertsten Ärzte des 16.Jhs., stammte aus Bergamo, studierte in Padua, lehrte dann an meh-

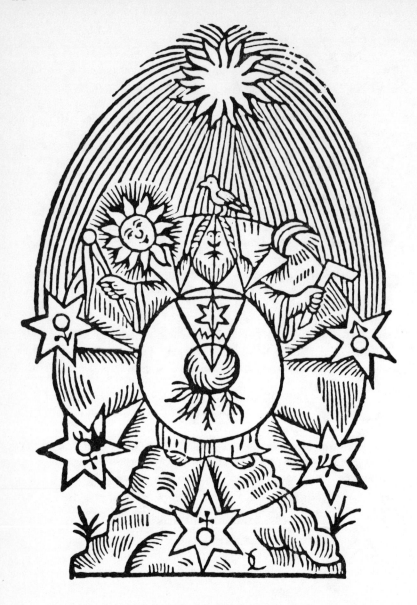

GRASSAEUS: Kaballistisches Symbolbild aus »Aperta arca arcani« etc., Ausg. Hambg. 1705

reren Universitäten Deutschlands und der Schweiz (vor allem in Basel, wo er bis zu seinem Tode lebte). G. befaßte sich in erster Linie mit rein medizin. Themen (Hygiene, Drogenkunde), daneben aber auch mit Physiognomik und ähnl. Themen (»De praedictione morum naturarumque hominum... ex inspectione partium corporis«, Basel 1554); »Prognostica naturalia de temporibus mutatione«, zus. mit Traktaten von → Indagine und P.Gauricus, Straßbg. 1622, mit Gedächtniskunst (»De memoria... liber unus et de locali vel artificiosa memoria liber alter«, Zürich 1553; Basel 1554; Rom 1555; »Ars memoriae partes quatuor«, Frankf. 1622; fr. Ausg. Lyon 1556, 1586). Viel beachtet wurden auch die »Notas in Pomponnatium de Incantationibus« (Basel 1565, 1567) und das von Michaud, vol.XVII, Ndr. 1967, als »mauvais ouvrage, dicté par un absurde fanatisme« bezeichnete Buch »De notis Antichristi«. Sein alchemist. Traktat »Verae alchemiae artisque metallicae citra enigmata«, Basel 1561, ist auch enthalten in dem Sammelwerk »Artis auriferae, quam Chemiam vocant, libri duo« (Basel 1572, 1593, 1610) und wurde von Anhängern der alchemist. Lehre sehr hochgeschätzt. — Biographie von Giov.-Bapt. Gallizioli, »Della vita e delli scritti di Gulielmo G.«, Bergamo 1788.

GRILLANDUS, Paulus, it. Jurist und Theologe aus Neapel, 16.Jh., dessen Bücher in → Hexenprozessen wiederholt zitiert wurden. G. wirkte in Rom als Inquisitor und erfuhr wiederholt von abergläubischem → Liebeszauber mit Hilfe von sakrilegischen Riten (»ludis beneventanis«, da sie besonders im Benevent üblich gewesen sein sollten), die er in seinen Büchern schildert: »Tractatus de haereticis et sortilegiis«, Lyon 1536, 1545; Frankf. 1592; »De Quaestionibus et tortura« u.a., aufgenommen in die Sammlung »Tractatus Tractatuum«, Bd.XI.

BAROJA 1966

GRIMOIRE (fr.), verballhornt aus »grammaire«, alte Bezeichnung für → Zauberbücher für das abergläubische Volk, die z.B. Anweisungen zum Auffinden von Schätzen und Beschwören dämonischer Wesen enthalten. Weit verbreitet war z.B. das »G. du Pape Honorius«, Rom 1670, 1787; Lille 1840, im dt. Sprachraum auch als »Der Rote Drache« bis ins vorige Jh. immer wieder unkontrollierbar aufgelegt und besonders in bäuerlichen Kreisen einst sehr beliebt. Oft reproduziert wurde die Holzschnitt-Illustration aus »Le Grand G.«, Nîmes 1823. Andere G.s sind »Le Grand Albert — Les admirables Secrets d'Albert le Grand« (unter dem Namen des → Albertus Magnus verfaßte → spuriose Schrift), 1791, 1818, 1840; »Le Petit Albert — Secrets merveilleux de la Magie Naturelle«, Lyon »im Jahr 8«, 1820 u.ö.; »Le Dragon Noir ou les forces infernales soumises à l'homme« etc., Paris 1896; »Grimorium verum vel probatissime → Salomonis Claviula« etc., o.J., angebl. nach einer Übersetzung aus d.J.1517; »Enehmehon Leonis Papae«, Rom 1740 u.ö., u.v.a. Der Inhalt der G. besteht meist aus Beschwörungs- und → Zaubersprüchen, die vorwiegend verballhornte Wiedergaben kabbalist. und mag. Texte sind. Eine mit brauchbaren bibliograph. Angaben versehene Geschichte der G.s wurde bisher noch nicht geschrieben. Vgl.A.E.Waite: The Book of Ceremonial Magic etc., London 1961 (part II).

GRAESSE 1843, S.26

GRIMOIRE: Holzschnitt aus »Le Grand Grimoire«, Nîmes 1823, einen schatzhütenden → Dämon (Aziel) darstellend. Vgl. → Schätze

GRÜN, in der Alchemie in Zusammensetzungen wie z.B. Grüner Drache, Grüner Löwe, bedeutet scharfe → Menstrua (Lösungsmittel), so etwa das Königswasser (Aqua regia), ein Gemisch von wässeriger Salzsäure und Salpetersäure, das selbst Gold, den »König der Metalle«, aufzulösen imstande ist, wobei sich Goldchlorid bildet. Das Symbol dieses »Grünen Drachens« ist das Zeichen für das → Element Wasser, ein mit der Spitze nach unten weisendes Dreieck (→ Salomo), verbunden mit einem R (für regis oder regia). Zedlers Lexikon Bd.11/1735 beschreibt den Grünen Löwen als ein Produkt aus »gepülverten Holtz = Kohlen und Stein, guten Salpeter und gemeinen Saltz und Oleo Vitriol per destill. praepariret«, welches das Gold »solvire«; in anderen Quellen steht der Grüne Löwe jedoch auch für Quecksilber (→ mercurius).

BURLAND 1967

GRUENPECK, Johannes, geb. 1473 in Burghausen, Sekretär von Kaiser Maximilian I., war Priester und Magister der »Freien Künste«, außerdem medizinisch und astrologisch gebildet. Sein Buch »Speculum naturalis coelestis et propheticae visionis: omnium calamitatum tribulationum et anxietatum etc.« (Erstausg. Nürnbg. 1508, mit Holzschn. von Wolf Traut) besteht vor allem aus Vorhersagen von Katastrophen wie Türkennot, Krieg und Kirchenzerfall aufgrund von bedrohlichen Konstellationen, Kometen und Mißgeburten (ähnl. wie → Nausea); dt. Ausg. Augsburg o.J. Weitere Werke: »Prognosticon sive Judicium ex conjunctione Saturni et Jovis«, Wien 1496; »Dialogus epistolaris... cum Mamalucho quodam« etc., Landshut 1522; zahlr. medizin. und astrolog.-prognost. Schriften u.a. über den → Kometen von 1531. Ein Horoskop des Kaisers Maximilian I. befindet sich in der Österr. Nat.-Bibl., Wien. G. starb um 1545 in der Steiermark. Vgl. Michaud, Biographie universelle, Bd.17, Ndr. Graz 1967, S.633 f.

GUAÏTA, Marquis Stanislas de, 1861-97, fr. Okkultist und Dichter, war Schüler von Eliphas → Lévi. Neben seinen myst. Gedichten (Rosa Mystica, La Muse noire, Oiseau de Passage) verfaßte er auch Bücher über Magie (La Clef de la Magie Noire, Le Serpent de la Genése), wovon das letztgenannte auf den kabbalist. Bildern und Zahlen des → Tarock-Spiels aufgebaut ist; mit diesem Thema befaßte sich auch der Schüler und Sekretär von de G., Oswald Wirth. Um 1884 gründete de G. den modernen Martinisten-Orden, dem auch → Papus angehörte. Über das phantast. Ritual dieses okkultist. orientierten Geheimbundes s. Lennhoff-Posner, Sp.1000—1002. Vgl. → Satanismus.

GUAZZO (Guaccius), Francesco Maria, it. Dämonologe, war Autor des in Mailand 1608 und 1626 erschienenen Buches »Compendium Maleficarum, cui accedit exorcismus ad solvendum omne opus diabolicum«, das mit zahlr. Holzschn. illustriert ist und die damals üblichen Vorstellungen über das Hexenwesen festhält (Luftritt zum Hexensabbath; Hexenmahl auf freiem Feld; »Weihe« an den Satan, der dabei die Taufe nachäfft und neue Namen wie Barbicapra, Ziegenbart, verleiht; die Darbringung von Säuglingen an den Teufel; das Anbringen des Hexenmals als Wahrzeichen des Bündnisses usw.). G. führt die Zeugnisse von 322 Autoritäten für die Realität der Hexerei an. Eine engl. Übersetzung erschien 1929 in London, Ndr. London 1970.

GUAZZO: Holzschnitte aus dem »Compendium Maleficarum«, Milano 1608. Oben: das Sabbatmahl, unten: »Ausfahrt« auf einem dämonischen Bock

GUBERNATOR, arab. Al-Caïd, astrolog. Bezeichnung für den planetarischen Regenten eines bestimmten Lebensalters, in der arab. Astrologie abweichend von der hellenist.-gr. Auffassung von den → Klimakterien ausgestaltet. Als G. des Kindesalters bis zu einem Alter von 4 Jahren gilt der Mond; die Zeit des Knaben (4—14 J.) wird dem Merkur, die von 14—22 J. (Jünglingsalter) der Venus, die von 22—41 J. (reife Jugend) der Sonne, die von 41—56 J. (Mannesalter) dem Mars, die von 56—68 J. (Alter) dem Jupiter, die von 68—98 J. (Greisenalter) dem Saturn und das nachfolgende »Ende«, 98—102 J., wieder dem Mond zugeordnet.

GUMMI, in manchen alchemist. Texten Bezeichnung eines Stadiums der in Umwandlung begriffenen → materia prima bei der Darstellung des → Steines der Weisen, allgemein Name verschiedener gallertartiger Substanzen, die in der → Chemiatrie eine Rolle spielen. Dazu gehört etwa die in Zedlers Lexikon Bd.11/1735, Sp.1377 beschriebene Substanz »G. Jovial sublimatum et Oleum S. Closs.«, deren Darstellung aus Zinn (→ Metallbezeichnungen) folgendermaßen beschrieben wird: »Nehmet vier Loth gefeilet Zinn, acht Loth sublimat [Salpetersäure?], menget es geschwinde unter einander, thut es in eine weithalsichte Retorte, und treibet den rauchenden Geist aus dem Sande, darnach kommet das butyrum [eigentl. Butter, eine fettige Substanz] und endlich das lebendige Queck = Silber. Wenn ein gemäsiget Feuer gebrauchet wird, hebet sich die gantze Substantz von Zinn in die Höhe, in Gestalt eines graubraunen Hartzes, und bleiben wenig Feces [Rückstände] zurücke, dieses Hartz muß geschwinde zu Pulver gemachet werden, anders fänget es an zu flüssen. Stellet es hernach auf eiserne Blatte in Keller, so wird es zu Oel.« Über die pharmazeut. Anwendung wird hier nichts ausgesagt. — Bei → Zosimos (vgl. Lippmann 1919, S.83) ist G. (kommi) eine Bezeichnung des »gelben Sandes«, woraus das »zweite Quecksilber« (d.h. das metallische Arsen) dargestellt wird.

HAGECIUS AB HAYCK, Thaddäus (Háyek z Hájku), 1525—1600, bedeutender tschechischer → Astronomus, auch Mathematiker und Leibarzt von Kaiser → Rudolf II.; H. gab u.a. eine tschechische Übersetzung des Kräuterbuches von Matthioli heraus (1562), weiters eine Metoposkopie (wahrsagende Charakterdeutung nach Gesichtszügen, eine Vorstufe der Physiognomik), 1561 (fr. 1565) u. 1584, vor allem aber mehrere astronomische Werke. Hier ist seine Studie über die Nova im Sternbild der Kassiopeja (1572) zu nennen: »Dialexis de novae et prius incognitae stellae« etc., Frankf. 1574, worin er neben einem → Horoskop des neuen Sterns im Sinne der → Mundanastrologie diese Veränderung des Firmaments nicht der traditionsgemäß als veränderlich gedachten »sublunaren« (untermondischen), sondern der »supralunaren« und daher früher als ewig gleichbleibend gedachten Sphärenregion zuordnete. Damit hatte von seiten der astronomischen Empirie das traditionelle Weltbild einen schweren Schlag erhalten. Dennoch verfaßte H. u.a. auch Schriften über → Kometen, jedoch auch diese nicht völlig im alten prognostischen Sinn, sondern auch mit der Absicht, diese Wandelsterne der supralunaren Region zuzuordnen. Verkleinerter Faks.-Ndr. der »Dialexis« mit Kommentar von Z.Horský, Prag 1967 (Cimelia Bohemica).

HARTLIEB, Johann, Leibarzt des Herzogs Albrecht v. Bayern, verfaßte 1455 oder 1456 für den Markgrafen Johann v. Brandenburg ein »puech aller verpotten kunst, ungelaubens und der zauberey« (cod.palat.478, Wolfenbüttel; Auszüge bei Grimm, Dt. Mythologie, Ndr. 1953, III/S.426 ff.). H. befaßt sich mit dem »faren in den lüften« der Hexen (→ Hexensalbe), dem → Wetterzauber, → Mantik, → Bildzauber (»pild und atzman von wachs«), → Kristallomantie (Kap.88), weiters mit der »schnöden kunst nigramancia«, wobei er etwa 10 zu seiner Zeit bekannte → Zauberbücher erwähnt: z.B. Clavicula und Sigillum → Salomonis, Jerarchia und Schem Hamphoras (→ Engel). Vgl. Dora Ulm: Johann H.s. Buch aller verbotenen Kunst, 1914. Über H.s »Kunst Ciromantia« vgl. K. Falkenstein, Gesch.d. Buchdruckerkunst, Leipzig 1840, S.38 ff., Ausg. von H.s Kräuterbuch: Akadem. Druck- u. Verlagsanstalt, Graz 1980.—

PEUCKERT 1956; BASCHWITZ 1963, S.81 f.

HÄUSER, FELDER, ORTE (»Örter, Domus, Locus«), in der Astrologie Bezeichnung von 12 Abschnitten der Ekliptik, jedoch nicht identisch mit den 12 Zeichen des → Zodiakus; die 12 H. bilden »den menschenbezogenen Sinn der Tierkreiszeichen« (Rosenberg 1949). Sie werden durch die Ebene des Aufgangshorizontes bestimmt, u.zw. von dort aus im Gegensinn des Uhrzeigers gezählt.
»Das 1.Feld beginnt mit dem Schnittpunkt des wahren Horizonts mit dem Himmelsäquator, woraus folgt, daß das System der Häuser oder Felder immer mit einem bestimmten Erdort und immer mit einer bestimmten Zeit gekoppelt ist. Jeder

Erdort hat nur ein und genau nur ihm zukommendes Feldersystem; im Gegensatz zu diesem starren System ist das System der Tierkreiszeichen in unaufhaltsamer Rotation um die im Mittelpunkt der Welt gedachte Erde. Die Übertragung der Häuser-Grenzen vom Horizontsystem auf das in der Astrologie übliche Ekliptiksystem erfolgt streng mit mathematischen Formeln, genähert mit Tabellen... Zur Umwandlung gibt es verschiedene, nahezu 20 (!) Methoden...« (Lex.d.Astrologie, U.Becker, Freibg. 1981). Das 1.Haus überschneidet sich mit dem → Ascendenten. Die Namen dieser »12 Orte der Vorbedeutung« wurden durch den lat. Vers festgehalten:

        Vita lucrum fratres genitor nati valetudo
        Uxor mors pietas regnum benefactaque carcer.

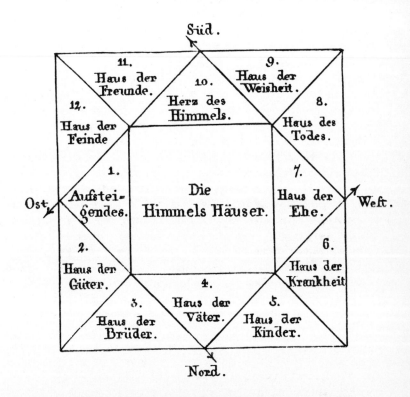

HÄUSER in der früher üblichen Quadrat-Konstruktion, nach J.W.Pfaff, »Astrologie«, Nürnberg 1916

Besonders beachtet wurde dabei die Planeten-Besetzung der »Eckhäuser« 1, 4, 8 u. 10. Die Bedeutung der 12 H. war etwa folgende: 1. Leben (allg. Lebensschicksale), 2. Besitz (auch Talente), 3. Geschwister (auch geist. Fähigkeiten), 4. Eltern (Herkunft), 5. Kinder (auch Vitalität), 6. Gesundheit (auch Widerstandskraft), 7. Ehe (auch Bündnisse, Partner, Du-Verhältnisse), 8. Tod (auch Gewinn und Verlust), 9. Frömmigkeit (auch Geistigkeit), 10. Würden (auch Beruf, Erfolg, Ansehen), 11. Freunde (Hilfe, Wohltäter) und 12. Feinde (auch Verborgenes, Gefangenschaft, Prüfungen). Im → Horoskop muß das Verhältnis von »Haus« zu Zodiakalzeichen beachtet werden, desgl. die Position der → Planeten in den »Häusern«. Seit dem Mittelalter wurde wiederholt versucht, die Lehre von den H.n zu verfeinern: so etwa durch Giovanni Campano (gest. 1300), Johannes Regiomontanus (eigentl. Müller, 1436—76) und Placidus de Titi(s), »De diebus decretoriis«, Pavia 1660. — Der Begriff »Häuser« wird in neuerer Zeit meist durch »Orte« oder »Felder« ersetzt, um nicht zu Verwechslungen mit »Tages- und Nachthaus« (→ Planeten) zu führen.

HENSELING 1924; KÜNDIG 1950; ROSENBERG 1949

HELMONT, Joannes Baptista van (1579—1644), Edelmann aus Brabant, Alchemist, Arzt und Philosoph, wohl der bedeutendste Nachfolger des → Paracelsus; H. wurde zu Brüssel geboren, studierte in Leuven (u.a. bei → Delrio, der über seine »Disquisitiones« las), befaßte sich mit den Schriften der Mystiker (bes. Tauler) und wandte sich (nach einer »mystischen Erleuchtung«) dem Studium der Medizin zu (→ Chemiatrie). 1609 wurde er Dr.med. und siedelte sich in Vilvorde bei Brüssel an, wo er bis zu seinem Tode praktizierte und laborierte. »Gewiß ist es, daß er viele seltsame und irrige Meynungen, sonderlich in der Theologie hatte. Er starb den 30. Dec. an. 1644, und zwar so, daß er seine Todes = Stunde zuvor wuste« (Zedlers Lexikon Bd.12/1735). Wasser und Luft bezeichnete H. als Urfermente; → sal, → sulphur und → mercurius bestehen für ihn letzten Endes aus Wasser. Urprinzipien sind die Materie und die allen Dingen innewohnende Zeugungskraft (aura seminalis). Der »Archaeus« des Paracelsus ist auch für H. der »Schmied, Zeuger und Wecker des Lebens«; sein Sitz im Menschenkörper ist die Milz, und er wirkte durch eine von den Sternen herwehende Kraft, die alle astrolog. Einflüsse bewirkt und »Blas stellarum« genannt wird. H. rühmt sich des Besitzes des → Lapis Philosophorum, den er von dem irischen Alchemisten James Butler erhalten haben will: »Ich habe nämlich diesen Stein einigemale in meinen Händen betastet und mit meinen Augen gesehen, daß gemeines Quecksilber, dessen Gewicht mehrere tausendmal größer war als das des goldmachenden Pulvers, mittels desselben wahrhaft verwandelt wurde. Das Pulver hatte die Farbe des Saffrans und schimmerte wie grob gestoßenes Glas. Ich erhielt ein Viertel eines Granes oder ein Zweitausendvierhundertstel einer Unze, wickelte es in Wachs, damit es vom

Kohlendampf nicht zerstreut würde, und warf es auf ein halbes Pfund kochendes, eben gekauftes Quecksilber in einen gewöhnlichen Schmelztiegel. Sofort entstand ein Geprassel, und das Quecksilber gerann wie ein Kuchen bei einer den Schmelzpunkt des Bleies übersteigenden Hitze. Bald verstärkte ich jedoch das Feuer durch Blasen und ließ das Metall schmelzen. Beim Ausgießen fand ich 8 Unzen des reinsten Goldes, woraus sich ergab, daß ein Gran dieses Pulvers zur Veredelung von 19.200 Gran Quecksilber hinreicht.« (n.Kiesewetter 1891—95/1977, 195 f.) Größeren Wert legte H., seinen Aussagen zufolge, auf den Besitz des → Elixirs.»Niemals hat dieser noble Mensch auf die Leichtgläubigkeit anderer spekuliert, ja er schreibt direkt von dem 'von Gott erwählten Arzt', daß 'Gewinnsucht ihn nicht bemeistern wird« (De Francesco 1936).

Ungeachtet seiner mystischen Neigungen war H. ein intelligenter Beobachter und Experimentator. Er stand mit Gelehrten wie William Harvey, Francis Bacon und Galilei in Verbindung. Von ihm stammt die Unterscheidung von gewöhnl. Luft und Gas, ja selbst der Ausdruck Gas (wohl abgeleitet von Chaos): Ortus medicinae, Amsterdam 1648, S.73. H. kannte überdies den Gasdruck bei Kohlensäure, Wasserstoff, bei Schießpulver und Säurereaktionen. — Von seinen zahlr. vorwiegend medizin. Schriften ist vor allem zu nennen »Ortus medicinae, i.e. initia physica inaudita«, Amsterdam 1648 (Ndr. 1966), 1652. Sein Sohn Franciscus Mercurius van H. (1614—99), der selbst ein bedeutender chemiatrischer und mystisch-philosophischer Schriftsteller war (Zedler: einige haben »versichern wollen, er habe den Lapidem Philosophorum gehabt... Er war auch der erste, so des Pythagorae Meynung der Metempsychosi [Seelenwanderung] wieder aufwärmete«), gab 1652 die Schriften seines Vaters gesammelt heraus; → Knorr von Rosenroth übersetzte sie in die dt. Sprache (»Aufgang der Artzney = Kunst«, Sulzbach 1683). In der Vorrede bemerkt der Übersetzer, daß die Schriften fast auf Anraten eines Arztes der galenischen Schule verbrannt worden wären und der Vernichtung nur mit Mühe entrissen werden konnten; Ndr., hrsg.v.F.Kemp, Stuttgt. 1971. — Kiesewetter (1891—95/1977, 197 f.) meint: »H. würde vielleicht der größte Adept der Mystik, Philosophie und der mit der Naturwissenschaft verbundenen Medizin der älteren Zeit gewesen sein, wenn er sich (damit) begnügt hätte, nur in einer der genannten Disziplinen die ihm erreichbare höchste Stufe der Vollendung zu erklimmen. Er hielt sich jedoch zum Generalreformator von allen drei Erkenntniszweigen berufen und gelangte so zu keinem harmonischen Abschluß seines Strebens. Sein praktisches Augenmerk war auf die Verbesserung der Arzneikunde mit Hilfe der Chemie gerichtet, wobei er die damals noch fast allein herrschende aristotelisch-scholastische Philosophie zu zerstören suchte, um an deren Stelle eine aus der mystischen Vertiefung in das eigene Ich geschöpfte Lehre zu setzen, welche — als aus dem Absoluten entspringend — den wahren Urgrund aller menschlichen Erkenntnis, und mithin auch die der Krankheiten, enthalte.« Vgl.

F.Strunz: Helmont, 1907; F.Giesecke, Die Mystik J.B. van Helmonts, 1908. Überwegs Grundriß d. Phil. III, S.120, 126—27. Peuckert 1967, S.233 ff.; Bibl. Osleriana Nr.2929.

HELVETIUS, Joannes Fridericus (1625-1709), dt. Alchemist, eigentl. Johann Friedrich Schweitzer, Autor des Traktates »Vitulus aureus«, der u.a. im → Musaeum Hermeticum enthalten ist (engl. »The Golden Calf which the world adores and desires«, 1670). H. war seinen eigenen Angaben zufolge ursprüngl. Gegner der Alchemie, wurde aber 1666 durch seine Anwesenheit bei einer gelungenen → Transmutation zu einem ihrer eifrigsten Apologeten. Graesse 1843 nennt weiters: »Ichts aus Nichts für alle begierige der Natur, über die Naturgründe, nachzusuchen in der Natur wieder zu besehen« (Leiden 1655); »Amphitheatrum physiognomiae medicum« (Den Haag 1664); »Microscopium physiognomiae medicum«, (Amsterd. 1676).

BURLAND 1967

HERMAPHRODIT (gr.), eigentl. ein intersexuelles Wesen (Hermes — Aphrodite), eine häufige alchemist. Allegorie der Vereinigung der Gegensätze, richtiger als → Androgyn bezeichnet.

HERMES TRISMEGISTOS, der »dreimalgrößte H.«, sagenhafter Ahnherr der Alchemie. Der Name kommt aus der synkretistischen Geisteswelt des hellenistischen Alexandrien und bezeichnet den ägypt. Gott der Weisheit Thoth (Tehuti), der zahllose Schriften über geheime Wissenschaft (Medizin, Matallscheidekunst und Alchemie usw.) hinterlassen haben soll und auf dessen Weisheit auch die → Tabula Smaragdina beruhen soll. Nur Bruchstücke dieser Schriften sind, meist durch arab. Überlieferung, erhalten geblieben (→ Corpus Hermeticum). Die Neuplatoniker (→ Jamblichos, Zosimos) beriefen sich häufig auf die Kenntnis der Werke des H.T.; manchen Autoren zufolge war der echte »H.T.« ein Priester namens Hermon, der um 100 n.Chr. in Alexandrien lebte; dies ist jedoch nicht nachweisbar. Der Kern der zahlr. Legenden, die sich an den Namen des H.T. als geistigen Vater der Alchemie knüpfen, ist wohl die Tatsache, daß die Heilkunst und Metallurgie in den altägypt. Priesterschulen als esoterische Wissenschaften gelehrt und auf göttliche Inspiration zurückgeführt wurden. Auffällig ist die starke Durchsetzung der hermet. Lehren mit astrolog. Vorstellungen (vgl. J.Kroll, Die Lehren des H.T., Münster 1914, sowie W.Gundel: Neue astrolog. Texte des Hermes Trismegistos, 1936). A.-J. Festugière: La révélation d'Hermès Trismégiste. Paris 1945—54; ders. und A.-D. Nock: Corpus Hermeticum, Texte établi et traduit, Paris 1945-54.

HARTLAUB 1959; MEAD 1949; VAN MOORSEL 1960

HERMETISCH, auf → Hermes Trismegistos Agathodaimon zurückgehend. Die spätantiken hermet. Schriften stammen aus dem hellenist. Geist Alexandriens und stellen eine Synthese von Neuplatonismus, ägyptischer, jüdischer und frühchristlicher Spekulation über Heilkunde, Talismane, Astrologie und Alchemie dar (→ Corpus hermeticum). Diese hermetischen Bücher waren nicht bloß Abhandlungen über »gelehrten Aberglauben. Es handelt sich vielmehr um eine vollständige Theologie, welche die Götter ihre Anhänger in einer Reihe von 'Apokalypsen' lehren. Diese verworrene, oft widerspruchsvolle Literatur wurde offenbar zwischen 50 v. und 150 n.Chr. entwickelt. Sie hatte beträchtliche Bedeutung für die Verbreitung gewisser Doktrinen des Gestirnkults durch das römische Imperium, die ägyptischen Vorstellungen entsprechend ausgeformt waren« (Cumont 1960, S.44). Im späten MA. bezeichnete man mit h. zahlr. »pseudohermet.« Schriften, die nicht nachweisbar auf antike Quellen zurückgehen, sondern größtenteils durch diese Zuschreibung den Eindruck ehrwürdigen Alters erhalten sollten (→ spuriose Schriften). Dadurch wurde in späteren Jahrhunderten der Ausdruck »Hermetiker« gleichbedeutend mit Schwarmgeist. »Hermet. Medizin« war eine Bezeichnung der → Chemiatrie, »hermeticae aves« der bei der Destillation aufsteigenden Dünste. Im heutigen Sprachgebrauch blieb der »hermet. Verschluß« aus der Zeit der Alchemie erhalten, das luftdichte Versiegeln oder Zuschmelzen eines Gefäßes. — Über die hermet. Schriften vgl. W.Scott (ed.), Hermetica, The ancient Greek and Latin writings which contain... teachings ascribed to Hermes Trismegistus, 3 Bde., Oxford 1924—26; S.Spencer, Mysticism in World Religion, Harmondsworth 1963; H.Idris Bell, Cults and Creeds in Graeco-Roman Egypt, Liverpool 1957. F.A. Yates, Giordano Bruno and the Hermetic Tradition, London 1971.

HEXENGLAUBEN. Der H. ist keineswegs eine Erfindung jener Zeit, in der die meisten → Hexenprozesse stattfanden, sondern war schon in der Antike bekannt. Schon das röm. Zwölftafelgesetz bedroht Hexen, die Feldfrüchte verderben, mit schweren Strafen. Hexen (sagae, striges, veneficiae, lamiae), die, wie etwa Medea, dunkle Riten ausüben, den → Liebeszauber beherrschen und mag. → Philtren bereiten, sind in der röm. Literatur vor allem der Spätantike oft erwähnt (Ovid, Tibull, Properz; vgl. Luck 1962) und spielen im »Goldenen Esel« des Apulejus (2.Jh.) eine große Rolle. Hier ist freilich nicht immer genau entscheidbar, ob es sich um den Ausdruck eines echten Volksglaubens oder bloß um literar. Spielerei handelt. Zu wenig beachtet wird meist, daß der Glaube an Hexen (meist, aber nicht ausschließlich, weiblichen Geschlechts) nicht ein spezifisch europäisches Phänomen, sondern praktisch weltweit verbreitet ist; auch Parallelen zwischen dem H. und einer Reihe von Charakteristica des Schamanismus sind unverkennbar (vgl. H. Biedermann: Hexen, Graz 1974; H.P.Duerr: Traumzeit, Frankfurt 1978 u.ö.).

HEXENGLAUBEN: Die »Ausfahrt« zum Sabbat, nach → Molitor(is) 1489. Hexen haben sich in tierköpfige → Dämonen verwandelt.

Eine »Weltgeschichte des H.s« unter Einbeziehung des transkulturellen Phänomens (in erster Linie: Furcht von Schadenzauber durch übernatürlich begabte Personen, vorwiegend Frauen) in seiner ganzen Bandbreite wurde bisher noch nie geschrieben. Hier soll nur der europäische Aspekt des Phänomens angedeutet werden. — Nicht mit den Hexen identisch, aber doch durch ihr geheimes Wissen verwandt, sind die weissagenden Sibyllen. —

Auch im vor- und frühchristl. Nordeuropa war die Gestalt der Hexe in verschiedenen Varianten (spâkona, galdrakona, sei ð kona) bekannt und gleichermaßen geachtet und gefürchtet. Von weibl. Zauberern ist auch in diesem Bereich ungleich häufiger die Rede als von Hexern (spâmaðr, seiðmaðr). Man muß in dieser Tatsache jedoch nicht unbedingt, wie es häufig geschieht, einen Hinweis auf eine in »mutterrechtlicher« Vorzeit wichtigere Rolle der Frau im Kultus sehen. Schon J.Grimm (Dt. Mythologie, Ndr. 1953, S.867 ff.) führte eine Reihe von anderen Gründen dafür an: die empfänglichere Phantasie der Frau, damit verbunden ihre Neigung zum Visionären, zum Wahrsagen; ihre angestammte Rolle bei der Bereitung von Heilmitteln, wozu sie mehr Muße hatte als die Männer, deren Lebensweise durch Krieg, Jagd usw. unruhiger war. Grimm führt die Äußerung des Snorri Sturluson (Yngl.,Kap.7) an, derzufolge es den Männern »unehrlich« erschienen sei, »die zweideutige kunst zu üben, so habe man die ... priesterinnen darin unterwiesen; ... auf einer mischung natürlicher, sagenhafter und eingebildeter zustände beruht die ansicht des mittelalters von der hexerei. Phantasie, tradition, bekanntschaft mit heilmitteln, armut und müssiggang haben aus frauen zauberinnen gemacht.«

Hinzugefügt muß werden, daß der Gebrauch von »psychedelischen« Narkotika (→ Hexensalbe) weiters eine ebenso große Rolle im H. spielte wie das Fortleben eines Teils der vorchristl. Glaubenswelt: nicht ihrer echt religiös-philosophischen »Spitzen«, sondern ihrer schon früher weitgehend als »anstößig« empfundenen Unterschichten, so daß Vorchristliches im H., gewissermaßen »geköpft«, konserviert erscheint. — Der H., der verschiedenartige Wurzeln besitzt, beruht zum Teil auf dem Begriff des → Maleficium, damit auf abergläubischen und z.T. auch nach heutigen Begriffen verbrecherischen Gepflogenheiten, zum Teil auf der viel jüngeren Theorie des »crimen exceptum«, des Teufelspaktes. Er befindet sich damit etwa bis 1200 im Einklang mit dem Volksglauben. Bußbücher und Synodalbeschlüsse aus dem MA. sprechen von »maleficii« und »veneficii« (Verfertigern von Zaubertränken), von »immissores tempestatum« (→ Wetterzauber), → Nestelknüpfen, → Werwolf und der nächtl. Ausfahrt, jedoch vorwiegend skeptisch. Für das »echte« Maleficium sind Kirchenbußen vorgesehen, gewaltsame Volksjustiz gegen Zauberer und Zauberinnen wird jedoch verboten. Die Periode von ca. 1230-1430 wird gekennzeichnet durch häufige Diskussion des Maleficium-Begriffes (→ Wilhelm von Paris, Gervasius v. Tilbury »Otia imperialia«, ca. 1214), wobei der Glaube an → Dämonen greifbarere Formen annimmt.

Daneben taucht im Anschluß an die gegen die vor allem südfr. Katharer-Sekten gerichtete Inquisition die Vorstellung des Teufelspaktes auf, verbunden mit jener des Hexensabbats (→ synagoga satanica, diabolica) und der nächtl. Luftfahrt zum Tanzplatz (1239). »Die Inquisitoren sahen in den Zauberern ebensolche Ketzer wie in den Katharern und verfolgten auch sie mit äußerster Strenge.

HEXENGLAUBEN: Darstellung der »Teufelsbuhlschaft«, nach → Molitor(is) 1489

Damit wurde die der bisherigen Entwicklung vollständig fremde Vorstellung [der Teufelsketzerei, verbunden mit Gotteslästerung und Abfall vom Christentum] in den Begriff der Zauberei hineingetragen; der verhängnisvolle Schritt, der die bisher getrennten Elemente des Zauberglaubens zu dem unheilverbreitenden Kollektivbegriff der Hexe vereinigte, war getan« (Byloff 1902, S.337). Während in Mitteleuropa die Idee des »crimen expectum« noch fremd war, wurden von 1320-50 etwa 600 Todesurteile gegen Hexen und Zauberer in Carcassonne und Toulouse vollstreckt. Erst nach 1430 flossen die Magievorstellungen aus den Alpenländern (Schweiz: Berner Oberland, Wallis, Tessin; vgl. auch die zahlr. Teufelssagen Österreichs) mit jenen aus Südfrankreich zusammen, wobei Volksbräuche wie Mittsommerfeiern (Demi-Été im Waadtland) wohl ebenso zu der Festigung des H.s beitrugen wie später die nächtl. Zusammenkünfte der slowen. »Springer«-Sekte, die an die nordamerikan. »Shakers« erinnern. Die zumindest im Hinblick auf Mitteleuropa unbegründbare Vorstellung einer organisierten, »satanistischen« Hexensekte blieb lange Zeit lebendig. Die Tatsache, daß bes. nach Hagelunwettern an der Hexerei verdächtigten Frauen (oft gegen den Widerstand der ordentl. Gerichte) »Lynchjustiz« geübt wurde, beweist klar, daß die Inquisitoren dem allg. Glauben ihrer Zeit folgten. Für sein Eindringen in alle Kreise des Volkes bedurfte es jedoch erst der Buchdruckerkunst, die den als gültig angesehenen Formulierungen in Büchern weite Verbreitung sicherte und den H. damit, statt ihn zu bekämpfen, erst breiteren Kreisen zugänglich machte und so konsolidierte (→ malleus maleficarum, dann die Werke von → Guazzo, → Rémy, → Praetorius, → Anhorn, → Bodin, → Carpzov usw.). —

Eine Zusammenfassung der mit dem H. im frühen 17.Jh. üblichen Vorstellungen findet sich z.B. in der dt. Ausgabe des »Flagellum Diaboli« des Francisco de Os(s)una (übers. v. Egidius Albertinus, München 1602): »Vielerlei effecten und wirckungen aber find ich, welche verricht und vollzogen werden von den obbemelten Unholden… Erstlich, befleissen und bemühen sie sich, daß sie die Elementen mögen bewegen, und auß denselben etliche mixta oder vermischte ding erzeugen. Dann sie understehen sich, zubewegen das Meer und den wind, donner, plitz, hagel, schnee, reiff und dergleichen [→ Wetterzauber], allermassen die Zauberer Pharaonis gethan. Am andern underwinden sie sich, ire aigne Cörper oder andere leibliche ding zuverendern von ainen ort zum andern. Dann man sagt, daß sie auff den Hunden, Gaissen, geschmierten Gabeln [→ Hexensalbe], Besem, Stöcken und anderm dingen reiten oder fahren in die Keller der Reichen, und ihnen den besten wein außsauffen: oder aber auff dem Heuberg oder anderen zusamenkünfften, allda sie mit einander panncketiren, schlampampen, wolleben, zechen und tantzen. Deßgleichen sagt man, daß sie die milch von etwa einer kuhe zu sich nemen, und dieselb auß etwa eim höltznen Bild herauß melcken: Item, daß sie allerhand gute speiß und tranck von weit entlegen orten in der eyl lassen herbringen, und daß sie die geliebte Personen von weiten orthen auff einem Bock oder Wolff herführen zu ihren Liebhabern: Item, daß sie allerhand und hin und wider zerstrewte Würm, Kroten, Schlangen und dergleichen Unzifer, können an einem besondern orth zusammen bringen. Drittens unterstehen sich diese heilose Leut, den Menschen und dem Viech zuzeverursachen entweder die Gesundheit, oder die Kranckheit, oder die unfruchtbarkeit und undüchtigkeit in den Männern [→ Nestelknüpfen]... Zum vierdten bemühen sich dise Gottlose Menschen, daß sie, vermittelst ihrer Zauberey, die Menschliche Gemüter ihres gefallens verendern können... Und dise effecten verrichten sie erstlich durch sonderbare Bilder, welche da gemacht seind von Wax oder sonsten einer andern Matery: [→ Bildzauber] Am andern, durch characteres, und Figuren, welche (wie sie sagen) consecriret oder geheiliget seynd. Drittens, durch wort oder carmina [→ Zaubersprüche], welche man sonsten Segen nennet. Vermittelst der Krafft diser Segen understehen sie sich, die Augen, Ohren, Zähn und andere Glider der Menschen entweder zubeschädigen, oder zuhailen: wie auch die Menschen zubefreyen vor dem Gewalt der wilden Thier, für hawen, stechen, schiessen [→ Festmachen] und erträncken.

Zum vierdten, brauchen sie hierzu etliche gleichsamb natürliche ding, als da seind die Kreuter, Salben, Pulver, Stain, Haar, Wurtzeln und Gifft, welches sie dem Menschen anstreichen, anwerffen [→ Injecta] oder in der Speiß und Tranck mischen, dardurch sie die Menschen zur Liebe bewegen [→ Philtrum], oder erkräncken, oder wol gar umbbringen... bißweilen pflegen sie... die heiligen Sacramenten der Kirchen [zu sakrilegischen Zwecken], bißweilen die Messen, und so gar das hochwürdige Sacrament deß Altars, und bißweilen das Wasser des Tauffs, das Wax der Oesterlichen zeiten, die heilige reliquien und dergleichen« (S.6r—7r). Peuckert 1966 bemüht sich um den Nachweis, daß die antichristl. und widernatürl. Greueltaten, die den Hexen zugeschrieben wurden, der allg. Ansicht des späten MA.s Anzeichen einer Endzeit waren, in der die bösen Mächte an Macht gewinnen, ehe sie samt dem Teufel endgültig überwunden werden, u.zw. etwa im Sinne der Schriften der »Tiburtin. Sibylle« und des »Pseudo-Methodius«; die den »Hexen vorgeworfenen Frevel sind die Frevel einer letzten Zeit. Ihr Tun wird in das Licht der sibyllinischen und der diesen verwandten eschatologischen Prophetien gerückt«, denn es handelt sich bei ihrem Tun um einen »Eingriff in den natürlichen Gang des Lebens« (S.125). Hier wird deutlich, was Trevor-Roper 1969 betont: daß das komplexe Gebilde des H.s, wie es uns die Quellen darstellen, nicht von seinen »Anhängern«, sondern von seinen Gegnern stammt, die ihre Ansichten in das relativ dünne Basismaterial aus Volksaberglauben und etwa bruchstückweise vorhandenen Häresien aus spätantiker Zeit hineininterpretierten; »the basic evidence of the kingdom of God had been supplied by Revelation. But the Father of Lies (Satan) had not revealed so openly. To penetrate the secrets of his kingdom, it was therefore necessary to rely on indirect sources. These sources could only be

HEXENGLAUBEN: Eine Gruppe von Hexen beim → Wetterzauber, aus Pauli, Schimpf und Ernst, Augsburg 1533 (Ausschnitt)

captured members of the enemy intelligence service: in other words, confessing witches« (p.41—42). Den Nachweis einer echten Verbindung zwischen vorchristl. Kulten und dem H. sucht u.a. Gerald B. Gardner in seinem Buch »Witchcraft Today« (Dt.Ausg., Vorwort M.Murray, Weilheim 1965; »Ich habe Dinge gesehen, die ich nicht berichten darf und bin auch abergläubisch, weil ich die Kraft der Hexen kenne«, S.151) zu erbringen, jedoch ohne echte Quellenkritik.— Diesem Versuch, modernen Hexenbünden histor. Tradition zuzubilligen, gegenüber vgl. den Ansatz von F.Spunda: »Daß dabei (beim Glauben an die orgiast. Hexenfrevel) krankhafte Sexualität mitgespielt hat, Satyriasis und Nymphomanie, ist leicht zu erkennen... Gewiß gab es zu allen Zeiten hypersensitive, natursichtige Menschen, die ihre Fähigkeiten mißbrauchten. Waren sie obendrein bösartige, häßliche Eigenbrötler, so ist verständlich, daß sie in ihrer Umgebung bald in Verruf kamen. Statt sich dienend in die Gemeinschaft einzuordnen, trieb sie ihr Geltungstrieb immer mehr in die Absonderung. Dadurch verfielen sie dem Haß und der Verfolgung.« (Philosoph. Lit.Anz., Bd.XV/7, Meisenheim 1962).

Das Wort Hexe wird etymolog. auf verschiedene Weise erklärt, meist jedoch aus haghedisse (hag = Hecke, dise oder idise = weibl. übernatürl. Wesen, also etwa »Heckenfee«). Weitere Namen für Zauberinnen sind unholde, drude (eigentl. → Alp!), weiters Spott- und Schimpfnamen wie Hagelanne, Schauerbrüterin, Wolkenschieberin (→ Wetterzauber), Mantelfahrerin, Gabelschmiererin (→ Hexensalbe) usw. Der sich zu Beginn der Neuzeit immer deutlicher formende H., auf dem Glauben an eine reale, in das Menschenleben direkt eingreifende Welt der → Dämonen basierend, besagte klar, daß die Hexen nicht bloß böse Weiber, sondern vom Christenglauben abgefallene und mit dem Satan paktierende Teufelsbuhlen wären (das »crimen exceptum«); diese Ansicht, in zahlr. Holzschnitten verewigt und die Phantasie des Volkes offenbar stark beschäftigend, wurde noch im 18.Jh. ausführl. erörtert; etwa in Zedlers Lexikon Bd.12/1735: »Das Bündniß soll zwischen ihnen [den Hexen] und dem Satan, so wohl öffentlich als privatim geschlossen werden... Der Teufel soll seine Vasallen hiebey mit besondern Maal = Zeichen, Gewächsen und Beulen zeichnen [Hexenmal, stigma diaboli, lt. → Guazzo eine Blasphemie der Beschneidung; → indicia magiae]... Dem durch die Taufe mit Gott aufgerichteten Bunde wird gäntzlich abgesagt. Insonderheit verpflichten sich die Hexen dahin, sich mit dem Teufel fleischlich zu vermischen. Dieses... könne sehr leichtlich geschehen. Er nähme entweder einen Cörper an, oder er entwendete andern Menschen den Saamen, und bediene sich dessen bey der fleischlichen Vermischung« (ähnl. Vorstellungen herrschten im Hinblick auf die → Incubus-Dämonen).

Die Umarmung durch den Satan, der oft Namen wie Flederwisch, Schlepphans, Grünhans, Hagedorn, Springinsfeld, Kehrwisch, Dreifuß, Kuhfuß, Hämmerlin u. ähnl. trägt, wird in Prozeßakten oft als ekelhaft kalt beschrieben (dies wurde in neuerer Zeit verschiedentlich dahingehend interpretiert, daß bei rituellen Orgien die menschl. Vertreter des »Satans« künstl. phalloi verwendet hätten, um sich mit einer großen Zahl von »Hexen« scheinbar sexuell vereinigen zu können.). Diese Akte konnten zur Zeugung von monströsen »Kielkröpfen« (campsores; gemeint sind wohl Kretins) oder von wurmähnl. »Elben« oder »bösen Dingern« führen. War das Bündnis mit dem Teufel geschlossen und besiegelt, so war die Hexe verpflichtet, ihm durch die Mitmenschen schädigenden Zauber zu dienen (→ Bildzauber, → Nestelknüpfen, → Wetterzauber, Unfruchtbarmachen von Acker, Vieh und Menschen).

Es wurde den Hexen zwar nachgesagt, daß sie dabei auch für sich sorgten, indem sie etwa die den Kühen der Nachbarn entzogene Milch in ihren eigenen Topf zauberten. Darüber hinaus wurden sie jedoch kaum entlohnt und mußten in Armut leben. »Es kommt kein beispiel vor, daß sich eine reich gezaubert und für den verlust der himmlischen seeligkeit zum wenigsten weltliche freuden erworben habe, wie sonst in den sagen von männern, die sich dem teufel verschreiben, wohl erzählt wird. Diese krummnäsigen, spitzkinnigen, hänglippigen, schiefzähnigen, rauchfingrigen weiber stiften übel, ohne daß es ihnen nützt, ihre theilnahme an seinen festen schafft ihnen immer nur halbes behagen« (Grimm, op.cit.).

Diese Feste sind die oft erwähnten Hexensabbate, wie sie der Tradition nach auf Bergeshöhen (Blocksberg!) vor allem in der → Walpurgisnacht (30. April—1. Mai) abgehalten wurden. Die Berichte über diesen Sabbat, in Frankreich aus Esbat, wie man sie in den Akten und Büchern findet, sind teils offenbar abstrusphantastisch, teils aber auch so formuliert, daß man kaum umhin kann, an echte Frauengeheimbünde zu denken: so vor allem in England, wo diese Feiern angebl. in 4 Nächten des Jahres durchgeführt wurden (2.Feber, Candlemas; 1.Mai, Roodmas; 1.August, Lammas; 1.November, All Hallow E'en). Ob in Mitteleuropa orgiast. Feste dieser Art abgehalten wurden, ist ungewiß, und hier dürften für die darauf bezüglichen Erzählungen neben der gewaltsamen Suggestion bei der »peinl. Befragung« eher Halluzinationen unter dem Einfluß der narkot. → Hexensalbe verantwortlich sein. In Westeuropa und in England hingegen, wo die Hexen lt. Texten aus dem 13.Jh. in Gruppen von je 13 Personen (»covens«) organisiert waren, wurden wahrscheinlich tatsächlich »satanist.« Riten gefeiert, wie auch die Prozeßakten gegen → Gilles de Raiz zu zeigen scheinen. Vgl. dazu → Satanismus, → Synagoga diabolica, → Walpurgisnacht.

Angeblich bestanden diese nächtl. Feiern in bestimmten, Sardana-artigen Tänzen, in einem gemeinsamen Mahl, in Menschenopfern und orgiastischer Promiskuität, an heidn. Fruchtbarkeitskulte gemahnend. Illusion und Realität sind heute kaum mehr zu trennen. Der Text eines Kupferstiches von Michael Herz (gest. 1661) lautet u.a.:»Sie tantzen, springen, schreyen, rasen/Unterm Galgen auff dem Schinderwasen/Dann wie da ist die Galliard/So hat auch der Tantzplatz seine Art/Der Sathan hie Platzmeister ist/Dem folgt der gantze Hauff zur frist... Insgemein lehrt man da Zauberey/All Laster Schand und Schelmerey« usw. (die linke Hälfte des betr. Stiches taucht als Umzeichnung bei → Praetorius wieder auf). Während man im 19.Jh. den H. nur als Auswirkung von Suggestivfragen der die Folterung der Angeklagten bewachenden Hexenrichter ansah und diese Folterung häufig zum Gegenstand kirchenfeindlicher Polemik machte, urteilt man heute hierüber vorsichtiger; in der neueren Literatur werden einerseits jene Momente beachtet, die auf ein Fortleben gewisser Züge des vorchristl. Heidentums (»la vecchia religione«) hinweisen: so vor allem von engl. Autoren (M.Murray o.J. und 1921, P.Hughes 1952), die das Hexenwesen für eine Manifestation von aus vorchristl. Zeit stammenden, für den Außenstehenden blasphemisch wirkenden Riten und Gebräuchen halten. Weiters legen Historiker immer wieder Nachdruck auf die Beschreibung der halluzinogenen Wirkung der → Hexensalbe, die zumindest in manchen Fällen für Schilderungen der nächtl. Luftfahrt (an die

»Reise« der heutigen LSD-Süchtigen gemahnend) und orgiast. Scheinerlebnisse verantwortlich gewesen sein mag. In manchen Fällen stellen die freiwillig abgelegten Geständnisse der »Hexen« offenbar die Ideen von Geisteskranken dar (Byloff 1902); Parapsychologen vertraten gelegentl. die Ansicht, daß die Beobachtung »mediumistischer« Phänomene für manche Details des H.s eine reale Grundlage darstellt (C. du Prel, zit. bei Byloff 1929).

Schließlich wird verschiedentlich versucht, den H. auf eine Verteufelung matriarchalischer Kulturphänomene durch betont maskuline Gesellschaften zu erklären: daß also Kulturen mit Herrscherinnen und Priesterinnen durch eine männliche Revolution entmachtet und für teuflisch erklärt worden seien. In dieser extremen Form ist diese Annahme gewiß nicht haltbar, doch steht fest, daß die Rolle der Frau im Kultus und als Erbträgerin in vielen alten Kulturen größer war als in unserer histor. Epoche. Relikte von Frauenkulten etwa in der dörflichen »Kleinmagie« können tatsächlich Anhaltspunkte für Hexenverfolger gewesen sein, die Doktrinen außerkirchlicher Sekten (Ablehnung der Körperwelt durch Askese usw.) mit den zunächst tolerierten Brauchtumsresten vermengten (»Hexenwahn« — Hexen machen impotent, zerstören die Fruchtbarkeit der Erde usw.).

Bei alldem kann aber nicht übersehen werden, daß bes. in der Zeit zwischen 1500 und 1680 der H. in manchen Gegenden zu einer Massenhysterie wurde, der zahllose Unbeteiligte zum Opfer fielen. Die Reformation akzeptierte den H. ohne Einschränkung (Byloff 1902, S.356), wie zahlr. Äußerungen Luthers und z.B. der große Hexenprozeß von Mora (Elfdalen, Schweden, 1669-70) zeigen, in dessen Verlauf 72 Frauen und 15 Kinder hingerichtet wurden. Erst der wachsenden Opposition gegen den übersteigerten Dämonenglauben (→ Bekker, Thomasius) und gegen die Unmenschlichkeit der Prozeßführung (→ Spee, Tanner) ist es zu verdanken, daß der H. im 17.Jh. zu schwinden begann und ab dem 18.Jh. nur mehr vereinzelt Opfer forderte. Als letztes in Mitteleuropa wird die Dienstmagd Anna Goeldi aus Glarus bezeichnet (vgl.J.Winteler: Der Anna Goeldi Prozeß usw., Glarus 1951), die 1782 hingerichtet wurde. In einzelnen Rückzugsgebieten lebte der H. jedoch noch bis ins 20.Jh. verborgen fort.

Vgl. weiters → Anhorn, Bekker, Beschwörung, Bildzauber, Bodin, Carolina, Carpzov, Casaubon, Dämonen, Delrio, Exorcismus, Geiler, Glocke, Grillandus, Guazzo, Hartlieb, Hexensalbe, Hexenprozesse, Indicia Magiae, Injecta, Institoris, Kreuzweg, Lancre, Liebeszauber, Loudun, Maleficium, malleus maleficarum, Mengus, Meyfart, Molitoris, Nestelknüpfen, Philtrum, Praetorius, Rémy, Salem, Satanismus, Sprenger, Sterzinger, Synagoga diabolica, Zauberei.

HEXENPROZESSE, gerichtl. Schritte gegen Hexen und Zauberer (maleficii, lamiae, veneficii), wurden einerseits aufgrund der Hexeninquisition (→ malleus maleficarum), andererseits auch, um einer »Lynchjustiz« hexengläubiger Bauern usw. zuvorzukommen, abgehalten. Grundlage war der bes. im 16. und 17.Jh. fast allgemeine → Hexenglaube, jurist. die Theorie des »crimen exceptum«, des Teufelspaktes und der Teufelsbuhlschaft, bei dem »ob enormitatem delicti simpliciter et de plano absque strepitu et figura iudicii« prozessiert werden könne (Damhouder, → Carpzov). Die bloße Bestrafung des → maleficium wird üblicherweise nicht als H. bezeichnet. Da der → Hexenglaube nur sporadisch in Frage gestellt wurde, ansonsten allgemein geläufig war, hatten die durch einen schlechten Ruf (fama), Denunziation oder andere → indicia magiae in den Anklagezustand Versetzten nur geringe Chancen, ihre Unschuld zu beweisen. In den von Byloff 1902 erfaßten 172 aktenkundl. Fällen aus der Steiermark (1546—1746) endeten 84% durch das Todesurteil (fast durchwegs durch Erdrosseln oder Köpfen mit anschließender Verbrennung der Leiche, nur in einem Fall durch den Feuertod), 16% mit Einstellung des Verfahrens oder leichteren Strafen; 64% aller Angeklagten waren Frauen. Die Geständnisse wurden in 73,5% aller Fälle durch die Folter (peinl. Befragung) erreicht. In England hingegen, wo die Folter kaum angewendet wurde, endeten nur 19% der aktenmäßig erfaßten Fälle von Hexerei mit der Hinrichtung der Angeklagten. Vgl. R.H.Robbins, The Encyclopedia of Witchcraft and Demonology, London-N.Y. 1959.

Die uns heute unverständliche Grausamkeit der Hexenrichter erklärt sich teils aus der Angst vor dem Teufel und seinen »Verbündeten«, als die man die Hexen betrachtete, teils aus der allg. Roheit der damaligen Verhörmethoden. »Die Hexen waren in der Anschauung der damaligen Menschen, Ärzte und Priester, nicht nur sündige, sondern auch 'unreine' Menschen, also Geisteskranke, deren Krankheit ansteckenden Charakter hatte. Durch jede Hexe und ihre angebl. Untaten fühlte sich die Gemeinde und damit die ganze Christenheit bedroht« (R.Huelsenbeck 1959).

Das Verfahren wird u.a. von Hinschius, Ndr. 1959, VI/S.413 ff. geschildert: Das Verhör wurde mit dem dazu erschienenen oder vorgeführten Angeklagten abgehalten, nachdem dieser beschworen hatte, die Wahrheit zu bekennen. Es richtete sich nicht nur auf die Ermittlung seiner Personalien und seines Vorlebens, »sondern auch auf die Ermittlung von allgemeinen Indizien für die Hexerei« und weiters »auf die speziell ihm zur Last gelegten, das Verbrechen der Hexerei [crimen magiae] bildenden Handlungen«. Auch bei Leugnung konnte der Richter, wenn genügend Belastungsmaterial vorlag, die Untersuchungshaft beschließen; ansonsten wurde der Angeklagte entlassen, mußte aber Bürgen für sein weiteres Erscheinen stellen und konnte verpflichtet werden, seine Wohnung ohne Erlaubnis nicht zu verlassen. Er konnte die Zulassung eines Anwaltes und Prokurators beantragen. Da auch durch Zeugenaussagen, »evidentia facti«, Indizien oder eigenes Geständnis überführte Angeklagte zur Aburteilung nur dann der weltl. Gerichtsbarkeit übergeben werden durften, wenn ein volles Eingeständnis der Schuld vorlag, konnten diese lange Zeit in Strafhaft gehalten oder der »gütlichen« und darauf der »peinlichen« Befragung zugeführt werden (d.h. der Tortur, die auch sonst bei Kapitalverbrechen angewendet wurde). Zuerst wurden die Folterinstrumente bloß gezeigt bzw. angelegt und wieder abgenommen. Blieb diese Maßnahme erfolglos, wurde zur Anwendung der Folter geschritten, wobei der grausame Apparat der Torturwerkzeuge (Daumenschrauben, »Aufziehen«, Hexenstuhl usw.) zur Anwendung kam. Das Unvermögen, dabei Tränen zu vergießen, galt gleich dem unempfindlichen »Hexenmal« (stigma diaboli) als Schuldindiz. Desgl. wurde versucht, die Angeklagten durch Einflößen von Weihwasser mit Wachstropfen von geweihten Kerzen zum Bekenntnis zu bewegen.

Der Vorwurf, daß durch Folter erzielte Geständnisse wahrscheinl. nur zwecks Abkürzung der Schmerzen abgelegt worden seien und mit Wahrheitsfindung nichts zu tun haben (→ Spee), betrifft nicht bloß die H., sondern die gesamte Verhörpraxis der damaligen Zeit; er wurde offenbar nur selten erhoben. Da die Folter nicht wiederholt werden durfte, konnte durch Interlokut auf Unterbrechung und Fortsetzung zu einem späteren Termin erkannt werden. Legte der Beschuldigte ein Geständnis ab, so mußte er es nach Entfernung der Folterwerkzeuge wiederholen, da es sonst nicht als Beweismittel angesehen wurde. Alle Vorgänge bei der Befragung wurden durch einen Notar protokolliert.

Hatte der Beschuldigte die Tortur überstanden, ohne ein Geständnis abgelegt zu haben (was naturgemäß nur selten vorkam), so war er ohne Urteil freizulassen. Bei öffentlicher Bezichtigung ohne ausreichende Verdachtsmomente erging das Urteil auf Ablegung eines kanonischen Reinigungseides, bei bloß geringem Verdacht auf Abschwörung der Hexerei bzw. Häresie und Auferlegung einer Buße. Bei schweren Verdachtsgründen gab es keinen Gegenbeweis und der Richter konnte die Verurteilung und Überlieferung an den »weltlichen Arm« aussprechen. Zeigte sich der Geständige reumütig und war er kein Rückfälliger, wurde er meist zu lebenslanger Haft »bei Wasser und Brot« verurteilt. Hartnäckiges Leugnen bei voller Beweislast führte dennoch zur Verurteilung.

Das Todesurteil wurde von der weltl. Gerichtsbarkeit vollstreckt, u.zw. theoret. durch den Feuertod, prakt. jedoch (je nach den gerichtsüblichen Gepflogenheiten) meist durch Erdrosseln oder Köpfen und Verbrennen der Leiche (wohl aus dem Wunsch zu erklären, die dem Satan verfallene Materie so gründlich als möglich zu vernichten; vgl. → Vampire). In dem Traktat »Von Bekanntnuß der Zauberer und Hexen« des Theologen Petrus Binsfeld, gest. 1598, (München 1589, 1591), 65 v., ist die Meinung vertreten, die vorgeschriebene Todesstrafe gegen für schuldig befundene Hexen sei unvermeidlich, doch »ist im Gebrauch ehe dann sie ins Fewer geworffen, zuvor mit einem Strick erstecken oder ertroßlet, zu Vermaidung der Gefahr, auff daß nicht der langsame Todt, von wegen grossen Schmertzens, den Thäter zur Gotteslästerung oder Verzweifflung ziehe.« Die Hinrichtung der Verurteilten mit Strick oder Schwert vor der Verbrennung war besonders dann geboten, wenn sie reuig und bußfertig waren. Die grausame Art der Hinrichtung durch Feuer, die normalerweise nur dann angewendet wurde, wenn die Angeklagten bei »erwiesener Schuld« unbußfertig und ohne Reue blieben, wird noch 1749 in Zedlers Lexikon Bd.61, Sp.129 f., durch den bekannten Theologen und Philosophen Johann Georg Walch (1693—1775) verteidigt: »Weil das teuflische Verbündniß alle andere Laster an Greuel übersteige; so ist keine vernünfftige Ursache anzugeben, warum nicht die Feuer=Straffe statt haben solte« (dieser Abschnitt, Sp.62—142, enthält sehr interessantes rechts- u. geistesgeschichtl. Material zur Gesch. des Zauberglaubens). Auch die »Theresiana« von 1766 sieht für »gottesvergessene Menschen«, wenn sie einem »ausgefertigt-schriftlichen Bündniß« oder auf sonstige Art unmittelbar gotteslästerliche Ausdrücke gebrauchten, die Hinrichtung »mit dem Feuer« vor (Art.58.§13,3). Im Jahre 1657 erließ die Congregatio inquisitionis eine Instruktion (Instructio pro formandis processibus in causis strigium et maleficorum), die das »ernste Bemühen zeigt, gerade die schwersten Mißstände, welche sich bei der Hexenverfolgung gebildet hatten, durch möglichste Beseitigung der von den Richtern geübten Ungerechtigkeiten und Grausamkeiten abzustellen. Wäre sie... beim Beginn der Hexenverfolgungen gegeben worden, so hätten sie viele Unmenschlichkeiten und Greuel verhindern können« (Hinschius, Ndr.1959, VI/S.425).

Die Statistik bei Byloff 1934, S.160 zeigt jedoch eine große Zahl von H.n in der Zeit von 1675—90. Es bedurfte erst der Aufklärungsarbeit vieler Gelehrter (→ Thomasius, → Sterzinger), ehe sich eine Abkehr der Gerichtspraxis von den alten Anschauungen abzuzeichnen begann (Theresiana, Edikt vom 5.Nov.1766 der Kaiserin Maria Theresia: vor Verhängung der Tortur sei erst durch das Obergericht »an Uns« zu berichten: dies vor allem lt. Art. 58, § 7 und 10). — Vgl. → Salem, Loudun. Berühmte H. mit nachfolgender Exekution von zahlr. Angeklagten fanden u.a. statt in Arras (1459), Como (1485) und Logroño, Spanien (1610), in Deutschland in Werdenfels, Bayern (1582), Nördlingen (1590—94), Braunschweig (1590—1600), Henneberg (1612), Offenburg (1627—30), Ingelfingen (1592), Osnabrück (1640), Bamberg (1627—30), Würzburg (1627—29); in Österreich machte der H. von Salzburg (1678) viel Aufsehen, der 97 Opfer forderte. — Gute Bibliographie u.d. Stichw. Hexen und Hexenprozesse im 8.Bd. von Herzog/Hauck, Realencyklopädie f.Prot.Theol.u.Kirche, S.30 ff., Ndr. Graz 1970. Vgl. auch F.Merzbacher: Die Hexenprozesse in Franken, 2.Aufl. München 1970; W.Fiscal: Hexenwesen und Hexenwahn. Anmerkungen zu den Esslinger Prozessen; in: Esslinger Studien 20/1981, S. 103—128; Becker, Bovenschen, Brackert u.a.:

Aus der Zeit der Verzweiflung. Zur Genese und Aktualität des Hexenbildes. Ed.Suhrkamp 840, Frankfurt a.M. 1977; M.Hammes: Hexenwahn und Hexenprozesse, Fischer TB 1818, Frankfurt a.M. 1977; S.Golowin: Die weisen Frauen, Basel 1977 (S.283 f.).

HEXENSALBE, ein aus pharmakolog. wirksamen und »sympathetischen« Bestandteilen zusammengesetztes Mittel, dessen Anwendung offenbar für einen Teil der Phänomene des Hexenwesens verantwortlich war; dies vermuteten schon → Wierus sowie Bacon von Verulam (1561-1626) in seinem Werk »Silva silvarum« (1627). In zahlr. Protokollen und Berichten, zit. etwa bei Görres III, S.558 ff., ist davon die Rede, daß die Hexen vor ihrer Ausfahrt sich entkleiden und die Haut mit einer gewissen Salbe einreiben.

Ihre Zusammensetzung wird auf verschiedene Weise beschrieben: Extrakte aus Schierling, »Nachtschatten«, → Mandragora, Bilsenkraut und anderen nar-

HEXENSALBE: Beobachtung der »Ausfahrt«, n. Th. Erastus, Dialogue touchant le pouvoir des sorcières, Genf 1579

kotischen Pflanzen (Andrea Laguna, Leibarzt von Papst Julius III., 1545); das Fett eines Knaben, in Erzgefäßen gekocht und vom Wasser abgeschöpft, dazu »Eleoselinum«, Eisenhut, Pappelblätter und Ruß, oder »Sium, Acorum, Pentaphyllon, Nachtschatten mit Öl und Blut von Fledermäusen« (→ Porta in seiner »Magia naturalis«, 1619); »Apium, Aconitum, Pentaphyllon, Solanum und Ruß« (→ Cardanus »De subtilitate«, lib. XVIII de mirabilibus, 1550, 1611). In Grimms Deutscher Mythologie (Anh. LVIII) wird der 1455 geschriebene Codex palat. 478 (Das Buch aller verbotenen Kunst des D. → Hartlieb) zitiert, worin die H. »Unguentum pharelis« heißt. »Die machen sie uss siben Krewtern, und prechen yechlichs Krawt an ainem Tag, der dan demselben Krawt zugehört, als am Suntag prechen und graben si Solsequium, am Montag Lunariam, am Erctag Verbenam, am Mittwochen Mercurialem, am Phinztag Barbam Jovis, am Freitag capillos Veneris, daruss machen sie dan Salben, mit Mischung etlichs Plutz von Vogel, auch Schmaltz von Tieren,... so bestraichen sie Pank oder Seule, Rechen oder Ofengabeln, und faren dahin«.

Im »Formicarius« von → Nyder wird von einer alten Frau erzählt, die behauptete, an der Hexenausfahrt teilzunehmen. In Gegenwart eines Dominikaners setzte sie sich in eine Brotmulde, salbte sich unter Beschwörungen ein und verfiel in tiefen Schlaf. »Sie hatte nun Gesichte von der Frau Venus und damit Zusammenhängendem in solcher Stärke, daß sie mit gedämpfter Stimme zu jubeln anfing; so zwar, daß unter den heftigen Bewegungen, die sie mit den Händen machte, die Mulde lange hin und her schwankte, und endlich von der Bank herabstürzend die Alte am Haupt nicht wenig verletzte.« Als sie endlich erwachte, gelang es dem Geistlichen, ihr ihren Wahn allmählich auszureden (n. Görres III, S.560). Ähnl. auch ein Fall, den Byloff 1902, S.312 n. Gräff, Versuch einer Gesch. d. Criminalgesetzgebung d. Stmk., Graz 1817, wiedergibt: Die angebl. Hexe fällt über die ihr versuchsweise übergebene H. mit »Gierde« her, »schmiert sich eilfertig an allen heimlichen Orten, dreht sich mit wüthenden Geberden eine Zeit lang im Kreise herum, und fällt endlich unter konvulsivischen Zuckungen zu Boden. Nach einem halbstündigen Hinstarren erwacht sie ermattet und abgespannt, und behauptet: daß sie soeben am Scheckelberge auf der Hexengesellschaft gewesen sey« usw. —

Gassendi (1592—1655) führte Versuche mit einer opiumhaltigen H. durch, die zu lebhaften Visionen (Luftfahrt usw.) führten, ebenso im vorigen Jh. K.Kiesewetter (»Die Geheimwissenschaften«, Leipzig 1895) mit einer H. aus Bilsenkraut, Eisenhut und Solanum, der Ähnliches berichtet. Nach anderen Berichten (Schmitz 1964, S.47) zählten zu den Bestandteilen der H. auch Extrakte aus Stechapfel und Tollkirsche. Selbstversuche mit verschiedenen H.en stellten S. Ferckel (1954) und W.-E.Peuckert (1960) an und berichteten, daß sich lebhafte Träume mit Flugillusionen, Reigentänzen und »in der Schlußphase schließlich das Bild eines orgiastischen Festes mit grotesken sinnlichen Ausschweifungen« einstellten. In diesem Sinne schrieb H.Fühner (1925), daß »die narkotische H. ihr Opfer nicht nur betäubte, sondern dasselbe den ganzen schönen Traum von der Luftfahrt, vom festlichen Gelage, von Tanz und Liebe so sinnfällig erleben ließ, daß es nach dem Wiedererwachen von der Wirklichkeit des Geträumten überzeugt war. Die H. stellte in dieser Weise ein Berauschungs- und Genußmittel des armen Volkes dar, dem kostspieligere Genüsse versagt waren.« Vgl. auch H.Fühner, Solanazeen als Berauschungsmittel, Archiv f. experimentelle Pathologie 3/1926, S.281 ff.; dazu M.Eliade 1957, S.382, der ursprüngliche Ekstase-Erlebnisse als Vorbild der durch Alkaloide hervorgerufen sieht: »Durch narkotischen Rausch sucht man einen geistigen Zustand nachzuahmen, den man nicht mehr anders zu erreichen im Stande ist.«

Es ist nicht verwunderlich, daß die nicht seltenen Angaben über in ihren Wohnungen betäubt Schlafende, die nach ihrem Erwachen plastische Schilderungen von nächtlicher Ausfahrt und satanistischen Orgien lieferten (etwa bei Porta, s.o.), schon frühzeitig zu der Meinung Anlaß gaben, die Erzählungen vom Hexensabbat wären durchwegs auf den Gebrauch des »Volks-Rauschgiftes« der H. zurückzuführen. Dem widerspricht jedoch → Bodin in seiner »Démonomanie«, und zwar mit Hinweis darauf, daß in diesem Fall der Hexensabbat nicht, wie immer wieder erzählt wird, beim bloßen Nennen eines hl. Namens verschwinden könnte; es müsse also mehr dahinter sein als bloße Täuschung. Der Hexenrichter Petrus Binsfeld (Tractat Von Bekanntnuß der Zauberer und Hexen, München 1591, S.30 v) erwähnt die H., schreibt jedoch ihre Wirkung dem Vertrauen auf den Teufel zu: es werde oft gesagt, »daß diese Außfahrung durch Würckung deß Teuffels beschicht, und daß die Salben, Kräuter, Stecken oder andere leibliche Ding so hierzu gebraucht werden, kein Krafft haben, sonder allein Zeichen. Es möcht villeicht einer hie sagen, es ist durch die Erfahrung offenbar unnd am tag, daß sich ire Weiber gesalbt, die darnach eben dasselbig, auch thun, und ihnen nachgefolgt sein, darumb ist von Natur ein Würckung inn der Salben. Antwort ich: Das probiert [beweist] nit, daß ein Krafft sey in der Salben, sonder das solches auß Mißglauben, und gleich als innerlichem Vertrawen zum Teuffel solches Werck versucht haben, und also durch deß Teuffels fleiß, solche außfahrung angericht. Wann aber einer durch starcken Glauben underwiesen, zu Schandtmachung Teufflischer Listigkeit andere zulehrnen und zustercken, kein Krafft noch Würckung inn solchen natürlichen Dingen zu seyn vermaint, zu solcher Würckung gebraucht, so wirdt ohn zweiffel kein außfahren erfolgen.« Auch Byloff 1902 ist im Hinblick auf die H. skeptisch und weist darauf hin, daß der Stechapfel (Datura stramonium Linn.) sich in Mitteleuropa erst im 17.—18.Jh. ausgebreitet zu haben scheint; weiters, daß die H. durchaus nicht in allen Prozeßakten erwähnt wird und, wenn dies der Fall ist, oft nur von einem Bestreichen des Besens die Rede ist. Die H. kann demnach nicht die alleinige Ursache des → Hexenglaubens sein, der auf vielfältigen Grundlagen basiert.

Offenbar ist die H. eine Emulsion mit psychotropen Inhaltsstoffen, eine von zahllosen, weltweit verbreiteten Kombinationen von Pflanzendrogen, die im parareligiösen Bereich eine Rolle spielten und z.T. noch spielen (vgl. z.B. S.Golowin: Die Magie der verbotenen Märchen. Von Hexenkräutern und Feendrogen, Hambg. 1974; R.E.Schultes u. A.Hofmann: Pflanzen der Götter. Die mag. Kräfte der Rausch- u. Giftgewächse, Bern 1980). Denkbar ist, daß die H. als Ersatz für brauchtumsmäßig tradierte Vegetationsfeste und im Verborgenen zelebrierte Rituale war und angewendet wurde, wenn eine reale Teilnahme daran aus äußerlichen oder persönlichen Gründen nicht möglich war (vgl. den Abschnitt »Der geträumte Hexensabbat« bei H.Biedermann, Hexen, Graz 1974). Daß der Gebrauch einer Art von H. jedenfalls sehr alt ist, beweisen antike Quellen, wie z.B. der »Goldene Esel« des Apulejus (2.Jh.). Der Rauschgiftmißbrauch der Gegenwart (die »Reise« im LSD-Rausch) ergibt nicht selten Parallelen zu den Berichten über die »Hexen-Ausfahrt« in vergangenen Jahrhunderten (vgl. W.A.Frosch, Die Wirkungen und Gefahren von LSD; Abbottempo, Abbot Universal Ltd., Buch 1, 1967). Vgl. hiezu über den Einfluß von Drogen wie Haschisch und Opium auf islamische und vor allem persische mystische Orden L. Massignon, Essai sur les origines du lexique technique de la mystique musulmane, Paris 1922; Huart, Les saints des derviches tourneurs, Paris 1918—1922.

BYLOFF 1902; FERCKEL 1954; FÜHNER 1925; GÖRRES 1960; MARZELL 1964; PEUCKERT b. RICHTER 1960

HILDEGARD VON BINGEN (»de Pingva«), 1098—1179, hl. Äbtissin des 1147 gegründeten Klosters Rupertsberg bei Bingen, die »rheinische Sibylle«. Die Benediktinerin H., eine vielseitig gebildete und mit myst. Visionen begabte Frau, wurde besonders durch das in suggestiver Sprache und geheimnisvollen Symbolbildern verfaßte Werk »Sci vias seu visionum et revelationum libri tres« (meist »Scivias« geschr., d.h. »Erkenne die Wege« [Gottes]) berühmt, weiters durch ihre medizinischen und naturkundl. Schriften »Physica« und »Causae et curae«. Stellen diese beiden Werke einen wertvollen Querschnitt durch die Heilkunst des MA.s dar (Ausg. von H.Schipperges, Salzbg. 1957), so befaßt sich das berühmte Buch »Scivias« (Alte Ausg. Paris 1513, Köln 1628; Migne Patrol. Bd.197, Paris 1885; dt. Übersetzg. v. Maura Böckler, Berlin 1928 u. Salzbg. 1954) mit Gesichten von endzeitlichen Gerichten, die über die geistl. und weltl. Machthaber hereinbrechen werden. Die Echtheit ihrer prophet. Begabung wurde ihr von Papst Eugen III. ausdrücklich bestätigt. »In ihren Entzückungen lag sie offt gantz unbeweglich auf dem Bette und sagte, daß es ihr vorkäme als ob ihre Seele hoch über denen Wolcken schwebte, auch derer entlegensten Völcker Thun und Lassen sehen könne… Letztlich soll ihr Gott ihr Ende offenbaret haben, und sie als sie gestorben, ein Creutz am Himmel zu sehen gewesen seyn« (Zedlers Lexikon Bd.13/1735, Sp.65—67). Vgl. auch H.Liebeschütz, Das allegor. Weltbild der hl. H.v. B., Leipzig 1930; Joh. May, Die hl. Hildegard v.Bingen, München 1929; A.Rosenberg 1960. — Die Werke der H.v.B. erscheinen in krit. Editionen in Salzburg. Welt und Mensch (De operatione Dei), ed. H.Schipperges, 1965; Naturkunde, ed. P.Riethe, 1959; Lieder, ed. P.Bath OSB, M.I.Ritscher OSB und J.Schmidt-Görg, 1969; Heilkunde, ed. H.Schipperges, 1957). Sie stimmen mit dem Programm überein »Alles, was in der Satzung Gottes geordnet ist, gibt einander Antwort«.

HIMMELTAU, lat. ros coelestis, in der → Alchemie nicht seltener Deckname für das »mercurialische Prinzip« (→ Mercurius), für das Flüchtige und Geistige in der Natur. Im → Mutus liber wird die → Materia prima dem H. gleichgesetzt, indem ein Bild das Einsammeln von Tau durch den Adepten und seine »soror mystica« zeigt, woraus dann der → Stein der Weisen bereitet wird. »Wenn man Gold = Blättlein in May = Thau wirfft«, heißt es in Zedlers Lexikon Bd.43/1745 (Sp.435—37), »so sollen sich selbige in der Digestion auflösen. Wenn der Thau durch ein Filtrum coliret wird, so setzt sich am Boden eine Materie, so weiß als Schnee, die das Hertz sonderlich stärcket. Mathesius in Sarepta Concion.III will, daß, wenn ein Ducaten mit Mayen = Thau oder Regen = Wasser etlichemahl befeuchtet, und dann in der Sonne getrocknet, oder in der Erde verdecket werde, selbiger ein grösser Gewichte daher bekomme. Etliche wollen auch aus dem Thau und Manna ein vortreffliches [→] Menstruum zur Ausziehung des Goldes und der Corallen = Tinctur zubereiten.« »Ketmia Vere« schreibt in seinem »Compaß der Weisen« (Berlin 1782), der »Mayenthau (wäre) eine recht wunderswürdige Sache, und mit dem allgemeinen Salze der Natur, welches ein allgemein wirkendes ist, in der Zusammensetzung und Auflösung reichlich geschwängert... Nichts destoweniger sind derselben Essenzen in dem lockern und flüßigen Gehäuse derstalt auseinander gedehnt, daß es schwer hält, solche zu sammeln« (S.167—168). Zumindest sehr häufig scheint unter dem H. nicht der Tau selbst, sondern die unter der Volksbezeichnung → Sternschnuppen verstandene Algengallerte verstanden worden zu sein. Häufig wird die Tau-Metapher zur Sprache gebracht in den Schriften »des Grafen Francisci Onuphrii de Marsciano«, in »Hermetisches A.B.C.... vom Stein der Weisen«, Berlin 1779, Ndr. Schwarzenburg 1979 (IV, 219, 223): »Es ist wahrhaftig unser Thauwasser zusammen gesetzt aus gemeldten himmlischen Dämpfen, durch die Verdickung seiner Natur, welche kommt in vorgemeldte Dünste der 4 Elemente... Also ist unsere Materie unser Thauwasser, fett lüftig und schwer, auch über die Erde fliessend zu finden... Nicht der gemeine Thau, welcher den Geist nicht hat,... sondern ein ander thauiges allgemeines Subjectum, das unmittelbar aus einem himmlischen Erzgewächs kommt, und mittelbar aus den Thieren und Pflanzen, wie die Seide aus den Raupen hervor kommt: es ist himmlisch und irdisch, flüßig und fest, weiß und röthlich, leicht und schwer, süß und bitter, und alles vorgenannte.« — In der religiösen Symbolik steht H. oft für die Gnadengaben des Hl. Geistes, die das Verdorrte beleben und erquicken.

HITCHCOCK, Ethan Allan, geb. 1798, General d. amerikan. Armee, befaßte sich im Ruhestand mit der Geschichte der Alchemie und veröffentlichte 1857 sein wichtiges Werk »Remarks upon Alchemy and the Alchemists«, das erstmals die später von C.G.Jung untersuchten psycholog. Aspekte der Alchemie in den Vordergrund stellte. Nach H. ist der einzige wahre Gegenstand der Alchemie der Mensch selbst, und die chem. Prozesse wären nur Symbole für die Läuterung des Adepten gewesen, mit dem Endziel, die menschliche mit der göttlichen Natur auf höherer Ebene zu vereinigen. Diese Ansicht wird von modernen Historikern insofern nicht geteilt, als man heute annimmt, daß mystisches Streben der Alchemisten deren chem. Laborieren nicht ausschloß, sondern eine Parallelität zwischen seelischem und materiellem Bereich angestrebt wurde. Weniger bedeutsam ist H.s Buch »Swedenborg, a Hermetic Philosopher« (New York 1858), was auch für seine literarhistor. Arbeiten gilt. H. starb 1870 in Washington.

HITZE, für die Abwicklung chem.-alchemistischer Arbeit im Laboratorium erforderlich, wurde in Ermangelung eines geeigneten Thermometers in 4 »Grade« oder »Mansiones« eingeteilt, so etwa von Daniel Sennert (1572—1637), einem → chemiatrischen Arzt. Der 1. Grad ist die gelinde Hitze (Wärme der Maisonne, Brutwärme der Henne), die man mit der Hand leicht ertragen kann; der 2. Grad ist auf der Haut bereits unerträglich, der 3. führt zu Verbrennungen und der 4. wird lt. Zedlers Lexikon (Bd.9/1735, Sp.744) im offenen Feuer erzielt (Reverberatorium, → Athanor), »wozu auch Ignis subpressionis mit der Retorte, da dieselbe oben mit Sand und glüenden Kohlen bedeckt wird… gehöret«. Um H. des 3. und 4. Grades zu erzielen, waren Blasebälge notwendig, deren eifriger Gebrauch in England den bloß materiell interessierten Alchemisten den Spottnamen »puffers« einbrachte.

HOHBERG, Wolffgang Helmhard Frh. v., 1612—88, evangel. Gelehrter und Mitglied der »Fruchtbringenden Gesellschaft«; sehr geschätzt war zu seiner Zeit das in Nürnberg 1682 erschienene Werk »Georgica Curiosa oder Umständlicher Bericht und klarer Unterricht von dem adelichen Land= und Feld=Leben«, in dem er sich recht skeptisch über astrolog. Wetterregeln, die Wünschelrute und ähnl. äußert. Anonym erschien seine Sammlung von poetischen Allegorien und Emblemen »Lust= und Arzeney=Garten des Königlichen Propheten Davids« (Regensburg 1675, Nürnbg. 1680; Ndr. Graz 1968) — O.Brunner: Adeliges Landleben und europäischer Geist. Salzbg. 1949.

HOKUSPOKUS, ein für Taschenspielerei sprichwörtlich gewordenes Zauberwort, über dessen Etymologie keine Klarheit herrscht. Man nimmt an, es handle sich um eine Blasphemierung der Worte, die der kath. Priester bei der Wandlung spricht: hoc est corpus (meum), d.h. das ist mein Leib. Vielleicht ist H. jedoch nur die Verstümmelung eines der in den → Grimoires oft auftauchenden → Zaubersprüche wie »HAX PAX MAX DEUS ADIMAX«. H.Allan, Wien, hält das Wort für eine Entstellung des italienischen »occhio-bocca«, Augen und Mund, im Sinne von »Sperrt Augen und Mund auf, staunt!«. Im heutigen Sinne taucht H. bereits im Titel des Buches »Hocus Pocus Junior. The Anatomy of Legerdemain« (1634, 1635; m. Holzschn.) auf, ebenso in jenem des ersten in dt. Sprache erschienenen Buches über Salonmagie: »Hocus Pocus Junior. Oder Taschenspiel = Kunst etc.« von Elias Piluland (Pseud.), o.O.1667 u.ö.

HOLLANDUS, Johannes Isaacus, Alchemist des 16.—17.Jhs., verfaßte die in das Sammelwerk »Theatrum Chemicum« (Ursel-Straßbg. 1602—61) aufgenommenen Traktate »Fragmentum de opera philosophorum« und »Operum mineralium liber«, desgl. eine »Theoria lapidis Philosophici«, Bern 1608. In Zedlers Lexikon Bd.39/1743 ist an schwer auffindbarer Stelle der Traktat »De oleis Metallorum« zitiert, in der sich eine relativ real wirkende Darstellungsweise des → Steins der Weisen befindet: »man soll einen gereinigten [→] Vitriol oder die Crystallen mit sehr gelinder Wärme calcinieren [oxydieren], bis sie roth werden, und zwar müsse dieses in einem verschlossenen Gefässe geschehen; aus dem calcinierten Vitriol soll man mit einer guten Quantität destillirten Essig eine Solution machen, und hernach den destillirten Essig wieder herabziehen; die zurücke bleibende Materie wieder mit frischem destillirten Eßige auflösen, wieder abziehen; und dieses soll man so offt wiederhohlen, bis auch in dieser Solution keine Unreinigkeiten mehr fallen. Das Coagulum [die verfestigte Substanz], wenn man zuletzt den destillirten Essig gantz abgezogen hat, soll man in einer Retorte destilliren; so würden gelbe Spiritus, ein rothes Oel und endlich weisse Spiritus hervorkommen, in der Retorte aber werde ein Schneeweisses fixes Saltz zurücke bleiben, daß soll denn in seinem eigenen destillirten Oele eingetränckt, in gelinder Wärme coaguliert, und diese Eintränckung, [→] Digestion, Solution und Coagulation soll so offte wiederhohlet werden, bis endlich das gantze Compositum fix, aber höchst flüßig wie Wachs, und durchdringend als ein Oel geworden ist. Dieses soll, wie er [H.] verspricht, der Stein der Weisen, die Tinctur der Metallen, und eine allgemeine Medicin [→ Elixir] aller in denen Feuchtigkeiten liegenden Kranckheiten seyn« (Sp. 1556). Die histor. Existenz des Autors wurde vielfach bestritten: »In das erste Viertel des 15.Jhs. werden die angeblichen Adepten Isaak und Johann Isaak H., der Sage nach aus Holk gebürtige holländische Juden, gesetzt. Die ihnen zugeschriebenen Schriften tauchten erst zu Anfang des 17.Jhs. auf; sie standen bei vielen in hohem

Ansehn, sind jedoch vermutlich Fälschungen des... Thölde (→ Basilius Valentinus) und enthalten alberne Sudelköchereien« (Kiesewetter, Geheimwissenschaften 1895/49, Ndr. Schwarzenburg 1977). Daß aber Juden, die sich mit der an sich bereits suspekten Doktrin der → Alchemie befaßten, ihre Existenz zu verhüllen trachteten, ist vorstellbar. Aufgrund der schwierigen Quellenlage ist die Frage nach der echten Autorschaft heute kaum mehr zu entscheiden.

HOMUNCULUS (lat. »Menschlein«), ursprüngl. wohl ein allegor. Bild des im Glaskolben »hermetisch« verschlossenen → mercurius, später allg. ein künstlich erzeugtes Menschenwesen, taucht in der späteren alchemist. Literatur als Parergon (Nebenprodukt) bei der Erzeugung des Steins der Weisen auf. Im 1. Buch der »Occulta Philosophia« erwähnt → Agrippa von Nettesheim, daß sich aus einem der Bruthenne untergelegten Ei durch mag. Kunst eine menschliche Gestalt erzeugen ließe, die man den »wahren« → Alraun« nenne. → Paracelsus schreibt in seinem Buch »De generatione rerum naturalium«, enthalten in der »Philosophia Magna«, ein H. entstehe, wenn in einem Glaskolben verschlossenes menschl. Sperma in → Venter equinum zur → Putrefaktion gebracht werde; durch Speisung mit dem → Arcanum des menschl. Blutes entstehe nach langer Zeit ein sehr kleines Kind. Noch 1679 schreibt W. Maxwell, ein Schüler des Robert → Fludd, in seiner »Medicina Magnetica«, daß er das Erscheinen eines menschl. Bildes aus »Blutsalzen«, etwa im paracelsischen Sinne, für möglich halte. In Zedlers Universal-Lexikon (1735, Sp.351) heißt es jedoch nur, Paracelsus habe »auf Chymische Art von Menschen = Saamen ohne Vater und Mutter einen Menschen machen wollen, welchen Ettmüller [1715] tom.I.495 billig unter die Non = Entia Chymica rechnet«. Rosenkreuzerische Zirkel glaubten allerdings noch in dieser Zeit an die Möglichkeit, einen H. herzustellen (vgl. Goethes »Faust«); Spunda (1941) vertrat die Ansicht, daß diese Vorstellung ähnl. wie jene über den → Alraun und → Golem jüdischen Ursprungs wäre: eine Ansicht, der K. Frick (Sudhoffs Archiv 48/2, S.174 ff.) mit guten Gründen widerspricht und diesen Ideenkomplex auf die → Gnosis zurückführt, wobei → Simon Magus im 3.Jh. wohl erstmalig als Verfertiger eines H. angesprochen wird; von dem »anthroparion« (gr. für H.) ist auch in den Schriften des → Zosimos von Panopolis die Rede. Vgl. K. Völker (Hrsg.): Künstliche Menschen. München 1972.

EIS 1967; FRICK 1964

HOROSKOP (vom gr. horoskopos, die Stunde anzeigend), im engeren Sinne der Aufgangspunkt im Augenblick der Geburt eines Menschen, üblicherweise als → Ascendent bezeichnet; meist jedoch das sog. Radixhoroskop; d.i. die Rekonstruktion des Standes der → Planeten, ihrer Positionen in den Zeichen des → Zodiakus und → »Häusern« im Augenblick der Geburt eines Menschen (daher in älteren

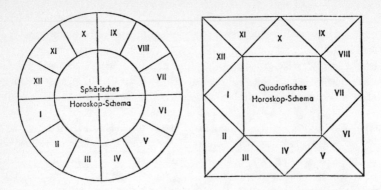

HOROSKOP: Die beiden wichtigsten Arten der zeichnerischen Wiedergabe mit den 12 → Häusern. In neuerer Zeit wird das runde Schema bevorzugt (nach Peuckert 1960)

Büchern auch »Nativität«), die nach Ansicht der astrolog. Lehre die Grundtendenz des nachfolgenden Lebens bestimmen oder wenigstens andeuten (daher auch »Thema«). Dabei ist die Grundannahme, daß der Mensch im Augenblick der Geburt erstmalig mit den Kräften des Kosmos als selbständiges Wesen konfrontiert wird und daher die Gesamtkonstellation der Gestirne gerade dann entscheidend ist. Seltener wird der Augenblick der Empfängnis beachtet (Konzeptions- statt Geburts-H.).

Der Planet, der im Augenblick der Geburt dem Aufangspunkt der Ekliptik am nächsten steht, wurde meist als »Regent« bezeichnet. Die Regeln verlangten, neben diesem Punkt auch den Kulminationspunkt der Ekliptik (»Medium Coeli«, d.h. Himmelsmitte, Mesuranema), den unter dem Horizont gelegenen Gegenpunkt (Imum Coeli, Antimesuranema) und den Gegenpunkt des Aufgangspunktes, Occasus (Dysis) und ihre Planetenbesetzung bzw. Aspektierung zu beachten. Ein vollständig mit allen Feinheiten ausgearbeitetes H. erforderte langwierige Berechnungen und seine Erstellung war in früheren Jahrhunderten Hauptarbeit des → »Astronomus« oder Hof-Sternkundigen. Viele H.e stammen von Tycho de Brahe, → Kepler und → Morinus. — Die 1551 erschienene Ausgabe der Schriften des → Firmicus Maternus enthalten auch das »Mundi Thema«, d.i. das Horoskop bei der Erschaffung der Welt nach dem bibl. Schöpfungsdatum. Die astrolog. Lehre vom H. wird, im Gegensatz zu anderen Themenkreisen wie etwa → Mundanastrologie, auch als »Genethlialogie« bezeichnet. »Die Frage nach dem H. eines einzelnen Menschen ist für unsere Zeit und bürgerliche Welt charakteristisch. Im Zweistromlande forschte man an Neujahr nur des Königs Zukunft nach, weil die die Zukunft... des Landes war. Die griech. Welt frug nach den Städten, ihren öffentlichen Dingen. Die H.e einzelner privater kleiner Leute folgten erst recht spät. Erst das verbürgerlichte Rom der Kaiserzeit betonte das genethliakische Horoskop, und heute steht es in allen astrolog. Arbeiten ganz im Vordergrund«. Peuckert 1960, S.241. Vgl. z.B. A. Geiger, Wallensteins Astrologie. Eine krit. Überprüfung der Überlieferung nach dem gegenwärtigen Quellenbestand, Graz 1983; Lexikon der Astrologie, ed. U. Becker, Freibg.i.Br. 1981; S.110 f.

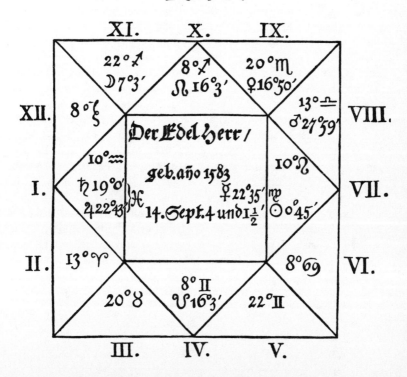

HOROSKOP: Das von → Kepler ausgearbeitete H. Wallensteins

HORST, Georg Conrad (1767—1838), Prädikant, Historiker der mag. Künste, dessen »Dämonomagie«, Frankf. 1818, den ersten Versuch darstellt, eine Geschichte der → Hexenprozesse zu schreiben. Seine in Graesses »Bibliotheca magica« genau erfaßte »Zauberbibliothek« ist eine Sammlung von Hunderten alter Bücher und Manuskripten über alle Arten von Aberglauben, Hexerei und Magie (1821—26). Später stellte H. die »Deuteroskopie« (Frankf. 1830) zusammen, eine Wiedergabe von Prophezeiungen und ihrem späteren Eintreffen, z.B. von prophetischen Träumen (→ Oneiromantie) und Visionen; »ein Meisterwerk, welches nur von einzelnen englischen Arbeiten ähnlicher Art aus den letzten Jahren übertroffen wird« (Lehmann 1908, S.263). — H. verfaßte auch zahlr. Stichworte über dämonolog. Themen für die »Allg. Enzyklopädie der Wissenschaften und Künste« von J.S. Ersch und J.G. Gruber (Ndr. Graz 1969 ff.).

HUNDERTJÄHRIGER KALENDER, astrolog.-meteorolog. Volksbuch, auf Aufzeichnungen von P. Mauritius Knauer (1612—64), Abt des fränkischen Zisterzienserklosters Langheim, zurückgehend und später, unter der Annahme einer 7jährigen Periodizität des Wetters, durch den thüringischen Arzt Christoph Hellwig als »Auf Hundert Jahr gestellter Curiöser Calender« herausgegeben (Erstausg. Erfurt 1702). Obwohl der H.K. durch das siebenjährige Beobachtungsmaterial und die immer wiederkehrenden »Jahresregenten« (→ Chronokratorien) auch theoret. keinen Anspruch auf Gültigkeit als »beständiger Hauskalender« erheben dürfte, erschienen immer wieder Neuausgaben, auch nach Ablauf der ursprüngl. angegebenen Frist (1701—1801). Die Originalaufzeichnungen von M. Knauer, die einen Bibliotheksbrand (1802) überdauerten, wurden 1937 durch Dr. Ernst Heimeran wiederentdeckt, der darüber schrieb: »Mehr als ein Vierteljahrtausend schwort man auf Wetterprognosen, die nichts anderes sind als eine Reihe von Druckfehlern (durch Herausgeber und Drucker im Vergleich zu Knauers Notizen verursacht), verbunden mit schwindelhaften Spekulationen«. Die in dieser Zeit für weitere Kreise gültige Lehre vom Einfluß der → Planeten auf das Wetter, die eigentl. Grundlage des H.K., wird u.a. geschildert in dem christl. Hausbuch des Kapuziners Martin v. Cochem »Das grosse Leben Christi« etc., 1712 u.ö., wo es im Kap. »Von den dreyen untersten Planeten« heißt: »Ein jeder Planet hat auch seine sonderliche würckung oder natur: dan einer ist feucht, der andere trocken; einer ist kalt, der andere warm: und auß diser ursach kommt fürnemlich die veränderung des wetters. Dan so ein feuchter planet über uns stehet, und die andere, so trocken seynd, weit von uns seyn, so gibts gemeiniglich feucht wetter. Es können aber die Sternenseher nicht gewiß auß dem lauff der planeten allein das wetter erkennen: dan die erd, auß welcher bald hitzige, bald kalte, bald feuchte, bald trockene dämpff aufsteigen, verhindert vielmal die würckungen der planeten«.

Auf
Hundert Jahr gestellter
Curiöser
Kalender,
Nemlichen
Von 1701. biß 1801.
Darinnen zufinden
Wie ein jeder Hauß-Vatter,
hohes und niedriges Standes, solche gantze Zeit
über nach der sieben Planeten Influentz judiciren,
und sein Haußwesen mit Nutzen einrichten
möge; auch mit Kupfferstichen ver-
mehret,
Von
I. Christoph. Hellwigen,
Colleda, Thur. p. t. Cæs. ij. Stadt-Physic. zu
Tennstädt.

ERFFURT
Bey Johann Georg Starcken, 1702.

HUNDERTJÄHRIGER KALENDER: Titelseite der Erstausgabe

HYLECH oder Hyleg, auch Apheta, Dimissor oder Dator vitae (Lebensspender), alter astrolog. Name für jenen Teil des → Horoskops, der auf das zu erwartende Lebensalter des betr. Menschen schließen läßt. Es handelt sich in erster Linie um die Planetenbesetzung des 8. Hauses (der »Todespforte«). In Zedlers Lexikon Bd.13/1735 heißt es: »Wenn ein feindlicher Planet, oder auch ein jeglicher Planet, der in einem feindlichen Aspect mit einem anderen stehet, in dem achten himmlischen Hause [→ Häuser] sich befindet, oder auch im selbigen herrschet; derselbe soll dem negeborenen einen frühen Tod prophezeyen; ein gleiches soll auch derselbe von einem feindlichen Planeten zu gewarten haben, welcher dem im achten himmlischen Hause befindlichen Planeten adjungiret ist, oder dessen Ort und Aspect disponiret«. Ähnl. Lehren finden sich bei → Paracelsus: »Es stirbt kein mensch/ des tot nit vorhin werde weisgesagt... Den so ein mensch sterben sol/ so zerbricht sein gestirn vorher/ das ist sein ascendeten/ sein figura coeli« etc. (bei Peuckert 1960, S.163 ff.). Vgl. auch J. W. Pfaff, Astrologie, München 1816, S.213. Die neuere → Astrologie lehnt eine Vorberechnung der Lebensdauer ab.

IATROCHEMIE, ein anderer Ausdruck für → Chemiatrie, ärztliche Anwendung der Alchemie zur Bereitung von Medikamenten.

IATROMATHEMATIK, von gr. iatér-Arzt, in der Renaissance in Europa ausgebildeter Zweig der Heilkunst im Anschluß an die arab. Medizin. Man verstand darunter im Sinne der Parallelität → Makro- und Mikrokosmos (→ tabula smaragdina) den Versuch, das Leben des Menschen und die Beeinflußbarkeit seiner Krankheiten, sogar die Wirksamkeit der Medikamente nach der Stunde ihrer Bereitung und Verabreichung astrolog. zu deuten und festzulegen, u.zw. im Anschluß an die antike → Astrologie; Plinius berichtete über den Arzt Krinas von Massilia (1.Jh.), der seine ärztl. Vorschriften nach den Konstellationen mit Hilfe seiner astrolog. Tabellen machte. Galenos »war überzeugt, daß aus der Stellung des Mondes zu den sog. guten und bösen Planeten sich für den Kranken gute und böse Tage ergeben« (Stemplinger 1948, S.202). Grundlage der I. war der Glaube, daß den Planeten je nach ihren gedachten Eigenschaften (z.B. Mars: heiß, trocken) die vier Körpersäfte der Humoralpathologie zugeordnet wären (Blut, Schleim, gelbe und schwarze Galle; dem Mars daher etwa die gelbe Galle und die Menschen des cholerischen Temperamentes). Die Ansicht von der planetarischen Bedingtheit des Menschenleibes äußert sich z.B. auch in der Metoposkopie des → Cardanus. An der Wende vom 13. zum 14.Jh. stellte → Petrus Aponensis den Grundsatz auf, daß für den Arzt die Kenntnis der → Astrologie unerläßlich sei; die med. Fakultät der Univ. Paris hieß im 15.Jh. »Facultas in medicina et astrologia« (Thorndike IV, S.142). O. Brunfels erklärte, die Menschen müßten Maulwürfe sein, um den Nutzen der Astrologie für die Medizin nicht einzusehen. Im 16.Jh. wurde sogar für den Antritt einer Badekur oder die Verabreichung von Abführmitteln der Stand der Gestirne untersucht, was bei einzelnen Ärzten zu einer heftigen Reaktion führte. → Pico della Mirandola (»Disputationes contra astrologiam divinatricem«) bezeichnete die medizinische Sterndeuterei als »Pest der Medizin«, und der Berner Arzt Hildanus (1560—1634) beklagte, daß manche Ärzte dem Lauf der Gestirne mehr Beachtung schenkten als dem Verlauf der Krankheit ihrer Patienten. Vgl. Steph. Steinlein: Astrologie und Heilkunde, München 1912. — Ein Nachklang der I. ist der in der → Volksmedizin häufig vertretene Grundsatz, daß bestimmte Heilpflanzen nur bei bestimmten Mondphasen gepflückt werden dürften. Vgl. K. Sudhoff, Abh. z. Gesch. d. Medizin H.2, Breslau 1902: Iatromathematiker. Vgl. → Aderlaßmännchen.

PEUCKERT 1960; SCHWERTZ 1938

INCUBUS UND SUCCUBUS, im → Dämonenglauben der Spätantike und des MA.s teuflische Wesen, die nächtlich wollüstige Träume verursachen und im Schlaf in Gestalt von Männern mit Frauen (Incubus von incubo, -onis, der → Alp, bei Tertullian anim. 44, Scribonius Largus comp. 100, Caelius Aurelianus chron.1, 3; incubus, -i, der Alp bei Augustinus, de civitate dei, XV, XXIII, »Sylvanos, Innos oder Incubos«; Isidorus origin. 8, 11; gr. Ephialtes) oder in Gestalt von Frauen mit Männern verkehren (Succubus v. succubare, unter etwas liegen; häufiger succumber, sich beschlafen lassen; gr. Hyphialtes).

Der Glaube an I. und S. ist nicht immer von dem an die → Elementargeister zu trennen (Augustinus, s.o.); er taucht u.a. bei Prokopios (Anecdota) auf, wo es heißt: Justinian sei nach den Erzählungen seiner Mutter, »weder der Sohn des Sabbatius, ihres Gatten, noch sonst eines Sterblichen gewesen. Es sei ihr damals ein Dämon erschienen, … dessen Nähe sie nur fühlen konnte. Der habe ihr beigewohnt und sei dann wie ein Traum wieder verschwunden«. In der Neuzeit verteidigt → Bodin den Glauben an I. und S. mit Nachdruck; er weist auf Quellen aus dem MA. hin, wonach Dämonen, die keinen Körper haben, menschl. Sperma sammeln, um damit zeugungsfähig zu sein. Schon früher hatte → Wilhelm von Paris darauf hingewiesen, daß die Incubi vor allem Frauen mit schönem Haar belästigen, dem diese zu viel Aufmerksamkeit schenken. — In Luthers Tischreden heißt es in diesem Zusammenhang: »Der Teufel macht denen Menschen ein Geplerr vor die Augen, und betreugt sie, daß sie meynen, sie schlaffen bei der rechten Frau, und ist doch nichts. Desgleichen geschichts auch, wenns ein Mann ist« (n. Zedler Bd.40, 1744). In dem genannten Lexikon wird Glaube an den I. der »verderbten Phantasie der Weibs = Personen« zugeschrieben; »Sie machen aus einen Traum auch einen würcklichen Beyschlaff. Heut zu Tage glaubt man es ihnen nicht mehr, daher auch die Comoedie vom Incubo und Succubo, nicht mehr, wie vor dem gespielet wird«. — Vgl. auch Regino 1964, S.354 f. Offenbar hat der Gesamtkomplex von I. u. S. mit Repression sexueller Wünsche zu tun und spielt daher im → Hexenglauben der Inquisitoren eine bedeutende Rolle (z.B. im → Malleus maleficarum). Histor. Material dazu bei Frick, Das Reich Satans II/1, Graz 1985.

INDAGINE (ab I.), eigentlich Johannes von Hagen, ein gelehrter Karthäuser des Mittelalters, geb. um 1424, gest. 1475. Er wirkte in Erfurt, Gotha und Frankf.a.d.O. und verfaßte neben einer Weltchronik mehrere hundert Abhandlungen, darunter über Visionen, das geistige Leben u.a., die vor allem das Weltbild des → Trithemius beeinflußten. Seine »Introductiones in Chyromantiam« wurden erstmals 1522 gedruckt und wiederholt neu aufgelegt (Introductiones apotelesmaticae in chyromantiam, physiognomiam, astrologiam naturalem, complexiones hominum, naturas planetarum; Straßbg., mit 47 Holzschn., dt. Ausg. Straßbg. 1523); → Gratarolus.

ZEDLER 1461—64

INDICIA MAGIAE, jene Hinweise, die zu einer gerichtl. Anklage wegen Zauberei führen; A. 44 der CCC (→ Carolina) lautet:»Item so ymandt sich erpeut, anndere Menschen zauberey zu lernen, oder ymands zu bezaubern betröwet Unnd dem betröwten der gleichenn beschicht, Auch sonnderliche gemeinschafft mit zaubern oder zauberin hat oder mit sollichen verdachtlichen dingen, geberden, worten und weisenn umbgeet, die zauberey uff sich tragen, und dieselbig persone desselben sunst auch beruchtiget: Das gipt ein Redliche anzeigung der zauberey und genugsam ursach zu peinlicher frage«. Waren derartige Indizien im 15. und 16.Jh. vielfach ein schlechter Ruf als Zauberer, verbunden mit Denunziationen und einschlägigen Aussagen, so urteilte man später zwar etwas skeptischer, sah sich aber noch im 18.Jh. gezwungen, die folgenden I.M. zu verfolgen (lt. Zedlers Lexikon Bd.14/1735): »wenn man sich der Zauberey rühmet und dieselbe andere zu lehren vorgiebet... Wenn er damit bedrohet, und eine Verzauberung daraus erfolget, mit bekannten Zauberern umgehet und Gemeinschafft hält: Wenn verdächtige Dinge, als [→] Zauber = Bücher, Todten = Beine, wächserne Bilder [→ Bildzauber], Töpffe mit Kröthen, Würmen, [→] Alraunen, Crystallen [→ Kristallomantie], geschrieben Segen u.d.g. bey ihm gefunden werden«. Die Inquisitoren waren bemüht, derartige corpora delicti bei überraschend durchgeführten Hausdurchsuchungen zutage zu fördern. »Wenn ein Weib heimlich murmelt, sich verschleußt, und in einsamen Oertern redet, niemanden ins Gesichte siehet, mit verbottenen Künsten umgehet, Kranckheiten an = und abthut, Planeten lieset, zukünfftiges zuvor zu sagen sich anmasset«. Diese I.M., schreibt der Verfasser des Stichwortes bei Zedler, »sind etliche voller Thorheit, Aberglauben und Ungewißheit«. Im 61.Bd. dieses Werkes (1749) zitiert J. G. Walch die NÖ. Landgerichtsordnung Art. 60; wenn Verdächtige verhaftet sind und sich der Verdacht als begründet erweist, soll »ein Richter gleich nach deren gefänglicher Einziehung die Kleider, Hauß und Wohnung durchsuchen, und sehen, ob sie nicht zauberische Sachen; als Oel, Salben, schädliche Pulver, Büchsen, Häfen oder Töpffe mit Ungeziefer angefüllet, Menschen = Beine, zauberische Wachs = Lichter, oder wächserne, mit Nadeln durchstochene Bilder [→ Bildzauber], Hostien, Cristallene Wahrsager = Spiegel [→ Zauberspiegel], Verbündniß = Briefe von bösen Feinde, Zauberey = Kunst = Büchlein« etc. besitze, und der Richter kann durch den »Scharff = Richter weiter nachsehen lassen, ob die Person an heimlichen Orten verborgene Sachen, oder sonsten wahre Teuffels = Zeichen an ihrem Leibe habe«. Die »Theresiana« von 1766 nennt für die »Anzeigungen zum Nachforschen« folgende Gründe (Art.58, §8): »Wenn eine Person, welche zauberischer Handlungen sich erweislich unterzogen, auf andere als Mitgesellen, oder Mitgehülffen bekennet, und dessen glaubwürdige Vermuthungen, und Wahrzeichen vorbringet. Andertens: Wenn die gemeine Innzücht gegen eine Person vorhanden; daß sie den Leuten, und Viehe mit bösen Dingen, als Gift, und dergleichen geschadet habe, der beschehene Schaden am Tage liegt, die verdachte Person auch darnach beschaffen ist, daß man sich dergleichen zu ihr versehen möge. Drittens: Wenn unterschiedlich unverdächtige Leute aussagen, daß solche Personen mit verbotenen Künsten, und Wahrsagen umgegangen«. — Bei Gefangensetzung (»Einziehung«) derartiger Verdächtiger sei in deren Wohnungen nachzusehen, »ob sie nicht schädliche Sachen, als Gift, mit Ungeziefer, oder anderen unreinen Sachen gefüllte Büchsen, Menschenbeiner, Hostien, durchstochene H.-Bilder, Wahrsagspiegel, Zauberkunstbüchel, Aufsätze von gefertigt- oder ungefertigten teuflischen Bündnißen, und Verschreibungen an bösen Feind« enthalten (Art.58, § 9). Daß auch der Besitz von harmlosen Druckwerken als I.M. angesehen wurde, weist I.V. Zingerle (Barbara Pachlerin usw., zwei Hexenprozesse, Innsbr. 1858) nach: so machten etwa »Fortunatus Säckel, Schimpf und Ernst, Rollwagen, Dr. Faustus, Eulenspiegel, Planetenbüchl« und → Segenzettel den Hexer Matthias Perger, hingerichtet am 26. Okt. 1642, verdächtig.

Schon in der Zeit der → Hexenprozesse heftig diskutiert wurde die Frage, ob das sog. »Hexenmal« als Indiz für das Teufelsbündnis anzusehen sei (also die an den Hexen gefundenen »Maal = Zeichen, Beulen und Gewächse, welche, wenn man gleich hineinstich, kein Blut von sich geben«; man erklärte sie jedoch auch als »unordentliche Würckungen der Natur, welche sowohl bey frommen als bösen Leuten« zu finden seien: Zedlers Lexikon Bd.12/1735, Sp.1989 u. 1992) Das Bestreben, I.M. objektiver Art zu finden, führte im Sinne der Ansicht, die Hexen und Zauberer wären einer Art von »kollektiver Levitation« unterworfen, schon früh zu der Einführung der → Wasserprobe. Normalerweise wurde aber dazu erst nach der Anklage-Erhebung geschritten. — Vgl. Hinschius, Ndr. 1959, VI/S.413.

BYLOFF 1902

INDICULUS superstitionum et paganiarum, eine aus dem frühen MA. stammende Sammlung von Stichworten über die zum Christentum zu bekehrenden Heiden in Mittel- und Westeuropa mit ihren abergläubischen Gebräuchen wie Zauberhandlungen, Divinationen, mag.-kult. Sitten wie Umpflügung eines Dorfes als »Hegung« usw. Die stichwortartig geschriebene Quelle, die aus dem 8.Jh. stammen dürfte, besteht aus nur 30 Sätzen, die man früher als Titelsammlungen von einschlägigen Traktaten betrachtete, heute jedoch eher (briefl. Mittlg. von Prof. Kretzenbacher, München) als einen »Katalog für die missionierenden Kleriker ansieht, da es sich um einen 'Anzeiger' heidnischen Aberglaubens, magischer Riten und Anschauungen handelt«. — Vgl. H.A. Saupe, Der I.s et p., Programm d. Städt. Realgymn. Leipzig, 1891. Text bei Grimm, Dt. Mythologie, Ndr. 1953, Anhang (III.), S.403 f.

INJECTA (lat. eigentl. materialia iniecta) für »hinein- (in den menschl. Körper) geschleuderte Dinge«, die Krankheiten verursachen sollten und auf die zauberische Tätigkeit von Hexen (daher noch heute »Hexenschuß«!) oder bösen → Kobolden (Albgeschosse, Albschüsse) zurückgeführt wurden. Einzinger von Einzing in seiner »Dämonologie« (1755) nennt an derartigen I. »eiserne Nägel, Haare, Holz, Wachs, Glas, Dörner, Faden, Kieselsteine, Nadeln, Tobaksstengel, Papier, Federn, Geld, Fischgräte, metallene Kugeln, zusammengedrehte Wolle, Eyschalen, Zähne und dergleichen«. Ursache des Glaubens, daß Hexen I. in ihre Opfer schießen, war wohl einerseits die Praktik von Quacksalbern, durch einen Trick ihren Patienten derartige Fremdkörper scheinbar aus dem Leib zu zaubern, andererseits aber vielleicht auch die Beobachtung von in den Körper eingewachsenen Teilen eines eineiigen Zwillings (Teratome), die Schmerzen hervorrufen und chirurgisch entfernt werden können, ebenso von Harn- oder Nierensteinen, die gleichfalls als I. gedeutet werden konnten. Die meisten Geschwulste wurden als Folgen von I. gedeutet und mit mannigfachen Zugsalben behandelt. Einen »Tractatus de iniectis materialibus« verfaßte J.B. van → Helmont. Vgl. zu diesem Thema H.E. Sigerist, Anfänge der Medizin, Zürich 1963, S.118 f.; Bächtold-Stäubli Bd.8, Sp.1576 ff.; De Vries, Altgerman. Religionsgesch. I/1965, S. 296 f.

I.N.R.I., üblicherweise Abkürzung für die Inschrift »Iesus Nazarenus Rex Iudaeorum« auf dem Kreuz Christi, in den alchemist. Texten jedoch als gekürzte Formel für den Merkspruch »Igne natura renovatur integra« (lat.), d.h. im Feuer wird die vollständige Natur erneuert; ähnliche Formeln → Fiat, → Vitriol. Die Buchstaben I.N.R.I. stehen im innersten Teil des Zauberkreises, der auf Rembrandts »Faust«-Radierung dem Beschwörenden erscheint. → Notarikon. — Andere Deutungen lauten: Jammajim Nor Ruach Jabescha (hebr. für »Wasser, Feuer, Luft, trockene Erde«); Ignis Nitri Rosis Invenitur (lat. für »Das Feuer des Salpeters ist in der Rose zu finden«); Insignia Naturae Ratio Illustrat (lat. für den alten freimaurerischen Spruch »Die Vernunft erleuchtet die Zeichen der Natur«).

INSTITORIS (latinisiert f. Kraemer), Henricus, dt. Dominikaner des 15.Jhs., einer der beiden Autoren des → Malleus maleficarum; I. wurde 1484 zusammen mit Jacob → Sprenger zum Generalinquisitor der Bezirke Mainz, Köln, Trier, Salzburg und Bremen ernannt, stieß jedoch sowohl beim Klerus als auch bei den Behörden auf Widerstand bei den Hexenverfolgungen. Auf ihren Hilferuf an den Papst erließ Innocentius VIII. seine Bulle »Summis desiderantis« (5. Dez. 1484), die ihnen die nötige Autorität verleihen sollte. 1495 wurde I. Lektor der Theologie in Salzburg, 1496 gab er in Nürnbg. das Werk »Tractatus varios cum sermonibus plurimis contra quattuor errores adversus Eucharistiae Sacramentum« heraus. Später wurde er von seinen Oberen nach Italien berufen, wo er die Schrift des Juristen Antonio Rosello »De monarchia« (Venedig 1499) widerlegte. Unter Papst Alexander VI. war I. »Censor fidei« in Böhmen und Mähren; von dieser Tätigkeit zeugt sein Werk »Clypeum S. Romanae Ecclesiae defensionis contra Picardos et Waldenses« (Olmütz 1502). — Die Namensform »Institor« ist lt. Hinschius VI, S. 400 unrichtig, da dem humanist. Brauch zufolge der latinisierte Name des Vaters im Genitiv gebraucht wird, wenn er eine Berufsbezeichnung darstellt. — Über die genauen Lebensdaten des Heinrich I. ist nichts bekannt.

INTELLIGENTIA UND DAEMONIUM. In der mittelalterl.-neuplaton. Literatur ist oft von I. und D. die Rede. Die Lehre von den Geistwesen, welche die Gestirne beseelen oder mit ihnen in innigem Zusammenhang stehen, geht auf den → Neuplatonismus der Spätantike zurück. Sie wurde vor allem von Plotin, Syrianos und Proklos vertreten und von Origenes und Augustinus in etwas modifizierter Form übernommen.

Die Intelligenzen, reine Geister (substantiae separatae), galten als die Beweger der himmlischen Sphären bzw. der Gestirne selbst. → Avicenna sprach von 9 Spährengeistern (für die 7 → Planeten), die Fixsternspähre sowie den äußersten unbestirnten Himmel); die Scholastiker machten sich diese Lehre zu eigen und ließen die Himmelskörper weder durch die Natur noch unmittelbar durch Gott als »primum mobile«, sondern durch die Intelligenzen bewegt werden (so etwa → Albertus Magnus und → Thomas von Aquino). Über die Natur dieser Gestirnwesen herrschten in der Spätantike verschiedene Ansichten. Im Neuplatonismus heißen sie meist → Dämonen; Prophyrius, Iamblichos und Syrianos zählten die → Engel zu diesen; auch bei → Albertus Magnus ist die Gleichsetzung der Begriffe Engel, Intelligenz und Dämon bekannt. Der Bedeutungswandel des Namens Dämonen, später fast durchwegs nur im Sinn von »Kakodämonen« (bösen Geistern) gebraucht, schuf eine Begriffsverwirrung; intelligentia wurde als philos. Begriff dem theologischen des Engels gleichgesetzt (so etwa bei Roger → Bacon, Opus maius II cap. 5), diesen jedoch die Dämonen (meist neutr. »daemonium«) gegenübergestellt.

Bei Beschwörungen (→ Theurgie) wurden meist diese Dämonen angesprochen, welchen zwar die unmittelbare Urbild-Erkenntnis der Intelligenzen nicht zugebilligt wurde, die man aber für Hilfeleistungen als besonders befähigt ansah: durch die »Schärfe ihrer Natur«, durch ihr angesammeltes Wissen und durch die ihnen zuteil werdenden Offenbarungen seitens der höherrangigen Geistwesen. Bei → Agrippa von Nettesheim sind die Namen von I. und D. der Planeten genannt, die nach kabbalist. Rechnung jeweils den gleichen Zahlwert haben; so heißt etwa die I. des Saturn Agiel, sein D. Zazel (Zahlwert jeweils 45). Die I. des Jupiter heißt Iophiel, sein D. Hismael (Zahlwert 136). Diese Zahlen sind auch die Quersummen in den → mag. Quadraten, die den betr. Planeten bzw. ihren Geistwesen zugeord-

Tabula Solis in abaco.					
6	32	3	34	35	1
7	11	27	28	8	30
19	14	16	15	23	24
18	20	22	21	17	13
25	29	10	9	26	12
36	5	33	4	2	31

In notis Hebraicis.					
ו	לב	ג	לד	לה	א
ז	יא	כז	כח	ח	ל
יט	יד	יו	יה	כג	כד
יח	כ	כב	כא	יז	יג
כה	כט	י	ט	כו	יב
לו	ה	לג	ד	ב	לא

Solis. Signacula siue characteres Intelligentiæ Solis. Dæmonij Solis.

INTELLIGENTIA UND DAEMONIUM: Mag. Zahlenquadrate der Sonne und
die → Characteres (Signacula) von I. und D. Aus der »Occulta Philosophia« des
→ Agrippa von Nettesheim, Köln 1533 (Agrippa/Nowotny 1967)

net sind. Eine I. wird durch Agrippa (De Occulta Philosophia III, 16) charakterisiert als »ein geistiges Wesen, frei von jedem Anteil an der dichten und vergängli-
chen Körperlichkeit, unsterblich, den Sinnen unzugänglich, allem Beistand verlei-
hend, in alles einfließend. Diese Natur besitzen alle Intelligenzen, Geister und
Dämonen. Dämonen nenne ich aber hier nicht jene Wesen, die wir Teufel heißen,
sondern… Geister nach der eigentlichen Bedeutung des Wortes« (Peuckert 1967,
S.163).

Durch die Kenntnis der geheimen Namen, Zahlen, der → Räucherungen und
→ Characteres (signacula) sollte die gleich einer »goldenen Kette« unsichtbare
Zusammenhänge schaffende kosmische → Sympathie nicht nur die erfolgreiche
Beschwörung von I. und D. ermöglichen und damit höheres Wissen vermitteln,

sondern auch die Anfertigung von mag. → Talismanen ermöglichen. Schon in der Spätantike war ein ähnliches, jedoch ins Kultische gesteigertes Weltbild in der Gestirnreligion der → Sabier von Harrán (Hauran) mit ihren mannigfachen, auf genauer Beachtung der → Entsprechungen gegründeten Ritualen bekannt gewesen. — Vgl. Augustini Niphi liber de Intellectu et de daemonibus, Venedig 1503; → Evocation.

In der »Alchimia vera« (1604; zit. bei Peuckert 1956) wird die Beschwörung eines Planetengeistes durch den »Frater Albertus Beyer Ordinis Carmelitarum... im Kloster Sancta Maria Magdalene della Stella onva« am 2.Febr. 1560 beschrieben, wobei der Mönch erzählt, er habe den Spiritus Mercurii (wohl Tiriel) beschworen, »welcher mir in gestalt eines schwartzen lenglichten Scheins oder Schattens, ohn einig form oder gestalt Menschens oder Thier, erschienen, und mit einer hohlen donenstim frag und antwort geben«. Dieses Geisterwesen sagte dann über sich selbst: »Ich bin weder ein guter noch böser Engel, sondern bin einer aus den sieben Planeten-Geistern, die da beherrschen die mittel Natur, denen befohlen ist zu regieren die vier unterschiedliche Theil der gantzen Welt, nemblich, das Firmamentische, Animalische, Vegetabilische und Mineralische theil, und unser seind sieben, die wir durch unsere Geschicklichkeit, alle Siderische Virtutes unnd Influentias deß obern Kreyses in die untersten Theil durch die [→] Ascendenten und Descendenten führen und bringen, und darinnen wircken...« Z.T. wertvolles kulturhistor. Material enthält das Stichwort »Astralgeist«, verf. von → Horst, in Ersch-Grubers Enzyklopädie, Bd.6, S.148—153.

AGRIPPA/NOWOTNY 1967; BAEUMKER 1902; NOWOTNY 1939; PEUCKERT 1956 und 1967, S.163 f.

JACQUIER, Nicolas (Jacquerius) fr. Dominikaner und Inquisitor für Frankreich des 15.Jhs. gest. 1472, einer der ersten und wichtigsten Vertreter der Ansicht, die Hexen gehörten einer organisierten, antichristlichen Sekte an, u.zw.bes. in seinem Buch »Flagellum haereticorum fascinariorum«, vollendet 1458 (mehrere Ausg., z.B. Frankfurt 1581). Ähnl. wie → Nyder war J. ein Prediger und Redner gegen die Hussiten auf dem Konzil zu Basel (Echard, Bibl. Praedicatorum T.I und II). J.s Ansicht einer Hexensekte geht auf das Geständnis eines 1457 im Gefängnis verstorbenen Benediktiners »Magister Guilhelmus« zurück, zu dem der Teufel gesagt hätte, »er könne, wenn er wolle, gut das Reich ebendieses Dämons ausbreiten... und habe ihm befohlen zu predigen, daß eine solche Sekte nichts sei als eine Einbildung, und das habe er gepredigt zur Beschwichtigung der Bevölkerung des Vaterlandes«. Über die → synagoga satanica schreibt J.: »In der Sekte oder Synagoge dieser Zauberer stellen sich nicht nur Weiber ein, sondern auch Männer und, was noch ärger ist, sogar Priester und Mönche, welche die Dämonen... unter Verleugnung Gottes mit Opfern, Anbetung und mit Küssen als ihre Herren und Meister verehren«. Es handelt sich somit um die Theorie des »crimen exceptum« (→ Hexenglauben).

BASCHWITZ 1963

JEAN DE MEUNG (J. de Meun, nach einem körperl. Gebrechen auch Jean Clopinel, d.h. »der Hinker« genannt), ca. 1240 — ca. 1305, war einer der bedeutendsten Dichter seiner Zeit, der auch die Briefe des Abälard sowie die »Consolatio philosophiae« des Boethius (480—525) ins Fr. übersetzte. Seine bedeutendste Leistung ist die Fortsetzung des Rosenromans (Roman de la Rose), den Guillaume de Lorris um 1230 begonnen, aber als Fragment hinterlassen hatte. Im Hinblick auf den sich im MA. herausbildenden → Hexenglauben ist eine Stelle des »Roman de la Rose« von Interesse, die (wohl nicht ganz ernst gemeint) der Ansicht Ausdruck verleiht, ein Drittel der Bevölkerung Frankreichs bestünde aus »Lamien« oder »Mascae«, die nächtliche Luftfahrten durchführten und Untaten verübten (v. 18. 624).

J.d.M. gilt auch als Autor eines oft zitierten Traktates mit dem Titel »Remon(s)trances de la Nature à l'Alchimiste errant«, der unter dem »Mehung«, »Messung« u. ähnl. verschriebenen Namen in Sammlungen wie in das → Musaeum Hermeticum aufgenommen wurde. Es handelt sich um einen Dialog zwischen der Natur und dem Alchemisten, der die Vorschriften der alten Texte bloß materiell-mechanisch ausführen will: »Come Nature se complaint / Et dit sa douleur et son plaint / A ung sot souffleur sophistique / Qui n'use que d'art méchanique...« In der 1619 veröffentl. dt. Ausgabe des Traktates »Hydrolithus Sophicus« (Wasserstein der Weisen) ist auch dieser Dialog übersetzt: »Ich rede mit dir phantastischem Narren, der du dich einen alchymistischen Practicanten nennest, und hast doch weder Kunst noch rechte Materie, weder Theoriam, noch Wissenschaft, oder meiner Erkenntniss. Du grober Esel, brichst Gläser und brennest Kohlen, das dich der Dampf im Kopf toll machet« usw. Die traditionelle Zuweisung der Autorschaft der »Remonstrances« an J.d.M. wird in neuerer Zeit bestritten (vgl. van Lennep 1966, Appendice), der darauf hinweist, daß der Traktat 1516 von Jean Perréal verfaßt worden sei.

BAROJA 1966; VAN LENNEP 1966

JEZÎRAH (Sepher J., Yezîra, d.h. Schöpfung), ein grundlegender Text der → Kabbala, nach Ansicht der meisten Historiker etwa im 9.Jh. entstanden, während neuere Forschungen seine eigentl. Entstehungszeit in die Epoche zwischen den zwei jüd. Kriegen (70 und 135 n.Chr.) verlegen, so etwa G. Scholem (Lit. bei C. Schedl, Die 32 wunderbaren Wege der Weisheit u.d. Buch Deuteronomium, in: Theolog.-prakt. Quartalschrift, Linz 1968/3, S.229 ff.). B. Geyer 1927, S.332, nennt das Buch J. ein »pythagoräisierendes und platonisierendes Werk«, das die Zahlen und Buchstaben als Inbegriff der göttl. Weltseele und der ganzen Schöpfung betrachtet; es enthält »eine sehr gedrängte Darstellung der Kosmogonie und Kosmologie, wobei ein merkwürdiger Konstrast besteht zwischen der Verbosität und Feierlichkeit mancher Sätze... und der lakonischen Form in der die eigentl. Grundanschauungen und die kosmolog. Sachverhalte vorgetragen werden« (Scholem). Der Kosmos leitet sich aus dem Ur-Einen (En-Soph), dem »Alten der Tage« ab, aus welchem sich im Sinne der Emanationslehre 10 Grundkräfte oder Lichtkreise (Sephirot, vielleicht von gr. sphaira) aussondern, u.zw. in drei Ebenen: Beriah, der Ideenwelt; Jezîrah, der geschaffenen Himmelswelt der Engel und Seelen; Assija, der Welt der materiellen Gotteswerke. Die oberste Dreiheit (Kether — Krone; Chochmah — Weisheit; Bînah — Vernunft) entspricht der Ideenwelt, die mittlere (Chosed — Gnade oder Gedûla — Größe; Geburah — Stärke oder Din — Gericht; Tiphêret — Schönheit) dem Seelischen und die unterste (Nezah — Festigkeit; Hod — Klarheit; Jesod — Fundament) dem Materiellen. Alle finden in der untersten Sephira (Malkuth — Königreich) ihre gemeinsame Basis. — Der Ausdruck Sephirot soll nicht, wie dies meist geschieht, vom gr. sphaira abzuleiten sein, »sondern von dem hebr. Wort für zählen (saphar)... Durch die Einführung eines neuen Terminus, sephirah statt des übl. mispar, scheint der Autor anzudeuten, daß es sich nicht einfach um gewöhnliche Zahlen, sondern um die Zahlen als metaphysisches Weltprinzip oder Schöpfungsstufen handelt« (Schedl 1969, S.132).

Diese Sephirot wurden meist als Emanationen der Gottheit betrachtet, gelegentlich (Rabbi Menahem Reccanati) auch als von der Gottheit verschiedene Wesenheiten. Diese Lehre, genauer ausgearbeitet im Buch → Sohar, ermöglichte eine graphische Darstellung der Grundkräfte, etwa als »kabbalist. Baum« (arbor cabbalistica) oder als Körper des mythischen Urmenschen (Adam Kadmon). »Auf derartige Jetzira-Spekulationen dürften auch die Anfänge jener Vorstellungen zurückgehen, nach den mit Gottesnamen, d.h. mit schöpfungsmächtigen Buchstabenkombinationen, ein (→) Golem, d.h. ein (→) Homunculus, erzeugt werden kann« (Schubert 1983, 30). Das Sepher J. dürfte aus dem Bestreben entstanden sein, die Lehre des → Neuplatonismus mit jüd. Philosophie zu vereinigen. Es lehrt lt. Jehuda Halevi (ca. 1083—1140) »die Existenz des Einen Gottes, indem es zeigt, daß inmitten von Mannigfaltigkeit und Vielheit doch Harmonie und Einheit bestehen, die nur von dem Einen 'Zusammenfasser' herrühren können«. Diese eindrucksvolle Kosmologie beeinflußte auch die abendländische Philosophie, so vor allem → Fludd, → Agrippa von Nettesheim, Athanasius Kircher (1652) und Paulus Ricius (»Porta Lucis«, 1516). Vgl. L. Goldschmidt: Das Buch der Schöpfung, Sepher Jesirah, Leipzig 1894.

JOACHIM VON FIORE (Floris), ca. 1135—1202, Stifter des Florenser-Ordens, it. Bibelkommentator und Geschichtsphilosoph, dessen Schriften zum Teil »durch das Lateranensische Concilium an. 1215 wie auch durch das zu Arles an. 1260 und durch den Pabst Alexandrum IV. verdammet worden« (Zedler), obwohl sich J. stets bemühte, mit seinen Büchern nicht in Gegensatz zu der kirchl. Lehrmeinung zu geraten. J. wurde in Celico (Kalabrien) geboren, wurde am Hofe des Königs Roger II. erzogen und machte eine Reise in das Hl. Land, wo er sein weltl. Leben aufgab. Um 1160 wurde J. Zisterzienser und 1177 Abt des Klosters von Corazzo. In dieser Zeit wurde er als Prophet und heiligmäßiger Gelehrter berühmt; er besuchte Herrscher und Päpste, die mit ihm diskutierten. Schon 1188 verließ J. sein Kloster und ging in einen öden Landstrich Kalabriens, wo er die Gemeinschaft der Mönche von S. Giovanni in Fiore begründete. Die Regel dieses Florenser-Ordens wurde 1196 von Papst Coelestin III. approbiert; die Gemeinschaft existierte bis 1633. J.s Berühmtheit stieg bis zu seinem Tode noch weiter. Von seinen Schriften werden manche als → spurios bezeichnet, so seine Kommentare zu den Propheten Jeremias und Jesaias. Authentisch sind u.a. seine »Expositio in Apocalypsin D. Joannis« (gedr. 1527; vgl. die Novelle von W.B.Yeats: Die Gesetzestafeln, in »Die chymische Rose«) und das »Psalterium decem chordarum« (1527). 1937 wurde eine von J. oder einem seiner Schüler verfaßte Hs. entdeckt (Liber figurarum), die möglicherweise Dante beeinflußte (in der Divina Commedia ist J. in das Paradies versetzt). — J.s Geschichtsphilosophie teilt die Menschheits- und Kirchengeschichte in 3 Perioden: die 1. ist die Gottvaters, von der Schöpfung bis Chr. Geb.; die 2. jene des Gottessohnes, von der Erlösung bis zum 13.Jh.; die 3. jene des Hl. Geistes, vom 13.Jh. an (also von der Gegenwart J.s an gerechnet). Diese Lehre vom endzeitlichen Saeculum des Hl. Geistes beeinflußte u.a. die Lehren der → Rosenkreuzer und läßt sich auch in der »Basilica chymica« des → Crollius nachweisen: »In dem dritten seculo deß heyligen Geistes... [wird] Elias der Artist und Reparator omnium erscheinen...« (vgl. Peuckert 1928,

S.77 ff.). Diese Geschichtsauffassung und die wahrscheinlich unechten »Commentarii in Cyrilli Revelationes, in Erithream et [→] Merlinum« trugen J. den Ruf eines erleuchteten Propheten ein, der in volkstüml. Wahrsagebüchern fortlebt. Viel beachtet wurde J.s Prophezeihung für das Jahr 1260, in das er die Bekehrung der Juden und Sarazenen verlegte; vgl. Stichwort »Sibyllenschriften« bei Bächtold-Stäubli. — J.s Traktat über die Dreifaltigkeit, gegen Petrus Lombardus gerichtet, der dem Verfasser Schwierigkeiten mit der kirchl. Autorität eintrug, ist nicht erhalten. — Vgl. M.W. Bloomfield, J. of Fiore, in »Traditio« No.13, 1957; H. Grundmann: Studien über J.v.F., Stuttg. 1927; und Neue Forschungen über J.v.F., 1950; E.Benz: Ecclesia spiritualis, 1934; F. Russo: Bibliografia gioachimita, Firenze 1954; A.F. Piromalli; Gioacchino da Fiore Dante, Ravenna 1966. Alfons Rosenberg: J.v.F. Das Reich des Heiligen Geistes, München-Planegg 1954. Vgl. → Elias artista.

PEUCKERT 1956

JUPITER bezeichnete in der → Alchemie der Spätantike oft Messing oder Elektrum (→ Metallbezeichnungen), im frühen MA. und später jedoch das Zinn, so daß mit der Beifügung »jovis« benannte Verbindungen prakt. immer als solche des Zinns verstanden werden können. In der → Astrologie gilt er als »wohltätiger« → Planet, den »GOtt zwischen die beyde schädliche Sternen, Mars und Saturnus darum gesetztet hat, damit er durch seine Güte derselben boßheit solte mindern... (er) hat lauter nutzlich und fürtreffliche würckungen. In der lufft würcket er eine anmuthige klarheit, zu sommers zeiten mildert er die hitz, im winter die kälte. Er erweckt gar nutzbarliche Wind, und bringet einen überfluß an allen früchten. Alle pflantzen, kräuter und blumen machet er lebhafftig wachsen, und anmuthiglich riechen. In den menschen erwecket er innerliche lebhaffte geister, und bringt verständigkeit und gravität. Alle diese würckungen schickt er durch seine liebliche stralen herab, wan die selbe durch die strahlen deß Martis und Saturni nicht verhindert werden« (P. Martin Cochem, → Mars). Ähnl. Julius W. A. Pfaff, der letzte akadem. Lehrer für Astrologie an einer deutschen Universität (Vorlesung in Würzburg bis 1817), in seiner »Astrologie« von 1816: »J. ist seinem Wesen nach heiß, feucht, angenehm, gemäsigt. Planet des Tages; männlich, ernährend, beglükkend... hauptsächlich sind seinem Einfluß unterworfen das Betasten der Lunge, die Arterien, der Saame... Er lößt auf die Verunglimpfungen des Saturns... Er bezieht sich auf die Großen; Seelenadel, reine Weisheit, Auslegung der Visionen: Religion und Recht. Freundschaft; friedliches heiteres Verkehr. Hofnung, Enthaltsamkeit.« Das Gesamtbild Pfaffs ist im traditionellen Sinn »jovial« abgestimmt. Die Astrologie setzt den J. mit dem Donnerstag (dies jovis, fr. jeudi) in Beziehung, mit der Farbe Purpur od. Violett, unter den → Edelsteinen mit Amethyst und Saphir. Der J. regiere die Zeichen des → Zodiakus pisces

(Fische) und sagittarius (Schütze), im menschl. Körper die Leber und das Blut. Seine Wirkung wird im Zeichen des Krebses (cancer) als »erhöht«, in dem des Steinbockes (capricornus) als »erniedrigt« betrachtet.

KABBALA (Cabbalah, Qabbala) bedeutet wörtl. »Überlieferung«, im weiteren Sinne die Esoterik (Geheimlehre) des Judentums seit der Spätantike (den nicht im Pentateuch enthaltenen Teil der Lehren und die mündl. Überlieferung), im engeren Sinne eine im MA. entstandene myst.-theosoph. Richtung, die eine umfangreiche Literatur hervorbrachte. Die Kabbalisten (mequbbalim) bezeichneten sich selbst gerne als Kenner der »geheimen Weisheit« (chochma nistara) oder als »Meister des Geheimnisses« (ba'ale cha'sod).

Die K. verlangt eine persönl. Anleitung und Initiation in ihre Lehren und Praktiken; sie ist deshalb aus Büchern nur zu einem Teil erlernbar. Die in das Ghetto verbannten jüd. Gelehrten versuchten nicht selten, ihren engen Lebenskreis auf myst.-mag. Wege zu durchbrechen; einzige Grundlage dafür waren die hl. Bücher, die nicht nur nach ihrem unmittelbar erkennbaren Sinn, sondern nach schwerer zugänglichen, verborgenen Inhalten durchforscht wurden (so etwa im Buch → Sohar: »Jedes Wort im Gesetz enthält einen tieferen Sinn und ein verborgenes Geheimnis; die Erzählungen des Gesetzes sind nur das Gewand des Gesetzes, und wehe dem, der das Gewand für den Kern selbst hält«). Worte und Zahlen (die hebr. Buchstaben besitzen Zahlenwert) stellen die Bindeglieder zwischen der rein geistigen und der materiellen Welt dar; sie können daher, richtig angewendet, auch mag. wie machtvolle → Zaubersprüche wirken, und zwar dadurch, daß die Namen der die Sphären der Welt bewohnenden Geistwesen als bekannt gelten, welche wirksam angesprochen werden können. Pythagoräisch-gnostisches Geistesgut dürfte dabei eine beträchtl. Rolle spielen, ebenso jenes des → Neuplatonismus. Das Alter der kabbalist. Schriften ist nicht genau zu definieren. »Große Teile dieser Literatur reichen bis ins erste oder zweite Jh. hinauf, stehen damit in unmittelbarem Anschluß an die produktive Periode, in der das rabbinische Judentum sich in der großen religiösen Gärung jener Jahrhunderte herauskristallisierte... Gewiß, nicht immer sind die Texte... so alt, wie sie beanspruchen. Aber auch in den Bearbeitungen reicht das zugrunde liegende Material der Überlieferung bis in die genannte Periode hinaus« (Scholem 1962). — Für Schubert (1983, 30) steht am Anfang ein Phänomen, das als eine »jüdische → Gnosis« bezeichnet werden kann, die aber nicht im strengen Sinn gnostisch ist, »weil sie weder absolut dualistisch war und daher nicht die Welt als Produkt eines bösen Weltschöpfergottes (Demiurgen) verstand, noch auch das jüdische Gesetz als Machwerk dieses Weltschöpfergottes zur Versklavung der Menschheit ablehnte. Die 'jüdischen Gnostiker'... suchten hinter dieses Gesetz zu blicken und so den Sinn des Schöpfungszusammenhanges zu verstehen. Ihr Ziel war die Schau der göttlichen Herrlichkeit auf seinem himmlischen Thron inmitten der Mächte und Gewalten, die ihn umgeben und vor unbefugtem Zutritt schützen«. Schubert erwähnt esoterische Traditionen über die »Schöpfungsmächtigkeit der 22 Buchstaben des hebräischen Alphabets und der 10 Zahlen der ersten Dekade... (→ Jezîrah). Die eigentliche K. als historisches

Lettres Finales	Figure	Noms	Lettres correspondantes	Pouvoir numérique
Mère	א 1	Aleph	- - -	1
Double	בּ } 2	Baith	B	2
	ב	Vaith	V	- -
	ג 3	Gimmel	G	3
	ד 4	Daleth	D	4
	ה 5	Hay	H	5
	ו 6	Wav	W	6
Simple	ז 7	Zayin	Z	7
	ח 8	Cheth	Ch	8
	ט 9	Teth	T	9
	י 10	Yood	Y	10
Double	כ } 11	Caph	C	20
	ך	Chaph	Ch	- -
Simple	ל 12	Lamed	L	30
Mère	מ 13	Mem	M	40
	נ 14	Noon	N	50
Simple	ס 15	Samech	S	60
	ע 16	Ayin	- - -	70
Double	פ } 17	Pay	P	80
	ף	Phay	Ph	- -
Simple	צ 18	Tzadè	Tz	90
	ק 19	Koof	K	100
Double	ר 20	Raish	R	200
Mère	שׁ } 21	Sheen	Sh	300
	שׂ	Seen	S	- -
Double	ת } 22	Tav	T	400
	ת	Thav	Th	- -

KABBALA: Der Zahlwert der hebräischen Buchstaben.
(Nach Seligmann 1958)

Phänomen entstand etwa in der 2. Hälfte des 12.Jhs. in Südfrankreich... Die gnostizierenden Tendenzen in der christl. Umgebung, die in der Katharer- und Albigenserbewegung ihren Ausdruck fanden, bewogen die Kabbalisten, sich für eigene Traditionen solcher Art zu interessieren...« (→ Bahir, → Sohar). Bedeutung als in die Breite wirkende geistige Bewegung erhielt die Kabbalistik im Zuge der Vertreibung der Juden aus Spanien (1492) und Portugal (1497), da sie Antwort auf die Frage nach dem Sinn der Zerstreuung unter die Völker der Welt (Analogon zur Vertreibung aus dem Paradies) versprach: sie war die Konsequenz eines »Bruches in der Natur der sich in den Sephirot (→ Jezîrah) offenbarenden Gottheit selbst« (Schubert 1983, 32). Exponent dieser Richtung ist besonders Isaak (Jitzchaq) Luria (1534—1577): »Nicht nur Israel ist im Exil, sondern auch Gott selbst. Dem Exil Israels auf Erden entspricht ein Exil Gottes im Kosmos«, da die »Gefäße der unteren Sephirot« das in sie einströmende göttliche Licht nicht fassen konnten und zerbrachen. »So vermischte sich nun das göttliche Licht mit dem, was nicht göttlich ist; das göttliche Licht wurde von den Schalen des Außergöttlichen umfangen und ist von ihnen gefangen... Die Wiederherstellung der ursprünglichen Ordnung im Wesen Gottes, von den Kabbalisten 'Tiqqun' genannt, ist somit ein wesentliches Ziel der Schöpfung selbst«. Sünden der Menschen bedeuten eine »Intensivierung des Exils göttlicher Strahlen und Lichtfunken unter den Schalen. Der Mensch... ist von Gott zum Werkzeug für den Tiqqun auserwählt und berufen. Doch der erste (→) Adam hat seine Aufgabe verfehlt, indem er das Paradiesesgebot nicht erfüllt hat. Hätte er dies getan, wäre er eigentlich schon der Messias gewesen. Durch seine Sünde verlor die Menschheit das Paradies, ihre Situation entspricht nunmehr der Gefangenschaft göttlicher Strahlen unter den Schalen der Finsternis. Die Menschheitssituation zu erkennen und den Tiqqun für die Menschheit zu vollziehen, ist somit die eigentliche Aufgabe der Erwählung Israels... (sein) Verlangen nach messianischer Erlösung ist letzthin nur ein Hinweis auf seine eigene Aufgabe, jenen Tiqqun zu vollbringen, durch den die ganze Schöpfung — und damit auch Gott selbst — wieder ins rechte Lot kommen kann« (Schubert 1983, 32). Es ist naheliegend, die Tiqqun-Idee der lurianischen K. von der Ideologie der → Gnosis abzuleiten und sie in engen Zusammenhang mit jener der → Alchemie zu bringen, deren Läuterungsideen geradezu als (para-)chemische Praxis der lurianischen Lehren interpretiert werden könnten, wenn sich historische Zusammenhänge größeren Umfangs exakt nachweisen ließen. Immerhin soll schon Nicolas → Flamel das Buch eines Juden Abraham (»à la Nation des Juifs que l'ire de Dieu a dispersé dans les Gaules«) erworben haben, was zumindest auf vor-lurianische kabbalist. Einflüsse auf alchemist. Doktrinen schließen läßt.

In neuerer Zeit fand die geistige Welt der K. besonders in dem Kreis des Exzentrikers Jakob Frank (1726—1791), der sich als Re-Inkarnation der Messias-Seele verstand, sowie im Chassidismus Osteuropas (→ Zaddik) Beachtung.

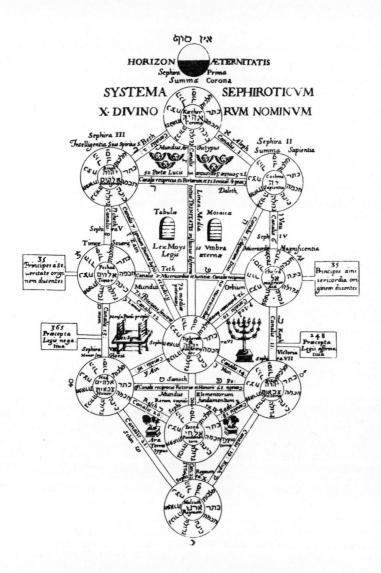

KABBALA: »Systema Sephiroticum«, der sephirotische Baum, aus dem »Oedipus Aegyptiacus« des Athanasius Kircher, Rom 1562 (verkl.); →Jezîra, →Sohar

Echt mag. Gedankengänge spielen immer wieder eine Rolle, doch wird die Magie vorwiegend als ein Nebenphänomen der Mystik bezeichnet, und es wird betont, daß sie von den eigentl. Zielsetzungen des Strebens nach teils intuitiver, teils spekulativer Erkenntnis nicht ablenken sollte (→ Gematrie, → Golem, → Notarikon, → Temurah). Mystik und Magie fließen oft untrennbar ineinander über (vor allem im Buch → Jezîrah). Von der Geisteswelt des → Neuplatonismus scheint die Seelenlehre der K. beeinflußt zu sein; die Seelen der Menschen existieren bereits vor dem Erdenleben, sie wurden schon bei der Weltschöpfung ins Dasein gerufen und warten in einem besonderen Himmelsraum auf ihre Verkörperung. Ihre Bestimmung ist die Läuterung, und wenn sie nicht erreicht wird, können sie neuerlich geboren werden. Bis zum Eingehen in einen neuen Körper weilt die Seele körperlos auf Erden. Die Seele eines Weisen kann sich nach dessen Tod in mehrere »Seelenfunken« spalten, und diese haben die Möglichkeiten, ungeläuterten Seelen auf dem Weg zur Vollkommenheit und zum Eingehen in das absolute Sein beizustehen. —

In der Renaissance versuchten christl. Gelehrte wiederholt, die Lehren der K. dem Abendland zu vermitteln; etwa → Pico della Mirandola, → Postel, → Agrippa von Nettesheim, Johannes Reuchlin (1455—1522; »De verbo mirifico«, 1494; »De arte cabbalistica«, 1514, 1517), Johannes Pistorius (1546—1608), → Fludd, → Knorr von Rosenroth.

KARPELES 1963; MÜLLER 1923; SCHOLEM 1926, 1957, 1962.

KAUTZ (Cauz), Constantin Franz Florian Anton v., 1735—97, österr. Schriftsteller und Historiker, verfaßte neben einer Biographie der Gelehrten Österreichs (1755) und histor. Studien auch das einst vielbeachtete Werk »De cultibus magicis eorumque perpetuo ad ecclesiam et rempublicam habitu libri duo«, Wien 1767, 1771. Dieses Buch verfocht eine aufklärerische Tendenz und sollte dazu beitragen, den Glauben an Hexen, Teufelsbeschwörer, → Vampire usw. zu vermindern, der im 18.Jh. noch keineswegs überwunden war.

GRAESSE Ndr. 1960; MICHAUD Bd.21, Ndr. 1968

KEP(P)LER, Johannes, (1571—1630), einer der größten Astronomen aller Zeiten, befaßte sich teils aus Neigung, teils um dem allgemeinen Zeitstil der Sternkunde gerecht zu werden, nicht selten mit Astrologie. So veröffentlichte K. 1595 sein »Calendarium und Prognosticum« für die Zeit von 1591—99; interessanter ist seine nächste Publikation, »Prodromus dissertationum cosmographicum«, in dem K. versuchte, die »Sphären« der 6 Planeten in Beziehung zu den Formen der regelmäßigen Grundkörper des Platon zu setzen. 1600 wurde K. als Hofmathematicus von Kaiser → Rudolf II. nach Prag berufen. Die astrolog. Neigungen des

Ioannis Keppleri
HARMONICES
MVNDI
LIBRI V. Qvorvm

Primus Geometricvs, De Figurarum Regularium, quæ Proportiones Harmonicas conftituunt, ortu & demonftrationibus.

Secundus Architectonicvs, feu ex Geometria Figvrata, De Figurarum Regularium Congruentia in plano vel folido:

Tertius proprié Harmonicvs, De Proportionum Harmonicarum ortu ex Figuris; deque Naturâ & Differentiis rerum ad cantum pertinentium, contra Veteres:

Quartus Metaphysicvs, Psychologicvs & Astrologicvs, De Harmoniarum mentali Effentiâ earumque generibus in Mundo; præfertim de Harmonia radiorum, ex corporibus cœleftibus in Terram defcendentibus, eiufque effectu in Natura feu Anima fublunari & Humana:

Quintus Astronomicvs & Metaphysicvs, De Harmoniis abfolutiffimis motuum cœleftium, ortuque Eccentricitatum ex proportionibus Harmonicis.

Appendix habet comparationem huius Operis cum Harmonices Cl. Ptolemæi libro III. cumque Roberti de Fluctibus, dicti Flud. Medici Oxoniensis speculationibus Harmonicis, operi de Macrocofmo & Microcofmo infertis.

Cum S.C.M^{tis}. Priuilegio ad annos XV.

Lincii Auftriæ,

Sumptibus Godofredi Tampachii Bibl. Francof.
Excudebat Ioannes Plancvs.

Anno M. DC. XIX.

KEPLER: Titelseite der »Harmonices Mundi«, Linz 1619
(dt. Ausg. v. Max Caspar: Weltharmonik, München 1982)

Herrschers bewirkten, daß K. 1602 die Schrift »De fundamentis astrologiae certioribus« veröffentlichte, worin er sich bemühte, den von ihm vorausgesetzten wahren Kern der → Astrologie genau zu definieren. Bekannt sind die → Horoskope, die er für Rudolf II., Wallenstein und andere Würdenträger berechnete und interpretierte (ausführl. Beschreibung des 1. und des revidierten Wallenstein-Horoskops bei Zinner 1959, S.85-87). Geistesgeschichtl. überaus interessant ist K.s Werk »Harmonices Mundi Libri V«, wovon sich das 4. Buch ausführlich mit »Metaphysik, Psychologie und Astrologie« auseinandersetzt. »Das Schwergewicht... liegt beim Erfassen der zusammenstimmenden Vielklänge. Von ihnen führt ein gebahnter Weg zu den Grundstimmen des Seelischen, wie sie sich verworren im niederen Triebleben durchdringen, im höheren Leben zum reinen Vielklang vereinen... Auf die Seele des Menschen, des Herren der 'untermondischen Welt', wirken die Gestirne mit ihren gesonderten Einflüssen. Die Gestirne... bestimmen die seelischen Grundkräfte nur durch stärkere Ausprägung der Wahltriebe. Die bindende Gewalt der Natur ist gelöst in die Freiheit des Christenmenschen« (Interpretation durch O.J.Bryk 1918). K.s Äußerungen über die Astrologie sind widerspruchsvoll und reichen von breit ausgesponnenen kosmosophischen Gedanken bis zu dem bekannten Wort vom »närrischen Töchterlein der Astronomie«.—

Auch mit dem → Hexenglauben seiner Zeit hatte sich K. auseinanderzusetzen, als seine alte Mutter, das, »Kätherle von Leonberg«, der Hexerei angeklagt und peinlich befragt werden sollte. Dem Ansehen des kaiserlichen Mathematicus war es zuzuschreiben, daß die Anklage am 3. Okt. 1621 niedergeschlagen und die »Kepplerin von angestelter Clag absolviret« wurde. Ausführl. Schilderung des Verfahrens bei Baschwitz 1963, S.252-60.

Der Grabstein K.s trägt die von dem Astronomen selbst gedichteten Worte »Mensus erat coelum, nunc terrae metior umbras/Mens coelestis erat, corporis umbra iacet« (frei übertragen etwa: »Himmelsweiten errechnet ich einst, jetzt mißt mich die Grube/Modert der Leib auch, es schaut selig sein Urlicht der Geist« [Bryk]). — Kompl. Ausg. von C.Frisch (Joannis Kepleri opera omnia, 8 Bde., 1858—71). Vgl. L.L.C. von Breitschwerdt, Johann Keplers Leben und Wirken, 1831; M.Caspar, Kepler, 1848; O.J.Bryk (Hrsg.), Johann Kepler — Die Zusammenklänge der Welten, 1918; Überwegs Grundriß d.Phil. III, S.121, 130—33, 645; Bibliographia Kepleriana v.M.Caspar und L.Rothenfelder, München 1936. Peuckert 1960, S.215 ff. H.A.Strauss u. S.Strauss-Kloebe: Die Astrologie J.K.s, München-Berlin 1926. Ausführl. Analyse der Druckgeschichte der Werke K.s bei Seck 1970. — K.-Symposion, zu Joh.K.'s 350. Geburtstag; Bericht, hrsg.v.R.Haase, Linz 1980. Beiträge (u.a.): Der Hexenprozeß der Katharina Kepler (H.Grössing); Die Bedeutung von Analogie und Finalität (R.Haase); J.Kepler, das Haus Habsburg u.d. kath. Kirche (G.Hamann); J.Kepler u.d. theolog. Vorbehalte zum kopernikan. System (J.Hübner); Mathemat.u.philosophiehistor. Grundlagen d. Keplerschen Staatstheorie (W.Schulze).

KHUNRATH (Kunrath, Khuenrath), Heinrich, 1560—1605, dt. Arzt, Alchemist und »Hermetiker«, einer der »Paracelsisten«, wurde durch seine mit komplizierten, manieristischen Kupferstichen geschmückten Bücher bekannt, die als überfeinerte Endstufe des alchemist. Strebens vor dessen Abgleiten in das bloß Spekulative bezeichnet werden. Die »betriegerischen« Alchemisten nennt K. »Arg-Chymisten« (ähnl. → Pantheus: archimie). Von seinen Büchern sind zu nennen: »Vom Hylealischen, Das ist, Primaterialischen catholischen oder algemeinen natürlichen Chaos«, 1591; »Symbolum Physico-Chymicum« (Magdebg. 1598, 1599), »Magnesia Catholica Philosophorum«, 1599; »Medulla destillatoria et medica«; Hambg. 1605, 1619, Erfurt 1680; »Quaestiones tres ad Praecautionem Arenae etc.«, 1607; »Confessio de Chao physico chemicorum Catholico«, 1699: vgl.1591; sein bekanntestes Werk ist jedoch das großzügig illustrierte »Amphitheatrum Sapientiae Aeternae« (mehrere Ausg., z.B. Magdebg. 1608, Hanau 1609, Hambg. 1611), dessen (in manchen Exemplaren handkolorierte) Kupfertafeln unzählige Leitsprüche tragen wie »Dormiens vigila!« (Wache im Schlafen!), »Procul hinc abeste profani!« (Laien, bleibt fern von hier!), »Festina lente« (Eile mit Weile!) usw.

PEUCKERT 1956; ZEDLER 1961—64

KIRCHWEGER von Forchenbron, Antonius Johannes, gest. 1746, ist lt. Holzmann-Bohatta Bd.1 (1902, Ndr. Hildesh.1961) Verfasser, nach anderen Autoren jedoch nur Herausgeber eines mehrfach aufgelegten Buches aus der Ideenwelt der → Gold- und Rosenkreuzer mit dem Titel »Aurea Catena Homeri, Oder: eine Beschreibung von dem Ursprunge der Natur« etc., mit dem sich u.a. Goethe in der Zeit seines alchemist. Laborierens befaßte (vgl. Dichtung und Wahrheit, 8.Buch: ein Werk, »wodurch die Natur, wenn auch vielleicht auf phantastische Weise, in einer schönen Verknüpfung dargestellt wird«). Der Titel des Buches bezieht sich lt. Peuckert 1956, S.421 (n.Crollius, Basilica chymica, 1623) auf die kosmische → Sympathie oder → Entsprechung von »Oben« und »Unten« (vgl. → Tabula Smaragdina), die → Makro- und Mikrokosmos gleich einer goldenen Kette verbindet. Die → Materia Prima wird in diesem Buch im Sinne des Thales v. Milet beschrieben als »das Chaotische Wasser oder der zu Wasser resolvierte Dampf; und dieser ist unseren Augen nach eins und einfach, aber in seiner Zahl zweifach, nämlich Wasser und Geist, sichtbar und unsichtbar; das Wasser ist Patiens, der Geist ist Agens«. Vgl. K.K.Doberer, Goldsucher — Goldmacher, München 1960, S.188 ff.; H.Kopp, Aurea catena Homeri, Braunschweig 1880. Eine Neuauflage der »Aurea Catena« durch Johann Gottfried Jugel (1707—86) und Johann Christoph v. Wöllner (1732—1800) erschien 1781 unter dem Titel »Annulus Platonis oder physikalisch-chymische Erklärung der Natur« etc. Vgl.F.Frick, Berliner Ärzte... im 18.Jh., in: Berliner Medizin 15/1964, S.12.

KLEOPATRA, in den alchemist. Texten Name einer sagenhaften ägypt. Vorläuferin der Alchemie, vielleicht identisch mit der Ptolemäerin Kleopatra III. (160—101 v.Chr.), die als Hüterin der Isis-Mysterien gefeiert wurde. Unter dem Titel »Kleopatres chrysopöa«, d.h. Goldmacherkunst der K., ist im → Corpus alchimisticum eine Hs. erhalten, deren Bruchstück »Codex Marcianus 299« in der Biblioteca Nazionale Marciana in Venedig aufbewahrt wird. Eine Abschrift davon ist der → Codex Casselanus. Auch andere Teile des Corpus alchimisticum tragen den Namen der K., etwa »Die heilige und göttliche Kunst der Philosophen« und »Über Maße und Gewichte«. An K. ist eine »Lehrschrift des Oberpriesters Komarios« gerichtet.

GOLDSCHMIDT 1938

KLIMAKTERION (Stufenjahr) bezeichnet in der Spätantike ein Krisen- oder Entscheidungsjahr im Menschenleben im allgemeinen, nicht bloß wie heute das Aufhören der Sexualfunktionen. Aulus Gellius, der Verfasser der »Noctes Atticae«, bezeichnet das 63. Lebensjahr (9 x 7) als besonders kritisch, das sich »entweder mit einer Gefahr oder einem Unheil sich einstelle, etwa mit dem eines körperlichen Leidens oder einer schweren, gefährlichen Krankheit, des Lebensverlustes oder eines Seelenleidens«. → Firmicus Maternus nennt dieses Lebensjahr daher »Androklas« oder Menschenzerbrecher, weil es »die Lebenssubstanz zermalmt«. Weitere Stufenjahre sind das 21. (3 x 7), 42. (6 x 7) und 84. (12 x 7) Lebensjahr. Vgl. F.Boll, Die Lebensalter, Leipzig-Berlin 1913.

CUMONT 1960

KLINGSOR, sagenhafter Magier des MA.s, durch Wolfram von Eschenbach (»Parzival«) nach dem Vorbild der Virgilius-Sage (→ sortes Virgilianae) gestaltete Romanfigur: er tritt als Herzog Klinschor von Terra di Lavoro mit der Residenz in Capua auf, und es wird von ihm erzählt, er besäße ein Zauberschloß, in dem er entführte Ritter und Edelfrauen gefangenhalte. Im Sagenkreis des Sängerkrieges auf der Wartburg ist K. ein »meisterpfaffe«, gelehrter Schwarzmagier und Teufelsbeschwörer aus dem Ungarland. In zahlr. Büchern aus der neueren Zeit tritt K. wie eine reale Persönlichkeit auf (Spangenberg, Wagenseil, Morhof u.a.), und in Zedlers Lexikon Bd.15/1737 heißt es, »Klingsöhr, Clinghesöhr oder K.« wäre ein der schwarzen Kunst verdächtiger Meister gewesen, »welcher zu Cracau, Paris und Rom studiret, die Morgenländer, sonderlich Arabien, wohl durchwandert, und in Siebenbürgen sich mehreren Theils aufgehalten«. Weiters wird über den Wettstreit zwischen K. und Wolfram berichtet, wobei der Zauberer dem Sänger schließlich den »Teufel Nasian« sandte, der jenem aber nichts anhaben konnte und an die Wand die Verse schrieb: »Schnipp, Schnapp / Du grober Knapp / Du bist ein Lay / Klingsohr / geht dir bevor«. Vgl. → Merlin.

KNORR VON ROSENROTH, Christian (1631 od. 1636—89), dt. »Hermetiker« und Kabbalist, vor allem durch seine mit Hilfe von zwei jüd. Gelehrten angefertigte »Kabbala Denudata« (Sulzbach 1677—1678), eine lat. Übersetzung von Teilen des → Sohar u.a. Schriften (der Bücher Druschim des Isaak Lurija und des Traktats »De Anima« des Moses Cordovero) berühmt und machte die → Kabbala in weiteren Kreisen bekannt. K. war mit → Helmont befreundet und »in der Chymie war er so weit gekommen, daß er nicht nur viele Artzneyen erfunden, sondern offt die verzweifeltsten Kranckheiten curiret« (Zedlers Lexikon Bd.15/1737). Der auch als »Theosoph« bezeichnete K. v. R. wurde seinerzeit ebenso als Dichter von geistl. Liedern hochgeschätzt. Ein Christian Knor von Rosenrodt, offenbar Angehöriger derselben von Maximilian II. geadelten Familie, war zu Beginn des 17.Jhs. Hofkaplan in Graz und galt als bedeutender → Exorzist (Byloff 1926).

KOBOLDE, Hausgeister, bes. neckende »Poltergeister«. Der Name wird abgeleitet von Koben (Holzverschlag, mhd. kobe, später auch »Gemach«) und walten, also »Der im Holzgemach Waltende« (vgl. angelsächs. cofgodas, Hausgötter!). Im Volksglauben werden die K. dem Bereich der → Elemantargeister zugerechnet und meist als klein, häßlich und rot gekleidet beschrieben. In Zedlers Lexikon Bd.15/1737 heißt es, daß der »Kobolt« in Häusern oder Ställen wohne und dort sein Wesen bei Tag treibe wie die Gespenster bei Nacht, »und entweder nützliche Dienste thue, oder allerley Schabernack und Verdruß darinnen anrichte, je nachdem ihm von denen Einwohnern, Knechten und Mägden gut oder schlimm begegnet werde. Ja es ist unter dem Gesinde ein bekanntes Sprichwort: den Kobolt haben, welches von Mägden gesaget wird, die so hurtig und geschwinde sich in ihrer Arbeit bezeigen, daß man solches ohne Beihülffe eines Geistes sich nicht einbilden kan.«
Graesses Bibliographie (1843) nennt mehrere Bücher, die sich mit K.n beschäftigen, etwa (Hoffmann), Kurze Untersuchung vom Kobold, Rotterdam 1719. Vgl. → Familiar. Von dem Wort K. kommt die Metallbezeichnung Kobalt (d.h. ein neckender Berggeist, der an die Stelle des Silbers dieses einst als unnütz betrachtete Metall setzte; ähnl. Nickel, früher Kupfernickel, ein Berggeist, der statt des gesuchten Kupfers nur Nickel hergab). → Görres erwähnt unter dem Überbegriff K. in seiner »Christl. Mystik« (Ndr. 1960, Bd.3, S.355—419) zahllose Berichte über neckende Hausgeister, z.T. von der Art, die in der heutigen Parapsychologie

im Anschluß an alte K.-Vorstellungen »Poltergeist« genannt werden. Reiches volkskundl. Material u.a. bei Grimm, Dt.Mythologie, Ndr. 1953, S.413—25 (hier auch die Namen Gutgesell, Däumling, Tatermann, Katermann, fläm. Kobotermänneken, ähnl. dem »Klabautermann« der Seeleute, Katzenveit, Hinzelmann, Bullerkater, Rumpelstilt, Butzemann, Hütchen u.v.a.), auch Nachtrag (III) S. 145 ff. — Volkskundl. Material im Kap. »Bütze« von R.Beitl, in der Ausg. 1950 von F.J. Vonbuns »Sagen Vorarlbergs«.

KOMETEN (Schweif- oder Haarsterne) wurden als kosmische Irrgäste und Störer der himmlischen Ordnung, als Vorboten von Umsturz, Verwirrung, Krieg und Katastrophen angesehen. Eine Aufzählung von K.-Erscheinungen zwischen 1100 und 1315 s. bei A.Schultz, Höfisches Leben z.Zeit d. Minnesinger, I, S.126 ff., Ndr. Osnabrück 1965. Erst in der Zeit d. Aufklärung begann der Glaube an die unglückl. Vorbedeutung der K. zu schwinden; so etwa Zedlers Lexikon Bd.6/1733, Sp.812 ff.: »Die Meynung, daß die Cometen Zeichen und Vorbothen des Unglücks wären, ist vollends gantz unbegründet… Wer will die Bedeutung eines Cometen an gewisse Länder und Städte binden, da sie sich um die Erde herum bewegen und an allen Orten können gesehen werden? warum soll sich also ein Ort dieses Zeichens mehr, als ein anderer annehmen?« usw. Noch → Kepler hatte eine direkte Einwirkung der K. auf die Weltgeschichte für möglich gehalten (»Anno 1558 ist Karl V. bald auf den K. gestorben, in England ist durch den Tod der Königin Maria die Religion verändert worden… Anno 1578 auf den K.1577 ist die große Niederlage der Portugiesen und Christen in Afrika geschehen… Anno 1596 nach dem K. geschah der Christen Niederlag vor Erlau und erhob sich allgemach der Schwedische Krieg… So mangelt keinem K. an Nachdruck innerhalb Jahresfrist«; Urteil über Sutorius, nach Strauß 1926). Dabei dachte Kepler an Astralgeister, die als Lenker der K. unmittelbar der göttl. Einflußnahme unterstünden (1608; vgl. dazu Seck 1970). Allg. Übersicht: Stanislaus Lubanieczius (Lubieniczki, 1623—75), Theatrum Cometicum, Amsterdam 1668. → Nausea. — »Die traditionelle Astrologie spricht den K. in der Mundan-Astrologie große Bedeutung zu, während die Bedeutung in der Genethialogie fast vollständig vernachlässigt wird… Im Horoskop wird die Länge des exakten Durchgangs eines K. durch das Perihel vermerkt, für die Interpretation werden auch Form des Kometenschweifes, Farbe, Zeitdauer, Lage in einem Tierkreiszeichen bzw. Dekan und Aspekte mit Planeten verwendet, wobei insbesondere der Konjunktion mit einem Planeten größte Bedeutung zugeschrieben wird. Von ähnlicher Bedeutung wird die Bedeckung eines K. durch einen Planeten erachtet« (Lex.d.Astrologie, hrsg. v. U.Becker, Freiburg i.Br. 1981, S.166 f.).

KREUZWEG als Beschwörungsplatz für Dämonen, oft in den Anklagen bei →
Hexenprozessen erwähnt, bezieht sich nicht auf den Leidensweg Jesu Christi, sondern bedeutet eine Wegkreuzung oder Weggabelung. Hier soll es besonders wirkungsvoll sein, einen Zauberkreis zu ziehen und nach den Anweisungen der →
Zauberbücher Teufel herbeizurufen, wie schon bei Eligius von Noyon (gest. 659),
Pirmin von Reichenau (um 750) und Burchhard von Worms (gest. 1025) berichtet
wird. An Kreuzungen wurden im frühen MA. auf frischer Tat ertappte Schwerver-
brecher, Selbstmörder und Hingerichtete begraben, wohl um ihre ruhelosen Seelen zur Unschlüssigkeit, wohin sie sich wenden sollten, und damit zum Verweilen
zu verdammen. Die am K. beschworenen dämon. Wesen waren daher wohl
ursprüngl. Totengeister, die man später als Teufel auffaßte. Statt eines Zauberkreises wurde von den Beschwörenden, wie Prozeßakten berichten, auch oft eine Rinderhaut auf dem Erdboden ausgebreitet, die der Teufel nicht betreten konnte; →
Beschwörung.

KLEIN 1928

KRISTALLOMANTIE, wörtl. Wahrsagen mit Hilfe von Kristallen, tatsächlich
jedoch eher das Bestreben, visionäre Erlebnisse mit Hilfe von spiegelnden Gegenständen (z.B. Glaskugeln) zu erzeugen (→ Zauberspiegel), und nur dann zu den
echten Disziplinen der → Mantik zu zählen, wenn dadurch künftige Dinge
erforscht werden sollen. Görres (Bd.3, S.600) schildert antike Belege: »Pausanias
legt die Weise aus, wie man sie zu Patras in Achaia geübt; nach Spartanius hat auch
der Imperator Julian von ihr Gebrauch gemacht. Salisbernensis (Polycra L.II,
cap.11) erzählt, wie einer seiner Erzieher sich seiner in der Jugend dazu gebrauchen
wollen, ihn aber untüchtig zum Werke befunden. Auch in späteren Zeiten ist öfter
davon die Rede gewesen; so bei Peller (Polit. scelerat.p.m.43—15), der umständlich über den Crystallseher berichtet, der dem englischen Gesandten die nach dem
regierenden zunächstfolgenden Könige Englands gezeigt. Der Dichter Rist
[1607—67] erlebte ähnliches…«. (»Alleredelste Zeitverkürzung«, Frankf.1668,
S.255). In Zedlers Lexikon Bd.5/1733 wird als Beispiel für K. eine Erzählung aus
der Vorrede des J.Camerarius zu Plutarchs »De defectu Oraculorum« wiedergegeben, derzufolge ein runder Kristall, ansonsten in ein Seidentuch gehüllt, bei
Betrachtung durch einen »unschuldigen Knaben… viel Wunder = Dinge« gezeigt
habe, aber schließlich von einem Feind des Aberglaubens zerschlagen und in die
»Cloac« geworfen wurde. Es handelt sich um die »Divinatio per puerum«, wie
sie schon im MA. durch → Wilhelm von Paris beschrieben wurde, also vielleicht
um echte (para)psycholog. Phänomene, die hier nicht eingehender behandelt werden können. — Eine Abart der K. ist das Wahrsagen aus der spiegelnden Wasseroberfläche (Hydromantia, auch Gastromantia, von gr. gastron, Mittelteil einer
bauchigen Wasser-Vase).

KRÖTENSTEIN, der runde und abgeplattete Zahn des fossilen haifischähnlichen Placodus oder des mesozoischen Ganoidfisches Lepidotus, diente bes. im 16.Jh. als beliebtes → Amulett gegen Nierenleiden, weiters zum Erkennen von Gift (ähnl. wie → Nashornbecher) und als → Talisman für Kinder. Der K. war dabei meist in Ringen gefaßt. Ähnliche Wirkung schrieb man auch anderen Fossilien zu, etwa versteinerten Seeigeln. —

Man stellte sich die Gewinnung des K.s in der Form vor, daß man glaubte, Kröten trügen einen mag. Stein in ihrem Innern, den sie in der Hitze ausspeien, aber schnell wieder schlucken, wenn man ihn nicht rasch wegnimmt. Der K. wäre auch leicht zu gewinnen, wenn etwa Ameisen eine tote Kröte skelettieren. → Porta schreibt jedoch, daß er »viel Kröten von einander gerissen, aber nie keinen Stein gefunden« (→ Flemming S.364). Zu den mag. Kräften, die man dem K. zuschrieb, gehörte es auch, daß er das Gift aus den Geschwulsten ziehen sollte, die vom Biß giftiger Tiere herrührten. → Albertus Magnus nennt den K. »borax« (Grimm, Dt. Mythologie, Ndr. 1953, S.1020). Über die Deutung des K.s, auch Batrachites, Bufonites, Chelonites, Borax, Brontias, fr. crapaudine, als »Drachenstein« vgl. Biedermann, »Der Stoff zu Schillers Ballade 'Der Kampf mit dem Drachen', in ADEVA-Mitteilungen 20, 1969 (Graz). Über den K. und ähnl. Fossilien in der → Volksmedizin vgl. Othenio Abel, »Vorzeitl. Tierreste im dt. Mythus, Brauchtum und Volksglauben«, Jena 1939, S.216 ff. — J.Feigius berichtet 1694 über ähnl. giftsaugende Steine, die Jesuiten-Missionare aus China gebracht haben sollten und deren Wunderkraft sich an von Vipern gebissenen Tieren erwies, wobei die Steine »wie der Magnet an das Eysen angeleget,... alles Gift an sich gezogen« und die Tiere gesund blieben (Wunderbahrer Adlers-Schwung, Wien 1694, Bd.1, S.103).

BORN 1937

KUGELN, »SYMPATHETISCHE«, nennt das Buch »Der Vollk. Teutsche Soldat« von → Flemming solche Gewehrkugeln, die unfehlbar treffen. Lt. seiner Anweisung muß dafür ein Magnet, »eingerichtetes« Wismut-Erz und Auripigment pulverisiert und vermengt werden; diesem Gemisch setzt man Blei im gleichen Gewicht zu und schmilzt alles zusammen in einem Tiegel, worauf es »eine gute Stunde im Fluß stehen« muß. Für das Gelingen sind astrolog. Voraussetzungen nötig: »Geschieht dieses, wann der Mond im Schützen läufft, und drey Schützen=Tage nacheinander stehen, so soll man sehen, daß der Guß in hora martis [in der Stunde des Mars] geschehn, so wird man seine Vergnügung haben« (S.363).

Vgl. → Festmachen, Freischütz. Über »zuläßige Künste« beim Präparieren von bei der Jagd gebrauchten Kugeln berichtet Flemming in seinem »Vollk. Teutschen Jäger« II, S.180—82: »Die K. werden in dem Monat November gegossen, da das Zeichen des Schützen regiert, wenn die Würckung am kräfftigsten seyn soll;

andere löschen die Kugeln in Knoblauchs = Safft ab... (oder) thun ein klein Stückgen von Donner Keil [Belemniten] in die Forme, und giessen die K. darauf«... (1724).

KUNCKEL (Kunkel) von Löwenstern (Loewenstjerna), Johann, 1630—1703, dt. Chemiker und Alchemist, einer alten holsteinischen Glasmacher- und Alchemistenfamilie entstammend, wirkte als Hofalchemist bei den Herzögen von Lauenburg (ab 1654), dann (ab 1670) im Dienst des sächs. Königs Johann Georg II., ab 1679 für den »Großen Kurfürsten« auf der »Pfaueninsel« bei Potsdam. Hier beschäftigte er sich vor allem mit der Glasmacherkunst; berühmt wurde K. durch sein Goldrubinglas (»K.-Glas«), weiters durch die Fabrikation von Amethyst- und Hyazinthglas und nach dem Tod seines Protektors (1688) ging K. nach Schweden, baute dort die Glaserzeugung aus, wurde Bergrat und erhielt sein Adelsprädikat (1694). 1702 zog sich K. auf seinen Landsitz in Livland zurück, wo er im Alter von 73 Jahren starb. —

Es war ihm gelungen, zahlr. chem. Prozesse für die Praxis auszubauen und zu verbessern, so etwa die Darstellung von Phosphor (zuerst entdeckt durch den Hamburger Alchemisten Henning Brand, 1669), die Ausfällung von Edelmetallen aus Lösungen mit Hilfe von Kupfervitriol u.a. — Die paracelsische Theorie der drei → Elemente → sal, → sulphur und → mercurius erhielt durch K. einen schweren Schlag, als er das Fehlen von Schwefel in reinen Metallen und von Quecksilber in organ. Substanzen nachweisen konnte. Von seinen Schriften sind zu nennen: »Ars vitraria experimentalis oder Vollkommene Glasmachereikunst«, 1689; »Philosophia chemica«, 1694; »Laboratorium chymicum, Collegium physicochymicum experimentale«, 1716 (ein Werk, das später Lavoisier und Scheele beeinflußte); »V curiöse chymische Tractätlein«, 1721; »Vollständige Glaßmacherkunst«, 1785. Vgl. H. Maurach: Johann Kunckel, 1933; Aufsatz von G. Stein in Glastechn. Berichte 25/1952.

Im 2. Band von Jöchers »Allg. Gelehrten-Lexicon« (Leipzig 1750, Ndr. Hildesheim 1961, Sp. 2185—86) wird K. folgendermaßen charakterisiert: er »hatte nicht studiret, sondern nur die Apothecker = Kunst erlernet, legte sich aber nachmals auf die Untersuchung der Metallen und Mineralien mit allem Fleiß, entdeckte darinne viel besonders, erfand einen Phosphorum mirabilem, und leuchtende Wunder = Pillen, worüber er eines Plagii beschuldiget worden; verwarf die sogenannten principia chymica [d.h. die »philosophischen Elemente« sal, sulphur und mercurius als Grundbausteine!], vertheidigte hingegen unterschiedenes, so von andern unter die non-entia chymica gezehlet worden; gab die salia acida vor warm, die urinosa vor kalt aus, meinte, daß die acida in alcalia, und diese in jene könten verwandelt werden, suchte im Spiritu vini ein subtiles acidum zu behaupten [→ menstruum]... wuste den innerlichen Gebrauch des rothen antimonii bey vielen desparaten Kranckheiten nicht genug zu rühmen, hielt unter des Alchymisten des Isaac [→] Hollandum vor den redlichsten und aufrichtigsten Scribenten« etc. — »Aus dem Umstand, daß sich Gold durch öfteres Schmelzen mit Salmiak sehr feurig färbt, während es durch Schmelzen mit Borax ausbleicht, schließt K., daß das Gold künstlich verändert werden könne... Dagegen hatte K. ein sehr scharfes Auge für Betrügereien, falsche Vorschriften alchymistischer Prozesse und die Albernheiten vulgärer Alchymisten, die er in dem Kapitel seines 'Laboratorium chymicum' — 'Von der Thorheit der Chymicorum in ihrem Vorhaben' — mit scharfer Satire durchhechelt... K. ist ein durchaus ehrenwerter Charakter, der wissenschaftliche Entdecker des Phosphors und wahrscheinlich auch des Kaliums, das er durch Destillation des Chlorsilbers oder Chlorbleies mit Ätzkalk und Pottasche erhielt und für aus obigen Metallen erzeugtes Quecksilber hielt. Als Theoretiker bekämpfte K. wie Boyle die Lehre von den drei alchymistischen Grundprinzipien...« (Kiesewetter 1895/1977, 161 ff.).

LACINIUS, Janus, it. Mönch des 16. Jhs., bekannt als Alchemist und Autor des Buches »Pretiosa ac nobilissima Artis chymicae collectanea de occultissimo ac pretiosissimo philosophorum lapide«, Venedig (Aldus) 1546, 1554; im Nürnberger German. Nationalmuseum befindet sich eine illum. handschriftl. Wiedergabe dieser Edition, geschr. um 1577—83 (»Pretiosa margarita novella«); Abb. bei Hartlaub 1959. — Die »Pretiosa margarita« ist enthalten in dem seltenen Buch »Alchimia vera, Das ist: der wahren und von Gott hochgebenedeyten..

LACINIUS: → Characteres der in der → Alchemie verwendeten Metalle und Chemikalien, nach einer Hs. aus den Jahren 1577—83 (Hartlaub 1959)

Kunst ALCHIMIA«, 1604, u. zw. in dt. Verse übertragen. Th. Georgi, Allg. Europ. Bücher = Lexicon, Leipzig 1742, S. 378/Bd. I/II, nennt die Ausg. »Pretiosa Margaritha verae alchymiae artisque metallicae«, Basel 1561, und »Pret. M. oder neuerfundene köstliche Perle vom Stein der Weisen, von Gottfr. Stollen verdeutscht«, Leipzig 1714. Engl. Ausgabe (ed. Waite) London 1963.

LAIGNEAU (Lagneus), David, fr. Arzt und Alchemist des 17. Jhs., Verfasser von »Harmonia Philosophorum Chemicorum«, Straßbg. 1613, und »La Conversation du Trésor de la Santé«, Paris 1624. → Basilisk.

LAMBSPRING(K) ist der Autor eines alchemist. Traktates in Gedichtform, »Carmen de lapide philosophico«, enthalten in der »Triga Chemica« des Nic. Barnaud, 1599, auch in die dt. Sprache übersetzt (»Lambspring, das ist ein herrlicher teutscher Tractat vom philosophischen Steine« etc., Frankf. 1625), dann mit schönen Kupfern aus der De Bry-Werkstatt unter dem Titel »De Lapide Philosophorum Figurae et Emblemata« enthalten im → Musaeum Hermeticum. Über den Autor, der wohl ein dt. Hermetiker des 15. Jhs. war (Ferguson 1906/II), ist nichts Näheres bekannt. Er wird manchmal »Abraham Edler von L.« genannt, manchmal »Lampert Spring« (so in der Ausg. Frankf. 1625) oder als Benediktinermönch des Klosters Lam(m)spring(e) b. Hildesheim bezeichnet. Ein Goldschmied Hans Lamsprink aus Stade ist lt. Buntz (bei Ploss et. al. 1970) um 1450 mehrfach bezeugt. Das Werk ist in 5 HSS erhalten.

LANCRE, Pierre de, fr. Dämonologe, gest. 1631; de. L. wurde 1603 durch das Parlament von Bordeaux beauftragt, die Hexerei in den Bezirken von Labourd und Bayonne zu bekämpfen, was besonders in den Jahren 1609—10 mit Nachdruck geschah. Um zu beweisen, daß bei den → Hexenprozessen juristisch korrekt vorgegangen wurde, verfaßte L. sein berühmtes Buch »Tableau de l'inconstance des mauvais Anges et démons, où il est amplement traité des Sorciers et de la Sorcellerie, avec les procedures faites contr'eux et la figure du Sabbat« (Paris 1612 u. 1613); de L. behauptet darin, daß die Hexen frei und ohne Anwendung der Folter gestanden hätten, an den nächtlichen »Sabbath«-Orgien teilgenommen zu haben, wahrscheinl. unter der Einwirkung der → Hexensalbe, die von de L. als grünliche Flüssigkeit oder Schmiere beschrieben wird. Die Aussagen der Angeklagten sind in dem betr. Werk auf einer bekannten Kupfertafel zusammengefaßt, die im Bild den thronenden Satan, dem gerade ein Kind geweiht wird, weiters kannibalische Opfermähler, Sardana-artige Reigentänze und die Luftfahrt auf dem Besen zusammenfaßt. Zu diesem Buch verfaßte der Alchemist und Hermetiker Jean d' → Espagnet ein Einführungsgedicht in lat. Sprache. »De Lancre schlug der Wahnsinn völlig über dem Kopf zusammen, als er mit unbeschränkter

Salamandra vivit in igne,
Ignisque hanc mutavit in optimum colorem.
DECIMA FIGURA.

Reiteratio, gradatio & melioratio Tincturæ, vel Lapidis
Philofophorum: Augmentatio potius
intelligatur.

»LAMBSPRINGK«-Stich aus dem → MUSAEUM HERMETICUM, Ausg. Frankf. 1678

Machtbefugnis in dem Lande von Labourd (in der äußersten Südwestecke Frankreichs) auf Teufelsgenossen jagen durfte. Er wähnte entdeckt zu haben, daß alle 30.000 Einwohner des Ländchens samt allen Priestern mit Satan verbündet waren. Im ersten Anlauf brachte er, seinen eigenen Angaben zufolge, rund 600 Menschen auf die Folterbank und den Holzstoß... Bemerkenswert ist die Unbekümmertheit, mit der de Lancre zugibt, daß seine Wahnideen und seine grausame Art der Massenverfolgung bisher unbekannt und unerhört waren« (Baschwitz 1963, 212 f.). — Weniger bekannt wurde L.s Buch über die Divination (→ Mantik) mit dem Titel »L'incrédulité et mescréance du sortilège«, Paris 1622. — Über die Rolle L.s als Hexenrichter vgl. bes. M. Foucault, Les Procès de Sorcellerie dans l'ancienne France, Paris 1907; E. Delcambre, Le concept de la sorcellerie dans le duché de Lorraine au XVIe et au XVIIe siècle, Nancy 1948 s.

BAROJA 1966; GRAESSE 1843

»*LAPIS NOSTER*«, d. h. unser (der Alchemisten) Stein, also der → Stein der Weisen, in ähnl. Sinn gebraucht wie → aurum nostrum. Ein auf Antonio de Abatia zurückgehendes Motto lautet: l. n. nullis datur nisi quibus Dei sit spiramine, unser Stein wird nur jenen gegeben, die den Hauch Gottes in sich haben, also die besonders begnadet sind.

LASCARIS ARCHIMANDRITA, legendärer Alchemist, angeblich ein Nachkomme des 1453 nach der Eroberung von Konstantinopel durch die Türken nach Italien geflohenen Ioannes L. und Sproß der byzantin. Kaiserfamilie, um 1650 auf Mytilene geboren. Gessmann 1922 erzählt über L., jener habe zahlr. gefangene Christen aus der türkischen Gefangenschaft losgekauft, später dem damaligen Apothekerlehrling → Böttger die »Tinktur« (den → Stein der Weisen) überlassen und ihn damit in diese Lage versetzt, → Transmutationen durchzuführen, solange der Vorrat reichte. Kiesewetter (1895/1977, S. 173) berichtet ebenfalls, L. wollte »von dem Kaisergeschlechte der Lacaris abstammen«, und er sammelte scheinbar Almosen zur Loskaufung gefangener Christensklaven von den Türken, soll aber weit mehr an die Armen verschenkt haben, als die Almosen betrugen. Aus diesem und anderen Gründen vermutet Schmieder (Gesch. d. Alch. S. 470), der angebliche Archimandrit sei ein unbekannter Adept gewesen und habe die Papiere des echten Lascaris von diesem erkauft gehabt.« Johann Conrad Dippel (1663—1734) schreibt in seinem Buch »Auffrichtiger Protestant«, der als Bettler verkleidete Archimandrit »führte einen solchen Reichthum in seiner in ziemlicher Quantität verfertigten und sehr erhöhten Tinctur mit sich herum, daß er alle Zeit capabel gewesen wäre, so viele unreine Metalle in Zeit von etlichen Stunden in Gold zu verwandeln, als zur Ausmüntzung von 20 Millionen Ducaten erfordert werden mag...« (Kiesewetter l. c. 174). Er habe sich teils in verschiede-

LANCRE: Große Darstellung des »Hexensabbats«, aus »Tableau de l'Inconstance« etc., Paris 1612

ner Verkleidung an mehreren Orten Deutschlands aufgehalten und Metalltransmutationen durchgeführt, teils seine »Tinctur« auch anderen Alchemisten weitergegeben. Über das weitere Schicksal des L. A. ist nichts bekannt. — Spunda erwähnt ihn in seinem phantast. Templer-Roman »Baphomet«.

LATON, in der Alchemie meist als Bezeichnung für Messing oder andere Kupferlegierungen gebraucht, wobei der Name wohl aus Alexandrien stammt (vgl. Lato, Latopolis b. Strabo, Geogr. XVII). Gleichzeitig ist L. auch ein geheimer Name für die in Umwandlung begriffene → materia prima bei der Darstellung des → Steins der Weisen u. zw. während der nigredo (Schwärzung), seltener für rubedo (Rötung), wofür sonst der aus dem Arab. stammende Ausdruck »Almagra« gebraucht wird, der jedoch auch für Kupfer stehen kann.

LEO, der Löwe, das der Sonne zugeordnete Zeichen des → Zodiacus, gleichzeitig eine → Metallbezeichnung der Alchemisten: L. steht neben Sol (Sonne) für Gold, das sonst auch Corpus rubrum, Homo senex, Filius solis, Pater ignis, Filius rubeus, Lumen maius, Fermentum rubrum heißt. L. rubeus, der rote Löwe, heißt ein Stadium bei der Herstellung des → Steines der Weisen (rubedo oder Rötung, auch »roter Drache«). In Zedlers Lexikon Bd. 17, Sp. 190 heißt es darüber: »Der rothe Löwe aber ist der Sulphurische unverbrennliche, fixe und rothe Lilien = Safft, (i. e. Sol) der unten im Digerir-Glase lieget«. Somit steht der Löwe außer für Gold auch für Schwefel (→ sulphur), und zwar dem Greifen oder Drachen des Quecksilbers (→ mercurius) gegenübergestellt. Abweichend ist die Darstellung in einer alchemist. Hs. der Bibl. Vadiana, St. Gallen, wo ein → grüner Löwe als Quecksilber bezeichnet wird (De nostro Mercurio quid est Leo viridis solem devorans, Fol. 97 r.).

Für den roten Löwen wird auch als Synonym »Löwenblut« gebraucht, und zwar im Sinne von Goldschwefel oder sulphur philosophorum (so etwa bei → Libavius). Seltener ist der Ausdruck »grüner Löwe« (für Spießglanz, »Mercurius des Goldes« oder Auripigment, vor allem aber für Königswasser, → menstruum). In der Astrologie der Ranaissance war L. das bevorzugte Zeichen des → Zodiacus; der Fixstern »cor leonis« (= Regulus, auch Basilicus, regia stella, Kalboleced, Kabelasit, Löwenherz genannt) galt im Sinne des mag. Buches »Quadripartitum Hermetis« als die Melancholie bekämpfende Strahlungsstelle des Himmels. »Die Medaillen des Löwen sind viermal so häufig wie die aller anderen Zeichen zusammengenommen... [Auch Medaillen aus dem islam. Raum] zeigen fast immer das Zeichen cor leonis nach dem Quadripartitum Hermetis. Viele jener Stücke, die die Sonne halb bedeckt vom schreitenden Löwen zeigen, sind datiert (1611—1631). Die letztere Form erinnert an das persische Wappen, dessen Bedeutung astrologisch ist.« (Nowotny/Agrippa 1967, S. 436—37).

LERCHHEIMER (Lercheimer) von Steinfelden, Augustin, (1524—1603) n. Weller (Ndr. 1963) Pseud. f. Hermann Wedekind (Baschwitz 1963: Witekind), verfaßte ein im Sinne der Ansicht von → Wierus gedachtes Buch »Christlich Bedencken und Erinnerung vor Zauberey« (Heidelbg. 1585, Straßbg. 1586, 1593, Speyer 1597), in dem er fordert, daß der Hexerei angeklagte Personen nicht dem Gericht zu überantworten, sondern durch den Arzt zu behandeln seien. Das gemeinverständl. abgefaßte Werk enthält wertvolles kulturgeschichtl. Material, etwa über die → Faust-Sage. Kiesewetter (1895/1977, S. 526) meint, daß L. »recte Wittekind« bereits eine dunkle Ahnung davon gehabt habe, »daß die bewußte und unbewußte Thätigkeit des Astralkörpers im Hexenwesen eine bedeutende Rolle spielte.« Er vertritt damit die Meinung, daß »mediumistische« Phänomene zu den Auslöserfaktoren des Hexenglaubens gehörten, ähnlich wie später Carl du Prel. — Manfred Hammes (Hexenwahn u. Hexenprozesse, TB, Frankf./M. 1977, S. 217) meint, L.s Buch »sollte ein Beitrag zur Vermenschlichung des Prozeßablaufes sein, der Obrigkeit einen Denkanstoß geben. Die Verantwortlichen sollten sich noch einmal - oder überhaupt erst einmal - fragen, ob der Hexenprozeß in seiner augenblicklichen Form... den Anforderungen der Gerechtigkeit

LEO: Astrolog. Darstellung des Löwen mit exakt beschrifteten Planeten, deren Konstellation den 7. Juli 62 v. Chr. wiedergibt. Steinrelief vom Heiligtum Nemrud Dag, dem »Hierothesion« des Königs Antiochos I., am Oberlauf des Euphrat. Nach Bouché-Leclerq 1899

genüge«, ungeachtet der Tatsache, daß dieses Werk als Anekdotensammlung voll von » Teufelsgeschichten, Dämonen- und Wunderhistorien« ist. »Auf die Praxis hatte L.s Schrift keinen meßbaren Einfluß, und auch schon der Autor selbst hatte vorausgeahnt, daß er mit seiner Sachargumentation nicht würde durchdringen können. Was blieb ihm anderes, als an die Milde und das Gerechtigkeitsgefühl der Richter zu appellieren?« (op. cit., S. 221).

LÉVI, Eliphas, Pseudonym des fr. Schriftstellers Alphonse Louis Constant (früher Abbé, 1810—75), befaßte sich in phantastisch-unorthodoxer Weise mit Kabbalistik und Magie und verfaßte eine Reihe von Büchern wie »Histoire de la Magie«, »Dogme et Rituel de la Haute Magie« und »La Clef des Grands Mystères«, wobei ihm Hinweise auf seine eigene Rolle als Magier vorübergehend Haft im Gefängnis eintrugen. Er war bestrebt, antiken → Okkultismus, die Wissenschaft des 19. Jhs. und die Religion auf seine Weise zu verschmelzen. Seligmann (1958) nennt die Bücher von L. »buntscheckig«, bezeichnet den Autor aber dennoch als »den großen Okkultisten des letzten Jahrhunderts«. L. schrieb u. a. (ähnlich wie → Papus und de → Guaïta) über die kabbalist. Deutung des → Tarockspiels. Er war 1861 Mitglied der fr. Freimaurer-Loge »La Rose du Parfait Silence«, trat aber infolge der abfälligen Kritik eines seiner Vorträge bald wieder aus. — Mehrere Ndr.e und Neuausg.: The key of the mysteries, London 1959; Transcendental Magic, London 1964; Der Schlüssel zu den großen Mysterien etc., 1966. Vgl. H. R. Laarss, E. L., 1922. Gute bio-bibliograph. Darstellung von Agnes u. Reinhold Klein in »Eliphas Levi: Einweihungsbriefe in die Hohe Magie und Zahlenmystik. Briefe an Baron Spedalieri (1816—1863)«, Schwarzenburg 1980. Es handelt sich um die dt. Ausg. von »Cours de Philosophie Occulte«, Paris 1932, 1977. — Dt. Ausg. von »Le Clef«: »Der Schlüssel zu den großen Mysterien nach Henoch, Abraham, Hermes Trismegistos und Salomon«, übers. u. komm. von Fritz Werle, Interlaken 1981. — »L. behauptete 3 grundlegende 'Gesetze' der Magie: 1. Das Gesetz der Willenskraft... 2. Das Gesetz vom astralen Licht... dem Weltäther vergleichbar ist es eine feinstoffliche Substanz, die das Universum erfüllt und motorische Wirkungen weiterleitet... 3. das Gesetz der Korrespondenz... Der Mensch ist ein 'magischer Spiegel des Universums'; jedes Objekt, jeder Faktor, hat seine Repräsentanz (Entsprechung) im Menschen« (W. F. Bonin im »Lex. d. Parapsychologie«, Zürich 1978, 302).

LIBAVIUS, Andreas, ca. 1550—1616, dt. Arzt und Alchemist, war von 1588—91 Professor für Geschichte und Poetik in Jena, danach Gymnasialdirektor und Stadtphysikus in Rothenburg o. d. T., von 1605 bis zu seinem Tode Gymnasialdirektor in Coburg. In seinen Schriften wendet er sich gegen die falsche Gelehrsamkeit mancher Paracelisten, ist aber von der Möglichkeit der → Transmutation

LIBAVIUS: alchemist. Destilliergeräte, aus L.'Buch »Syntagma arcanorum chymicorum«, Frankf. 1613

überzeugt. Als Chemiker beschreibt L. 1605 die Darstellung des Zinnchlorids, das nach ihm »Spiritus fumens Libavii« genannt wurde. Unter seinen zahlr. Schriften sind die bekanntesten: »Syntagma Arcanorum chymicorum, ex opitimis autoribus scriptis«, Frankf. 1611—13; »D. O. M. A. Wolmeinendes Bedencken, Von der Fama und Confession«, Frankf. 1616; »Alchymia, recognita, emendata et aucta«, Frankf. 1606; ferner »Commentationum Metallicarum Libri IV«, »Ars probandi mineralia lib. II« u. a. Mehrere seiner Schriften erschienen unter dem Pseud. Basilius de Varna. Über seine medizin. Arbeiten vgl. Graesse 1843, S. 40—41.

LICHTENBERGER, Johannes, ca. 1445—1503, dt. Astrologe, berühmter Prognostiker, der »Ptolemäus seiner Zeit«, dessen »Prognosticatio in Latino« (o. O., o. J. = Heidelbg. 1488) zu den meistzitierten astrolog. Wahrsagebüchern des ausgehenden Mittelalters zählt. L. »versucht nicht, die Sternmächte zu entmythologisieren wie Marsilio [→] Ficino und Pomponazzi [Pomponnatius, → Gratarolus], sondern erlebt sie als personenhafte dämonische Kräfte, wenngleich er bemüht ist, ihrem Einfluß durch... den wiederholten Hinweis auf die Allmacht Gottes den fatalist. Schrecken zu nehmen«; er will »heilsgeschichtl. Denken und Wissenschaft von den Sternen« verbinden (D. Kurze). L. wirkte als Nachfolger

Und Weissagungen
jetzt gegenwertig vnd künfftige sachen/Geschicht vnd Zufäll/biß zum Ende der Welt anfündend.

Als nemblich:
M. Johann Liechtenbergers /
Johann Carionis /
M. Josephi Grumpeck /
Der Sibyllen / vnd vil anderer.

Den Frommen zur Ermahnung vnd Trost: fürnämblich aber den bösen zum Schrecken vnd Warnung/ ohne alle Partheyligkeit/ zusamen getragen/ vnd auß den alten Exemplaren getrewlich nachgetrucket.

Im Jahr 1620.

LICHTENBERGER: Titelseite der Ausg. 1620 seiner Prognosticationen, zus. mit jenen von J. Carion, → Gruenpeck und den Sibyllenschriften (Ndr. Darmstadt 1968)

des holländ. Astrologen Paulus van Middelborg (1453—1533), dessen Schriften er z. T. ausführlich benutzte, u. zw. im Sinne der chiliast. Prognostiken des → Joachim von Fiore. Der Chronist Daniel Specklin wies darauf hin, daß sich die von L. für 1517 vorhergesagten Erneuerungen auf dem Gebiet des Gottesdienstes (Luther), der Medizin (→ Paracelsus) und der Kunst (Dürer) bewahrheitet hätten. »Selbst Luther... lehnt die Astrologie nicht pauschal ab, wie seine Vorrede 'auff die weissagunge des Johannis Lichtenbergers' zeigt: Die Weissagunge Johannis Lichtenbergers deudsch: zugericht mit vleys. Sampt einer nutzlichen vorrede und unterricht D. Martini Luthers, wie man selbige und der gleiche weissagunge vernemen sol. Wittemberg 1527«, bei Angelika Geiger, Wallensteins Astrologie, Graz 1983, S. 14. Paracelsus setzte sich 1529—30 ausführl. mit L.s Prognostiken auseinander. — Monograph. Studie mit reicher Bibliographie: D. Kurze, Johannes L., eine Studie zur Geschichte der Prophetie und Astrologie (Hist. Studien, Heft 379, Lübeck-Hambg., 1960). Die Ausg. Wittenbg. 1527 von L.s »weissagunge« versah Luther mit einer Vorrede (Neufforge o. J., S. 455). Peuckert 1966 weist L. als Kenner der von → Trithemius (»Antipalus«) erwähnten → Zauberbücher des → Hermes Trismegistus aus und beschreibt ihn (S. 103 ff.) als einen »Mann der neuplatonischen, hermetischen und adeptischen Philosophie«. Vgl. Ebert Ndr. 1965, Bd. 1, Sp. 987—88.

THORNDIKE IV/1934

LIEBESZAUBER, in der Volkskunde seit der Antike reich belegte Art von mag. Praktiken, durch die in dem ausersehenen Objekt eine maßlose Liebesraserei hervorgerufen werden soll (im → malleus maleficarum »philocaptio« genannt). Verschiedene Arten des L.s werden in antiken Quellen beschrieben: etwa eine nicht als Schadenzauber gedachte Abart des → Nestelknüpfens, mannigfache → Beschwörungen und L. mittels eines Kreisels, der Inyx oder Wendehals (nach einem Vogel, der beim Balztanz den Kopf verdreht) heißt: Während sich dieser Kreisel dreht, werden → Zaubersprüche gemurmelt (Luck 1962).

Im MA. bestand der L. vorwiegend aus → Sympathie-Operationen, wobei das Bindeglied zwischen dem Objekt und dem Zaubernden Haare, Fingernägel, Teile des Gewandes usw. waren, die von Hexen zu unwiderstehlichen → Philtren verarbeitet wurden (J. Michelet, »La Sorcière«, 1862). Ähnliche Operationen werden in manchen volkstüml. → Zauberbüchern der neueren Zeit beschrieben. → Bildzauber mit Hilfe von Wachspuppen, schon in der 2. Idylle des Theokrit erwähnt (»so schnell, wie mit Hilfe der Gottheit dieses Wachs schmilzt, so schnell möge er aus Liebe schmelzen«), ist oft belegt. Diese »Atzmänner« ließ man, um in der betr. Person Liebesglut hervorzurufen, in der Sonne liegen oder am Feuer »bähen«. Auf diese Weise soll Guichard, Bischof von Troyes, versucht haben, die Königin Johanna von Navarra zu bezaubern; er wurde 1308 beschuldigt, sie mag. getötet zu haben, als er ihr Wachsbild — über den Mißerfolg der Operation ergrimmt — ins Feuer warf, wurde aber freigesprochen. Wächserne Herzen konnten die Stelle ganzer Figuren einnehmen. Robert Burton (1576—1640) zählt in seiner berühmten, von 1621—1849 18mal aufgelegten »Anatomy of Melancholy« die im 17. Jh. hauptsächl. verwendeten Ingredienzien des L.s auf: Kleider Verstorbener, → Alraunwurzeln, → Edelsteine, Kerzen, Haare des Wolfsschwanzes, Herzen von Schwalben und Tauben, Schlangenzungen, Eselshirn, den Penis des Pferdes, den Strick eines Gehenkten und »Adlersteine«. Häufiger als rein zauberische Mittel des L.s wurden → Philtren verfertigt, die pharmazeut. und mag. Wirkungen vereinen sollten. → Beschwörungen im Dienste des L.s werden seltener erwähnt, etwa in der Selbstbiographie des Renaissance-Plastikers Benvenuto Cellini. —

Der Glaube an den L. bewirkt auch den Bedarf für Gegenmittel (»Anaphrodisiaca«); eines davon beschreibt → Trithemius nach Petrus Hispanus (ab 1276 Papst Johannes XXI.): wenn frühmorgens ohne Wissen des Bezauberten Kot der geliebten Person in den rechten Schuh des Opfers gelegt wird und dieses hineintritt, so ist es von seiner Liebesraserei sogleich geheilt. In Zedlers Lexikon Bd. 2/1732 heißt es hingegen: »Unter allen dergleichen Mitteln wird das beste seyn, Mäßigkeit im Essen und Trinken: Denn 'sine Cerere et Baccho friget Venus'«. — Ältere (nicht immer im heutigen Sinn kritische) Darstellung der Thematik: »Okkultismus und Liebe. Studien zur Geschichte der sexuellen Verirrungen, von Dr. Emil Laurent und Paul Nagour, dt. Ausg. von Dr. med. G. H. Berndt«, Berlin 1903, Ndr. Schwarzenburg 1979.

GIFFORD 1964

LILITH, bei Jesaias 34, 14 und später in den → Zauberbüchern nicht selten genannter weibl. → Dämon, geht auf altoriental. Vorstellungen von einem Sturm- oder Nachtdämon zurück (akkad. lilu, f. lilitu — böser Geist; nach Lenormant, La Magie chez les Chaldéens, p. 36, bedeutet lil und lilit den → Incubus und Succubus, von babyl. Lilâtu-Abend). In der rabbin. Legende spielt L. als gefährliche Unholdin eine große Rolle und tritt in Goethes Faust als »Adams erste Frau« auf (Walpurgisnacht). Im talmudischen Schrifttum erscheint L. als Nachtgeist (»Man darf nicht in einem Haus allein schlafen, und wer in einem vereinzelt stehenden Hause schläft, wird von L. überfallen«; Talmud Bawli, Sabbar 152 b.) In den kabbalist. Legenden tritt L. als eine Art → Succubus (Verführerin der Männer) und Erwürgerin der Neugeborenen auf. Lit. bei Ch. Bloch o. J., S. 292. In den von Israel Zwi Kanner hrsg. »Jüd. Märchen« (Frankfurt/M. 1976, S. 25 f.) wird berichtet, L. sei anfangs wie → Adam aus Erde geschaffen worden und wollte ihm gleichberechtigt und nicht untertänig sein. »Nach einer heftigen Auseinandersetzung wurde sie ihm abtrünnig und lief davon. Da sandte Gott drei

Engel, Snoij, Sasnoij, und Smanglof, ihr nachzujagen und sie zu ihrem Manne zurückzubringen. Sie erjagten sie. Da sie aber nicht zurückkehren wollte, wollten sie sie im Meere ertränken. Hierauf enthüllte ihnen Lilith, daß sie erschaffen wurde, um Neugeborene zu töten. Aber wenn sie sie laufen lassen würden, werde sie sich verpflichten, keine Säuglinge zu töten, in deren Wohnung sie ihre [der Engel] Namen Snoij, Sasnoij und Smanglof finden werde. Diesen Schwur erfüllt sie bis zum heutigen Tage. Im Zimmer, wo die Wöchnerin liegt, zeichnet man einen Kreis, und in seiner Mitte stehen die Worte: Adam und Eva, außer Lilith... und an der Tür des Zimmers stehen die Namen der drei Engel geschrieben... Diese vertreiben die langhaarige Lilith, wenn sie in der Nacht erscheint, um die Wöchnerinnen zu erschrecken, die Säuglinge zu quälen oder zu töten. (Aleph, Beth, D'Ben Sira).« Eva wird in den jüd. Märchen »das zweite Weib Adams« genannt (Bereschith Raba 18, 2). — Die Gestalt der L. scheint einerseits auf eine einst nicht dezidiert patriarchalische Gesellschaftsform mit weiblicher Gleichberechtigung hinzuweisen, die später »dämonisiert« gesehen wurde, andererseits Phänomene wie sexuelle Traumerlebnisse und die Säuglingssterblichkeit zu personifizieren. — L.s Rolle als Nachtgespenst wird von Bertholet 1985, S. 355, durch die Assoziation mit hebr. Lajela (Nacht) erklärt. »Auch in den Büchern der Mandäer wird L. öfter genannt.«

Vgl. auch »Die L.-Geister« in der Insel-TB-Ausg. von → Praetorius, Blocksberg etc., Frankf./M. 1979. 136

LILLY (auch Lily), William, 1602—81, engl. Astrologe, der durch die Veröffentlichung eines Horoskops für Charles I. bei dessen Krönung zum König von Schottland (1633) bekannt wurde. In der Folge wurden die Prognosen L.s sehr bekannt; er verstand es, planetarische Konstellationen und politische Strömungen des Tages sehr geschickt zueinander in Beziehung zu setzen, und zwar so, daß die Vorhersagen für das Parlament günstig klangen. Nach der Restauration verlor L., der karikiert unter dem Namen Sidrophel in Samuel Butlers »Hudibras« (London 1663—78) aufscheint, sehr an Einfluß. Er hatte sich jedoch bereits ein Landgut bei Hersham erworben, wo er auch starb. Als sein Leitsatz wird zitiert: »Ich glaube, daß Gott alles durch die göttl. Vorsehung regiert und daß die Gestirne Instrumente seiner Wahl sind«. Unter seinen zahlr. Büchern (Almanachen usw.) sind zu nennen: »Merlinus anglicus junior« (London 1644); »Messengers of the Stars« (London 1645) und eine Sammlung von Prophezeiungen (1646). Seine »Introduction to Astrology« erschien in London 1832, hrsg. und vermehrt durch Zadkiel (Pseud. f. Richard James Morrison), zusammen mit Nativitätstafeln und der »Grammar of Astrology«. In Allibone's Dictionary of Engl. Lit. vol. I, S. 1100 (Ndr. Detroit 1965) wird L. als »time-serving rascal« bezeichnet. Vgl. auch Michaud, Biogr. univ., 24/S. 539 (Ndr. Graz 1968). — Kie-

270

sewetter (1895/1977, S. 351) nennt folgende Titel von L.s Werken: The white Kings prophecy; Englands prophetical Merlin; Christian Astrology; Worlds catastrope; Prophecies of Ambrose (→) Merlin; Treatise of the three Suns, seen the preceding Winter 1648; Monarchy or no monarchy: Annus tenebrosus.

LOSBÜCHER, Handschriften bes. aus der Renaissance, die astrolog. stilisierte Orakel mit Hilfe von Zahlenrädern und auf sie bezüglichen Wahrsprüchen enthalten, oft mit schönen Miniaturbildern und volkskundlich interessanten Versen ausgestattet. Die Ziffern, nach denen die drehbaren Räder einzustellen bzw. die betr. Textstellen aufzusuchen sind, werden u. a. durch Würfeln ermittelt. Es ist anzunehmen, daß die L. mehr im Sinne einer nicht ganz ernstgemeinten, eher spielerischen Divination als in dem echt magischer Orakelbefragung gebraucht wurden. I. V. Zingerle 1858 (Anhang) beschreibt ein trientin. Losbuch im Besitz der Gräfin Klotz, dessen Vorspruch die Warnung enthält: »Ain jeder Crist der waist gar wol, daz er dem looß nicht trawen sol, noch seczen ainich fantasey, freud, hoffnung, noch melancoley, auf gstirn, noch tram, noch handes sag, auf tier, gflügl, noch kinndlestag, und dergleichen gaugglereiy, dann teufels list ist stäts darbey...« Unter den 21 »fragstucken« ist zu erforschen, »ob ainer glück werd haben«, »wie sich ains bul halte«, »ob aine ain gute eefraw sey«, usw. Ein schönes Beispiel für L. ist der Cod. Vindob. S. N. 2652 (um 1380), urspüngl. in Schloß Ambras (Tirol), das in einem seiner Holzdeckel ein großes Orakel-Zahnrad besaß. Jede der 36 Textseiten weist 2 Spalten zu je 36 Zeilen (36 deutsche Reimpaare pro Seite) auf, die z. T. scherzhafter Natur sind (»Lege saltz vf daz verloren ist/so vindistu iz in kortzer frist«). Vgl. F. Sotzmann, die Losbücher des Mittelalters, Serapeum 1851, S. 341 ff. Die Vorgangsweise erinnert an jene der → Geomantie (W. Abraham, Gereimtes Losbuch, Zs. f. dt. Philologie 90/1971, Heft 1; G. Eis, Wahrsagetexte des Spätmittelalters, in Texte d. späten MA., 1956/Heft 1). L. sind eigens angefertigte Hilfsmittel der Bibliomantie (→ sortes Vergilianae). Faksimile-Ed. des Cod. Vindob. S. N. 2652: Cod. Selecti Bd. 38, Graz 1972/73. Vgl. dazu auch das Kapitel »Wallensteins Würfelspiel« bei Angelika Geiger, Wallensteins Astrologie. Eine krit. Überprüfung etc., Graz 1983, S. 135 ff.

BÄCHTOLD-STÄUBLI V, 1377 f.

LOUDUN, Stadt im fr. Dépt. Vienne, dessen 1626 gegründetes Ursulinerinnen-Kloster von 1634—35 Schauplatz einer Reihe von aufsehenerregenden Fällen dämonischer → Besessenheit und eines sich daran schließenden Zauber- und → Hexenprozesses war; Hauptperson war der freigeistige und leichtlebige Priester Urbain Grandier, der von den Nonnen als Hexer bezeichnet und für ihre konvulsivischen Anfälle verantwortlich gemacht wurde. Grandier wurde schließlich

LOUDON: Flugblatt, darstellend die Hinrichtung des Urbain Grandier am 18. 8. 1634, Poitiers 1654

»du crime de Magie, Malefices et Possession arrivée par son fait« für schuldig befunden und von dem königl. Kommissär Laubardemont zum Tode auf dem Scheiterhaufen verurteilt (»Relation de ce que s'est passé aux exorcismes de Loudun, en présence de M. Gaston de France«, Poitiers 1637). Einzinger von Einzing 1755 (→ Thomasius) führt den Prozeß von L. als einen Fall von »boshafter Weise verstellter Teufelsbesessenheit« an, im Gegensatz etwa zu dem älteren Fall des Benefizianten Louis Gaufridi von Marseille, der »eine wahrhaft besessene Person« gewesen und zu Recht hingerichtet worden sei. — »Die besessenen Nonnen blieben auch nach Grandiers Tod für viele eine Attraktion. Ein Arzt und zwei Exorzisten verloren ihre geistige Gesundheit; ein dritter Exorzist, der Jesuitenpater Jean-Joseph Surin, Autor asketischer Schriften, vermochte sich autotherapeutisch aus seiner induzierten Umnachtung zu befreien. Die besessenen Nonnen wälzten sich in ihren Anfällen am Boden, ihre Gesichter transfigurierten, Dämonen und Teufel sprachen angeblich aus ihnen. Potentiell parapsychische Phänomene... wurden von manchen Beobachtern behauptet, scheinen aber aufgrund der Quellen nicht sehr wahrscheinlich...« (W. F. Bonin im »Lex. d. Para psychologie«, Zürich 1978, 308 f.). —

Der Prozeß von L. wurde literar. gestaltet durch Aldous Huxley (The Devils of L., 1952 und dramatisiert durch den Film »Mutter Johanna von den Engeln« von J. Kawalarowicz; vgl. R. Schudel-Benz, Die Besessenen von L., 1927; Soeur Jeanne (des Anges), Memoiren einer Besessenen, Vorwort von J. D. Picard, Stuttgt.—Bd. Cannstatt. o. J. (1961).

GÖRRES, Ndr. 1969; SELIGMANN 1958

LULLUS, Raimundus (Ramón Lull, auch Llull), ca. 1235—1315, »doctor illuminatus«, katalan. Mystiker und Alchemist, eine der interessantesten Persönlichkeiten im MA. Der in Palma de Mallorca geborene L. führte bis zu seiner »Bekehrung« 1266 ein weltliches Leben, entschloß sich jedoch dann, dieses der Bekehrung der Heiden zu widmen; er studierte die arab. Sprache und predigte 1291 in

Idealporträt des Raimundus LULLUS, von der Titelseite
des Buches »Symbola aureae mensae duodecim nationum« von
Michael → Maier, Frankf. 1617

Tunis, bis er verhaftet und ausgewiesen wurde. Seine Werke (Ars maior, ars generalis, ars veritatis inventiva) verschafften ihm Ansehen, aber auch Widerspruch; geistesgeschichtl. von großer Bedeutung ist die »ars generalis«, auch »ars magna et ultima«, der Versuch zur Systematisierung der obersten, allgemeinsten und aus sich selbst evidenten Prinzipien und Regeln, aus welchem durch Kombinatorik die wissenschaftl. Lehrsätze abgeleitet werden sollen. »Um die mögliche Kombination der Grundbegriffe zu erleichtern…, griff L. zu symbolischen und mechanischen Hilfsmitteln, zur Bezeichnung der Grundbegriffe durch Buchstaben, zu ihrer Gruppierung in Tafeln, Feldern und Kolumnen und in Figuren, speziell in Dreiecken und drehbaren Kreisen« (Geyer). Diese Kunstgriffe wurden durch → Agrippa von Nettesheim, Giordano Bruno, Athanasius Kircher und Gassendi sehr beachtet und eifrig studiert; später befaßte sich Leibniz eingehend mit ihnen. In D. H. Kemmerichs »Akademie der Wissenschafften« (Leipzig 1711) heißt es hingegen, man solle sich hüten »vor Lullistische künste, weil man dadurch viel concepte im kopff krieget, aber den kopff nur dadurch verwirret« (S. 41).

L. selbst stellte seine missionarische Sendung in den Vordergrund und setzte 1314 neuerlich nach Nordafrika (Bougie) über, wurde jedoch durch Steinwürfe schwer verletzt und starb 1315 als Märtyrer seines Glaubens. Er hinterließ an die 300 Schriften und Traktate, deren Echtheit heute z. T. bestritten wird. Dies gilt vor allem für die alchemist. Schriften (Experimenta, Testamentum novissimum, De Mercurii u. a.), die allg. als → spurios bezeichnet werden. L. Thorndike ist der Ansicht, daß der Ruf des Lullus als Alchemist weitgehend auf dem mangelnden Verständnis der »Ars magna« beruht. »Zweifelhaft ist«, schreibt Kiesewetter (1895—1977, S. 41), »ob Raymund Lullius oder Lullus Adept oder überhaupt Alchymist war… Wie es nun in dem unter L.' Namen vorhandenen »Codicillus seu Cantilena ad Regem Anglorum Cap. 50 heißt, hatte derselbe längst Kenntnis vom großen Elixier, aber es fehlte ihm an der kunstgerechten Ausführung… Thatsache ist, daß das unter L.' Namen vorhandene Buch De Mercuriis vom Jahre 1333 aus Italien datiert ist…« Über Rosenobel-Goldmünzen (»Lullische Rosenobel« von doppeltem Dukatengewicht) äußerte sich Gregor von Toulouse (Kiesewetter op. cit. S. 44 f.): »Raimund Lullius hat dem König Edward von England sechs Millionen in Gold übergeben, welches er selbst gemacht hatte, damit er Krieg gegen die Ungläubigen [Muslime] führe.« Kiesewetter bemerkt kritisch dazu, daß sich L. in seinen echten Schriften skeptisch über die → Alchemie geäußert und in der »Ars magna« geschrieben habe: »Die Natur der Elemente hat ihre gewissen Gesetze, nach welchen keine Gattung sich in eine andere verwandeln läßt. In diesem Punkte sind die Alchimisten übel daran und haben wohl Ursache zu klagen.« In »De mirabilibus« heißt es sogar, daß daß »alchymistische Gold nur scheinbares Gold sei…« Die tingierende (Goldfärbung und damit Goldnatur erzeugende) Kraft des Steins der Weisen soll nach dem »Testamentum« unter des

L.' Namen so groß sein, daß sich das ganze Meer in Gold verwandeln ließe, wenn es aus Quecksilber bestünde.« Auch soll diese Tinktur alle Krankheiten je nach ihrer Langwierigkeit in der Zeit von einem Tag bis zu einem Monat heilen, und wenn man von ihr ein Hirsekorn schwer in Wasser löst und mit so viel dieses Wassers, als eine Haselnußschale fassen kann, einen Weinstock begießt, soll dieser bereits im Mai reife Trauben tragen.«
Bibliographie bei Geyer, Überwegs Grundriß d. Phil., Bd. II, S. 447—48 und 758—59; vgl. auch Holmyard 1969, S. 126 ff. Ndr. der Opera omnia, Mainz 1721—42, Frankfurt 1965—66.

LUNA oder Diana bezeichnet in der → Alchemie das Silber (→ Metallbezeichnungen), das man wegen seines weißen Glanzes als in → Sympathie-Zusammenhang mit dem Mond stehend ansah. Der Mond spielt als Nachtgestirn eine große Rolle im Zauberglauben fast aller Zeiten und Völker. In der Spätantike ist das Mondbeschwören der thessal. Hexen oft erwähnt (»lunae commendare« bei Vergil, Ecl. VIII, 69, und Ovid, Metam. VII, 199). Die Einflüsse des Mondes auf das ird. Leben wurden oft erörtert; »Daß der mond grosse wasser, meer und flüß in sich habe, kan man daher abnemmen, weil er ein feuchter planet ist, daß er alle feuchtigkeit auf Erden verursachet. Dann wann sein Schein voll ist, so seynd auch die krebs, muscheln, binsen und andere dergleichen Ding voll« schreibt P. Martin Cochem (→ Mars). »Bey manchen Kranckheiten spüre man nach dem Neu = oder Voll = Mond eine merckliche Veränderung. Der Schein des Mondes verursache eine Erkältung, und vermehre die Feuchtigkeit, daß nemlich mit dem zunehmenden Monde die Kälte und Feuchtigkeit zunehme, mit dem abnehmenden aber beyde abnehmen. Hieraus will man allerhand Veränderungen erklären, die in der Erfahrung begründet wären, z. E.... daß Blumen, die man in vollem Mond versetze, voll würden, daß das Holtz im zunehmenden Mond mehr Feuchtigkeit hätte... daß, wie das Sonnen = Licht trocken und warm mache, also mache das Monden = Licht feuchte, und vermehre die Kälte... Doch wird solcher Einfluß von anderen geleugnet« (Zedlers Lexikon Bd. 21/1739). In der astrolog. Tradition wird der L. der Montag (dies lunae, fr. lundi) zugeordnet, die Farbe Silber, Violett oder Grün, unter den → Edelsteinen der Aquamarin und Opal, unter den Zeichen des → Zodiakus der Krebs (cancer). Ihren Einfluß betrachtet man als »erhöht« im Zeichen taurus (Stier) und als »erniedrigt« im Zeichen scorpio. — Vgl. auch → arbor dianae; der Mond wurde, zus. mit Venus, Saturn und Neptun, als »weiblicher Planet« bezeichnet. Besondere Beachtung fand er in der → Volksmedizin, z. B. im Zusammenhang mit dem Aderlaß (→ Aderlaß-Männchen). Der Abergläubische meint, »alles steige aufwärts, wenn der Mond im Aufnehmen ist, darum schluckt er in dieser Zeit keine Purgatz [Abführmittel], aus Furcht, sie werde ein Brechmittel. Er glaubt, alles werde voll, wenn der Mond

Mond im Zeichen	Widder ♈	Stier ♉	Zwillinge ♊	Krebs ♋	Löwe ♌	Jungfrau ♍	Waage ♎	Skorpion ♏	Schütze ♐	Steinbock ♑	Wassermann ♒	Fische ♓
Für Gesellschaften	–	+	+	–	+	+	–	–	+	–	O	+
Für Freundschaft	–	–	O	+	+	–	–	+	+	–	O	+
Für Heirat	–	+	+	–	+	+	O	O	O	–	O	O
Für Brettspiele	+	O	+	+	–	O	+	O	–	–	–	–
Für Nägelschneiden	+	+	–	+	+	–	+	O	O	O	–	–
Für Bartscheren	–	–	+	+	+	–	O	–	+	O	–	+
Für Aderlassen	+	–	–	O	+	–	+	–	+	–	O	+

LUNA: Die Bedeutung, die dem Stand des Mondes in den Zeichen des → Zodiacus beigemessen wurde, erhellt aus dem »Canon was in iedem Zeychen zu thun oder zu lassen sei«, enthalten in dem »Calender mit Underrichtung Astronomischer wirkungen«, 1547 (vereinfacht n. Strauß 1926); + steht für gut, — für schlecht, 0 für neutral

voll ist, darum trinkt er in dieser Zeit bei der äußersten Mattigkeit keinen Wein. Er glaubt, alles eile niederwärts, wenn der Mond abnimmt, darum hofft er jedes Mittel und jede Speise werde ihn in dieser Zeit purgieren. Er mag so krank sein, als er immer will, so nimmt er kein Mittel, von was für Art es immer sei, wenn der Mond im Stier ist, aus Furcht, dieses wiederkauende Tier jage sein Mittel aus dem Magen in den Mund« (Johann Georg Zimmermann, »Von der Erfahrung der Arzneikunst«, Zürich 1787, n. Strauß 1926). J. W. Pfaff (Astrologie, 1816), nennt den Mond »nächtlich, weiblich, feucht, kalt; beherrscht den Geschmak, die Kehle, Magen, Bauch, weibliches Glied; alls was links ist: Er bezieht sich als das Zeitgestirn auf die gelegene Zeit der Unternehmungen. Sonst auf Matronen, Schwängere, Mütter, endlich auf die Studien, Gesezkunde, schwache Sinne, unglükliches Gedächtniß. Seine Wirkungen sind vorübergehend.« — U. Becker (Hrsg.) Lex. d. Astrol., Freibg. 1981, S. 178, erwähnt das Lunar-Horoskop, »ein dem Solar-Horoskop ähnliches System der Vorausberechnung der Einflüsse, der ein Mensch in einem Zeitraum von 28 Tagen unterworfen ist; die Berechnung erfolgt auf den Zeitpunkt des Überganges des Mondes über seinen eigenen Platz im Geburtshoroskop.«

MADATHANUS, Henricus (Pseud. für Mynsicht, Hadrian Graf von), berühmter Arzt (Entdecker des Brechweinsteins), Poeta laureatus, Comes palatinus und Alchemist des 17. Jhs. (gest. 1683), Leibarzt des Herzogs von Mecklenburg und anderer Fürsten, war bekannt als Vertreter der → Chemiatrie-Schule. Die Darstellung vieler neuer Medikamente wird beschrieben in »Armamentarium Medico - Chymicum«, Hambg. 1631; Lübeck 1638, 1662; Rouen 1651; Lyon 1670; Frankf. 1675; in der letztgenannten Ausg. ist auch das »Testamemtum de Lapide Philosophorum« enthalten. Der Traktat »Aureum Seculum Redivivum« ist im → Musaeum Hermeticum enthalten. Die »Medicinische Rüst = und Schatz = Kammer« des M. erschien in Stuttgt. 1702. — Ein »Elixir vitrioli Mynsichti« aus Kalmus, Galgant, Ingwer, Krauseminze, Salbei, Gewürznelken, Zimt, Zibeben, Muskatnuß, Aloeholz usw. wird in Ersch-Grubers Enzyklopädie Bd. 33, S. 378 (Ndr. Graz 1971) beschrieben.

MAGIA NATURALIS, natürliche Magie, ein besonders im 15., 16. und 17. Jh. beliebter Ausdruck, der die Beschäftigung mit den erst bruchstückweise erfaßten Naturkräften (Magnetismus, Elektrizität usw.) bezeichnet, mit deren Hilfe sich erstaunliche Experimente durchführen ließen. Hier vollzieht sich der Schritt von der eigentl. Geisteswelt der Magie in jene der Wissenschaft. Auf diesem Gebiet wirkten vor allem → Cardanus, → Porta, → Schott, → Mizaldus u. a., wobei die behandelten Themen von Spielereien über echte Naturbeobachtungen bis zu Fälschungsanweisungen (z. B. für die Herstellung von »künstlichen Edelsteinen«, »künstlichen Wein« usw.) reichen. Vgl. auch das Kapitel »Von allerhand magischen, sympathetischen und dergl. Kunst = Stücken« bei → Flemming.
→ Görres beurteilt auch die m. n. streng, wenn er im 3. Bd. seiner »Christl. Mystik« schreibt: wenn man beim Versuch der Naturbeherrschung »abergläubischer Mittel sich bedient, so entsteht die falsche Naturmagie, die — als in Wahn, Täuschung und Irrthum begründet — zum ersten Bande sich gestaltet, um Geist an Geist zu verkehrtem Ziel zu ketten« (S. 588). Meist wurde die m. n. im 18. und 19. Jh. jedoch nicht so ernst genommen, wie z. B. Johann Samuel Halles Bände »Magie oder, die Zauberkräfte der Natur, so auf den Nutzen und die Belustigung angewandt worden« (mit Fortsetzungen: Berlin/Wien 1783—1802) zeigen, wo man zahlr. »praktische Kniffe«, physikal. Experimente, Berichte über psycholog. Beobachtungen, Rezepte für Ersatzkaffee u. dgl. aneinandergereiht findet und von Magie im alten Sinne nur mehr im Titel die Rede ist. Dieses Werk enthält jedoch »eine Menge höchst interessanter Aufklärungen über die Mittel, mit denen die alten Magier andere und z. T. sich selbst getäuscht haben« (Lehmann 1908). Andere Werke dieser Art sind z. B. Simon Wittegeest, Het natuurlyk Tovervoek of Speel-Toneel der Konsten, Amsterd. 1682 u. 1791; Natürliches Zauber = Buch oder: Neu = eröffneter Spiel = Platz rarer Künste etc., Nürnbg.

1740; Joh. Nik. Martins, Unterricht in der natürlichen Magie etc., bearb. v. (dem Alchimisten) Joh. Christ. Wiegleb, Berlin-Stettin 1779; Der entblößte Appolonius (d. h. von Tyana), dargestellt aus neuern Magiern etc., Breslau-Leipzig 1794. GRAESSE 1843, S. 112—17, 152

MAGIE ist die Umsetzung eines auf → Entsprechungen und → Sympathien gegründeten Weltbildes in die Praxis. Von einer »prälogischen« Einstellung des Magiers zu sprechen, weil ein rational erfaßbarer Kausalzusammenhang zwischen der mag. Operation und dem zu beeinflussenden Objekt meist nicht gegeben ist, wäre unberechtigt, da in gleichen Epochen und von den gleichen Personen auch völlig logische, rationale Handlungen gesetzt werden. Hingegen ist der Begriff eines »paralogischen«, d. h. neben der »normalen« Logik existierenden Weltbildes des Magiers nicht ganz von der Hand zu weisen.

Prof. W. Brückner (Frankfurt/M.) bezeichnet M. »zunächst als Inbegriff menschlicher Handlungen, die auf gleichnishafte Weise ein gewünschtes Ziel zu erreichen suchen; dann die dahinterstehende mag. Denkform; im besonderen Sinne ein rationalisiertes und konventionalisiertes System von zwingenden Handlungen, bei denen naturwissenschaftl. nicht faßbare, aber von den Handelnden angenommene ‚übernatürliche' Kräfte beansprucht werden« (Brockhaus-Enzyklopädie Bd. 11, S. 786, Wiesbaden 1970; Bibliographie S. 787—788). Auf ähnl. Weise wird M. auch als eine Art von Geistestätigkeit bezeichnet, die »teils in einer über das Normale hinausgehende Kraft oder Spannung der Seele, teils in traditionellen Bräuchen wurzelnd, auf andere Menschen oder auf eine als seelenartig verstandene Gegenstandswelt in einer unmittelbaren, nicht kausalmechanisch vermittelten Form zu wirken vermag« (V. Frankl, Wien). Das Wort M. kommt im engsten Sinne im Anschluß an Herodot 1, 101 von der Bezeichnung der persischen bzw. medischen Priester. Dieses altpers. »maguš«, gr. magos, ist nach Ansicht mancher Etymologen urverwandt mit (ver)mögen und wird von einem idg. Verbalstamm *māgh, *məgh (können, vermögen; davon unser Hauptw. Macht) abgeleitet.

Religion und M. verbindet zunächst die theoretische und praktische Anerkennung eines transzendenten Bereiches und die innige Beschäftigung mit ihm. Dennoch wird in der vergleichenden Religionswissenschaft zwischen M. und Religion meist sehr streng unterschieden. »Während sich der Mensch bei einem religiösen Verhalten höheren Mächten gegenüber abhängig fühlt und deshalb danach trachtet, sich zu diesen in ein richtiges Verhältnis zu setzen, steht der mag. Mensch [bei Danzel: homo divinans] der übernatürl. Welt freier und selbstherrlicher gegenüber... er greift zur ‚Macht'. Die Magie... ist in ihrem eigentl. Wesen die einfache und unverhüllte Objektivierung des Wunsches in der menschlichen Vorstellung. Sie gelingt dem Menschen dadurch, daß er sich die Macht, die sich in seiner Umwelt manifestiert, unterwürfig macht und zu eigenen Zwecken verwendet« (J. de Vries, Altgerman. Religionsgesch. II, S. 32). »Zugrunde liegt ihr [der M.] der Glaube an die Automatik von Kräften, die der Mensch zum eigenen Nutzen wie zum Schaden anderer auszuwerten sucht... M. steht im Gegensatz zur höheren Religion: beruht jene auf reiner Zwangsläufigkeit unpersönl. Kräfte, die der Mensch in Bewegung setzt, so ist in dieser ein höherer persönl. Wille, an den er sich wendet, im Spiel« (A. Bertholet, Wtb. d. Religionen, 1985, S. 367). Die Automatik des »Funktionierens« echt magischer Operationen, die in diesem Sinne keines Charismas bedürfen, wird u. a. von Harless (1858) in seinem Referat über den Jamblichos-Text »De mysteriis« betont: das Eigentümliche der mag. »Zeichen, Symbole und Worte ist, daß sie von sich selbst aus die ihnen zukommende Wirksamkeit ausüben, und daß die unaussprechliche Kraft der Götter, auf die sich all dies bezieht, von sich selbst diese ihre Abbilder erkennt und demnach thätig ist, ohne daß vorgängig durch unsere Gedanken die göttlichen Grundursachen zu ihrer Thätigkeit bestimmt würden« (S. 76). Daher spielt in der M. das genaue Einhalten der Ritualvorschriften eine so große Rolle.

Gegen die Trennung M.-Religion wendet sich K. A. Nowotny (Agrippa v. Nettesheim, Graz 1967, S. 387): Diese Unterscheidung sei eine »europäische Interpretation, und durch nichts gerechtfertigt. Der... Europäer vermutet im Opfer [also im religiösen Akt] zunächst einen Akt der Devotion. In Wirklichkeit entspringt es einer Fülle von Intentionen: Sicherung des Naturgeschehens. Reinigung, Sühne und Versöhnung. Bitte, Tribut und Vertrag. Zwang. Abwehr und Vernichtung. Festmahl zur Erlangung göttlicher Kräfte, von Unsterblichkeitstrank und -speise usw.« (also Motiven, die auch den Magier bewegen). Die Einstellung des Magiers zur Übernatur ist aber dennoch aktiver, »autonomer« als in der Religion üblich. Die innere Haltung, die in Worten wie »Dein Wille geschehe« und »nicht wie ich will, sondern wie Du willst« gipfelt und die freiwillige Bejahung eines göttlichen Heilsplanes impliziert, ist dem Magier, der die Überwelt in seinen Dienst zu stellen sucht, zunächst fremd, damit auch die Anerkennung göttlicher Gnadenakte als Voraussetzung für im engeren Sinne sakrale Manifestationen. In diesem Sinne schreibt auch K. Beth, »Beten kann der Mensch nicht zur Zauberkraft, und aus der mag. Formel kann nie ein religiöses Gebet werden. Es führt kein gerader Weg ‚from spell to prayer'. Das Empfinden des Betenden ist ein völlig anderes als das des Zaubernden.« (Religion und Magie bei den Naturvölkern, Leipzig-Berlin 1914).

Görres (Christ. Mystik III, S. 587/88) verurteilt daher die M.: »Der steigende Hochmuth getraut sich, auch die über ihm in Verborgenheit waltenden Mächte an die Schranken seines Zauberkreises zu entbieten, und aus seiner Mitte hervor sich ihrer zu seinen Zwecken zu gebrauchen. Auch dazu wendet er die eitlen Künste an, die er sich eingelernt, und in ihrer Übung bildet sich im Geisterbanne die

[→] Theurgie, die weiße Kunst, die nun, wie der Hochmuth überall zum Fall aus-schlägt, zur schwarzen hinüberführt, weil sie diese innerlich schon selber ist...und dann zur dämonischen M. sich vollendet.«

W. F. Bonin führt M. etymologisch auf den medischen Volksstamm der Mager oder Magier zurück, als »die Kunst der Magier«, die durch Traumdeu-tung, astrologische Kenntnisse und Wissen auf verwandten Gebieten berühmt waren (n. Herodot). »Die scharfe Abgrenzung gegenüber Wissenschaft und Reli-gion, die die europ. Forschung vorgenommen hat, erscheint willkürlich: Auf diese Weise wird z. B. bedeutenden Leistungen der Chinesen die Wissenschaft-lichkeit abgesprochen. Auch im Bereich der Religion sind die Übergänge flie-ßend; nur in idealtypischer Betrachtung kann religiöse Praxis als total gelebte Abhängigkeit von der Gottheit und [im Gegensatz dazu] magische Praxis als demonstrierte Über-Macht gesehen werden« (Lex. d. Parapsychol., Zürich 1978, S. 313).

Der von → Görres behauptete Übergang von der Theurgie zur Goëtie (Nigro-mantie) wurde von älteren Autoren immer wieder heftig bestritten, etwa von dem Alchemisten Alexander von Suchten (16. Jh.), der schreibt: die M. sei keine »Zauberey, sondern die allergröste Weißheit Gottlicher Werck... und eine Erkennerin verborgener Natur«. Der anhaltische Leibarzt Julius Sperber (17. Jh.) unterscheidet eine göttliche M. (Magia divina, coelestis, »das ist die himmli-sche oder göttliche Weißheit«), eine menschliche M. (»welche mit... Ceremonien und allerhand mißbräuchen dermassen vermischet, und dadurch verdunckelt worden, daß sie billich den vorigen Namen verlohren«) und eine abergläubische oder teuflische M. (vgl. Peuckert 1956, bes. S. 482). Meist für erlaubt betrachtet wurde die → magia naturalis, der die Magia innaturalis, diabolica, prohibita oder illicita gegenübergestellt wurde. Diese wird im üblichen Sprachgebrauch oft mit dem Begriff der → Zauberei (»Nutzbarmachung« der Überwelt in weitgehend egoistischer, die Mitmenschen schädigender Absicht) bezeichnet. Daher ist mit dem Begriff der Zauberei normalerweise ein abwertendes ethisches Urteil ver-bunden, während »M.« in diesem Sinn in der Regel wertungsfrei gebraucht wird.

Seltener wird in der Literatur der Typus des Magiers mit jenem des wissen-schaftlichen Forschers verglichen. Beiden gemeinsam ist der Wunsch, die Umwelt zu beherrschen, zu »manipulieren« und sie in seinen Dienst treten zu las-sen. Verschieden sind jedoch die Methoden; der Magier folgt einem im Anfang vielleicht intuitiv gefundenen Ritual, das er nicht verändert. Der Forscher beob-achtet und variiert die äußeren Umstände seiner rational zielgerichteten Hand-lungen systematisch. Freilich gibt es auch hier Übergänge und Zwischenstufen, etwa in dem als → magia naturalis bezeichneten Bereich. — Unabhängig von jeglicher moralischen oder intellektuellen Wertung muß festgestellt werden, daß die M. für den Kulturhistoriker ein geistesgeschichtl. Faktum darstellt, das im

Leben der Menschheit eine große Rolle spielte und z. T. noch heute spielt. Schon aus diesem Grunde sollte die Beschäftigung mit ihr nicht kritiklosen Phantasten vorbehalten bleiben. Über das oft diskutierte Verhältnis M.-Religion vgl. auch N. Schiffers bei J. B. Bauer (Hrsg.), »Die heißen Eisen, ein aktuelles Lexikon f. Christen«, Styria/Graz 1972, S. 236—247 (»Menschlich schwach scheint die Position derer zu sein, die um einer modisch angepaßten Verkündigung willen noch den ‚mag. Rest' aus dem Christentum tilgen wollen«).

PEUCKERT 1956; SELIGMANN 1958; THORNDIKE 1923—58; WALKER 1958

MAGISCHE QUADRATE, a) Zahlenquadrate: In unseren Augen bloß amüsante Zahlenspiele, faßte man die m. Q. früher häufig als Ausdruck der Harmonie (etwa zwischen der Astralwelt und der des Magiers) auf. Sie werden zuerst in arab. Manuskripten aus der Zeit um 900 n. Chr. erwähnt und sind im Orient unter dem Namen »wafk« noch heute hoch geschätzt. »Die Konstruktion der m. Q. erfolgte niemals durch theoretische Berechnung, sondern durch Suchen nach mechanischen Regeln zur Einschreibung der Zahlen« (Nowotny/Agrippa von Nettesheim 1967, S. 431). Zusammen mit anderen oriental. Kulturgütern wie Schach und Spielkarten (Nowotny 1949) fanden die m. Q. Eingang in die mag. Spekulationen des Abendlandes, wobei immer der Grundgedanke der Korrespondenz mit Gestirngeistern (→ Intelligentia und Dämonium) im Vordergrund steht. Dies ist besonders bei den m. Q. in der »Occulta Philosophia« des → Agrippa von Nettesheim der Fall, von welchen viele astrolog. → Charaktere (signacula) abgeleitet sind.

Die einfachsten m. Q. umfassen 9 Felder (Quersumme 15), die komplizierteren bis zu 64 und 81 Feldern. Das berühmte m. Q. auf Dürers Blatt »Melancolia I« mit 16 Feldern (Quersumme 34) entspricht dem Planeten Jupiter und soll offenbar die »saturnische« Melancholie kompensieren. Zweifellos schulte sich an der Konstruktion der m. Q. das mathemat. Denken, und die Beschäftigung mit ihnen kennzeichnet den Übergang vom mag. zum rational-wissenschaftl. Weltbild späterer Zeit. Häufig findet man m. Q. auf astrolog. → Medaillen. Als neuere Hauptquelle gilt: W. W. R. Ball, Mathematical Recreations, 1911. Gute Bibl. bei E. Cazalis, Carrés Magiques etc., Paris 1934. Aufsatz über Konstruktionsmöglichkeiten: Schnittmuster für m. Q., in »Bild d. Wissenschaft« (Stuttgt.), Juli 1971.

b) Buchstabenquadrate: Das bekannteste Beispiel hiefür ist → Sator arepo tenet opera rotas. Ein ähnl. Quadrat, oft in Verbindung mit den 1314 zerschlagenen Templer-Orden genannt, lautet »SATAN ADAMA TABAT AMADA NATAS«; schreibt man diese Worte in einen Raster von 5 x 5 Feldern ein, so sind sie horizontal und vertikal zu lesen, der ganze Satz ebenso auch von hinten nach vorn. Um eine Erklärung dieser Wörter hat sich vor allem K. G. von Hardenberg

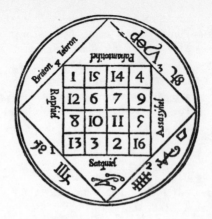

Beschreibung des andern Metalls Kupffer oder des Siegels Jovis/ wie solches zuverfertigen und wider alle Jovialische Kranckheiten zu gebrauchen.

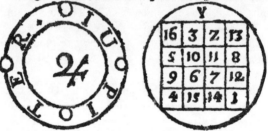

Purgatio Z

Erschmelze Bley/ und wenn es wohl heiß ist/ so wirff Hartz darauff/ jedesmahl ein wenig/ 6. oder 9. mahl/ wenn es nun darauff verbrennet / so geuß in Rautensafft oder in Rautenwasser/ so ist es purgiret. Dieses muß in einer Influentz Jovis geschehen/ wie solche fol. 116. 117. 118. und 119. beschrieben seynd.

MAGISCHE QUADRATE: oben nach Athanasius Kircher »Oedipus Aegyptiacus« I, Rom 1652, unten nach Israel Hiebner, »Mysterium Sigillorum«, Erfurt 1651, beide dem Jupiter zugeordnet (vgl. → Talisman)

bemüht (1932), doch ist wie in ähnl. Fällen nicht leicht zu entscheiden, ob es sich bei der Deutung um ein »Heraus-« oder ein »Hineinlesen« handelt. Es ist leicht möglich, daß die modernen Deuter in den Quadraten mehr Probleme sehen als ihre einstigen Erfinder.

Vgl. dazu auch Idries Shah, Die Sufis, Düsseldf. 1964, S. 170 f., und U. Becker (Hrsg.), Lex. d. Astrologie, Freibg. 1981, S. 180 f.: »Der Ursprung der mag. Quadrate ist möglicherweise in Indien zu suchen. Sie kamen wohl über Arabien nach Europa; die Verknüpfung mit den → Astralgeistern erfolgte schon frühzeitig.«

MAGISTERIUM, in der → Alchemie Bezeichnung der höchsten Stufe des Wissens, d. h. der Herstellung des Steines der Weisen, das »Meisterstück«. M. war auch Tarnname für schwer darzustellende chem. Verbindungen, etwa M. plumbi (Bleichlorid), M. bismuthi (basisches Wismutnitrat, pharmakolog. als Tonikum verwendet); Zedlers Lexikon 1739 nennt M. aluminis, antimonii, auri, benzoin, butyraceum coralliorum, cephalicum, chalybis perlatum, cinnabaris antimonii, coloris, coralliorum solubile, cordiale, cornu cervi, cosmeticum ex marcasita saturni, jalappae, jovis, lapidis bezoar, mercurii u. v. a. und beschreibt ihre Darstellung, die oft eine monatelange Prozedur erforderte. Vgl. auch das Kapitel »De praecipitatis, sive magisteriis« in Hermann Friedrich Teichmeyers »Institutiones chemicae«, Jena 1729. — M. steht verschiedentlich für »magnum opus«, das ist die Herstellung des → Steines der Weisen aus der → Materia prima.

ZEDLER 1961—64

MAGNESIA, in der → Alchemie ein vieldeutiger Terminus, der nicht nur Magnesiumoxid (MgO), sondern auch Magnesiumhydroxid (Mg(OH)$_2$) und die mit Säuren gebildeten M.-Salze bedeutet; M. Saturni ist die Bezeichnung des Minerals Grauspießglanz (Sb$_2$S$_3$; ausführl. beschrieben von → Basilius Valentinus). Auch das Wismut heißt manchmal M.; Zedlers Lexikon Bd. 19/1739 bespricht die pharmazeut. Anwendung der M. alba, d. i. »ein gewisses weisses Pulver, das auf sonderliche Art aus der Mutterlauge des Salpeters bereitet wird, und ein vortreffliches Mittel zu allerley Zufällen giebet«; diese Substanz galt gelegentl. als → Elixier oder Panacea (Joh. Carl Spieß, 1663—1729, Schediasma de Panacea solutiva, vel M. alba, Wolfenbüttel o. J.). Bei → Zosimos steht M. für eine Vierheit aus Kupfer, Blei, Zinn und Eisen, die sich aus Blei gebildet haben soll.

MAGNET, lat. »lapis magnetis« oder »Hercules«, natürl. vorkommend als Magneteisenstein, für die mag. Betrachtungsweise ein bes. augenfälliges Beispiel der → Sympathiewirkung in der mineralischen Welt. »Ob seine Krafft, wenn er in Blut von einem Widder gelegt, vermehret, oder durch Knoblauchs = Safft vermindert werde, ist durch eine beständige Erfahrung noch nicht erwiesen… [→] Paracelsus schreibt, solche Krafft einem besonderen Geiste zu, der in dem Magnet stecke, und das Eisen an sich locke« (Zedlers Lexikon Bd. 19/1739). Sir Thomas Browne (1605—82, Autor der »Pseudodoxia Epidemica«, mehrere Aufl. von 1646—1733) befaßt sich ausführl. mit der alten Frage, ob der M. als → Amulett bzw. → Talisman im → Liebeszauber wirken könne; so hatte z. B. → Dioskurides geschrieben, ein unter das Kopfkissen gelegter M. zwinge die Ehefrau zum Verlassen des Bettes, wenn sie untreu gewesen wäre, und dem röm. Volksglauben galt die im weitesten Sinne »attraktive« Wirkung des M.en als erwiesen. Dies wurde erst durch den it. Jesuiten Nicolo Cabeo (Nikolaus Cabeus, 1585—1650) in dessen »Philosophia magnetica« (1629) bestritten. Mit der Lehre von den »Heilkräften« des M.en befaßte sich im 17. Jh. vor allem der schottische Arzt William Maxwell (Maxvellus) in seinem Buch »De Medicina Magnetica«, Frankf. 1679, 1687, und noch im 18. Jh. → Flemming in seinem »Vollkommenen Teutschen Jäger« Bd. 2/1724, S. 18. Der M. spielte später in der Lehre Franz v. Mesmers (1733—1815) eine Rolle, der ab 1771 zusammen mit P. Hell die Heilkraft des mineral. M.en untersuchte und dabei zu seiner Hypothese des »tierischen Magnetismus« kam (Vgl. Peuckert 1967, S. 236 ff.). Der Ausdruck geht auf den Universalgelehrten Athanasius Kircher (1601—1680) zurück. Es wurde von einer Art »Fluidum« gesprochen, das als unsichtbarer Kraftstrom das Universum durchströmt und besonders vom menschl. Körper abgestrahlt wird, was vor allem zu Heilzwecken nutzbar gemacht werden sollte; heute werden die therapeutischen Erfolge der »Magnetiseure« von einst vorwiegend durch Suggestivwirkungen erklärt. »Im 19. Jh. arbeiteten sowohl Ärzte (Gmelin, Hufeland, Kerner, Kieser, Passavant) als auch Laien (Deleuze, du Potet, Puységur) als Magnetiseure. Heute wird der animalische Magnetismus von der Schulmedizin nicht anerkannt; er spielt aber eine keineswegs unbedeutende Rolle bei nichtschulischen Heilern (Magnetiseuren, Magnetopathen)« (W. F. Bonin, 1978, S. 314 f.).

MAGNUM OPUS, lat. das große Werk, in der Alchemie Bezeichnung der Herstellung des → Steines der Weisen aus der Materia prima. Gelegentlich steht m. o. auch für die Herstellung von Gold mittels der → Transmutation, dann gegenübergestellt der alchemist. Herstellung von Silber, dem »kleinen Werk«.

MAJER (Maier), Michael (1568—1622), Leibarzt von Kaiser → Rudolf II., stammte aus Holstein und wirkte als Arzt teils am hessischen, teils am kaiserl. Hof in Wien. M. verteidigte in mehreren seiner zahlr. Schriften die → Rosenkreuzer und soll → Fludd bewogen haben, sich diesem Bund anzuschließen; er gilt auch als Initiator des 3 Jahre nach seinem Tod erschienenen Sammelbandes → Musaeum Hermeticum. M. nennt sich »Commes imperialis consistorii, Philosophiae et Medici-

MAJER: Titelblatt seines Buches »Symbola aureae mensae duodecim nationum«, Frankf. 1617, mit den Bildnissen berühmter (teils legendärer) Alchemisten

nae Doctor« und erweist sich durch seine zahlr. Schriften als ein vielseitig gebilde-
ter Gelehrter. Davon sind zu erwähnen »Atalanta fugiens, hoc est, Emblemata
nova de Secretis Naturae Chymica«, Oppenheim 1617 (Ndr., ed. L. H. Wüth-
rich, Kassel u. Basel 1964); »Viatorium, hoc est de montibus planetarum septem
s. metallorum tractatus«, Oppenh. 1618, Rouen 1651; »De circulo physico qua-
drato«, Oppenh. 1616; »Symbola aureae mensae duodecim nationum«, Frankf.
1617; »Septimana philosophica«, ein fiktiver Dialog zwischen König → Salomo,
Hiram von Tyrus und der Königin von Saba über die Welt und ihre Elemente,
Frankf. 1620; »Themis aurea, h. e. de legibus fraternitatis R. C. tractatus«,
Frankf. 1618; zwei weitere Rosenkreuzerschriften sind »De legibus fraternitatis
R. C.« und »Silentium post clamores«; »Lusus serius«, Oppenh. 1617, 1618;
»Subtilis Allegoria super sectra chymiae«, enth. im → Musaeum Hermeticum,
wo sich auch die von M. unter dem Titel »Tripus Aureus« gesammelten 3 Trak-
tate des → Basilius Valentinus (Practica cum 12 Clavibus), Thomas → Norton
(Ordinale) und des angebl. Abtes von Westminster, Cremer (Testamentum)
abgedruckt befinden. M.s Bücher sind heute wegen ihrer aus der Werkstatt M.
Merians stammenden allegor. Kupferstiche bei Sammlern sehr beliebt. Biogr. v.
Craven, Kirkwall 1910. Ndr. der »Symbola«, Vorw. K. R. H. Frick (= Bd. 2 der
Reihe »Fontes Artis Chymicae«), Graz 1972.

W. F. Bonin (1978, S. 311) meint, daß untersucht werden sollte, in welchem
Ausmaß M. in seinen Emblemen Probleme der Metalinguistik erkannt und
bewältigt habe. Vgl. auch F. A. Yates, Aufklärung im Zeichen des Rosenkreuzes,
Stuttgt. 1975.

MALACHIAS, irisch Malmedoic O'Morgar (besser: Maelmaedhog Ua Morgair),
Erzbischof von Armagh, ca. 1094—1148, päpstl. Legat, Vorkämpfer der röm.
Partei gegen die altirische Kirchengemeinschaft, Freund des hl. Bernhard v.
Clairvaux. M. wurde bes. wegen der ihm zugeschriebenen Prophezeiungen über
das Papsttum »von 1143 bis zum Ende der Zeiten« berühmt, bei welchen es sich
jedoch um Fälschungen handelt, die in mehreren Versionen auftauchten und eine
Liste künftiger Päpste samt ihren Beinamen in lat. Sprache (z. B. »pastor angelicus«, »flos florum«) enthalten. Die Unechtheit der M.-Prophezeiungen war
schon in früheren Jahrhunderten bekannt; so heißt es etwa in Zedlers Lexikon
19/1739, Sp. 690: »Gemeiniglich werden ihm auch die bekannten Prophezeyungen von den Characteribus der Päbste zugeschrieben, welche in Arnold Wion,
ligno vitae, mit des Ciacconii Erklärung zu sehen sind. Es ist aber schon vorlängst
gestritten worden, ob ihm selbige zukommen oder nicht... sind auch selbige bis-
weilen sehr gezwungen und schwerlich auszulegen. Nach Benedict XIII. sollen,
nach Aussage dieser Prophezeyungen, noch 4 Päbste regieren, alsdann wird
Peter II. ein Römer, in vielerley Trübsal seine Heerde weiden, Rom zerstöret wer-

den, und der grosse Richter selbst sich seines Volckes annehmen. Es halten aber die Gelehrtesten dafür, daß diese Vaticinia erst bey der Wahl Gregor XIV. im Jahr 1590 von den Anhängern dieses Pabsts geschmiedet worden.« Der erwähnte Benedikt XIII. war Papst von 1724—30. — M. gründete die erste Zisterzienser-Abtei in Irland und wurde schon 1190 von Clemens III. kanonisiert. Biogr. von J. O'Hanlon, Life of St. Malachy, Dublin 1859. Michaud 26, Ndr. Graz 1968, S. 198, erwähnt als Kritik der Prophezeiungen das Werk »Réfutation des prétendues prophéties de St-Malachie«, von P. Cl.-Fr. Ménestrier, Paris 1689, auch aufgenommen in den 3. u. 4. Bd. des »Recueil des pièces curieuses«. Ähnl. H. Böhmer bei Herzog-Hauck Bd. 12, S. 97: »Die Prophetia wurde zuerst 1595 von dem Benediktiner Wion veröffentlicht. Sie besteht aus 111 kurzen, orakelhaften Sinnsprüchen über die 111 Päpste, die von Cölestin II. bis zum Untergang der Welt regieren sollen... Jetzt ist erwiesen, daß sie 'präzis aus der Zeit zwischen dem 16. Sept. und dem 4. Dez. 1590 stammen' (Harnack) und daß sie gefälscht sind, um die Wahl des Kardinals Simoncelli zum Papste zu beeinflussen. Der Fälscher ist unbekannt; Wion ist nach Harnacks Darstellung nur als Veröffentlicher anzusehen.«

H. Swoboda (Propheten und Prognosen, Knaur-TB, München 1979, S. 68 f.) nennt die M.-Texte »eine geschickte Verknüpfung von Post-festum-Prognosen und frischfroher Prophezeiung, die hinterher von gläubigen Beobachtern auf ,sensationell richtig' zurechtgebogen wurde... Deutlicher als in jeder anderen Prophezeiung wird jedenfalls bei M., daß die Kürze des Weissagungsspruches die Möglichkeiten der Interpretation wesentlich erweitert: Je weniger gesagt wird, desto mehr läßt sich dahinter vermuten.«

MALEFICIUM, lat. Missetat, in Zauber- und → Hexenprozessen meist gebraucht im Sinne des »crimen magiae«, d. h. des Verbrechens der Zauberei. In diesem Sinne wird »Maleficus« in Zedlers Lexikon (19/1739) als ein »schädlicher, böser Mensch... oder Übertreter, Verbrecher, Zauberer, der Menschen und Viehe mit Teufflischer Kunst Schaden zufüget« definiert, »Maleficiatus« als ein Mensch »welcher durch Hexerey und Zauber = Künste zum Ehestande untüchtig gemacht worden — Maleficium Ligaminis« (→ Nestelknüpfen). In der Praxis reichen die unter dem Überbegriff des M. subsummierten Taten der als Zauberer und Hexen Angeklagten von alten Volksbräuchen wie z. B. dem »Windfüttern« zur Vermeidung von Sturmschäden über mannigfache Arten von → Liebeszauber bis zu bösartig gemeinten, wenn auch nach heutigem Wissen wirkungslosen Handlungen (→ Wetterzauber; Manipulationen mit Leichenteilen, bes. mit Teilen Gehenkter zur Verfertigung von Zaubermitteln; → Bildzauber im Sinne der »invultuatio«; »Anhexen« von Krankheit, Blindheit usw. aus Mißgunst u. v. a.), über blasphemische Gepflogenheiten (Hostienschändung aus abergläubischen Motiven) bis zu echten Verbrechen (Ermordung von Schwangeren, um aus dem Herzen der Ungeborenen Zaubermittel zu verfertigen; vgl. Byloff 1927, »Die Blutgenossenschaft des Zauberjackl«).

Es kann nicht bezweifelt werden, daß derartige »Maleficien« tatsächlich bes. in ländlichen Kreisen, unter »Landfahrenden« usw. vorkamen und die Praxis der Hexenprozesse nach dem Rechtsempfinden der Zeit vor 1750 teilweise rechtfertigen. Das M. wurde meist bloß als ein Vergehen gegen menschl. Gesetze aufgefaßt; zum Tatbestand der Hexerei gehörte jedoch darüber hinaus die Vorstellung des Teufelspaktes, ein Verstoß gegen das göttl. Gesetz (crimen laesae majestatis divinae), wodurch sie erst zum »crimen exceptum« wurde (so bei Torreblanca in seiner »Daemonologia«, Mainz 1623; bei Damhouder, »Praxis rerum criminalium«, Antwerpen 1556; bei → Carpzov). Über den Begriff des M. in der Spätantike (Cod. Theodosianus) → Theodosius II.

BYLOFF 1902, 1929

MALLEUS MALEFICARUM, lat. für »Hexenhammer«, Titel eines oft genannten Buches von → Institoris und → Sprenger, das den Hexenglauben des ausgehenden MA.s und der beginnenden Neuzeit systemat. darstellt, u. zw. das → Maleficium mit dem aus den Ketzerprozessen entlehnten Begriff des »delictum exceptum« (Teufelspakt, Teufelsbuhlschaft) in dezidiert »weiberfeindlichem« Sinne verbindet. Der vollständige Titel lautet »Malleorum quorundam maleficarum, tam veterum quam recentiorum autorum, tomi duo« bzw. »Tertia pars mallei maleficarum«. Dieses Buch wurde n. Byloff 1902 »1487 zum erstenmal, dann bis 1520 13mal, endlich von 1574—1669 16mal, im ganzen also 29mal gedruckt; 16 Auflagen hievon erschienen in Deutschland« (dazu kommen moderne Ndr.e, darunter der Faksimile-Druck der Kelheimer Hs., ca. 1500: »Fragstuckh auf alle Articul, in welchen die Hexen und unholden auf daß allerbequemist mögen Examinirt werden«, München 1967). Der M. M. ist lt. Dieffenbach 1886 »das verruchteste und zugleich läppischeste, das verrückteste und dennoch unheilvollste Buch der Weltliteratur«, das (lt. Janssen 1894) »obgleich es als Privatschrift keineswegs eine gesetzl. Kraft in der Kirche erlangte, die Quelle unsäglichen Unheils geworden« sei. Ein Ndr. des M. M. der Hogarth Press erschien 1969.

Es ist anzunehmen, daß die meisten Hexenrichter mit dem M. M. »ausgerüstet waren und sich nach ihm als einem beinahe legis vigorem [Gesetzeskraft] genießenden Normalen richteten« (Byloff 1902). Um diesem Buch mehr Autorität zu geben, stellten die Autoren die Bulle »Summis desiderantes« des Papstes Innozenz VIII. (5. 12. 1484) dem Text voran und fügten das Patent des Kaisers Maximilian I., demzufolge die Untertanen des Reiches die Inquisitoren nach Kräften unterstützen sollten (1486), an, desgl. eine möglicherweise gefälschte Approbation durch die theolog. Fakultät der Univ. Köln (19. Mai 1587). Das in

MALLEUS MALEFICARUM: Höllenrachen,
Holzschnitt der Ausgabe Köln 1511
(Henr. de Nussia) des M. M.

3 Teile gegliederte Werk belehrt in den ersten beiden Teilen vor allem Kleriker über das Wesen der Hexerei nach der Bibel und nach der Praxis des kanon. Rechts und erwähnt die gegen die Untaten der Hexen zu gebrauchenden geistl. Heilmittel; der 3. Teil gibt den geistl. und weltl. Richtern Anweisungen für die Einleitung und Führung der → Hexenprozesse. Wegen seiner scheinbaren Wissenschaftlichkeit trug der M. M. — ganz im Gegensatz zu den Intentionen seiner Autoren — nicht nur dazu bei, den → Hexenglauben zu festigen, »sondern auch Hexenverfolgungen hervorzurufen und die Zahl derselben zu steigern, umso mehr als die Art des in demselben vorgezeichneten Verfahrens eine nur zu geeignete Handhabe bot, infolge einer gegen einen Verdächtigen eröffneten Untersuchung immer wieder neue Prozesse gegen andere Personen einzuleiten« (Hinschius, Ndr. Graz 1959, VI, S. 404).

Dieser Vorwurf trifft jedoch auch populäre Darstellungen, wie z. B. den »Layenspiegel«, in dt. Sprache, des Ulrich Tengler (gest. 1511). In mehreren Ausg. sind dem eigentl. Text auch andere Traktate (von → Nyder, Basin, → Molitoris, J. Gerson, Th. Murner, B. de Spina, J. L. Anania, Bernardus Comensis, A. de Vignate, J. F. Leo, J. Simancas, A. a Castro, P. → Grillandus, H. → Mengo, P. A. Stampa, Madonus Lemovicensis und Henr. de Gorichen) beigefügt. Der M. M. gilt daher als Kompendium des zu Beginn der Neuzeit verbreiteten Hexenglaubens, der sich keineswegs auf seine beiden Autoren beschränkte; seine Gegner (die Jesuiten Tanner und → Spee, → Wierus) konnten sich gegen die Autorität des M. M. lange Zeit nicht durchsetzen. — Vgl. J. Hansen, Der M. M. seine Druckausgaben und die gefälschte Kölner Approbation vom Jahre 1487; Westdt. Zs. f. Gesch. u. Kunst 17/1898; desgl. Becker, Bovenschen, Brackert u. a.: Aus der Zeit der Verzweiflung. Zur Genese und Aktualität des Hexenbildes, SV-TB 840, Frankf. 1977, S. 339 f. und 342 f. — Dünndruck-Ausg. der dt. Übersetzung von J. W. R. Schmidt, Berlin 1906, erschienen als dtv-TB 6121, München 1982.

BYLOFF 1902; GRAESSE 1843; HINSCHIUS 1959

MANDRAGORA (auch Anthropomorphon, lat. Semihominis oder Hominiformis, botan. Atropa M.,M. officinarum oder vernalis), die Pflanze der menschengestaltigen → Alraunwurzel, taucht unter dem Namen Dudajim (übersetzt mit »Liebesäpfel«) bereits im A. T. (Genesis und Hohes Lied) auf. Die Pflanze war in der Antike eine hochgeschätzte Zauberdroge; sie gehört zur Familie der Solanaceae. Im Altertum verwendete man die M. als krampflösendes und betäubendes Mittel, und der Sage nach diente sie auch dazu, Elfenbein weich und formbar zu machen. Im Kräuterbuch des → Dioskurides trägt die M. noch folgende Namen: Antimelon, Dircaea, Circaea, Xeranthe, Antimnion, Bombochylon, Minon, Apemum, Gonogeonas, Diamonon, Mala canina u. a. Die kugelige Frucht enthält Hyoscyamin und Scopolamin, wirkt betäubend und wurde bei schweren Geburten verabreicht. Man unterschied zwei Arten von M., eine »männliche« (Norion) und eine »weibliche« (Thridacias). In neuerer Zeit wurde die pharmakolog. Wirksamkeit besonders der Wurzel häufig diskutiert, besonders bestritten wurde die Anwendbarkeit der M. als Aphrodisiacum; vgl. Macchiavellis »Mandragola«. Ein ostasiat. Gegenstück der M. ist die Droge Ginseng oder Dschen-Schen, botan. Panax Ginseng aus der Fam. der Araliceae. Auch diese Pflanze wurde als Allheilmittel und Aphrodisiacum sehr geschätzt, wird jedoch von den meisten Pharmakologen als wirkungslos bezeichnet. Vgl. A. M. Schmidt: La Mandragore. Paris 1958.

BIEDERMANN 1972; GUNTHER 1959; ZEDLER 1961—64

MANGET(US), Jean Jacques, 1652—1742, aus der Schweiz stammender Arzt und Schriftsteller, wirkte lange Zeit als königl.-preußischer Leibarzt und wurde durch die von ihm verfaßten oder herausgegebenen Werke berühmt, wie etwa »Bibliotheca Medico-Practica«, »Bibliotheca Anatomica« u. a., die ihn als qualifizierten Sammler des Wissens seiner Zeit ausweisen. Noch heute konsultiert wird M.s »Bibliotheca Chymica curiosa, seu rerum ad Alchymiam pertinantium Thesaurus illustrissimus«, 2 Bde., Genf 1702, 1707; ferner seine »Bibliotheca scriptorum Medicorum veterum et recentiorum«, 1731.

MANTIK (von gr. mantis, Seher), Kunst der Weissagung, lat. divinatio — Konsequenz des Wunsches, die Zukunft zu erforschen. In Ciceros Schrift »De divinatione« wird zwischen der natürl. (intuitiven) und der kunstmäßigen (induktiven) M. unterschieden. Nach Plutarch ist die Befähigung zur M. ebenso gewiß wie das Gedächtnis für das Vergangene. Die Verknüpfung eines künftigen Vorganges mit einem Ergebnis mantischer Operationen braucht keinerlei Kausalzusammenhang und umgeht verstandesmäßige Folgerungen. Dennoch ist die Faszination des gedachten »Blickes in die Zukunft« offenbar so groß, daß mantische Prozeduren seit der Urzeit angenommen werden müssen und in primitiven wie in Hochkulturen nachzuweisen sind; in letzteren nehmen sie lediglich ab und zu den Charakter des Spielerischen an (→ Losbücher). Die Frage nach dem »Wieso« der angenommenen Vorbedeutungen wurde offenbar nie gestellt. Grundsätzliches zu diesem Thema bei H. E. Sigerist, Anfänge der Medizin, Zürich 1963, S. 415—25. Übersicht über traditionelle Arten der M. bei Kiesewetter 1895/1977, S. 359 ff. (»Das Divinationswesen«) und bei W. F. Bonin, Zürich 1978, S. 320 f.

Die häufigsten Arten der M. wie sie von der Antike an mit immer neuen Varianten gepflegt werden, sind folgende: Aeromantie (M. aus der Luft und den Wolken), Alectryomantie (ein Hahn pickt Körner auf, die über ein Alphabet verstreut sind, und die dabei notierten Buchstaben sollen Namen und Wörter ergeben), Alphitomantie (od. Aleuromantie, M. aus dem Mehl), Astromantie (astrolog. Zukunftsdeutung), Belomantie (das schon im alten Orient bekannte Pfeilorakel), Cephaleonomantie (M. aus den Kopfbewegungen eines Tieres, meist eines Esels), → Chiromantie, Coscinomantie (Sieborakel), Daphnomantie (M. mit Hilfe des Lorbeers), → Geomantie (Punktierkunst), Hieromantie oder Hieroskopie (M. aus heiligen oder geweihten Gegenständen), Hepatomantie oder Hepatoskopie (Leberschau, entspr. dem antiken Haruspicium), → Nekromantie (Totenorakel), → Oneiromantie (M. aus Träumen), Orneo- oder Ornithomantie (Vogelschau, das antike Augurium), Pegomantie (M. aus Quellen), Rhabdomantie (M. mit Hilfe der → Wünschelrute), Xylomantie (M. mit Hilfe von Holzstäbchen oder Würfeln, entspricht wohl dem antiken »Sortilegium« oder Loswerfen; der Losende heißt mittellat. »sortiarius«, davon das fr. sorcier, was später »Hexenmeister« bedeutet). Seltener erwähnt werden Künste wie Axinomantie (eine locker gehaltene Axt fängt sich zu bewegen an, wenn der Name eines Schuldigen genannt wird), Dactyliomantie (Pendeln mit einem an ein Haar gehängten → Ring über einem Alphabet oder einer Wasserschale), Onymantie (eine Abart der → Kristallomantie), und Teratoskopie (Deutung der »Prodigien«, d. h. des prophetischen Sinnes auffallender Ereignisse). Diese Aufzählung ließe sich noch verlängern, da praktisch aus allen die Phantasie beschäftigenden Dingen des Alltags, die deutbare Form bilden oder deren Ausgang ungewiß ist, ein erdachter Bezug auf künftiges Geschehen gesucht werden kann — in neuerer Zeit bes. aus Spielkarten (→ Tarock), Teeblättern und Kaffeesatz. Vgl. bes. → Bibliomantie. Tabellar. Übersicht über die Disziplinen der M. bei Zahlner 1972.

Der Parapsychologe würde all diese absonderlichen Praktiken vielleicht als Versuche auffassen, eine visionäre (»prophetische«) Begabung, die ab und zu vorkommen mag, durch willkürliche Techniken zu aktivieren oder aber zu ersetzen. Obwohl es sich in der Praxis meist um eher scherzhafte als ernstgemeinte Versuche zur Entschleierung der Zukunft gehandelt haben mag, schreibt z. B. J. → Bodin alle Arten der M. den »malins esprits« (bösen → Dämonen) zu und bezeichnet sie als »arts Diaboliques« (teuflische Künste). In diesem Sinne hatte sich schon viel früher St. Athanasius (298—373) in seiner Schrift »De Incarnatione Verbi Dei«, cap. XLVII, geäußert: »Vor Zeiten war alles voll von Orakeln und vom falschen Wahne der Menschen... jetzt aber, seit die Lehre Christi verkündet und verbreitet wurde, hat jene Verblendung des Wahrsagens aufgehört, und man findet keine Wahrsager mehr. Früher hatten die Dämonen durch verschiedene Erscheinungen und Phantasmen die Menschheit verblendet« usw., ähnlich auch Justin der Märtyrer (Dialogus cum Tryphone Judaeo) und andere Autoren. Im röm. Kaiserreich wurde das Treiben der → Chaldäer, die sich mit M. befaßten, immer wieder durch Verbote eingeschränkt, im MA. derartige Versuche der Zukunftsdeutung meist unter dem Begriff des → maleficium zusammengefaßt. Nach dem Glauben der Zeit konnte ein Verkehr mit → Dämonen nur bei der → Nigromantie angenommen werden, doch hatte diese im Prinzip nichts mit M. zu tun. Dennoch urteilten kirchliche Autoritäten oft sehr streng über alle Arten von M. (→ Bibliomantie) so etwa der Theologe Petrus Binsfeld (»Tractat von Bekanntnuß der Zauberer und Hexen« etc., München 1591, S. 14 r): »Warsagung ist verborgener und künfftiger Ding, welche auff Menschliche weiß nicht können zuwegen gebracht werden, sondern durch deß Teuffels Krafft und sein Hülf, Daher dann gehören Verblendung deß Gesichts, auff die Träum halten, Weissagung auß Anschawung der Todten [→ Nekromantie] Warsagerkunst auß dem Erdtreich [→ Geomantie], Weissagung auß dem Wasser, Fewer, Lufft, unzimbliche Kunst von Sternen, Weissagung auß der Vögelgeschrey, Menschliche Stimm, der Händ, Wunden unnd durch Losung. Von welchen allen [handelt]

Isidorus lib. 8 Etymolog. cap. 9 & S. Thomas 22. q. 95. art. 3« — Der Ausdruck M. ist etymologisch abzuleiten von gr. Mantis, Seher(in), vermutlich von mainomai, erregt sein: in der gr. Mythologie Bezeichnung für jeden institutionalisierten Seher und göttlich Inspirierten (Bonin 1978, S. 320 f.).

MARIA JUDAICA, legendäre Alchemistin der Spätantike, wohl eine Griechin, nach → Zosimos und Olympiodoros jedoch die Schwester des Propheten Moses (M. prophetissa). Die Überlieferung weist der M. J. mehrere wichtige Erfindungen alchemist. Geräte zu: das Aschenbad bei gleichbleibender, gelinder Erhitzung, ähnl. dem Sandbad des → Athanor; das durch Gärungshitze erwärmende Mistbeet (→ venter equinum) und vor allem das Wasserbad (→ balneum Mariae). — Der unter dem Namen »Maria Prophetissa« veröffentl. Traktat »Practica in artem alchimicam« ist enthalten in dem Sammelwerk »Artis auriferae... libri duo«, Basel 1572, 1593, 1610. Der von C. G. Jung als »Axiom der M. Prophetissa« bezeichnete Satz »Die Eins wird zu Zwei, die Zwei zu Drei, und aus dem Dritten wird das Eine als Viertes«, offenbar aus dem Geist neuplaton.-gnost. Zahlenspekulation formuliert, bot immer wieder Stoff für kosmolog. Gedankengänge.

   Statt M. J. wird auch »M. Aegyptiaca« geschrieben; dazu Kiesewetter 1895/1977, S. 5: »Eine Alchymistin Maria hat jedoch existiert, denn... Zosimos, Olympiodoros Stephanos und Christianos erwähnen dieselbe, beschreiben von ihr gebrauchte Apparate und zitieren ihre Aussprüche; aber von ihrer Person weiß man gar nichts, und ganz erträumt ist ihre Identität mit Mirjam (der Schwester des Propheten Moses). Diese Maria figuriert auch im Titel eines späten Erzeugnisses: Excerpta ex interlocutione Mariae prophetissae, sororis Moysis et Aaronis, habita cum aliquo philosopho dicto Aros, de excellentissimo opere trium horarum (Kopp, Beitr. z. Gesch. d. Chem. I, 406)«.

GOLDSCHMIDT 1939

MARS bedeutet in der Alchemie das Eisen (→ Metallbezeichnungen), wohl wegen der rötl. Farbe des Rostes, der an das Licht des → Planeten erinnert. Diese Analogie wird in der Astrologie im Sinne der Lehre von den → Sympathien breit ausgesponnen. In Zedlers Lexikon Bd. 19/1739 wird der M. als »Kriegs = Stern« bezeichnet, »und legen ihm die Stern = Deuter... bey, daß durch dessen Einfluß Streit, Krieg, Zanck und Blutvergiessen unter den Menschen erreget werde. Er soll auch ... die Soldaten, die Scharffrichter, und allerhand unbarmhertzige Leute, beherrschen. Bey den wilden Thieren soll er insonderheit die Wölffe, Füchse und Luchsen regieren, bey den Vögeln die Habichte, und bey den Fischen die Hechte. Vermöge der ihm beygelegten Sympathie soll er auch noch über folgende Thiere und Gewächse die Ober = Herrschafft besitzen und ausüben, als die

Löwen, Pferde, Stiere, Maul = Esel, wilden Schweine, Stachel = Schweine, Hühner = Geyer, Hähne, und dergleichen, welche wilder und räuberischer Art, und mit krummen Schnäbeln und Klauen gezeichnet sind. Ferner soll sich seine sympathetische Gewalt auch noch über den Terpentinbaum, den Mastixbaum, den Stech = Dorn, Schlee = Dorn, Wald = Disteln, Heydnisch Wund = Kraut, Knoblauch, Zwiebeln, Meerrettig, Senff, Wegbreit, Zeitlosen und über die Nesseln erstrecken.« Das etwa zeitgenössische christl. Hausbuch »Das grosse Leben Christi« des P. Martin Cochem (z. B. Mainz 1727) fügt hinzu: »Wan die stralen des Mars allein in der lufft regieren, verursachen sie grosse hitz und truckenheit, hitzige und schädliche wind, blitz und ungewitter, wie auch krankheiten und bestilentz: sonderlich wan der Saturnus mit ihm einstimmet. Hie ist zu wissen, daß der mars darum erschaffen sey, damit er alles gifft, so aus dem einfluß anderer schädlicher sternen entstehet, zu sich ziehe... Weil auch die untere welt bißweilen die wassersucht bekommt, und mit vilen schädlichen feuchtigkeiten angefüllet wird, so ist der Mars gleich als ein artzt, welcher durch seine außtrucknende krafft die schädliche feuchtigkeit verzehret.« Nach der astrolog. Überlieferung gilt der M. als »männl.« Planet, dem die Zeichen des → Zodiakus aries (Widder) und scorpio (Skorpion) entsprechen, weiters Rubin und Granat unter den → Edelsteinen, die (zinnober-)rote Farbe, der Dienstag (dies martis, fr. mardi), unter den menschl. Organen die Galle und die männl. Genitalien. Seine Wirkung wird im zeichen capricornus (Steinbock) als »erhöht«, im cancer (Krebs) als »erniedrigt« betrachtet.

J. W. Pfaffs »Astrologie« (1816) beschreibt den Planeten M. als »heiß, trokken, scharf, grausam; Planet der Nacht; männlich; Herr des menschlichen Lebensalters 41—56. Seine Wirkungen sind rasch, und flüchtig. Er herrscht über die Nieren, die Venen, die Zeugungsglieder; alle hizige krankhafte Zustände des Körpers, den Gebährenden gefährlich. Er ist in natürlichem Gegensaz gegen das Gestirn der Venus. Er bezieht sich auf Tyrannen; Krieg; unvermuthete Unglücksfälle; schneller Untergang; Verwegenheit; Uebermuth; Streit; Unterdrückung; Betrug; Unverschämtheit; Wunden; Undank; Gesezlosigkeit.« — U. Beckers »Lex. d. Astrol.« (Freibg. 1981, 184) erwähnt, daß die scheinbare Bahnbewegung des M. die komplizierteste von allen Planeten ist; »deswegen nahm (→) Kepler die Marsbahn als ‚Prüfstein' für seine Theorie der Planetenbewegung. Die Schleifenbildung (mit Stillstand und Rückwärtsschreiten) ist in den verschiedenen Tierkreiszeichen verschieden groß...«

MATERIA PRIMA, auch M. cruda, M. lapidis, auch M. proxima, himmlische Hyle, Jungfernerde, -milch, Massa confusa, der in der Alchemie nie exakt benannte und immer nur vage umschriebene rohe Ausgangsstoff bei der Herstellung des → Steins der Weisen.

Der Begriff m. p. selbst stammt aus der scholast. Philosophie und bezeichnet dort die Materie »an sich« (ohne Berücksichtigung ihrer speziellen Eigenschaften). In den alchemist. Schriften hingegen wird damit eine zwar allg. bekannte, aber für den Uneingeweihten nicht als m. p. erkennbare Substanz gemeint, aus der sich das »magnum opus« beginnen läßt; in manchen Quellen steht für m. p. auch die Bezeichnung »jungfräuliche Erde«, »philosophisches → Ei«, auch »Bitumen« (Erdpech), und es heißt (in einer paradoxen Formulierung, welche die m. p., den Ausgangsstoff, und den Stein der Weisen, das Endprodukt eines langwierigen Prozesses, gleichsetzt und die Endglieder verbindet), etwa »unser Stein« (die m. p.) »ist ein Stein und doch nicht ein Stein, sondern wir nennen es Stein, weil die vier → Elemente darin enthalten sind«. In der Sammelschrift »Hortulus olympicus aureolus« des Benedictus Figulus (1607; n. Peuckert 1956, S. 319 f.) heißt es: »Es wird unsere Materia Lapidis Philosophici mit Namen genennet / wie folget: Viromulti, Multimori, Vilotrium, Lotrivium, Mucilago [lat. Schleim], Triovilum«, wobei die meisten Worte anagrammat. Umbildungen von → Vitriol(um) sind; ähnl. Caspar Hartung vom Hof (ebd.): »Maria Prophetissa nennet jhn Gummi Hispani, so nenn ich jhn Sperma Viromulti, Todtenkopff/Vultimori« usw. Vgl. dazu die bes. im 18. Jh. belegten Versuche, die Zitteralge Nostoc (→ Sternschnuppen), auch unter dem Namen → Himmeltau, als m. p. oder materia proxima zu behandeln.

In der (pseudo-)paracelsischen Schrift »Secretum magicum, von dreyen gebenedeyten Steinen« (1616) heißt es im 1. Kap.: »Ich werde dir sagen von einem Stein, und das ist kein Stein; es ist wie Wasserstaub, und es ist kein Staub; es ist wie eine dicke geronnene Milch, und ist kein Milch. Es ist auch kein Leim (Lehm) wie Leim; es ist wie ein grün giftig Ding, da die Frösche darunter hocken, und es ist kein Gift, es ist eine Medizin; in summa, es ist die Erd... davon Adam gemacht und geschaffen ist...« (n. Peuckert 1956, S. 318—19). In seinem »Compaß der Weisen« (1782) schreibt »Ketmia Vere« (→ Gold- und Rosenkreuzer), die »mehresten suchenden werden gemeiniglich so verwirret, daß sie das feuerbeständige Korn (granum fixum), die wahre Grund = und Wurzelfeuchte, den gesegneten Stein, und Lapidem benedictum außer dem mineralischen Reich, und Gott weiß wo, zu suchen sich unterfangen... Eine große Menge dieser Hirnkranken suchet beständig solche Materien, welche keine Mühe kosten, in die Fäulung gebracht zu werden als Mayenthau, Regenwasser, Schlossen, Schnee u. dgl.... Nichts destoweniger sind derselben Essenzen in dem lockeren und flüßigen Gehäuse dergestalt auseinander gedehnet, daß es schwer hält, solche zu sammeln« (S. 166—168). Laut Hermann Kopp wurde »durchprobirt, was dem Mineralreich angehört, durchprobirt wurden verschiedenste Pflanzen und Pflanzensäfte, durchprobirt wurde, was das Thierreich an Se- und Excreten bietet, auch das Ekelste, und zwar Dieses mit Vorliebe. Mit weniger Vertrauen wurde Milch darauf bearbeitet, ob sie nicht die richtige m. p. sei, als Speichel, und oft dafür in Arbeit genommene Substanzen waren Fäces und der Harn von Menschen; schon im 15. Jh. zählte der Graf Bernhard von Trevigo [→ Trevisanus] in seiner später als ‚Opuscule très-excellent de la vraye philosophie naturelle des métaulx‘ gedruckten Schrift auch ‚urine et fiente d'homme‘ in der überlangen Liste von Substanzen auf, mit welchen allen er es versucht habe.« (Die Alchemie I, S. 8).

Heinrich Khunrath nennt die m. p. »die schlammige Erde Adams«. Die einst hochgeschätzte Schrift »Der kleine Bauer«, enthalten in der »Aperta arca arcani artificiosissimi« des Johann Grasshof (→ Grassaeus, 1617, 1687, 1705 u. ö.) umschreibt die m. p. folgendermaßen: »Das Gute davon werfen die Leute hinweg und das Schlechte behalten sie. Ist sichtbar und unsichtbar. Die Kinder spielen damit auf der Gasse. Ist weich und schwer und an Geschmack süß und herb, ist in seinem Wesen dreieckig und viereckig in seinen Eigenschaften. Ist ein Stein und doch kein Stein usw.«

Wahrscheinlich bedeutete m. p. in den alten Texten zunächst nichts anderes als »Stoff in statu nascendi, ohne besondere Eigenschaften, sondern diese erst potentiell in sich bergend«. Da ihr die Tendenz zur Verflüchtigung und Vergeistigung zukommen mußte, wurde ihr ein überwiegender Gehalt an → Mercurius zugeschrieben, weshalb sie meist simplifizierend »mercurius philosophorum« genannt wurde. Auch → Sulphur mußte, wenn auch in wesentlich geringerem Ausmaße, in ihr enthalten sein, und zwar als Prinzip der Energie, um den Motor der Evolution in Gang zu bringen. Der Wunsch, die Läuterungstheorie mit Laboratoriumspraxis in Zusammenhang zu bringen, erforderte vielleicht einen unklar umschriebenen Ausgangsstoff, um nicht den ins Materielle transponierten Prozeß dort als undurchführbar zu erweisen. Vgl. dazu H. Biedermann: Materia prima. Eine Bildersammlung zur Ideengeschichte der Alchemie, Graz 1973.

Wie hartnäckig die Alchemisten nach der m. p. suchten, zeigt die Tatsache, daß noch 1796 der bekannte Schriftsteller und Arzt Karl Arnold Kortum (1745—1824) zusammen mit einem Pfarrer namens Bährens allen Freunden der Alchemie mitteilte, die m. p. wäre in Wahrheit die Steinkohle, und sie zum gemeinsamen Laborieren aufrief. Schon früher hatte man mit Blut, Speichel, Harn (wobei ein Alchemist namens Brand 1674 in Hambg. den Phosphor rein dargestellt haben soll) und sogar mit Fäkalien experimentiert. In Zedlers Lexikon Bd. 38/1743 wird die Ansicht des → Sendivogius zitiert, derzufolge die m. p. mit der Luft identisch »oder durch die gantze Lufft ausgesäet«, sei, und zwar zugleich »vegetabilischer, animalischer und mineralischer Natur«. Eine Möglichkeit, diese Paradoxa zu lösen, sieht A. Siggel (1951) in dem Hinweis darauf, daß der Salmiak (sal ammoniacum, NH_4Cl) bei den arab. Alchemisten sehr geachtet war. Salmiak kommt natürlich auf brennenden Halden von Steinkohlenfeldern und Klüften und Spalten von Lavafeldern und Vulkankratern vor, u. zw. als

171

ſich befindet / auch dahero nicht ohne erhebliche Urſach vor unzeitig geachtet wird. Mag derowegen wohl von dieſem wunderbaren Weſen des gemeinen ☿ geſaget werden / daß es ſey Electrum minerale immaturum, wie auch Primus Metallus. (oder ♄nus Ph.) oder die Prima Materia Metallorum. Dann alle Metallen aus obbeſagtem ☿ Ph. ihren eigentlichen Urſprung haben / der hierinnen zuförderſt zu beobachten iſt / als die vornehmſte Grund-Urſach / oder das Principium ſolchen Metalliſchen Weſens. Wie nun aber dieſes obbemeldter maſſen mit dem Metalliſchen Schweffel noch nicht geſchwängert und berühret worden: Als iſt dahero mehr-beſagtes Queckſilber / gleichſam das jungfräuliche Wachs der Ph. welches alle ſigilla oder Eindruckungen in ſich zu faſſen / zwar fähig / aber keineswegs damit vermiſchet / und alſo die höchſte Simplicität / oder einfache Lauterkeit darinnen zu befinden iſt : nicht aber einige heterogeneität oder Ungleichheit ſeines in der Metalliſchen Geburt hervorgebrachten Weſens / viel weniger eine grobe Unreinigkeit / und Beſleckung des innern Metalliſchen Krafft-Weſens / oder Geiſtfeurigen Liechts !

Ferners erzeiget ſich mehrbeſagten Queckſilbers jungfräuliche Natur oder Metalliſche Reinigkeit auch hierinnen / daß nemlich daſſelbige einiges Schmeltz-Feuer niemahlen ausgeſtanden hat / noch viel weniger jemahlen ſuſtiniren oder ausdauren wird / weil es lauter geiſtliches Weſen iſt / welches dem Lufft nicht ungleich / und dahero gar bald dahin fliehet / wann es von dem Feuer urgirt

MATERIA PRIMA: Textseite aus dem »Promptuarium Alchemiae« des Joachim Tanckius, Leipzig 1610, worin die M. P. als »jungfräulicher Mercurius« geschildert wird

regulär kristallisierende Verbindung. Der hellenist. Alchemie (Hauptsitz Alexandria) war der Salmiak offenbar nicht bekannt, umso mehr aber den arab.-pers. Alchemisten (Vulkan Demawend u. a.), die auch seine Fähigkeit erkannten, die Oxydschichten der Metalle (die »Metallkalke«) zu reduzieren. Da Ammoniak auch aus Fäulnisprodukten organischer Abfälle entsteht und zu Ammonsalzen (also auch Salmiak) verarbeitet werden kann, ist der Hinweis auf den »verachteten Stein, der kein Stein ist, auf dem Abfallhaufen gefunden wird« usw. vielleicht als Umschreibung des Salmiaks aufzufassen. Damit läßt sich zwar keine echte → Transmutation durchführen, doch sind mit seiner Hilfe metallurgische Operationen möglich. Die mit Fäkalien und aus ihnen entstehenden Mineralien wie Guanit und Struvit experimentierenden Alchemisten hießen »Stercoristen« (vgl. F. Maack in Alchemist. Blätter 1927, Nr. 3, S. 48). M. P., als »Magnesia« bezeichnet: → Zosimos. Vgl. auch → Adam, aquila, Chaos, Himmeltau, Sternschnuppen.

BURCKHARDT 1960; BURLAND 1967; FEDERMANN 1964; PEUCKERT 1956; SELIGMANN 1958; SIGGEL 1951; SPUNDA 1941

MEDAILLEN (ASTROLOGISCHE), einst als »sigilla« bezeichnet, waren im Abendland vom 14. bis zum 17. Jh. sehr geschätzt. Sie dienten als → Talismane. Bei ihrer Herstellung wurden die »Korrespondenzen« zwischen → Planeten und Metallen beachtet (→ Metallbezeichnungen der Alchemisten), die Prägung wies meist → mag. Quadrate, → Charaktere und allegorische Figuren auf, weiters Namen von Gestirngeistern (→ Intelligentia und Dämonium). Anweisungen für die Herstellung von a. M. finden sich im Traktat »De septem quadraturis planetarum« des Picatrix-Manuskriptes, weiters bei → Arnaldus von Villanova, in der »Archidoxis magica« des (Pseudo-) → Paracelsus, vor allem aber in der »Occulta Philosophia« des → Agrippa von Nettesheim. Die Mehrzahl der noch erhaltenen a. M. stammen vom Ende des 16. Jhs., während sie im 17. Jh. (mit der Ausbreitung des heliozentrischen Systems und dem damit verbundenen Ausklingen der alten Astrologie) immer seltener werden. Obwohl einst wahrscheinl. vorwiegend Sätze von je 7 a. M. nach den Planeten geprägt wurden, findet man in den Münzkabinetten heute nur wenige Einzelstücke. Daß solche Serien von 7 Planetengöttern auf Medaillen geprägt wurden, wird schon aus der Zeit des Antoninus Pius (138—61 n. Chr.) berichtet und syrischem Einfluß zugeschrieben. — M. anderer Art wurden in der Renaissance zur Erinnerung an »erfolgreiche → Transmutationen« geprägt; Abb. bei Hartlaub 1959, Fig. 29—39; → Aurum nostrum, → Leo.

NOWOTNY 1951, 1967

MENGUS, Hieronymus (Mengo, Girolamo), it. Minoritenmönch des 16. Jhs., lt. Zedler »aus Viadana im Mantuanischen gebürtig«, war Verfasser eines einst weitverbreiteten Buches über die beim → Exorcismus zu beachtenden Riten (Flagellum daemonum, Bologna 1578, 1582, 1585; Venedig 1587, London 1653, Frankf. 1708, 1709), das 1709, also kurz nach Erscheinen der letzten Auflage, auf den Index der verbotenen Bücher gesetzt wurde. M. verfaßte ferner »Compendio dell'arte essorcistica«, Bologna 1586, Venedig 1601. Graesse 1843 nennt ferner »Eversio daemonum e corporibus oppressis« etc., Bologna 1588 und »Fustis daemonum, adiurationes formidabiles et potentissimas, ad malignos spiritus effugandos« etc., Bologna 1589, o. O. 1621, Frankf. 1708. »Fustis« und »Flagellum« sind auch in manchen Ausgaben des → malleus maleficarum enthalten (z. B. Frankf. 1598, 1660; Lyon 1666, 1669).

SELIGMANN 1958; ZEDLER 1961—64

MENSTRUUM wird von Hübner 1746 definiert als »ein Auflös = oder Scheide = Safft, welches ein Liquor oder Feuchtigkeit ist, vermittelst welcher ein festes Corpus aufgeschlossen wird, oder welches fähig ist, die Tugend und Kräfte aus den Dingen zu ziehen« (Sp. 1307). M. bedeutet in der Alchemie ein Lösungsmittel, so etwa die allegor. als Grüner Drache (→ Grün) bezeichnete Mischung aus wässeriger Salzsäure und Salpetersäure (Königswasser). Man unterschied menstrua universalia (allgemeine Lösungsmittel) und menstrua particularia, die nur gewisse Stoffe auflösten: so etwa Aqua fortis od. Aquafort (Scheidewasser, Salpetersäure), das Silber auflöst und Gold nicht angreifen kann. Vgl. Zedlers Lexikon Bd. 20/1739, Sp. 833—45 (M. philosophorum — oleum veneris).

Symbole für aqua fortis und aqua Regis, nach Teichmeyers »Institutiones chemiae«, Jena 1729

MEPHISTOPHELES (Mephostophiles, Mephostophilus), ein Beiname des Teufels oder Name eines seiner untergeordneten → Dämonen, bekannt als → Familiar des Dr. → Faust; in Marlowes Faustdichtung lautet der Name Mephistophilis, in Shakespeares »Lustigen Weibern« Mephostophilus. Abgeleitet wird der Name von gr. Méphóstophilés, d. h. »Der das Licht nicht liebt«, während Mephistophiles vielleicht mit dem Namen der altitalischen Gottheit Mefitis (Mephitis) der Schwefelquellen in Verbindung zu bringen wäre: als »Der den Schwefelgestank liebt«. Er müßte dann jedoch »Mephitophilos« o. ähnl. lauten. Eine andere Erklärung führt den Namen auf gr. mégistos — der Größte, und opheléin — nützen zurück: Megistopheles — der größte Dienstbare. Wahrscheinlicher ist eine hebr. Etymologie: mephir tophel, Lügenverbreiter. In → Zauberbüchern findet man gelegentl. die Schreibung »Mephistophiel«. Vgl. W. H. Roscher: Ephialtes, 1900; A. Daur: Faust und der Teufel, 1950. G. Mahal: Mephistos Metamorphosen. Fausts Partner als Repräsentant literarischer Teufelsgestaltung. Göppingen 1972.

MERCURIUS, Name des Planeten Merkur, in der Alchemie Bezeichnung des Quecksilbers (→ Metallbezeichnungen), manchmal auch Tarnbezeichnung der → materia prima. In der Astrologie spielt M. deshalb eine große Rolle, weil er — im Gegensatz zu den »männlichen Planeten« Sonne, Mars, Jupiter und Uranus und den »weiblichen Planeten« Mond, Venus, Saturn und Neptun — als → Hermaphrodit angesprochen wird (→ Androgyn, → chymische Hochzeit). Bei → Paracelsus ist M. einer der drei Weltbausteine: → Sal, → Sulphur, M. Für den Astrologen ist der Planet Vertreter des »intellektuellen Prinzips«. Er ist der Bewegliche, der Vermittler — ohne eigenes Gesicht nach allen Seiten dienend durch die Vielseitigkeit seiner Interessen wie seines Erinnerungsvermögens« (Rosenberg 1949).

Der Planet Merkur stellt die himmlische Entsprechung des irdischen Quecksilbers dar, ebenso wie die Sonne dem irdischen Gold entspricht (Sonne der Erde). Wird anstelle der mag. → Entsprechung ein geistiger Zusammenhang angenommen, so gilt eine Identität des Planetengeistes mit jenem des Quecksilbers. In der paracelsischen Schrift »Coelum Philosophorum« wird M. als Symbol des Flüchtigen, auch des höheren geistigen Bewußtseins charakterisiert. Sein Einfluß auf den menschl. Körper »regiert« die Lunge; M. bewirkt auch, daß die Körper fluidisch werden, denn nur so können sie aufeinander einwirken. Die Metallnatur des M. wurde lange Zeit bestritten; so schreibt etwa J. J. Woyt in seinem »Gazophylacium« (1718 u. ö.), man rechne dieses »Wesen« mit »Unrecht unter die Metalle, da es sich weder hämmern, noch giessen lässet. Die Metallurgi halten davor, daß dieses Fluidum der Grundtheil aller Metalle sey, deren mehrere oder wenigere Feuer = Beständigkeit von dem mehr oder weniger gebundenen Mercurio herrühre.« Nicht immer handelt es sich bei den chem. Stoffen, die in der alchemist. Literatur mit »M.« bezeichnet werden, um echte Quecksilberverbindungen; »aqua mercurialis« z. B. wird als Antimon-Trichlorid (SbCl₃) gedeutet. — Der sonnennahe Planet M. hat lt. Pater M. Cochem (→ Mars) viele »grosse und edle würckungen, welche er so wohl in den pflantzen, als auch in dem vieh und in den menschen verrichtet. Dahero alles was in den kräuttern, hecken und bäumen lebhafft und kräfftig ist: was in den thieren... wunderbarlich ist: und was in den menschen, in erfindung allerhand künsten und wissenschafften spitzfindig ist, kommt nächst Gott, von diesem gestirn her. Wo diser planet etwas findet, das tauglich ist seine krafft zu empfangen, giesset er ihm dieselbe ein, und durch den einfluß seiner gläntzenden stralen bequemt er das hirn, und machet lebhafft die kräfften des hertzens... Wan die strallen der sonnen gerad auf diesen stern scheinen, und die stralen dises sterns zugleich mit den sonnenstralen auff die erde zihlen, so verrichtet der Mercurius noch grössere würckungen«. —

In J. W. Pfaffs »Astrologie« (1816) ist M. als Planet »zweydeutigen und für sich wegen seiner Beweglichkeit unsichern Wirkens. Männlich... (vom) 5. — 14. Jahr Herr des menschlichen Lebens. Er beherrscht die Sprache, und den Verstand, Galle und Zunge. Er bezieht sich vornämlich auf wissenschaftliche Beschäftigungen, auf Wohlredenheit, Dichtkunst, Meßkunst, Entdeckungen, Ehrgeiz, wankelmüthige Bestrebungen; Geschiklichkeit in körperlichen Dingen. Er gebietet auch den Quellen und Gewäßern.« Lt. astrolog. Tradition wird dem M. als → Planeten der Mittwoch (dies mercurii, fr. mercredi), die Farbe gelb, unter den → Edelsteinen Topas und Karneol, unter den Zeichen des → Zodiakus virgo (Jungfrau) und gemini (Zwillinge) zugeordnet. Er gilt als »hermaphroditischer« Planet, dessen Wirkung im Zeichen virgo als »erhöht«, im Zeichen pisces (Fische) als »erniedrigt« betrachtet wird. — Über die symbol. Bedeutung des M. als Quecksilber, Wasser, Feuer, Luftgeist, Geist, Seele usw. vgl. Jung 1951, S. 86—128 (reiche Quellenangaben); dies zeigt jedoch nur, daß »M.« in der Sprache der Alchemisten auch wechselweise für → materia prima, materia transmutanda und den → Stein der Weisen stehen kann, wodurch die betr. Texte (wohl mit voller Absicht) verwirrend und unklar wirken müssen. Vgl. auch H. Biedermann, Materia prima, 1973. — Beschwörung des »Spiritus mercurii«: → Intelligentia und daemonium.

MERLIN(US) BRITANNICUS, Ambrosius, sagenhafter walisischer Magier, der um 480 im westl. Wales (Caermardhin) gelebt und viele Wundertaten vollbracht haben soll. M. spielt im Sagenkreis des Königs Artus eine große Rolle und wurde von den Dichtern des MA.s in die Ritterromane aufgenommen (Robert de Boron, um 1200; Maerlant; Albrecht von Scharfenberg u. a.; vgl. San Marte, Die Sagen von M. Halle 1853). Die Figur scheint durch Galfredus Monmetensis (Galfred

von Monmouth) aus der halbhistor. Gestalt des kymrischen Barden Merd-
hin(emris) gebildet worden zu sein. Es heißt, M. wäre durch einen → Alp (→
Incubus) mit einer Nonne gezeugt worden und sollte dann in den Grundmauern
einer Burg eingemauert werden, habe aber dann einen hindernden Zauber entdeckt, der gleichzeitig die Weissagung des Untergangs und der Wiederaufrich-
tung der altkelt. Königsherrschaft in England darstellte. Als er ihn der schönen
Viviane enthüllte, erhielt sie die Macht, ihn in einem Zauberkreis im Wald festzu-
bannen. M. wird auch als illegitimer Vater des Königs Artus bezeichnet. Demgegenüber berichtet Galfred of Monmouth (gest. 1155) in seiner Geschichte der
brit. Könige, daß die Zeugung des Artus (Arthur) durch ein zauberisches Blendwerk des M. ermöglicht wurde, desgl. das Buch »M.« des Robert de Boron (um
1200). Eine große Rolle spielt M. in dem myth.-hist. Roman »Morte d'Arthur«
des Sir Thomas Malory (gest. 1471), wonach jener die Krönung des Arthur vorbe-
reitete, indem er ein Schwert in einen Felsblock bannte, das nur der rechte Thron-
erbe herausziehen konnte. M. prophezeite auch den Untergang der Tafelrunde
infolge eines von Arthur unwissentlich begangenen Inzests, dessen Frucht der
Verräter Mordred war (vgl. R. W. Barber, Arthur of Albion, London 1961). Vgl.
»Das Leben des Zauberers Merlin. Geoffrey von Monmouth, Vita Merlini«,
übers. u. hrsg. v. I. Vielhauer, Amsterdam 1964, mit Vorw. v. Heinrich Zimmer.
— Frederik Hetman, Der Tod des Zauberers, in: T. H. White, »Das Buch Merlin«, Knaur-TB 1032, München o. J. M. wird (S. 193 f.) auch mit dem Bau des
megalithischen Steinkreis-Heiligtums von Stonehenge in Verbindung gebracht,
indem er den »Steintanz« von Irland nach Südengland schaffen ließ, was nur mit
Hilfe seiner Zauberkraft möglich war. — Der Stoff der M.-Sage wurde wiederholt künstlerisch gestaltet, etwa von Uhland (Ballade »M. der Wilde«), Immermann (Drama »M.«, 1832) und Goldmark (Oper, 1886). — Eine alchemist.
»Allegoria Merlini« ist enthalten in dem Sammelwerk »Artis auriferae... libri«
(→ Musaeum Hermeticum). Vgl. Lucy Allan Paton, The Prophecies of M., New
York 1926, (Modern Languages Association of Am., monogr. ser. 1, 1—2).

Über die Hs. »Prophéties de M.«, Berner Stadtbibl. cod. No. 388 vgl. E. Frey-
mond, Zum Livre d'Artus, Zs. f. Roman. Philologie 16, Ndr. Graz 1968.

METALLBEZEICHNUNGEN DER ALCHEMISTEN. Wie der heutige Chemi-
ker für die Bezeichnung der von ihm eingeleiteten Prozesse Symbole und Formeln
verwendet, benützte der Alchemist Bilder und Symbole, die jedoch allegor. Charakter haben. Für die Bezeichnung der »sieben Metalle« verwendete er die
Namen oder kurz die astrolog. Symbole der »sieben → Planeten«; so stehen
Sonne (sol) und Mond (luna) für die »edlen« Metalle Gold und Silber, für Eisen
Mars, für Merkur in der Antike oft Stahl und Zinn, im MA. jedoch immer Queck-

silber (→ Mercurius, bildl. auch als »grüner Löwe« oder als Adler, aquila). Jupiter steht in der Antike für Messing oder die Legierung Elektrum (Gold + Silber, auch mit Kupfer, Zink und Nickel vermischt), im MA. jedoch einheitl. Zinn (»lat. Stannum, Jupiter, weil man geglaubet, das Zinn empfange von diesem Planeten seinen Einfluß, daher auch dessen medicinische Krafft der Leber gewidmet worden. Es wird auch Diabolus Metallorum genennet, und auf Syrisch und Chaldäisch Bragmana, das ist, Regnum Jovis«; Zedlers Lexikon Bd. 62/1749). Saturn steht für Blei, bildl. dargestellt als der antike Kronos mit der Sense, oft auch mit Stelzfuß, oder als »eisgraues Männchen«, Venus steht für Kupfer (= das kyprische Metall). Ein planetarisch-metallisches Entsprechungsschema etwas abweichender Art ist in der Mithras-Liturgie enthalten, wo von einer siebensprossigen Leiter mit folgenden Stufen die Rede ist: Blei (Sphäre des Saturn), Zinn (Venus), Bronze (Jupiter), Eisen (Merkur), Münzlegierung (Mars), Silber (Mond), Gold (Sonne); vgl. A. Dietrich, eine Mithrasliturgie, Berlin-Leipzig 1910, S. 183 u. 254.

Diese 7 Metalle wurden nicht als gleichrangige → Elemente empfunden, sondern als Kennzeichen eines Entwicklungsprozesses, der von der niedersten Stufe (dem saturnischen Blei) zu der höchsten (dem solaren Gold) führt. Der Alchemist war bestrebt, diesen Prozeß durch sein Wissen um die inneren Gesetze der Schöpfung abzukürzen und im Laboratorium zu beschleunigen. — Ein unbekannter Alchemist des 17. Jhs., zit. bei Peuckert 1956, S. 490, schildert die → Sympathie zwischen Planeten und Metallen so: »Die sieben metall goldt, sylber, quecksylber, eyysen, Zin, blei, Cupffer werden von den 7 Planeten geregiert. Als nemblich gold von der sonnen, welches hitzig im andern grad und feücht im ersten. Das sylber von dem mon, ist khalt und feücht weiß von d. farb und steiff; das qweckhsilber (welches Hermes mercurium od. aquilam nent) ist feücht flüssig und dunkhel weiß; wierd darumb aquila genent gleich wie aquila der Adler höher fleügt den alle ander vögel also ist auch das queksilber uber alle andern metall…« usw. → Transmutation. Abb. der Symbolzeichen → Ripley. Der Name »Electrum« war in der Antike Bezeichnung für verschiedene Gold-Legierungen (mit Silber u. Kupfer); in der → Alchemie ist »E. minerale« lt. Zedlers Lexikon Bd. 8/1734 »das erste Wesen derer Metallen, das seine letzte Vollkommenheit noch gar nicht erreicht hat, und doch voll saamentlicher Krafft stecket«, also gleichsam in »organischer Evolution« begriffen ist.

Im »Lex. d. Astrologie« (Hrsg. U. Becker, Freibg. 1981) wird auch ein System der Entsprechungen zwischen den Tierkreiszeichen (→ Zodiakus) und den Metallen im Sinne der astrolog. Tradition angeführt, u. zw.: Widder - Eisen, Stahl; Stier - Kupfer, Bronze, Messing, Platin; Zwillinge - Quecksilber, Gold; Waage - Kupfer, Gold; Skorpion - Eisen, Stahl; Schütze - Zinn, Schmiedeeisen; Steinbock - Blei; Wassermann - radioaktive Elemente (offenbar eine Innovation in dem traditionellen Analogiesystem); Fische - Zinn.

MEYFART (Meifart, Mayfart), Johannes Matthäus, dt. ev. Theologe und Philologe in Erfurt, 1590—1642, Verfasser zahlr. Werke über theolog. und philosoph. Fragen, darunter »Das höllische Sodoma« (Coburg 1629, Nürnbg. 1640), »Das himmlische Jerusalem« (Nürnbg. 1630, 1647, 1654), »Das Jüngste Gericht auf historische Weise beschrieben« (Nürnbg. 1632, 1637, 1652), wurde besonders durch seine gegen den Hexenglauben gerichtete Schrift »Christliche Erinnerung wegen des Lasters der Hexerey« (Erfurt 1636) bekannt (Graesse 1843 nennt »Christliche Erinnerung an gewaltige Regenten und gewissenhafte Prädicanten, wie das abscheuliche Laster der Hexerey mit Ernst auszurotten« etc., Schleusingen 1635); »Hochwichtige Hexenerinnerung«, Leipzig 1666. M. »begrüßte die ‚Cautio Criminalis' [→ Spee] mit leidenschaftlicher Zustimmung... Er hatte manchen Prozessen und Verbrennungen beigewohnt und würde, so schreibt er, tausend Taler darum geben, wenn er vergessen könnte, was er mit ansehen mußte... Er preist den Verfasser der ‚Cautio Criminalis' als 'herzhaft, gelehrt, erfahren und gewissensmächtig'.« (Baschwitz 1963, S. 296 f.). Vgl. Allg. Dt. Biogr. Bd. 21, S. 646 ff., desgl. Herzog-Hauck Bd. 13, Ndr. Graz 1971, S. 44—47.

MIKROKOSMOS — MAKROKOSMOS ist eine in den mag. Weltbildern häufig vorausgesetzte Parallelität, die sich etwa auch in der →Tabula smaragdina ausprägt und die gedankliche Grundlage der → Astrologie und vieler mantischer Techniken darstellt: der Mensch ist die »kleine Welt«, eingebettet in die große des Universums, und beide Welten spiegeln einander, »wie im Himmel, also auch auf Erden«. Es handelt sich um ein paralogisches Denken in → Entsprechungen, das es dem Menschen u. a. erlauben soll, aus den Vorgängen der Außenwelt (etwa: den Bewegungen der Gestirne) auf sein persönliches Schicksal rückzuschließen. So heißt es etwa bei → Paracelsus: »Man muß verstehen, daß der Mensch die kleine Welt ist; nit in der Form und leiblichen Substanz, sondern in allen Kräften und Tugenden, wie die große Welt ist. Auf den Menschen geht der edle Name Mikrokosmos. Das ist so viel: daß alle himmlischen Läuf, irdische Natur, wässerige Eigenschaft und luftiges Wesen in ihm sind. in ihm ist die Natur aller Früchte der Erde, und aller Erz, Natur der Wasser« (n. Peuckert, 1956, S. 196).

In der Volksmedizin führt die M.-M.-Parallelität dazu, daß z. B. Medikamente, die ein Schwinden (etwa eines Geschwüres) bewirken sollen, bei abnehmendem Monde gepflückt werden müssen, wachstumsfördernde Heilpflanzen dagegen bei zunehmendem. Die myst. Weiterführung des Entsprechungsgedankens führt zu der Gleichsetzung von Menschen- und Gottesgeist, Atman-Brahman im Brahmanismus. —

Die Grundlage des M.-M.-Gedankens sind wohl Urmythen über einen »anthropomorphen Kosmos«, aus einem riesigen Vorzeitwesen gebildet. In der myst.-mag. inspirierten Kunst tritt der »Kosmos-Mensch« nicht selten auf, etwa im MA. in manchen Handschriften, die Illustrationen der Visionen der → Hildegard von Bingen darstellen, und in der Renaissance in den Illustrationen des Rosenkreuzers Robert → Fludd. Er leitet sich offenbar aus der Weltsicht des → Neuplatonismus ab (übernommen von Macrobius, Beda venerabilis, Honorius, teilw. auch von →Albertus Magnus u. a.). Bei → Vigenère (Tract.de igne et sale) wird die Welt von Gott als seiner (Gottes) Urprägung entsprechend geschaffen (ad archetypi sui similitudinem factus) und daher als »magnus homo« bezeichnet, bei Swedenborg in demselben Sinne als »homo maximus«. Vgl. A. Olerud, L'Idée de Macrocosmos et de Microcosmos dans le Timée de Platon. Uppsala 1951; C. v. Corvin-Krasinski, Mikrokosmos und Makrokosmos in religionsgeschichtl. Sicht, Düsseldorf 1960; H. Schipperges, Einflüsse arab. Medizin auf die Mikrokosmoslit. des 12. Jhs., Miscellanea Mediaevalia 1/1962, S. 139—42.

ROSENBERG 1949

MIZALDUS, Antonius (Mizauld, Antoine), ca. 1520—78, bedeutender fr. Arzt, Mathematiker, Astronom und Astrologe des 16. Jhs., stammte aus Montluçon (Bourbonnais) und »kam nachmahls nach Paris und satzte sich daselbst durch seine Geschicklichkeit in grosse Hochachtung, die er auch nach seinem Tode behalten« (Zedler). Seine zahlr. Werke befassen sich mit Pflanzenkunde, Heilkunst, »Magia naturalis«, Astrologie im Sinne der Lehre von den → Entsprechungen und auch mit rein astronomischen Themen (wie z. B. das in Hexametern geschriebene Werk »De mundi sphaera, seu Cosmographia, libri tres«, Paris 1552 u. ö.). Zu den interessantesten Büchern des M. gehören »Harmonia corporum coelestium corporum et humorum«, Paris 1577, 1598, Frankf. 1613; »De arcanis naturae«, Paris 1558; »Centuriae secretorum«, besonders bekannt in der Ausg. Frankf. 1717. Eine zweibändige Gesamtausgabe erschien in Paris 1607. Graesse 1843 nennt »Antonii Mizaldi hundert curieuse Kunststücke«, Frankf. u. Leipz. 1717, in Haubers Zauberbibliothek enthalten (III/CCLXX). — Kiesewetter (1895/1977, S. 336 f.) erwähnt M. als einen der Schüler des Mathematikers und Mediziners Jacob Milich (1501—1559); dieser »arbeitete auf eine enge Verbindung der Medizin mit der Astrologie hin und bildete besonders die Lehre von den medizinischen Prognosticis und Electionen aus...« (→ Iatromathematik).

MOLITORIS, Ulrich (richtiger als Molitor, da der Genitiv vom Namen des Vaters stammt; vgl. → Institoris), ein Rechtsgelehrter und Dämonologe aus Konstanz, gest. 1492, war Autor eines einst weit verbreiteten und einflußreichen Buches über Hexerei; er führte mit dem Bürgermeister von Konstanz, Konrad Schatz,

MOLITORIS: Darstellung des Sabbatmahles im Freien (Konstanz 1489).
Vgl. → Hexenglauben, → Wetterzauber

und dem Erzherzog Sigismund von Österreich um 1488 ein Rechtsgespräch über die Verfolgbarkeit der Hexen und meint, daß die meisten Vergehen, die den Hexen zugeschrieben werden, von Dämonen begangen werden. Skeptisch ist M. auch im Hinblick darauf, daß der Teufel nach der Ansicht seiner Zeitgenossen die Macht habe, die Elemente zu bewegen oder Mensch und Tier Schaden zuzufügen. Dennoch diente M.s Buch, mit einfachen Holzschn. illustriert, offenbar dazu, den Hexenglauben seiner Zeit klarer zu formulieren. Der → Hexenglaube ist nach M. teilweise auf »Fantastigkeit und Eynbildung« zurückzuführen; im Hinblick auf »echte« Hexen jedoch ist M. dafür, daß man »solich böß weyber von ihr abtrünigkeit und ketzerey vnd von ihres verkerten willens wegen nach keiserlichem Recht tödten sol und mag«. Die 1. Inkunabelausg. (»De laniis [recte lamiis] et phitonicis [recte pythonicis] mulieribus tractatus pulcherrimus«, Straßbg. 1489) war offenbar ein Erfolg, denn es erschienen zahlr. Ausgaben (z. B. Leipzig 1495) und Übersetzungen (dt.: Dez hochgeborene Fürsten, Herzog Sigmunds von Österreich mit D. Molitoris vnd hern Cunrad Schatz, weiland Burgermeister zu Constentz, ein schön Gesprech von den Onholden, ob dieselben bösen weiber hagel, reiffen, vnd ander ungefell, den menschen zu schaden, machen können... Frankf. oder Straßbg. 1544, 1575). Als Beweis für den Hexenglauben werden auch Volkssagen (Melusine, → Merlin) herangezogen.

GRAESSE 1843, S. 31, 32

MORIENUS (Morienes), sagenhafter syr.-arab. Alchemist der Spätantike; wahrscheinl. ein Mönch namens Marianos, der um 680 n. Chr. lebte. In den alchemist. Büchern werden seine Lehren oft erwähnt. Zedlers Lexikon 1739 nennt auch einen M., »ein Italiänischer Medicus von Rom in der Mitte des 16. Jahrhunderts, hat einen Tractat de transfiguratione metallorum & occulta philosophorum medicina geschrieben, welcher zu Paris 1559 in 4 heraus gekommen.« Ein Idealporträt des M. Romanus ziert das Titelblatt von Michael Maiers Werk »Symbola aureae mensae 12 nationum«, Frankf. 1617. Der M.-Traktat »De transmutatione metallica« ist enthalten in dem Sammelwerk »Artis auriferae... libri duo«, Basel 1572, 1593, 1610. — Mit dem M.-Text »Sermo libri artis auriferi« der Basler M.-Ausg. 1593 beschäftigte sich Goethe in seiner Farbenlehre (vgl. Ploss 1970, S. 36; → Aurum nostrum); R. Reitzenstein, Alchemist. Lehrschriften und Märchen bei den Arabern, in Religionsgeschichtl. Versuche u. Vorarbeiten XIX/1923, 2. — Das Idealporträt des M. in der »Basilica Chymica« des → Crollius (Frankf. 1629) trägt die Devise »Occultum fiat manifestum, et Viceversa«.

GOLDSCHMIDT 1939

308

MORIN(US), Jean Baptiste, (Morin de Villefranche) 1583—1656, der bedeutendste Astrologe seiner Zeit. Er studierte zuerst Philosophie und Medizin (Doktorwürde 1613, Avignon), verfaßte das naturkundliche Werk »Mundi sublunaris anatomia« (1619) und wurde von einem schottischen Astrologen namens Davidson in das Wesen der Sterndeutung eingeführt. Auf diesem Gebiet erlangte M. bald einen sehr guten Ruf; Kardinal Mazarin unterstützte ihn und setzte für ihn eine Pension von 2000 Livres aus. M. wurde Hofastrologe von König Ludwig XIII. Mehrere Prognosen, etwa jene des Todesdatums von Gustav Adolph und Kardinal Richelieu, trafen mit überraschender Genauigkeit zu; Königin Christine von Schweden hielt M. für den erleuchtetsten Astrologen aller Zeiten; »er behauptete, es würde grossen Potentaten oder deren vornehmsten Ministern nichts nützlicheres seyn, als wenn sie ein Collegium von 3 Astrologis bestellen würden, welche der nahe gelegenen Potentzen und dero vornehmsten Räthe Nativität genau nachforschten; denn auf solche Art könte man sehen, wenn ein Krieg glücklich anzufangen, was für eine General dazu sollte erwählet werden, und was vor andere Glückseligkeiten mehr sind, die er aus seiner Kunst versprach« (Zedlers Lexikon Bd. 21, 1739).

M.s bedeutendstes Werk ist die posthum 1661 zu Haag in 26 Büchern erschienene »Astrologia Gallica«, die nicht nur eine umfangreiche Sammlung von Horoskopen (Wallenstein, Luther, Richelieu usw.) und eine auch von modernen Astrologen benutzte Einführung in die Astrologie und deren Gesetze enthält, sondern auch als »astrologische Naturphilosophie« (A. Rosenberg) anzusprechen ist. »M. aktualisierte die Astrologie des Ptolemäus mit den Kenntnissen des 17. Jh.s und trug so zur ‚Modernisierung‘ der Astrologie bei; sein Ansehen ist noch heute groß« (Lex. d. Astrologie, hrsg. v. U. Becker, Freibg. 1981, S. 198). Andere Werke: Famosi problematis de telluris motu, Paris 1631; Tycho Brahae in Philolaum pro telluris quiete (M. war ein Anhänger des tychonischen Weltsystems!), Paris 1642; — Jean Baptiste M. ist nicht zu verwechseln mit dem Theologen Jean M. (Joannes Morinus), 1591—1659.

ROSENBERG 1949; ZEDLER 1961—64

MORTIFICATIO, lat. die Tötung, in der → Alchemie Bezeichnung für das Erstarren eines Stoffes, wodurch dieser unfähig wird, mit einem anderen zu reagieren. Da die Reaktionsfähigkeit als Folge des Gehaltes an → mercurius aufgefaßt wurde, ist die M. verbunden mit der »Austreibung« dieses flüchtigen → Elements. Als M. mercurii wurde oft der Kunstgriff bezeichnet, dessen sich manche Alchemisten rühmten, die das metallische Quecksilber bei normaler Temperatur zu einem festen, silbrigen Metall umzuwandeln imstande sein wollten: so etwa → Libavius, → Helmont u. a. Vgl. Kopp, Die Alchemie Bd. I, Anm. V. — Allegor. Darstellungen der M. im »Chym. Lustgärtlein« des → Stoltzius, Fig. LXXXVIII und CI. Bei der M. kann es sich allgemein um ein Auskristallisieren, speziell bei Quecksilber um die Bildung eines Amalgams oder auch um eine Überführung in eine feuerbeständige Verbindung handeln (etwa Quecksilberoxid, durch Glühen aus Quecksilbernitrat entstanden). Vgl. W. Schneider 1962, S. 74.

MUMIE bedeutet in den Schriften der → Chemiatrie im Anschluß an → Paracelsus (etwa bei → Helmont) meist nicht die wegen ihrer aus den Balsamierungsstoffen abgeleiteten pharmazeut. Wirkung offizinell verordneten Pulverpräparate aus zerriebenen ägypt. Mumien, sondern vorwiegend eine Art Aura, ähnl. dem »Astral-Leib« im → Okkultismus des 19. und 20. Jhs.; diese »M.« ist es, die bei der → Transplantatio morborum mit dem Auswurf des Kranken z. B. in einem Baum »verbohrt« wird, um den Krankheitsstoff dem Patienten zu entziehen. Diesem an die Materie, sogar an die Exkremente gebundenen Teil des Menschen wird eine besondere Kraft (»virtus mumialis«) zugeschrieben, deren »Reindarstellung« in Zedlers Lexikon Bd. 22/1739 ausführlich beschrieben wird: das einem gesunden Menschen abgezapfte Blut wird in Eierschalen gefüllt, die man mit Schweinsblasen verschließt. Dann legt man diese Eier »einer brütenden Henne unter, lässet es so lange unter der selben liegen, bis die Hünergen die Eyer anhacken, alsdann nimm das Ey hinweg, und wenn du es aufmachst, so wirst du eine carnose materiam, wie einen [→] Homunculum... finden; diese lege in einen Back = Ofen, so lange bis das Brod ausgebacken ist, daß das Blut mit dem Ey recht trucken wird,... Mit dieser Massa soll man nicht allein 2 grosse Feinde in einem Augenblick versöhnen können, sondern auch alle Kranckheiten curiren. Nemlich wenn solche Mumie parti corporis infirmae erstlich eingeleget, von dem Krancken erwärmet, und hernach einem Thiere communiciret wird«. (→ Transplantatio morborum: die »Insecatio«). »Das glaube wer da will und kann.« Ausführlich schreibt A. Tenzel in seiner »Medicina diastatica« (1629) über die M., als von dem »allerdünnsten, zartesten, geistlichen und himmlischen Wesen des Cörpers oder Leibes«, was Peuckert 1967, S. 255 dazu veranlaßt, den Begriff mit »Lebensgeist« und »activitas« zu übertragen, als Vehikel von Sympathie-Wirkungen, die u. a. auch in der → Waffensalbe als ausschlaggebend empfunden werden.

Vgl. auch M. Ráček, »Die nicht zur Erde wurden«, Wien-Köln 1985; W. F. Bonin, Lex. der Parapsychologie, Zürich 1978, 349 f.

MUNDANASTROLOGIE, Astrologia mundana, die Lehre von der astrolog. Bedingtheit des Schicksals ganzer Staaten und Völker, wobei meist ein Gründungsdatum für die Erstellung eines → Horoskops benützt wird oder das Geschick nach fiktiven Gemeinsamkeiten (etwa kriegerische Völker — Mars, Handelsvölker — Merkur usw.) abzulesen versucht wird. Die theoret. Grundla-

244 XII ♓ Die Fische.

Austheilung der Länder
nach
dem Thierkreis. *)

Widder hat unter sich Deutschland, Brittannien, Gallien, Schwaben, Ober-Schlesien, Neapel, Florenz, Braunschweig, Lindau, Cracau.

Stier hat Persien, Groß-Polen, Weiß-Rußland, Franken, Lothringen, Mantua, Palermo, Würzburg, Posen, Nancy, Leipzig.

Zwillinge England, Brabant, Würtemberg, Flandern, Nürnberg, Löwen, Mainz, London, Cordova.

Krebs Afrika, Schottland, Carthago, Burgund, Preußen, Holland, Seeland, Constantinopel, Venedig, Mailand, Genua, Lübek, Magdeburg, Bern.

Löwe Italien, Böhmen, Rom, Syracus, Prag, Ulm, Linz, Coblenz.

Jung-

Jungfrau. Griechenland, Creta, Croatien, Kärnthen, Schlesien, Alexandrien, Jerusalem, Erfurt, Basel, Heidelberg, Paris, Leiden, Tolosa.

Waage. Oestreich, Elsas, Livland, Wien, Frankfurt am Main, Strasburg, Heilbronn, Freising, Speyer, Lissabon.

Scorpion. Norwegen, Schweden, Catalonien, Oberbayern, Brixen, Danzig, München, Eichstätt, Valencia.

Schütze hat Spanien, Portugal, Ungarn, Dalmatien, Mähren, Sklavonien, Cöln, Stuttgart, Ofen, (nach Johannes Werner auch Nürnberg).

Steinbok Bosnien, Albanien, Littauen, Sachsen, Thüringen, Hessen, Brandenburg, Steyermark, Augsburg, Constanz, Jülich, Berg, Wilna, Oxford.

Wassermann Dännemark, Roth-Rußland, Westfalen, Algier, Hamburg, Bremen, Salzburg, Ingolstadt, Niederbayern.

Fische Calabrien, Regensburg, Worms.

*) Auszug aus Ptolemeus II. 3, und spätern.

MUNDANASTROLOGIE: Die Zuordnung einzelner Länder, Städte und Landschaften und die 12 Zeichen des → Zodiacus. Nach J. W. Pfaff, »Astrologie«, Nürnbg. 1816

gen der M. sind sehr unsicher, weshalb sich nur wenige Astrologen mit dem Thema befaßten. Am häufigsten zitiert wird Buch 2, 3 und 4 des »Tetrabiblos« von → Ptolemaios. Auch die »Occulta Philosophia« des → Agrippa von Nettesheim enthält in ihren Entsprechungssystemen Gedankengänge der M.: z. B. wie der Venus unter den Tieren Sperling und Taube zugeordnet sind, so unter den Ländern Kleinasien, Cypern, Parthien, Medien und Persien usw. (vgl. → Gauricus).

In der neueren astrolog. Literatur bezeichnet M. oft auch die »Welt-Jahreshoroskope« von universaler Bedeutsamkeit. Vgl. Peuckert 1960, S. 244 ff. Vgl. auch die »Austheilung der Länder nach dem Thierkreis« nach J. W. Pfaffs »Astrologie« (1816), u. a. bei U. Becker (Hrsg.), Lex. d. Astrologie, Freibg. 1981, s. 174 f.

MUSAEUM HERMETICUM, wichtiges Sammelwerk alchemist. Traktate, wahrscheinl. angeregt von Michael → Majer; Erstausg. Frankf. 1625, 2. Ausg. (stark erweitert) Frankf. 1678 (dieses Erscheinungsjahr n. d. Mehrzahl der Bibliographien; das Titelblatt trägt die Jahreszahl 1677), Ndr. 1749. Das Werk ist nicht nur wegen mancher nur hier greifbarer Schriften von Bedeutung, sondern auch wegen der zahlr. allegor. Tafeln und Kupferstiche. Die wichtigsten Traktate stammen von → Madathanus (Aureum Seculum Redivivum), → Meung (Demonstratio Naturae), → Flamel (Summarium Philosophicum), → Sendivogius (Novum Lumen Chemicum, Dialogus, Tr. de Sulphure, Aenigma Philosophicum), dem unbekannten → Philaletha, → Basilius Valentinus, → Helvetius, Thomas → Norton und Cremer (Cremeri Testamentum, von einem angebl. Erzbischof), weiters anonyme Traktate (Tractatus Aureus, Gloria Mundi, De Generatione Metallorum, Liber Alze, Janitor Pansophus), das wegen der schönen Merian-Kupferstiche berühmte Gedicht »De Lapide Philosophorum Figurae et Emblemata« des → Lambspringk, schließlich die nur im M. H. erhaltene »Subtilis Allegoria« von Michael Majer selbst. Andere Sammelwerke von der Art des M. H. sind »Ars Chemica«, Straßbg. 1566; »Artis Auriferae quam chemiam vocant libri duo«, Basel 1572, 1593, 1610; »Bibliotheca Chemica Curiosa« (Manget), Genf 1702; »De Alchemia«, Nürnbg. 1541; »Theatrum Chemicum«, Ursel-Straßbg. 1602—61; »Theatrum Chemicum Britannicum« (Ashmole), London 1652, Ndr. Hildesheim 1967; »Deutsches Theatrum Chemicum«, → Rothscholtz. — Eine engl. Übersetzung des M. H. (»The Hermetic Museum, Restored and Enlarged« gab A. E. Waite heraus (London 1893, Ndr. 1953). Ein Faksimile-Ndr. der wertvollen Ausg. Frankf. 1678 mit Einführung von K. H. Frick erschien 1970 in Graz (= Bd. 1 der Reihe »Fontes Artis Chymicae«).

MUSAEUM HERMETICUM: Meditationsbild aus der Ausg. Frankf. 1678; »mirabilitas naturae«, die Wunder der Natur, inmitten der Planeten- und Elementsymbole, der 4 → Elemente und der 12 Zeichen des → Zodiakus

MUTUS LIBER, das stumme Buch, ein alchemist. Werk eines »Altus« (Pseud.), nach Wellers »Lexicon Pseudonymorum« (Regensbg. 1886, Ndr. Hildesh. 1963) ident. mit dem holländ. Arzt, Philologen und »Chemicus« Jacobus Tollius (Toll, Tollé), gest. 1696 zu Utrecht, u. a. Autor einer »Gemmarum et lapidum historia«, Leyden 1647, und der »Manductio ad coelum chemicum«, Amsterd. 1688. »Daß Jacob Tollius, sowohl hinter dem Nahmen Ausone Bayle, als auch hinter die ebenfalls erdichtete Benennung [→] Arnoldi Villanovani sich versteckt, davon können Mylius und Placcius de pseudonymis nachgesehen werden« (Zedlers Lexikon Bd. 44/1745). Jedoch auch der unter dem Namen → Quercetanus schreibende, 1609 verstorbene Alchemist Joseph du Chesne (Duchêne) wird als Autor des M. L. genannt (E. Canseliet, Hrsg. d. Ndr. Paris 1967).

MUTUS LIBER: Titelseite der Ausgabe La Rochelle 1677

Das M. L. besteht ausschließl. aus allegor.-realist. Darstellungen, die die Stufen der Darstellung des → Steines der Weisen einerseits durch die üblichen Symbole, andererseits durch Bilder aus dem Laboratorium wiedergeben, die den Alchemisten und seine »soror mystica« zeigen. Das Motto des Werkes steht auf Tafel 14: »Ora, lege, lege, lege, relege, labora et invenies« (d. h. bete, lies, lies, lies, lies nochmals, laboriere und du wirst finden). Die Erstausgabe dieses Buches erschien in La Rochelle 1677 (Mutus Liber in quo tamen tota Philosophia hermetica figuris hieroglyphicis depingitur... solisque filiis artis dedicatus, authore cuius nomen et Altus), später wurde es in die Bibliotheca Chemia Curiose des J. J. → Manget aufgenommen (Liber Mutus alchemiae mysteria filiis artis nudis figuris evidentissime aperiens; Genf 1702). Ndr. Paris 1967.

BURLAND 1967

MYLIUS, Johannes Daniel (nicht zu verwechseln mit Christian M., eigentl. Müller, einem Herausgeber von → Paracelsus-Schriften), war lt. Zedlers Lexikon Bd. 22/1739 »ein gelehrter Medicus und Chymicus aus der Wetterau, welcher in der ersten Hälffte des 17. Jahrhunderts gelebet«. Als Anhänger der → Chemiatrie-Schule verfaßte M. eine Reihe von Werken, die zwischen 1618 und 1638 in Frankf. erschienen: »Opus medico-chymicum«, bestehend aus den 3 Teilen »Basilica medica«, »Basilica chymica« und »Basilica philosophia«, 2 Bde., 1618 und 1620; »Antidotarium medico-chymicum«, 1620; »Philosophia reformata«, ein kulturgeschichtl. wichtiges Werk, 1622, 1638; »Anatomia auri sive tyrocinium medico-chymicum de auro«, 1628; »Pharmacopoea spagirico-medica«, 1628 (→ Spagyrik); als Herausgeber betreute M. das Werk »Jatro-Chymicum sive de praeparatione et compositione medicamentorum chymicorum« des Duncan Bornettus, 1616 und 1624.

MYSTISCH, im allg. Sprachgebrauch oft im Sinne von »dunkel, geheimnisvoll« (lt. Duden!) verwendet, bedeutet grundsätzlich etwas anderes als magisch. Während die → Magie eine aktive Haltung voraussetzt, ist die Mystik im weiteren Sinn ein Suchen der Vollendung auf intuitivem Wege, etwa ein Streben nach Einswerden mit der Gottheit, wobei der Umweg über das rationale Denken gerne übersprungen wird; gr. myein bedeutet eigentl. das Schließen der Augen, damit die Abkehr von der Außenwelt, verbunden mit verinnerlichtem Suchen des letzten Urgrundes. An die Stelle verstandesmäßigen Philosophierens tritt die relig. Ergriffenheit, das Erlebnis, die Andacht, alles im Sinne einer unmittelbaren und kaum näher definierbaren, daher nur in Metaphern zu schildernden relig. Erfahrung.

Mystik ist »eine Erkenntnisform, die an keine Religion gebunden ist; der Versuch, der Gottheit und dem Absoluten jenseits der Ratio in innerer Erfahrung zu begegnen; nach dem Wort [→] Thomas von Aquins die cognitio dei experimentalis, die ‚experimentelle Erfahrung Gottes' ...« (W. F. Bonin, Zürich 1978, S. 353). Vgl. R. Zaehner: Mystik, religiös und profan. Stuttg. 1960. —

In der Spätantike führten myst. akzentuierte Schulen, etwa jene des → Neuplatonismus, nicht selten zu einer Art Esoterik (Geheimlchrc) oder → Arcandisziplin, da nicht alle Menschen der myst. Erleuchtung für fähig erachtet wurden (vgl. auch → Gnosis). Prinzipiell jedoch ist an der Mystik nichts dunkel und geheimnisvoll; diese Assoziation ergab sich nur histor. aus der Tatsache, daß myst. Systeme (→ Kabbala) auch manchmal prakt.-mag. Randphänomene mit sich brachten. Gardet 1956 (S. 104) erläutert den Gegensatz zwischen Mystik und → Gnosis, wobei nur die erste »geblendeten Auges die Liebe als Führerin empfängt« und im Gegensatz zur Gnosis, die den Auserwählten höheres »Wissen« verspricht, im »Nicht-Wissen« mündet: »Auf Erden kann es eine unmittelbare Bemächtigung Gottes nicht geben. Wohl aber kann es hier eine Erfahrung geben auf dem Weg des fruchtbaren Nicht-Wissens von den durch die Gnade mitgeteilten Tiefen Gottes, eines Nicht-Wissens, das in der Liebes-Meditation erlangt wird«. Vgl. A. Mager, Mystik als seelische Wirklichkeit; eine Psychologie der Mystik. Graz-Salzbg. o. J.; I. Gobry: La experiencia Mistica, Andorra 1966; H. Thurston: Los Fenómenos Físicos del Misticismo, San Sebastian 1954; M. Schlötermann, M. in den Religionen der Völker, München-Basel 1958.

In Bertholets Wtb. d. Religionen (Stuttgt. 1985, S. 411 f.) wird das mystische Aufgehen der Einzelpersönlichkeit »gerne unter die Sicht einer Rückkehr zum eigenen Ausgangspunkt gestellt - als Ende und Ziel eines Kreislaufes, in den alles im Menschen und um ihn eingespannt ist... Sie [die M.] kennt eine Reihe von Wegen und Stufen zu ihrer Verwirklichung, ihr Stil macht sich alle denkbaren Bilder, auch erotische, zunutze: der Tropfen verfließt im Ozean, die Kerze verzehrt sich im Brennen, der Falter sucht in der Flamme den Tod, im ‚Seelenfünklein' findet der Mensch Gott in sich selbst.« Erwähnt wird die »Unterscheidung zwischen personaler und impersonaler M. nach dem Objekt und Erlebnisgrund der myst. Erfahrung. Nach ihrem Erlebenisraum kann man Kult- oder Gemeinschafts- und individuelle M. trennen. Auch emotional-affektive, teilweise visionäre, und rational-intellektuelle Gedankenmystik sind zwei verschiedene, fast gegensätzliche Erlebnis- und Äußerungsformen des mystischen Grundtypus.« Vgl. G. Scholem, Die jüdische M., 1957. W. Nigg, Heimliche Weisheit, 1959. —

»Völlig unsinnig ist es auch«, schreibt H. E. Miers in seinem Lex. d. geheimen Wissens (München 1976, S. 291), »etwas, das man nicht versteht, als ‚mystisch' zu bezeichnen, wie man es fast täglich in der Tagespresse lesen kann, wenn von unaufgeklärten Sachverhalten die Rede ist.«

NASHORNBECHER, Gefäße aus dem Horn des ind. Panzernashorns, werden schon in dem Werk »Indica« des Ktesias (5. Jh. v. Chr.) erwähnt. Es handelt sich bei der aus China und Indien stammende Sitte, aus Rhinozeros-Horn Pokale herzustellen, hauptsächlich darum, daß dem Volksglauben nach in derartige Gefäße gegossene Gifte sofort aufschäumen und dadurch leicht erkannt werden können. Auch sollen Heilmittel durch den Genuß aus dem N. besser wirken können. In den »Kunst- und Raritätenkabinetten« der Renaissance findet man nicht selten aus China stammende N. der Ming-Periode, von europ. Goldschmieden kunstvoll gefaßt und montiert. Auf diesem Gebiet waren vor allem die Werkstätten um den Hof von Kaiser Rudolf II. (1576—1611) tätig. In Zedlers Lexikon Bd. 23/1740, Sp. 778 heißt es, das »Nasenhorn« enthalte viel flüchtiges Salz, und »Die Kräffte der Hörner kommen mit dem Einhorn überein, welchem sie zuweilen auch substituiret und an dessen Stelle gebrauchet werden... So werden auch Becher und Schalen aus diesen Hörnern gedrehet, dergleichen [Olaus] Worm in seinem Mus. [Wormianum] p. 381 eine beschrieben, darinne lassen einige den Wein stehen, den sie trincken wollen, und suchen sich damit vor allem Giffte zu bewahren, wozu doch der Glaube das beste thun muß.«

NAUSEA, Friedrich, ca. 1480—1552, Bischof von Wien, bedeutender Theologe, Philosoph und Jurist, Prediger der Gegenreformation, der sich »der Lehre Luthers hefftig widersetzte, wiewohl er doch auch eine Reformation der Kirche wünschte. Auf dem Tridentinischen Concilio befand er sich in grossem Ansehen, hielt mit den Protestirenden viel Colloquia und ermahnte beyde Theile... zur Einigkeit« (Zedlers Lexikon Bd. 23, Sp. 1312). von seinen zahlr. Schriften ist zu nennen »Libri mirabilium septem« (auch Lib. 7 rerum mirabilium), Köln 1532, m. 29 Holzschn., die sich gegen die Astrologie wendet und nachweisen will, daß Wunder und seltsame Vorzeichen nicht von den Gestirnen abhängen, sondern Zeichen Gottes sind, die zur Buße aufrufen sollen. Als Vorzeichen dieser Art werden Erdbeben, Mißgeburten, Kometen usw. beschrieben, dabei viele »Wunder«, Katastrophen und ähnliche als schicksalhaft und bedeutsam empfundene Ereignisse der damaligen Zeit geschildert, wodurch das Buch zu einer interessanten geistesgeschichtl. Quelle wird.

NAZARI, Giovanni Battista, it. »Hermetiker« des 16. Jhs., befaßte sich mit Prophezeiungen (»Discursum de futura et sperata victoria contra Turcas e sacris prophetis aliisque vaticiniis, prodigiis et prognostis«, it. Ausg. Venedig, lat. Übers. bei Wolf, Memorabilius Cent. XVI) und verfaßte ein mit phantasievollen allegor. Holzschn. illustr. Werk mit dem Titel »Della Tramutatione metallica (sogni tre) e la concordanza de' Filosofi e loro prattica«, Brescia 1572, 1589, 1599. Die Paradoxa des Textes erinnern an die gnost. Symbolik, etwa die Worte des →

Ouroboros-Drachens: »Indem ich mich vom Tode erhebe, töte ich den Tod, der mich tötet. Ich erwecke die Toten wieder, die ich geschaffen habe. Im Tode lebend, zerstöre ich mich zu deiner Freude. Ohne mich und mein Leben aber kannst du keine Freude haben. Wenn ich das Gift in meinem Kopfe trage, ist das Heilmittel in meinem Schwanz, den ich wütend beiße...« (R. Müller-Sternberg, Die Dämonen, Bremen 1964, S. 142).

NEANDER, im 16. und 17. Jh. häufiges Pseud. für Neumann. Zedlers Lexikon nennt einen Theophilus N., »Medicus und Chymicus des 17. Jhs.« als Verfasser der »Heptas alchymica«, Halle 1621. Eine »Chymia Universa in Nuce, das ist: Kurzgefaßter Gründlicher Unterricht von der Hermetischen Wissenschaft und Bereitung des Lapidis Philosophorum« von N. erschien in Dresden und Leipzig 1731 (Ndr. Berlin 1920), wohl eine Schrift aus dem Kreis der → Gold- u. Rosenkreuzer.

NEKROMANTIE, auch Nekyomantie, Beschwörung der Toten, wird meist deutlich unterschieden von Nigromantia, d. i. die schwarz-mag. Beschwörung der → Dämonen. Höheres Wissen wird dabei in erster Linie den »Schatten« jener Verstorbenen zugemutet, die sich schon bei Lebzeiten eines höheren Wissens in visionärer Hinsicht rühmen konnten, die also über Kenntnisse auf dem Gebiet der → Mantik verfügten. Das Vorbild im A. T. ist die Hervorrufung des Geistes Samuels auf Befehl des Saul durch die Hexe von Endor (Sam. I, 28), doch ist die N. hier ansonsten verpönt (z. B. Mos. V, 18, 11). In der Antike wurden nekromant. Riten anfänglich nur an den »Eingängen der Unterwelt« (Plutonien) vorgenommen. Opfergaben waren das belebende Blut, bes. das schwarzer Opfertiere (»damit keiner der oberen Götter es aus Versehen für sich beansprucht und die Dämonen in solche Wut versetzt, daß sich sich am Opfernden rächen«. Luck 1962, S. 33), weiters Honig, Milch und Wein. Die Schatten gewinnen dadurch eine Spur von Leben und können wehmütige, schrille Laute von sich geben (»triste et acutum« bei Horatius). Auf ähnl. Weise beschwor Nero die Seele seiner ermordeten Mutter, nachdem ihn der Partherkönig Tiridates in die Kunst der N. eingeweiht hatte (66), Caracalla die Schatten seines Vaters und seines Bruders.
    In späterer Zeit nahmen diese Riten oriental. Gepräge an; Leichenreliquien spielen als »Medien« eine Rolle, ebenso gewisse Zauberpflanzen und → Edelsteine. »Hexen« führen die Beschwörungen durch, etwa Canidia (bei Horatius) und Erichtho (bei Lucanus). Der Zweck dieser Operationen war einerseits, wie der Name sagt, die Erforschung des Künftigen (→ Mantik), später u. a. auch leichteres Auffinden von → Schätzen. Hippolytos (2. Jh.) berichtet über Betrüger, die einen Totenschädel mittels eines darin verborgenen langen Kranichschlundes von ferne reden und offenbaren ließen. — In der Älteren Edda

beschwört Odin die tote Seherin (Völva), um Aufschluß über die Bedeutung der Träume Balders zu erhalten.

In frühchristl. Zeit hat man die Toten »durch Gesänge, Gebete, Zauberformeln, allerlei Gaukelwerk, durch Incantationes, carmina und artes magicas hervorgerufen« (Gams, Kirchengesch. v. Spanien II/1, Ndr. Graz 1965, S. 89); vgl. Tertullian apolog. cap. 23, Justin d. Märtyrer apol. 1, 18: »Die Prophezeiungen der Toten und die Beschau (der Eingeweide geopferter) reiner Knaben, die Hervorrufungen menschlicher Seelen und die bei den Magiern so bezeichneten Traumsender (oneiropompoi) und Beisitzer (paredroi) mögen euch davon überzeugen, daß auch die Seelen der Toten noch Empfindung haben« usw. In Synoden wurde oft gegen die »Beunruhigung der Toten« Stellung genommen, nicht zuletzt wegen der mit nekromant. Riten verbundenen Menschenopfer.

In späteren Jahrhunderten wurde die N. etwa im → Indiculum superstitionum erwähnt und war im MA. angeblich besonders in Spanien (um Toledo und Salamanca) üblich. Die Riten ändern sich kaum (vgl. z. B. die Beschwörungsszene in Shakespeares »Macbeth«). Auch → Faust soll N. betrieben haben, ebenso → Trithemius und John → Dee. → Agrippa von Nettesheim berichtet im 3. Buch, Kap. 42, seiner »Occulta Philosophia« (»Quibus rationibus Magi & Necromantes mortuorum animas evocare putabant«) einerseits über die »Scyomantie« (dabei erscheint nur ein Schattenbild) und andererseits über die »Nekyomantie«, durch die sich der Körper des Toten wieder aufrichtet, wozu ein Blutopfer nötig sei. In Zedlers Lexikon Bd. 23/1740 heißt es: »die Todten werden freiylich nicht würcklich aus den Gräbern geruffen, allwo die Cörper wohl liegen bleiben, und den Seelen ist aus ihrem Aufenthalt, wohin sie nach dem Abschied von den Leibern kommen sind, auch keine Wiederzurückkehr verstattet. Inzwischen stellt der Teuffel durch solche Macht die Gestalten gewisser Verstorbener vor Augen... Was endlich die auf dieses Verbrechen in Rechten gesetzte Straffe anbetrifft: so ist selbige, wie überhaupt der Zauberey, das Feuer.« — → Paracelsus kennt eine »Nectromantia«, versteht darunter jedoch die Beschwörung der Flagae, das sind persönl. Schutzgeister aus der Sphäre der → Elementargeister (→ Familiar). — Der Spiritismus setzt seit 1848 die alte N., besonders die »Scyomantie« fort. Vgl. auch Halliday (Ndr. 1967), S. 235—45, Collison-Morley (Ndr. 1958), S. 33—44. Kiesewetter 1895/1977, S. 723 f. (Die Nekromantie; Die geschichtliche Entwicklung der Nekromantie; die magisch-nekromantischen Räucherungen).

NESTELKNÜPFEN, alter Analogiezauber, der im Sinne der → Entsprechungen andere Bindungen bewirken oder Lösungen verhindern soll. Das N. ist schon in der Antike bezeugt, etwa bei Vergil (»necte tribus nodis ternos, Amarylli, colores / necte, Amarylle, modo et ,Veneris' dic ,vincula necto'«, d. h. Dreimal knüpf,

Amaryllis, in Knoten die dreierlei Farben / Knüpf, Amaryllis und sprich: ich knüpfe die Fesseln der Venus), vgl. → Liebeszauber. Meist wurde im MA. das N. als Schadenzauber ausgeübt, u. zw. um Akte, bei welchen die »Eröffnung des Leibes« nötig ist, unmöglich zu machen: also etwa zur Verhinderung von Empfängnis und Geburt, letzteres im Sinne der antiken Mythe, derzufolge Hera die Geburt des Herakles durch Verknoten der Finger sieben Tage mag. verhinderte.

Impotenz und Sterilität wurden der Einwirkung von mißgünstigen → Dämonen zugeschrieben, u. zw. schon bei Plotin (205—270). Im MA. wurden Hexen und Zauberer als Vermittler dieser Einflüsse angesehen. »Impotentia ex maleficio« (→ maleficium) rechtfertigt nach Ivo v. Chartes (gest. 1115) eine Auflösung der Ehe.

Die Tatsache, daß die an sich nicht »leibfreundliche« christl. Orthodoxie sich zum Anwalt der Zeugungs- bzw. Kohabitationsfähigkeit machte, läßt darauf schließen, daß dies in bewußtem Gegensatz zu »leibfeindlichen« neognostischen Bewegungen und Sekten geschah — etwa um die an theolog. Spitzfindigkeiten kaum interessierte breitere Masse der Bevölkerung im Kampf gegen häretische Strömungen zu motivieren. Daher wurden in → Hexenprozessen die Angeklagten häufig beschuldigt, durch N. (auch »Senkelknüpfen, Schloßschließen, Bruchverknüpfen« usw.)˙ Zeugungsunfähigkeit verursacht zu haben. Es wurde schon im Salischen Gesetz als schweres Verbrechen eingestuft und die »Ligatura Neonymphorum« auf dem Konzil zu Konstanz (1414—18) mit der Strafe der Enthauptung bedroht. → Anhorn. Eine Reihe von mag. Gegenmitteln gegen N. und andere Arten der zauberisch verursachten Impotenz führt → Trithemius im »Liber octo quaestionum« und »Antipalus maleficorum« an, etwa das Bestreichen der Türschwelle des Behexten mit dem Blut eines schwarzen Hundes, während darüber die Pflanze Artemisia (Beifuß) aufgehängt wird; → Dioskurides empfiehlt als → Amulett gegen dieses Übel Samenkörner und Wurzel der Pfingstrose. Volkskundl. Material u. a. bei Grimm, Dt. Mythologie, Ndr. 1953, S. 983. Vgl. H. Biedermann, Hexen, Graz 1974.

Reiches Material über die Vorstellung des N.s findet sich in dem (auch allg. über den → Hexenglauben aufschlußreichen) Werk von Jean Delumeau: Angst im Abendland. Die Geschichte kollektiver Ängste im Europa des 14. bis 18. Jahrhunderts, rororo-TB 7919-7920, bes. S. 81 ff.; hier wird u. a. die Methode der Kastration von Widdern, Stieren und Hengsten durch Abbinden des Scrotums erwähnt, und »man kann nun den Gedankengang unserer Vorfahren nachvollziehen, die die Kunst des Tierarztes auf die Behexung von Menschen übertrugen«. — Delumeau erwähnt außerdem, daß wohl die frauenfeindliche Propaganda vieler Prediger und Dämonologen zwischen 1450 und 1650 eine wichtige Ursache psychisch bedingter Impotenz gewesen sein dürfte, die dann dem N. zugeschrieben wurde (op. cit., Reinbek 1985, S. 86).

320

NEUPLATONISMUS, eine für das Verständnis der mag. Schriften des Abendlandes bedeutsame philos. Richtung vor allem des 3.—6. Jhs., die letzte Ausprägung der gr. Philosophie unter dem Einfluß des Synkretismus, innerlich verwandt mit der → Gnosis: während diese jedoch in erster Linie Religion ist, muß man den N. als vorwiegend philosoph. Richtung mit starken religiösen Momenten bezeichnen; steht bei den Gnosis der stark empfundene Dualismus zwischen Geist und Materie im Vordergrund, betont der N. die Ableitung auch der Materie aus dem Ur-Einen und führt daher eher zu einem monistischen Pantheismus. Auch hier wird die Materienwelt als negativ empfunden; eine Stufenleiter verbindet jedoch sie mit dem Reich des Übersinnlichen, die bei entsprechender Reinigung und Tugendübung im Zustand der Ekstasis beschritten werden kann (Nähe zum Bereich des Religiösen!). Die Einordnung und Benennung der verschiedenen Stufen (Hypostasen) führte zu ausgeprägtem Systematisieren und Rubrifizieren — eine Eigenart, zu der die sonst ausgeprägte Ekstatik des Neuplatonismus in einem sonderbaren Widerspruch steht. P. Rabbow (Seelenführung, München 1954, S. 296) nennt den Neuplatonismus »die Mystik des sinkenden Altertums, in dem die Psychagogie zur Mystagogie wurde«.

Als Begründer des N. wird Ammonios Sakkas (ca. 175—242) bezeichnet, doch sind die bedeutendsten Exponenten dieser Richtung später einzuordnen: etwa die metaphysisch-spekulative Richtung mit Plotin (203—69), Porphyrios von Tyrus (232—ca. 305) und Jamblichos (gest. um 330); die religiös-theurgische Richtung wird. u. a. vertreten durch Libanios und seinen Schüler, den Kaiser Julian Apostata (331—63), die »athenische Schule« durch Proklos (410—85) und Marinos von Sichem. Bedeutsam ist schließlich die alexandrinische Schule mit der 415 von christl. Fanatikern ermordeten Hypatia und ihrem Schüler Synesios von Cyrene (geb. um 370) und der »lateinische Kreis« mit Boethius (ca. 480—525). —

Daß die prakt.-relig. Richtung des N. bei Mysterienfeiern auch vor der Verwendung von Gaukelwerk und Scheinwundern nicht haltmachte, beweist u. a. J. Bidez in seiner Biographie des Julianus Apostata, wenn er dessen Initiation durch Maximus von Ephesos folgendermaßen schildert: »Stimmen und Geräusche, Rufe, verwirrende Musik, berauschendes Räucherwerk, Türen, die von selbst aufspringen, Schatten, die sich bewegen, schweflige Nebel, Dämpfe und Gerüche, lichtstrahlende Springbrunnen, Statuen, die sich zu beleben scheinen und den Prinzen abwechselnd drohend oder liebevoll betrachten, bis sie ihm schließlich zulächeln und in Strahlen und Flammen stehen; Donner, Blitz und Erdbeben, die Gegenwart des obersten Gottes, des unaussprechlichen Feuers, kündend...« (Kaiser Julian, Hambg. 1956, S. 55). Die Verquickung von Wunderreligion und Spekulation ist für den N. sehr kennzeichnend.

Das Hauptproblem des N. ist nach Bertholets Wtb. d. Religionen (Stuttgt.

1985, 423) das Verhältnis des »über alles hinausgehenden, überseienden, über-persönlichen Urwesens zu allem Seienden. Die Lösung wird in einer Emanations-lehre gesucht, die folgende Stufen kennt: Das Eine, Gute, nur negativ zu Beschreibende, Weltgeist, Weltseele, Natur, Materie. Zwischen dem höchsten Wesen und der Welt gibt es eine hierarchische Ordnung von Mittelwesen. Religiös handelt es sich um die Frage, wie der Mensch aus der Erscheinungswelt in die übersinnliche, d. h. wie die Seele zu Gott gelangen vermöge. Antwort: durch ekstatische Einswerdung mit ihm; der Weg dazu führt aber auch über Enthalt-samkeit, sittliche Vollendung, philosophisches Denken und mystische Schau« (→ Mystik).

Die Ideologie des N. wirkte sich nicht nur auf die Lehren des Abendlandes aus, sondern auch auf jene des islamischen Raumes. In Europa setzte sich bes. M. → Ficino damit auseinander.

Nomenklatorisch breit ausgearbeitet wird die Ordnung der Hypostasen (per-sonalisierten göttlichen Eigenschaften) besonders durch Jamblichos und Pro-klos, während Plotin besonders die Überwindung der Stufen behandelt; seine Schriften enthalten eindringliche Bilder und Gleichnisse und zeigen häufig echt religiöse Begeisterung. Zahlr. Neuplatoniker befaßten sich nicht nur mit rein phi-losoph. Fragen, sondern auch mit »praktischen«: etwa mit Mathematik und Astrologie Porphyrios von Tyrus, Syrianos mit den Orakeln, Marinos mit Geo-metrie und Arithmetik (»Wäre doch alles Mathematik!«). Immer wieder wirkt zugleich Rationales und Irrationales, Spekulation und Intuition — teils wider-spruchsvoll, teils zu einer Synthese geführt. Viele geistesgeschichtl. wichtige Texte sind verloren, so etwa die vier Bücher des Damaskios über Wunder (»Para-doxa«), z. B. über das Erscheinen Verstorbener. Eine interessante Verbindung von nüchterner Philosophie und ausgeprägter Wunder- und Zaubergläubigkeit zeigen die Schriften des Asklepiodotos von Alexandria (um 480). So war in den ersten Jahrhunderten der christl. Zeitrechnung der N. zusammen mit der Gnosis der stärkste Gegner des Christentums, machtvoll besonders dadurch, daß er die Anschauung vertrat, daß Gott sich bei vielen Völkern geoffenbart habe. Dadurch konnte der N. auch die als verehrungswürdig empfundenen Kulte der Frühzeit und des Orients in seine Welt einbeziehen und im platon. Sinne ausdeuten. Die Faszination bes. der volkstümlichen Seite des N. mit theurgischen Zeremonien und der Pflege überlieferter mag. Riten war noch bis ins 5. und 6. Jh. fühlbar; die neuplaton. Schule zu Athen jedoch wurde 529 durch ein Edikt des Kaisers Justinian offiziell geschlossen. In philos. Hinsicht fand sie viele Erneuerungen, so etwa in der Lehre des »Avicebron« (des span. Juden Salomon ben Jehuda ben Gebirol, ca. 1020—70, den → Albertus Magnus für einen Araber hielt) und in der Renaissance durch die 1459 in Florenz gegründete »Platonische Akademie«, die neuplaton. Geisteswelt wiedererweckte (vgl. → Ficino) und u. a. stark auf →

Agrippa von Nettesheim einwirkte (C. Baeumker, Der Platonismus im MA., München 1916). — Jamblichos: Ausg. Bilbl. Teubn. Nr. 1738, 1442, 1445; Porphyrios: Ausg. Bibl. Teubn. 1721; Proklos: Bibl. Teubn. 1726—30; Libanios: Bibl. Teubn. 1473—85.

BAEUMKER 1908; PRAECHTER 1960; SELIGMANN 1958

NEWTON, Sir Isaac (1642—1727), einer der größten Physiker der Neuzeit, befaßte sich nicht nur mit naturwissenschaftl. Fragen, sondern auch mit esoterisch-theolog. Studien (»Apocalypse of St. John«, 1733; »Theological Manuscripts«, ed. McLachlan, 1950) und im geheimen auch mit → Alchemie. In seinen »Quaestiones« 30 und 31 gibt N. der Meinung Ausdruck, daß — von der Hypothese einer prinzipiell einheitlichen und nur durch die Gruppierung der Bausteine verschieden erscheinenden Materie ausgehend — die Körper (gross bodies) elementar verwandelt werden könnten, vielleicht sogar in Licht und Kraft. Auch die Verwandlung unedler Metalle in Gold hielt N. aus diesem Grund für möglich. John Maynard Keynes weist in einer biograph. Studie, 1946 vorgetragen, darauf hin, daß N. gerade in der Zeit, in der er die »Principia« verfaßte, intensiv mit alchemist. Problemen beschäftigt war, wobei es ihm vorwiegend um die Rekonstruktion der traditionellen Überlieferungen ging, wesentl. weniger um Experimente im naturwissenschaftl. Sinn. Darüber ist »eine ungeheure Menge von Niederschriften« erhalten, »durchaus magischer Natur«, (in »Politik und Wirtschaft«, Tübingen; auch »Planet« 3, 1969). Mit alchemist. Experimenten befaßten sich auch N.s Zeitgenossen Robert → Boyle und John Locke. N. interessierte sich »außerdem für Prophetie (er formulierte Anmerkungen zum Buch Daniel und zur Apokalypse), Astrologie und Alchimie. — Transmutation an sich hielt er für möglich, wenn man annehme, daß die Bausteine der Körper prinzipiell gleich seien, nur ihre jeweilige Zusammensetzung den phänomenalen Körper bestimme« (W. F. Bonin 1978, 360 f.).

NIGROMANTIE, aus dem MA. stammende Wortneubildung nach → Nekromantie; so schreibt etwa Melber von Geroltzhofen im Vocabularium praedicantium: »Nigromantia, schwartz kunst die do ist mit uffsehung der dotten, mit den der nigromanticus zaubert« usw.; im Vocabularius von Ulm 1475: »nigramansia dicitur divinatio facta per nigros id est mortuos«. Nach Grimm (Ndr. 1953, S. 866, 930) beruht das Wort auf einem Mißverständnis von Nekromantie, Totenbeschwörung. Die Übersetzer des lat. Wortes sprechen von »schwarzen Büchern«, die jene Kunst lehren, später von Schwarzkunst und Schwarzkünstlern. »Nigramancia« als Überbegriff aller »bösen schnöden kunst« kommt schon bei → Hartlieb 1455 vor. In der späteren Zeit bezeichnet der Ausdruck die → Zauberei mit Hilfe von → Dämonen bzw. durch den Teufel, der durch komplizierte → Beschwörungen in den Dienst des Nigromanten gezwungen werden soll. Bei → Paracelsus (Philosophia Sagax) ist Nigromantia die Beschwörung der Gestirngeister, »Nectromantia« hingegen die der »Flagae« (persönl. und Familien-Schutzgeister).

NIL NISI PARVULIS, alchemist. Motto aus den Schriften des → Philalethes, »nur für die Kindlein«, d. h. der Schatz mag. Wissens steht nur dem offen, der sich ihm reinen Herzens naht; n. n. p. war auch das Motto von E. A. → Hitchcock.

NOLLIUS, Henricus, eine hervorragende Persönlichkeit des Bundes der → Rosenkreuzer, in dem von Peuckert 1956, S. 369, genannten Ms. »Grundlagen der Pansophia« als großer, außerordentlich hochgeistiger und bedeutender hermet. Pansoph bezeichnet. N. wirkte lt. Zedlers Lexikon Bd. 24/1740 in der 1. Hälfte des 17. Jhs. »an dem Arnoldinischen Gymnasio zu Stenfurt in Westphalen, hernachmahls auch auf der Academie zu Giessen (als) Professor, und zuletzt (als) Pastor zu Darmstadt«. In seinen Schriften, die vor allem die Lehren des → Paracelsus eigenständig interpretieren, finden sich lt. Zedler viele »paradoxe Meynungen«, so etwa über die → Elementargeister und »daß in dem Mittel = Puncte der Erden eben sowohl als an der Veste des Himmels eine Sonne befindlich sey, welche mit dem stetswährenden Ausfluß ihrer Stralen die Früchte der Erde belebe und erhalte u. dergleichen noch viel mehr«. Werke: »Trias scholastica disciplinarum generalium, Gnosticae, Didacticae et Metaphysicae«, Frankf. 1605; »Fundamenta medicinae Hermeticae & Alchymiae philosophicae«, Frankf. 1613; »Tractatus de generatione rerum naturalium«, Frankf. 1615; »Naturae sanctuarium sive Physica Hermetica lib. XI, cum Pansophiae fundamento et tractatu quadruplici de lapide philosophorum et studii medici remora«, Frankfurt 1655 (engl. London 1655).

NORTON, Thomas, engl. Alchemist der Renaissance, genauere Daten ungewiß, soll Bürgermeister von Bristol gewesen sein und die Kosten für den Bau der Kirche von St. Mary Redcliffe durch Goldherstellung mit Hilfe des → Steines der Weisen gedeckt haben. Sein Traktat »Crede mihi seu Ordinale« ist im Musaeum Hermeticum enthalten, die engl. Version (»The Ordinall of Alchemy«) in Ashmoles »Theatrum Chemicum Britannicum« (London 1652). Lt. Burland 1967, S. 174 besagen die etwas holprigen Verse des Ordinall, daß »if we seek to uncover the secret or teach it with material gain and power as our motive, it is likely to destroy us«. Eine charakterist. Stelle aus dem »Ordinall« lautet etwa: »And this Science must ever secret be / The cause whereof is this, as ye may see / If one evil man had hereof all his will / All Christian Peace he might easily spill / And with his

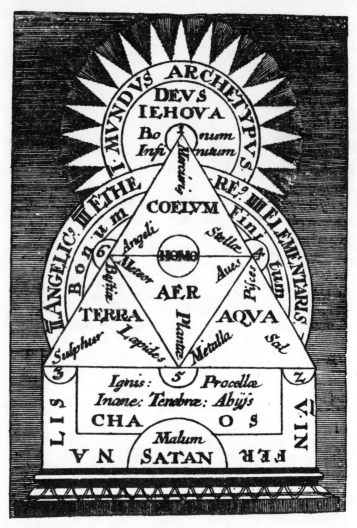

NORTON: Weltschema (Meditationsbild) aus dem Traktat von Thomas N. im → Musaeum Hermeticum

pride he might pull downe / Rightful Kings and Princes of renowne« etc. N. »kündigt sich u. a. selbst als Augenzeuge für die Metallverwandlung an, indem er sagt: ,So lange unser Stein noch in seiner vollen färbenden Kraft ist, wirkt seine Tinktur auf Tausend Teile gereinigten Metalls, wovon ich selbst Zeuge bin.' Leider ist mit dieser Behauptung nichts anzufangen.« (Kiesewetter 1895/1977, S. 77). Der Alchemist N. wird durch handschriftl. Befund mit dem Kammerherrn König Edwards IV. dieses Namens identifiziert, dessen Vater ab 1473 Bürgermeister von Bristol war. Thomas N., Mitglied einer Handelsfirma in Bristol, soll sein »Ordinall« der Überlieferung nach 1477 geschrieben haben. Als sein Todesjahr nennt Holmyard (1968, S. 189 ff.) 1478. Vgl. J. Reidy, Thomas N. and the Ordinall of Alchimy, Ambix 1957/2, p. 60 ff.

NOSTRADAMUS (Michel de Nostre-Dame), 1503—66, berühmter fr. Arzt und »Prophet«, stammte aus der kleinen Stadt St.-Rémy (Provence) und studierte zuerst in Avignon Philosophie, dann in Montpellier Medizin, wo er 1529 den Doktortitel erhielt. Während einer Pest-Epidemie wirkte N. in den Städten Aix und Lyon sehr verdienstvoll und ließ sich später in Salon nieder. Hier begann er um 1547 seine Prophezeiungen niederzuschreiben. »Er brachte also seine Gedancken, die er von allerhand Sachen hatte, erstlich in sinnreiche Rätzel, nachgehends aber in lauter Strophen von 4 Versen [quatrains], weil er glaubte, daß die Verse einer prophetischen Enthusiasterey weit anständiger, als Rätzel seyn. Auf solche Art ließ er 1555 sieben dergleichen ,centurias propheticas', wie er sie nannte, zu Lyon drucken, welche er 1558 mit 3 andern centuriis vermehrte. Die Urtheile darüber waren unterschiedlich, indem ihn einige für einen Schwartzkünstler, andere für einen einfältigen Phantasten, und noch andere für einen wahrhafften Propheten halten« (Zedlers Lexikon Bd. 24/1740). Es ist nicht ganz klar, ob diese Centurien nur auf astrolog. Basis beruhen oder ob ihnen nicht kabbalist. Künste (eine jüd. Abstammung des N. wurde gelegentl. angenommen, ist aber nicht exakt belegbar), vielleicht auch eine echt visionäre Begabung, wie seine Anhänger annahmen, zugrunde liegen.

»Das Französisch seiner Verse ist nicht nur das für uns schwierige Französisch seiner Epoche; N. hat auch die Worte oft bewußt falsch geschrieben und Anagramme, Schachtelworte und Kürzel verwendet. So lassen seine Aussagen die unterschiedlichsten Interpretationen zu, obwohl viele Kommentatoren hinsichtl. der Bedeutung einiger Vierzeiler übereinstimmten (z. B. solcher, die die Fr. Revolution voraussagten)« (McNeice 1964). Tatsache ist, daß manche Namen von histor. Persönlichkeiten, jedoch meist Randfiguren der Geschichte (z. B. Graf Narbonne-Lara, der von Ludwig XVI. wegen Hochverrates entlassene Kriegsminister, als »Narbon«) in den Centurien richtig charakterisiert erscheinen, u. zw. Jahrhunderte vor ihrer Geburt. Die rätselvolle Ausdrucksweise läßt jedoch eine

NOSTRADAMUS: fr. Idealporträt, 18. Jh., nach Seligmann 1958

Parallelisierung der Vorhersagen mit den tatsächlichen Ereignissen immer erst dann zu, wenn diese vorüber sind. Die »Centurien« wurden 1781 von der kath. Kirche auf den Index der verbotenen Bücher gesetzt. Skeptisch äußerte sich bereits im 19. Jh. C. Kiesewetter (1895/1977, S. 336), über die Wahrsagekunst des N., dem in den letzten Jahren (um 1980) eine ganze Flut von kritiklosen Büchern gewidmet wurde: »Ich selbst (Kiesewetter) habe ihn früher für einen großen Mann gehalten und in zwei Aufsätzen in der Zeitschrift ‚Sphinx' ihn in diesem Sinne dargestellt. Seitdem habe ich mich davon überzeugt, daß man viele seiner angeblichen Prophezeiungen post eventum in neuere Ausgaben seiner Centurien setzte, die in älteren nicht zu finden sind. Ferner haben Adelung (Gesch. d. menschl. Narrheit Bd. VII) und J. M. Schleiden nachgewiesen, daß N. Prophezeiungen älterer Astrologen in seine Quatrains eingoß und vergangene geschichtliche Ereignisse als Prophezeiungen künftiger aufstutzte. Endlich ist aber nirgends ein zwingender Grund vorhanden, die in schauderhafter und fast unverständlicher Sprache geschriebenen Quatrains gerade auf die Ereignisse zu beziehen, die man in ihnen prophezeit sehen will. Zudem ist es absolut unmöglich, die Quatrains wörtlich zu übersetzen.« — N. wurde von Katharina v. Medici eingeladen und empfing in Salon den Herzog von Savoyen; König Karl IX., der ebenfalls nach Salon kam, ernannte N. zu seinem Leibarzt. Wenig bekannt ist, daß N. neben seinen Prophezeiungen auch Bücher über Kosmetika und prakt. Rezepte (Konfitüren usw.) verfaßte. N. starb am 2. Juli 1566, seine Centurien aber werden noch immer eifrig diskutiert. »Fraglos hat Goethe, der N. in seinem Faust erwähnt, dessen Werk mit Interesse und Sorgfalt studiert und wurde durch den visionären Vierzeiler über die Geldinflation zu deren Verwertung im Faust (II) angeregt: (H. Jacobi, Zs. f. Gesch. d. Juden, Tel Aviv 1970/1, S. 30; hier Hinweis auf jüd. Herkunft). Vgl. H. I. Woolf, »N., his Life and Prophecies«, London 1944; N., »Les Oracles«, ed. ne varietur, Paris 1867, Ndr. 1969, C. A. Ward: Oracles of Nostradamus (1891); B. Noah: Nostradamus; Prophetische Weltgeschichte von 1547 bis gegen 3000 (1928); E. Bareste: Nostradamus, Paris, 3. Aufl. 1840; E. Leoni: Nostradamus — Life and Literature (1961); H. Swoboda: Propheten und Prognosen. Knaur-TB., München 1979, S. 56 ff. → Gauricus.

LAVER 1952; McNEICE 1964; SELIGMANN 1958

NOTARIKON (Notariqon), ein kabbalist. Kunstgriff, der die Bildung vieler geheimnisvoller Wörter erklärt. Sie entstanden dadurch, daß aus den Anfangsbuchstaben einer hebr. Wortgruppe oder eines Satzes ein neues Wort gebildet wurde, das mag. wirken sollte und z. B. auf → Talismanen aufscheint: so etwa → Agla; ähnl. ARARITA, erwähnt bei → Agrippa von Nettesheim, gebildet aus den ersten Buchstaben von (transkrib.) »'ăhad ro's 'aḥadutô ro's jîḥudô tamurtô 'ăḥad«, d. h. »der Eine, der Urgrund seiner Einheit, das Prinzip seiner Eins-heit, seine sich wandelnde Form, die Eins ist«. Ein Talisman mit der Inschrift ARARITA sollte seinem Träger die Macht verleihen, alle Geheimnisse der göttl. Offenbarung zu ergründen. Das erste Wort der Genesis (»bereshit«, d. h. Am Anfang) wurde verschiedentl. erklärt: als Anfangsbuchstaben von »Er schuf das Firmament, die Erde, den Himmel, den Ozean und den Abgrund« oder von »Am Anfang sah der Herr, daß Israel das Gesetz annehmen würde«. Somit ist N. nicht nur die Kunst, neue Wörter zu bilden (wie es später auch die Alchemisten machten: → Fiat, → INRI, → Vitriol), sondern auch die Erklärung bereits bekannter Wörter als Bildung aus Anfangsbuchstaben. Zahlreiche Beispiele dieser Art enthält u. a. das Buch »Trésor de la philosophie des anciens« von Barent Coenders van Helpen (Köln 1693), das »Alchimia« (Ars Laboriosa Convertens Humiditate Ignea Metalla In Aurum), »Ignis« (In Iucunde Generat Natura Ignea Solis, oder In Gehenna Nostra Ignis Scientia), »Aer« (Aurifica Ego Regina), »Aqua« (Album Quae Vehit Aurum), »Terra« (Trium Elementorum Receptaculum Recondo Aurifodinam), »Sal« (Solus Altiora Labor), »Sulphur« (Separando Venenum Leniter Philosophus Homogeneam Viscositatem) und »Mercurius« (Medicinam Ego Rubeam Creo Universalem Regiamque In Utero Soli) in der Art des N. deutet. In dem Buch des → Hartlieb über die geheimen Künste heißt es, es gäbe »ain kunst, haißt notarey, das ainer durch ettlich wort, vigur und caracter alle kunst lernen macht«. — Ein Buch mit dem Titel »De Usu et Mysteriis Notarum« verfaßte Jacques Gohorry (gest. 1576).

LEHMANN 1908

NYDER (Niderus), Johannes, ca. 1385—1438, dt. Dominikaner, der in den Klöstern zu Kolmar, Wien, Nürnberg, Köln und Basel wirkte, war Rektor seines Ordens an der damaligen Universität zu Trier und wurde besonders durch seine Hussiten-Disputationen (1431) bekannt, weiters durch sein Buch »Formicarius« (Formicarium de Malificiis, earumque praestigiis ac deceptationibus ad exemplum sapientiae de formicis), als Inkunabel (Basel und Köln, ca. 1480) und später in den Ausg. Straßbg. 1517 und Paris 1519 verbreitet und verschiedentl. zusammen mit dem → Malleus Maleficarum veröffentlicht (Frankf. 1588—92). Es handelt sich um ein in Dialogform verfaßtes Buch, das ausführlich auf histor. Anekdoten, Kuriositäten und den Hexenglauben seiner Zeit eingeht; seine Beschreibung des Hexensabbaths taucht in der Lit. dieser Art immer wieder auf, ebenso seine Ansichten über → Besessenheit und den Nutzen des → Exorcismus. Grundlage für dieses Buch (von Trevor-Roper, 1969, als »kleiner Malleus« bezeichnet, der in einem engeren Rahmen einen ähnlichen Effekt hatte), waren vorwiegend die Bekenntnisse der durch den Schweizer Magistrat Petrus von Bern befragten Hexen. Ndr. der Guldenschaff-Ausg. Köln o. J. mit Einführung von H. Biedermann, Graz 1971.

Tabula · Capitulorū · Quinti · Libri·

¶ Capitula quinti libri·:·
Capitulū pm̄ū Colores diu
fi q̄d i sac scptura hgficat
·Q2 tribus modis velubū
tur b imnū mentes a de noctornis
expéátibus a eq̄tibus q̄d i bono vel
in málo significant··:· ¶
Capitulum secundum ¶·Vnde p
ueiant inquietud nes nocte in qui
busdā͜ tomib? exépla ponūtur Et
qūo sunt possessiones bim a v̄mo
inib? Ac te sex caus q̄re q̄dam non
liberātur ¶ Capitulum Teráum·
Dp eps a frig? q̄d sigficent de sep
tem maleficox exerátijs quomoto
comedāt pueros q̄mó arte istam p
siteantur a an maleficium sine pec
cato possit bolti ¶ Capitulū q̄rtum
Rigromātia q̄ sint q̄mo a demoni
b? malum aliquátopáum reápiūt
Quomó duimitus maleficia ipediū
tura q̄° tépestates áátat ¶ Ca
Visc? aie e delcáó luxurio sapotissié
maleficiá q̄mó infrigidant generati
uā pmouet ab amore vel obiuncia
anim caritate existetes poss mt male
ficiari ¶ Capitulum Sextum
Vmi nocumeta ostédūt ·q̄moto re
mediari possimt ifrigidati amoe vel
obio captia bmni? maleficiáti Quó
bon?ágel? magé e bnificus bonisq̄z
mal? maleficius peccatoib? a de ml
tas p ágelos castificari seu enucba
tis ¶ Capitulum Septimum
Comestio det dois que sit maleficiá
qūo ledūt iudices aliqñ q̄mó vibet

absédia: a q̄° diaut aliq̄n vbiaut cō
tdictoria ¶ Capitulū Octauum
delcáo ven ea q̄ntū sugieda sit de se
mis q̄ntū sb̄ uili spe se publice dicē
tes ee missas dunmtus a te t'b? q̄r
ro mediū venet ·vicz ligua ecclesias
tic? a seia q̄ i bois optia i mal vero
ahq̄n pes ia fuit ¶ Capitulū Conū
Tes mói fuit corrigédi vidia a q̄ in
cubi sint a sucubi v̄moés put pro
bat p exépla a átoitares ¶ Ca·x·
Que sit mūdicia a imūdicia carnis
a spūs q̄z piculosus sit stada? mai
a seie Incubi vtq̄ generet q̄° q̄dā
virgies i ceptu a partu aueolam
ñ pbūt virgim̄ i media sugabi in au
dat a qūo q̄dā fantastice se solum
cōcepisse putant ¶ Capi· Vnded
Domo perfectus est triplex priu
laris bomo·ex duplia causa aliqui
possidentur··Sex modis démones
solent possidere ¶ ·Q2 possesh eu
karistiam reápere possunt ·a quid
y aleant exoráscum·
¶ Capitulum Duodeámum
Stupes·radix·gemma·flos·folia
a fructus· quid significant·De ber
bis patris a melodijs an demonem
arcere possint De varijs modis pos
sidendi bominem aliquanto sa nsal
tiás pu maniam·a de remedijs cō
tra maniam· ¶
Explicit Tabula Capitulorum···

Incipit Liber Primus·

NYDER: verkl. Wiedergabe einer Seite aus dem »Formicarius«, Basel o. J.
(Inhaltsverzeichnis)

NYPHUS (Niphus), Augustinus, (Agostino Nifo), ital. Philosoph des 16. Jhs., der sich auch mit astrolog. Fragen befaßte, etwa vom Standpunkt der → Iatromathematik mit der Bedeutung der »kritischen Tage« für die Medizin (»De diebus criticis«, Straßbg. um 1530), u. zw. im Sinne von → Albumasar, Alchabitius und → Bonatti. »Er war den Meynungen seines ehemaligen Lehrmeisters zu Padua, des Nicoleti Verniä, so sehr ergeben, daß man ihn bey nahe verbrannt hätte, wenn nicht... er selbst diesem Übel durch einige Änderungen, die er in seinem Werck ‚de intellectu et daemonibus' [→ Intelligentia und Daemonium] eingerückt, zuvor gekommen wäre« (Zedlers Lexikon Bd. 24/1740, Sp. 986). N., der von Papst Leo X. und Kaiser Karl V. sehr geschätzt wurde, schrieb u. a. »Tractatus de immortalitate animae contra Pomponatium« (Venedig 1521), »De falsa diluvii prognosticatione, quae ex conventu omnium planetarum, quae in piscibus continget an. 1524 divulgata est« (→ coniunctio aurea) u. a., oft zit. Gesamtausg. Venedig 1599.

THORNDIKE Bd. V.

OKKULTISMUS, Occultismus (lat. occultus, verborgen), die Beschäftigung mit dem »natürlich nicht Erklärbaren«. Der Name ist in der »Occulta Philosophia« des → Agrippa von Nettesheim vorweggenommen, jedoch in anderem Sinne als im O. des 19. Jhs., der epigonalen Charakter hat als als Antithese zu der materialist. Fortschrittsgläubigkeit dieser Zeit aufgefaßt werden kann (E. → Lévi, de → Guaïta, → Papus). Die Bücher dieser Epoche wirken meist wie mißverstandene Abklatsche der älteren mag. Werke, wenn auch ein Bestehen echter Traditionen als Bindeglieder von der Zeit der neueren »Hermetiker« zum 19. Jh. nicht völlig von der Hand zu weisen ist (→ Gold- und Rosenkreuzer). Vgl. K. Kiesewetter, Gesch. d. neueren O., Leipzig 1891; Siegismunds Vademecum der gesamten Litteratur über O., Berlin 1888; C. du Prel, Studien aus d. Gebiet d. Geheimwissenschaften, Leipzig 1890—91. Neuere Übersichten stammen von F. Luther (Der O., 1926), T. K. Österreich (Der O. im mod. Weltbild, 2. Aufl. 1923) und F. Moser (O., 1935), wobei sich die Tendenz einer Entwicklung, die von dem Prunken mit »Geheimwissen« weg- und zur parapsycholog. Forschung der Gegenwart (z. B. Bender) hinführt, immer deutlicher abzeichnet. — Beachtenswert ist der Vorschlag von F. Zahlner (1972), das betreffende Gebiet neutral von dem von A. Resch eingeführten Begriff »Paranormologie« zu bezeichnen. Vgl. auch H. E. Miers, Lexikon des Geheimwissens, TB München 1986, und J. Winckelmann, ABC d. Geheimwissenschaften, Berlin 1956. Bibliogr. v. Spezialwerken bei F. Zahlner 1972, S. 91 f; R. Amadou, Das Zwischenreich. Vom Okkultismus zur Parapsychologie. Baden-Baden 1957. M. Eliade: Das Okkulte und die moderne Welt. Zeitströmungen in der Sicht der Religionsgeschichte. Salzbg. 1978. Vgl. auch → Esoterik.

LEHMANN 1908; SPENCE 1920; TONDRIAU 1964

OLYMPIODOROS aus Theben, 1. Hälfte des 5. Jhs., Autor eines Traktates »Über die heilige Kunst des Steines der Weisen« (ed. M. Bertholet 1887—88), wahrscheinlich identisch mit einem neuplaton. Philosophen O. von Alexandrien d. J. aus dem 6. Jh., der Kommentare zu den Schriften des Platon verfaßte. Der Alchemist O. schrieb, das »Werk« erfordere Erfahrung, Übung und Kenntnis der richtigen Zeiten. »Man muß dem roten Adam die weiße Jungfernerde gesellen. Das weibliche göttliche Wasser, die Brühe Ägyptens, zeugt aus dem männlichen goldmachenden Stein das Gold. Die Umwandlung beruht darauf, daß allem Bestehenden ein gemeinsames Prinzip [die → Materia Prima] zugrunde liegt. Sie ist allgemeiner als die einzelnen Stoffe und kann sich deshalb in alle Stoffe verwandeln oder aus ihnen gebildet werden« (vgl. → Zosimos).

ONEIROMANTIE, mantische Traumdeutung, ist in irgendeiner Form bei allen Primitiv- und Kulturvölkern bekannt und in mancher Hinsicht als Vorstufe der psycholog. Traumdeutung zu werten. In der Antike war die Sitte des Tempelschlafes (der Inkubation) weit verbreitet, vor allem in Heiligtümern des Asklepios, der im Traume Heilmittel offenbarte (vgl. cap. 51, III. Buch der »Occulta Philosophia« des → Agrippa von Nettesheim). Der Traum als Offenbarungsquelle (auch zukünftigen Geschehens) wird schon bei Aristoteles beschrieben, auf dessen Schrift »Von den weissagenden Träumen« die meisten antiken Quellen basieren, die jedoch die eher skeptische Haltung des Stagiriten nicht teilen. Die Bibel kennt im A. T. und N. T. zahlr. weissagende und offenbarende Träume; daher wurde die O. im christl. MA. hochgehalten. Man war jedoch der Ansicht, daß Träume und Traumgesichte auch dämon. Ursprungs sein könnten (→ Incubus und Succubus).

Zedlers Lexikon gibt (nach → Agrippa v. Nettesheim) die verschiedenen Ansichten über den Ursprung der Träume wieder (Bd. 45/1745, Sp. 199): »Die Platonicker suchten die Ursache der Träume in den angebohrnen Bildern und Begriffen der Seele; Avicenna in der untersten Intelligentz, die den Mond beweget, durch dessen Licht die Phantasie der schlafenden Menschen bestrahlet werde; Aristoteles in dem Phantastischen Sensu communi; Averoës in der Einbildungs = Krafft; Democritus in den Bildern, die von den Sachen selbst herkommen; Albertus [Magnus] in dem Einfluß des Obern, vermittelst gewisser Gestalten, die beständig vom Himmel herabfliessen; die Medici in denen Dünsten und Feuchtigkeiten; andere in dem, womit man wachend viel umgehet; die Araber in dem Verstande; andere sagen, sie kämen von den Kräfften der Seele, und dem Einflusse des Himmels zugleich. Die Astrologi leiten sie her von dem Stande und Bildern der Sterne, andere von der Luft, die alles umgiebet und durchdringet.« Häufig zitiert wurde Ciceros Schrift »De divinatione« und vor allem das berühmte Traumbuch des → Artemidoros von Daldis, das oft aufgelegt wurde, der Abschnitt »de somniis« (lib. I, aus »De factis dictisque memorabilium libri IX«) des Valerius Maximus, ein oneiromant. Traktat des Synesios (→ Neuplatonismus), hrsg. von Marsilio → Ficino (Liber de Insomniis, Venedig 1497), ferner das betr. Werk von Cardanus und die »Magiologia« von → Anhorn. Im 17. und 18. Jh. erschien eine große Zahl von Traumbüchern, meist unter phantast. Titeln, die den Anschein ehrwürdigen Alters und großer Autorität erwecken sollten (z. B. »Der ächte ägyptische Traum = Deuter«, »Neues vollständiges und größtes egyptisches Traumbuch, nach den besten Quellen bearbeitet von Nostradamus«), wobei es sich meist um Ausgestaltungen des Artemidoros handelt. Zedler schreibt diese Bücher »den gemeinen Leuten« zu, die sich »das Oracul sagen und propheceyen lassen wollen, was ihnen solcher gehabter Traum wohl bedeuten möchte«. Die Assoziation von Traum und Lotteriezahlen wurde im 19. Jh. in den massenhaft publizierten Traumbüchern bekannt, ein letzter Nachklang der antiken O. auf niedriger Ebene. — Mit den aus dem MA. berichteten Träumen der Heiligen Leoba, Anskar, Willibrod u. a., die deutlich die große Wertschätzung der O. zeigen, haben sich moderne Psychologen wiederholt befaßt. Vgl. → Cardanus; Grimm, Dt. Mythologie, Ndr. 1953, S. 958 f., W. F. Bonin, Lex. d. Parapsychologie, Zürich 1978, 500 f.

GRAESSE 1843, S. 97—100, 151

OUROBOROS (gr.), die sich in den Schwanz beißende Schlange, als Ring ohne Anfang und Ende eine im Zeitalter des Manierismus beliebte Allegorie für die sich wandelnde Materie, etwa für das in Transmutation befindliche Quecksilber. In einigen Darstellungen (etwa bei → Lambsprinck) tritt an Stelle der Schlange ein Drache, sehr selten finden wir einen langhalsigen Vogel, wobei das O.-Emblem gelegentl. auch für das aus dem Stein der Weisen erzeugte → Elixir vitae steht. Ein O.-Drache ist das persönliche Emblem von Eugenius → Philalethes und E. A. → Hitchcock. Daß dieses Symbol auf gnostisch-spätantike Tradition zurückgeht, zeigt seine Darstellung im → Codex Casselanus mit der gr. Beschriftung »hen to pan« — das Eine ist Alles (das All). Die Bedeutung des O.-Symbols für die Alchemie liegt in der spätantiken Aion-Symbolik begründet; der Urgreis Aion haust in einer tiefen Höhle, und sie wird »umschlungen von einer Schlange, die in lautlos waltender Macht alles verzehrt, und immer hat sie grüne Schuppen und mit zurückgebogenem Maul beißt sie in ihren Schwanz, in lautlosem Gleiten zum Anfang zurückkehrend« (Claudianus, alexandrin. Dichter, »De Consulatu Stilichonis«, 400 n. Chr.). In dieser Höhle befinden sich unter den Geheimnissen des Aion (Aevi arcana) die Zeitalter, nach den Metallen geordnet. Sol (der Sonnengott) führt das aureum saeculum von dort an das Tageslicht hervor; der Aion-Greis wurde mit Kronos (Saturnus) gleichgesetzt. Vgl. E. Norden: Die Geburt des Kindes, Gesch. e. relig. Idee, Leipz.-Berlin 1924. Soweit sich das Bild des O. oder des ihn ersetzenden langhalsigen Vogels (oder zweier Vögel, wobei der untere oft flügellos dargestellt ist) in rein alchemist. Werken findet, könnte es sich jedoch auch um eine bildliche Darstellung des Kreislaufes Verdampfung-Kondensation-Verdampfung usw. handeln. Gleichzeitig ergibt sich im weiteren Sinne eine Anspielung an die gnost. Symbolik, u. zw. auf das wichtige Bild des ewigen Kreislaufes vom Abstieg des Geistes in die Körperwelt und seiner Rückkehr in das Reich des Absoluten: ein »Zyklus von Evolutionen und Involutionen, von Degradationen und Regradationen... ein nicht-ausgerichteter, unbegrenzter Prozeß: die Schlange, die sich in den Schwanz beißt« (C. Tresmontant, Sittl. Existenz, Freibg. 1961); vgl. dazu M. Eliade, Le mythe de l'éternel retour, Paris 1949 u. dt. Ausg. »Kosmos und Geschichte«, Hamburg 1966; auch in (Randa) Handbuch d. Weltgesch., 3. Aufl. Olten 1962, Sp. 189 ff.; im ikonographischen Sinne

OUROBOROS: Illustration aus Vicenzo Cartari, Imagini delli Dei de gl'Antichi, Venedig 1647, S. 11. Bild der Ewigkeit in Gestalt des Gottes Demogorgon, vom O. als »Sinnbild des Jahres und seines Umlaufes« umgeben

hängt das Bild des O. wohl zusammen mit der alten Vorstellung von der Weltschlange, ähnl. der erdumgürtenden Midgard-Schlange in der altnord. Mythologie. Berühmte Darstellungen des O. findet man z. B. in der »Ripley Scrowle« (Ms. im British Museum, London) und in der Handschrift Rh 172 (Graph. Sammlg. d. Zentralbibl. Zürich); Wiedergaben bei Burckhardt 1960. — An Stelle des O. treten manchmal zwei drachenähnl. Wesen, die einander in den Schwanz beißen und sich so ebenfalls zum Ring schließen. Vgl. auch → Nazari.
JUNG 1944; LURKER 1981

336

PANTHEUS, Joannes Augustinus (wohl Pseud.), it. Geistlicher des 16. Jhs., der versch. alchemist. Traktate verfaßte: »Ars Transmutationis Metallicae«, 1518/19 (Ars et Theoria Transmutationis Metallorum, Holzschn., 1550); »Voarchadumia contra Alchymiam, ars distincta ab archimia et sophia«, 1530 (Holzschn.), auch enthalten im »Theatrum Chemicum«, 1659—61. Archimie bedeutet für P. die seelenlose, bloß auf Goldmacherei gerichtete Alchemie, der P. eine → »Kabbala der Metalle, die von Tubalkain über die Chaldäer und Inder auf uns kam« entgegengesetzt. Das geheimnisvolle Schöpferwort »Voarchadumia« taucht auch in der »Basilica chymica« des → Crollius auf, wo von der »rechten und wahren Cabala, Magia und Woarckadumia« die Rede ist (Peuckert 1956, S. 456). Darüber schreibt Sprengel in der Enzyklopädie von Ersch-Gruber Bd. II, S. 416, »daß die Alchemie in der Republik Venedig 1488 verboten worden wäre, worauf dann die Goldköche im Venetianischen ihr Gewerbe unter dem Namen Voarchadunica geheim trieben (Semlers Samml. zur Hist. der Rosenkreuzer, Th. 3, S. 24)«.

PAPUS, Pseudonym eines fr. Okkultisten und Esoterikers, 1865—1916, eigentl. Dr. Gérard A. V. Encausse. Der aus der Gascogne stammende Arzt wandte sich bald dem Studium mag. Bücher zu und veröffentlichte selbst eine Reihe von Werken, die seinerzeit viel Beachtung fanden (z. B. »Le Tarot des Bohémiens, Le Plus Ancien Livre du Monde«, Paris 1889, 1911). P. leitete den von de → Guaïta gegrundeten Martinisten-Orden, gab die Monatsschrift »L'Initiation« heraus und wird vielfach als Lehrer von Eliphas → Lévi bezeichnet, obwohl dieser im Todesjahr von P. erst 10 Jahre alt war (Miers 1976, 309). P. weilte mehrmals in Petersburg und gründete dort eine Martinistenloge, der auch der Zar angehörte. — Zu seinen bekanntesten, im heutigen Sinne oftmals kurios wirkenden Büchern spiegeln sich alle Eigenschaften des neueren fr. → Okkultismus deutlich wider: Belesenheit, das Suchen nach Gefühlstiefe, unkritische Grundhaltung, Synkretismus. Bekannte Werke: Die Kabbala, 1916 u. ö.; Die Grundlagen der okkulten Wissenschaft, 1926 u. ö.; Die Wissenschaft der Magier, 1896 u. ö.; Der Gedanke, sein Mechanismus und seine Betätigung, 1921.

PARACELSUS, eigentl. Theophrastus (Bombastus) von Hohenheim, ca. 1493—1541, bedeutender dt.-schweiz. Arzt, Alchemist, und eigenwilliger neuplaton. Philosoph, gilt als Begründer der → Chemiatrie und, zusammen mit Andreas Vesalius (1514—64), als Vorkämpfer der neuen, von Galenos und Avicenna unabhängigen Heilkunst, in der auch die Chirurgie ihren Platz hat. Es wäre aber einseitig, die mag. Seite seines Denkens, die sich in zahlr. Werken aus seiner Feder äußert, zu vernachlässigen. Die Beurteilung dieser Seite seines Wesens steht und fällt allerdings mit der Beurteilung der Echtheitsfrage der betr. Schriften, die

PARACELSUS: Porträt nach der Ausg. der »Astronomica et Astrologica Opuscula«, Köln 1567. Auf dem Schwertknauf das Wort »Zoth« (→ Azoth)

noch immer umstritten ist. Zweifellos nehmen neuplaton.-mag. Gedankengänge wie bei →Trithemius und → Agrippa von Nettesheim hier einen breiten Raum ein. Ihr geistesgeschichtl. wichtiges gegenseitiges Verhältnis charakterisiert Peuckert 1967, S. 35: Agrippa habe Trithemius 1510 besucht und ihm die »Occulta Philosophia« zugeeignet, der sie sehr freundlich aufnahm. Man »wird annehmen dürfen, daß zumindest seine Grundzüge ihm genügten, und daß der Abt (T.) in den hermetischen Gedankengängen ebenfalls zuhause war, so wie der Hohenheimer (P.) ihn als adeptus philosophus bezeichnete.« Vgl. auch G. Bechtel, Paracelse, Paris 1970.

P. wurde in der Nähe von Einsiedeln (Kanton Schwyz) geboren; sein bekannter Beiname ist entweder eine freie Übersetzung von »Hohenheim« oder soll seine
Vorrangstellung von der Antike (Über-Celsus) andeuten. Nachdem P. seine
Jugend in Villach (Kärnten) und Schwaz (Tirol) verbracht hatte, dürfte er in Basel
studiert haben, was jedoch nicht exakt nachweisbar ist. 1526 hielt er sich in
Straßbg. auf, hielt bald darauf medizin. Vorlesungen in Basel und verbrannte
öffentlich die Bücher Galens und Avicennas. Wachsende Opposition zwang ihn
jedoch 1528 zu einem unsteten Wanderleben (Kolmar, Eßlingen; 1531 St. Gallen;
1532 Appenzell; 1535 Bad Pfäffers/Oberengadin; 1536 Augsbg.; Schloß Kro-
mau/Mähren). 1541 wurde P. durch den Erzbischof Ernst von Bayern (Amtszeit
1540—54) nach Salzbg. eingeladen. Doch schon am 24. Sept. dieses Jahres starb
er, drei Tage nach Abfassung eines Testamentes, wie die Sage behauptet: infolge
eines Mordanschlages durch mißgünstige Konkurrenten.

Das Studium der P.-Schriften erfordert eigenes Vokabular, wie etwa das von
Adam v. Bodenstein (»Onomasticum Paracelsicum«, Basel 1574; ähnliche
Bücher von → Dorn und → Ruland), da der Autor zahlr. Termini prägte oder
abweichend vom üblichen Gebrauch verwendete (Archäus, Yliaster, Cagaster,
Flaga, → Gamaheu, Leffas, Stannar, Truphat, Mumia, Evestrum u. a.). P. fordert, daß der Arzt nicht nur Heilkunst und Alchemie beherrschen müsse, sondern
zum Verständnis der astralen Einflüsse auch Astronomie, ebenso Theologie, um
dem übernatürl. Ursprung mancher Leiden gerecht werden zu können. In der
Alchemie wurde seine Lehre von den drei Grundstoffen → sal, → sulphur und
→ mercurius bedeutsam. Zahlr. Sagen knüpfen sich an des P. Goldmacherkunst,
doch stand für ihn offenbar die Bereitung der Universalmedizin (→ Elixir) im
Vordergrund dieser Bemühungen. Er entwickelte dabei zahlr. Medikamente auf
anorgan. chem. Basis (Verbindungen von Quecksilber, Schwefel, Eisen, Kupfer
usw.; daneben auch alkoholische Auszüge von pflanzlichen Inhaltsstoffen).

So wurde P. der Begründer einer pharmazeut. Richtung, die man als Iatrochemie oder → Chemiatrie bezeichnet. Da die Anhänger dieser Rezepturenlehre
meist auch in philos. Hinsicht mit den Schriften des P. vertraut waren, spricht
man von einer Schule der »Paracelsisten«; dazu zählt man neben dem Herausgeber vieler P.-Schriften, Johannes Huser, vor allem die Ärzte → Croll und →
Dorn, den »Hermetiker« Heinr. → Khunrat und später J. B. van → Helmont.
— Die Zahl der P.-Schriften ist deswegen so groß, weil zahlr. Manuskripte erst
nach seinem Tode, z. T. unter immer neuen Namen und in mannigfachen Kombinationen, herausgegeben wurden, wobei die Frage, »echt oder → spurios« nicht
immer beantwortet werden kann. Unter den zu des P. Lebenszeit veröffentlichten Werken sind zu nennen: »Practica, gemacht auff Europen« (Nürnbg. 1529,
Augsbg. 1529); »Außlegung des Cometen erschynen im hochgebirg«, Zürich
1531; »Practica Teütsch auff das M. D. XXXV. Jar«, Augsbg. 1535; Die »grosse

Wundartzney«, Augsbg. 1536; Praktiken auf die Jahre 1537 und 1538. Die berühmtesten Werke, etwa die »Astronomia Magna«, erschienen erst aus dem Nachlaß. Die wichtigste Quelle für bibliograph. Fragen ist die »Bibliographia Paracelsica« von K. Sudhoff, der zus. mit W. Mattiesen auch die große Ausg. der P.-Schriften überwachte.

Sicherlich nicht von P. selbst verfaßt ist die »Archidoxis magica«, erstmals vollständig enthalten i. d. Ausg. Basel 1572; es handelt sich um eine Version der viel älteren Schrift »De septem quadraturis planetarum« in paracelsischem Stil. Die ersten 4 Bücher waren schon 1570 in einem in Basel 1570 unter dem Titel »De summis Naturae Mysteriis libri tres«, ins Lat. übersetzt von → Dorn, erschienen (mehrere Ausg., ersch. 1570 in Straßbg., München und Köln; dt. Basel 1571). — Die eigenartige Persönlichkeit des P. erschließt sich erst bei längerem Studium seiner Werke. Zahlr. Porträts tragen sein persönl. Motto »Alterius non sit qui suus esse potest«, d. h. »Wer sein eigner Herr sein kann, soll keinem andern hangen an«, ein Beweis für seine autokratische, dem Autoritätsglauben abholde Grundeinstellung.

Als ideengeschichtl. besonders wertvoll gilt die »Astronomia Magna oder die ganze Philosophia sagax der großen und kleinen Welt«, um 1536 begonnen. »P. entwirft darin eine esoterische theosophische Kosmographie, in der hierarchisch geordnet Belebtes und Unbelebtes seinen Platz einnimmt, in der der Mikrokosmos in den Makrokosmos eingebettet ist... Kräfte von oben wirken nach unten: Die Kräfte des Firmaments wirken unmittelbar psychisch und physisch auf den Menschen, formen seinen Charakter, zwingen ihn zu Handlungen, setzen Zeichen; auf der anderen Seite aber hat der Mensch den göttlichen Auftrag zu erkennen, d. h. bestimmte Künste (scientiae) zu üben, firmamentische Kräfte aufzunehmen, um sie zu realisieren. Dazu zählt z. B. die → Signaturen-Lehre, die nichts ohne den erkennenden Akt ist, und dazu zählt die Magie, ein gottgewolltes 'natürliches' Erkennungsmittel« (Bonin 1978, 380). P. »beeinflußte maßgeblich die Entwicklung der protestantischen Mystik, des Spiritualismus und Separatismus, ferner Jakob Böhme und die Theosophie des 17.—18. Jhs. und die Naturphilosophie des 18.—19. Jhs.« (Bertholet 1985, 453).

Lit.: — Theophrast von Hohenheim gen. Paracelsus, ed. Karl Sudhoff, Reihe I und II, 1923 ff. Ein Ndr. der Huser-Ausg. Basel 1589—91 und der Chrirurg. Bücher (Straßbg. 1605) erscheint ab 1968 in Hildesheim. Zur Bibliographie vgl. Überwegs Grundriß d. Phil. III, S. 38—39 und 631 f., und W. Pagel: P. (New York 1958). — Engl. Teilausg.: The hermetic and alchemical works, ed. H. Waite, Ndr. mit Einführung von D. di Prima, 1966. — Wichtige Studien: Bemerkungen zur Struktur des Kosmos u. d. Materie bei P. In: Medinzingesch. in unserer Zeit, Stuttg. 1971; Die Paracelsische Kosmologie und Materietheorie in ihrer wissenschaftsgeschichtl. Stellung u. Eigenart. Medizinhist. Journal VI/1971

(Hildesheim); beide Aufsätze von Prof. Kurt Goldammer, Amöneburg. Paracelsus, sozialethische und sozialpolitische Schriften, hrsg. v. K. Goldammer, 1952; K. Goldammer, Paracelsus, 1953; W. Pagel: Das medizinische Weltbild des Paracelsus, 1962; H. Schipperges: Paracelsus, 1974. Schriftenreihe: Salzburger Beiträge zur Paracelsus-Forschung, ab 1960.

PEGIUS, Martin, florierte um 1560, gelehrter Jurist und Salzburgischer Rat aus Krain, schrieb neben zahlr. rechtswissenschaftl. Werken (z. B. »Jurist. Ergötzlichkeiten vom Hunde = Rechte«, Frankf. 1725) auch ein seinerzeit berühmtes Lehrbuch der Astrologie (»Geburtsstunden = Buch, darinnen eines jetlichen Menschens Natur, Eigenschafft usw., Wie man die Himmels Figuren in auffrichtung der 12 Heusern auff die Geburtsstunden stellen solle, Wie die Gleichlichen und Sicht. leuffe der 7 Planeten und stäten Sternen in die lenge u. Breite auff eine jede zeit zu finden seyen«, m. Holzschn., Basel 1570; Ndr. 1924).

PELIKAN, als alchemist. Gerät eine bestimmte Form der → Retorte, in der Symbolsprache jedoch ein Bild für den → Stein der Weisen, der bei der → Projektion sich auflöst und gleichsam stirbt, um aus Blei Gold zu erzeugen, so wie im Sinne der kirchl. Allegorie der P. sich die Brust mit dem Schnabel aufreißt, um seine Jungen damit zu ernähren. Abb. Bd. 1, S. 112.

FEDERMANN 1964

PENTAGRAMM, ein fünfzackiger Stern, auch Drudenfuß, Drudenkreuz, Alpfuß, Nornenstapfe, Maarfuß oder Pentalpha genannt, desgl. Pentangulum, Pentakel, signum Pythagoricum, signum Hygeae, signum sanitatis (vgl. Ersch-Grubers Enzyklopädie Bd. 3, S. 81 f.), ein altes mag. Zeichen aus zwei ineinander verschränkten gleichschenkeligen Dreiecken ohne Basis, die man in einem Zug zeichnet. Bei den altgr. Pythagoräern Symbol für Gesundheit, wurde das P. von den Sekten der → Gnosis häufig auf → Abraxasgemmen dargestellt. Im MA. diente es als Abwehrzauber gegen dämonische Wesen (→ Alp) und zur Bannung der → Elementargeister (vgl. Beschwörungsszene in Geothes Faust I). Schwarzmag. Geheimgesellschaften führten gelegentl. als Erkennungszeichen ein P. mit nach unten gekehrter Spitze. Nicht selten tritt das P. als Relief auf alten Grabsteinen in Kroatien auf, offenbar veranlaßt durch den manichäisch beeinflußten Glauben der Bogumilen-Sekte, wo die 5 eine heilige Zahl gewesen zu sein scheint. Der Manichäismus, eine extreme Ausprägung des Gnostizismus (→ Gnosis) mit konsequentem Dualismus (ewiges Reich des Guten — ewiges Reich des Bösen), von Mânî hayyâ (216—77) gegründet, kennt im Gegensatz zu dem sonst üblichen Weltbild 5 → Elemente (Licht, Luft, Wind, Feuer, Wasser), ebenso im Bereich des »Königs der Finsternis« fünf Unterreiche (Finsternis, Rauch, böser Wind, böses Feuer, böses Wasser). Vielleicht ist die häufige Verwendung des P.s in den mag. Künsten ein echter Hinweis darauf, daß sie tatsächlich (wie → Görres annahm) manichäischen Einfluß konservierten. Vgl. H.-C. Puëch: Le Manichéisme. Mus. Guimet, Bibl. de Diffusion LVI, Paris 1949. Vgl. J. Schouten, The P. as a Medical Symbol. An iconological Study. Nieuwkoop 1968, sowie O. Stöber: Der Drudenfuß. Eine kulturhist. Studie, Linz 1967. Der Ausdruck »Pentakel« (eigentl. P.) wird im Zusammenhang mit → Evocationen in einem weiteren Sinne gebraucht, u. zw. als mag. Schutzzeichen, das auch andere Form haben kann.

BAZALA 1959

PEREIRA (Pererius), Benedictus (1532—1610), gelehrter span. Jesuit, der in Sizilien und Rom wirkte. Viele Auflagen erlebte sein Werk »Physicorum sive de principiis rerum naturalium libr. 15«, Rom 1572 u. a., aber auch seine gegen den Aberglauben gerichtete Schrift »Adversus fallaces et superstitiosas artes, hoc est: de magia et observatione somniorium & de divinatione libr. 3«, Ingolstadt 1591 (meist zit. als »Pererius de magia«).

PESSULANTEN, im Sprachgebrauch des 18. Jhs., bes. in der Studentensprache übliche Bezeichnung für Jahrmarktsgaukler, wandernde Zauberkünstler und Salbenkrämer. Der Ausdruck wird von J. Lugs (Das Buch vom Schießen, Prag 1968) mit der → Passauer Kunst in Verbindung gebracht, leitet sich aber eher von dem lat. Namen der fr. Stadt Montpellier her, der »Mons Pessulanus« lautet. Diese Stadt war lt. Zedlers Lexikon Bd. 21/1739 »wegen des Theriacs [eines in der alten Heilkunst bekannten Universalheilmittels verschiedener Rezeptur] und Grünspans, so von den Einwohnern bereitet wird, wie auch wegen... verschiedener anderer Manufacturen halber berühmt«. Auch ist sie mit der Geschichte der Albigenser verknüpft (Konzilien von 1215 und 1224), auf die viele mag. Traditionen Europas zurückgehen dürften (→ Bogumilen).

PETRUS APONENSIS (Pietro d'Abano, Albano), auch Petrus de Padua genannt, it. Arzt, Philosoph und Astrologe, geb. 1257 zu Abano, gest. 1316 cbd. Er lehrte mit großem Erfolg Medizin und war ein berühmter Heilkünstler, geriet jedoch wegen seines Interesses für den → Neuplatonismus in Konflikt mit der Kirche und wurde schließlich der Inquisition als Zauberer denunziert. Er starb im Gefängnis, ehe ein Urteil ausgesprochen wurde. Von seinen Werken erlangte die Schrift »Conciliator differentiarum philosophorum et praecipue medicorum« Bedeutung und wurde bis in die Zeit der Humanisten viel benutzt (zahlr. Ausg.: Mantua 1472; Venedig 1467 u. ö.; Pavia 1490; Basel 1535). Seine »Geomantia« erschien erst 1549 zu Venedig. Ein großes Handbuch der Astronomie, »Lucidator astronomiae« (geschr. um 1310), blieb ungedruckt. Gianfrancesco della Mirandola, der Neffe des → Pico della Mirandola, führt die Fehler (d. h. unorthodoxen Ansichten) des P. A. auf das berühmte mag. Buch → Picatrix zurück, ebenso Symphorien Champier (1471—1537, Autor von »Annotamenta, errata et castigationes in Petri Aponensis opera«, 1514). In der Astrologie sind für P. A. alle irdischen Vorgänge astral determiniert, und er möchte sogar religiöse Bewegungen den Einflüssen der Gestirne zuschreiben. In neuerer Zeit wurde im Zusammenhang mit der Lehre von den Weltzeitaltern die These des P. A. erwähnt, daß der Frühlingspunkt in 70 Jahren um 1 ° weiterrücke und das »platonische Jahr« daher 25.200 Jahre währe (Peuckert 1960, S. 248 f.). Kiesewetter (1895/1977, 314) erwähnt folgende Werke: Conciliator differentiarum CCX philosophorum et praecipue medicorum. Mantua 1472 u. ö.; Astrolabium planum; Heptameron. Elucidarium necromanticum. Elementa magica. Liber experimentum memorabilium de annulis sec. XXVIII mansiones Lunae. Venedig 1496. Die Autorschaft dieser Bücher ist umstritten (s. u.).

Im Hinblick auf die Philosophie scheint P. A. dem Averrhoismus zugeneigt zu haben. Zugeschrieben wurde ihm ein in der Pariser Bibliothèque Nationale befindlicher Text (Cod. lat. 7337) »Petri de Abano annulorum experimenta«, der → Charactere der Mondstationen zeigt (vgl. → Agrippa v. Nettesheim, III. Buch, Kap. 29—31); Ausg. 1565, IV. Buch, »Elementa magica Petri de Abano«). Sein an letztgenannter Stelle enthaltenes »Heptameron« ist ein astrolog.-kalendar. Schema, bei dem jede Planetenstunde der Woche mit ihrem Regenten genannt ist und die Beschwörungen der Gestirngeister genau beschrieben werden. Ob P. A. wirklich der Autor dieser mag. Abhandlung ist, kann nicht mehr geklärt werden. — Biograph. Lit. ist genannt in Zedlers Lexikon Bd. 2/1732, Sp. 902, und in Überwegs Grundriß d. Phil. II (Geyer), S. 613 u. 786; vgl. Graesse 1843, S. 47, 104, 110. L. Thorndike: The Writings of Peter of Abano, Baltimore 1944.

NOWOTNY 1967; PEUCKERT 1956; THORNDIKE 1923—58

PEUCER(US), Caspar, 1525—1602, dt. Humanist (Schwiegersohn Melanchthons), Leibarzt des sächs. Kurfürsten, Prof. der Mathematik, Astronomie, Medizin und Geschichte der Univ. Wittenberg. P. wurde 1574 auf Betreiben der streng luther. Partei, die ihm als Haupt der milden »philippistischen« Richtung »Kryptocalvinismus« vorwarf, eingekerkert und 12 Jahre in Haft gehalten. Neben wichtigen astronom u. medizin. Abhandlungen wurde sein Traktat »Commentarius de praecipuis divinationum generibus« (zahlr. Ausg.: 1553, 1560, 1564, 1572, 1576, 1591, 1593, 1597, 1607) als enzklopädische Quelle über → Mantik im allg., aber auch über → Oneiromantie, medizinische Prognosen, Meteorologie, Physiognomik und → Chiromantie, → Beschwörung und mag. Gifte etc. betrachtet

(Thorndike Bd. VI, S. 493 ff.). Zedlers Lexikon nennt weiters eine »Oratio de sympathia et antipathia«. Vgl. E. L. Th. Henke, Kaspar P. und Nikolaus Crell, Marbg. 1865.

PHILALETHA, Philalethes — vom 17. bis zum 19. Jh. beliebtes Pseudonym, dessen sich Hunderte von Autoren bedienten, darunter auch viele Rosenkreuzer und Theosophen: etwa Ph., Theophilus — »Promotoris Edlen Ritters von Orthopetra Theosoph. Wunder-Saal«, 1709. Ph., Anonymus — »Eröffneter Eingang zu des Königs verschlossenem Palaste«, 1673. Ph. — »Geberi curieuse vollständige chymische Schriften«, 1751. Ph. sincerus — »Kurze magische Kunstgeheimnisse der Natur«, 1719. Ph. (Irenäus) war auch Pseudonym von Johann Bapt. von → Helmont. Auch im → Musaeum Hermeticum sind drei Ph.-Abhandlungen enthalten. Ein freimaurerischer »Göttl. Orden der Philalethen« (Ordre Divin des Philalètes) wurde 1773 von → Court de Gébelin, Savalette de Langes u. a. gegründet; diese Gesellschaft befaßte sich mit den Visionen → Swedenborgs und anderer »Seher«, auch → Cagliostro hielt für sie Vorträge. — Der Autor der von einem Ph. verfaßten Traktate in dem alchemist. Sammelwerk → »Musaeum Hermeticum« ist keiner der gen. Persönlichkeiten identisch, sondern gilt als dt. Alchemist der beginnenden Neuzeit. Gessmann 1922, S. 18 erwähnt einen angeblich 1612 geborenen Adepten Ph., der »im Hause des fr. Philosophen Bérigard, dann in Wohlau bei dem Apotheker M. Morgenbesser und endlich vor dem Pfarrer Groß in Genf Metallveredelungen vornahm«, später nach England und Westindien ging und dann in Hambg. lebte, »wo er schließlich verscholl«. R. S. Wilkinson (in »Ambix«, vol. XII/1 und XIII/1) versucht, die Identität diese Eirenaeus Ph. mit dem Kolonial-Engländer John Winthrop Jr. (1605—76) wahrscheinlich zu machen, der Gouverneur von Connecticut und Mitglied der »Royal Society« war (Allibone's Critical Dictionary, Ndr. Detroit 1965, Bd. 3, S. 2796—97). Vgl. dazu Frick, Die »Ph.«-Handschriften des Musaeum Hermeticum, ADEVA-Mitteilungen Nr. 21 (Graz).

HOLZMANN-BOHATTA 1961; KLOSS 1970, S. 326; LENNHOFF-POSNER

PHILALETHES, Eugenius (Pseudonym für Thomas Vaughan oder Vaugham), 1622 bis 1666, englischer Alchemist, Theosoph und Rosenkreuzer, lehnte in seinen Schriften die beschränkte scholast. Philosophie ab und wandte sich neuplatonischen und kabbalistischen Studien zu. Seine bilderreiche Symbolsprache erinnert in manchen Partien an die Poesie seines Bruders Henry Vaughan (1622—95). Oft zitiert wurden seine Werke »Anthroposophia theomagica« (1650), »Anima magica abscondita« (1650), »Magia adamica« (1650; Amsterd. 1704; diese drei auch zus. Leipzig und Hof 1735), »Lumen de Lumine« (1651), schließlich »Fama et confessio confratriae Rosae Crucis« (London 1652). In

»Lumen et Lumine« beschreibt Ph. eine unterirdische Suche nach dem Stein der Weisen unter der Führung der Natur, der Muse der Alchemisten, wobei er schließlich einen → Ouroboros-Drachen findet, der den mag. Schatz hütet; der Merkspruch darüber lautete → »nil nisi parvulis«. — Das Weltbild des Ph. wurde vor allem durch → Agrippa von Nettesheim stark beeinflußt. Ausg. »Works of Thomas Vaughan, Eugenius Philaletha«, ed. E. A. Waite, London 1919.

PHILTRUM, gr. Philtron, lat. meist virus amatorius oder poculum amatorium (Plinius d. J.), Liebestrank, ein mag. wirkendes Aphrodisiacum. In den verschiedensten Formen sind Philtren bei fast allen Völkern bekannt. Im alten Rom sind Liebestränke reich bezeugt (Lucullus soll daran gestorben sein, Lucretius sich in einem durch das Ph. hervorgerufenen Wahnzustand das Leben genommen haben; Apuleius beschreibt ein Ph. aus Spargel, Krebsen, Fischlaich, Taubenblut und Vogelzungen). Häufig genannt als Bestandteil des Ph.s wird Hippomanes, meist gedeutet als Pferde-Nachgeburt oder die Fruchthäute des neugeborenen Füllens (Vergil), manchmal auch als Genitalsekret der Stuten (daher in dt. Übersetzungen »Stutengeil«; so bei Properz, Ovid). In Beichtregeln aus dem MA. spielt Menstruationsblut als Ph. eine Rolle (so bei Burchard von Worms: »Fecisti quod quaedam mulieres facere solent? Tollunt menstruum suum sanguinem, et immiscent cibo vel potui, et dant viris suis ad manducandum vel ad bibendum, ut plus diligantur ab eis...«).

In → Hexenprozessen werden die Angeklagten oft beschuldigt, auf Bestellung Philtren angefertigt zu haben. Diese bestanden zumeist aus pharmazeutisch unwirksamen »Sympathie-Mitteln«, enthielten aber auch Narkotika (→ Alraun, Mandragora) und kantharidinhaltige Stoffe. In Zedlers Lexikon Bd. 17/1738, Sp. 995, ist davon die Rede, daß Galenus und andere der Meinung waren, »daß dergleichen Mittel natürlich nichts würcken können, derohalben sie dieselben der Betrachtung eines Artztes unwürdig geachtet, und als zauberisch verworfen«. Falls die Philtren aber wirken, so sind sie »so gefährlich, als unzuläßig: indem sie gemeiniglich hefftige Kranckheiten, Beraubung der Sinnen, Verlust des Gedächtnisses, wo nicht den Tod, nach sich ziehen« . Als Gegenmittel werden Vomitive (Brechmittel) genannt und als Quelle Henr. Henckel, De Philtris eorumque Efficacia ac Remediis, Frankf. 1690, zitiert (vgl. Görres 1960/V, S. 448 ff. und Regino 1964, S. 354 f.). J. J. Woyt ist in seinem »Gazophylacium« (1718 u. ö.) der Ansicht, »daß nicht allemal die verlangte Liebe, sondern vielmehr eine Schwermuth, Raserey, Dollsucht mit Hertzens = Angst, Abnehmen der Glieder und Contractur« erfolgen könne, und als Gegenmittel wird erwogen, dafür zu sorgen, daß das Ph. durch ein Vomitiv, etwa aus »warmen Pferde = Urin auf das schleunigste heraus geworffen wird«. — Der Glaube an die Wirksamkeit des Ph.s ist ein beliebter Sagenstoff (Tristan und Isolde!). — Reiches Material bei Gifford, »Liebeszauber«, Stuttgt. 1964, S. 107—203 (Liebestränke, Aphrodisiaca, Liebesspeisen, Liebesdrogen); E. Laurent: Okkultismus und Liebe, 1903, Ndr. 1979.

LUCK 1962

PHYLACTERIA, auch Philateria, alte Bezeichnung für → Amulette, »sind nichts anderes als entweder aus Metall oder Holtz, Pergament, auch Papier verfertigte theils rund und dem Golde gleichend, theils auch anders geformte, und mit zauberischen [→] Charactern bezeichnete Figuren, welche an einem Band, zur Abwendung alles Unheils und Übels, und hingegen zum Glückbringen [→ Talisman] an den Hals gehänget und getragen werden… Übrigens führet der Herr von Eckhart in Comment. de reb. Franciae oriental. p. 417 an, daß in einem im IX. Jahrhunderte geschriebenen Codice die Ph. Zouporgiscrib, auch Zaubargiscrib, ingleichen Plech, Plechir genennet werden. An diesem Orte redet er auch von denen […] Runen, … die er auf gewissen Weise mit diesen Ph. vergleichen will« (Zedlers Lexikon Bd. 27/1741, Sp. 2230). In hellenist. Zeit war Ph. die Bezeichnung für die Gebetsriemen (Tephillim) der Juden.

PHYSIOLOGUS, im MA. sehr beliebte Texte zu der an myth. und mag. Gedankengängen reichen »christl. Zoologie«; Tiere (darunter auch Sirenen, Einhörner, der Phönix u. a.), Pflanzen und Steine werden darin mit bibl.-christl. Allegorie so gedeutet, daß sie Glaubenssätze illustrieren. Diese Sammlungen entstanden zuerst um 300 n. Chr. in Alexandrien, wurden vielfach erweitert und übersetzt, darunter auch ins Althochdeutsche, wobei die dt. Ph.-Texte des MA.s von den »Dicta Chrysostomi« abgeleitet werden. Es geht in diesen Texten darum, was eine auffällige Eigenschaft eines realen oder der Fabelwelt entnommenen Tieres im Sinne der christl. Heilslehre »bezeichint«; so weisen etwa Löwe, Panther, Einhorn und Phönix auf den Erlöser hin, Wildesel, Affe, Fuchs und Igel hingegen auf den Teufel. Das Bild des aus der Asche aufsteigenden Phönix hat sich im Sprachgebrauch bis in unsere Zeit erhalten. Eine berühmte Hs. dieser Art ist z. B. der »Millstätter Ph.« (Faks.-Ausg. Graz 1967, Kommentar von A. Kracher). Der Ph. war eine wichtige Quelle der MA. Enzyklopädisten, z. B. des → Vinzenz von Beauvais. — Über die einem Bischof Theobaldus zugeschr. Inkunabel-Ausg. (Köln ca. 1489) vgl. Neufforge, S. 224—25. Dt. Textausgabe des Ph.: Der Physiologus, übertragen u. erläutert v. O. Seel, Zürich-Stuttgt. 1970; engl. Ausg. von T. H. White, The Book of Beasts, New York 1954. Vgl. auch E. Brunner Traut über Spuren ägypt. Mythen im Ph. (Festschrift f. Siegfried Schott, Wiesbaden 1968); M. Wellmann: Der Physiologus. Leipzig 1930.

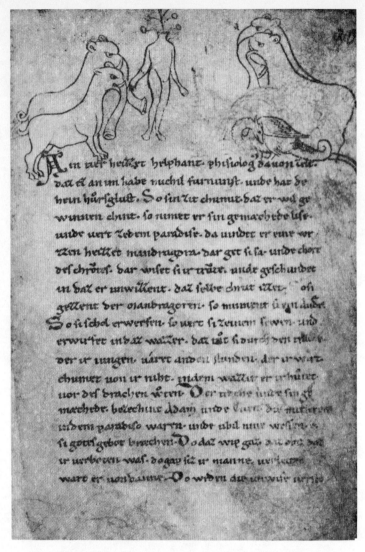

PHYSIOLOGUS: Millstätter Genesis- und Physiologus-Handschrift, Graz 1967. fol. 90r Elefanten mit Mandragora. (Die Mandragorawurzel, deren Genuß in den Elefanten den Trieb zur Fortpflanzung weckt, wird als weibliche Gestalt ohne Haupt dargestellt, aus deren Hals ein Stengel mit sieben Früchten hervorwächst. Rechts vorne ein Drache.)

PICATRIX (Picatris), Name einer span.-arab. Sammlung (»Ghājat al-hakīm«, Ziel der Weisen) von Exzerpten mag.-astrolog. Charakters, auf Lehren verschiedener oriental. Völker (Nabatäer, Sabier, Inder, Abessinier, Kopten) beruhend und einem gewissen Abul-Kasim Maslama ben Ahmed el-Madjrītī zugeschrieben. Auf Anordnung von König → Alfons X. (dem Weisen) von Kastilien wurde schon bald nach dessen Regierungsantritt (1252) eine lat. Übersetzung angefertigt (»… Picatris hunc librum ex CC libris et pluribus philosophiae compilavit…«, 1256). Ein P.-Codex befindet sich in der Krakauer Jagiellonen-Bibliothek (Cod. 793 aus dem Jahr 1459). Man findet darin Wundergeschichten, Abhandlungen über die 7 Planeten und ihre Entsprechungen, den → Zodiakus, die 28 »Mondhäuser«, vor allem über → Talismane. → Hartlieb schrieb 1456: »Es ist noch gar ein mercklich puch jn der künst nigramancia das hebt sich an 'ad laudem dei et gloriosissime virginis Marie', haißt piccatrix, das ist das vollkommenst puech, das jch ye gesach jn der kunst«. Eine textlich etwas abweichende Version taucht in der (pseudo-)paracelsischen »Archidoxis magica« (Basel 1572) auf. Auch → Agrippa von Nettesheim hat diese Kompilation der P. ausgiebig in seiner »Occulta Philosophia« (o. O. 1533) benützt, und Kaiser → Rudolf II. soll zusammen mit dem Magier Hieronymus Scottus mit Hilfe der P. Planetengeister (→ Intelligentia und Daemonium) beschworen haben. Im »Pantagruel« des Rabelais (1499—1533) wird P. scherzhaft als »reverend père en diable Picatris, recteur de la faculté diabolique de Tolédo« erwähnt. Der Name P. ist durch den Umweg über arab. Autoren als Verstümmelung von »Hippokrates« (Bugratis) zu verstehen, nach anderen Autoren jedoch eher als Umformung des Namens Harpokration (vgl. H. u. R. Kahane und A. Pietrangeli: Picatrix and the Talismans, in: Romance Philology XIX [1966], S. 574 ff.).

Die im Templerprozeß erwähnte Legende vom sprechenden Kopf, von einer nekrophil geschändeten Jungfrau »Yse« geboren (G. de Sède, Die Templer etc., Berlin 1962, S. 115), stammt von den → Sabiern und ist im 2. Buch, Kap. 12 des P. enthalten (→ Baphomet). — Das Buch von P., vor allem die Abschnitte über die Astrologie (Planeten, Fixsterne, Mondhäuser, Evokation der Planetengeister — eigentl. ruhanijun, Herabziehen des Pneuma — und »die Auffassung, daß jedwede Handlung talismanisch sei (II, 6)«, ist eine der wichtigsten Quellen der »Occulta Philosophia« des → Agrippa von Nettesheim (Nowotny/ Agrippa 1967, S. 419—20). — Als Quelle von alchemist.-metallurg. Operationen bezeichnet Holmyard 1968, S. 101 f., den Traktat »Der Schritt der Weisen« des Maslama ben Ahmed, von ihm 1924 ediert. Peuckert 1967, S. 37, charakterisiert die Sammlung P. als »eine der Brücken zwischen dem späten Neuplatonismus des Jamblich und Proklus einerseits, Agrippa und ihm folgend Porta und der magia naturalis des 17. Jhs. andererseits«.

NOWOTNY 1951, 1967; PEUCKERT 1956; RITTER 1923, 1962

PICO DELLA MIRANDOLA, Conte Giovanni (1463—94), it. Philosoph der Renaissance, war wie Marsiglio → Ficino einer der Wiedererwecker des Platonismus bzw. → Neuplatonismus im Abendlande. Als Kenner der arab., aram. und hebr. Sprache wurde P. zu einem Fachmann für die → Kabbala und bemühte sich, ihre Lehren mit jenen des Neuplatonismus zu einer christl. Synthese zu führen. 1486 veröffentlichte P. 900 Thesen als Folioband und verteidigte sie in Rom in einer großen Disputation. Es handelte sich um Lehrsätze, die z. T. auch mag. Dinge (Vorschau durch Träume od. → Oneiromantie, Vorzeichen, → Mantik, Sibyllen, das Augurium und Haruspicium, Geister usw.) betrafen, ebenso chaldäische Orakel, die Hymnen der Orphiker u. ähnl. Themen. Dies hatte zur Folge, daß 13 seiner Thesen in größerem oder geringerem Ausmaß als häretisch bezeichnet wurden. P. mußte nach Frankreich entfliehen, wurde aber dort gefangengesetzt. Auf Intervention von Lorenzo de Medici konnte er jedoch bald nach Florenz kommen und dort an der »Platonischen Akademie« wirken. Vom Verdacht der Häresie wurde er durch Papst Alexander VI. freigesprochen.

P. war ein Gegner der → Astrologie und ihrer Vertreter, die er zu den Feinden der Christenheit zählte, u. zw. aus religiösen Gründen: er lehnte die Ansicht ab, daß jeder Mensch seinen fest umrissenen Platz in der kosmischen Hierarchie einnehmen müsse und betonte gegenüber der determinist. Weltsicht die Freiheit des Willens:»Die Astrologie steht an erster Stelle unter den Vorstellungen des Aberglaubens und ist ihre Mutter und Pflegekind zugleich« (Disputationes in Astrologiam; Versio et Confutatio centiloquii Ptolemaei). Lucas → Gauricus war der Ansicht, diese Aversion rühre von astrolog. Vorhersagen her, denen zufolge P. nur 33 Jahre alt werden konnte. Er erreichte jedoch nur das Alter von 32 Jahren. »Seine Widersacher hätten gerne einen Zauberer aus ihm gemacht, weil sie nicht begreifen konnten, wie er bey so jungen Jahren eine so gar sonderbare Erkänntniß fast in allen Wissenschafften sich erwerben können. Das einige hat insonderheit den neuen Gelehrten an ihm nicht gefallen wollen, daß er auf die Cabbala so sehr viel gehalten« (Zedlers Lexikon Bd. 28/1741). — Ausg.: Commentationes Joannis Pici Mirandulae, Bologna 1495—96; moderne Ausg. von E. Garin, Florenz 1942 ff. — Vgl. E. Dulles: Princeps Concordiae, Cambridge / Mass. 1941. A. v. Reumont (Lorenzo de'Medici, II / S. 30, Leipzig 1874) charakterisiert P.s Geistesleben so: »In allmäliger Klärung seines mystisch-erregten und mit phantast. Vorstellungen, so des späteren Platonismus wie der darauf gegründeten mystisch-rationalist. Geheimbündelei, erfüllten Geistes gelangte P. immer mehr zu gläubigem Christenthum, welchem aus der hl. Schrift die... zur göttlichen Liebe emporhebende Kraft entströmt«. — Über P. und die Beurteilung der Astrologie vgl. Kiesewetter 1895/1977, S. 324.

PEUCKERT 1956; SELIGMANN 1958

PICTOR(IUS), Georg, geb. zu Villingen 1500, wirkte als Arzt in Freiburg i. Br., ab 1540 als Stadtphysicus in Ensisheim (Oberelsaß). Während seine zahlr. medizin.-physikal. Bücher (z. B. »Quaestiones Physicae«, Basel 1568) und seine Ausg. antiker Schriftsteller bald in Vergessenheit gerieten, wurde das meist unter »Scientia Ceremonialis« zit. Buch »Isagoge de Materia Daemonum, sive de eorum Daemonum qui sublunari collimitio versantur, ortu, nominibus, officiis« etc., Basel 1563, oft als Zusammenfassung der Lehre von den → Dämonen sowie als volkskundl. Quelle (Beschreibg. von Disziplinen der → Mantik, z. B. Sieborakel, Coscinomantie) erwähnt.

PLANETEN sind für den Astrologen die 7 Wandelsterne der Antike, im Sinne des geozentr. Weltbildes, wie es etwa von Ptolemaios formuliert wurde: also Merkur, Venus, Mars, Jupiter und Saturn, ebenso Sonne und Mond. Dies ergibt die heilige Siebenzahl, die schon in den frühen Hochkulturen hochgeschätzt wurde. Die erst in neuerer Zeit entdeckten sonnenfernen Planeten Uranus, Neptun und Pluto fehlen naturgemäß in den klassischen Texten der Astrologie; nach Ansicht neuerer Astrologen bedeuten sie »nicht neue Kräfte, sondern nur neue Kombinatio-

PLANETEN: Symbole der P. und ihrer Konjunktionen in der »Occulta Philosophia« des → Agrippa von Nettesheim, Köln 1533 (Ndr. Graz 1967, ed. Nowotny)

PLANETEN: Talisman-Medaillen der P. aus dem »Petit Albert«, einem »Zauberbuch« des 18. Jhs. (Köln 1722)

nen der Siebenerreihe«. Die erwähnten 7 P. wurden schon in der Antike einprägsam charakterisiert, gewissermaßen im Sinne einer Typenlehre. Die Götternamen der P. entsprechen alten babylonischen Vorbildern (Sol = Schamasch, Luna = Sin, Merkur = Nabu, Venus = Ischtar, Mars = Nergal, Jupiter = Marduk, Saturn = Ninib). Diese Typisierung im Sinne einer Entsprechungslehre spiegelt sich in den → Metallbezeichnungen der Alchemisten. Sie wurde bei den vorislamischen Mandäern und → Sabiern Mesopotamiens besonders hervorgehoben (ca. 100 — ca. 900 n. Chr.), bei welchen ein Gestirnkult gepflegt wurde. Der Tempel des Saturn etwa war sechseckig und barg eine Kultfigur des Gestirngottes, eine Greisengestalt aus Blei. Von diesem Bereich aus scheinen sowohl Astrologie als auch Alchemie des Abendlandes wichtige Impulse empfangen zu haben, und zwar hauptsächl. durch die Vermittlung der Araber (z. B. Ibn Abu Jaqub an-Nadin, Verfasser der Enzyklopädie Kitab al-Fihrist, 987 n. Chr.).

»In der → Astrologie spielen die P. eine ausschlaggebende Rolle, man spricht oft von einer Planetenastrologie neben einer Tierkreisastrologie. Astrologisch werden die Positionen der P. im Augenblick der Geburt als fundamentale Größe betrachtet, wobei insbesondere die als P. betrachteten [Himmelskörper] Sonne und Mond wesentlich in die Interpretation des [→] Horoskops eingehen« (Lex. d. Astrologie, Hrsg. v. U. Becker, Freibg. 1981, 218).

PLANETEN: Astrolog. Tafel, Ende des 15. Jhs.; die 7 P. und die ihnen zugeordneten Zeichen des → Zodiakus. Nach Nowotny/Agrippa 1967, Fig. 37, aus Henne am Rhyn o. J.

Die P., die nicht wie die Fixsterne um den Himmelspol kreisen, sondern ihre eigenen Bahnen verfolgen und daher in der Frühzeit als selbständige kosmische Wesen angesehen wurden, haben in der Astrologie ihre große Wertschätzung weitgehend behalten. Als ihre Bahngesetze erforscht waren, schrieb man ihnen im Sinne der Lehre von den vier → Elementen und Temperamenten vier Qualitäten oder Prinzipien zu, meist eingeteilt in Hitze und Kälte, Wärme und Nässe. Diese Qualitätenlehre finden wir noch bei → Kepler, der in seinem Werk »De fundamentis astrologiae« (1602) auch drei Grade dieser Qualitäten nennt: einen höchsten (excessus), einen mittleren (mediocritas, aequum) und einen niedrigsten (defectus). Daraus ergeben sich verschiedene Mischungsverhältnisse: etwa Fehlen der Wärme und höchste Feuchtigkeit bei Saturn. Der Glaube an beseelte Gestirnwesen, ein Nachklang des alten P.-Kultes, äußert sich in der Lehre von → Intelligentia und Daemonium der Planeten, etwa bei → Agrippa von Nettesheim. Eine breit ausgesponnene Entsprechungslehre gliedert die P. im Sinne einer geschlechtl. Polarität auf: als »männlich« gelten Sonne, Mars und Jupiter, als »weiblich« Mond, Venus und Saturn, als »hermaphroditisch« der Merkur (→ Mercurius). — Nach alter Anschauung »regieren« die P. einzelne Tierkreiszeichen: etwa die Sonne den Löwen, der Mond den Krebs usw. (s. Tabelle). Diese Regentschaft wird in älteren astrolog. Werken meist als »Domicilium« bezeichnet. Das im Zodiakalkreis gegenüberliegende (Oppositions-)Zeichen ist folgerichtig das »Exil« des betr. P., also jenes Feld, in dem seine Wirkung besonders abgeschwächt ist: also im Falle der Sonne (Domicilium: Löwe) der Wassermann, im Falle des Mondes (Domicilium: Krebs) der Steinbock usw. (s. Tabelle). Die Domizile wurden häufig in »Tages- und Nachthäuser« unterteilt, und zwar so, daß z. B. der Merkur (Domicilia: Jungfrau und Zwillinge) bei Tag im Zeichen der Jungfrau, bei Nacht im Zeichen der Zwillinge besonders einflußreich empfunden wurde usw. (Tabelle). Die Sonne besaß nur ein Tageshaus (maison de jour), der Mond nur ein Nachthaus (maison de la nuit), während man den übrigen P. je ein Tages- und ein Nachthaus zuschrieb. — Weiters waren zu beachten die Punkte, an welchen sich der Einfluß der P. besonders erhöhte (Exaltationen, gr. Hypsomata) oder erniedrigte (Dejectionen, gr. Tapeinomata). So liegt etwa der Exaltationspunkt der Sonne im 19. Grad des Widders, ihr Dejectionspunkt (»Fall«) im 19. Grad der Waage (s. Tabelle). Für das individuelle → Horoskop waren jedoch die Positionen der P. zueinander besonders zu beachten (→ Aspekte).

Über die traditionelle Charakterisierung der P. → ihre einzelnen Namen. — H. A. Strauß 1926 zitiert eine Predigt des Meisters Ekkehart (ca. 1260—1329) als Beispiel für die geistige Überhöhung der P.-Symbolik durch den Mystiker: »Ist die Seele zu einem seligen Himmel geworden, so ziert unser Herr sie mit den sieben Sternen, die St. Johannes schaute, im Buch der Geheimnisse, da er den König

| „Planet" | Domicilium | | Exil (Alienatio) | Exaltation | Dejection |
	Tageshaus	Nachthaus			
☉ Sonne	Löwe	—	Wassermann	19° Widder	19° Waage
☽ Mond	—	Krebs	Steinbock	3° Stier	3° Skorpion
☿ Merkur	Jungfrau	Zwillinge	Fische, Schütze	15° Jungfrau	15° Fische
♀ Venus	Waage	Stier	Widder, Skorpion	27° Fische	27° Jungfrau
♂ Mars	Skorpion	Widder	Stier, Waage	28° Steinbock	28° Krebs
♃ Jupiter	Schütze	Fische	Zwillinge, Jungfrau	15° Krebs	15° Steinbock
♄ Saturn	Steinbock	Wassermann	Fische, Löwe	21° Waage	21° Widder

PLANETEN: Ihre Symbole, Domizile, Exile, Exaltationen und Dejectionen, nach alten Quellen zusammengestellt

über alle Könige sitzen sah auf dem Throne seiner göttlichen Herrlichkeit 'und hatte sieben Sterne in seiner Hand'. So merket denn: es ist der erste Stern, Saturnus, ein Läuterer; der zweite, Jupiter, ein Begünstiger; der dritte, Mars, ein Furchterwecker, der vierte, die Sonne, ein Erleuchter; der fünfte, Venus, ein Liebebringer; der sechste, Merkur, ein Gewinner; und der siebente, der Mond, ein Läufer. So geht denn am Himmel der Seele Saturnus auf, als ein Läuterer zu Engelsreinheit, und bringt als Gabe das Schauen der Gottheit« usw.

Aus all diesen zahlr. zu berücksichtigenden Momenten ergibt sich ein überaus kompliziertes System, das im Sinne der Lehre von den → Entsprechungen zahlr. Zuordnungen ermöglicht. So wurde z. B. jedem P. ein mit ihm korrespondierendes Körperorgan, Metall, ein bestimmtes Räucherwerk bei Beschwörungen der Planetengeister, ein gewisser Edelstein usw. zugeschrieben. Darüber, sowie über die überaus komplizierten Entsprechungssysteme schreibt → Agrippa von Nettesheim im II. Buch seiner »Occulta Philosophia«, cap. 29—34 (De corporibus coelestibus) und cap. 35—47 (De imaginibus); Inhaltsangaben und wertvolle Zusammenfassungen mit Tabellen bei Nowotny 1967, S. 436—49.

HENSELING 1924; KÜNDIG 1950; NOWOTNY 1967; ROSENBERG 1949

PONDERATION, das Aufwiegen, im Mittelalter häufige Methode der Wunderheilung, vorgenommen z. B. 1184 im Kloster des hl. Anno in Siegburg. Dabei wurden Kranke in die eine Waagschale gelegt, in die andere Opfergaben (etwa Brot oder Weizen), bis das Gleichgewicht hergestellt war. In diesem Augenblick sollten die Kranken wunderbare Heilung erlangen. Die Opfergaben oder ihr Geldwert wurden daraufhin als Dankesgabe dargebracht. Eine Abart der P. ist das Aufwiegen von der Hexerei beschuldigten Personen gegen Kirchenbibeln (z. B. noch 1707 in Bedford, England), wobei die Unschuld der Angeklagten als erwiesen galt, wenn sie sich als schwerer erwiesen als die hl. Bücher, u. zw. im Sinne der Ansicht, daß Teufelsbündler einer »Levitation« unterworfen wären (→ Wasserprobe).

Berühmt war im 17. Jh. die Hexenwaage von Oudewater bei Utrecht, die noch im 18. Jh. häufig angewendet wurde. »Man nahm die Wiegeprobe in Oudewater ernst. Eine Kritik an ihrer Zuverlässigkeit wurde von den Zeitgenossen nie geäußert, auch nicht, was das Wichtigste war, von den Hexenverfolgern... Wiederholt kam es vor, daß jemand, der nach langer, mühseliger Reise in Oudewater angekommen war, im letzten Augenblick so von Angst überwältigt wurde, daß er die Probe überhaupt nicht wagte, sondern wieder weglief und sich unverrichteter Dinge auf den Heimweg machte... Tatsächlich war und blieb die Stadtwaage von Oudewater auch in weit entfernten Gegenden als eine Art von höchster richterlicher Instanz anerkannt, soweit es sich um Anklagen wegen Hexerei handelte« (Baschwitz 1963, 373 f.). Vgl. Biedermann, Hexen, Graz 1974.

PORTA, Cavaliere Giambattista della, (1538 oder 1540—1615), Universalgelehrter der Renaissance, dessen Weltbild teils mag., teils in modernem Sinne wissenschaftl. bestimmt war. Bekannt wurden seine optischen Experimente, etwa das Einfügen eine Linse in die Öffnung der »camera obscura«, weswegen P. »der Vater der Fotografie« genannt wurde, weiters seine naturkundl. Sammlungen, die wahrscheinl. A. Kircher (1601—80) zu dessen berühmten Kollektionen anregten. »Er halff viel zur Aufrichtung der Academie Degli Otiosi, und hatte eine andere in seinem Hause, welche die Academie de'Secreti genennet wurde, in welche man keine andere nahm, als allein solche, welche etwas neues in natürlichen Dingen entdeckt hatten. Allein der Päbstl. Hof verboth der letztern ihre Zusammenkünffte, weil deren Mitglieder, dem Vorgeben nach, unerlaubte Künste und Studien trieben. P. gehorchte auch diesem Befehl gar willig; ward aber dennoch von den grösten Gelehrten seiner Zeit, und insonderheit von Ausländern täglich in seinem Hause besucht« (Zedlers Lexikon, Bd. 28, 1741).

P.s Streben, Magie (etwa im Sinne des → Arnaldus von Villanova) mit naturwissenschaftl. Methoden zu verbinden, äußert sich vor allem in seiner »Magia Naturalis« (Neapel 1589, Hanau 1619, 1644, Venedig 1679, Ndr. der ital. Ausg., Della Magia Naturale, Milano 1970), in der er einleitend sagt: »Ich werde das nachprüfen, was unsere Vorfahren gesagt haben... (und) durch meine eigenen Erfahrungen nachweisen, ob sie recht oder unrecht haben«, ein Grundsatz, den P. freilich nicht konsequent durchführt. Er berichtet über künstl. Herstellung von Edelsteinen, Schlafmittel, Beeinflussung der Träume durch die Nahrung, Destillation und verschiedene kuriose Experimente. Peuckert 1956 nennt dieses Buch »ein Kabinett voller Raritäten, zum Wundern, zur Überraschung gesammelt«; vgl. Thorndike VI/422 f. —

P. befaßt sich in seinen 4 Büchern der Magia naturalis auch mit der → Hexensalbe, wobei es sich vermutlich um den ersten seriösen Versuch handelt, unter exakten Beobachtungsbedingungen durchgeführt. Zu der Emulsion gehört neben Fett »Eleoselinum« (Sellerie oder Sumpf-Eppich), Aconitum, Pappelzweige (Zweige der Balsampappel?) und Ruß, oder auch Sium latifolium, Wasserschwertlilie, Fünffingerkraut, Nachtschatten (vermutlich Tollkirsche und nicht der Bittersüße Nachtschatten) mit Öl und Fledermausblut. Diese perkutan applizierten Emulsionen sollen besonders bei schlecht genährten Personen die »Kraft der Imagination« stark bewegen. Eine P. als nachtwandelnde Blutsaugerin dem Gerücht nach bekannte alte Frau zog sich in ihre Stube zurück, entkleidete sich »und rieb sich über und über mit der Salbe stark ein, wie wir durch eine Ritze der Thüre sehen konnten. Durch die Macht der Salbe fiel sie sofort nieder und versank in einen tiefen Schlaf... Als sie nun erwacht war, erzählte sie Wunderdinge, wie sie über Meere und Berge gefahren sei usw.« (Kiesewetter 1895/1977, 574 f.). P.s »Celeste fisionomia« (Padova 1616) hingegen berichtet über die astrolog. Beeinflußbarkeit der Körpersäfte, betont aber die Willensfreiheit. Ein absonderliches Werk ist P.s aus 8 Büchern bestehende »Phytognomonica« (Frankf. 1608, Rouen 1650) über die okkulten Korrespondenzen zwischen Tier- und Pflanzenwelt im Sinne der → Signaturenlehre, ein Gedankengebäude, das die Physiognomik und damit die Lehre von Johann Caspar Lavater (1741—1801) beeinflußte und als erster Versuch einer charakterologischen Ausdruckskunde gelten kann.

GRAESSE 1843, S. 101, 112; PEUCKERT 1967, S. 61 ff; SELIGMANN 1958; ZEDLER 1960/61

POSTEL, Guillaume (Postellus, Wilhelmus), 1510—81, fr. Orientalist, Mathematiker und Kabbalist, stammte aus der Normandie; er studierte in Paris alte Sprachen, nahm an einer Gesandtschaftsreise nach Konstantinopel teil und unterrichtete daraufhin an der Pariser Universität. Seine visionär-reformator. Bestrebungen brachten ihn jedoch bald um jede Sympathie der Obrigkeit, so daß er ein unstetes Wanderleben begann, in dessen Verlauf er Offenbarungen über eine künftige Einigung der Religionen und Konfessionen erhalten haben wollte. Nach einer fast einjährigen Mitgliedschaft beim Jesuitenorden wurde P. als Häretiker eingekerkert, konnte aber entfliehen und eine Professur für oriental. Sprachen in Paris annehmen. Wieder kam es zu Spannungen, bis P. Paris verließ und seine letzten Lebensjahre, von der Inquisition für nicht voll zurechnungsfähig gehalten, im Kloster von Saint-Martin-les-Champs verbrachte, wo er seinen Studien bis zu seinem Tod ungestört nachging. — Nach seiner Ansicht war seine wichtigste Leistung die Übersetzung des → Sohar, die jedoch ungedruckt blieb und als Manuskript in zwei Teilen erst viel später (1882 und 1960) wiederentdeckt wurde. Von seinen zahlr. übrigen Schriften sind zu nennen: »Absconditorum a constitutione clavis« (1546, Amsterd. 1646) und »De hebraicae linguae ac gentis antiquitate« (Paris 1538). — Vgl. M. Secret in »Revue de l'Hist. des Religions« CLXV/1, 130 ff.

SELIGMANN 1958

PRACTICA, Prognostica, Prognosticatio, astrolog. Jahresvorhersage. Das Erstellen einer Praktik, als Nutzanwendung der reinen Astronomie für das irdische Leben betrachtet, gehörte zu den wichtigsten Aufgaben des → Astronomus und »Mathematicus«. In der Ausgabe des → Faust-Volksbuches von 1589 heißt es etwa von Dr. Faust: dieser wurde ein guter (→) »Astronomus und Astrologus, gelert und erfaren von seim Geist in der Sternkunst und Practicken schreiben... er richtet sich nach seines Geistes Weissagungen und Deutungen zukünfftiger dinge unnd Fälle, welche sich auch also erzeigten... wenn er setzte Nebel, Wind, Schnee, Feucht, Warm, Donner, Hagel, etc. hat sichs also verloffen... Er machte auch in seinen Practicken Zeit und Stund, wenn was künfftigs geschehen solt, warnete ein jede Herrschafft besonders, als die jetzt mit Thewrung, die ander mit Krieg, die dritte mit Sterben... Wie denn der Teuffel aus langer Erfahrung der Natur, und aus aus dem sündlichen leben der Menschen, viel zukünfftiger Zornstraffen GOttes zuvor sehen kan« (S. 59—61). In Deutschland tauchen die ersten Einblattdrucke mit Praktiken des engl. Meisters Theobertus um 1470 auf, 1475 die älteste bekannte P. in Buchform. Erschienen anfangs meist lat. und dt. Ausgaben zugleich, so nahm nach 1500 die Zahl der nur in dt. Sprache gedruckten und als Massenliteratur aufgelegten Praktiken stark zu. Ihre Grundthemen waren das Wetter des kommenden Jahres (vgl. → Hundertjähriger Kalender) und die Aussichten für die nächste Ernte sowie drohende Gefahren (Kriege, Seuchen, Katastrophen). Es ist anzunehmen, daß der P. fast immer echte astrolog. Berechnungen zugrunde lagen.»Die Praktiken wollten ihrer Zeit als Wegweiser und Kompaß für die Ungewißheiten der Zukunft dienen. Bei diesem Vorhaben spiegeln sie unwillkürlich ihre Epoche mit ihren Nöten, Erwartungen und Hoffnungen wider« (K. Matthäus: Zur Gesch. des Nürnberger Kalenderwesens, Börsenblatt f. d. dt. Buchhandel, Archiv LXVI, Nr. 26/1968 und Nr. 38/1968). Der Wittenberger Professor Johann Praetorius (1537 bis 1616) schrieb 1602 in einem Gutachten, daß die der P. zugrundeliegende Kunst altheidnisch sei, und es wäre besser, sich mit der göttlichen Offenbarung zu begnügen. Erst im 17. und 18. Jahrhundert verlor der blinde Glaube an die Berechtigung der P. an Boden; sie bildete später nur den Anhang gewöhnlicher Jahreskalender. Vgl. → Virdung.

STRAUSS 1926

PRAETORIUS, Johannes (von Zetlingen), wahrscheinl. H. Schultze oder Krüger, ein Autor des 17. Jhs., war lt. Zedlers Lexikon Bd. 29/1741»Magister der Philosophie zu Leipzig und Kayserlicher gekrönter Poet... Er war sehr leichtgläubig, dahero man ihm allerhand Abentheuren aufgehäftet, die er hernach seinen Schrifften einverleibet, und starb den 25. Oct. 1680«. Unter seinen einst weitverbreiteten Büchern war das bekannteste die»Blockes-Berges Verrichtung, Oder ausführlicher geographischer Bericht von dem hohen trefflich alt- und berühmten Blockes-Berge: ingleichen von der Hexenfahrt und Zauber-Sabbathe, so auff solchen Berge die Unholden aus gantz Teutschland, jährlich den 1. Maij in Sanct Walpurgis Nachte anstellen sollen« (m. Holzschn., Leipzig 1668, davon Ndr. Leipzig 1968; 1669 u. ö.); in diesem Buch ist auch das Lied vom Tannhäuser enthalten (S. 19—23). —

Seltener sind die Bände über die → Elementargeister:»Anthropodemus Plutonicus, Das ist, Eine Neue Welt-beschreibung Von allerley Wunderbahren Menschen; als da seyn Alpenmännergen, Bergmännlein, Chymische Menschen usw.« (Magdebg. 1666) und»Ander Theil der Newen Weltbeschreibung, als von Astro-

PRAETORIUS: Darstellung des Hexensabbats auf dem Blocksberg, nach der Ausg. Leipzig 1669

logischen, Betrögnischen, Constablischen Menschen usw.« (darin Erzählungen über Irrwische, Wechselbälge, Nixen, Sirenen, Zwerge, → Werwölfe usw.; Magdebg. 1667). Alte Sagen über den Rübezahl findet man in dem Buch »Satyrus Etymologicus. Oder der Reformirende und Informirende RübenZahl... sampt dem sonderbahren Anhange, der kleine Blocks-Berg genannt« (s. L., 1672). Weitere Werke: »Thesaurus chiromantiae« (Jena 1661), »Diatribe de Coscinomantia« (Leipz. 1675), »Alectryomantia sive divinatio magica cum gallis« (Frankf. 1680) u. a. (vgl. Grässe 1843). Auszugsweise Ausg. der »Hexen-, Zauber- und Spukgeschichten aus dem Blocksberg«, ed. W. Möhrig, Insel-TB 402, Frankf./M. 1979.

ZEDLER 1961—64

PRIMÄRDIREKTIONEN-Lehre, astrolog. Theorie der individuellen Prognose nach dem Radix → Hóroskop, derzufolge sich die → Aspekte der Geburtsstunde für das kommende Leben der betr. Person extrapolieren lassen sollen. Dabei entsprechen 4 Minuten (= scheinbare Drehung des Himmels im 1 °) jeweils einem Lebensjahr, also die ersten 4 Lebensminuten dem 1. Lebensjahr, die 4.—8. Minute dem 2. usw. (in diesem Sinn schon bei → Ptolemäus). Die Theorie der »Sekundär-Direktionen« geht auf Placidus de Titis (→ Häuser) zurück; nach ihr entspricht jeder der ersten Lebenstage einem künftigen Lebensjahr, also z. B. die Aspekte des 30. Lebenstages zeigen das Schicksal der betr. Person in ihrem 30. Lebensjahr an. Eine weitere Möglichkeit, individuelle Prognosen zu erstellen, sieht der Astrologe in der Beachtung der »Transite«, d. h. der momentanen Übergänge der → Planeten über jene Punkte, die sie im Radix-Horoskop einnahmen; diese Transite sind jedoch »nur wie ein leichter Wellenschlag, verglichen mit den verschiedenen Direktionen, die gewaltigen Grundwellen gleichen« (Rosenberg 1949, S. 175). Die Lehre von den P. wurde von Regiomontanus (Johann Müller, 1436—76) verfeinert und von → Kepler (»Tertius interveniens«, These 41) mit dem kopernikanischen Weltsystem in Einklang gebracht (Strauß 1926, S. 53). Das System der P. glaubt den Lebenslauf wie eine Kurve höherer Ordnung aufzeichnen zu können und ist »eines der Hauptstücke der neuzeitl. Astrologie« (Peuckert 1960, S. 203).

PRODIGIA (lat.), außergewöhnliche Ereignisse, die besondere Ereignisse anderer Art ankündigen sollten. Vorkommnisse, die den natürl. Lauf der Dinge scheinbar durchbrechen, wurden als Anzeichen für die Allgemeinheit betreffende Umwälzungen angesehen, so etwa das Auftauchen der → Kometen. Das uns willkürlich erscheinende Schaffen von Beziehungen zwischen Prodigien und dem Gang der Geschichte war schon in der Antike wohlbekannt, wahrscheinl. im Anschluß an die »Blitzkunde« der Etrusker. Bei Cicero (De divinatione I, 42) und

Livius (24, c. 44 und 33, c. 26) ist Material über die P. enthalten; sie wurden in »ostenta« (Zeichen in der Luft und am Himmel), »portenta« (Zeichen auf der Erde) und »monstra« (Mißgeburten) eingeteilt. »Auf solche Weise ward es also-bald vor ein prodigium oder Vorbedeutungs = Zeichen gehalten, wenn z. E. ein Strahl an besondere, und sonderlich an heilige Oerter gefallen, allerhand Lufft-zeichen gesehen, ein ungewöhnliches Geräusch in der Lufft gehöret worden, ein Ochse etwan von freyen Stücken bis auf den dritten Boden gestiegen, oder solte geredet haben, eine Mißgeburt zur Welt gekommen, und dergleichen mehr« (Zedlers Lexikon Bd. 29/1741, Sp. 751). Im späten MA. und der frühen Neuzeit wurden P. vor allem als Ankündigungen von Kriegen, Seuchen, Hungersnöten und selbst des Weltunterganges angesehen, so etwa im »Liber 7 rerum mirabi-lium« des F. → Nausea. Die in der Hexenliteratur beschriebenen lästerlichen Akte während des »Sabbaths« (→ synagoga diabolica) wurden vielfach als P. eines nahen Weltenendes angesehen.

PROJEKTION oder Tingierung, in der Alchemie das Aufstreuen des Steines der Weisen (entweder in Pulverform oder in einem Wachskügelchen) in geschmolze-nes Blei, seltener in Quecksilber, damit daraus Gold entstehe. Es handelt sich um die am häufigsten angestrebte → Transmutation der Metalle. Zu beachten sei stets die rechte Stunde, denn die P. könne nur unter bestimmten Aspekten erfolg-reich sein. Nach → Arnaldus von Villanova kann ein Teil des »lapis philosopho-rum« 100 Teile Quecksilber in Silber oder Gold verwandeln, nach → Libavius 1000 Teile. → Raimundus Lullus (bzw. die unter seinem Namen laufenden alche-mist. Schriften) behauptet, daß eine Unze des Lapis aus Quecksilber 1000 Unzen »verdünnter Lapis-Substanz« erzeugen könne, und dieser Vorgang ließe sich dreimal wiederholen, so daß am Ende noch jede Unze der auf diese Weise verviel-fachten Substanz noch 1000 Unzen Quecksilbers in Gold zu verwandeln imstande sei; »ich könnte ganze Meere in Gold umwandeln, wenn es nur genügend Queck-silber gäbe«. Das durch P. gewonnene Gold unterscheidet sich nach Angabe vieler Alchemisten von dem natürlichen, doch herrscht über die Art des Unter-schiedes keine Einigkeit. Manchmal wird das alchemist. Gold als »besser« oder »leichter« als das mineralische Gold bezeichnet (vgl. → aurum nostrum).

In der alchemist. Literatur sind zahlreiche Gold-Transmutationen mit erstaunlicher Sicherheit und Prägnanz geschildert, etwa im Zusammenhang mit → Setonius, → Sendivogius u. a., so daß auch in neuester Zeit oft die Meinung geäußert wurde, es müsse tatsächlich Elementarumwandlungen gegeben haben, was freilich naturwissenschaftl. undenkbar ist. Andererseits sind jedoch betrüge-rische Manipulationen bei der P. wiederholt nachgewiesen worden (→ Thurney-ßer). — Nicht selten wird die Herstellung des Goldes aus »unedlen« Metallen als bloßes Parergon (Nebenwerk) der Alchemie bezeichnet, die sich vor allem mit Läuterung und der Herstellung des → Elixirs zu befassen habe.

FEDERMANN 1964; HARTLAUB 1959; SCHMIEDER 1832; BIEDERMANN 1973

PSELLOS, Michael Konstantinos, d. J. (1018—78), ein byzantin. Polyhistor, Staatsmann und Schriftsteller, u. a. auch Dämonologe, Verfasser der Schrift »Peri energeias daimonon«; diese wurzelt in der Tradition oriental. Klöster und beruft sich z. T. auf einen mesopotam. Mönch namens Markos. P. zählt sechs Klassen von Dämonen auf: Feuerdämonen, Luftdämonen, Erd- und Wasserdämonen, unterirdische und »lichtscheue« Dämonen. Die erstgenannten sind ihrer Natur nach den → Elementargeistern des MA. Volksglaubens verwandt, während Besessenheit durch die letztgenannten zum Wahnsinn führt. Zwar sind sie an sich geschlechtslos, können sich aber zum Schein in männl. oder weibl. Gestalt zeigen. Da sie sehr furchtsam sind, kann man sie nicht nur durch Gebete und hl. Formeln, sondern auch durch das Schwingen blanker Waffen abwehren. A. Harless (1858) bezeichnet diese Schrift als einen »Mansch aus verschiedensten Meinungen und Abergläubigkeiten, in welchem Schrift und Heidenthum, Kirchenväter und Vorsteher 'fremder Superstitionen', spätere Volksvorstellungen und antike Schulmeinungen rundum gehen« (S. 119). In der Renaissance war dieses Buch des P. weit verbreitet (Ausg. Paris 1577: Traicté par dialogue de l'Energie ou Opération des Diables); »De operatione daemonum« ed. cum notis J. F. Boissonade, Nürnberg 1838, Ndr. Amsterd. 1964. Lt. Herzog-Hauck Bd. 13, S. 759, wird hier die Lehrmeinung der thrakischen Sekte der Euchiten beschrieben, »eine einfacherer Vorstufe des eigentl. Bogumilismus« (→ Bogimilen). Über den Traktat »peri lithon dynameon« (bekannte lat. Übersetzung von Anchanterus, »Nomenclator gemmarum«, 1594) vgl. → Edelsteine. Das am häufigsten zit. Werk des P. ist eine »Chronographia« (ed. Renauld, 1926—28, engl. Übers. von Sewter, 1953). Vgl. P. Joannou, Die Illuminationslehre des Michael P. und Joannes Italos, 1956. Ein Werk von P. über → Alchemie wurde von J. Bidez ins Fr. übersetzt (De chrysopoeia). Darin werden die Veränderungen der Materie durch die verschiedenen Mischungen der Grundelemente erklärt und als natürliche Vorgänge, fernab von jeglicher Magie, erklärt. Auf diese Weise sei auch die künstliche Goldgewinnung möglich. — Die Schrift »De moto temporum« des P. befaßt sich mit den Zyklen der Zeit, der Sonne und des Mondes, der Finsternisse und mit der Berechnung des Osterfestes. — Auch als Mathematiker war P. tätig (»Liber de quatuor mathematicis scientiis«). Darin sieht er als Platoniker in den Zahlen jene Klammern, die Ideen und materielle Realitäten zusammenhalten. »In einer Schrift über Sieben- und Neunmonatsgeburten ist O. von pythargoreischer Zahlenmystik beeinflußt« (Mazal 1981, 404).

FRANZ 1960; GRAESSE 1843, S. 46; KIESEWETTER 1895/1977, 27

362

PTOLEMAIOS, Klaudios (Ptolemaeus, Claudius), gr. Geograph und Astronom des
2. Jhs., in philos. Hinsicht von den Peripatetikern beeinflußt; seine biograph.
Daten sind im Detail unbekannt. P. wirkte vor allem in Alexandria und wurde,
arab. Quellen zufolge, 78 Jahre alt; das Todesjahr 147 ist unsicher. Neben seinen
mathemat. und geograph. Werken befaßte sich P. auch mit Optik und Harmo-
nik. Sein bedeutendstes Werk ist der aus 13 Büchern bestehende »Almagest«
(arab. Titel, umgebildet von gr. megistos, d. h. »der Größte«), eine umfassende
Synthese des geozentrischen Weltsystems. Für die → Astrologie bedeutsam ist
hingegen das weniger bekannte Werk, das unter dem gr. Titel »Tetrabiblos« oder
dem lat. »Quadripartitum sive de apotelesmatibus et judiciis astrorum libri 4«
bekannt ist (mehrere Ausg. zwischen 1535 und 1610, davon die bekannteste jene
von Melanchthon, Basel 1553), »eine trockene didaktische Abhandlung«
(Cumont), die im 1. Buch über Möglichkeit und Nutzen der Sterndeutung i. allg.,
im 2. über den Einfluß der Gestirne auf einzelne Völker und Länder (→ Mundanastrologie) und in den beiden letzten über die Beziehung von → Horoskop und
Menschenschicksal berichtet. Der 1. Abschnitt der Enleitung zu Buch 1 enthält
die Einschränkung, daß die Unwiederholbarkeit genau derselben Konstellation
ein Grund sei, weswegen Prognosen aufgrund früher gewonnener Erfahrungs-
werte irren können; auch anlagemäßige Unterschiede und solche der Erziehung
und Lebensweise tragen dazu bei, daß ein starres Schema nicht überfordert werden dürfe (Ring 1972, S. 69, nach der dt. Übertragung von E. M. Winkel der
Melanchthon-Ausg. von 1553, Berlin-Pankow 1923). — Die Zeichen des
→ Zodiakus sind bei P. abwechselnd männlich und weiblich, u. zw. Widder —
männlich, Stier — weiblich (!) usw. — Wurde die mundan-astrolog. Theorie von
Poseidonios übernommen, so liegt der Beitrag des P. zum Lehrsystem der Astrologie einerseits in der Verknüpfung planetarischer mit zodiakalischer Beobachtung und anderseits in der starken Beachtung des individuellen Horoskops. Vgl.
Peuckert 1960, S. 266—67; dt. Ausg. des Tetrabiblos: Astrolog. System. Buch
1—4, übers. von J. W. Pfaff, hrsg. v. H. Korsch, Düsseldf. 1938.

P. »bearbeitete auch einen Fixsternkatalog mit Positions- und Größenanga-
ben von über 1000 Fixsternen. Die Zusammenstellung von Fixsternen zu Sternbildern reicht bereits in die Frühzeit menschlichen Wissens zurück; in der griechischen Sternbildüberlieferung sind neben ägyptischen und vorderasiatischen auch
kretisch-ägäische Komponenten erkennbar... [Das astrolog. Hauptwerk Tetrabiblos ist] ein Kompendium der Einflüsse der Planeten und Fixsternkonstellatio-
nen auf das Leben des Menschen und die irdischen Vorgänge. Das astronomische
Weltbild des P. blieb durch seine Autorität im ganzen MA unangefochten und
wurde erst durch neuzeitliche Erkenntnisse korrigiert« (Mazal 1981, 406).

Für die → Iatromathematik sind seine Ansichten über die → Entsprechungen
von Krankheiten und → Planeten bedeutsam: Saturn »regiert« langwierige und

Kältekrankheiten, Jupiter kurze Blutkrankheiten, Mars hitzige Leiden, die Sonne kurze und plötzliche Krankheiten, die Venus »feuchtkalte« Leiden, der Mond Nervenkrankheiten und der Merkur Störungen des Geistes. — Schon frühzeitig als → spurios erkannt wurden Bücher wie »Libri magici tres« (von → Trithemius für echt gehalten) und »Libri de annulis et libri astrologici ad Aristonem«. — Kaum ein anderer Gelehrter der Spätantike übte so nachhaltigen Einfluß aus wie P.; in der Anthol. Palat. (IX, 577) sind seine Sätze erhalten; »Als Sterblicher weiß ich, daß ich nur für den Tag geboren bin. Wenn ich aber den harmonischen Lauf des Sternenheeres auf seinem Umlauf verfolge, berühren meine Füße die Erde nicht mehr. Ich steige selbst zu Zeus auf und labe mich mit Ambrosia, der Nahrung der Götter«.

CUMONT 1960; PEUCKERT 1960; RING 1972; STEMPLINGER 1948

364

QUADRATUR DES ZIRKELS, eigentl. die Umwandlung eines Kreises in ein flächengleiches Quadrat: ein mit den klass. Mitteln der Geometrie unlösbares Problem (Näherungslösung von Quoika, 1934; echte Lösung mit Hilfe des Evolventen-Zirkels nach L, Vietoris, Innsbruck: vgl. E. Colerus, Vom Punkt zur 4. Dimension, Wien 1946, S. 362—67). In der hermet. Symbolsprache bedeutet Q. d. Z. das »Möglichmachen des als unmöglich Erscheinenden« bzw. die »coincidentia oppositorum«, ähnl. wie das allegor. Bild des → Androgyns: so etwa in der »Atalanta fugiens« (1617) und im »Circulus physicus quadratus« (1616) von Michael → Majer. — Albrecht Dürers Beschäftigung mit der Näherungskonstruktion der Q. d. Z. (nach Vitruv) in seiner »Unterweisung der Messung« ist dokumentiert bei H. Rupprich (ed.), Dürers schriftl. Nachlaß, Bd. 3, Berlin 1969, S. 341 f. — Als Hinweis auf Beschäftigung mit der Q. d. Z. in der Antike könnte eine Textstelle in der »Cena Trimalchionis« des Petronius (43) aufgefaßt werden: »... Fortunae filius, in manu illius plumbum aurum fiebat« (Ziel der Alchemisten!). »Facile est autem, ubi omnia quadrata currunt« (d. h. dies ist dort leicht, wo alles Quadratische rollt); vgl. H. Kenner, Das Phänomen der verkehrten Welt i. d. gr.-röm. Antike, Klagenf. 1970, S. 81; H. Biedermann, Materia Prima, Graz 1973, S. 114 f.

JUNG 1944, 1951

QUERCETANUS, eigentl. Joseph Duchêsne, Sieur de la Violette, fr. Dichter und Alchemist, geb. in Esture (Armagnac) ca. 1544, wurde um 1573 Dr. med. in Basel, ging später nach Paris und wurde Leibarzt des Königs Heinrich IV. In seinen Schriften prägt sich eine große Wertschätzung für → Paracelsus aus, doch ist nicht völlig klar, welche der unter seinem Namen publizierten Bücher wirklich von ihm stammen. Seine »brevis responsio ad Jacob. Auberti« erschien unter dem Titel »De ortu et causis metallorum« 1575 und 1600 in Lyon und wurde in den 2. Bd. der Sammlung »Theatrum Chemicum« (Straßbg. 1613) aufgenommen. Zu erwähnen ist weiters das weltgeschichtl. Buch in Gedichtform »Le Grand Miroir du Monde«, Lyon 1587, 1593, in das Qu. auch seine alchemist. Erfahrungen einflicht. In Zedlers Lexikon Bd. 5 (Chesne) und 30 (Quercetanus) heißt es u. a., Qu. habe wegen seiner alchemist. Schriften »vieles von den damaligen Medicis und nachgehends auch von Guidone Patmo, einem abgesagten Feind Chymischer Medicamente, leiden müssen... (er) getraute sich mit seiner [→] Wünschelruthe auch so gar gestohlne Sachen zu entdecken«. Wie W. Maxwell glaubte auch Qu. an die Möglichkeit, Pflanzen aus ihrer Asche neu beleben zu können (→ Homunculus). Qu. starb 1609 in Paris. Vgl. auch → Mutus liber.

MICHAUD, Ndr. 1967

QUADRATUR DES ZIRKELS als allegor. Kupferstich in der »Atalanta fugiens« des M. → Majer (1618; 21. Emblembild) — »alchemistische Geometrie«, wobei der große Umkreis dem → Lapis philosophorum entspricht, der die Gegensätze einschließt.

366

RABENHAUPT, lat. caput corvi, alchemist. Allegorie für die vor sich gehende Aufhellung (albedo) des entstehenden → Steines der Weisen, der sich nach anfänglicher Schwärzung (nigredo) aus der → materia prima bildet: dargestellt meist als ein Rabe, dessen Kopf weiß wird, z. B. in der Bilderhandschrift »Pretiosa margarita novella« nach Janus → Lacinius. Eine andere Umschreibung dieses Stadiums ist die »Wandlung des schwarzen Raben zur weißen Taube«. Seltener wird caput corvi als Sinnbild für die Schwärzung der »materia transmutanda« angesehen, wofür vorwiegend nur das Wort »Rabe« (corvus) steht.

RÄUCHERUNGEN, das Verbrennen von stark riechenden Kräutern oder Mineralien etc. zu mag.-kult. Zwecken, sind schon in der Antike reich belegt; so schreibt etwa Vegetius, Autor eines Kompendiums über die Kriegswissenschaft (um 400): »Räucherung vertreibt Dämonen und beseitigt Krankheiten; denn Rauch dringt durch Mund und Nase in alle entlegensten Eingeweide... Die R. mit sympathet. Stoffen lockt → Dämonen heran, die durch den Dampf in den Körper eingehen, resp. das Einatmen antipathischer Dämpfe vertreibt Dämonen«. Anweisungen für R. zu medizin. Zwecken finden sich u. a. bei → Dioskurides und Galenos. R. mit Mohnköpfen rufen den Schlafgott herbei; mit Edelweißsamen verursachen sie gespenstische Träume; mit Schwefel und Asphalt heilen sie bei → Besessenheit; mit Myrte locken sie Wolkengeister an usw. Besonders beachtet wurden derartige Angaben im → Neuplatonismus, ebenso in der Magie des MA.s. Bei → Hartlieb heißt es, daß man in der »verpotten kunst nigramancia« neben dem Aussprechen von geheimen Worten auch »räch machen und manger hannd aramatey prennen« müsse. Derartige R. werden in den → Zauberbüchern wiederholt erwähnt; der in die Luft steigende Rauch hat die Macht, die Geister der höheren Regionen (etwa Planetengeister, → Intelligentia und Daemonium) anzuziehen; im »Speculum astronomiae« des → Albertus Magnus sind als Räucherwerk Aloe, Krokus, Balsam, Sandelholz, Harze usw. erwähnt, wodurch gute Geister der planetarischen Zone herbeigerufen und böse verscheucht werden sollen.

Eine große Rolle spielen die R. bei → Agrippa von Nettesheim als Mittel, die Verbindung des Magiers zu den Wesen der oberen Regionen leichter herstellen zu können, ebenso bei → Petrus Aponensis und in dem einst berühmten Beschwörungsbuch »Doctor Johannes [→] Fausts Magia naturalis et innaturalis oder Dreifacher Höllenzwang«. Auch im »warhafftigen Bericht Leonhardi Turneussers [→ Thurneisser]... Von der Magia, Schwartzen Zauberkunst« etc. (1591; vgl. Peuckert 1956, S. 323) ist von »bereuchung [mittels] vielerley Spetzerey, als Aloe, Weyrauch, Myrrha, Paradeisholtz, Sandel, Mastix« u. dgl. die Rede. In der auf neuplaton. Basis errichteten Incations-Magie des MA.s und der frühen Neuzeit mußten aufgrund einer bis ins Detail ausgeführten Lehre von den → Entsprechungen und → Sympathien bei Beschwörungen an gewissen

Tagen, zu gewissen Stunden die jeweils für die betreffenden Geister passenden R. durchgeführt werden (so heißt es etwa in der »Occulta Philosophia« d. → Agrippa v. Nettesheim, die → Engel des Sonntags hießen Michael, Dardiel und Huratapel, ihr → mag. Quadrat bestünde aus 36 Feldern (Quersumme 111) und das sonntags zu verwendende Räucherwerk wäre rotes Sandelholz). Benvenuto Cellini erzählt in seiner Selbstbiographie (engl. Ausg. v. J. A. Symonds, 1887, Ndr. 1949) von einer nigromant. → Beschwörung, die ein sizilian. Priester im röm. Kolosseum vornahm und dabei als Räucherwerk schwarzen Mohn, asa foetida (→ Teufelsdreck) und Benzoë verbrannte. Karl v. Eckartshausen (1752—1803) schreibt in seinem Buch »Aufschlüsse zur Magie« (München 1788) den R. bei → Beschwörungen von Geistern eine große Rolle zu, einerseits, weil »die in dem Rauche befindlichen narkotischen Ingredienzien die Phantasie in heftige Bewegung bringen müßten«, andererseits, weil sich durch optische Mittel (»Laterna magica«) von kundigen Gauklern leicht Bilder in aus Kohlenpfannen aufsteigende Rauchschwaden projizieren lassen, die hier wie belebt erscheinen (S. 63 f., 73 f.). So spielten die R. eine große Rolle in der → Theurgie, daneben auch in der →Goëtie beim Herbeirufen der → Dämonen, schließl. auch beim → Exorcismus (Weihrauch). R. zu medizin. Zwecken (Fumigationen) dienten vielleicht ursprüngl. ebenfalls mag. Zwecken, in diesem Fall dem Vertreiben von → Dämonen (→ Teufelsdreck). Sie werden schon im A. T. (Numeri 16 u. 17) erwähnt.

AGRIPPA/NOWOTNY 1967; PEUCKERT 1956; SPUNDA 1942; STEMPLINGER 1948; KIESEWETTER 1895/1977, 724—734

RECTIFICATIO (lat. das Verbessern) bedeutet in der alten Chemie und › Alchemie das Reinigen eines Stoffes durch wiederholte Destillation und Kondensation, »damit man die destillirten und sublimirten Materien kräftiger bekomme, oder den Geist von seinem Phlegma [Schleim] und irrdischen Theilgen gantz los mache. Denn da die erste Destillation bey den meisten Materien unordentliche und fremde Theilgen absondert und herfürbringet; also muß man die R. zu Hülfe nehmen, um die fremden Theilgen abzuscheiden« (Zedlers Lexikon Bd. 30/1741, Sp. 1570). Die R. erscheint auch in der → Vitriol-Formel als Stufe bei der Darstellung des → Steins der Weisen: »rectificando invenies occultum lapidem«.

REGULUS, lat. für »kleiner König«, in der → Alchemie übliche Bezeichnung für gediegen ausgeschmolzene Metalle; der Ausdruck »regulinischer Zustand« beschreibt Metalle, die nicht oxydiert sind (vgl. → calces metallorum).

RÉMY, Nicolas (Remigius, Nicolaus), 1530—1612, fr. Jurist und Autor eines Werkes über die Geschichte von Lothringen, verfaßte das seinerzeit bekannte Werk »Daemonolatriae libri tres« (Lyon 1595; Frankf. 1596, 1597; Hambg. 1693, 1698; verbreitet war bes. die dt. Ausg. »Daemonolatria, das ist, von Unholden und Zauber = Geistern, des Edlen Ehrenvesten und hochgelarten Herrn Nicolai Remigii... von welchen wunderbarlichen Historien so sich mit den Hexen, deren über 800 in gedachten Herzogthum Lotharingen verbränet, zugetragen, sehr nützlich, lieblich und notwendig zu lesen« etc., Frankf. 1598). Es handelt sich um die Ergebnisse seines etwa 15jährig. Dienstes als Mitglied des Gerichtshofes in Nancy und schildert, ähnlich wie das Buch von de → Lancre, »was er über magischen Zauber, Beschwörungen, Zauberformeln, über den Hexensabbat und Hunderte von Einzelheiten aus den Bekenntnissen der Angeklagten erfahren hatte« (Seligmann). Engl. Ausg. von E. A. Ashwin, London 1930, Ndr. 1970. Vgl. L. Dintzer, Nicolas Rémy et son oeuvre démonologique, Lyon 1936.

R. war »einer der ersten, die die theoretischen Ausführungen des 'Hexenhammers' [→ Malleus maleficarum] in großem Stil in die Praxis umsetzten... [in seinem Werk] finden sich mehrfach Hinweise auf Kinderprozesse, in denen das Todesurteil ebenso verkündet und vollstreckt wurde wie gegen Erwachsene... Im Jahre 1612 wurde R. wahnsinnig, klagte sich in einem seiner Anfälle selbst an und wurde zweiundachtzigjährig ebenfalls durch das Feuer hingerichtet« (Hammes 1977, 165 f.). Hingegen Baschwitz 1963, 155: »Remy war verheiratet und hatte sieben Kinder. Er starb im Dienste des Herzogs im hohen Alter von zweiundachtzig Jahren... Über 800 Menschen hat er verurteilt und verbrennen lassen, 15 Angeklagte haben aus Furcht vor der Folter Selbstmord begangen, einige widerstanden der Tortur und konnten zu keinem Schuldbekenntnis gebracht werden. Über 800 Verdächtige... sind ihm entflohen« (in einem Zeitraum von 15 Jahren).

BAROJA 1966; GRAESSE 1843; SELIGMANN 1958

RETORTE (aus lat. vas retortum, d. h. zurückgedrehtes Gefäß), von den Alchemisten entwickeltes Destilliergefäß, entstanden aus der Verbindung von → Cucurbit und → Alembic. Der Destillierkolben und der daraufgesetzte Helm mit Abfluß wurden von Glasbläsern in einem Stück hergestellt und der Anschluß der Abflußröhre aus statischen Gründen zurückgebogen. Teils aus prakt. Gründen, teils aus spielerischer Neigung entstanden Retorten verschiedener Arten, etwa das »langschnäbelige« Geranium oder der → Pelikan, dessen »Schnabel« auf die Retortenwölbung hinzeigt wie der des in der kirchl. Symbolik oft dargestellten Vogels, der sich die Brust aufreißt, um seine Jungen mit seinem Blute zu nähren.

RINGE spielten in der Talismanik eine große Rolle, ebenso als → Amulette und in der Volksmagie. Der spätantike Wundertäter Apollonius von Tyana soll 7 Amulett-R. mit Planetensymbolen besessen haben, so daß er jeden Tag einen anderen tragen und sich so unter den Schutz des jeweils regierenden Planetengottes stellen konnte. Schon Josephus Flavius (Ant. VIII 2, 5) erwähnt den Zauberring des → Salomo (vgl. C. C. McCown, The Testament of Solomon, Leipzig 1922). Die Sitte, R. besonders am »Ringfinger«, d. i. der 4. Finger vor allem der linken Hand, zu tragen, wird von Aulus Gellius (2. Jh.) unter Berufung auf den Griechen Apion damit erklärt, ägypt. Priester hätten beim Zergliedern von Leichen einen sehr feinen Nerv gefunden, der nur diesen Finger direkt mit dem Herzen verbinde. — Ringorakel werden im Volksglauben der Spätantike erwähnt, etwa in einem Prozeß des Kaisers Valens gegen die Hofbeamten Patrikios und Hilarius. Ein an einem Faden aufgehängter Ring pendelte dabei über einer Schale, an deren Rand das Alphabet eingeritzt war, worauf die betr. Buchstaben für Zwecke der → Mantik gedeutet wurden (Dactyliomantie). — Im MA. betrachtete man R. vor allem als Liebestalismane, auch als → Liebeszauber, wenn sie eingeritzte mag. Zeichen trugen; ein Marseiller Benefiziat namens L. Gaufridi wurde, weil er auf diese Weise ein Mädchen behext haben sollte, 1611 zum Tod auf dem Scheiterhaufen verurteilt. R. wurden auch als Heilmittel gegen Krämpfe und Epilepsie verwendet (»Krampfringe«), nachdem man sie 9 Tage in Schwalbennestern verborgen hatte. Besondere Macht erhielten R. durch nach astrolog. Regeln eingesetzte → Edelsteine. In Sagen kommen oft R. vor, die Stärke verliehen (z. B. das »vingerlîn« König Laurins); ansonsten wiesen sie als in ihrer Form »endlose« Schmuckstücke auf Gelübde und Verlobungen hin (vgl. Hofmann: Über den Verlobungs- und Trauring. Wien 1870). — Über R. als → Liebeszauber vgl. Gifford 1964, S. 100—106. (zahlr. histor. Beispiele). Sinnverwandt mit den R.n sind Kranz und Krone, »ihrem Ursprung nach ebenfalls Symbole der Schlange, die sich in den Schwanz beißt [→ Ouroboros] und so den mythischen Kreis ohne Anfang und Ende schließt. Könige, Sieger, Dichter, Bräute, Priester, Tote... alle, die zum Opfer bringen oder zum Opfer gebracht werden, tragen die Fessel des Ringes und sind bekränzt« (R. Müller-Sternberg, Die Dämonen, Bremen 1964, S. 151). »Der Kreis als mag. Gestalt, zum ältesten Vorstellungsgut gehörend, wird im R. und Reif zum Glücks-, Segens- und Kraftmittler. Die Bedeutung des R.es als [→] Amulett tritt besonders dort hervor, wo er nicht in Schmuckfunktion an den Händen getragen wird, sondern als Anhänger an Kette oder Kopfbedeckung. Den zahlreichen Ringvorschriften entsprachen Indikationen gegen Dämonen- und Seuchenbekämpfung« (Hansmann/Kriss-Rettenbeck 1977, 362). Vgl. Stemplinger 1948; Kerler o. J., S. 70; M. Lurker, Der Kreis als Symbol, Tübingen 1981 (zahlreiche Belegstellen).

RIPLEY, George, 1415—1490, englischer Alchemist, Zeitgenosse Heinrichs VII., studierte in Frankreich und Italien und wurde von Papst Innozenz VIII. von den Ordenspflichten eines Augustiner-Kanonikus absolviert, um ihm die Möglichkeit zu geben, seine Forschungen mit mehr Nachdruck fortzusetzen. »Weil er aber die meiste Zeit mit alchymistischen Versuchen zubrachte, wurde so wohl der Abt als die andern Canonici darüber verdrüßlich, und verschafften ihm die Freyheit, den Carmeliter = Orden anzunehmen, darinnen er 1490 sein Leben geendiget« (Zedlers Lexikon Bd. 31/1742, wo 15 Werke R.s verzeichnet sind). Seine bekanntesten Schriften sind: »Compund of Alchymie... divided into 12 gates«, London 1591, in Ashmoles »Theatrum Chemicum Britannicum« (1651, 1652) aufgenommen; »Opuscula Chemica«, Frankf. 1614; »Chimische Schrifften«, Erfurt 1624; Nürnbg. 1717; »Opera Omnia«, Kassel 1649; »Medulla Alchymiae«, geschr. 1476, engl. Ausg. London 1692. —

Ashmole berichtete, daß R. den Malteserrittern für ihren Kampf gegen die Türken jährlich 100.000 Pfund Sterling zuwendete und schloß daraus, daß er den → Stein der Weisen besessen haben müsse. Das »Bosom Book of Sir George R.« erschien im Druck London 1893 (Ndr. 1693). »In R. the arts of the illustrator and the poet came to the service of the mystic. There is no solid evidence of his making gold, but we find a great deal of the nature of the dreams and traditional figures which filled the soul of a cultured alchemical thinker of his time« (Burland 1967, S. 75—77). Die »R. Scrowles«, 1588 in Lübeck gemalt, geben seine reiche Bilderwelt posthum wieder (Mss. Add. Sloane 5025, Brit. Mus., London); R.s »Cantilena« befinden sich in der Oxforder Bodleian Library (Ms. Ashmole 1349, 1445); Abb. bei Burland 1967. 16 Schriften von R., einige davon vielleicht spurios, sind in dt. Übersetzung enthalten in dem Sammelband »Magnalia Medico-Chymica, oder Fortsetzung der hohen Artzney- und Feuerkunstigen Geheimnüssen...«, hrsg. von dem Rosenkreuzer Johannes H. Cardilucius, Nürnberg 1680. Engl. Textproben bei Holmyard 1968, S. 187 f.; vgl. auch Buntz bei Ploss et al., München 1970, S. 154 f.

R. hat, so Kiesewetter (1895/1877, 76), die alchemist. Theorie bereichert. »Er nimmt einen — nicht den gemeinen — Mercurius als das Wesen der Metallität ausmachend in allen Metallen an, und zwar sind die Edelmetalle reicher an Mercur als die unedlen. Die Bereicherung eines Metalls mit Mercur ist also eine Veredelung desselben. Diese wird durch eine Substanz bewirkt, welche den Mercur der Metalle ölartig auflöst; aus diesem Öl wird die Quintessenz der Metalle hergestellt, welche nun ihrerseits metallveredelnd wirkt«.

RIPLEY: Alchemistische Symbole aus einem Exemplar der »Cantilena«
aus dem 17. Jh. Nach Burland 1967

372

ROSENKREUZER (Fraternitas Rosae Crucis, kurz FRC), myst. Geheimgesellschaft vor allem des 17. und 18. Jhs., in welcher der bereits den Alchemisten der früheren Jahrhunderte vertraute Gedanke eines Kollegiums der geistig Führenden, einer »Fraternität der Weisen« (Turba Philosophorum) deutlicher akzentuiert wird. Peuckert 1956 ist der Meinung, daß ursprünglich das Streben nach Weltoffenheit und »Pansophie« vorherrschte und erst durch die Schriften des Johann Valentin → Andreae dem dezidiert evangelisch-lutherischen Geist weichen mußte.»Luther und [→] Paracelsus in einem, aber mehr Luther als Paracelsus« ist nach Peuckert der geistige Standort im Anschluß an Andreae. Dieser erstrebte die Gründung eines Ordens, der im Sinne ev.-christl. Esoterik alle edlen Menschen vereinigen sollte. Das Symbol des Rosenkreuzes soll lt. Andreas → Libavius (ca. 1550—1616) im Anschluß an das Siegel Luthers entstanden sein, welches ein aus einem Herzen wachsendes Kreuz im Innern einer Rose zeigt; das Wappen des J. V. Andreae ist ein Andreaskreuz mit vier Rosen.

Die Geisteswelt der R.-Schriften ist ein seltsames Konglomerat von alchemist. und christl. Allegorien, humanitärer Erlösungssehnsucht und Sektierertum. Daß es sich in der Blütezeit des Bundes immerhin um eine geistige Potenz handelte, zeigt die Tatsache, daß sich in den zwanziger Jahren des 17. Jhs. R.-Zirkel in Amsterdam, Haag, Hamburg, Erfurt, Venedig und anderen Städten gebildet hatten und Gelehrte wie Robert → Fludd, Michael → Maier und vielleicht auch R. Elias Ashmole (1617—1692), ein bedeutender Alchemist (Herausgeber der wichtigen Sammlung »Theatrum Chemicum Britannicum«, London 1652), Astrologe und Polyhistor, zu diesem Kreis gezählt werden dürfen. Diese Gruppe pflegte das Gedankengut der Paracelsisten und verband es mit einer manieristischen Allegorik und Emblematik, deren geistesgeschichtl. Bedeutung bis heute noch nicht restlos erfaßt und bearbeitet ist. — Auf dieser geistigen Grundlage bildete sich knapp nach der Mitte des 18. Jhs. in Süddeutschland der »Orden der → Gold- und Rosenkreuzer« heraus, der starke freimaurerische Züge aufwies. Einige Bünde waren und sind noch bemüht, das Gedankengut der R. zu pflegen, so vor allem der 1916 in den USA konstituierte Antiquus Mysticus Ordo Rosae Crucis (AMORC). Vgl. → Nollius; A. E. Waite: The Brotherhood of the Rosy Cross, London 1924 (Ndr. New York 1961); B. Gorceix: La bible des Rose-Croix, Paris 1970; P. Sédir: Histoire et doctrine des Rose-Croix, Rouen 1932; F. A. Yates: The Rosicrucian Enlightenment, 1972. Chr. McIntosh: The Rosy Cross Unveiled. Wellingborough 1980. Standardwerk: H. Schick, Die geheime Geschichte der Rosenkreuzer (= Das ältere Rosenkreuzertum. Ein Beitrag zur Entstehungsgeschichte der Freimaurerei, Berlin 1942). Ndr. Schwarzenburg 1980, Vorwort A. Godet.

ANDREAE-ROSENBERG 1957; ARNOLD 1956; KLOSS 1844; S. 174 ff.; KLOSS 1970, S. 174—201; LENNHOFF-POSNER 1932; NIGG 1959; PEUCKERT 1928, 1956

ROSENKREUZER: Bildnis des Johannes Valentinus → Andreae, dt. Kupferstich des 17. Jhs. (nach Seligmann 1958)

374

ROT UND WEISS sind in der → Alchemie die Farben der zwei Stoffe, die in der →
chym. Hochzeit vereinigt werden sollen, um den → Stein der Weisen zu ergeben;
im →»Chym. Lustgärtlein« des → Stoltzius ist diese Operation unter dem Symbolbild der Meeresnymphe wiedergegeben, aus deren Brüsten die zwei Grund-
stoffe quellen (»Zween edler Bäch mit sonder zier/ Von weisser Milch und ro-
them Blut/ Die du erkennen kannst für gut. Solch zwey stück thu ins Fewer hin-
ein/ So daß sie wol vermischet sein: [XCVI] Welch zwey Stück, wenn sie gekocht
ebn/ Dir viel schweres Golds werden gebn [LXXXIII]«). Vgl. → Adam. Im
»Compaß der Weisen« des »Ketmia Vere« (Berlin 1782, → Gold- u. Rosenkreuzer) heißt es darüber (S. 401): »Der [→] Mercurius, wovon Montesnyders redet,
hat eine zwiefache Natur und wird deswegen [→] Hermaphrodit genennet. Hat
zween Eltern, oder entstehet aus zween andern Mercuriis, deren der eine weiß,
der andere roth... [→ Androgyn]. Dieser beyde Mercurien besser zu determini-
ren, ernähre sie mit einem Fleische ihres Geschlechts. Das Blut der ertödteten
unschuldigen Kinder, d. i. die Geister der Leiber, sind das Bad, darinn sol und
luna baden gehen. Lullius sagt: Wisse! daß der Mercurius sublimiret seyn müsse,
entweder von einem weissen oder rothen Metalle, und daß die Auflösung nicht
anders geschehen könne, als in seinem eignen Blute, und in seinem eigenen
Gefäße«. — A. v. Bernus (→ Spagyrik) 1969, S. 195, spricht von einem weißen
und roten »Öl« (→ Gummi), auch »vinum rubeum et album«, die mit dem »spiritus mercurii«, worin reines Gold gelöst ist, vereinigt werden müssen, um im →
Pelikan bei langsam steigender Temperatur »durch die Farben« (→ cauda pavonis) zu gehen (»Rotationes«), woraus dann das → Elixir entstehen soll. — Im
Hintergrund der bipolaren Farbsymbolik steht wohl der von gnost. Sekten der
Spätantike bewahrte Glaube, daß eine Zeugung erfolge, wenn im »Feuer des
Begehrens« das Menstrualblut bei Zutritt des Spermas gerinne. Diese Zeugungs-
theorie wurde offenbar wegen der zu ihrer Umschreibung verwendeten krypti-
schen Ausdrucksweise später nicht mehr verstanden und im chem.-alchemist.
Sinne umgedeutet, wobei jedoch die Symbolik der »Hochzeit« erhalten blieb
(vgl. Joh. 1, 13). Vgl. Biedermann 1973.

ROTHSCHOLTZ (Rotscholtz, Roth-Scholtzius), Friedrich, 1678 bis 1736, »ein
berühmter und gelehrter Buchhändler«, der sich einerseits mit Kulturgeschichte
und bes. Geschichte des Buchwesens, andererseits mit Geschichte der Alchemie
befaßte und vor allem als Sammler und Herausgeber wichtiger Texte, oft mit ausführl. Kommentar und quellenkrit. Anmerkungen, bedeutende Leistungen vollbrachte: »Deutsches Theatrum Chemicum«, 3 Bde., Nürnberg 1728—32, »auf
welchem der berühmtesten Philosophen und Alchymisten Schrifften vorgestellet
werden« (Zedler Bd. 32/1742, Sp. 1221). Weniger bekannt ist sein Buch »Der
Chymischen und Philosophischen Schrifften Probirstein, auf welchem so wohl

der wahren Philosophen und Adeptorum, als auch der betrügerischen Sophisten Schrifften nach dem Grunde sind probiret worden«, Nürnbg.-Altdorf 1735. Bibliograph. wertvoll ist sein »Catalogus rariorum librorum et manuscriptorum magico-cabbalistico-chymicorum«, Herrenst. 1732

RUDOLF II. von Habsburg, geb. 1552, dt. Kaiser 1576—1612, führte auf dem Prager Hradschin ein menschenscheues Leben und galt als Sonderling, der sein weltabgewandtes Dasein weitgehend den mag. Künsten widmete. Sein besonderes Interesse galt der → Astrologie und → Alchemie, weiters seinen Sammlungen von Kunstgegenständen und Kuriositäten. Von polit. Entscheidungen hielt er sich fern, vielleicht deshalb, um nicht durch aktives Eingreifen kriegerische Verwicklungen zwischen Katholizismus und Reformation herbeizuführen. An seinem Hofe wirkten u. a. der Astrologe und Alchemist Thaddaeus → Hagecius ab Hagek (Hajek), Verfasser der »Commentaria in aphorismos Hermetis« (Prag 1564), ein Alchemist und Magier namens Scotto oder Scotus, der jüd. Astronom und Historiker David Gans; R. war überdies in Kontakt mit → Sendivogius, John → Dee und Kelley, mit → Kepler und Tycho de Brahe und wahrscheinl. auch mit Rabbi Jehuda Löw ben Besalel (→ Golem). Sein Leibarzt war Michael → Majer. Auf R.s Anordnung wurde für 700.000 Taler die österr. Hauskrone angefertigt (ab 1804 als Kaiserkrone verwendet). —

»Als Kuriosa sind heute noch in der Wiener Hofbibliothek zwei Alraunen erhalten, die als Männchen und Weibchen gekleidet sind« (Hansmann/Kriss-Rettenbeck 1977, 89), was entweder auf die Sitte des Exotica- und Kuriosasammelns oder auf einen echten Glauben an die Wirksamkeit der »Alräunchen« hinweist. — In seinen letzten Lebensjahren scheint R. unter Melancholie gelitten zu haben und verzichtete 1608 auf die Führung der Regierungsgeschäfte. Vgl. Schwarzenfels, »R. II., der saturnische Kaiser«, München 1961. Gessmann 1922 erzählt, daß R. »84 Zentner alchymistisches Gold und 60 Zentner ebenso gewonnenes Silber« erzeugt haben soll.

RULAND(US), Martin, 1532—1602, dt. Arzt und Philologe (z. B. »De Lingua Graeca eiusque dialectis omnibus«, Zürich 1556), Autor zahlr. medizin. Schriften, Leibarzt des Pfalzgrafen Philipp Ludwig und Prof. d. Medizin zu Lauingen, verfaßte ein wichtiges »Dictionarium Alchymisticum« (Lexicon Alchemiae), Frankf. 1612 (Ndr. Hildesheim 1964), das auf dem »Dictionarium Theophrasti Paracelsi« des → Dorneus und Kentmanns »Catalogus rerum fossilium« (1565) aufbaut; weitere Aufl. 1622, 1661, 1671; engl. Ausg. »A Lexicon of Alchemy«, London 1892. »Progymnasmata alchymiae« (Frankf. 1607); posthum erschien, hrsg. von E. Hagedorn, »Secreta spagyrica«, Jena 1676; engl. Ausg., Ndr. 1964.

RUNEN, im Wohnraum der german. Völker etwa ab Chr. Geb. belegte und in Nordeuropa bis in die Neuzeit sporadisch verwendete Buchstaben, wohl aus Norditalien entlehnt und eigenständig umgebildet (statt Alphabet-Reihenfolge die Fuðark-Reihe), wurden in erster Linie zu mag. Zwecken und erst sekundär für schriftl. Mitteilungen im übl. Sinne verwendet.»Von der Macht der Schrift hat nie ein Volk größer gedacht und sie höher gestellt als die Germanen« (K. Müllenhoff, 1875).

Über die Bedeutung der R. wurde von zahlr. Autoren geschrieben, häufig mehr phantastisch als wissenschaftl. ernst zu nehmen (H. Wirth). Für die german. Völker, noch in frühgeschichtl. Zeit teilweise schriftlos, scheint die Übertragbarkeit von Mitteilungen an räumlich oder zeitlich Entfernte an sich wie Magie gewirkt zu haben, daher die Heilighaltung der R. und ihre Verwendung im Zauber (der Ausdruck → Zauberei läßt sich von der Rotfärbung der R. ableiten).»Jede Rune trug einen Namen, durch den sie einen konkreten Gegenstand vertrat. Das Runenbild war somit der Gegenstand selbst« (Arntz 1935). In Island wurden die R. zu mag. Zwecken noch im 17. Jh. verwendet (Zauber-R., als Gegensatz zu Bücher-R.), und erst der → Hexenglaube gab den Anstoß zu ihrem Verschwinden. Das erste Opfer eines in Island 1622 durchgeführten Hexenprozesses war ein Mann, in dessen Besitz ein einziges R.-Zeichen als »Indicium Magiae« gefunden wurde. Ein Verbot der R.-Schrift durch geistl. und weltl. Behörden erfolgte um 1639. Damit fand der Komplex der »Sieg-R.«, »Schutz-R.« (für Schwangere), »Brandungs-R.« (für Schiffe), »Ast-R.« (zum Heilen von Wunden), »Rede- und Denk-R.«, »Binde-R.«, »Bier-R.« (ursprüngl. wohl Bann-R.), usw. ein Ende. Zahlr. Literaturbelege bei H. Arntz, Handbuch d. R.-Kunde, Halle 1935. Ausführl. bibl. Angaben bei J. de Vries, 2. Aufl. 1956, Bd. 1, S. 307 ff.: »Eine Kunst, die nur von wenigen gekannt und geübt wurde, war schon deshalb für das gewöhnl. Volk Gegenstand der Ehrfurcht und des Staunens. Segen- und Fluchformeln... bekamen eine noch viel höhere Kraft, sobald sie in einen Stab eingeritzt wurden und daher eine fast unbegrenzte Zeit hindurch ihre Wirkung ausüben konnten... Man hat auch auf R.steinen die Spuren eines roten Farbstoffes gefunden... und man darf wohl annehmen, daß sie ursprünglich mit dem Blut eines geopferten Tieres besonders gekräftigt wurden« (→ Zauberei von angelsächs. tēafor, Mennige). Die Herkunft der R. aus dem Mittelmeergebiet wird heute nicht mehr ernsthaft bestritten; in diesem Sinne s. F. Focke (Saeculum 1951, S. 584), der auf die R.-Bezeichnung »thurs« für þ hinweist, als einen Beleg für die »Kenntnis der tyrsenisch-mediterranen Schreibkunst, im Norden anfangs als Zauber- und Fluchmittel empfunden«, so etwa im Skirnir-Lied der Älteren Edda, Str. 37: »Einen Thurs ritz ich dir/ und drei Stäbe: Argheit, Irrsinn und Unrast«.

In dem Vorstellungskomplex von der »Heiligkeit des Schriftzeichens und dessen magischer Manipulierbarkeit — also nicht nur in der Erscheinungsform der R. — scheint der Einfluß spätantiker mediterraner Buchstaben- und Zahlenmystik wirksam zu sein. Hier wie dort handelt es sich in den wesentlichen Bedeutungskomponenten um 'angewandte Symbolik', da die Zeichen in dem, was sie nach dem Glauben bewirken, für das gehalten werden, mit dem, was sie bezeichnen, bedeutet ist« (Hansmann/Kriss-Rettenbeck, 1977, 234).

SCHWARZ-WINKLHOFER/BIEDERMANN 1980

RUPECISSA (Rupescissa), Jean de, auch Rochetaillade oder Roquetaillade genannt, als Alchemist seinerzeit hochgeschätzter Franziskanermönch des Konvents Aurillac, der um die Mitte des 14. Jhs. eine reformator. Tätigkeit zu entfalten versuchte und, weil er sich dabei eigener Offenbarungen rühmte, unter den Päpsten Clemens VII. und Innozenz VI. in Widerspruch zu seinen Oberen geriet. Die einst verbreitete Meinung, R. sei zu Avignon 1362 als Ketzer verbrannt worden, stellte sich als falsch heraus, denn (lt. Zedlers Lexikon Bd. 32/1742) es beweist der Polyhistor Hermann Conring (1606—81) »aus dem Philippo Bergomensi, daß er um das Jahr 1375 noch gelebet, und Bayle und Jacob Fodera haben wahrscheinlich gemacht, daß er zu Villefranche in einem Kloster... begraben worden«. Was von den Schriften, die R. verfaßt haben soll, wirklich auf ihn zurückgeht, ist kaum mehr zu klären. Der Traktat »De consideratione quintae essentiae rerum omnium« (»La Vertu et Propriété de la Quintessence de toute chose«, Lyon 1549, 1581) stammt lt. Conring (De hermetica medicina Lib. II, cap 3 und 15) von Raimundus → Lullus (?). Einige andere Traktate wurden in den »Fasciculus rerum expetendarum et fugiendarum« aufgenommen. Die bekannteste R.-Schrift, »De confectione veri lapidis«, wurde wiederholt aufgelegt und auch in die Sammlungen von → Gratarolus, → Manget und in das »Theatrum chymicum« (Bd. II) aufgenommen. In der »Bibliotheca Chymica« des Manget sind auch die (ebenfalls in ihrer Autorenschaft zweifelhaften) R.-Traktate »Rosarium philosophorum« und »Liber lucis« enthalten. — R. ist nicht zu verwechseln mit dem Kardinal gleichen Namens, der 1437 starb. — Vgl. Jeanne Bignami Odier, Etude sur Jean de Roquetaillade, Paris 1852. H. Buntz (bei Ploss et al., München 1970) bezeichnet den »Liber de consideratione quintae essentiae rerum omnium« als »sicher echt« (S. 149) und zitiert daraus die Darstellung der leuchtend roten Quintessenz des Antimons (→ Stein der Weisen): »La Vertu et la Propriété de la Quinte Essence«, Lyon 1581. Vgl. Ferguson, Bibl. Chem. II, 305.

378

SABIER, auch Ṣabier oder Ssabier, ursprüngl. Name einer halbchristl. Sekte (Elkesaiten), die von den Moslimen seit Muhammed als Inhaber einer Offenbarung, wie Juden und Christen, anerkannt wurden. Als im Jahr 830 der Khalif Mahmūn gegen Byzanz zog, erhielt er den Besuch der Einwohner von Carrhae (Ḥarrān) in Mesopotamien, die sich als S. bezeichneten, um sich auf diese Weise die Toleranz des Islams zu sichern. Es handelte sich jedoch um syrische Gnostiker, die einem ausgeprägten Gestirnkult und mag. Riten huldigten. Den Planetengeistern wurden hier wohl bis ins 9. Jh. Menschenopfer dargebracht. Die S. sollen Pilgerzüge nach Ägypten, zu den Pyramidengräbern von Agathodaimon und → Hermes Trismegistos unternommen haben; so schreibt der arab. Historiograph Al-Makrizi (1364—1442), die Bücher der S. erzählten, in den Pyramiden wären »Schätze, gelehrte Schriften und alles, worum er (Hermes Trismegistos) sich sorgte« verborgen, um es vor dem Untergang zu schützen. Die in den neueren okkultist. Schriften häufige Pyramidenphantastik dürfte hier ihren Ursprung besitzen. Viele Symbole der → Astrologie und → Alchemie stammen von hier (→ Androgyn; vgl. → Intelligentia und Daemonium), vor allem — enstpr. der Lehre, die Metalle wären Träger von Planetenseelen — die → Metallbezeichnungen, darüber hinaus das neuplaton. System der Lehre von den kosmischen → Sympathien. Nach der Islamisierung der S. wurden ihre astrolog. und alchemist. Lehren weitgehend von den Arabern übernommen und modifiziert. Der erste arab. Alchemist soll der Omaijadenprinz Châlid ibn-Jazïd, Schüler des → Morienes, gewesen sein (gest. 708). In den Texten dieser Zeit werden die Lehren der S. erwähnt. Sie wurden dem Abendland vor allem durch Maimonides (Moshe ben Maimûn, 1135—1204) vermittelt. Geistesgeschichtl. interessant sind die Rituale für die Götter der 7 Wochentage (→ Planeten). Vgl. Chwolsohn, Die Ssabier und der Ssabismus, Petersbg. 1856; → Picatrix.

Die Eleksaiten, eine jüdisch-christlich-gnostische Sekte, sind »benannt nach ihrem Stifter Elxai, der 101 n. Chr. im Ostjordanland auftrat. Mit jüd. Bräuchen... verband er Astrologisches... Seine Offenbarungen hinterließ er in einem von seiner Gemeinde hochgehaltenen Buch: Elxai (hebr. 'die verborgene Kraft', nur in Fragmenten erhalten).« Bertholet 1985, 158. — Vgl. W. Brandt, Elchasai, 1912; H. Waitz, Das Buch Elchasai, 1921.

GOLDSCHMIDT 1939, S. 2239—41

SACROBOSCO, Johannes v., in der älteren astrolog. Literatur oft genannter engl. Mathematiker und Astronom, nach seiner Geburtsstadt Hollywood (später Halifax / Yorkshire) auch unter diesem Namen oder als Holybush, Halifax bekannt, studierte an der Univ. von Oxford und wirkte später an der Univ. von Paris. In Frankreich schrieb er sein mehrmals aufgelegtes Buch »De sphaera mundi« (zahlr. Übersetzungen; in neueren Ausg. Kommentare von Clavius, Nonius, Vinetus und Pierius Valerianus). Mit diesem Buch setzte sich → Cecco d'Ascoli in einer eigenwilligen Weise auseinander, die schließl. zu seiner Hinrichtung als Häretiker führte. — Weitere Werke von S.: »De Anni Rotatione s. de Computo Ecclesiastico«; »De Algorismo« (Paris 1498). Während es in Allibone's »Critical Dictionary« (Ndr. Detroit 1965) heißt, es wäre nicht einmal das Jh. bekannt, in dem S. lebte, nennt Zedlers Lexikon Bd. 33/1742 sein Todesjahr (1256) nach seinem in Paris befindlichen Grabstein. — Ein Mondkrater ist nach S. benannt.

SAINT-GERMAIN, Comte de (ca. 1696—1784), berühmter Abenteurer des 18. Jhs., ähnl. wie sein Zeitgenosse → Cagliostro, der sich als Schüler von S.-G. bezeichnete. Meist wird dieser als aus Portugal stammender Jude bezeichnet, der sich durch erstaunliches Wissen, durch Kombinationsgabe und Kenntnis von mag. Büchern großes Ansehen zu verschaffen wußte. In Frankreich, England und Rußland war sein Auftreten von wechselndem Erfolg begleitet. S.-G. rühmte sich, den → Stein der Weisen zu besitzen und durch seinen Besitz des → Elixirs 2000 Jahre alt geworden zu sein. Ein anderer Abenteurer, Casanova, erzählt von einer → Transmutation von Silber zu Gold, die S.-G. in Den Haag mittels seines »Athoeter« genannten Magisteriums durchgeführt haben will; Casanova bezeichnete sie als Taschenspielerei. — Von 1770—74 hielt sich S.-G. in Paris auf, gab sich als → Rosenkreuzer aus und soll versucht haben, das Königshaus vor der drohenden Revolution zu retten. Er flüchtete schließl. nach Deutschland an den Hof des Landgrafen Karl v. Hessen-Kassel, der sich gerne mit alchemist. Experimenten befaßte. Hier starb S.-G. 1784, nachdem er sein wahres Alter mit 88 Jahren angegeben hatte. Sein bereits legendärer Ruf trug dazu bei, daß bald Berichte über sein »posthumes« Auftreten (z. B. 1789 in Paris) die Runde machten. Vgl. F. Bülau, »Geschichten um rätselhafte Menschen« (1850—60), Bd. 1; L. Wraxall, »Remarkable Adventurers« (1863); Pierre Lhermier, Le mysterieux Comte de St. Germain, Paris 1943.

LENNHOFF-POSNER; SELIGMANN 1958

SAINT-MARTIN, Louis-Claude Marquis de, 1743—1803, Gründer des »Martinisten-Ordens«, der im 19. Jh. durch Stanislas de →Guaïta neu belebt wurde. Der frühere Offizier wandte sich der theosoph. Lehre des Jakob Böhme zu und erregte mit seinem Buch »Des Erreurs et de la Verité des Hommes« (1775, dt. v. Matthias Claudius 1781), unter dem Pseudonym »Philosophe Inconnu« verfaßt, unter seinen Gesinnungsbrüdern großes Aufsehen. Das zweite Buch des Autors »Tableau Naturel des Rapports existant entre Dieu, l'Homme et l'Univers« (1782), eine »philosophisch-kabbalist. Studie über den

Tarot und des Symbolismus des Universums«, wird als »verschroben und verworren« bezeichnet (Lennhoff-Posner).

Der »unbekannte Philosoph«, der die Schriften Jakob Böhmes ins Französische übersetzte, hatte immer wieder begeisterte Anhänger, die von seinem Enthusiasmus beeindruckt waren. S. M. wurde zum Gründer einer an das Freimaurertum angelehnten Loge, aus der später der »Rektifizierte Ritus« hervorging. → Papus mit seinem »neueren Martinisten-Orden« suchte, die Traditionen des »Philosophe Inconnu« fortzusetzen. »Die ersten deutschen Übersetzungen seiner Werke besorgte Matthias Claudius im Auftrage seiner Loge 'Zu den 3 Rosen' in Hamburg. Werke: Irrtümer und Wahrheit; Natürliche Übersicht über den Zusammenhang zwischen Gott, Mensch und Welt; Der Mensch der Inspiration; Symbolik der Zahlen; Des Menschen Sehnen und Ahnen; Ecce Homo, Leipzig 1819 und Stuttgart 1922. — Lit.: A. E. Waite, Saint-Martin and Modern Martinism; Robert Amadou, Louis-Claude de Saint-Martin et le Martinisme, Paris 1946; Robert Ambelain, Le Martinisme, Paris 1946« (Miers 1976, 355); Robert Amadou, Trésor martiniste, Paris 1969; J. Fr. Kleuker: Magikon, Frankf. u. Leipzig 1784, Neuausg. Schwarzenburg 1980.

SAL (lat. Salz), bei → Paracelsus einer der Weltbaustoffe (wie → Sulphur und → Mercurius). S. bedeutet nicht Kochsalz im heutigen Sinne, sondern das Prinzip der Körperlichkeit, »Greiflichkeit«, des Festen, während Mercurius die Intelligenz (spiritus) und Sulphur die Energie der Natur (Anima) bezeichnet. Allegor. wird S. als Würfel (wohl wegen der Kristallform des Steinsalzes) dargestellt, bzw. vereinfacht als Quadrat.

SAL: Zeichen für S. in alchemistischen Handschriften

Gelegentlich wird die Einführung dieses 3. der »philosophischen Elemente« dem legendären → Basilius Valentinus zugeschrieben, an dessen historischer Existenz jedoch gezweifelt wird (vgl. Kiesewetter 1895/1977, 52 ff.) und dessen Schriften deutlich paracelsischen Geist verraten.

SALA, Angelo, aus Italien stammender Alchemist und Arzt des 17. Jhs., der in Den Haag und Oldenburg wirkte und Leibarzt der Herzoge von Mecklenburg war. Seine »Anatomia Antimonii« (Leiden 1617) erschien 30 Jahre vor der ersten gedruckten Ausg. des »Currus Triumphalis Antimonii« des → Basilius Valentinus. Weitere Werke: »Aphorismi Chymiatrici«, Bremen 1620; »Chrysologia sive Examen Auri Chymici«, Hambg. 1622; »Spagyrische Schatz = Kammer«, Rostock 1634, 1637; seine ges. Schriften (Opera omnia medico-chymica) wurden 1647 und 1680 in Frankf. herausgegeben.

SALEM, Stadt in Massachusetts (USA), im 17. Jh. Schauplatz berühmter → Hexenprozesse, die wiederholt literar. gestaltet wurden (z. B. von Arthur Miller »The Crucible«, dt. »Hexenjagd«) und zeigen, daß der → Hexenglaube auch in der Neuen Welt nicht unbekannt war. Die Geisteswelt des Puritanismus mit ihrer Angst vor den Fallstricken des Satans stellte in der Zeit von ca. 1688—1700 den idealen Nährboden für umfangreiche Verfolgungen dar, besonders durch die Predigten und Schriften des Predigers Cotton Mather (1663—1728). Nachdem 1688 drei Personen wegen Hexerei auf dem Scheiterhaufen starben, nahmen die Anschuldigungen ungeahnte Ausmaße an. 19 Menschen wurden wegen Hexerei hingerichtet, 55 gestanden nach Folterung ihre Schuld ein, und einer davon (Giles Corey) starb während der peinl. Befragung. Als 150 Personen eingekerkert und 200 der Hexerei verdächtig waren (darunter Verwandte Cotton Mathers und die Frau des Gouverneurs Sir William Phipps), führte sich der Hexenglaube selbst ad absurdum; seine Glaubwürdigkeit büßte er bes. durch das satir. Buch »More Wonders of the Invisible World« (1700) von R. Calef ein, das ein Werk von C. Mather (»The Wonders of the Invisible World«, London und Boston 1693) ironisierte. Obwohl Mather darauf das Buch »Memorable Providences, Relating to Witchcrafts and Possessions« (Boston 1697) verfaßte und später Calef mit »Some Few Remarks upon a Scandalous Book« (1701) replizierte, kann der Hexenglaube nach der Wende zum 18. Jh. in der Neuen Welt als weitgehend überwunden gelten. Vgl. G. L. Burr, Narratives of the Witchcraft Cases, 1914; Ch. W. Upham, Salem Witchcraft, Boston 1967; ebenso das Kap. »Späte Hexenjagd in Amerika« bei Baschwitz 1963, S. 388 ff.

SALOMO, der weise König der Juden, war schon in der Antike berühmt als großer Magier und Geisterbeschwörer (Jos. Flavius, Antiq. Jud. 2, cap. 8), und aus diesem Grund wird ihm das hellenist. »Testamentum Salomonis«, ein mag.-astrolog. Text zugeschrieben. Darin zwingt S. die Dämonen der 36 Dekanabschnitte des Himmelskreises (→ unter Zodiakus!), ihre und auch die Namen der Engel zu nennen, die sie bezwingen können; ähnl. »Schemhamphoras Salomo-

The Wonders of the Invisible World.

OBSERVATIONS

As well *Historical* as *Theological*, upon the NATURE, the
NUMBER, and the OPERATIONS of the

DEVILS.

Accompany'd with,

I. Some Accounts of the Grievous Molestations, by DÆ-
MONS and WITCHCRAFTS, which have lately
annoy'd the Countrey; and the Trials of some eminent
Malefactors Executed upon occasion thereof: with several
Remarkable *Curiosities* therein occurring.

II. Some Counsils, Directing a due Improvement of the ter-
rible things, lately done, by the Unusual & Amazing
Range of EVIL SPIRITS, in Our Neighbourhood: &
the methods to prevent the *Wrongs* which those *Evil
Angels* may intend against all sorts of people among us;
especially in Accusations of the Innocent.

III. Some Conjectures upon the great EVENTS, likely
to befall, the WORLD in General, and NEW-EN-
GLAND in Particular; as also upon the Advances of
the TIME, when we shall see BETTER DAYES.

IV A short Narrative of a late Outrage committed by a
knot of WITCHES in *Swedeland*, very much Resem-
bling, and so far Explaining, *That* under which our parts
of *America* have laboured!

V THE DEVIL DISCOVERED: In a Brief Discourse upon
those TEMPTATIONS, which are the more Ordinary *Devices*
of the Wicked One.

By Cotton Mather.

Boston Printed by *Benj. Harris* for *Sam. Phillips.* 1693.

SALEM: Titelseite des Buches »The Wonders of the Invisible World«
von Cotton Mather, 1693

nis«, worin die Namen von den Geistern der 72 Halbdekane genannt sind (bibl. Angaben → Geomantie), die auch als Namen von → Engeln aufgefaßt wurden. Andererseits wandelte sich die Auffassung von den astralen Geistern (vgl. → Intelligentia und Daemonium) in neuerer Zeit insofern, als man diese als → Dämonen bezeichnete.»Das Testamentum Salomonis, das aus hellenist. Zeit stammt...« wurde für die »iatromathematische Krankenheilung« verwendet. »Derselben dämonischen Auffasssung sind auch die Historia Josephi (Evang. Apokr. ed. Tischendorf, Leipzig 1853) und verschiedene gnost. Lehren«. (Nowotny/Agrippa 1967, S. 438). Namensliste op. cit., 440.

In mehreren → Zauberbüchern heißt es, daß Gott dem S. durch den Engel Raphael einen Zauberring mit dem Siegel (s. u.) sandte, mit dessen Hilfe der König die Dämonen beschwor und sie zwang, ihre Namen, Leistungsbereiche und Ämter zu offenbaren. Im 12. oder 13. Jh. taucht zusammen mit dem erwähnten »Testamentum« auch ein »Schlüssel« (Clavis, Clavicula; Lesser Key, Hs. im Brit. Mus., um 1700) Salomonis auf. Ihn erwähnt → Trithemius an erster Stelle in seinem »Antipalus maleficorum« unter den ihm geläufigen Zauberbüchern (»wer immer ihn zusammenstellte, war ungelehrt und ein Verächter der christl. Religion;... enthält [→] Characteres und Namen der Dämonen«). Vgl. Peuckert 1956. Charakterist. für diese Incantationsbücher der neueren Zeit sind die entstellten hebr. Namen, in lat. Versalien geschrieben (»XYWOLEH VAY BAREC HET VAY YOMAR« usw.), so etwa in der weit verbreiteten »Philosophia Pneumatica« (1626). Zedlers Lexikon Bd. 33/1742 nennt weitere Bücher, die unter dem Namen S.s bekannt waren: Incantatio daemonum Olympicorum; Ketab Alohoud, »ein Magisch Buch, darinnen von des Salomons Bündnissen mit denen Geistern gehandelt werde«; Almodal Salomonis de XII choris angelorum in aquis supra caelestibus; Speculum Salomonis; Anelli Negromantici del Salomone; Praeparatio speculi Salomonis & sigillum Josuae; Verum Chaldaicum Vinculum sive Cingulum Salomonis u. a. —

S.s Siegel heißt der ✡ Davidsstern (Hexagramm), nach hermet.-mag. Spekulationen zusammengesetzt aus den Symbolen der → Elemente Feuer (△), Wasser (▽), Luft (⌂) und Erde (⌂); er soll damit die Vereinigung aller Gegensätze wiedergeben.

Über die Rolle S.s in den spätantiken und in der Neuzeit neubelebten Legenden im Zusammenhang mit dem Tempelbau in Jerusalem vgl. H. Biedermann, Das verlorene Meisterwort, Wien 1986; G. Mandel u. P. Eisele: König Salomo, Knaur-TB 3650, München-Zürich 1978.

AGRIPPA/NOWOTNY 1967; BURCKHARDT 1960; CAHAGNET 1854; PEUCKERT 1956; SELIGMANN 1958

384

SATANISMUS, die Verehrung des widergöttlichen Prinzips, geht wohl in erster Linie auf manichäisch-gnostischen Dualismus (Annahme einer prinzipiellen Gleichrangigkeit von Gott und Teufel) zurück, wie er sich in mehreren spätantik.-frühchristl. Sekten ausprägte; so berichtet Zedlers Lexikon Bd. 34/1742, Sp. 181 über die »Euphemiten und Messalianer. Sie philosophirten so subtil, daß sie sagten: Weil der Satan so viel Leides dem Menschen thut, müssen wir ihn anbeten, daß er uns nicht schade«. In der Bogumilen-Sekte (→ Pentagramm) hieß der Teufel »Satanael«. Die Annahme einer dualistischen Unterströmung im Geistesleben des MA.s, die sich in manchen Äußerungen des → Hexenglaubens manifestiert haben soll, hat viel für sich, wenn auch die Glaubwürdigkeit eines organisierten Hexenkults im Sinne des S. von den meisten Historikern abgelehnt wird; für die Inquisitoren galt sie jedoch als evident (→ Hexenprozesse). Hinweise auf einen echten S. mit grausamen Kinderopfern erbrachte der Prozeß gegen → Gilles de Raiz. Bei engl. Kulturhistorikern ist die Annahme eines satanist. Hexenkults üblich, wobei der rituell verehrte »Teufel« als Pan-artiger Naturdämon aufgefaßt wird (vgl. das Stichwort »Witchcraft« in der Enc. Britannica, Chicago-London 1964). Unbestreitbar sind satanist. Tendenzen im → Okkultismus des 19. Jhs., offenbar als Reaktion auf den als banal empfundenen, fortschrittsgläubigen Materialismus dieser Epoche, der die orthodoxe Gläubigkeit weitgehend ablehnte, aber dennoch »dunkle Mysterien« verlangte. Diese emotionell bewegende »Antireligion« fand nicht nur in der Literatur (Baudelaire!) ihren Niederschlag, sondern brachte auch Geheimzirkel mit abstoßendem Ritual hervor. Alfons Rosenberg 1965 weist darauf hin, daß besonders »das Frankreich des 19. Jahrhunderts, das Land der clarté und der mesure, zugleich eine Brutstätte des modernen Satanismus war.« Er führt bes. die Schriften von J. K. Huysmans (1848—1907) als Beweis hiefür an, in welchen St. de → Guaïta unter dem Namen »Docre« als Satanspriester bei »Schwarzen Messen« geschildet wird (A. Rosenberg: Praktiken des S. vom Mittelalter bis zur Gegenwart, Nürnbg. 1965; gute Bibliographie). Bibl. Hinweise auch bei L. Monden, Theologie d. Wunders, Freibg. 1961, S. 154—55; vgl. auch U. K. Dreikandt (Hrsg.), Schwarze Messen, Dichtungen und Dokumente. München (Hanser) 1970. G. Zacharias: Satanskult und Schwarze Messe. Wiesbaden (Limes) 1970 (u. ö.), Vgl. → Dämonen. — Ausführliche, detailreiche Darstellung des Gesamtkomplexes bei K. R. H. Frick, Satan und die Satanisten Bd. 1 — Das Reich Satans (Graz 1982); Bd. 2 — Die Satanisten (Graz 1985). Darin unterscheidet Frick (S. 4 f.) den religiös induzierten S.; die spätgnostisch-manichäische Lehrauffassung; den Luziferianismus; dann aber auch den atheistisch-materialistischen S., in seiner teils sadistisch-psychopathischen Ausprägung, teils literarisch-intellektuell geprägt, und schließlich den »satanischen« Nihilismus.

SATOR AREPO TENET OPERA ROTAS, das bekannteste »magische« Buchstabenquadrat; in einen Raster von 5 x 5 Feldern eingeschrieben, sind diese 5 Worte horizontal und vertikal lesbar. Ob es sich um ein bloßes Spiel oder um die Verhüllung eines tieferen Sinnes handelt, ist nicht geklärt. Die wörtl. Übersetzung des Satzes wird meist mit »Der Sämann (od. Urheber) Arepo hält mit Mühen die Räder« wiedergegeben, was jedoch nicht als sinnvoll erscheint. Daher wurde vorgeschlagen, den Satz als anagrammatische Umstellung (im Sinne der kabbalist. → Temurah) von »PETRO ET REO PATET ROSA SARONA« aufzufassen (Endres 1951), d. h. »dem Petrus, obwohl er der Schuldige ist, steht die saronische Rose offen«. Die Rose von Saron, einem blumigen Tal zwischen Lydda und Joppe, steht im Hohenlied Salomonis als Allegorie für die Braut.

Eine andere Erklärung schlägt Prof. Claus Schedl vor (briefl. Mitteilung), der den Zahlwert der einzelnen Buchstaben betrachtet, u. zw. die Vokale und Konsonanten getrennt. Der Zahlwert der 12 Vokale zusammen mit dem zentralen N ergibt (wenn im Sinne Weidmüllers das E für hebr. He = 5 steht) 354 (Zahl der Tage eines Mondjahres), jener der 13 Konsonanten ergibt 2730 (Zahl der Tage von 7 ½ Sonnenjahren). 2730 ist teilbar durch 91, die Zahl des im Buch der Jubiläen behandelten Viertels des Jubiläen-Sonnenjahres. Nach Meysing 1966 ist dieses Buchstabenquadrat zuerst 79 n. Chr. in Pompeji belegt, doch wahrscheinl. älter. Das zentrale N könnte für nahaš (Schlange, auch Fisch /

SATOR AREPO: Das mag. Buchstabenquadrat von einem Mosaikfußboden der Pfarrkirche von Pieve Terzagni bei Cremona, etwa 11. Jh. (nach J. B. Bauer)

Ichthys) stehen. Schedl schlägt die Lesung der Vokale mit »setär ro'š pinnah nahaš«, übersetzt etwa »das Geheimnis des Wendepunktes ist die Schlange«, vor. Da nahaš denselben Zahlwert mit mašîiah (Messias) hat, könnte dem »Weltenrad« ein messianischer Sinn zugrundeliegen, um das Zentral-N als »Drehpunkt« konstruiert. Diese Art der Interpretation (auch bei Schedl 1969, S. 234 ff.) wird strikt abgelehnt von J. B. Bauer (Die Sator-Formel und ihr 'Sitz im Leben', ADEVA-Mitteilungen, Graz, Juni 1972), der von der nach H. Hommel stoischen Grundaussage SATOR OPERA TENET ausgeht: Der Kosmos als Vater und Schöpfergott erhält alles, alle seine Werke. »Ihr Erfinder ist in stoisch-pythagoräischem Umkreis zu suchen: etwa Nigidius Figulus (ca. 98—45 v. Chr.), pythagoricus et magus genannt« schreibt Bauer und weist darauf hin, »daß der Topos von der die Welt 'zusammenhaltenden' geistigen Kraft... zu Ciceros Zeiten allseits bekannt und geläufig war. Keine kosmologische Überlegung konnte der die Welt einigenden, alle Dinge zusammenbindenden Kraft entraten. Sator opera tenet mußte jeder Halbgebildete verstehen: Der Schöpfer der Weltgott, 'bindet' alle seine Werke... Im TENET der Sator-Formel liegt der stärkste Analogiezauber beschlossen«, der nicht durch Rückwärtslesen aufgehoben werden kann — denn auch dann zeigt das ausgefüllte Buchstabenquadrat denselben Sinn.

SATURNUS bedeutet in der → Alchemie das Blei (→ Metallbezeichnungen) und wird bildlich oft als gebückter Greis mit einer Sense oder Sichel dargestellt, manchmal auch als »eisgrauer Zwerg«. In der → Astrologie gilt der S. als »Übeltäter«; P. Cochem (→ Mars) schreibt, er habe »gar schädliche würckungen, und verursachet lauter Kranckheiten und sterben... Dan wan derselbige stern regiert, so entsteht ein gewaltiges sterben unter jungen und alten auff erden. Wan der gütige Gott durch seine macht, oder durch den widerstand der andern sternen, die gifftige Würckung Saturni nicht verhinderte, würden wenige menschen auf erden lebendig bleiben«. In Zedlers Lexikon Bd. 34/1742 wird berichtet, S. sei »von einer kalten Natur und etwas wenig trocken, deshalber eben das Jahr, darinnen dieser Planet regieret, kalt und feuchte ist«. Bei J. W. Pfaff (1816) ist der S. ein männliches, unfreundliches Gestirn und regiert die Lebensjahre 69 bis 98. »Hauptsächlich sind seinem Einfluß unterworfen das Ohr, die Blase, die Nieren, die Knochen. Das Uebel, das er anrichtet, entsteht langsam, dauert lange. Melancholischen Temperaments. Greise, Vätter, Vorfahren, Waisen, Erbschaften, tiefe Nachforschungen, trefliches Gedähtniß; Armuth; Wanderungen; Finsterniß; Kerker; Einsamkeit; lange Vorsicht; Trauer, Leichen; Haß; Ackerbau; Maas und Gewicht (Denn alles Geistige hat sein Bild im Leiblichen)«. — Die astrolog. Tradition weist dem S. den Samstag zu (engl. Saturday), die blaugraue Farbe, unter den → Edelsteinen den Türkis und Lapislazuli, im menschl. Körper die Knochen und bei negativer Wirkung langwierige Krankheiten; unter den Zeichen des → Zodiakus »regiert« der S. den capricornus (Steinbock) und aquarius (Wassermann), und sein Einfluß gilt als »erhöht« im Zeichen libra (Waage), als »erniedrigt« im Zeichen aries (Widder). Vgl. auch → coniunctio aurea. Neuere astrolog. Werke fassen den S. nicht bloß als »schädlichen Planeten« auf, sondern auch als Signum der Philosophie und Askese, der rationalen Systematik und der klaren Einsicht.

SCHÄTZE, d. h. wertvolle Grabbeigaben oder in Zeiten der Gefahr vergrabene und nicht wieder geborgene Reichtümer, bes. Goldmünzen u. dgl., spielen in alten → Zauberbüchern eine große Rolle. Bei Beschwörungen von Dämonen ist oft davon die Rede, daß diese gezwungen werden sollen, den Ort anzuzeigen, wo Sch. vergraben sind. Bei → Flemming, Dt. Soldat, S. 363, wird erzählt, daß Sch. in der Erde in die Höhe steigen, wenn die Sonne am höchsten steht, nachts aber wieder nach unten sinken. »Lieget nun der Schatz im freyen Felde, so ist der Sache bald geholffen durch Creutzweise Untergrabung«, doch müsse dabei der Schatzgräber darauf achten, daß ihn der Schatz nicht in die Erde drücke. Wenn jedoch die Sonne »Creutz = weise unter den Schatz scheinen kan, so ist er gewonnen, dieweil ihn die Erd = Geister nicht mehr verrücken können«. Eine Erklärung für diese Ansicht findet sich bei Görres Ndr. 1960, Bd. 3, S. 222, wo von → Wünschelrutengängern die Rede ist, die mit Hilfe der Rhabdomantie Sch. festgestellt haben wollten; als diese bei Nachgraben nicht aufzufinden waren, erklärte man dies durch ihr Untersinken. Das »Emporsteigen« hieß auch »Blühen der Sch.« — Vgl. Grimm, Dt. Mythologie Ndr. 1953, S. 810 f. — Derjenige der Dämonen, der bei Beschwörungen in Verbindung mit Schatzgraben am häufigsten angerufen wurde, heißt Aziel (Aciel). Zedlers Lexikon Bd. 34/1742 zählt den Gebrauch der »Glücks = «, Wünschel = oder Gold = Ruthen« nicht zu den unzulässigen Künsten der »Zauberey«, weil sie nicht zu den mag. Instrumenten des Schatzgrabens gehöre (S. 983). Vgl. J. Thom. Schultz, »Des Teuffels Bergwerck; vom Schatzgraben«, Wittenbg. 1684. Volkskundl. Bemerkungen zu diesem Thema bei R. Beitl, Kap. Sch. und Schatzhüter, in der Ausg. 1950 von F. J. Vonbuns »Sagen Vorarlbergs«.

Die buchstäbl. Auffassung des »Suchens nach Schätzen« ist im Bereich des Magischen vielleicht ein Nachklang aus gnost. Schriften des Kreises der »Pistis Sophia«. »Das erste Buch vom großen Lógos katà mystérion«, schreibt R. Liechtenhahn, »ist zum größten Teil eine Belehrung Jesu über zahlr. 'Schätze', welche die Seele zu passieren hat. Sie besteht aus einer Beschreibung jedes Schatzes (eine Zeichnung wird im Buche beigegeben), einer Nennung seiner Merkmale, seiner Wächter, der in ihm wohnenden Emanationen. Dann macht Jesus selbst mit den Jüngern eine Reise durch die Schätze..., nennt den

Dieses folgende Siegel sub N⁰ 1
mußt du allezeit für dich in den Kreiß legen,
wenn du citirst.

N⁰ 1,

Aziel. Sigillum,

N⁰ 2.

O *Aziel* bin ich genannt, ein Herr über alle verborgene Schä„
ße der Erden, ich habe Macht alle verborgene Schätze auf.
zuthun _ darzustellen _ und zu geben den Menschen welche
ich will, ich bin auch den Menschen gehäßig , und suche

SCHÄTZE: Eine Seite aus dem Zauber- und Beschwörungsbuch des → Cyprianus
(Original in der Königl. Bibl., Kopenhagen), mit dem Siegel des Aziel
(nach Lehmann 1908)

Namen jedes Schatzes, den man einmal aussprechen muß, das Psephos, eine geometr. Figur, die sich in der Hand befinden soll... und das Paßwort, das man dreimal aussprechen muß. Das ist der Zauber, der die Wächter, táxeis und Vorhänge des Schatzes davonstieben macht und den Durchgang ermöglicht. Die Namen und Paßwörter sind aber ganz sinnlose Buchstabenkonglomerate wie ieazoeezasaeiz als Name, dazu das Paßwort: zozozoiezoa... (Zaubersprüche). Ein Generalpaßwort wird zum Schluß mitgeteilt, wobei man sich wundert, warum dann auch die Paßwörter für die einzelnen Schätze bekannt sein müssen«. (Herzog-Hauck, Realenzykl. Bd. 14, Ndr. Graz 1971, S. 412). Die Eigentümlichkeiten des Schatzgrabens mit Zauberzeichen, Beschwörungen usw. werden im Zusammenhang mit den Bildern der gnost. Symbolik verständlicher.

SCHOTT(IUS), Caspar, geb. 1608 zu Königshofen, gest. 1666 zu Würzburg, gelehrter Jesuit und Verfasser mehrerer einst viel beachteter Werke über Magie; darunter sind zu nennen das mehrmals aufgelegte Buch »Physica curiosa sive Mirabilia naturae et artis libri XII comprehensis, quibus pleraque quae de Angelis, daemonibus, hominibus, spectris... rara, arcana, curiosaque, etc. editio tertia, Herbipolis 1697« (1. Aufl. 1662), ein reich illustr. Werk; weiters die aus 4 Quartbänden bestehende »Magia naturalis universalis«, Würzbg. 1657/60, Bamberg 1687, Frankf. 1657, 1692. Dieses Werk »wird wohl mit einer Abhandlung über die verschiedenen Arten der Magie eingeleitet, ist aber sonst nur ein Handbuch der Physik mit viel praktischen Anweisungen für Zauberkunststückchen, wie wir jetzt sagen würden« (Lehmann 1908). Mit dem berühmten Athanasius Kircher (1601—80) verbindet Sch., der auch eine »Schola Steganographica« (Würzbg. 1665, Nürnbg. 1680) verfaßte, eine Vorliebe für das Wunderbare, Absonderliche und Frappierende, wobei die alte geistergläubige Magie jedoch immer mehr verdrängt wird. »Natürliche Magie«, schreibt Sch. in seiner Magia naturalis, »nenne ich eine gewisse verborgene Kenntnis der Naturgeheimnisse, wodurch man, wenn man die Natur, die Eigenschaften, verborgenen Kräfte, Sympathien und Antipathien der einzelnen Dinge erkannt hat, gewisse Wirkungen hervorrufen kann, die jene, die mit den Ursachen nicht vertraut sind, seltsam oder sogar wunderbar erscheinen«. → Magia naturalis.

LEHMANN 1908; PEUCKERT 1967; ZEDLER 1961—64

SCOT, Reginald (auch Reynold), engl. Schriftsteller des 16. Jhs., gest. 1599, verbrachte nach Studien in Oxford seine Tage zurückgezogen in Smeeth, wo er sich mit dem Studium »okkulter« Phänomene befaßte; S. starb 1599. Berühmtheit erlangte sein Buch »The Discoverie of Witchcraft« (auch »Detectio Artis Magicae«), 1584, 1651, 1665; Ndr. 1964, zahlr. Übersetzungen. Dieses Werk, »worinnen er alles, was jemahls von der Zauberey und Hexerey erzehlt und geglaubt worden, vor Melancholie, gewisse Kranckheiten und Gauckeleyen ausgiebet« (lt. Zedlers Lexikon Bd. 36/1743), enthält u. a. Berichte über die → Hexensalbe, als deren Bestandteile S. neben Fett »Eleoselinum, Aconitum, Frondes populeas, and Soote« (Ruß) nennt (→ Porta). Die Hexen reiben damit den ganzen Körper überreich ein, bis die Haut sich rötet und die Poren sich öffnen und die Kraft der Salbe in den Körper eindringt. In mondhellen Nächten werden sie scheinbar durch die Luft getragen (»seem to be carried in the air«). S. ist zwar von der Realität der → Dämonen überzeugt, bestreitet aber die Echtheit der mit dem → Hexenglauben verbundenen Phänomene. Dies führte dazu, daß der hexengläubige König Jakob I. (selbst Autor einer »Daemonologie«, 1597 u. ö.) alle greifbaren Exemplare der Erstauflage von S.s Buch verbrennen ließ und in seinem Vorwort betonte, er schreibe sein Buch hauptsächlich gegen die »damnable opinions« von → Wierus und S. Mit Wierus, der bereits 2 Jahrzehnte früher schrieb, ist S. somit einer der ersten Bekämpfer des Hexenglaubens. Vgl. P. Hughes, Witchcraft, Harmondswort 1967.

SCOT(US), Michael, ca. 1214—1291, aus Schottland stammenden Astrologe und Philologe, der in Toledo mit arab. Schriften (z. T. antiken in arab. Übersetzung) in Berührung kam, später an den Hof des Stauferkaisers Friedrich II. berufen wurde und dort an astrolog., alchemist. und physiognom. Studien arbeitete. Von seinen Büchern sind zu nennen: »Super auctorem Sphaerae« (Bologna 1495, Venedig 1631); »De sole et Luna«, enth. im »Theatrum Chemicum«, Straßbg. 1622; »De Chiromantia« (zahlr. Ausg. im 16. Jh.), »De Physiognomia et de Hominis Procreatione« (18 Aufl. von 1477 bis 1660).

Kiesewetter 1895/1977 erwähnt »Libellus de secretis naturae«, Frankf. 1615; »De Chiromantia«, 1508; »Imagines astronomicae«, ebd.; »De somno et vigilia«, ebd., und schreibt S. hätte das Zauberbuch »Compendium magiae nigrae« geschrieben, das dann »der geschichtliche Johann (→) Faust unter dem Titel 'Fausti Höllenzwang oder Miracul-Kunst und Wunderbuch' etc. ins Deutsche übersetzte... 28 Pergamentblätter in Kleinoktav, Wittenberg 1540« (S. 308 f.). S. »hatte das Unglücke, daß, nachdem er sich vermöge einer natürlichen Neigung hauptsächlich auf diese Art von Studien legte, und auch verschiedene herrliche Dinge erfand, er deshalber insonderheit von dem gemeinen Pöbel vor einen Schwartz = Künstler und Hexen = Meister ausgeschrieen ward.« (Zedlers Lexikon, Bd. 21/1739). In Schottland ist das Andenken von »Auld Michael«, dem Zauberer, noch heute lebendig. S. referierte jedoch lediglich über die in seiner Zeit bekannten mag. Künste (→ Beschwörungen), ohne daß sich seine aktive Betätigung auf diesem Gebiet nachweisen ließe. In Dantes

»Divina Commedia« (Inf. XX, 115—118) ist S. dennoch in den 8. Höllenkreis versetzt, wo er mit zurückgedrehtem Kopf umherwandert, als Vergeltung seines irdischen Strebens, in die Zukunft zu sehen. Auch in Boccaccios »Decamerone« (8. Tag, 9. Novelle) ist S. erwähnt (»ein großer Meister der schwarzen Magie«). Über die unter S.s Namen veröffentl. alchemist. Bücher vgl. Holmyard 1968, S. 217. In zwei HSS (Oxford, Corp. Chr. 125; Cod. Palermo Q.A. 10) ist sein »Liber magistri Miccaelis Scotti, in quo continetur magisterium« erhalten. »In den Handschriften der Texte des Scotus (wie De notitia ordinum stellarum fixarum usw.) sind die Sternbilder durch eine vom antiken Vorbild abweichende sarazenische Überlieferung verändert: z. B. in den HSS München Clm 10268, ca. 1340, oder Wien 2378, ca. 1400«. (Nowotny/Agrippa 1967, S. 443).

SCUTUM DAVIDIS, lat. »Davids Schild«, der jüd. Legende zufolge eine für mag. Zwecke verwendete kleine Wiedergabe des von König David getragenen Schildes, besonders als → Amulett gegen Brände oder als → Feuersegen verwendet. Das S. D. besteht aus einer Figur »aus zween unter und etwas in einander stehenden Triangeln, in deren sechs Winkeln, wie auch in der Mitte das Wort [→] Agla mit hebräischen Buchstaben geschrieben steht«. (H. L. Fischer, Das Buch vom Aberglauben, Leipzig 1790). »Nach jüdischer Überlieferung wurde der 'Schild Davids' auch in die Kruste von Broten eingebacken, die — in das Feuer geworfen — die Feuersbrunst eindämmen sollten«. (Hansmann/Kriss-Rettenbeck 1977, 238).

SEGENZETTEL, geschriebene oder gedruckte Sprüche und Gebete, Breves, oft eher → Zaubersprüche in christlichem Gewand, waren in manchen bäuerlichen Gegenden im 19. Jh. noch sehr verbreitet (Wettersegen, Segen gegen Krankheiten, »Tobias-Segen« gegen Gespenster und Spuk u. a.). Diese eher in den Bereich des religiösen Brauchtums als in jenen der Magie gehörigen Sprüchlein wurden dennoch zeitweise als → Indicia magiae gewertet; so berichtet etwa Francisco de Os(s)una in seinem »Flagellum Diaboli« (dt. Ausg. München 1602) »Von den falschen Preservationen« im Kapitel »Von den superstitionen, Abgöttereyen und grossen Sünden« etc., S. 45 r. ff., der teufel »pfleget zuverfügen, daß die Menschen sich gebrauchen etlicher invocationen oder anruffungen, so da beschehen mit zeichen, Charactern, oder underschidlichen Figuren. Sie haben sonderbare zedeln, darinn stehen geschrieben etliche vil Namen, die man nettet die hohe Namen, und sie sagen und geben für, daß alle die jenigen, welche dise Namen tragen an ihrem Leib, nit beschädiget können werden, weder vom Wasser von vom Fewr, noch uberwunden vom Feind: Ebenmessig geben sie dir etliche gebettlein, welche angefült seynd mit disen Charactern,

Figuren und Namen, und sagen, daß der jenig, welcher andächtiglich spricht
dises Gebett, nicht könne werden verwundt weder von dem Schwerdt, noch
durch das Geschütz, oder in ander weg [→ Festmachen]. Etliche gebrauchen
sonderbare Segen, und recitirn und außsprechen sonderbare von dem Teufel
eingesetzte wort, auff den Stöcken, Büchssen, Bogen und dergleichen... Und
obschon sie sich understehen zuentschuldigen, und zusagen, daß es die Namen
Gottes seyen, die sie also brauchen,... so gib ich ihnen hierauff doch zur
Antwort, daß gleichwol etliche Namen darunder gebraucht werden, welche
Gottes Namen seynd, aber doch daß etliche vil unbekandte Namen darunder
begriffen werden, welche da seynd entweder Namen deß Teufels, oder doch von
dem Teufel erdacht und eingesetzt, zuvollbringen seiner wirckung. Und under
disen unbekandten Namen seynd etliche Figuren,... eingesetzt und formirt
worden von den Teufeln. Daß aber etliche Namen Gottes darunder werden
begriffen und gedacht, beschicht solches zur verführung der Einfältigen«. Vgl.
dazu E. Grossmann, Magischer Haus- und Stallschutz, Kat. der Ausstellung
im Schweizerischen Mus. f. Volkskunde, Basel 1959. Hansmann/Kriss-
Rettenbeck 1977, 187 ff.

SEHFELD (auch Seefels, Sehfels), Friedrich, Alchemist des 18. Jhs., dessen biograph. Daten unbekannt sind. Kiesewetter nennt ihn »den merkwürdigsten der
um die Mitte des vorigen [d. h. 18.] Jahrhunderts lebenden Alchymisten, dessen
in Rodaun bei Wien und in Halle a. d. Saale bewirkten Metallverwandlungen
von achtungswerten Chemikern der damaligen Zeit bezeugt werden«
(1895/1977, S. 201—208). S. stammte aus Oberösterreich, kam nach einem
mehrjährigen Aufenthalt im Ausland um 1745 nach Rodaun bei Wien und
nahm dort im Badhaus, bei einem Bademeister Friedrich, Wohnung, wo er sich
mit alchemist. Experimenten befaßte. Als sich Gerüchte über diese Tätigkeit
verbreiteten, sah sich S. in Gefahr, belästigt zu werden, und wandte sich an Kaiser Franz I., den Gemahl Maria Theresias, mit der Bitte um einen Schutzbrief
für die Herstellung kostbarer Farbstoffe und Heilmittel. Obwohl S. diesen
erhielt, wurde er von der Wiener Rumorwache verhaftet, verhört und zur
Zwangsarbeit in die Festung Temesvar (Ungarn) gebracht. Der Kaiser hatte
jedoch Interesse an S.s alchemist. Kenntnissen und ließ ihn in Begleitung zweier
Offiziere mehrmals nach Wien kommen, wo er eine Reihe von Experimenten
durchführte. Einmal jedoch verschwand der Alchemist bei einer solchen Reise
zusammen mit seinen Bewachern, die offenbar von ihm bestochen worden
waren. Von da an fehlt jede Nachricht über sein weiteres Leben, wenn man nicht
die Erzählung des etwas unkritischen Schmieder (1832, 1927), S. wäre 1750 in
Halle aufgetaucht und hätte dort Gold gemacht, glauben will. Die beste Darstellung des verfügbaren Materials über S. ist jene von B. Zimmel »Der Gold-

macher Sehfeld von Rodaun« (Leobner Grüne Hefte 74), Wien 1963 (B. Zimmel gelang auch die archivalische Feststellung von S.s Vornamen).»Nach S.s Zeit«, schreibt Schmieder,»hat man keinen großen Adepten mehr kennengelernt«.

GESSMANN 1922

SENDIVOGIUS, Michael (vielleicht Sędziwòj), lt. Kiesewetter 1895/1977, 122, eigentlich»Sensophax, ... als unehelicher Sohn eines polnischen Edelmannes namens Jakob Sendimir im Jahre 1566 zu Sandez bei Krakau geboren«, ein in vielen Schriften erwähnter Alchemist, gest. 1636 (n. Schmieder) oder 1646 (n. Zedler) auf seinem Gut Gravarna in Mähren. S. soll 1604 den eingekerkerten → Sethonius befreit und von ihm den → Stein der Weisen erhalten haben (n. Schmieder); er führte vor Kaiser Rudolf II. eine Transmutation vor (und erhielt dafür ein Gut an der mähr.-schles. Grenze), ebenso vor König Sigismund III. und dem Herzog Friedrich von Württemberg. Dort wurde er von dessen Hofalchemisten Müllenfels des»roten Pulvers« beraubt, eingekerkert und mußte fliehen. Als der Raub bekannt wurde, mußte Müllenfels seine Tat durch den Tod büßen. Als jedoch das Pulver des»Steins der Weisen« zur Neige ging, soll S. zu betrügerischen Mitteln gegriffen haben: etwa als er 1619 in Wien vor Kaiser Ferdinand II. eine Transmutation vorführte und dabei eine mit Amalgam überzogene Goldmünze verwendete, die sich in der Hitze»in Gold verwandelte«, als sich das Quecksilber verflüchtigte. Bei seinem Tode soll S. über keine Geldmittel mehr verfügt haben. — Als fähiger Naturforscher und Vorläufer moderner chemischer Methoden wird S. hingegen dargestellt von R. Bugaj, »Michal Sędziwòj«, Krakau 1968; Bugaj weist u. a. auf den Ausspruch S.s »Experientia unica et sola veritatis magistra« hin, aus dem Jahr 1604 belegt (16 Jahre vor dem»Novum organum« des Francis → Bacon) und schildert die Theorien des Alchemisten, worin Kalisalpeter (KNO_3) als Kondensationsprodukt der Lebenskraft eine große Rolle spielt. Ferner soll S. unter den Namen »cibus vitae«,»mercurius aeris« und»nutrimentum multiplicativum« als Bestandteil der Luft den Sauerstoff beschrieben und seine Entdeckung bereits um 1600 vorweggenommen haben (frdl. Mittlg. von J. Baltes, Staufen).

Seine Schriften wurden wiederholt aufgelegt:»XII Tractate De Lapide Philosophorum«, Straßbg. 1613:»Aenigma Philosophorum ad filios veritatis«; »Dialogus Mercurii, Alchymistae et Naturae«, Köln 1606;»Novum Lumen Chemicum (Chymicum)«, veröffentl. unter d. Pseud. Cosmopolita, Marbg. 1624, Deutsch-Erfurt 1682;»Novi Luminis tractatus alter de Sulphure« (die vier letztgenannten sind auch im → Musaeum Hermeticum, Frankf. 1678, enthalten);»Apographum epistolarum hactenus meditarum super chemia«, Nürnbg. 1618;»Lucerna salis Philosophorum«; die gesammelten Schriften gab Friedr. Roth-Scholtz 1717 zu Nürnbg. heraus (1750: Sendivo-gius, i. e. Sensophax: Chymische Schrifften von dem Ursprung und Vollendung des... Steins der Weisen; der Hrsg. geht auf Textvarianten ein; am Ende des Bandes: »Des Abts Synesii Chymische Schrifften«, »Basilii Valentini Via Veri-tatis«). Möglicherweise gehen die von S. veröffentl. Traktate auf Sethonius zurück.

SENI, (so die geläufige Schreibung in Schillers »Wallenstein«) eigentlich Senno, Giovanni Battista, 1600—56, it. Astrologe aus Padua, wurde 1626 als Stern-deuter zu Wallenstein berufen und blieb bis zu der Ermordung des Generalissi-mus (1634) in dessen Diensten. Über die von Schiller angenommenen und durch S. gedeuteten Planetenpositionen im Vergleich zu den historisch echten vgl. J. A. M. Mensinga, Über alte u. neuere Astrologie, Berlin 1871, S. 25, 40. Ring 1972 schreibt den Namen S. Zeno, im Anschluß an H. v. Srbik, Wallensteins Ende, Salzbg. 1952. — Historisch-kritisch wurde S.s Biographie und polit. Rolle untersucht von Angelika Geiger, »Wallensteins Astrologie«, Graz 1983, in dem Abschnitt »Giovanni Battista Senno — Astrologe Wallensteins«, S. 235—311. Zitiert wird M. Giustiniani (1667) und R. Soprani (1667); danach war S. ein »bedeutsamer Mathematiker... wurde um 1600 in Padua geboren, nahm seine Studien auf in Geisteswissenschaften, Philosophie und Mathema-tik, die er bis zur Perfektion fortsetzte... Ein Mann, unermüdlich im Studium und unviversell in allen Wissenschaften«. Nach der Ermordung Wallensteins war S. in Haft, aus der er Anfang 1635 entlassen wurde. Nach Italien zurückge-kehrt, befaßte er sich mit Kabbala-Studien und einer Rabbi-Akiba-Übersetzung, bis er 1656 an der Pest starb. Ein Werk über den Gottesnamen (De Ineffabili Messiae Nomine) blieb ungedruckt und ist offenbar verschollen (Soprani bei Geiger 1983, 310).

SENIOR, auch S. Zadith, filius Hamuelis, im MA. üblicher, jedoch legendärer Name des Autors der »Tabula Chemica«, eines hochgeschätzten Werkes über → Alchemie. Es handelt sich dabei um die lat. Übersetzung eines arab. Trakta-tes »Das silbrige Wasser und die gestirnte Erde« des Muhammed ibn-Uma'il, der um 980 n. Chr. schrieb. Diese Schrift ist ihrerseits ein Kommentar zu dem ebenfalls ins Lat. übersetzten poet. Traktat »Epistula Solis ad Lunam Crescen-tem«. Die »Tabula Chemica« enthält zahlreiche Zitate von »Sprüchen des → Hermes Trismegistos«, die offenbar auf hellenist.-griechische Originale zurückgehen. »S.« wird u. a. von Chaucer (ca. 1340—1400) in den »Canterbury Tales« (The Canon's Yeoman's Tale) als alchemist. Autorität genannt.

HOLMYARD 1969

SETHONIUS (Setonius, Seton, Sidoni, Gessmann 1922 schreibt »Sueton«), Alexander, aus Schottland stammender Alchemist des 16.—17. Jhs., dessen genaue Lebensdaten nur fragmentarisch erkennbar sind. Nach Schmieder (unter Berufung auf Antonius van der Linden, den Rektor des Gymnasiums von Enkhuisen, 1570—1633) soll S. am 13. März 1602 eine Transmutation eines Stückes Blei zu Gold durchgeführt haben, eine weitere 1603 in Basel, in Anwesenheit des Arztes und Philosophen Jacob Zwinger (1569—1610, Autor von »Examen principium Chymicorum ad Hippocratis, Galeni, caeterorumque Graecorum & Arabum consensum«, Basel 1606, und mehreren anderen Werken). Im selben Jahr taucht S. in Crossen am Hofe von Christian II., dem Kurfürsten von Sachsen auf, der ihn jedoch foltern läßt, um ihm das Geheimnis des → Steines der Weisen zu entreißen. S. wurde jedoch durch List von Michael → Sendivogius befreit, dem er zum Dank eine Unze des »Lapis Philosophorum« gab; dann jedoch soll S. bald in Krakau an Erschöpfung verstorben sein (Januar 1604). Das Pseud. »Cosmopolita« wird in manchen Ausg. von alchemist. Traktaten für S., manchmal für → Sendivogius gebraucht: so etwa dürften die »Œuvres de Cosmopolite« (Paris 1691), in dt. Übersetzung »Michaelis Sendivogii Chymische Schriften«, Wien 1770, größtenteils von S. verfaßt worden sein. — Über die teilweise legendäre Biogr. des S. vgl. Holmyard 1968, S. 224 ff. — Ein Sir Alexander Seton of Pitmedden (Scotland), vielleicht ein Familienmitglied des Alchemisten, verfaßte 1699 eine Abhandlung »Treatment of Mutilation and Demembration« (Edingburgh). Vgl. Kiesewetter 1895/1977, S. 113—122.

SIGNATSTERN, auch »gestirnter König, Stern der Weisen, stella antimonii«, in der → Alchemie und → Chemiatrie viel beachtete kristallin. Struktur der Oberfläche des Antimons nach seinem Ausschmelzen mit Schwefelantimon und Soda; wenn die Verunreinigungen in der Schlacke gesammelt sind, springt diese nach dem Erkalten ab, wobei sich auf der Oberfläche des »Spießglas-Königs« (→ Regulus) der S. zeigt. »Daß ein Stern... erscheint, hat den Chymisten viel Nachdenken gemacht, und haben solches bald dem Einflusse des Himmels, bald sonsten etwas beygemessen. Allein... die Ursache... lieget im Spießglase selbst: massen dieses Mineral aus lauter Streifen bestehet, wie Stacheln« (Zedlers Lexikon Bd. 37/1743). → Basilius Valentinus schreibt in seinem »Currus Triumphalis«: »Viele haben das Sternzeichen des Antimons sehr hoch eingeschätzt und sie haben weder Arbeit noch Ausgaben gescheut, um seine Darstellung zu erreichen. Aber sehr wenige haben jemals die Erfüllung ihrer Wünsche erlangt«. Die große Bedeutung, die → Paracelsus und die Paracelsisten dem S. beimaßen, erklärt sich aus der → Signaturenlehre, die dem Antimon scheinbar eine übernatürl. Bedeutung verleiht. Antimonsulfid (Stimmi, Stibium) war bereits in der Antike bekannt und wird von → Dioskurides (5. Buch, 99) in seiner pharmazeut. Wirkung beschrieben. Der Name Antimon taucht im MA. in lat. Übersetzungen der → Geber-Schriften auf. Die Tatsache, daß dieses Metall in der Natur oft Spuren von Gold enthält und sich mit fast allen anderen Metallen leicht legieren läßt, wobei oft silberähnl. Verbindungen entstehen, trug weiter dazu bei, daß man sich in der Alchemie und → Chemiatrie (Brechweinstein) immer wieder mit ihm befaßte, so etwa Quercetanus, Sennert, Paulini, Stahl. Die Tarnnamen des Antimons waren Lupus metallorum, Proteus, Radix metallorum, Saturnus Philosophorum, Magnesia Saturni (dies zeigt eine angenommene Verwandtschaft mit Blei, → Metallbezeichnungen), auch Balneum Regis (Bad des Königs), weil ein Antimonzusatz bei der Goldschmelze das Gold von allen »unedlen« Resten befreit und reinigt oder sie als »Magnet der Philosophen« an sich zieht. Charakteristische Quelle aus dem 16. Jh.: Alexander von Suchten, Liber unus De secretis Antimonii, Straßbg. 1514. Darstellung der Quintessenz des Antimons bei → Rupescissa: → Stein d. Weisen. — »Der Signatstern, oder die enthüllten sämmtlichen sieben Grade und Geheimnisse der mystischen Freimaurerei« etc. ist auch der Titel einer »Verräterschrift«, zusammengestellt aus dem Nachlaß des Freimaurers und Rosenkreuzers Johann Christoph von Wöllner, Stuttgart 1866, wegen des zwar phantastischen, aber ideengeschichtl. z. T. interessanten Inhalts nachgedruckt bei Aurum, Freibg. 1979, mit einem Vorwort von Fritz Bolle.

LIPPMANN 1919, S. 629—46

SIGNATURENLEHRE, auch »Kunst Signatum«, nach Zedler 1743 der Hinweis auf »diejenige Gleichheit, so gewisse Kräuter oder andere Geschöpffe mit den Gliedern des menschlichen Leibes, oder desselben Zufällen haben, und daher solchen Theilen zuträglich oder wider solche Zufälle heilsam geachtet werden«; wenn also z. B. Melisse und Sauerklee herzförmige Blätter haben, so ist dies auf die göttl. Vorsehung zurückzuführen, die damit jene Kräuter als Heilmittel gegen Herzkrankheiten kennzeichnen wollte, im Sinne des paracelsischen Satzes: »Die Natur zeichnet ein jeglich Gewächs, so von ihr ausgeht, zu dem, das es gut ist« oder »und ist kein Ding in der Natur, das geschaffen oder geboren ist, es offenbart denn seine Gestalt auch äußerlich; denn das Innerliche arbeitet stets zur Offenbarung... und das ist die Natursprache, daraus jedes Ding aus seiner Eigenschaft redet und sich immer selber offenbaret« (»Philosophus teutonicus«, d. i. Jakob Böhme, De signatura rerum). Im 16. Jh. wurde die S. vor allem durch Giovanni Bapt. → Porta (Magia Naturalis) berühmt. Die Erprobung verschiedener »signierter« Kräuter führte schließl. zu einer empirisch fundierten Drogenkunde, als man sich mit den trivialen Analogien (z. B. Regenwürmer als Gichtheilmittel, weil sie sich krümmen wie gichtverkrümmte Glie-

SIGNATURENLEHRE: Holzschn. aus der »Phytonomonica« des → Porta, Frankf. 1591, Signaturen der Pflanzen und Tiere aufgrund verbindender → Sympathien darstellend

der) nicht mehr begnügen wollte. Im 37. Bd. von Zedlers Lexikon (1743, Sp. 1213) werden zahlr. pharmazeutische Signaturen angeführt und als Quelle wird »Zimars magische Artzney-Kunst« genannt (d. h. Marcantonio Zimara, Antrum magicomedicum, In quo Arcanorum Magico-Physicorum, Sigillorum, Signaturarum & Imaginum Magicarum etc., 2 Bände, Frankfurt 1625—26). Vgl. H. Zimmer, Signaturen in der Volksmedizin, 1939. — In der → Volksmedizin spielt die alte S. noch in neuerer Zeit eine große Rolle; ihr gedankliches Fundament »similia similibus curantur« (Gleiches kann durch Gleiches geheilt werden) lebt in der neuzeitl. Homöopathie fort.

BORN 1937; SPUNDA 1941; STEMPLINGER 1948; ZEDLER 1961—64

SIMON MAGUS, eine histor. Gestalt aus der Apostelgesch. (VIII, 9) des N. T., wird dort als samaritan. Zauberer beschrieben, der von den Aposteln die von ihm offenbar für einen mag. Ritus gehaltene Macht mit Geld erkaufen wollte, durch Handauflegen die Kraft des Hl. Geistes zu übertragen (daher »Simonie« für das Erkaufen von geistl. Würden). Die Persönlichkeit des S. M. beschäftigte die Vorstellungswelt der »esoterisch« Interessierten seit der Spätantike stark. In den apokryphen Petrus-Akten ist davon die Rede, daß S. durch Zaubermacht durch die Luft zum Himmel aufsteigen wollte, auf ein Gebet des Petrus hin jedoch abstürzte und zerschellte; daran knüpften sich viele Legenden, etwa »Seine Zauberkunst machte ihn bey Nero sehr beliebt, als welcher sich an den Blendwercken der schwartzen Kunst sehr ergötzte. Daher paßirte er bey ihm vor einen GOtt, bis daß sein Tod entdeckte, daß er einer von den ärgsten Bösewichtern gewesen. Er gab gegen diesem Kayser vor, daß er an einem gewissen Tage gen Himel fahren wolte, welches verursachte, daß eine grosse Menge Volcks zusamen kam, um solches zu sehen. Da geschahe es nun, daß er sich würcklich durch der bösen Geister Hülffe in die Luft schwang; allein er fiel wiederum herab, zerbrach seine Beine und starb... Dieses soll im Jahr 66 oder 67 geschehen seyn, wofern anders die Erzehlung des Augustinus und Sulpitius Severus ihre Richtigkeit hat« (Zedlers Lexikon Bd. 37/1743, Sp. 1500 f.). In der pseudoklementin. Literatur tritt S. M. als gnost. Widersacher des hl. Petrus auf, der mit Hilfe der Magie Wunderdinge vollbringt und u. a. aus konzentriertem Pneuma einen → Homunculus in Gestalt eines Knaben herstellt (II, 26, n. K. Frick in Sudhoffs Archiv 48/2, S. 174). Die unter dem Namen »Apophasis megale« (große Verkündigung) zusammengefaßten Schriften werden ihm als Sektengründer zugeschrieben (»Aller entstehenden Dinge Begierde, ins Dasein zu treten, nimmt ihren Ausgang vom Feuer« usw.; vgl. Schultz 1910, S. LVI f., 126 f.). Im MA. werden dem S. M. → Zauberbücher zugeschrieben, so etwa das von → Trithemius in seinem »Antipalus« erwähnte »Liber Simoni Mago«, das mit den Worten »Cum itaque essem in Iudaea« beginnt und viele eitle, abergläubische Dinge »durch die Macht der Dämonen« verspricht. → Thurneysser nennt S. M. in seinem »wahrhafftigen bericht... Von der Magia, Schwartzen Zauberkunst« usw., 1591, den allerärgsten Magus und verfluchtesten Zauberer. Vgl. E. D. Colberg (1659—1698), De Origine et Progressu Haeresium; J. L. Mosheim, Disputatio de uno Simone Mago, Auct. Georg Chr. Volger, 1734. Ausführliche Darstellung der simonianischen → Gnosis bei H. Leisegang, Die Gnosis, 1985, S. 60—110.

SINCERUS RENATUS Theophilus, Pseud. des schles. Predigers Samuel (bei Zedler 31/1742: Siegmund) Richter, der als Neuerwecker des Rosenkreuzertums (→ Gold- und Rosenkreuzer) gilt. In dem erwähnten Lexikon heißt es über ihn, er wäre ein »Chymicus und Fanaticus« im 18. Jh. gewesen, »hat eine Zeitlang in Schlesien der Information adelicher Jugend... im Briegischen Fürstenthum vorgestanden, und dabey Praxin medicam im Lande hin und wieder exerciret. In seiner Jugend soll er von einem... Dorff—Priester, welcher... die Artzney = Kunst gar glücklich getrieben, den Anfang der Chymie erlernet haben... Nachdem er eine geraume Zeit in Schlesien herum vagiret,... muste er endlich seiner Schwärmerey wegen das Land räumen, da er sich dann in die Königl. Preußische Lande begeben, und in Bergwercks = Sachen sich meliren wollen«. Neben seinem 1711 erschienenen Buch »Die wahrhaffte und vollkommene Bereitung« usw. verfaßte S. R. eine »Theophilosophia theoreticopractica«, Breslau 1711, 1714, und die »Goldene Quelle der Natur und Kunst«, Breslau 1711. Es ist möglich, daß S. R. und sein Kreis für die Ausg. 1749 des → Musaeum Hermeticum verantwortlich waren. Vgl. Lennhoff-Posner, S. 1462—63; H. Möller: Die Bruderschaft der Gold- und Rosenkreuzer, in H. Reinalter (Hrsg.), Freimaurer und Geheimbünde, stw-TB 403, Frankfurt a. M. 1983.

SOHAR (Zohar, d. h. »Glanz«), das »kanonische Buch der → Kabbala«, ist formal als Kommentar zum Pentateuch aufgebaut, enthält aber neue und dem A. T. fremde Elemente. Als Autor wurde Rabbi Simeon bar Jochai (um 150 n. Chr.) bezeichnet, doch stammt die heute bekannte Version wohl weitgehend von Rabbi Moses ben schem-tov de León aus Avila (1250—1305), der ältere Elemente zu einem Ganzen vereinigte — zu einem Buch, »in dem schöpferische Gedankenkraft, phantast. Bildlichkeit und systemat. Geist sich das Gleichgewicht halten« (Dessoir) und das oft als »Säule des kabbalist. Wissens« bezeichnet wurde. Es wurde später mehrmals durch Zusätze und Kommentare bereichert. Hier ist noch deutlicher als im Buch → Jezîrah von der Unerkennbarkeit des göttl. Urgrundes (En-soph) und den stufenweisen Offenbarungen in seinen Emanationen (den Sephirot) die Rede. Schubert (1983, 29) bezeichnet den S. als das Hauptwerk der span. Kabbala. Das Buch »wurde... als Werk des Tanaiten Schimon ben Jochai aus dem 2. Jh. n. Chr. ausgegeben. Zu diesem Zweck wurde auch der größte Teil des Zohar in einem künstlichen Aramäisch verfaßt... Man dachte sich die zehn Sephirot in Form von drei Säulen angeordnet, deren unterste Sephira die Kraft der übrigen neun einerseits nach unten weitervermittelt und andererseits dem in ihr Mysterium eindringenden Menschen das Verständnis der oberen Sephirot ermöglicht. Oberhalb der Sephirot ist das En Soph, das 'Unendliche'. Das En Soph ist der Deus absconditus, der sich in seiner Schöpfungsmächtigkeit, d. h. in den Sephirot, offenbart. Die drei Säulen der Sephirot galten als Güte, Gericht und ausgleichende Gerechtigkeit Gottes... Vor allem die spätere Kabbala verstand die Sephirot im Sinne eines Menschen. So wie man im Menschen einen Mikrokosmos sah, deutete man den sich in der Schöpfung offenbarenden Gott als Makroanthropos.« — Scholem setzt sich mit dem Problem der Persönlichkeit des Gottesbegriffes im Buch S. auseinander: »Die verschiedenen Tendenzen, die sich in der alten [→] Kabbala beim Ringen zwischen Willen und Denken als der höchsten Instanz herausgebildet haben, haben sich unverkennbar im S. niedergeschlagen... [worin] ein biblischer und ein neuplatonischer Gottesbegriff in Bildern von dem 'heiligen Alten' und von En-sof (dem Urgrund) nebeneinander auftreten... Der heilige Alte, Attika Kaddischa, oder der Langmütige, Arich Anpin,... ist tatsächlich nichts als die erste Sefira in ihrer Einheit oder unlösbaren Verbindung mit En-sof« (G. Scholem, Über einige Grundbegriffe des Judentums, TB, Frankfurt/M. 1970, 47). — Im Druck erschien der S. 1558 (Mantua) und 1558/60 (Cremona); Teile davon sind auch in der »Kabbala denundata« des → Knorr von Rosenroth enthalten. Vollst. engl. Übersetzg. (ed. Sperling-Simon) London 1949. — Ein Beispiel für die hohe Wertschätzung, die der S. im Judentum genoß, ist der Ausspruch des Rabbi Baal-Schem Tov (→ Zaddik): »Im Urlicht, das Gott in den sechs Tagen des Anfangs schuf, hat Adam die Welt geschaut, von einem Ende bis zum anderen. Als aber Adam in Sünde fiel, hat ihm Gott das Licht entzogen und es für die Frommen in der großen Ewigkeit bewahrt. Und wo? In der Lehre. Wenn ich daher das Buch S. aufschlage, so sehe ich in ihm die ganze Welt und kann im Schauen nicht irren« (nach Bloch o. J., S. 23—24). — Vgl. auch A. E. Waite: The secret doctrine in Israel, London 1959. »Das Buch ist in aramäischer Sprache geschrieben, damit die Engel, die nach einer Bemerkung im Talmud (Sabbat 12a) diese Sprache nicht verstehen, Israel des herrlichen Buches halber nicht beneiden« (Bloch, op. cit., S. 291). Vgl. bes. G. Scholem, Ursprung und Anfänge der Kabbala, 1962; ders., Judaica 3, Studien zur jüdischen Mystik, Frankf./M. 1981; Bertholet, Wtb. d. Religionen, Stuttg. 1985, S. 572.

KARPELES 1960; MÜLLER 1923; SCHOLEM 1957

SOL, Sonne, bedeutet in der → Alchemie das Gold (→ Metallbezeichnungen), das als Metall oft »Sonne der Erde« genannt wird. Für die → Astrologie gilt die Sonne als einer der 7 → Planeten, u. zw. im Sinne des → Ptolemäus noch in neuerer Zeit; so etwa bei P. Cochem, der die Welt geozentrisch sieht, als ein Gestirn, das »unter den siben planeten der mittelste ist, und sie alle durch ihren Glantz erleuchtet«. Ihr Einfluß auf die Erde verstärke sich, »wan bißweilen ein schein und hitz eines anderen hitzigen planeten oder gestirns gerad auff die Sonn schisset... Alsdann wallet das geschmoltzene ertz auß dem tieffesten grund der sonnen... worvon bißweilen ein so unterträgliche hitz auf erden entstehet, daß menschen und vieh davon kranck werden. Wan aber andere kalte sternen... auff die sonnen zielen, so ist das meer der sonnen gantz still und ohne wällen, und die hitz auff erden gantz gelind« (→ Mars). — Die astrolog. Tradition setzt S. als »männl. Planeten« mit dem Sonntag (dies solis), mit dem Zeichen des → Zodiakus leo (Löwe), mit dem Herzen des Menschen (→ Aderlaßmännchen), unter den → Edelsteinen mit dem Chrysolith und dem Feueropal in Beziehung. Der Einfluß der Sonne gilt als »erhöht« im Zeichen des aries (Widder), als »erniedrigt« in der Waage (libra).

SOLVE ET COAGULA, alchemist. Grundsatz, lat. »löse auf und binde«, jedoch nicht im Sinne der kirchl. »Löse- und Bindegewalt«, sondern chemisch, auf zwei wichtige Stufen bei der Herstellung des → Steines der Weisen bezogen; Solution (liquefactio) und Coagulation (fixatio). So lautet ein Dialog des Mercurius-Geistes (→ Intelligentia und Daemonium) mit einem ihn beschwörenden Mönch, nach der »Alchimia vera«, 1604: Monachus: ... 'wie soll ichs denn machen?« Spiritus: 'Solve et coagula!' Mon.: 'Ach das seind kurtze und schwere wort.' Spir.: 'Es steckt aber die gantze Kunst darin.' Mon.: 'Ich verstehe, ich soll das Corpus solis solviren, und durch die Solution den rechten Spiritum tingentem, welcher ohn zweiffel deß Bernhardi [→ Trevisanus] doppelter [→] Mercurius ist, herauß ziehen... Wodurch muß ich das Corpus solis solviren?' Spir.: 'Durch sich selbst, Und was ihm am nechsten verwandt ist...' «etc. (n. Peuckert 1956, S. 497).

SORTES VERGILIANAE, lat. »die Lose des Vergil«, eine in der Spätantike beliebte Methode der Divination (Stichomantie, Bibliomantie). Die Aeneis des Vergil wurde dabei an einer beliebigen Stelle aufgeschlagen, und die ersten Verse, auf die das Auge fiel, wurden in Beziehung zu den persönl. Problemen des Fragestellers gesetzt. So sagte der Astrologe Vindicianus dem hl. Augustinus, es springe, »wenn man etwa ratsuchend einen beliebigen Dichter aufschlage, der etwas anderes besinge und im Auge habe, oft ein Vers heraus, der merkwürdig gut auf das Anliegen passe«, was auf eine allgemeine »Orakelkraft« zurückzuführen sei (Confessiones IV, 3). Augustinus selbst verdankte seine endgültige Bekehrung einem willkürl. Aufschlagen der Paulusbriefe. In späteren Jahrhunderten wurde auf die gleiche Weise die Bibel als Hilfsmittel der → Mantik benutzt (»S. apostolorum sive sanctorum«; auch in der Form, daß der Fragende verschiedene Bibelworte auf Zettel schrieb und dann einen herauszog), jedoch (bis weit in das MA.) auch weiterhin die Aeneis. Die Volkssage machte daher aus dem röm. Dichter Vergilius einen »Virgilius den Zauberer«; als solcher erscheint er u. a. im »Speculum historiale« des → Vincentius Bellovacensis, später in dem fr. Volksbuch »Faitz merveilleux de Virgille« (dt. Ausg. von Spazier, Braunschweig 1830). Vgl. dazu Zappert, Virgils Fortleben im Mittelalter, Wien 1851; Comparetti, Virgilio nel medio evo, Livorno 1872, dt. Leipzig 1875.

SPAGYRIK (auch Spagirik, Spagyrische Kunst), die der Alchemie zugehörige Bereitung von Heilmitteln im Sinne des → Elixirs und seiner Anwendungsmöglichkeiten, später die Herstellung der → Arcana im Sinne der → Chemiatrie. Das Wort dürfte von → Paracelsus gebildet worden sein, und zwar aus gr. spagein — trennen und gr. ageirein — verbinden, im Sinne der Devise → Solve et coagula; vgl. Peuckert 1956, S. 462, nach Ms. Sloane 476, Brit. Mus. London: »Quasi ars sit corpora naturalia dissolvendi et iterum componendi«. In Zedlers Lexikon Bd. 38/1743, bezeichnet »Spagiria« oder »Spagirica ars« die Scheidekunst, »Spagirica medicina« die hermet. Medizin, die Heilkunst der Paracelsisten.

Mit Sp. befaßten sich u.a. → Glauber und Le → Breton. Für den Spagyriker waren auch die astrolog. Gesetze zu beachten. Auf diese Weise bereitete Medikamente (»Trimult« und »Azinat«) wurden noch in neuerer Zeit durch das Stift Neuburg, Ziegelhausen bei Heidelbg. hergestellt (Spunda 1941). Gessmann 1922 bezeichnet als »letzten deutschen Spagyriker« den Arzt DDr. Ch. F. Zimpel, 1800—76, den Autor des wiederholt aufgelegten Buches »Dr. Zimpels Heilsystem«. Vgl. Ch. Zimpel, Handbuch der spagyrischen Heilkunst, Göppingen 1924, u. H. Helmrich, Dr. med. Zimpels spagyrisches Heilverfahren, 1952. — Ein neues Werk, das alchemist.-spagyrisches Gedankengut pflegt, ist »Alchymie und Heilkunst« von A. v. Bernus, 3. Aufl. Nürnbg. 1969. — Vgl. M. Junius, Prakt. Handbuch der Pflanzen-Alchemie, Interlaken 1982.

SPECTRUM (lat.) hat in der älteren Lit. nichts mit der Zerlegung des Lichtes zu tun, sondern bedeutet — vor allem im Zusammenhang mit Nekyomantie (→ Nekromantie) — »Gespenst«. »Als gleichgültige [gleichbedeutende] Wörter gebraucht man im Deutschen auch zuweilen Kobolt, Poltergeist, Ungethüm, spucken, und wenn viele Geister zugleich erscheinen, das wüthende

Heer, u.s.w. Überhaupt sind die Gespenster geistl. Substantzen, die von den Menschen gesehen, gehöret, auch durch das Anrühren und Fühlen empfunden werden, durch welche Empfindung sie aber in eine Furcht und in ein Schrecken gerathen« (Zedlers Lexikon Bd. 38/1743, Sp. 1372 ff.). Vgl. C. Kachelofen, Historia de spiritu etc., Leipzig 1480. Joh. Eaumont, Tractat von Geistern, Erscheinungen, Hexereyen, etc., Halle 1721. G. W. Wagner, Vertheidigung der Gedanken von Gespenstern, Halle 1755. — Die neuere (parapsycholog.) Lit. verwendet für »Spectra« die Sammelbezeichnung »Spuk« (vgl. Bonin, Lex. d. Parapsychologie, Zürich 1978).

SPEE von Langenfeld, Friedrich, geb. 1591 zu Kaiserwerth, gest. 1635 zu Trier. S., der Jesuit war und u. a. 1627—32 als Beichtvater der in Würzburg verurteilten Hexen wirkte, wird heute meist als Dichter erwähnt (»Trutz = Nachtigall«, Köln 1648 u. ö.); geistesgeschichtl. wesentlich bedeutsamer ist jedoch seine zunächst anonym erschienene »Cautio criminalis, seu de processibus contra sagas liver« (Rinteln 1631, Frankf. 1632, dt.: Gewissens-Buch von Processen gegen die Hexen, Bremen 1647; Rechtliches Bedenken wegen der Hexenprozesse [Übers. v. J. F. Ritter], Weimar 1939; vgl. den Aufsatz von Schroeder im Lit.-wissenschaftl. Jahrb. der Görres-Gesellschaft, Freibg. 1928). S. bekennt sich in diesem Werk als überzeugter Gegner der → Hexenprozesse, ähnl. wie → Wierus, und meint: der einzige Grund, warum nicht alle Menschen als Zauberer gelten, liege darin, daß nicht alle der Folter unterworfen würden; selbst der Papst, von einem Inquisitor befragt, würde sich schließl. als Zauberer bekennen. »Feierlich schwöre ich darauf, daß unter den vielen, die ich wegen angeblicher Hexerei zum Scheiterhaufen begleitete, nicht eine war, von der man — alles genau erwogen — hätte sagen können, sie sei schuldig gewesen; das gleiche teilten mir zwei andere Theologen aus Erfahrung mit«. — Ein anderer, weniger bekannter Bekämpfer des → Hexenglaubens, Adam Tanner (1572—1632), war wie S. Jesuit. In seiner »Theologia scholastica« (Ingolst. 1616. 1627) äußerte er schwere Bedenken gegen die Praxis der → Hexenprozesse und machte Vorschläge zu ihrer Milderung. — Der Kampf gegen den Hexenglauben wurde später von → Thomasius weitergeführt. »Sämtl. Schriften« von S. (ed. E. Rosenfeld), davon als 3. Bd. die »Cautio Criminalis«, erscheinen ab 1968 in München (Kösel).

DIEL 1873; ZWETSLOOT 1954; BASCHWITZ 1963, 271 f.

SPINA, Alphonsus de, gest. 1491, span. Franziskaner (konvertierter Jude), dessen Buch »Fortalitium Fidei«, um 1460 geschrieben, das erste in Straßbg. (o. O., o. J. = 1467) gedruckte Werk über den → Hexenglauben war (weitere Aufl. 1487 u. ö.). Nicht zu verwechseln mit dem ital. Dominikaner Bartolomeo de

404

Sp., 1475—1546, der u. a. ein anderes Buch über Hexerei schrieb (Tractatus de strigibus et lamiis, Venedig 1523, Leyden 1669; auch in manchen Ausg. des → Malleus maleficarum enthalten).

BASCHWITZ 1963

SPRENGER, Jacobus, dt. Dominikaner der 2. Hälfte des 15. Jhs., einer der beiden Autoren des → Malleus maleficarum, wurde in Köln Dr. theol. und Prior des Konvents seines Ordens, stiftete eine Rosenkranzbruderschaft und wurde später Dominikaner-Provinzial für Deutschland. Von Papst Sixtus IV. zum Inquisitor in Glaubensangelegenheiten für Deutschland ernannt, verdammte er u. a. die häret. Lehrsätze des Theologen Johann des Wesalia (1479). Bekannt wurde S. jedoch in erster Linie durch den zusammen mit Heinrich → Institoris verfaßten »Hexenhammer«. Vgl. J. W. R. Schmidt, Vorwort zu J. Sprenger, H. Institoris, Der Hexenhammer, dtv-TB 6121, München 1982, S. XLI, worin S. lediglich als Autor der Vorrede bezeichnet wird. Seine genauen Lebensdaten sind nicht exakt faßbar. Vgl. Jöchers Gelehrten-Lexicon, Ndr. Hildesheim 1961, Bd. 4, Sp. 758—59, demzufolge Sp. 1494 zu Köln noch lebte, »das Jahr seines Todes aber ist nicht bekannt«.

SPRINGWURZ, auch »Spreng = Wurtzel«, eine sagenhafte Pflanze, die Schlösser durch Zauberkraft öffnen soll. Schon Plinius (Hist. Nat. X, 40; XXV, 14) berichtet ähnl. wie zahlr. dt. Volkssagen davon, daß man die S. gewinnen könne, indem man die Nisthöhle des Spechtes vernagle; dieser hole dann ein »gewisses Kraut« und halte es gegen den Verschluß, der sofort abfiele und aufgehoben werden könne. Ähnliches, jedoch über den Wiedehopf, berichtet Claudius Aelianus (ca. 170—235 n. Chr.), wohl im Anschluß an ihn auch → Albertus Magnus. In Zedlers Lexikon Bd. 38/1743 findet man unter dem Stichwort »Spreng = Wurtzel« die Bemerkung, daß diese »Wurtzel, deren sich die Schatzgräber zu ihren Betrügereyen bedienen«, nach Ansicht anderer nur dann gefunden werden könne, wenn man vorher »die Geister mit einer in den Creyß gelegten Summe Geldes« beschworen habe. »In Schweden soll sie häuffig wachsen, und wenn die Pferde mit dem Hufeisen darüber gehen, dieselben dem Pferde absprengen«. Weiters heißt es hier auch, daß Raben und Schwalben, »wenn man ihre Eyer hart kochet, sie selbige durch dieses Kraut wieder lauter machen. Wer also dieses Kraut haben will, darf nur ein rothes oder weisses Tuch unter den Baum legen; darauf werden es die Vögel fallen lassen, wenn sie genug gebraucht haben«. Ähnlich wie die S. soll auch ein in der Christnacht unter gewissen Zeremonien gewonnener Farnsame zum Auffinden und Heben von Schätzen befähigen. — Um welche Pflanze es sich bei der S. handelt, ist nicht zu klären. Marzell denkt an den Diptam (Dictamnus albus) oder an den Salomonssiegel (Polygonatum officinale). Vgl. Grimms Dt. Mythologie, Ndr. 1953, S. 812 f. (n. Konrad von Megenberg u. a.).

MARZELL 1964; ZEDLER 1961—64

SPURIOSE SCHRIFTEN nennt man unechte bzw. einem Autor unterschobene Werke, von lat. spurius = Bastard, unecht. In der alchemist. Literatur sind sp. S. nicht selten, u. zw. aus dem Bestreben anonymer Autoren, ihren eigenen Werken den Anstrich höheren Alters und dahinterstehender Autorität zu verleihen.

STABIUS, Johannes, bekannter Humanist, aus Steyr (O. Ö.) gebürtig, wirkte zuerst an der Univ. Ingolstadt als Prof. f. Mathematik, ab 1497 an der Univ. Wien, wurde als erster durch das von Maximilian I. gegründete »Collegium poetarum et mathematicorum« zum »poeta laureatus« gekrönt, wegen seiner soliden Bildung von Maximilian zum »Historiographus und Mathematicus« ernannt. In dieser Eigenschaft wirkte St. mehrere Jahre als literar. Ratgeber des Kaisers und ist der Urheber mehrerer, von A. Dürer und H. Springinklee ausgeführter astrolog.-kosmographischer Holzschnitte. Eine Reihe der von seinem Schüler Georg Tannstätter genannten Werke des St. ist verschollen, jedoch blieben die Holzstöcke mehrerer → Horoskope (Horologien) in der Österr. Nationalbibliothek in Wien erhalten (vgl. E. Weiss, A. Dürers geograph., astronom. und astrolog. Tafeln, in »Jahrb. d. Kunsthist. Sammlungen des AH. Kaiserhauses«, Bd. 7/1888, S. 218: »In den letzten Jahren seines Lebens beschäftigte sich St., nach der Sitte der damaligen Zeit, sehr viel mit Astrologie und soll nach Eder (Catal. rect. ad ann. 1512) vermittelst seiner Horoskope nicht nur das Todesjahr, sondern auch den Todestag [→ Hyleg] einige Jahre vorher vorausgesehen haben«. Ndr. Graz 1966; vgl. auch Bd. 29, 1910/11, Ndr. Graz 1967, S. 7 ff.). St. starb 1522 in Graz. S. auch Katalog »Maximilian I., 1459—1519«, Österr. Nationalbibl., Wien 1959, S. 138 ff.

STARKEY, George, engl. Alchemist des 16.—17. Jhs., Autor mehrerer vielbeachteter und wiederholt aufgelegter Bücher wie »The Oil of Sulphur«, London 1655, Neuausg. 1893, Ndr. 1963; »The Stone of The Philosophers, Embracing the First Matter and the Dual Process for the Vegetable and Metallic Tincturers«, London o. J., Ndr. 1893; »Chymie, oder Erklärung der Natur und Vertheidigung Helmonts, als ein sicherer Weg zu einem langen Leben«, Nürnbg. 1722; »Erläuterte Pyrotechnie od. vortreffliche Kunst, Philos. Feuer zu erhalten«, Frankf. 1711. — S. war ein Exponent der Ansicht, die Metalle könnten »pflanzlich« reifen und sich veredeln: »All philosophers affirm, with one consent, that metals have a seed by which they are increased, and this seminal quality is the same in all of them; but it is perfectly ripened in gold only« (Burland 1967, p. 176).

STEGANOGRAPHIE, Geheimschreibekunst, wurde auch »magische Schreibe = Kunst« genannt und damit dem Bereich der mag. Künste zugeordnet. Neben den 4 Büchern »De futuris litterarum notis, vlg. de Ziferis« des G. Bapt. → Porta wurde auf diesem Gebiet vor allem die St. »hoc est ars per occultam scripturam animi sui voluntatem absentibus aperiendi certa« etc., Darmstadt 1621, oft zitiert, auf dem die Bücher von Gustav Selenus (CryptoMenitices et cryptographiae libri 9, Lünebg. 1624) und W. E. Heidel (Trithemii steganographia, 1676) aufbauen. Oft zitiert wurden ferner die »Schola steganographica« des → Schott, die »Polygraphia nova« (Rom 1663) des Athanasius Kircher (1601—80), die »Steganologia et Steganographia nova« des R. G. R. Hanedi (eigentl. D. Schwentner aus Nürnbg.), schließl. die »Cryptographia« des J. B. Friderici, Hamburg 1684. — Über die Geheimschriften der Kabbalisten vgl. → Temurah.

SCHWARZ-WINKLHOFER/BIEDERMANN 1980, 197 f.

STEIN DER WEISEN, lapis philosophorum oder philosophicum, auch »ultima materia«, das sagenhafte Endprodukt einer langwierigen Operation der Alchemisten, aus der → materia prima eine Substanz herzustellen, mit deren Hilfe sich u. a. unedle in edle Metalle umwandeln. Dieser Prozeß heißt meist Conglutination oder → Transmutation (dies bedeutet jedoch auch die Herstellung von Gold aus Blei oder Quecksilber: häufiger → Projektion oder Tingierung).

Nach den meisten Quellen erfolgt die Herstellung des »lapis« in verschiedenen Stufen: 1.) die materia prima wird verflüssigt (Solution oder Liquefaktion), und zwar in »Merkurialwasser«; 2.) sie wird in → »venter equinum« im »Bauch der Erde« vergraben, schwärzt sich dabei (nigredo, mit dem Symbolbild des Raben) und verfault (Putrefaktion); 3.) die Schwärze hellt sich wieder auf (albedo, symbolisch: der Rabe verwandelt sich in weiße Tauben); 4.) der durch Verdunstung verlorengegangene Geist muß wieder zurückgegeben werden (Reduktion), die Materie wird mit »lacta philosophica« (philosoph. Milch) genährt, und die Farbe wird zunächst gelb (citrinitas). Wenn die Reduktion mißlingt, stellt sich die → »cauda pavonis« ein. 5.) Die Materie rötet sich (rubedo) und »wütet als roter Drache gegen sich selbst«, bis sie sich »in Blut verwandelt«. Dies zeigt, daß die Reduktion geglückt ist. 6.) Nun muß durch die Coagulation oder Fixation der Geist wieder feste Form annehmen; was entsteht, ist die 7. Stufe, der Stein der Weisen oder lapis philosophorum. Wichtig bei diesem Prozeß ist es, die nächstfolgende Stufe immer im geeigneten Zeitpunkt einzuleiten. Dieser Vorgang, der bei → Basilius Valentinus und → Paracelsus in den geschilderten 7 Stufen vor sich geht, wird bei anderen Alchemisten abgekürzt in 4 Stadien beschrieben. Für die letzten Stufen ist die Hitze des »philosophischen Feuers« nötig. Manche Quellen verlangen einen Zusatz von »Goldhefe«, d. i. eine Mischung von Schwefel, Quecksilber und Gold.

Mit Hilfe des Steines der Weisen kann aus Blei oder Quecksilber Gold oder auch das »aurum potabile« oder → Elixir vitae hergestellt werden. Der Grundgedanke ist der von der Umwandelbarkeit der Elemente durch Läuterung durch einen Prozeß, der anfangs einen Abstieg in tiefe Regionen (→ »Vitriol«), dann einen Aufstieg auf eine höhere Ebene enthält. Die Erlangung des Steines der Weisen heißt in den alten Quellen → »Magisterium«. — In Zedlers Lexikon 1742 werden die 7 Stufen abweichend bezeichnet: »Calcination, Verkalchung; Sublimatio, Erhöhung; Solutio, Auflösung; Putrefactio, Fäulung; Destillatio, Zertriefung; Coagulatio, Gerinnung; Tinctura, Anstrich«. — Wieder etwas abweichend schildert aufgrund alter Quellen R. Federmann die Stufen zum »Magisterium«: 1.) calcinatio, Verglühung, Oxydation; regiert vom Planeten Merkur. 2.) putrefactio, Verwesung, und mortificatio, Absterben der unedlen Teile, allegor. dargestellt durch einen Raben oder Baumstumpf, regiert vom Planeten Saturn. 3.) sublimatio oder Verflüchtigung, eine Art »trockener Destillation«, allegor. dargestellt als auffliegender Vogel, als Kelch oder → »Rabenhaupt«, auf dem ein kleinerer, heller Vogel (das Sublimat) sitzt; regiert vom Planeten Jupiter: 4.) solutio, Lösung oder Schmelzung, allegor. dargestellt durch den Vogel Greif als Reittier der »Silberkönigin«, regiert durch den Mond. 5.) distillatio, Abscheidung des Festen vom Flüssigen, regiert vom Planeten Venus. 6.) coagulatio, Gerinnung oder Fixierung (→ chymische Hochzeit), allegor. dargestellt durch doppelköpfige Tiere und → Androgyn, desgl. durch die Begegnung von Einhorn und Hirsch; regiert vom Planeten Mars. 7.) extractio, Darstellung der Tinctur, regiert von der Sonne. 8.) digestio, Zerteilung (→ Digestion). 9.) ceratio, (lat. cera, Wachs), Erzielung eines wachsartigen Zustandes. 10.) fermentatio, Gärung. 11.) multiplicatio, Vervielfachung (→ Projektion). 12.) projectio, das Aufstreuen des Lapis auf das umzuwandelnde Metall (→ Transmutation).

Das Aussehen des S. d. W. wird von verschiedenen Autoren mit einigen Abweichungen beschrieben; in einem dem → Basilius Valentinus zugeschriebenen Traktat (»Vom grossen Steine der uralten Weisen«) heißt es: »Seine Farbe zeucht sich von der durchsichtigen Röthe auff die dunkelbraune, von der Rubinfarbe auff Granaten, und in der Schwere ist er mächtig und überwichtig«. In der paracelsischen Schrift »De Signatura rerum naturalium« wird der S. als schwer, leuchtend rubinfarbig und durchsichtig wie Kristall beschrieben. Er sei biegsam wie Harz, aber doch zerbrechlich wie Glas und er gleiche, pulverisiert, dem Safran. Ähnlich sagt auch → Helmont, der S. erscheine als ein schweres, safranähnl. Pulver, das wie nicht ganz fein zerstoßenes Glas schimmere. Bei Georges → Starkey lautet die Beschreibung ähnlich:»... a ponderous mass, thoroughly of a scarlet colour, which is easily reducible to powder by scraping, or otherwise, and in being heated in the fire flows like wax, without smoking, flaming or loss of substance, returning when cold to its former fixity, heavier than gold...« Vgl. → Boyle. Ähnl. klingt die rein metallurgisch aufgefaßte Beschreibung der »Quintessenz des Antimons« bei → Rupescissa (n. Buntz): »Pulverisiere das Antimonerz so fein, daß man es nicht mehr greifen kann; dann nimm besten destillierten Essig und lege das Antimonpulver hinein, bis sich (der Essig) rot färbt; nimm ihn weg, und wiederhole dies, bis der Essig keine rote Farbe mehr annimmt. Gib den Essig, den du gesammelt hast, in ein Destilliergefäß. Dort steigt der Essig (bei der Destillation) auf. Dann wirst du im gläsernen Hals des [→] Alembic ein großes Wunder sehen: wie tausend Äderchen fließen die blutroten Tropfen des hellen Erzes herab. Was herabgeflossen ist, das verwahre gesondert in einem Glasgefäß... (dann) besitzt du etwas, dem kein Schatz der Welt gleichkommt. Du siehst ein geoffenbartes Wunder und eine solche Lieblichkeit des Antimons: seine rote Quintessenz«. Die Bezeichnung »Stein« hängt vielleicht mit dem Glauben an die Wunderkraft der → Edelsteine zusammen. — Eine relativ klare Beschreibung der im 16.—17. Jh. angenommenen Darstellung des Lapis Philosophorum: → Hollandus.

BURLAND 1967; FEDERMANN 1964; HARTLAUB 1959; SELIGMANN 1958; SPUNDA 1941; ZEDLER 1961—64

STERNSCHNUPPEN, auch Sternputzen oder -butzen, Sternschneutzen, Sternschnupfen, alte Bezeichnung für die gallertartigen Klumpen der Zitteralge Nostoc aus der Gruppe der Cyanophyceen, die im freien Land an feuchten Tagen oft an Rainen, Wegen und Felsen zu sehen ist. Der Volksglaube hielt diese Schleimansammlungen für einen Auswurf der Sterne und brachte sie mit Meteoriten in Verbindung. Manche Alchemisten schenkten ihnen wegen ihrer an Sperma erinnernden Konsistenz (Keimkraft!) viel Beachtung und hielten sie für die → materia prima oder proxima, so etwa der kurpfälzische Hofrat B. J. Schleiß von Löwenfeld, der unter dem Pseud. Phoebron die Schrift »Der im Lichte der Wahrheit strahlende Rosencreutzer« (1782) hinterließ. Er schrieb über diese »bekannte, aber verachtete, unansehnliche Materie«, daß sie sich von den übrigen Naturdingen dadurch unterscheide, »daß sie erstens die Natur in der Luft erzeugt und durch sie ihren drei Reichen, und zwar am bemerklichsten dem Pflanzenreiche, Nahrung, Stärke und hauptsächlich jenen Salzschwefelgeist als das Vehiculum ihrer allgemeinen Samenkraft zuschickt, wogegen sie sich zweitens mit einem jeglichen Naturreich unmittelbar vereinigen... (und) drittens ihre drei wesentlichen Bestandteile — Sal, Sulphur und Mercurius — nur den geringsten oder ersten Gerinnungsgrad in ihrer Zeugung von der Natur erhalten haben.«(Zit. n. A. Müller-Hamburg, Alchemist. Blätter, 1928/Nr. 7). Mit diesen St. befaßt sich J. S. Halle im 9. Bd. seiner »Magie« (Wien 1798), S. 579 ff. und meint, es handle sich keineswegs um stellare Substanz, sondern um von Möven ausgespieene Quallen. In Zedlers Lexikon Bd. 39/1743, Sp. 1991, heißt es:»Was einige Leute im Früh = Jahr zuweilen von einem auf der Erde liegenden Gallert = förmigen Klumpen glauben, daß die abgefallene Sternputze sey, ist ein Irrthum indem es insgeheim nichts anderes, als ein Leich von Kröten und dergleichen Ungeziefer ist. Es fället demnach von sich selbsten weg, daß sich die Sterne durch dieses Schnäutzen reinigten, und die Alchymisten suchen in diesem Schnupfen den Stein der Weissen (sic) vergeblich«. Die in alchemist. Schriften unter dem Namen → Himmeltau beschriebene Substanz kann sich auf diese Nostoc-»St.« bezogen haben. In der Berliner Rosenkreuzerschrift »Annulus Platonis« (1781) heißt es: »Die Sternschneuze oder Sternputze, ein vornehmes Meteor und wahres Sperma astrale... (ist) die über unsern Häuptern schwebende jungfräuliche Erde, die von je an von denen Weltweisen mit so vielen Lobsprüchen beleget worden«. In diesem Sinne auch G. Brabbée (Sub Rosa, Vertrauliche Mitteilungen usw., Wien 1879, S. 180 ff.): um 1782 existierte in Wien eine Alchemistengruppe,»die hohen, weisen, edlen und fürtrefflichen Ritter vom Sternschnuppen... gut berittene Brüder jagten oft ganze Nächte hindurch in weitem Umkreis den fallenden Sternschnuppen nach, und brachten die gewonnene Ausbeute sodann ihren ungeduldig harrenden Genossen heim, welche diese köstl. Masse so lange in einem Cirkulir-Gefäß gefangen hielten, bis sie sich aus Verzweiflung zu gediegenem Gold verwandelte«. — Die für den heutigen Leser zunächst sehr befremdlich wirkende Assoziation »Sperma« und »astral« könnte auf das gnost.-manichäische Weltbild des Hellenismus zurückgehen; so etwa G. Widengren: »Die alten gr. Ärzte-Schulen stellten sich vor, daß das Sperma... ein feueriges Fluidum ist: das pneuma. Hinter diesen Vorstellungen steht eine mythische Vorstellung, die wir auch in der indo-iran. Kultur antreffen. Die Voraussetzung aller solcher Theorien ist, daß das höchste Element im menschl. Körper das Feuer ist... Das Sperma ist eine Feuersubstanz und wird... als pneuma betrachtet. Sonne, Mond und Sterne bestehen ebenfalls aus einer feuerartigen Substanz. Von dort stammt das höhere Ich des Menschen und dorthin kehrt es zurück« (Mani und der Manichäismus, Stuttgt. 1961, S. 62). — Vgl. die Belege zum Thema St. bei H. Kopp, die Alchimie Bd. 2, S. 274 ff. (Heidelbg. 1886); Lippmann 1919, S. 320 f.

Vermutlich führte die Beobachtung von Meteoritenfällen zur Suche nach Spuren von St., als welche dann sonderbare Phänomene gedeutet wurden.

410

STERZINGER, Ferdinand (Don), 1721—86, aus dem Unterinntal stammender Theatinermönch, der sich ausführl. mit dem → Hexenglauben befaßte, der zu seiner Zeit noch nicht völlig überwunden war. Byloff 1934 (S. 20—21) weist darauf hin, daß St. 1766 durch seine berühmte »Münchener Akademierede den sog. bayrischen Hexenkrieg, den letzten siegreichen wissenschaftlichen Kampf gegen die Wirklichkeit des Hexenglaubens, entfesselte«. Die »Akadem. Rede von dem Vorurtheile der Hexerey« ist enthalten in dem von Neufforge erwähnten Sammelbd. »Hexenschriften«, München 1766 bis 1767; »Betrügende Zauberkunst und träumende Hexerey oder Vertheidigung der akadem. Rede von dem gemeinen Vorurtheile der wirkenden und thätigen Hexerey wider das Urtheil ohne Vorurtheil gestellt…«, München 1767; Sein Vortrag in der kurfürstl. Akademie der Wissenschaften zu München »wirkte nach dem Urteil von Zeitgenossen 'wie ein Donnerschlag'… [und] lief auf die Schlußfolgerung hinaus, daß 'die Hexerei ein eitles und leeres Nichts, ein Vorurteil und Hirngespinst verrückter Köpfe ist'« (Baschwitz 1963, 459 f.). Geister- und Zauberkatechismus, 1783; Die Gespenstererscheinungen, 1786. — Die Tatsache, daß noch lange nach → Thomasius der Hexenglaube nicht völlig ad acta gelegt war, ergibt sich u. a. daraus, daß z. B. Kreittmayers Bayer. Strafgesetzbuch von 1751 ausführl. über Hexerei, den Hexenprozeß und die Anwendung der Tortur berichtet; erst in dem Werk von Feuerbach (1813) ist, vor allem dank der Aufklärungsarbeit von St., davon nicht mehr die Rede. Vgl. H. Fieger: Don Ferdinand St., 1907.

STOLTZIUS von Stoltzenberg (Stolcius), Daniel, böhm.-dt. »Hermetiker« des 17. Jhs., Autor von alchemist. Schriften im Stil des → Musaeum Hermeticum. Sein »Viridiarum chymicum figuris adornatum« erschien in Frankf. 1624 bei Lucas Jennis, der auch die 1. Aufl. des »Musaeum« (1625) verlegte. Die dt. Ausg. (»Chymisches Lustgärtlein. Mit schönen in Kupffer geschnittenen Figuren gezieret, auch mit Poetischen Gemälden illustrirt und erleutert… Beschrieben von M. Daniele Stoltzio de Stoltzenberg / Boh. der Medicin Candidato… in gewöhnliche teutsche Rhytmo bracht/Durch Danielem Meißnern von Commenthaw«, d. h. Komotau) erschien ebenfalls in Frankf. 1624 (Ndr., Vorwort von F. Weinhandl, Darmstadt 1964). Weiters schrieb St. einen »Hortulus Hermeticus«, Frankf. 1624.

SULPHUR, der Schwefel, bei → Paracelsus (im Anschluß an → Geber) zus. mit → sal und → mercurius eines der drei Weltprinzipien. S. steht im Sinne dieser Lehre, in der sal das Feste (corpus), mercurius das Flüchtige (spiritus) bedeutet, für das Brennende (anima). Diese Dreiteilung schuf in späteren Jahrhunderten, als um den Begriff des → Elements im Sinne der Chemie gerungen wurde, große

Verwirrung; dies zeigen die Abschnitte Schwefel, Schwefel (chymische) Sulphura chymica, Schwefel (Gold=), Sulphur Solare, Schwefel (Metallen=) Sulphur Metallorum u. a. im 36. Bd. von Zedlers Universal = Lexikon 1743 (Sp. 85—235). Hier werden die »wunderlichen Namen« erwähnt, die jenem Element gegeben wurden: Cibut, Chybur, Crybrit, Albusao, Akiboth, Ahusal, An, Anerit, Anerick, Kribrit, Rabric, Krapili, Lamare, Tifasum, Tin und Usifur (»Zeugs, damit man in Deutschland zur Noth anstatt des Abra cadabra das Fieber vertreiben könnte«), ferner die allegor. lat. Bezeichnungen Fumus acerrimus, Ignis Terrae, Lapis cherubinus, Pyr, Solis Scorpio, Spiritus vegetans, Terra foetida, Masculum semen & primum naturae agens ad omnia Metalla procreando, Metallorum pinguendo, Androdamas, Oleum Terrae, Metallum vivax, Bituminosorum primas, Pulmo terreus, Pulmonium anima, Balsamus.
— »Der himmlische Sulphur ist ein ganz einfaches Wesen, ungeachtet er Sal, Sulphur und Mercur bezeichnet; das wahre auflösende Wesen, ist auf eine gewisse Art, an und für sich selbst, eine allgemeine Arzney; wenn es uns in der Gestalt (Aphar) des rothen Sulphurs zu Händen kommen, und in seinem eigenen salzigen Merkurial-Wasser in sich selbst aufgelöset worden, ist es das rechte aurum potabile [trinkbare Gold]... Zur Bereitung des allgemeinen Auflösemittels, ist nur ein Weg; solve et coagula, nämlich wenn man den himmlischen solar- und lunarisch-männ-und weiblich-überirdischen Sulphur, und wahren Lebensbalsam aller Creatur hat...« (Aus Wellings Opere, in: Hermet. ABC derer ächten Weisen älter und neuer Zeiten etc., Berlin 1778, II. Theil, 248 f.; Ndr. Schwarzenburg 1979).

SYMBOLE (gr. sýmbolon von syn-ballein, zusammenwerfen [von Vorbild und Abbild oder von verschiedenen Ausdrucksinhalten], davon lat. symbolum) spielen in den mag. Künsten eine dominierende Rolle, etwa in der Ikonographie der → Alchemie. Echte S. sind nicht voll und ganz der rationalen Einsicht zugänglich, sondern sprechen unmittelbar auch die tieferen Persönlichkeitsschichten an. Sie lassen sich daher nur zum Teil erklären, zum anderen eher intuitiv erfassen. Auf diese Weise vermitteln echte S. Vorstellungs- und Glaubensinhalte, deren sprachliche Fassung nur andeutungsweise möglich ist. Die rationale Erfaßbarkeit ist nur dann gegeben, wenn die ursprüngl. unmittelbare Aussage der Bilder verkümmert ist und an ihrer Stelle bloß rhetorische Figuren im Sinne eines nicht ganz ernst gemeinten, leicht durchschaubaren Allegorismus und »Symbolismus« erhalten bleiben (Beispiel: die Sicht der antiken Götterwelt bei Vicenzo Cartari, Imagini delli Dei etc., Venedig 1647, Ndr. Graz 1963). Die Emblematik der Barockzeit ist ein Versuch, die Welt der S. durch ausgestaltete und ausgeklügelte Allegorien zu ersetzen, wobei die Unmittelbarkeit des Ausdruckes nur in Ausnahmefällen gegeben ist (→ Hohberg).

S. im eigentlichen Sinn wären als dynamische, viele Aspekte in sich bergende (daher oft ambivalente) Realitäten aufzufassen, deren Mitteilungscharakter beim Betrachter Aufnahmebereitschaft für diese spezielle und archaische Form der komplexen Aussage voraussetzt. Ist diese nicht gegeben, so erscheinen die S. meist als absurde und überflüssige Verschlüsselungen eines »Klartextes«, der jedoch in Wahrheit in einfacher und schematischer Form nicht gegeben ist. P. R. Hofstätter (Psychologie, Frankf./M., 1957, S. 40 f.) spricht von einer märchenhaften Welt, »deren Bewohner einander mühelos verstehen; zugleich ist diese auch die Welt der physiognomischen Wesensschau, deren Gegenstände ihr Wesen in ihrer Erscheinung zum Ausdruck bringen, so daß es zur Erfassung dieses Wesens nur des Sichaufschließens für den unreflektierten Eindruck bedarf«. Vgl. J. E. Cirlot, A Dictionary of Symbols, N. Y. 1962 (engl. Ausg. der reicher ill. span. Ausg. »Diccionario de Símbolos Tradicionales«); A. Horneffer, Symbolik der Mysterienbünde, München 1916; M. Schlesinger, Geschichte des Symbols, Berlin 1912; ders., Grundlagen und Geschichte des Symbols, VIII. Kap., Berlin 1930 (hier bes. Abschn. über Johannes de Muris, S. 34 ff.); G. Heinz-Mohr, Lexikon der S., Düsseldf. 1981 (mit Bibl.); H. Silberer, Probleme der Mystik und ihrer Symbole, Wien 1914, Ndr. Darmstadt 1961; Bibliograph. Angaben, bes. im Hinblick auf → Characteres und »Signacula« bei H. Biedermann und I. Schwarz-Winklhofer, Das Buch der Zeichen und Symbole, Graz 1980; M. Lurker (Hrsg.), Wörterbuch der Symbolik, 3. Aufl. Stuttgt. 1985; M. Lurker (Hrsg.), Bibliographie zur Symbolik, Ikonographie und Mythologie, 1968 ff. (Jahrb.).

SYMPATHIE, gr. »Mitleiden«, im übertragenen Sinne hypothet. Ursache für Doppelwirkungen (z. B.: heilsam sei das Salben der Wunde eines Verletzten sowie der Waffe, die diese Wunde geschlagen hat, → Waffensalbe) und Fernwirkungen aller Art, etwa so, wie die Saite einer Leier bei bestimmten Tönen mitschwingt oder der Magnet Eisen und der Mond bei Flut das Meer anzieht. Derartige Phänomene erklärte man mit dem Begriff S.; bei Empedokles (Haß und Liebe, Sympathie und Antipathie), der Stoa, im → Neuplatonismus (bes. bei Plotin: die Teile des Weltkörpers sind durch harmonikalische Verwandtschaften unauflöslich miteinander in Beziehung) spielt er eine große Rolle und ist einerseits für die Erklärung der in der → Mantik beobachteten irrationalen Zusammenhänge, andererseits für die Wirkung von → Zaubersprüchen, mag. Handlungen, ebenso für viele pharmazeut. nicht erklärbare Heilmittel der → Volksmedizin seit der Antike. Magie ist somit die Aktivierung bereits anlagemäßig vorhandener S.en; so erinnert etwa J. B. Bauer an Cicero, der in seiner Schrift De natura Deorum II, 19 meint: »Die Harmonie der Weltteile untereinander wäre nicht möglich, wenn sie nicht durch einen göttlichen Geist

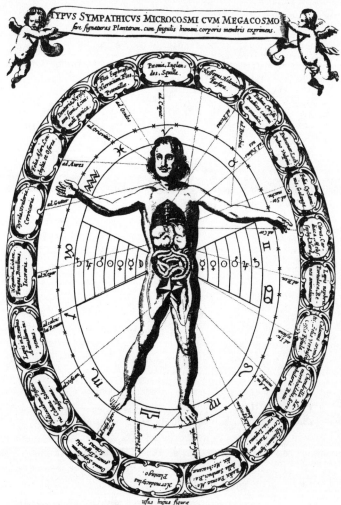

SYMPATHIE: Die S. als Ursache der Heilwirkungen verschiedener Drogenpflanzen im Sinne der astrolog. Entsprechungslehre. Kupferstich aus Athanasius Kircher, »Mundus Subterraneus in XII libros digestus«, Amsterdam 1688

414

zusammengehalten würden. Man war in diesem Sinn überzeugt, daß man Sympathiewirkungen erzielen könnte: wenn man einen Teil des Seienden in ein Pathos (Verfassung, Erscheinung) setze, würde an anderer Stelle ein dem künstlichen ähnliches, analoges Pathos eintreten. Das ist Analogiezauber: Man erzählt und vergegenwärtigt damit ein bestimmtes Geschehen oder man produziert ein solches und dieses ruft ex opere operato das gewünschte Analogon hervor«. (ADEVA-Mitteilungen, Graz, Juni 1972).

»Die Sympathien und Antipathien unter Sternen, Mineralien, Fauna, Flora und Menschen werden bis ins einzelne verfolgt: eine Fundgrube bietet die Naturgeschichte des Plinius, der wiederholt erklärt, sein ganzes Werk sei der Darlegung dieses kosmischen Gesetzes gewidmet; viel Stoff findet sich auch verstreut in den Symposien des Plutarch, in den naturgeschichtl. Werken des Aelian, in den Deipnosophistai des Athenaios, in den Geoponika, den Tierarzneibüchern des Pelagonius [4. Jh.] und Vegetius [um 400], in der Pharmazeutik des [→] Dioskurides, in den medizin. Handbüchern des Alexander von Tralles [525—605], Aetios [Leibarzt Justinians], Marcellus [4.—5. Jh.], Pseudo-Theodorus, Priscianus, in der Medizin des sog. Plinius, in den [→] Zauberpapyri und in den »Kyrianides« (Stemplinger 1948, S. 25). Diese antiken, bes. spätantiken Lehren und Auffassungen finden sich in der Neuzeit wieder, etwa bei → Agrippa von Nettesheim und → Paracelsus. Ein Terminus, der in der neueren Literatur die Stelle des emotionell wirkenden Begriffes S. einnimmt, ist → Entsprechung; er weist nur auf Parallelitäten ohne Kausalnexus hin, will sie jedoch nicht erklären. — Wichtige Quelle: Girolamo Fracastro (1483—1553), »De sympathia et antipathia rerum liber unus«, Lugd. 1545 u.ö. K.v.Eckartshausen (Aufschlüsse zur Magie, München 1788) nennt ferner »[→] Schott in seiner Magia th. IV; Kenelm Digby; Wagensell sex dissertationes, Altdorf 1689; [→] Mizaldus, memorabilium aliquot naturae arcanorum silvula, rerum variarum sympathias & antipathias seu naturales concordias & discordias libellis duobus complectens, Frankf. 1592, 1613; Erasmus de varia rerum omnis generis sympathia & antipathia; Adam Zaluziansky a Zaluzian, Methodi herbaria 1. tres de Sympathia plantarum, Prag 1592.« — Die Schule von C. G. Jung verwendet im Sinne der alten Begriffe S. und → Entsprechung den Ausdruck »Synchronizität« für die akausale »sinngemäße Koinzidenz« von zwei oder mehreren Ereignissen.

SYNAGOGA DIABOLICA, auch satanica, eine in dem anonymen Werk »Errores Gazariorum« 1450, u. in den Akten der → Hexenprozesse vorkommende Bezeichnung für den »Hexensabbat(h)«, die Versammlung der dem Satan huldigenden Hexen und Zauberer, die meist nachts auf freiem Feld oder auf Berggipfeln (Blocksberg!) abgehalten worden sein sollte. Die Bezeichnung S. D.

geht offenbar zurück auf die Apokalypse des Johannes (2,9), wo die ungläubigen Juden als »Synagoge des Satans« bezeichnet werden; die hier ausgesprochenen Verbote der Unzucht und des Götzenopferfleisches (2,14; 2,20) sieht der → Hexenglaube der Inquisitoren bei der S. D. deutlich übertreten, was dafür spricht, daß man die Greuel des den Hexen vorgeworfenen → Satanismus als zeitliches Symptom (→ Prodigium) eines nahe bevorstehenden Weltendes und Weltgerichtes auffaßte (z.B. W. E. Peuckert 1966, S. 110—130): der Orgie im sozialen Bereich entspricht im kosmischen das urzeitliche Chaos, dessen Wiederkehr das Ende eines Weltenzyklus bedeutet (→ Ouroboros). In diesem Sinne sind auch die kirchl. Vorwürfe gegen die Häresie des Priscillianismus (→ Bogumilen; vgl. auch das Stichwort »Neumanichäer« bei Herzog-Hauck Bd. 13, S. 757 ff.) aufzufassen. Auch dem bretonischen Häretiker Eudo von Stella (um 1146) werden Ausschweifungen »ganz in der Weise des Hexensabbaths und der adamitischen Konventikel« vorgeworfen (op. cit. Bd. 5, S. 576). So dürfte eine gewisse histor. Basis für die Berichte über die S. D. gegeben sein (→ Walpurgisnacht). Bekannte, wenn auch wesentlich jüngere Beschreibung der S. D. bei → Praetorius, Blockes-Berges Verrichtung, Leipzig 1699, Ndr. Leipzig/ Hanau 1968 (z. B. S. 326—27: »Inmassen die Hexen von Longny bekannt haben, so pflegen sie, allweil sie tanzen, zu sagen, Herr, Herr, Teuffel, Teuffel, spring hie, spring da, hupffe hier, hupffe dort, spiel hie, spiel da« usw.). Der in Wort und Schrift oft erwähnte Kuß der Hexen auf das Gesäß des vorsitzenden Teufels (»osculum infame«) ist wohl ikonographisch zu erklären, da in alten Teufelsbildern dieser nicht selten mit einem zweiten Gesicht an der Stelle dieses Körperteiles dargestellt wird: so z. B. auf dem Altartafelbild von Michael Pacher (1481), St. Wolfgang, O.Ö. — Über hauptsächl. fr. Traditionen im Zusammenhang mit der S. D. vgl. Tondriau-Villeneuve 1968, S. 190—197. — Der in manchen Berichten über die S. D. erwähnte Ausruf »(H)Emen Etan« wird gedeutet mit »hier und dort«, wohl im Sinne von »Erde und Unterwelt«; vgl. das »hier und da« bei Praetorius. — Es ist naheliegend. daß der Ausdruck S. D. die Nähe zu antijüdischen Pogromen signalisiert, die vor allem im Zusammenhang mit unerklärlichen Krisen aller Art wiederholt stattfanden. Dazu Borst 1979, 607 f.: »Was Juden in Synagogen tun, sieht der Christ nicht; ihr Gottesdienst ist heimlich, also unheimlich, nur Teuflisches kann dort geschehen. Der Argwohn trifft keinen einzelnen, etwa den Besitzer des verdächtigen Hauses, sondern die Synagoge als ganze; sie ist satanisch. Der Aberglaube an Ritualmorde und der an Zauberkünste wurzeln in derselben Kollektivangst vor unheimlichen Mächten... Von ihrer Niedertracht, von Vergewaltigung, Wahnsinn, Satanskult begann man erst hektisch zu träumen, als das prekäre erste Jahrtausend überstanden war...« (612).

416

TABULA SMARAGDINA, die Smaragd-Tafel, nach alchemist. Legenden das »Testament des → Hermes Trismegistos«, das in der Cheopspyramide gefunden worden sein soll: ein Text, der die Lehre von den mag. → Entsprechungen im alchemist. Sinne zum Inhalt hat. Die in den hermet. Büchern genannte Version ist wohl frühmittelalterlich, doch gibt es Parallelen zu Texten aus den Leydener → Zauberpapyri, die ein hohes Alter glaubhaft machen. Der Text lautet in Übersetzung etwa: »Wahr ist es, ohne Lüge und sicher: was oben ist, ist gleich dem was unten ist, und was unten ist, ist gleich dem, was oben ist — fähig, die Wunder des Einen auszuführen. Und wie alles aus Einem stammt, durch das Denken des Einen, rührt auch alles Gewordene duch Angleichung (Adaption) aus diesem Einen. Die Sonne ist sein Vater, der Mond seine Mutter. Der Wind hat es in seinem Leibe getragen, die Erde ist seine Nährmutter. Dies ist der Vater aller Vollkommenheit. Ohne Grenze ist seine Kraft, wenn sie sich der Erde zuwendet. Trenne die Erde vom Feuer, das Feine vom Groben, sanft und voll Sorgfalt. Von der Erde steigt es zum Himmel empor und steigt wieder herab auf die Erde, um die Kraft des Oberen und des Unteren in sich aufzunehmen. So wirst du den Ruhm der ganzen Welt erlangen, alle Dunkelheit wird von dir weichen. Hier ist die Kraft der Kräfte, die alles Feine überwindet und in alles Grobe eindringt: so wurde die Welt erschaffen, davon kommen die wunderbaren Angleichungen, deren Wesen hier mitgeteilt ist. Darum nennt man mich den dreimalgrößen Hermes, der ich die drei Teile der Weltphilosophie besitze. Es hat sich erfüllt, was ich über der Sonne Wirken ausgesagt habe«. Vgl. Burckhardt 1960, S. 219 ff. Schmieder (1832) faßt den Text als Hinweis auf die Destillation auf: »... daß von der Scheidung die Rede sei, ferner von Behandlung der Körper mit Feuer, endlich von einem Aufsteigen und Niederfallen verschiedener Teile. Das Alles läßt sich ganz ungezwungen auf die Erscheinungen der Destillation deuten. Wol läßt sich denken, daß man die Wirkung der Destillation anfänglich überschätzt und den Erfinder derselben vergöttert habe« (S. 32). Holmyard 1968, S. 99, erwähnt die Tradition, welche die T. S. auf den neupythagoräischen Wundertäter Apollonius von Tyana (1. Jh. n. Chr.) zurückführt, wobei der Text wohl über Syrien und den islamischen Kulturraum Europa erreicht habe.

HARTLAUB; RUSKA 1926; SELIGMANN 1958; KIESEWETTER 1897/1977, 8 f.

TALISMAN, von gr. télesma — geweihter Gegenstand, der Glücksbringer ist (im Gegensatz zum → Amulett, das Unglück abwehren soll). Der T. war nie so weit verbreitet wie das Amulett, und es ist oft nicht ganz klar, wie ernst man den Glauben an seine mag. Wirkung nahm; vielfach wird man auch in früheren Jahrhunderten dem T. keine größere Bedeutung beigemessen haben als heute dem Glücksschweinchen, Hufeisen, Glücksklee usw. Als spätantike T.e sind

Sigill Iovis.

Das Sigill soll von Feinem Englischen Zinn gemacht werden/ vnd auff der einen Seiten sein Runde Quadriert/ vnd das Quadrat mit 4. Multipliciert/ vnnd in einer jeden Linj sollen stehn 34. Auff der andn Seiten diß Sigels soll die Bildnuß deß Planeten stehn/ nemlich ein Priesterlicher vnd gelehrter Mañ/ in einem Buch lesend/ auff seinem Haupt ein Stern/ vnd den Nammen Iupiter. Zu diesem Sigel laß dir auch zwen Stempffel machen/ wie du vor gelehrt bist worden/ darnach hab acht auff ein Donnerstag/ wañ der Mond in die Wag eintritt im ersten Grad/ vnd anderst der Planet Iupiter in einem gutten Wesen/ so geuß vnd stempff diß Sigel/ vnnd behalts in einem Blawen Seydinen Tuch.

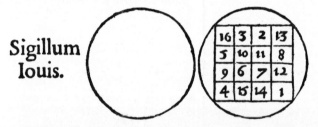

Sigillum Iouis.

Diß Sigill getragen/ gibt Lieb/ Huldt vnd Gunst von allen Menschen: Vnd wo es hingelegt wird/ das mehret sich/ vñ nimpt zu von Tag zu Tag/ vnd machet sein Trager glückhafftig in allen Händlen/ vnd vertreibt auch alle Forcht.

TALISMAN: Ein Abschnitt aus der (pseudo-) paracelsischen »Archidoxis magica« (Huser 1590), T. zur Erlangung von Liebe, Huld und Gunst mit → mag. Quadrat des Jupiter (vgl. S. 282)

TALISMAN: »Pentakel« aus dem Zauberbuch, Größerer Schlüssel Salomonis genannt. Manuskript Nr. 2348 der Bibliothèque de l'Arsenal, Paris

TALISMAN: Der T. der Katharina von Medici, aus dem Werk des H. Estienne (Stephanus), Discours de la vie… de Catherine de Medici, Paris 1575

Mysterium
Sigillorum, Herbarum & Lapidum
Oder
Vollkomene Cur und Heilung aller Kranck-
heiten Schäden und Leibes-auch Gemüths-Be-
schwerungen durch underschiedliche Mittel ohne
Einnehmung der Artzney.

In 4. Classen ordentlich abgetheilet Alß

I. Erste Cur und Heilung durch die himmlische Influentz mit Hülff der Kräuter und Wurtzeln.
II. Zweyte Cur und Heilung durch die himmlische Influentz aus den Metallen und Steinen mit Hülff der 7. Sigillen.
III. Dritte und zwar Summarische völlige Cur und Heilung durch die Zusammensetzung der 7. Metallen und Sigillen.
IV. Vierdte Cur und Heilung aller Menschlichen Laster und Gebrechen.

Joh. Arndt.

Was können die Sterne darzu daß die Astronomi ihre Influentz und Wirckung nicht besser wissen / was können die Kräuter darzu / daß die Medici ihre Natur und Krafft nicht besser verstehen?

Matth. am 10.

Es ist nichts be-deckt/das nicht werde entdeckt werden/noch verborgen das man nicht wissen werde.

Mit beygefügten Figuren und Kupfferstücken/auch gantzem Grund dieses Astronomisch-und himlischen Processus.
Durch
Israel Hiebnern von Schneebergk/Mathematico bey der uhralten Vniversitet zu Erffurdt.

In Verlegung Johann Birckners Buchhändlers. 1651.

TALISMAN: Titelseite des als Standardwerk angesehenen Buches von Israel Hiebner, 1651 (n. Hansmann/Kriss-Rettenbeck, 1977)

die → Abraxasgemmen zu bezeichnen. Während man im MA. den T.en relativ wenig Wert beimaß, stieg ihr Ansehen in der Renaissance und war noch im Barock sehr hoch; erst in der Aufklärung gerieten sie in Vergessenheit. Die meisten T.e sind astrolog. begründet (→ Medaillen, astrologische; die »Monatssteine«). Beliebt waren Ringe in Gestalt des → Ouroboros, die Glück und langes Leben verleihen sollten. Dem Serpentin (gr. ophites), unter der Bezeichnung Schlangenstein, wurden ähnl. Kräfte zugeschrieben. Die Rolle des Hufeisens als T. dürfte sich durch eine Erinnerung an vorchristl. Pferdeopfer erklären. In der Renaissance waren T.-Ringe mit astrolog. Symbolen, → Characteres und hebr. Glückwunschformeln beliebt. Die bekanntesten älteren Werke über T.e stammen von → Gaffarel und → Arpe. Das sehr ausführl. Lexikon-Stichwort bei Zedler 1744 bezieht sich hingegen weitgehend auf → Amulette. — Ein echter T. pflanzl. Herkunft ist der → Alraun (Geldmännchen). »Wenn man aber Amulette und T.e in ihrer essentiellen Einheit mit den inneren und äußeren Handlungen, deren Gegenstand oder Ausdruck sie sind, sieht, sind sie als rituelle Gegenstände, als Verkörperung von Ritualen zu erkennen, deren körperliche Form den dauernden Vollzug des Rituals beinhaltet... Das Bedürfnis nach Sicherheit ist im Menschen immer groß, besonders dann, wenn seine Lebenswelt erschüttert wird, ... (wobei sie) wirksam sind, wo ein Gefühl der Sicherheit schon allein die Erfolgsaussichten einer Handlung vergrößert«. (A. u. J. Knuf, Amulette und T.e, TB, Köln 1984, 187). Vgl. auch C. u. R. Kerler, Geheime Welt der T.e und Amulette. Rosenheim o. J.; Standardwerk: L. Hansmann u. L. Kriss-Rettenbeck: Amulett und T., Erscheinungsformen und Geschichte. München 1977.

AGRIPPA-NOWOTNY 1967; ARPE 1717; BORN 1937.

TANCKE, (Tanckius) Joachim, 1537—1609, Poeta Laureatus, Dr. phil. et med., Prof. der Anatomie und Chirurgie an der Univ. Leipzig, war lt. Zedlers Lexikon Band 41/1744 »ein grosser Liebhaber der Chymie«, verfaßte eine »Succinta artis chemiae instructio«, Leipzig 1605, gab die »Alchymia Rog. Baconis« heraus, ebenso mit einer Vorrede den »Thesaurus Chymicus« des F. Reineccerius (Leipzig 1609) und die »Nosologia sive adfectuum humanorum curatio hermetica et galenica« des H. Warenius (Leipzig 1605). Ein wichtiges Werk von T. ist der 1610 in Leipzig erschienene Band »Promptuarium Alchemiae. Das ist: Vornehmer gelarten Alchimisten Schriffte und Tractat/ von dem Stein der Weisen« etc., aus dessen Kapitel »von den wahren ersten Materi der Metallen« in dem hier vorliegenden Bd. eine Seite reproduziert ist (→ Materia prima); ein Ndr. im Rahmen der Reihe »Fontes Artis Chymicae« (Graz) ist 1976 erschienen — In neuerer Zeit wurde die Möglichkeit erörtert, daß T. der echte Autor der

Schriften des → Basilius Valentinus sein könnte (Lindroth; eine weitere Theorie weist die Autorschaft dem Thüringer J. Thölde zu). Vgl. auch Seck 1970 über T.s Briefwechsel mit → Kepler.

TAROCK, auch Tarot (zur Unterscheidung von dem gewöhnl. Gesellschafts-Kartenspiel), ein Spiel aus 78 Karten (it. tarocchi), das auch zu divinatorischen Zwecken gebraucht und als symbol. Kompendium der geheimwissenschaftl. Einweihung aufgefaßt wurde. Damit befaßten sich u. a. → Court de Gébélin, → Saint-Martin, Eliphas → Lévi, → Papus und Stanislas de → Guaïta. Eine einst vielbeachtete Studie über die Symbolik des T. stammt von einem gewissen Alliette (ca. 1750—1810), erschienen unter dem Pseudonym Etteilla (1772 u. ö.). Die Namen der 22 Trumpfkarten (Joker od. Sküs, Päpstin, Kaiserin, Kaiser, Papst, Liebespaar, Triumphwagen, Gerechtigkeit, Einsiedler, Glücksrad, Kraft, Gehenkter, Tod, Mäßigkeit, Teufel, Turm, Sterne, Mond, Sonne, Jüngstes Gericht und Welt; dazu kommt, ungezählt, der Narr, fr. Le Mat) regen die Phantasie mächtig an und stammen zumeist aus der christl. Ikonologie des MA.s, während ihr angebl. Ursprung in den antiken Geheimlehren nicht exakt nachweisbar ist. Für Wahrsager bedeutet das T. eine Quelle der Inspiration; es ruft jenen psych. Zustand hervor, »der das Wahrsagen erst ermöglicht, denn die phantasievollen Figuren der Tarockkarten... sprechen uns geheimnisvoll an und rufen in uns die Bilder unseres Unterbewußtseins wach« (Seligmann 1958). Vgl. das Heft »Le Tarot« von J.-M. Lhôte, La Bibliothèque Volante No. 1, Paris, Avril 1971.

Während das Kartenspiel T. nur noch wenige Anhänger besitzt, ist in unserer Zeit das Tarot zu dem wohl beliebtesten Orakel in esoter. Kreisen geworden, wobei oft eine tiefenpsycholog. Ausdeutung der Trumpfkarten versucht wurde. Die moderne Lit. darüber ist zu umfangreich, um in diesem Rahmen bibliograph. angedeutet werden zu können.

Über den Ursprung des T. schreibt Dornseiff in Ablehnung der Annahme mythischer Ursprünge: »Nach Henri René d'Allemagne, Les cartes à jouer, Paris 1906, stammen die 22 Trümpfe von den altitalienischen Naibis, einer Art Bilderenzyklopädie, orbis pictus zum Unterricht der Jugend, die im 14. Jh. in Venedig mit den spanischen Zahlenkarten verbunden wurden.« (1925, Ndr. 1980, 155).

TEMURAH, ein kabbalist. Kunstgriff ähnl. wie → Gematrie und → Notarikon. T. besteht in der Vertauschung einzelner Buchstaben, wobei die hebr. Wörter als Anagramme angesehen werden. Ein mag. Zusammenhang zwischen dem ursprüngl. und dem durch neue Reihung erzielten Wort wird angenommen, wobei der Kabbalist auch Namen von Engeln u. ähnl. Dinge aus dem Text des

A. T. herauslesen will, die an der betr. Stelle nicht erwähnt sind (so wird etwa hebr. »Mein Engel« durch Buchstaben-Neureihung zu »Michael«). Durch Neubildung von Namen aus den Buchstaben der bestehenden soll eine mag. Beeinflussung der auf diese Art behandelten Personen, Sachen etc. möglich sein. — Geheimschriftartige Resultate hat die T.-Kunst, die Buchstaben der Alphabets in neuer Reihenfolge zu schreiben; diese neuen Reihen haben Namen wie Albath, Albam oder Atbasch, und auf diese Weise geschriebene Texte oder Namen sind nur dem Kenner des Systems verständlich.

AGRIPPA/NOWOTNY 1967; LEHMANN 1908

TETRAGRAMMATON, gr. »der Name aus vier Buchstaben«, der Name Gottes (Jahve, JHVH), wird oft in dieser Form in kabbalist. und mag. Büchern erwähnt. Die Kabbalisten hatten vor der Nennung des göttl. Namens so große Ehrfurcht, daß sie ihn nicht auszusprechen wagten, sondern nur »Jod-He-Vaw-He« buchstabierten. Eine andere Umschreibung des Gottesnamens, im Sinn des → Notarikon gebildet, ist → AGLA. Vgl. H. Biedermann, Das verlorene Meisterwort, Wien 1986.

TEUFELSDRECK, als »Teuffels-Dreck« schon in alten mag.-medizin. Büchern erwähntes Mittel für → Räucherungen, etwa in der »Dissertatio de magia naturali eiusque usu medico« etc., Erfurt 1712, Leipzig 1715, dt. ebd. 1718, Berlin 1782, des Braunschweiger Arztes Johann Nicolaus Martius als Räuchermittel gegen Schwindsucht empfohlen; lt. den Erhebungen des Pfarrers F.— W. Haack (Hof/Saale) wird T. noch heute in manchen Apotheken zu abergläub. Zwecken gehandelt. Es handelt sich jedoch um eine echte Droge, u. zw. um den verfestigten Milchsaft der vorderasiat. Pflanze Ferula asa foetida, der in Stücken gehandelt wird und scharf knoblauchartig riecht. Im Orient als Gewürz verwendet, diente er in Europa vorwiegend als krampflösendes und als Wurmmittel. Beim Verbrennen wird ein äther. Öl frei, das nach Schwefel riecht und nach dem Volksglauben deshalb geeignet ist, auf → Dämonen einzuwirken.

THARSANDER, Pseud. für F. Georg Wilhelm Weg(e)ner, geb. 5. Sept. 1692 in Oranienburg, gest. 16. Aug. 1765 in Germendorf, wo er als Prediger wirkte. Bedeutung erlangte sein geistesgeschichtl. interessantes, als Aufklärungsschrift gedachtes Werk »Schau = Platz Vieler Ungereimten Meynungen und Erzehlungen« (3 Bände, Berlin 1735—42), »worauf die unter dem Titel der Magiae Naturalis so hochgepriesene Wissenschafften und Künste, von dem Gestirn und dessen Influentz; von den Geistern, ihren Erscheinungen und Würckungen; von anderen natürlichen Dingen, ihren geheimen Kräfften und

Eigenschafften; ingleichen die mancherley Arten der Wahrsagerey, und viele andere fabelhafte, abergläubisch und unbegründete Dinge mehr vorgestellet, geprüfet unnd entdecket werden«(Zedlers Lexikon Bd. 43/1745). Andere Aufklärungsschriften von Th. sind »Die unnöthige Furcht für den Cometen« (Berlin 1744; »Adeptus ineptus, oder Entdeckung der falsch berühmten Kunst, Alchimie genannt«, Berlin 1744; »Philosophische Abhandlung von Gespenstern«, Berlin 1747. Der »Schau = Platz« wurde früher oft zitiert, z. B. in → Horsts »Zauber-Bibliothek«, geriet jedoch später zu Unrecht in Vergessenheit.

THEODOSIUS II., Enkel von Th. d. Gr., oström. Kaiser von 408—50, gab dem unter seiner Regierung begonnenen »Cod. Theodosianus« den Namen, einer Sammlung der seit Konstantin d. Gr. erschienenen allg. kaiserl. Erlässe, 438 veröffentlicht und von 443 an auch im Westen anerkannt. Von Bedeutung für die Beurteilung der mag. Künste ist der Abschnitt »de maleficiis et mathematicis et ceteris similibus«. Der Begriff des → Maleficiums ist hier bereits definiert. »Die röm. Gesetzgebung, bes. von Constantin an, ist unerschöpflich in Gesetzen gegen die magi und malefici. Was vom 5.—18. Jh. Hexen und Zauberer waren, das waren bes. im 4. Jh. die malefici und magi« (Gams, Kirchengesch. v. Spanien, Ndr. Graz 1956, Bd. II/1, S. 59). Der Cod. Theodosian. fand u. a. im Verfahren gegen die Priscillianisten Anwendung (→ Bogumilen). Zahlr. Ausg. des Cod., etwa von Hänel, Bonn 1842.

»Der Codex Theodosianus... enthielt alle leges generales seit Konstantin dem Großen. Für die romanische Bevölkerung der von den Germanen unterworfenen Gebiete wurden eigene Sammlungen kompiliert, so das Edictum Theoderici und der Codex Euricianus des Westgotenreiches, die Lex Romana Visigothorum, die Lex Romana Burgundiorum«. (Mazal 1981, 448).

THEOSOPHIE, Gotteserkenntnis auf myst.-intuitivem Wege (nicht wie in der christl. Philosophie durch rationale Überlegung) muß im Zusammenhang mit Magie deshalb besprochen werden, weil sich im Abendland viele »Theosophen« auch als Alchemisten und Magier bezeichneten. Als »theosophisch« muß man den → Neuplatonismus und die christl. → Gnosis auffassen, ferner die alchemist. Geisteswelt des MA.s, schließl. die in der Zeit der Reformation und Gegenreformation immer wieder zum Vorschein kommende Geisteswelt der Abwendung von orthodoxer Buchstabengläubigkeit und der unkontrollierbaren »Privat-Offenbarungen«, wie sie etwa in den »Arcana coelestia« des Emanuel Swedenborg (eigentl. Swedberg, 1688—1772) aufscheint.

In Zedlers Lexikon Bd. 43/1745, Sp. 1116—21 heißt es, die »Theosophici oder Theosophi« wären »auf eine neue Art der Philosophie gefallen«, wobei sie »in einem angebohrnen übernatürlichen Göttlichen Lichte und dessen Erleuchtung gesuchet, und die Vorstellungen ihrer erhitzten Einbildungs = Krafft dafür angesehen, und selbige zur Richtschnur von Vernunfft und Offenbarung gesetzet; auch aus diesem Grunde sich einer geheimes Göttlichen, allein gewissen erleuchteten Personen mitgetheilten Einsicht der tiefesten Geheimnisse der Natur gerühmet, ... auch deswegen von der Magie, Chymie, Astrologie und dergleichen Wissenschafften... viel Rühmens gemacht, und noch über das solche geheime und Göttliche Philosophie für die uralte geheime Tradition der Weisheit unter dem Namen der Cabbala ausgegeben haben«. Als die »beruffensten Häupter« der Th. werden → Paracelsus, Valentin → Weigel, → Fludd, Jakob Böhme und → Helmont genannt, weiters der Franzose Pierre Poiret (1646—77). — Die im letzten Viertel des 19. Jhs. entstandenen Theosoph. Gesellschaften »vertreten eine mystische Weltanschauung, die von indischen Lehren beeinflußt bzw. auf pseudoindische Gedanken zurückzuführen ist« (Bonin 1978, 488).

THEURGIE, Magie mit Hilfe guter Geister oder Engel, eine andere Bezeichnung der »weißen Magie«, als Gegenstück der »schwarzen Magie» oder → Goëtie. Der Grundgedanke, auf myst.-mag. Wege mit der Gottheit näherstehenden Geisteswesen in Kontakt zu treten und sich ihrer Hilfe zu versichern, taucht bereits in gnost.-neuplaton. Schriften der Spätantike auf (Jamblichos, Porphyrios u. a.; da für den Neuplatoniker »die Seele ein Ausfluß des Absoluten ist, daher an der unendlichen Wirkungskraft des Absoluten teilhat, können Menschen, welche den Komplex der sympathischen und antipathischen Wechselbeziehungen des Alls kennen, selbst Götter anziehen oder abstoßen«; Stemplinger 1948, S. 165) und wird besonders in den → hermetischen Schriften gepflegt. Theurgisch ist z. T. auch die Bemühung, mit den Planetengeistern Verbindung herzustellen (→ Intelligentia und Daemonium). Zedlers Lexikon Bd. 43/1745, Sp. 1289—98 nennt unter den Theurgen → Petrus Aponensis, → Agrippa von Nettesheim, Valentin → Weigel, Giordano Bruno (»der unter ebentheuerlichen Dingen noch viel Wesens von der Magie gemacht, »wie man die Geister citieren könne, daß sie einem verborgene Dinge entdecken und künftige vorher sagen müsten, welches man sonderlich aus seiner Schrifft de monade, numero & figura siehet«), John → Dee, Jean → Belot, Giuseppe Francesco → Borri, Michael → Psellos und → Paracelsus, ebenso → Trithemius (»der nicht nur in seiner Schrifft de potestate septem spirituum: sondern auch in seiner steganographia viel redens von unterschiedenen Classen, Nahmen, Verrichtungen, Beschwerungen der Geister macht«). Hier wird zwischen myst. Theologie (die Gemeinschaft mit Gott sucht) und Theurgie (die »mit äusserlichen Ceremonien« Gemeinschaft mit Geistern sucht) unterschieden. Im Hinblick auf den

»para-religiösen« Aspekt der → Alchemie faßte der Medizinhistoriker K. Sprengel auch diese als einen Zweig der Th. auf, »aus ihr hervorgegangen unter gnostischen und neupythagoräischen Einflüssen« (in Ersch-Gruber, Allg. Enzyklopädie d. Wissensch. u. Künste, Bd. 2, S. 414 f.).

»Der Theurg sucht die Nähe und Hilfe von der Gottheit näherstehenden Wesen. Neben dem geistig-mystischen Weg an diese Zwischenwesen tritt als materielles Korrelat die Magie. In dieser mystisch-magischen Verflechtung werden manchmal Ereignisse als histor. Faktum überliefert, die wir heute der Parapsychologie zurechnen. Beispielsweise waren für Dee die Engel, die ihn entfernte oder künftige Dinge sehen ließen, eine Realität... Im naturvolklichen Bereich können schamanistische Praktiken analog zur Theurgie betrachtet werden« (Bonin 1978, 488 f.).

Die Th. basierte auf der Kenntnis der geheimen Namen übernatürlicher Wesen, der rechten Stunde für ihre Beschwörung, der richtigen Wahl von Kleidung, Räucherwerk und Art der Anrede sowie in dem Wissen, auf welche Weise die zitierten Geister dem Magier dienlich sein konnten. Eine theurg. Beschwörung, die in die Weltliteratur einging, ist etwa die des Erdgeistes in Goethes Faust I. Die Beschwörungsriten der volkstüml. → Zauberbücher sind hingegen mehr goëtischer als theurgischer Natur. Zedlers Lexikon nennt als Hauptquelle D. Johann Ernst Floerckens »Commentarium de crimine conjurationis spiritum«, 1721.

THOMAS VON AQUINO (»doctor angelicus« od. »universalis«), geb. ca. 1225 als Sohn des Grafen von Aquino auf Schloß Roccasecca, gilt in theolog.-philosoph. Hinsicht als der größte Systematiker des MA.s, der »die prinzipielle und methodische Aristotelisierung« durchführte (Geyer 1927). Er wurde in Monte Cassino und in Neapel erzogen, wo er schon in früher Jugend dem Dominikanerorden beitrat. In Köln war → Albertus Magnus sein Lehrer. T. wirkte als Lehrer der Theologie in Paris, Orvieto, Viterbo und Rom, dann wieder in Neapel und starb 1274 auf der Reise zum Konzil von Lyon. —

Im Rahmen seines ungeheuren Schaffens finden sich auch Stellen, die sich auf Magisches beziehen, etwa seine Schriften »De occultis operationibus«, »De mixtione elementum«, »De iudiciis astrorum«. Den Einfluß der Gestirne auf das Irdische leitet er aus dessen Veränderlichkeit, angesichts der im Makrokosmos herrschenden ewigen Gesetze, ab und äußert sich über Alchemie widerspruchsvoll; in der »Summa theologiae« jedoch erwähnt er, daß durch Tingierung hergestelltes Gold für den Handel ebenso geeignet sei wie natürliches. Dennoch war T. nach allg. Ansicht ebensowenig wie Albertus Magnus selbst praktizierender Alchemist. Die → Dämonen hatten seiner Ansicht nach die Fähigkeit, einerseits die menschl. Sinne zu verblenden, andererseits auch (bes.

bei geeigneter Konstellation der Sterne) die Materie selbst zu verändern. Auch von der Realität des Hexenwesens ist T. überzeugt, wie zahllose Zitate im → Malleus maleficarum beweisen. Dieser Glaube wirkte sich jedoch später verhängnisvoll aus (niedergeschrieben etwa im Hinblick auf → incubus und succubus, Summa theol. P. I qu. 51 art. 3; vgl. Hinschius 1959/V, S. 398), da seine Werke von den Verteidigern der Ansicht einer real die Menschheit bedrängenden Dämonenwelt als hohe Autorität für die Durchführung der Hexenverfolgung zitiert wurden, was T. bestimmt nie beabsichtigt hatte. Angesichts seines übrigen Schaffens sind diese Exkurse in die Welt des Magischen jedoch nur winzige Randphänomene, anders als bei seinem Zeitgenossen Roger → Bacon, der ihnen weit größere Bedeutung beimaß. — T. wurde schon 1323, fast 600 Jahre vor seinem Lehrer Albertus, heiliggesprochen. — Zur Bibliographie vgl. Überwegs Grundriß d. Phil. (Geyer) II, S. 421—23 und 743—57.

THOMASIUS, Christian (1655—1728), dt. Philosoph und Rechtsgelehrter, ab 1684 Professor an der Univ. Leipzig, wo er 1687 damit begann, Vorlesungen in dt. Sprache zu halten. Th. war ein Gegner der Pedanterie, des Formelhaften und der grauen Theorie; er wollte in der Praxis naturrechtliche Bestimmungen angewendet wissen und trat entschieden gegen die Anwendung der Folter und den Hexenglauben auf, wobei er sich besonders gründlich mit den gelehrten Argumenten des Juristen Benedictus → Carpzov auseinandersetzte. Th. ist der Ansicht, daß der Teufel als geistiges Wesen nicht zur Buhlschaft mit den Hexen fähig sei, womit er das gewichtigste Argument des → Hexenglaubens zu widerlegen trachtet. Unter den zahlr. Schriften von Th. sind zu nennen: »Geschichte der Weisheit und der Thorheit« (Halle 1693), vor allem aber »Theses inaugurales de crimine magiae«, Halle 1701, dt. »Kurze Lehrsätze von dem Laster der Zauberey«, ebd. 1704, 1706; »Christian Thomasii gelehrte Streitschrift von dem Verbrechen der Zauber = und Hexerey, … hrsg. von J. M. M. Einzinger von Einzing, 1755«; weiters »Historische Untersuchung Vom Ursprung und Fortgang des Inquisitions Processes Wieder die Hexen…«, Halle 1712. Th. setzte damit die Aufklärungsarbeit von → Spee und → Wierus fort; seinem Einfluß ist es hauptsächl. zuzuschreiben, daß Friedrich Wilhelm I. kurz nach seiner Thronbesteigung am 13. Dez. 1714 die Hexenverfolgung in Preußen verbot. Der Hexenglaube war damit jedoch noch nicht besiegt, sondern läßt sich auch in späterer Zeit nachweisen (→ Sterzinger). Vgl. C. Müller 1893, S. 60—74; M. Hammes 1977, 239 f.

GRAESSE 1843; LANDSBERG 1894; SOLDAN-HEPPE 1880; ZEDLER (Bd. 43) 1961—64; BASCHWITZ 1963, 439 f.

THURNEISSER (Thurneysser) zum Thurn, Leonhard, 1530—96, aus Basel stammender Goldschmied, Metallurge, Botaniker und Paracelsist, heute allg. als Scharlatan bezeichnet, arbeitete nach wechselvollen Jugendjahren ab 1558 in einem Tiroler Berg- und Hüttenwerk und wurde von Erzherzog Ferdinand v. Österr. auf Reisen geschickt, um sein Wissen zu erweitern. Dabei kam T. nach Schottland, Spanien, Nordafrika und in den Orient, sammelte zahllose Geheimrezepte (→ Arcanum) und fühlte sich nach seiner Rückkehr nach Tirol (1565) zum Heilkünstler berufen. Der Kurfürst von Brandenburg berief ihn als Leibmedicus nach Berlin, wo er mit ungeheurem Erfolg ein eigenes Laboratorium führte, ätherische Öle aus Pflanzen destillierte und mineral. Heilmittel (→ Chemiatrie), wie »Aurum potabile, Rubinentinktur, Amethystenwasser, Saphirtinktur« usw., herstellte. Auch fertigte T. → Talismane und → Amulette sowie astrolog. → Medaillen »aus 7 Metallen« an, die sich jedoch bei moderner Untersuchung teilweise verfälscht erwiesen. Zur Erledigung seiner Post mußte T. 12 Sekretäre beschäftigen; seine prunkvollen Gelage waren gesellschaftl. Ereignisse ersten Ranges.

Bald jedoch geriet er in den Ruf eines Schwarzmagiers und mußte, als sich alchemist. Demonstrationen als Schwindel herausstellten, 1584 aus Berlin fliehen. Nach seiner Rückkehr nach Basel brachte ihn eine Ehescheidung um sein Vermögen, Druckplatten für ein botan. Werk gingen verloren. Für T. begann ein ruheloses Wanderleben; in Florenz vollbrachte er für Kardinal Ferdinand v. Medici alchemist. Kunststücke und verwandelte etwa einen Nagel zur Hälfte in Gold, indem er ihn »in ein gewisses Öl« tauchte (1586; die Möglichkeit, ein solches Experiment mit einem recht einfachen Trick zu einem frappierenden Ergebnis zu führen, wird u. a. geschildert bei Lehmann 1908, S. 227). »Er starb zu Cölln am Rhein, in einem Kloster, und haben die Baßler vorgegeben, daß ihn der Teuffel, mit welchem er in seinem Leben zu thun gehabt, geholet habe... er war im übrigen überaus emsig, dabey aber ein wenig eigennützig und großsprechend und hatte bey einem mittelmäßigen Verstande ein großes Gedächtniß. In der Astrologie hatte er es weit gebracht, und so wohl Siegmunden I, als sich selbst seinen Sterbenstag verkündiget. Er war auch ein trefflicher Botanicus und Chymicus, wie auch ein erfahrner Empiricus. Ob er aber Gold habe machen können... ist nicht zu entscheiden.« (Zedlers Lexikon Bd. 43/1745, Sp. 2007—09).

Von seinen Werken sind zu nennen: »Pison, von Kalten, Warmen, Minerischen und Metallischen/Wassern, sampt Vergleichung der Plantarum und Erdgewechsen«, Frankf. a. d. O. 1572, zus. mit einem Werk von Saltzmann: Straßbg. 1612; »Magna Alchymia, sive de natura vegetabilium, metallorum« usw., Berlin 1583, Köln 1587; »Historia sive descriptio plantarum« usw., Berlin 1587 (lat. u. dt.), Köln 1587; »Archidoxa« (Zedler: darinnen der wahre Lauf

THURNEISSER: Bildnis des Th. aus der Sammlung von → Rothscholtz. Nach W. E. Peuckert 1956

und Gang der Planeten, auch Heimlichkeit, Würckung und Macht des Gestirns, das fünffte Wesen aus den Metallen und Mineralien etc. in Versen beschrieben wird), Berlin 1575; »Prokatalepsis oder Praeoccupatio« usw., 12 Traktate über Harnproben, das erste Buch mit aufklappbaren anatomischen Bildern, Frankf. a. d. O. 1571; »Onomasticon Vocabulorum Arabicorum« usw., eine Erklärung der Spezialausdrücke des → Paracelsus, Berlin 1583, auch enthalten in der »Alchymia«, Köln 1587. Das autobiograph. Buch über seine Betrugs- und Ehescheidungsprozesse wurde unter dem Titel »Der Alchymist und sein Weib« von W.-E. Peuckert neu herausgegeben (Stuttgt. 1956). Über eine von Th. fälschlich als sein Werk bezeichnete Hs. »Kriegslehr« vgl. M. Jähns, Gesch. d. Kriegswissenschaften I/1889, S. 491. Biogr. von J. C. W. Moehsen (Leben Leohnhard Th.s zum Thurn), Berlin 1783.

FEDERMANN 1964; FRANCESCO 1936; PEUCKERT 1956; ZEDLER 1961—64

TIFFEREAU, Théodore, fr. Metallurge u. Alchemist des 19. Jhs., der um 1850 Gold »synthetisiert« haben wollte (III. Familienbuch, hrsg. v. Öster. Lloyd, Triest 1855, S. 319—23). T. »adoptirt den alten Glauben der Bergleute, daß die Metalle, so auch das Gold, in der Erde reifen; er sucht darzuthun, daß auf dieses Reifen des Goldes Chlor- und Stickstoffverbindungen von besonderem Einflusse wären. Belege hiezu nimmt er aus der geognostischen Beschaffenheit der wahren Goldländer, insbesondere Mexiko's und Peru's... Sein Verfahren war folgendes: Er setzte zunächst reine Salpetersäure der dort günstigen Sonne aus, warf dann in dieselbe Feilspäne von einer Legierung aus chemisch reinem Silber und reinem Kupfer... Eine lebhafte Reaction und richtige Entwicklung von salpetriger Säure erfolgte, und in der der Ruhe überlassenen Flüssigkeit konnte er einen reichlichen Bodensatz ungelöster Feilspäne erblicken. Da die Gasentwicklung nicht aufhörte, überließ er die Flüssigkeit zwölf Tage lang sich selbst, wobei er eine reichliche Vermehrung des Bodensatzes bemerkte. Er setzte dann ein wenig Wasser zu und ließ sie neuerlich fünf Tage lang stehen. Während dieser Zeit entwickelten sich fortwährend Dämpfe. Nach dieser Zeit brachte er die Flüssigkeit zum Sieden und dampfte sie endlich zur Trockene ab. Die erhaltene Masse war von mattem Aussehen, schwärzlichgrün, ohne Krystallisation; kein Salz hatte sich gebildet. Nachdem er diese Masse mit kochender Salpetersäure (→ menstruum) durch sechs Stunden behandelt hatte, nahm sie eine hellgrüne Farbe an, und nach nochmaligem Zusatze von reiner concetrirter Säure, nach neuem Aufkochen, lösten sich die Klümpchen, und der Glanz des reinen Goldes kam zum Vorschein«. Die Akademie der Wissenschaften zu Paris war jedoch nicht bereit, diese Angaben zu überprüfen. Diese Notiz ist ein kulturhistor. interessanter Beleg für eine ihrer spirituellen Seite entkleidete Alchemie, die noch in neuerer Zeit lebendig war. Gessmann 1922 nennt in der Bibliographie ein Buch von T. mit dem Titel »L'Or et la Transmutation des Métaux«, Paris 1889, Kiesewetter 1895/1977, 234, die Abhandlung »Les métaux sont des corps composés. La production artificielle des métaux precieux est possible et un fait avéré«, die in dt. Übersetzung in der »Illustrierten Zeitung« No. 597 vom 9. Dez. 1854 erschien.

TISCH als Objekt magischer, bes. mantischer Operationen (→ Mantik): bereits bei Tertullian (um 200 n. Chr.) ist von weissagenden T.en (mensae divinantes — apolog. c. 23) die Rede. Dreifüßige T.e wurden magisch präpariert, zu Bewegungen durch übernatürliche Mächte veranlaßt und ihre Ortsveränderungen durch einen Schreibapparat aufgezeichnet (Sozomenus, Hist. Eccl. VI, 35). Philostratus, Biograph des Apollonius v. Tyana, berichtet, dieser habe in Indien 'sprechende Tische' gesehen: Bonin 1978, 493 f. Auf diese Operationen könnte die in jüd. Schriften des 17. Jhs. erwähnte Sitte des »T.-Aufgehens« zurückgehen, beschrieben u. a. in dem Pamphlet »Jüdischer abgestreifter Schlangenbalg« des Samuel Friedr. Brentz, Oettingen 1614, und in der Apologie »Jüdischer Theriac« des Salomon Zwi (Dsalman Zebi), Hannover 1615, wo es heißt, das T.-Aufgehen gehe nicht auf Zauberei (kischuph) und Teufelswerk (maaseh schedim) zurück, sondern es würden dabei heilige Lieder gesungen (das »Adon-olam« u. a.), daher handle es sich um praktische → Kabbala (veschu kabbala maasit). Ein Brief von Chr. Arnold und Joh. Chr. Wagenseil (1674) erzählt von einem durch Steine im Gewicht von 4 Zentnern beschwerten Tisch, der sich in die Höhe hob, als jüd. Studenten (bachurim) heilige Namen sprachen. — Im 19. Jh. wurde diese mag. Kunst im Spiritismus (seit 1848) in Verbindung mit nekyomant. Operationen (› Nekromantie) neu belebt (1. Bericht in Deutschland von K. Andree in der »Allg. Zeitung« vom 4. 4. 1853).

HARLESS 1858; KIESEWETTER 1895/1977, 374 f.

TITIS, Placidus de (Titi), it. Mönch aus Perugia und Astrologe des 17. Jhs., der als Autor mehrerer astrolog. Bücher bekannt wurde: »Primum mobile«, »Psychomathematica sive philosophia coelestis« (Milano 1650), sowie bes. durch das zweibändige Werk »De diebus decretoriis« (Pavia 1660), in dem T. an die Stelle von mag. Kräften die natürl. Einwirkungen der Gestirne auf die irdische Welt setzt und damit eine Synthese von naturwissenschaftl. und astrolog. Weltbild herbeizuführen sucht. In Zedlers Lexikon (Bd. 44/1745) heißt es kritisch: »Wer die Sache genauer überleget, der wird gar grosse Sprünge in Schlüssen wahrnehmen und sich durch die vermeinten gar nicht überzeuget befinden«.

TOLEDANERBRIEFE, Tolederbriefe, Flugblätter astrolog. Inhalts, basierend auf der Lehre von den → Aspekten und bes. von den bedeutsamen Konjuktionen (→ coniunctio aurea) im Anschluß an die toledanische Astrologenschule und ihren Meister Johann v. Toledo; so wurde eine katastrophale Entwicklung für das Jahr 1186 vorhergesagt, in dem sich alle 7 → Planeten im Zeichen der Waage treffen sollten; als, wie Gervasius v. Canterbury (ca. 1141 bis 1210) berichtet, keine besonderen Stürme eintraten, machte sich zunächst Skepsis gegenüber den T.n breit, doch später befürchtete man ähnl. Katastrophen, als etwa die Konjunktion mehrerer Planeten im Zeichen der Fische (1524) als Hinweis auf eine neue Sintflut gedeutet wurde; vgl. →coniunctio aurea.

HENSELING 1924; ZINNER 1959

TRANSMUTATION, transmutatio metallorum, in der Alchemie eines der Ziele des Philosophen im Sinne des damaligen Sprachgebrauches, jedoch nicht ihr einziges, da der → Stein der Weisen auch zur Herstellung des → Elixirs befähigen sollte. Geistige Grundlage des Glaubens an die Möglichkeit der T. ist die Annahme, daß die Metalle nicht unveränderliche Elemente sind, sondern sich quasi von den »unedlen« zu »edlen« entwickeln können (der heute noch übliche Ausdruck »Edelmetalle« mit seiner anklingenden moralischen Wertung stammt aus der Bilderwelt der Alchemie). Die häufigst erwähnte T. ist jene von Blei oder Quecksilber zu Gold, erzielt durch Aufstreuen des → Steines der Weisen (→ Projektion oder Tingierung). Die T. wurde noch im vorigen Jh. von L. Figuier (1819—94) für möglich gehalten (»nach unseren Erkenntnissen und dem derzeitigen Stand der Chemie dürfen wir... annehmen, daß die Umwandlung eines Metalles in ein anderes im Bereich der Möglichkeit liegt«, 1856), desgl. von M. Berthelot 1884.

Die Entdeckung der Radioaktivität hat die Tatsächlichkeit von »Transmutationen« ergeben und es auch theoret. möglich gemacht, z. B. Quecksilber in Gold zu verwandeln, freilich auf ganz anderen Grundlagen als auf jenen der Alchemisten. Im Widerspruch zu der von manchen Autoren noch heute festgehaltenen Ansicht, die Alchemisten hätten tatsächliche Transmutationen durchführen können, wegen ihres Wissens um die bei atomaren Vorgängen frei werdenden Energien jedoch ihre Kunst geheimgehalten (z. B. Pauwels 1962), steht die wesentlich nüchternere von A. Siggel (1951), der darauf hinweist, daß in der Alchemie die Färbung das Hauptmerkmal eines Metalles war und man sich »oft mit dem Umfärben der Oberfläche des zu veredelnden Metalles begnügte«. So könnte das Herstellen silbrigglänzender Metallverbindungen mit Hilfe von Arsenverbindungen (Auripigment, Realgar) erfolgt sein, die mit Kupfer eine silbrige Verbindung ergeben, oder aber mit Hilfe von Quecksilber (weißglänzende Amalgame; mit Quecksilberamalgam können metallene Gegenstände äußerlich vergoldet werden). Eine derartige Operation beschreibt E. Ploss (1970, S. 36 f.) im Anschluß an einen »Morienus«-Text aus der Zeit um 1200: »Wenn Laton mit Alzebric (d. h. Schwefel) verbrennt, und das Weibliche (Quecksilber) daraufgegossen wird... dann wird die Dunkelheit und Schwärze weggenommen und derselbe (Laton, d. h. Kupferlegierungen oder Kupfer) in das reinste Gold verwandelt«. Dazu Ploss: »Kupfer bildet mit Quecksilber ein Amalgam, das bei der Erhitzung und der damit verbundenen Abdampfung des Quecksilbers mehrmals die Farbe wechselte, von weiß über gelb bis zu roten Tönen. Bei weiterer Erhitzung bildete sich eine graue bis schwarze Oxidhaut — für den Alchemisten der Nachweis, daß er wieder zur Urmaterie zurückgekommen war«. Das gelbliche Messing wurde, ohne daß im MA. das Metall Zink bekannt war, im Hüttenprozeß aus Kupfer und Galmei (Zinkspat) direkt gewonnen und könnte als → aurum nostrum gegolten haben, wobei sich »viele Alchemisten jener Zeit darüber klar waren, mit ihren durch Aufwerfen (→ Projektion) eines Elixirs bewirkten Färbungen unedler Metalle nicht echtes Silber und Gold gewonnen zu haben« (Siggel 1951, S. 32). Freilich strebten aber die Alchemisten nicht bloß eine T. der Metalle, sondern auch eine solche der Seele des Laboranten selbst an (→ Hitchcock, E. A.), und es ist anzunehmen, daß zunächst ein psychischer Prozeß gemeint war, der durch Hinweise auf Metallumwandlungen lediglich allegorisch umschrieben werden sollte; die Frage nach der Tatsächlichkeit alter Transmutationsberichte wird auch in neuerer Zeit nicht selten diskutiert und etwa auf die Möglichkeit »para-chemischer« Ausnahmefälle in den Reaktionsweisen hingewiesen (z. B. Bonin 1978, 16). Vgl. Kiesewetter 1895/1977, 238 ff., über neuere Transmutationsberichte.

BERTHELOT 1884; BURCKHARDT 1960; FEDERMANN 1964; SELIGMANN 1958; SIGGEL 1951; BIEDERMANN 1973

TRANSPLANTATIO MORBORUM, die Verpflanzung von Krankheiten auf ein gleichsam als »Sündenbock« wirkendes Lebewesen aus dem Patienten, der dadurch geheilt werden soll, war eine ihrem Grundgedanken nach rein mag. Heilmethode, die noch in der Neuzeit zahlr. Anhänger hatte: nicht nur in der → Volksmedizin, sondern auch unter den Gelehrten (z. B. bei Thomas Bartholinus, 1616—80, in seiner »Dissertatio de Transplantatione morborum«). Es handelt sich darum, daß die Krankheit (aus dem Schweiß, Blut oder den Ausscheidungen des Kranken) einem anderen Organismus eingepflanzt wird, der abstirbt und dadurch den Patienten von seinem Leiden befreit. So etwa bei Bartholinus: ein Kranker wird mit Brot abgerieben, dieses dann »einem Calekutischen Hahn vorgeworfen, welcher, sobald er die massam gefressen, gleich als wenn er vom Schlage gerühret wäre, todt zur Erde nieder gefallen, der Krancke aber nächst GOtt gesund worden«. Die Krankheit wurde auch auf

Pflanzen »appliciret«, die in Erde gepflanzt wurden, mit der man die Patienen berührt hatte usw.; derartige Gedankengänge findet man auch bei → Fludd, → Helmont, Maxwell u. a. In Zedlers Lexikon Bd. 44/1745 wird unterschieden zwischen der Implantatio (eine Wurzel wird mit Harn oder Waschwasser des Kranken begossen, bis sie das Übel an sich gezogen hat), der Impositio (Auswurf des Kranken wird in einem Loch »verspündelt«, das in einen Baum gebohrt wurde), der Insecatio (Tiere sollen mit ihrem Futter den Krankheitsstoff fressen, s. o.), der Inseminatio (Samen von Pflanzen werden wie bei der Implantatio besprengt, »dieses kan auch bey Gesunden, aber zu einem andern Zwecke geschehen, und seltene Würckungen zuwege bringen«), und die Irroratio (ein Baum oder Kraut wird, wie oben, besprengt und die befeuchtete Stelle dann mit Erde bedeckt, »damit die Krafft an der freyen Lufft nicht verrauche«).

TREVISANUS, Bernardus (in neueren Ausg. Bernhard Graf von der Marck, Graf Bernard von Tresne und Naygen, Graf Bernhard von Treviso), nach Schmieder 1832 ein it. Alchemist, geb. 1406 in Padua, der nach langen Jahren des Laborierens und Wanderns durch fast ganz Europa, durch Nordafrika, Ägypten, Palästina und Persien, 1472 nach Rhodos kam und dort, in Gesellschaft eines Priesters, 1481 den → Stein der Weisen fand. »Ein Greis von 75 Jahren, hatte er freilich wenig mehr Genuß von dem erreichten Ziele, als davon zu schreiben; denn er starb 1490«.

Die Trevisani sind nach Zedlers Lexikon Bd. 45 /1745 eine bekannte venezianisch-padovanische Adelsfamilie; ein Arzt namens Bernardinus T., gest. 1383, war vielleicht ein Vorfahr des Alchemisten. — Unter dem Namen T. wurde ein Werk mit dem Titel »Peri chemeias, opus historicum et dogmaticum« von → Gratarolus veröffentlicht (Straßbg. 1576); dt. Ausg. »Von der Hermetischen Philosophia, das ist, vom Gebenedeiten Stain der weisen, der hocherfahrnen und fürtrefflichen Philosophen, Herrn Bernhardi, Graven von der Marck, und Tervis...«, hrsg. von Toxites, Straßbg. 1574, 1586, und »Bernhardus innovatus« von Caspar Horn, 1643. In der »Bibliotheca Chemica curiosa« des → Manget ist der T.-Traktat »de se secretissimo philosophorum opere chemico« enthalten, der u. a. einen Teil der → Tabula smaragdina enthält.

Das Sammelwerk »Theatrum Chemicum«, Ursel-Straßbg. 1602—61, enthält unter dem Namen T. den Traktat »Liber de alchemia: De Chemico miraculo quod lapidem philosophiae vocant«. »Die Authentizität der unter seinem Namen gehenden Schriften ist zweifelhaft« schreibt Peuckert 1956, der die Alchemie des T. vorparacelsisch nennt, weil nur von → mercurius und → sulphur, nicht jedoch von → sal die Rede darin ist. Ein allegorienreiches »Livre

434

du Trévisan de la Philosophie naturelle des Métaux« erschien in Paris 1741 in der »Bibliothèque des Philosophes Chimiques«. Oft zit. wird nur das Buch »Peri Chemeias«, worin → Hermes Trismegistos als der erste und größte Alchemist und alle anderen als seine Söhne bezeichnet werden. Über die → materia prima schreibt T.: »Als die erste Materia eines Menschen ist der Samen von Mann und Weib, durch Mittel vermischt und vereiniget; Also auch die erste Materia der Metallen seind Sulphur und Mercurius« (→ chymische Hochzeit). In der »Alchimia vera« (1604) heißt es, in dem Werk des Bernhardus seien die »Mittel und die Handgriffe der waren Solution mit allem verstand 3.mal beschrieben, 2.mal recht, ein mal falsch, umb der Unwirdigen willen«. — In der neueren Literatur wird wiederholt zit. »Des Herrn Bernhardi von der Mark und Tervis Chymische Schriften«, Nürnberg 1593; 1717; 1746. Weitere bibliograph. Hinweise bei Kiesewetter 1895/1977, 73.

BURCKHARDT 1960; PEUCKERT 1956; SCHMIEDER 1832; THORNDIKE III/611 ff; ZEDLER 1961—64

TRICASS(I)O DE CERASARI, Patrizio (Tricasio, Patritius), it. Dominikaner des 16. Jhs., aus Mantua stammend, lebte im Konvent San Pietro in Neapel und »brachte es in der Theologie und Mathematik weit, war aber mehr, als es sein Orden lidte, der Curiosität ergeben, und schrieb im Ital. einen Tractat von der Chiromantie, welcher zu Venedig in 8. ohne Meldung des Jahrs gedruckt« (1525) »und in dem Register der verbothenen Bücher mit befindlich ist« (Zedlers Lexikon Bd. 45/1745, Sp. 639). Dieses Buch, u. d. Titel »Epitoma Chyromantico«, wurde mehrmals aufgelegt (1538, 1560, 1635) und als das wohl vollständigste Werk über Chiromantie der damaligen Zeit bezeichnet. Die Ausg. Nürnbg. 1560 trägt den Titel »Enumeratio pulcherrima principium chiromantiae«. T. starb um 1550.

GRAESSE 1843, S. 107

TRISMOSIN(US), Salomon, ähnl. wie → Basilius Valentinus und → Trevisanus eine der histor. kaum erfaßbaren, aber immer wieder zit. Alchemisten. T. soll im 15.—16. Jh. gearbeitet haben; nach Schmieder 1832 war er ein Deutscher und hieß eigentl. Pfeifer. → Paracelsus, der einzige bedeutende seiner »neun Schüler«, soll von ihm in Konstantinopel den → Stein der Weisen erhalten haben. Jedoch ist ein Aufenthalt des Paracelsus in dieser Stadt nirgends belegt. Zedlers Lexikon Bd. 45/1745 nennt keine biograph. Daten, sondern erwähnt T. nur als einen Namen, unter dem alchemist. Schriften veröffentlicht wurden: »Aureum Vellus«, Rorschach 1598, darin als »Tractatus tertius« enthalten »Splendor Solis«, wovon es auch prunkvolle Handschriften gibt (z. B. Brit. Mus. London, Harleian MSS 3469); eine engl. Ausg. davon in »Alchemical

Treatises«, ed. K. G., London 1920. »Aureum Vellus«, dt. Hambg. 1708; »Von Tincturen, Stein der Weisen«, 1677. Von den T.-Handschriften sei genannt »La toyson d'or« aus dem Jahr 1612, die sich in Paris befindet. Der von Schmieder verwendete angebl. autobiograph. Abschnitt »Trissmosin's Wanderschaft« ist in der Ausg. Hambg. 1708 enthalten (auch 1718; »Eröffnete Geheimnisse des Steins der Weisen oder Schatz = Kammer der Alchymie« usw., mit Traktaten von Korndörffer, Crinot, Biltdorff, Poyselius u. a.). Bibliograph. Angaben bei Peuckert 1956, S. 471; hier wird eine Kasseler Hs. zitiert, in der T. folgende Worte in den Mund gelegt werden: »... was du studierst, lehrnest und bist, das ist eben darauß du bist; alles was außer unser ist, Ist auch in unß, Amen«.

BURLAND 1967; FERGUSON, Ndr. 1954, I, S. 246; KIESEWETTER 1895/1977, 78—81

TRITHEMIUS (auch Thrithemius, Trittenhem nach seinem Geburtsort Trittenheim b. Trier, eigentl. Johannes von Heidenberg), Johannes, 1462—1516, war zeitgenössischem Zeugnis nach ein überaus gelehrter »Okkultist« geistl. Standes. Als Abt des Benediktinerklosters Spanheim (Sponheim) erwarb er sich den Ruf umfassenden Wissens und wurde von zahlr. berühmten Zeitgenossen um seinen Rat befragt. Vorwiegend befaßte sich T. mit kirchengeschichtl. und anderen histor. Fragen, daneben aber auch ausführl. mit mag. Themen. Berühmt ist die von Zedler 1745, Sp. 930 nacherzählte Sage, derzufolge er Kaiser Maximilian 1482 den Geist seiner verstorbenen Gemahlin Maria v. Burgund beschworen haben soll. Dazu meint W. E. Peuckert 1956, T. habe »vermöge seines Wissens um physikalische Dinge dem Kaiser ein Schauspiel vorgeführt: entweder Bilder durch Spiegel projiziert oder durch eine Camera obscura in den fraglichen Raum geworfen«. — Von 1506—16 wirkte T. in der Abtei St. Jakob zu Würzburg. Von seinen zahlr. Schriften galten früher seine Bücher über Geheimschriften wie »Polygraphia (cum clave)« (Frankf. 1518, 1550, 1606; Köln 1564, 1571; Straßbg. 1600, 1613) und die »Steganographia« (Frankf. 1606; Darmstadt 1608, 1621; Köln 1635; Mainz 1656, 1676; Ingolstadt 1616; Nürnberg 1721) zu Unrecht als Zauberbücher. T. gibt darin vor, Beschwörungsformeln für → Engel und → Dämonen (»Lamarton anoyr bulon madrinel...«) aufzuschreiben, die jedoch nur dazu dienen, eine einfache Verschlüsselungsmethode von Mitteilungen darzustellen. Wird bei jedem 2. Wort der jeweils 2. Buchstabe im Zusammenhang gelesen, so ergibt sich daraus eine Anweisung wie »Nym die ersten Bugstaben de omni verbo«, wie 1676 der Jurist E. Heidel in Worms herausfand. T. wollte sich auf diese Weise wohl selbst den Anschein eines erfahrenen Nigromanten geben, zumal er notfalls leicht seine Unschuld hätte beweisen können (Lehmann 1908, S. 190—91).

Interessant ist sein Werk »Chronologia mystica«, auch »De septem secun-

abeant homines temerarij, homines vani
Pseudomagi et friuola garrientes Astrologi, nihil enim ad mentem immortalem,
nihil ad scientiam naturalem, nihil facit
ad sapientiam supercoelestem stellarum
dispositio, sed corpus in corpus duntaxat
hic habet imperium. Mens est libera nec
stellis subycitur nec earum influentias
concipit, nec modum sequitur sed super
coelesti principio a quoer facta est et
factum tantum communicat. Caetera
quod tibi ad inquisitiones tuas responden
da fuerant mi Ioannes, secretiora inclu-
simus scrinio, et tibi soli per proprium
fratrem exhibenda, cui et clauem tibi af-
ferendam commisimus, ut scrinium ar,
canis plenum cum utilitate possideres,
actumque tuum prima cum occasione
exspectabimus. In alij literis scritam, quod
nobis ad te scribenda videbuntur. Vale
nostri memor nec tui oblitus. Ex Ambstel,
rotamo die 17. Septembris Anno

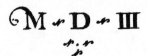

TRITHEMIUS: Ende des Textes einer Papier-Hs. aus dem 18. Jh. (Österr. Nat. Bibl., Cod. 11313), »De requisitis et effectu verae magiae«. Nach Agrippa/Nowotny 1967

deis i. e. intelligentiis sive spiritibus orbis post Deum moventibus« (Leipzig 1519; Nürnberg 1522; Frankf. 1545; Köln 1567; Straßbg. 1600, zus. m. »Polygraphia«), weiters das »Liber octo questionum« (Oppenheim 1515, 1518; Köln 1533, 1603, 1625; Frankf. 1534, 1550, 1569; Mainz 1601). Nur eine Auflage erlebt der »Antipalus maleficarum (Ingolstadt 1555, → Zauberbücher). Mit → Talismanen befaßt sich das Werk »Veterum sophorum sigilla et imagines magicae« (lat. 1612; Herrenstadt 1732); die Abschnitte »de numeris« im II. Buch der »Occulta Philosophia« des → Agrippa v. Nettesheim sind wohl durch jene Studien des T. angeregt worden. Die Echtheit mancher dem T. zugeschriebenen Arbeiten wie »Philosophia naturalis de geomantia« (Straßbg. 1609) und »Tractatus chymicus« (1611, Straßbg. 1613) wird (wohl mit Recht) angezweifelt. In den Schriften des → Paracelsus und → Agrippa von Nettesheim findet man wiederholt Ähnlichkeiten mit den Werken des T., etwa die myst. Spekulationen über die Dynastien himmlischer Geister in dessen »Chronologia mystica«. — Der Epitaph des T., seit 1821 im Neukloster zu Würzburg, ist abgebildet bei Nowotny 1967, Fig. 8. Über die histor. Werke des T. vgl. Potthast, Bibl. Hist. medii aevi II/S. 1071 ff. (Ndr. Graz 1957). Der eigentl. Familienname des T. soll Cellers oder Zeller gelautet haben (vgl. Lit.angaben in der Rez. von C. Veltens Übersetzung der Chronik von Sponheim, Pfälzer Heimat 1, 22. Jg. 1971, Speyer).

NOWOTNY 1967; SCHNEEGANS 1882; SILBERNAGEL 1868; KIESEWETTER 1895/1977, 77 f., MAHAL 1980, 62 f.

UNSICHTBARKEIT, eine bei mag. Künsten oft angestrebte Eigenschaft, deren Erreichbarkeit auch in Märchen und Sagen häufig erwähnt ist (Antike: Ring des Gyges; MA. Volksbuch: Fortunats Wunschhütlein). Die Gabe der U. wird u. a. auch dem antiken Wuntertäter Apollonius von Tyana zugeschrieben. Außerdem »meldet noch der Jude Benjamin Tudelensis in seiner Reise = Beschreibung, wie ein jüdischer Zauberer, Nahmens David Alruy sich unsichtbar gemacht... Ein gewisser Graf in Engelland ward ohngefehr im 13. Jahrhundert beschuldiget, er habe aus des Königs Schatz = Kammer einen Stein entwendet, der einen Menschen unsichtbar machte, und solchen Lewellyn, des Königes Feind, gegeben« (Zedlers Lexikon Bd. 49/1746). Ein Stein »Ophthalimus« wird bei → Albertus Magnus erwähnt (er soll, wenn man ihn in ein Goldblatt gewickelt bei sich trägt, »verblendende« Strahlen aussenden). »Andere wollen die U. durch die Constellation und krafft der Sterne zustande bringen, und setzen deswegen zu einer gewissen Zeit in der Nacht... ein zinnern Becken unter den freyen Himmel, mit reinen und klaren Wasser, und geben Acht darauf, wenn sich die Sterne im Wasser präsentieren; Dann nehmen sie ein rein Papier und Feder, reissen [= zeichnen] geschwinde die Sterne ihrer Grösse und Gestalt nach ab, verbrennen darauf das Papier, und machen eine Tinte daraus, worauf sie einige [→] Characteres auf Jungfer = Pergament schreiben, und solche Characteres sollen den Menschen unsichtbar machen« (Zedler, s. o.). → Helmont nannte zwei Arten, die U. zu erreichen: einmal mit Hilfe des »Alkahest« genannten → menstruums, dessen Lösungskraft die lebende Materie durchsichtig machen sollte, ohne sie jedoch zu zerstören, andererseits durch Verblendung mit Hilfe des Teufels. Volkskundl. Quellen berichten über Morde, die verübt wurden, um zu Menschenherzen zu gelangen, deren Genuß U. verleihen sollte (K. Reiterer, Wildereraberglaube in der Ober-Stmk., Zs. f. österr. Volkskde. 1914, S. 175 f.).

439

VAMPIRE (aus d. Serb.; ältere Schreibung »Vampyre«), eine besonders in den Balkanländern einst sehr verbreitete Vorstellung, derzufolge Tote unter gewissen Umständen wiederkehren können, um Lebenden das Blut auszusaugen, bis der (unverweste) Leichnam ausgegraben und geköpft oder verbrannt wird. Dieser besonders in Ungarn, Serbien, Rumänien und Albanien bekannte Volksaberglaube ist nicht immer von der → Werwolf-Vorstellung zu trennen. Im 46. Band des Zedler-Lexikons (1745) wird dem V. breiter Raum gewidmet (8 Spalten mit reicher Kasuistik; »In Pohlen... Upierz und Uperzyca genennet...«), Sp. 481 eine umfangreiche Bibliographie von gelehrten Disputationen, Traktaten und Dissertationen geboten und im übrigen auf die Meinung hingewiesen, »es habe unter denen Leuten eine ansteckende Kranckheit graßiret, wodurch die Menschen plötzlich dahin gerissen worden. Weil aber solche Kranckheit auch ihre Phantasie verwirret, oder der Alp sich dabey gefunden, so sind sie auf die Einbildung gerathen, als würden sie von den Verstorbenen gedrückt, und ihnen das Blut ausgesogen«. Daß jedoch im 18. Jh. der Glaube an V. noch keineswegs erloschen war, zeigt die Berliner »Vossische Zeitung« 1755, Nr. 40 u. 55, wonach in Oberschlesien eine der Hexerei verdächtige Weibsperson nach ihrem Tod als Blutsäuferin umging und ihre Opfer zu V.n machte; sie wurde exhumiert und ihre Leiche vom Scharfrichter enthauptet (lt. Ansicht der Zeitung widerrechtlich und aus → Aberglauben).

Der »amtlich beglaubigten Nachricht über Vampyrismus« und der Schilderung dieser Erscheinung widmet J. Görres viele Seiten im 3. Band seiner »Christlichen Mystik« (S. 275 ff). Typisch ist z. B. der Bericht über den V., der zu Lebzeiten der Heiduck Arnod Paole von der Südgrenze Serbiens war. »Man habe ihn etwa 40 Tage nach seinem Tode ausgegraben und, — weil man seine Leiche ganz frisch und unverweset gefunden, auch ihm das ganze frische Blut zu den Augen, Mund und Nase herausgeflossen, ... überdem ihm neue Haut und Nägel statt der alten gewachsen, — für einen Vampyr erkannt. Als man darauf nach ihrer Gewohnheit ihm einen Pfahl durchs Herz getrieben, habe er ein wohlvernehmbares Geächze gethan, und ein häufiges Geblüt von sich gelassen, worauf sie den Köprer sogleich verbrannt, was auch den andern 4 von ihm Getödteten geschehen, weil Alle, die von den Vampyren geplagt und umgebracht würden, wieder zu Vampyren werden müßten«. Görres meint, daß das Verbrennen der Leichen der V. das einzige Heilmittel gegen diese »Seuche« sei, die »epidemisch von Zeit zu Zeit wiederkehrend... vorzüglich an den Stamm der Slaven sich knüpft«. Von 1812—28 stellte die V.-Sage mehrere Opernlibretti, darunter für Heinrich Marschner (1828). In die moderne Begriffswelt drang der V. »Dracula« durch das Buch des irischen Trivialschriftstellers Bram Stoker ein (1897, dt. 1926, 1967), der auch andere Schauerromane verfaßt hatte (zahlr. Verfilmungen), u. zw. basierend auf Büchern wie »The Vampyre« von

John W. Polidori, dem Leibarzt von Lord Byron. Stoker war Mitglied der 1887 gegründeten rosenkreuzerischen Gesellschaft »The Golden Dawn« und daher mit mag. Büchern vertraut. Als histor. Vobild der V.-Erzählung wird der siebenbürgische Türkenkämpfer Vlad Dracul (Tepes), »der Pfähler«, genannt, dessen Schloß im Fagarasului-Gebirge 1462 durch Sultan Mehmed den Eroberer zerstört wurde und der überaus grausam gewesen sein soll. Vgl. St. Hock: »Die Vampyrsagen und ihre Verwertung in der dt. Literatur«, Forschungen z. neueren Lit. Gesch., XVII, Berlin 1900, und die Anthologie »Von denen V. oder Menschensaugern«, München 1968; Montague Summers: »The Vampire«, London 1928. Die Vorstellung der V. hängt vielleicht zusammen mit der arab. der »Ghule«, d. s. böse → Dämonen, die in Ruinen hausen und einsamen Wanderern auflauern; wenn sie solche nicht finden, so graben sie nächtlich Tote aus und werden zu Leichenfressern. Vgl. R. Villeneuve, Loups-garous et vampires, Paris 1963.

GÖRRES 1960; GRAESSE 1843, S. 20—24; ZEDLER 1961—64

VENTER EQUINUM, Pferdemist, wurde von den Alchemisten beim Prozeß der → Transmutation (wohl wegen seiner Hitzeentwicklung durch den Gärungsprozeß als primitiver Thermostat) verwendet, um darin die → materia prima zur Putrefaktion zu bringen. Siggel 1951, S. 30 erwähnt einen alten arab. Decknamen für ein im Keller vergrabenes Gefäß als batn al-fars, d. h. Pferdebauch. Die Bezeichnung v. e. dürft somit auf die arab. Alchemie zurückgehen.

VENUS, der am Strand von Zypern aus dem Schaum des Meeres geborenen Göttin, entspricht in der → Alchemie das »kyprische« Metall Kupfer (→ Metallbezeichnungen). Astrolog. wird lt. Zedlers Lexikon Bd. 46/1745 »diesem Planeten die Herrschaft über die Nieren, Mutter und Geburts = Glieder, und seinem Einfluß die Kranckheiten, so diese Theile angreiffen, zugeschrieben... Dieser Planet soll den Menschen von vierzehenden Jahre bis auf das zwey und zwantzigste regieren [vgl. → Klimakterion], als in welcher Zeit die Buhlschafft angehet... Die V. ist ihrer Natur nach warm und feucht, doch wieder den Jupiter [d. h. im Gegensatz zu diesem] Weibisch temperiert, und in allen seinen Aspecten gütlich, wird Fortuna minor genennet. Die Weibsbilder macht er → schön, giebt ihnen ein rund Gesicht und Augen; formiert fast solche Leute, wie der Jupiter, welche aber dem Müßiggange und der Wollust ergeben sind. Wegen ihrer Wärme ist auch das Jahr, worinne sie regiert, ziemlich warm und geschwüle... Die Pflanzen und Gewächse, welche diese Planeten, der V., Eigenschafften an sich haben, nehmlich daß sie warm und feuchte sein sollen, sind der Sauerampfer, und wilde Poley, die Betonie, Ackermüntze, Kirschen, Erdbeere, Melisse, Krausemüntze, Dosten, Pöonien, Prunellen, Berberisbeer, das Storchsschnabel = Basilienkraut, und andere mehr. Die V. soll die Früchte gegen den Herbst reif machen, daher ihr auch die röthliche Farbe zugeeignet wird: Auf den [→] Medaillen erkennet man die V. an dem Apffel, welchen ihr Paris zuerkannt... Die V. soll insbesondere bey den wollüstigen, freundlichen und sanfftmüthigen Thieren würcken, als bey den Ziegen, Caninichen, Gemsen, Fasanen, Schwahnen, Rebhünern, Tauben u. Turteltauben; und bey folgenden Gewächsen, als bey den Frantzosen = Holtze [Gujak-Holz, ein altes Luesheilmittel], Glaskirschen, Pimpernüßlein, Lilien, Liebstöckel, Stendelwurtz, Seeblumen, usw.« P. Cochem (→ Mars) meint, die V. wäre ein »anmüthiger liebreicher planet, von welchem aller geruch und alle farb auff erden herkommt. Dan alle schönheit, so in den menschen, thieren, kräutern und blumen zu finden ist, kommet durch die stralen und würckung dieses himmlischen gestirns.« Für J. W. Pfaff 1816 ist die V. weiblich und regiert die menschl. Lebensjahre 15—22. »Ihrem Einfluß sind vornämlich unterworfen der Geruch; die Leber und das Fleisch. Sie lößt die Vergiftungen des Mars, wenn sie mehr beglückt ist als er, auf. Bezieht sich auf Weiber, Schwester, Weiberliebe, natürliches Zutrauen und Mitgefühl des Menschen; Ehre; Muße; Freude; künstliche Triebe; Sinn für Genuß; Billigkeit; beweglichen Sinn für Wissenschaft; Schwänke; unwahres Streben; sinnlicher Genuß im Übermaas; Wohlredenheit; alle verzierungen des Lebens.« — Die astrolog. Überlieferung verbindet mit der V. den Freitag (dies veneris, fr. vendredi), die orangerote Farbe, unter den → Edelsteinen den Opal und Smaragd, unter den Zeichen des → Zodiakus libra (Waage) und taurus (Stier). Ihr Einfluß wird als »erhöht« betrachtet im Zeichen pisces (Fische) und als »erniedrigt« in den der virgo (Jungfrau).

VETTIUS VALENS, röm. Astrologe des 2. Jhs., Verfasser astrolog. »Anthologien« (hrsg. von Kroll), nannte sich »Soldat des Fatums« und war von der Determiniertheit des Schicksals überzeugt, weshalb er Opfer für die Götter als überflüssig bezeichnete; »es ist unmöglich, durch Opfergaben abändern zu wollen, was bereits von Anbeginn der Zeiten an feststeht«. Er bezeichnete den idealen Sternkundigen als einen »Steuermann des Lebens, guten Ratgeber, untrüglichen Propheten des astralen Schicksals und einen Mysten der göttl. Wissenschaft«. V. V. berichtet, daß er sich um die Erstellung eines neuen Kanons der Sonnen- und Mondfinsternis bemüht habe, aus Zeitmangel jedoch auf die Ergebnisse des Hipparchos betr. die Sonne, bzw. auf jene des Apollonios und der → Chaldäer Soudines und Kidenas betr. den Mond zurückgreifen mußte.

CUMONT 1960

442

VIGENÈRE, Blaise de, 1523—96, fr. Historiker, Philologe und Alchemist, dem die erstmalige Darstellung der Benzoë-Säure zugeschrieben wird. Außer mit chem. Übungen (»Traicté du feu et du sel«, 1618) befaßte sich V. mit Geheimschriften (»Traité des chiffres, ou sécrète manière d'écrire«, Paris 1587) und mit Kabbalistik, wie die dem Buch → Sohar entnommenen Anmerkungen zu seinen Übersetzungen von Büchern des A. T. zeigen.

VILLARS, eigentl. N. de Montfaucon de Villarceaux (auch Abbé Montfaucon de Villard), fr. Schriftsteller, ca. 1638—73, Autor des einst vieldiskutierten Buches »Comte de Gabalis, ou entretiens sur les sciences secrètes«, über das Zedlers Lexikon Bd. 48/1746 berichtet: »In dieser Schrifft hat er des Theophrastus (→) Paracelsus Meynung, daß ausser den Engeln und Teufeln noch andere Geister wären, behandeln wollen... darinnen eine erdichtete Republik der Geister vorgestellet wird... Da man aber eines theils nicht wuste, ob der Verfasser nur Schertzweise, oder im Ernste dergleichen Dinge auf die Bahn gebracht, ... wurde die Schrifft confisciret, und ihm selber die Cantzel verboten. Rapin meinet, die in in diesen Entretiens stehende Phantasien schrieben sich aus der Schule des Pythagoras her. Wenigstens ist so viel gewiß, daß der Abt Villarceaux den Raymund Lullius, Albert Magnus, Picus de Mirandola und alle übrige Schrift = Steller selbiger Meynungen vollkommen innen gehabt hat«. Peuckert 1967, S. 497 ff., ist der Ansicht, daß der Abbé de Villarceaux den comte de Gabalis, einen »comte des Gabalismus« als Mitglied einer unsichtbaren Loge von Weisen »gedichtet hat«. Von dieser Schrift hänge Georg von Welling, der Autor des Opus magico-cabbalisticum, sowie die spätere roman- und märchenhafte Umformung der magia naturalis ab.

Noch heute wird darüber diskutiert, ob V. die Geisteswelt der »Hermetiker« in seinem Comte de Gabalis nicht bloß ironisieren wollte; zwei weitere Teile des Buches, »Les Genies assistans et les Gnomes irreconciliables« und »Nouveaux entretiens sur les sciences secrètes, touchant la nouvelle philosophie« gelten als weniger originell. Die Bücher erschienen 1715 und 1732 zu Amsterdam im Druck (dt. Ausg. Berlin 1782). Andere Bücher von V. (L' amour sans soiblesse; Critique des Pensées de Pascal) wurden nicht sehr bekannt. V. wurde 1673 auf dem Weg von Paris nach Lyon von Straßenräubern ermordet. »Man pflegte Schertzweise zu sagen, daß ihn die verkappten Gnomes oder Sylphes, oder die bösen Geister aus dem Wege geräumet, weil er ihre Heimlichkeiten entdecket« (Zedler, op. cit.). Vgl. → Elementargeister.

Vgl. auch Frick, die Erleuchteten, Graz 1973, S. 264 u. 431 f., unter der Namensform Montfaucon de Villars, Nicolas Pierre Henri de; ders., Licht und Finsternis 1, Graz 1975, S. 431.

VINCENTIUS BELLOVACENSIS (Vinzenz von Beauvais), ca. 1190 bis 1264, berühmter Theologe, Philosoph und Polyhistor aus dem Dominikanerorden, war mit König Ludwig IX. befreundet; V. wirkte wahrscheinl. als Vorleser und Prinzenerzieher an dessen Hof. Er stellte eine umfassende Quellensammlung zusammen, die eine »summa« des mittelalterl. Wissens darstellt, und zwar die drei Bände »Speculum historiale (Profan- und Kirchengeschichte), Speculum naturale (Naturwissenschaft) und Speculum doctrinale (theoret. Wissenschaften). Von unbekannter Hand wurde ein Speculum morale hinzugefügt, und das nunmehr vierteilige Werk (Speculum quadruplex) gilt mit Recht als wertvoller Querschnitt durch das gesamte dem MA. zugängliche Wissensmaterial: Ausg.: Straßbg. 1473—76 in 7 Bden., Douai 1624 in 4 Bden., davon Ndr. Graz 1965. In Speculum naturale, 7. Buch, ist u. a. über die → Alchemie die Rede, vor allem nach arab. Quellen (De duplici factura elixir; de complemento elixir albi et citrini sive rubei; qualiter per hunc lapidem fiat metallorum transmutatio etc.), im 8. Buch über die → Edelsteine, in den anderen Bänden über den → Hexenglauben, die Dämonen u. a. (vgl. → Wilhelm von Paris). Häufig zitiert wird → Albertus Magnus, machmal auch bereits → Thomas von Aquin. Bibliographie: vgl. Überwegs Grundriß d. Phil. II (Geyer), S. 733.

VIRDUNG, Johannes, (auch Fordung), dt. → Astronomus des 16. Jhs., Autor mehrerer einst viel beachteter Prognostika wie etwa die »Practica Teütsch«, Oppenheim 1522, war aus Haßfurt gebürtig und lebte in Heidelberg. Sein Werk, das viel Katastrophenfurcht hervorrief, sagte für 1524 große Nöte voraus (→ coniunctio aurea). Der Titel der lat. Ausg., Oppenheim 1521, lautet »De stupendis planetarum coniunctionibus ann. 24 futuris«. Weitere Werke sind u. a. »Practica von 1543 bis 1564«, Straßbg. 1523; »Tabulae resolutae de supputandis siderum motibus«, Nürnbg. 1542; »Practica von dem Entcrist« (Antichrist), o. O., o. J. — Vgl. L. Thorndike, Johannes V. of Hassfurt again, in: Isis 25/1936, S. 363 ff. — Vgl. → Lichtenberger.

MAHAL 1980, 79 f.

»VITRIOL«, alchemist. Symbolwort für den Prozeß der → Transmutation, nach → Basilius Valentinus gebildet aus den Anfangsbuchstaben der sieben Wörter »Visita Inferiora Terrae Rectificando Invenies Occultum Lapidem«, d. h. suche das Untere der Erde auf, vervollkommne es und du wirst den verborgenen Stein finden. Im chem. Sinne ist V. die alte Bezeichnung aller wasserlösl. schwefelsauren Salze (Sulfate) von zweiwertigen Schwermetallen, etwa von Zink, Kupfer (Blauer V.), Eisen, Kobalt, Nickel, u. a. — V.-Öl ist die alte Bezeichnung der Schwefelsäure. Zedlers Lexikon Bd. 49/1746 nennt noch folgende Bezeichnungen: Filius unicus, Leo oriens, Atramentum, Sal astrale, Sal cen-

Practica
Teütsch.

Ber die neüwe erschröckliche: vor nie gesehen: Coniunction / oder zůsammenuereinigůg der Planeten Jm Jare M CCCCC XXIIII zůkünfftig. Zů ehrē dē Großmechtigstē / vnüberwintlichē herrē der welt / dē götlichē Kāyser vnd Römischen Kőnig zē. C.arolo dem v. Vnd auch etlicher Churfürsten nemlich dem Durchleüchtigsten Fürsten vnd herren / herrē Ludwigen Pfalzgrauen vnd Churfürsten zē. Vnder welcher beschirmung der werck meinster dieser Practic nemlich Meinster Johann Virdung vonn Haßfürt Mathematicus erneret wirt.

Diß Practica wirdt werē bey den Fierzig jaren ongeuerlich

¶ Auß gnadē des aller Großmechtigstē Römischen Keisers Caroli des v. bei penex marck Golts Innerhalbe vi. Jaren nit nach zůrücken. ¶ Gedruckt zů Oppenheym.

VIRDUNG: Titelseite der »Practica Teütsch«, Oppenheim 1521, betr. die → coniunctio aurea von 1524 (→ Practica)

trale omnium rerum mineralium usw. (hier über 100 Seiten versch. Angaben, bes. Rezepturen). Die Vitriol-Formel wird hier etwas abweichend zitiert: Visitetis Interiorae Terrae Rectificando, Invenietis Occultum Lapidem, Veram Medicinam (oder Verum Metallum). Bei Zedler wird deutlich, daß der Ausdruck V. vieldeutig ist und man vielfach nicht weiß, was die Alchemisten »eigentlich beleget haben«. Er zitiert Heinrich Pantaleon (1522—95, u. a. Übersetzer des → Cardanus), der sich für die Beachtung der symbol. Bedeutung des Wortes einsetzt: »Die nächst erwehlte Materie der gemeinen Alchymisten ist vor etlichen Jahren gewesen: der Vitriol oder das Kupferwasser in seiner gantzen Substanz; daß sie aber nichts herausgebracht, ist die Ursache, weil sie alles von gemeinen Vitriole verstanden... Sie haben aber, was das vorgenommene Werck [→ magnum opus] angelanget, zwar eine Tinctur bekommen, aber für Tücher, und nicht auf die Metalle, und zum Endzwecke Kupfer an statt des Goldes, dieweil sie das Visitando Interiora Terrae nicht besser verstanden«. — Über anagrammat. Umbildungen des Wortes V. (Viromulti usw.) → Materia Prima. — »Weißer V.« wurde meist für das Bittersalz, $MgSO_4$, gebraucht, das medizin. ähnl. wie das Glaubersalz (→ Glauber) als Abführmittel verwendet wird. Bei Lippmann 1919, S. 469, ist V. als »unreines, eisenhaltiges Kupfersulfat aus zersetztem Pyrit« beschrieben.

SPUNDA 1941, ZEDLER 1961—64

VOLKSMEDIZIN, im Gegensatz zur »Schulmedizin«, die auf den Hochschulen gelehrt wird, die unorthodoxe Heilkunde vor allem der Bauern; sie kennzeichnet sich einerseits durch eine oft überraschende Kenntnis der Drogenpflanzen, andererseits aber auch durch häufige Verwendung irrationaler Heilmittel, etwa durch Arzneipflanzen, deren Wirksamkeit aus der alten → Signaturenlehre abgeleitet ist. Abergläubische Vorstellungen im Sinne eines parallellaufenden »Dahinschwindens« von Krankheit und tierischem »Heilmittel« führen z. B. dazu, daß bei Wassersucht dem Kranken Schnecken auf den Bauch oder ein Krebs auf den Rücken gebunden wird, bis diese Tiere absterben und verfaulen. Manche Tiere sollen die Kraft haben, Krankheiten an sich zu ziehen, etwa Kreuzschnäbel, Gimpel oder Kanarienvögel, die man in Käfigen in Krankenzimmer hängt. Eine große Rolle in der V. spielen Blut und Fett, etwa Hundefett gegen Lungenleiden, Bocksblut gegen Impotenz. Häufig werden → Amulette verwendet, vor allem gegen Fieber, Epilepsie, schwere Geburt.

Irrationale Heilmittel dieser Art werden im MA. und später auch in der Schulmedizin nicht unbekannt, blieben aber in der V. bis in die neueste Zeit, vor allem in entlegeneren Gebieten, in Gebrauch. — Über die Rolle von Segensformeln in der V. vgl. Franz 1960, Bd. 2, S. 399 ff. — Das Verdienst, die V. nicht nur für → Aberglauben gehalten und z. T. in die Heilkunst aufgenommen zu

— 16 —

seyn, im Namen Gottes Vaters, des Sohnes und des heil. Geistes. Amen.

Wunden zu verbinden, sie mögen seyn wie sie wollen.

Sprich also: Die Wunde verbinde ich in drei Namen, daß an dich nimmst, Blut, Waffen, Schwinden, Geschwulst und Alles, was der Geschwulst Schaden seyn mag, im Namen der heil. Dreifaltigkeit, und das muß breimal gesprochen werden, fahre mit einen Faden breimal un die Wunde herum, lege es unter der rechten Ecke gegen der Sonne und sprich: Ich lege dich dahin † † † daß du an dich nimmst Gliedwasser, Geschwulst und Eiter, und alles was der Wunde Schaden seyn mag. † † † Amen.

Bete einen Vater unser und das wollte Gott.

Den Schmerzen zu nehmen an einer frischen Wunden.

Unser lieber Herr Jesus Christus hat viele Beulen und Wunden gehabt, und doch

— 17 —

keine verbunden, sie wachen nicht, sie geschwären nicht, sie geben auch keinen Eiter. Jonas war blind, sprach das himmlische Kind, so wahr die heil. 5 Wunden geschlagen sind, sie zerinnen nicht, sie geschwären nicht, daraus nehme ich Wasser und Blut, das ist vor alle Wunden Schaben gut, heilig ist der Mann, der allen Schaben und Wunden heilen kann. † † † Amen.

Vor alles Böse.

Herr Jesu deine Wunden roth stehen mir vor dem Tob.

Wenn der Mensch Würmer im Leibe hat.

Petrus und Jesus fuhren aus dem Acker, ackert drei Furchen, ackert auf drei Würmer, der eine ist weiß, der andere ist schwarz und der britte ist roth, da sind alle Würmer todt, im Namen † † † sprich diese Worte dreimal.

VOLKSMEDIZIN: Textseiten aus dem »Romanus-Büchlein« genannten Zauberbuch mit Segensprüchen

haben, kommt in erster Linie → Paracelsus zu. Ihren literar. Niederschlag fand die V. vor allem in den zahlr. Kräuterbüchern, etwa in jenen von Johannes Philippus de Lignamine (1483), Guilelmus de Papia und Leonardus Achates (1491), Otto Brunfels (1530—31; 1536; dt. 1532, Ndr. München 1964; 1537), H. Bock (1539, 1546, 1551, 1552, 1556, 1572, davon Ndr. München 1964, 1580 u. ö.), L. Fuchs (1543, besonders beliebt: dt. 1543, Basel, Ndr. München 1964), J. Camerarius (1596, 1588), J. Theodor = Tabernaemontanus (1588 bis 1591, 1613, 1625), P. Mattioli (1554; besonders beliebt Ausg. 1565) und J. d'Aléchamps (1586, 1587). Vgl. W. L. Schreiber: Die Kräuterbücher des 15. u. 16. Jhs., München 1924. Sehr verbreitet waren Kräuterbücher unter dem Titel »Hortus Sanitatis« (dt. Garten der Gesundheit, Mainz 1485, mehrere Ausg. und Übersetzungen, Ndr. München 1966). Der Inhalt des in mehreren Handschriften erhaltenen »Tacuinum Sanitatis im Medicina« verbindet V. mit galenischer Schulmedizin und ist volkskundl. und kulturhistor. von größtem Interesse (Faks.-Ausg. des Exemplars der Österr. Nationalbibliothek: Graz 1966).

— Bei Regino von Prüm (Ndr. 1964, S. 357) heißt es: »Non licet in collectione herbarum medicinalium aliquas observationes vel incantationes attendere...« Die Verbindung von Kräuterkenntnis und abergläubischen Riten wurde also von der Kirche als sündhaft gewertet. Vgl. auch → Sympathie; volkskundl. Material bei Grimm, Dt. Mythologie, Ndr. 1953, Kap. XXXVI und XXXVII. Vgl. auch H. Löhr, Aberglaube und Medizin, 1940; P. Diepgen, Deutsche Volksmedizin, Stuttg. 1935.

BIEDERMANN 1986; BUSCHAN 1942; FISCHER 1967; FRANZ 1960; GRABNER 1967; HOVORKA-KRONFELD 1908; KIRCHNER 1952/53; MOST 1843—44, Ndr. Graz 1973, 1984; STEMPLINGER 1948

WAFFENSALBE, ein Zaubermittel des Soldatenaberglaubens, wird u. a. von → Flemming (S. 355—56) beschrieben. Mit ihrer Hilfe könne man alle frischen Wunden heilen, »wenn man gleich den Menschen nicht erreichen kan, sondern allein die Waffen hat, damit er blessirt ist, und nur die Waffen damit schmieret«. Die W. besteht aus Ingredienzien wie Ebersalz (?), Bärenschmalz, Regenwürmern, Blutstein, Moos aus einem hohen Totenkopf (→ Festmachen) u. ähnl. Dingen. Schüttet man ein Pulver aus Sandel und Blutstein auf eine erwärmte Klinge, mit der ein Mensch verwundet wurde, so kann man sehen, ob er genesen wird; dann nämlich, wenn die Klinge nicht Blut zu schwitzen beginnt. Will man einen Patienten auf diese Weise heilen, auch wenn er meilenweit entfernt ist, so muß die Waffe, die ihn verwundet hat, oft gesalbt werden. Setzt man jedoch diese Waffe dem Wind aus, so bekommt der Verwundete Schmerzen. Ein mag. Zusammenhang — wohl durch das Blut des Verletzten — zwischen der Waffe und dem von ihr Verwundeten wurde also noch 1726 als erwiesen angesehen. Ausführl. ist darüber auch in Zedlers Lexikon Bd. 52/1747 die Rede (Sp. 547 bis 557), wo jedoch auch die Meinung einiger Autoren zitiert wird, der zufolge die Wirkung der W. »in einem Selbstbetruge, indem man sich einbildet, daß die Heilung von der Salbe komme, die doch blos von den ordentlichen Kräfften des natürlichen Leibes herrühret« erklärt wird. Vgl. auch M. Kronfeld, Der Krieg im Aberglauben und Volksglauben, München 1915; → Mumie.

WAGNER, Christophorus, Famulus des Dr. → Faust, scheint als Hauptperson eines 1593 erschienenen Volksbuches unter dem Titel »Ander Theil D. Johan Fausti Historien/ darinn beschrieben ist Christophori Wageners Pact mit dem Teuffel« etc. auf; das Weltbild des anonymen Autors ist »neuplatonisch; wenn er Zauberbücher nennt, so sind es die Heroen der adeptischen und hermetischen Schule, aber dann klingen predigthafte Züge durch. Zauberer sind Teufelsbündler, doch nicht wenige von den Künsten W.s werden mit einer gewissen Freude erzählt« (Peuckert 1967, S. 104).

WAGNERECK, Baron Heinrich v., dt. Alchemist des 17. Jhs., der in Süddeutschland umherreiste und von 1680—83 mehrere → Transmutationen durchgeführt haben soll. W. ist nicht zu verwechseln mit dem Theologen und Philosophen Heinrich Wagnereck (auch Wangnereck, Wangeneck, 1595—1664), der an der Akademie von Dillingen Vorlesungen hielt und Jesuit war. Schmieder (1832, 1927) bezeichnet W. zus. mit → Setonius, → Philaletha, → Lascaris und → Sehfeld als die einzigen ihm bekannt gewordenen »wahren Adepten«, d. h. Eingeweihten in die Kunst der → Alchemie.

KIESEWETTER 1895/1977, 146 f.

WALCHIN (Walch, auch Wallich, Wallichin), Dorothea Juliana, dt. ev. Alchemistin des 17.—18. Jhs., aus Thüringen stammend. In Zedlers Lexikon wird sie als »ein in der Chymie erfahrenes Weibs = Bilde« bezeichnet. Unter ihrem Namen erschien ein Traktat mit dem Titel »Mineralische Gluten, Doppelter Schlangen = Stab, Mercurius Philosophorum langer und Kurtzer Weg zur Universal = Tinctur«, Leipzig 1705, das jedoch wahrscheinl. nicht von ihr, sondern von ihrem Vater stammen dürfte (briefl. Mitteilung von G. Heym, London). Weiters schrieb sie einen Kommentar zum »Viridiarum« des → Stoltzius: »Schlüssel zu dem Cabinet der geheimen Schatz = Kammer der Natur«, Leipzig 1706, 1722; »Der Philosophische Perlen = Baum, das Gewächse der drey Principien, zu deutlicher Erklärung des Steins der Weisen«, Leipzig 1705, 1722.

WALPURGISNACHT, die Nacht vor dem der hl. Äbtissin Walpurga († 763) geweihten 1. Mai, ist nach dt. Volksglauben Hauptfest der Hexen (→ Synagoga diabolica) auf Berggipfeln (»Es solln darin die Hexen einen Ritt nach dem Blox = Berge thun, um der dortigen Hexen = Versammlung beizuwohnen«, Zedlers Lexikon Bd. 52/1747, Sp. 1781). Mannhardt (Baumkultus, Leipzig 1875) verweist auf Sagen, denen zufolge Walpurga (ähnl. wie die Holzweiblein u. a. Baumgeister) in dieser Zeit von bösen Geistern verfolgt wird und bei Menschen Schutz sucht. → Praetorius schreibt in seiner Blokkes = Berges Verrichtung (Leipzig 1699, Ndr. Leipzig/Hanau 1968, S. 527) über die Verknüpfung der großen Hexenfahrt mit Walpurga, die Heilige wäre selbst die Ursache dafür, »Indem sie, wie sie noch am Leben gewesen, durch ihre Heiligkeit dem Teuffel sich gewaltig zuwider gesetzet, und für andere Weiber bestürmet hat. Hierdurch mag der Teuffel etwann Anlaß genommen haben, ihren Feyertag mit seinen Burschen zu schimpffieren, und durch alle Jahr dafür Abrechnung (zu) halten«. Praetorius weist auch auf andere Erklärungen hin, etwa auf »Heidnische Götzen = Opffer« zu Ehren der Lares und Praestites am 1. Mai; »Noch ferner kan die Zeit auch selbsten verdächtig seyn, indem die Weibs = Bilder, die grösseste Lust und Geilheit im Majo befinden sollen« usw. Tatsächlich ist die Nacht vor dem 1. Mai als vorchristl. Frühlingsfest wohl älter als die Heiligsprechung der Äbtissin Walpurga und ihr Name erst sekundär mit den später »verteufelten« Berggipfelriten aus älterer Epoche verknüpft worden (→ Hexenglauben). Andere der hl. Walpurga geweihte Tage als jener ihrer Heiligsprechung (1. Mai) sind der 25. Februar (Todestag) und der 4. August (der Tag ihrer Abreise aus England nach Rom, 720).

Vgl. A. Droß, Die erste Walpurgisnacht, Hexenverfolgung in Deutschland (bes. S. 57 ff. über die sagenhafte Orgiastik des Hexensabbats), TB, Reinbek 1978.

WALPURGISNACHT: Detail aus Martin le Franc, »Le Champion des Dames«, Manuskript aus dem Jahr 1451, als »älteste bekannte Darstellung auf dem Besen fliegender Hexen« bezeichnet (n. Zacharias 1970)

WASSERPROBE, iudicium (proba) aquae frigidae, »Hexenbad«, eine auch bei
→ Hexenprozessen angewendete Art des Gottesurteils (iudicium dei, Ordal).
Die W. geht auf den vorchristl. Glauben von der Reinheit des Elementes zurück,
das keinen Verbrecher in sich aufnehmen könne. Wer untersinkt, hat dadurch
seine Unschuld bewiesen; der auf dem Wasser Schwimmende, dessen Arme und
Beine gefesselt sind, gilt jedoch als schuldig. Im Jahr 829 wurde die aus dem
alten Volksrecht stammende W. durch Kaiser Ludwig den Frommen untersagt,
konnte jedoch nicht völlig unterdrückt werden; andere Autoritäten (z. B. Hink-
mar von Reims) suchten diese Prozedur zu rechtfertigen. Im MA. wurde sie
häufig angewendet, wenn Unfreie oder Arme angeklagt waren (Sachsen- u.
Schwabenspiegel), seltener bei Freien und Adeligen. Dem angelsächsichen
Gesetz Aethelstans zufolge galt die Unschuld erst dann als erwiesen, wenn der
Angeklagte eineinhalb Ellen unter die Wasseroberfläche sank, anderenorts
begnügte man sich, wenn sein Kopf mit Wasser bedeckt war. Er wurde dann an
einem Strick aus dem Wasser gezogen und freigesprochen. — Ethnograph. und
antike Belege für ähnl. Vorstellungen s. bei W. R. Halliday, Greek Divination,
1913 (Ndr. Chicago 1967), S. 110 ff.

Als die W. aus dem gerichtl. Verfahren bereits fast verschwunden war,
brachten ihr die Hexenprozesse vom 15. bis zum 17. Jahrhundert neue Beachtung. Der engl. König Jakob I. (1566—1625), Autor einer einst vielbeachteten
»Daemonologie« (1597; davon Ndr. der Edinburgh University Press, 1966)
schreibt über die W., Gott habe als »übernatürliches Zeichen der ungeheuren
Gottlosigkeit der Hexen angeordnet, daß das Wasser jene in seinen Schoß aufzunehmen widerstrebt, die das hl. Wasser der Taufe von sich abgeschüttelt
haben«. Eine besondere Art der Fesselung erwähnt J. Görres 1880 (1960): dabei
wurde der Daumen der linken Hand an die Großzehe des rechten Fußes, der
rechte Daumen an die Großzehe des linken Fußes gebunden; das Untertauchen
des an losen Seilen festgehaltenen Beschuldigten mußte dreimal erfolgen. Sehr
geringes Gewicht bei der Abwaage (probatio per pondera) von Verdächtigen
wurde ebenfalls als Schuldbeweis angesehen, im Sinne der Schrift des Scribonius von Marburg (Marbg. 1588), die besagt: der Satan, spezifisch gleich der
Luft an Leichtigkeit, teilt den Gebundenen seine negative Schwere mit und
erhält sie dadurch auf dem Wasser schwimmend, wenn sie sich auch bemühen,
im Wasser unterzutauchen. Vgl. Jacobi Rickii de proba ut loquuntur aquae frigidae, Frankf./Leipz. 1686; Grimm Ndr. 1953, S. 899 führt eine Stelle bei Plinius VII, 2 an, aus der sich das hohe Alter der Grundidee der W. ergibt: sie
besagt, daß Zauberer nicht untergehen können (non posse mergi). Die Univ.
Leyden äußerte sich 1594 ablehnend gegen die W.: Es komme vor, »daß manche
Frauen, aber auch Männer, große und breite Hüftknochen und ausladende
Schulterblätter haben. Diese geben den betreffenden Personen, wenn ihre

Hände und Füße kreuzweise zusammengebunden werden, die Form eines
Kahns, der geeignet ist, im Wasser zu treiben. Außerdem halten diese Frauen
oder Männer, wenn sie derart gebunden ins Wasser geworfen werden, aus
Furcht vor dem Ertrinken den Atem an« (pumpen also die Lungen voll Luft)...
So ist es denn für den Richter höchst bedenklich, jemanden wegen des Schwim-
mens im Wasser der Zauberei zu beschuldigen und zum Tode zu verurteilen
(Baschwitz 346 f.).

Im Jahr 1601 erging ein »arrêt« des Pariser Parlaments, das die W. verbot.
Byloff 1934 erwähnt u. a. Akten des Bannrichters Georg Vill in Friedau, dem
1676 von der Regierung die Anwendung der W. verboten wurde: ein »später
Beleg für den Fortbestand dieses uralten, schon im Codex Hammurabi verbürg-
ten Ordals«, das in Holstein noch 1706 belegt ist. »Der Okkultist C. du Prel
erklärt das leichte Gewicht der Hexen als Tatsache [Levitations-Phänomen!]
und führt auch die Hexenwaagen in Oudewater [bis 1754!] und Szegedin darauf
zurück« (S. 121). Ein später Beleg für den Gebrauch der Hexenwaage ist lt. Zedlers Lexikon Bd. 61/1749 die Nachricht »in denen Wienerischen Zeitungen vom
Jahre 1728 in der 67. Nummer«, die berichtet: »Da unlängst hier zu Segedin verschiedene Personen wegen beschuldigter Hexerey gefänglich eingezogen worden, hat man sie nach hiesigem Gebrauch zur Probe gebracht. Nehmlich nachdem sie auf dem Wasser gleich einem Pantoffel = Holtz geschwummen, wurden
sie auf eine Wage geleget, um sie zu wägen; dabey denn zu verwundern, daß ein
grosses und dickes Weib nicht mehr, als 1 ½ Loth, ihr Mann, so auch nicht von
den kleinsten war, nur 5 Quentgen, die übrigen aber durchgehends entweder
1 Loth oder 3 Quentlein, und noch weniger gewogen haben. Darauf wurden
den 13ten Jun. Freytages 13 Personen, 6 Hexen = Meister, 7 Hexen, lebendig
verbrannt«. Vgl. J. Grimm, Dt. Rechtsaltertümer, S. 925; → Ponderation.

WEBSTER, John, engl. Autor der 2. Hälfte des 17. Jhs., Pfarrer in Kildwich, der
später auch als Arzt praktizierte. W. schrieb u. a. ein bekanntes Buch mit dem
Titel »The Displaying of Supposed Witchcraft«, 1673, 1677, 1697, in dem der
Verf. gegen die Abhandlungen von → Casaubon, → Glanvil und H. More (dem
»Platoniker«, 1614—87) opponiert. »Herr Webster hat in dieser Schrifft dasjenige weitläufftiger ausgeführt, was sein Landsmann Johann Wagstaff [»Que-
stion of Witchcraft Debated«, 1669, 1671] auf eine compendieuse Art vor ihm
zu behaupten bemühet gewesen, daß es nemlich keine leibliche Bündnisse mit
dem Teufel, Verwandelungen und Bezauberung gebe. Der berühmte [→] Christian Thomasius hat diese Schrifft ins Deutsche übersetzen lassen und 1719 zu
Halle in 4. mit einer Vorrede herausgegeben«. (Zedlers Lexikon Bd. 53/1747).
W. ist wahrscheinlich identisch mit dem Autor von »Metallographia; or, An
History of Metals«, London 1671.

WEIGEL, Valentin (1533—88), Pfarrer zu Zschopau (Chemnitz), theosophischer Schwärmer, dessen myst.-theolog. Spekulationen, auf dem Weltbild des → Paracelsus fußend, in Deutschland im 17. Jh. viel Aufsehen erregten. W.s Anhänger (die »Weigelianer«) forderten vielfach gewaltsames Einschreiten der Obrigkeit heraus. W. betonte gegenüber der orthodoxen Buchstabengläubigkeit das »innere Licht«, das allein Erkenntnis zu verleihen vermöge, und eine »Neugeburt in Christo«.

Diese Weltschau übte großen Einfluß auf den Mystiker Jakob Böhme (1575—1624) und dessen »Theosophia relevata« (7 Bde., Amsterdam 1730—31, Ndr. Stuttgt. 1955 f.) aus. Es ist heute nicht mehr leicht möglich, W.s echte Schriften von den ihm unterschobenen bzw. unter seinem Namen veröffentlichten zu unterscheiden, da sie zum überwiegenden Teil erst lange nach seinem Tode (ab 1609) veröffentlicht wurden; zweifellos wollte W. durch sein Schweigen Schwierigkeiten mit der kirchl. Autorität vermeiden. Seine Schriften enthalten neben Mystischem auch Magisches, so etwa Erwähnungen der → Elementargeister, die »nicht auß Adam kommen, (sie) sind nicht Menschen, auch nicht Viehe, sondern halten sich im Mitteltheil« (Gnothi seautón, Kap. 3). Vgl. Peuckert 1956, S. 290—310 und (bibliograph. Hinweise) S. 465 f. Bedeutung erlangten weiters u. a. »Der güldene Gryff: das ist, Anleitung alle Dinge ohne Irrthum zu erkennen« (Halle 1616, 1697 u. ö.), »Philosophia Mystica« (Neustadt 1618), das unter dem Pseud. Udalricus Wegweiser Utopiensis veröffentlichte Buch »Tractatus de Opere Mirabili, Arcanum omnium Arcanorum« und die unter W.s Namen veröffentlichte Übersetzung eines alchemist. Werkes »Vellus Aureum, & Chrysopaeia Maior & Minor, das ist: Gülden = Vließ, und Gold = Erzielungs = Kunst, oder grosse und kleine Gold = Erziehungs = Kunst Johannis Augurelli...«, Hamburg 1716. — Im 18. Jh. wurde W. häufig als »Theosophus und Rosen = Creutz = Bruder« bezeichnet. Ausführl. Darstellung in Zedlers Lexikon Bd. 54/1747, Sp. 293—326.

WELLING, Georgius von, dt. »Hermetiker« des 18. Jhs., Autor des seinerzeit berühmtes »Opus Mago-Cabbalisticum et Theosophicum«, Hambg. 1735, in dem lt. Zedlers Lexikon »der Ursprung, Natur, Eigenschafften und Gebrauch des Saltzes, Schwefels und Mercurii in 3 Theilen beschrieben« werden. In dem Werk W.s lebt die Drei-Elemente-Lehre des → Paracelsus fort. Es befaßt sich ferner mit Astrologie als einer »in der Natur gegründeten und erlaubten Wissenschaft, obgleich... (manche) Theologen... dieselbe als unzuverlässig und teuflisch ausschreien und verketzern«. Die Kabbala ist für W. (Peuckert 1967, S. 516) »eine geistliche, christliche Wissenschaft, ist die Erkenntnis und das Begreifen der 'Geheimnisse' der Dinge, indem man von der Bibel, speziell vom Neuen Testamente ausgeht«, denn (lt. Welling): »Die Jüdische Cabbala ist nichts als ein Mißbrauch Göttlicher Namen, fast in allen Stücken«. Goethe wurde mit diesem einst sehr verbreiteten Buch 1769 vertraut, als ihn der Arzt Dr. Metz in den Zirkel des Fräuleins Susanne von Klettenberg einführte.

ROSENBERG 1949

WELTZEITALTER, in der astrolog. Geschichtsbetrachtung der Zeitraum von ca. 2100 Jahren, der einem Zwölftel des »Platonischen Jahres« von etwa 26000 Jahren gleichkommt. Der Frühlingspunkt (Schnittpunkt, Äquator-Ekliptik, im irdischen Jahr Frühlings-Tag- u. Nachtgleiche, 21. März) wandert infolge einer Kreiselbewegung der Erdachse langsam durch die Tierkreiszeichen (»Präzession«) und durchmißt in 72 Jahren 1 ° des vollen Kreises. Schon Hipparch von Samos (um 146 v. Chr.) und vor ihm wahrscheinl. schon der → Chaldäer Kidinnu (gr. Kidenas, um 314 v. Chr. [n. Gressmann 1925]) bemerkten, daß sich dadurch die astrolog. Tierkreisfelder nicht mit den echten Sternbildern decken. Im Laufe von 25920 Jahren durchwandert der Frühlingspunkt (in der umgekehrten Richtung) den ganzen Zodiakus, wobei er während eines »W.« jeweils in einem Tierkreisfeld bleibt. Die im Laufe der Kulturgesch. zugängl. letzten drei W. oder »kleinen Weltenjahre« sind jene des Stieres (ca. 4350 v. Chr. — ca. 2250 v. Chr.), des Widders (ca. 2250 v. Chr. — ca. 150 v. Chr.), der Fische (ca. 150 v. Chr. — ca. 1950 n. Chr.) und des Wassermannes (ca. 1950— ca. 4050). Kulturhistor. Deutungsmöglichkeiten liegen nahe und wurden oft angeboten: Stier-Zeitalter (Stierkulte, Mesopotamien und Ägypten), Widder-Zeitalter (Goldenes Vlies, Widder-Opfer Abrahams, widdergehörnter Alexander d. Gr.), Fische-Zeitalter (Ichthys-Symbol des frühen Christentums) und Wassermann-Zeitalter mit »leidenschaftlicher Intellektualität« (Rosenberg 1949) sollen in den kosmischen Symbolen den geistigen Werdegang der Menschheit widerspiegeln. Zusammenfassung: A. Rosenberg, Durchbruch zur Zukunft, München-Planegg 1958. — Einen Versuch, die Präzession des Frühlingspunktes durch die Zeichen des → Zodiakus als Schlüssel für eine Vielzahl von alten Mythen aufzufassen, enthält das Werk »Hamlet's Mill« von G. de Santillana und H. v. Dechend, Boston 1969. Vgl. → Chronokratorien.

ROSENBERG 1949; PEUCKERT 1960, S. 244 ff.

WERWOLF, d. h. Mann-Wolf (ahd. wĕr = Mann, wurzelverwandt mit lat. vir; in älteren Büchern durch Volksetymologie Wehr- oder Bärwolf); die Vorstellung, daß Menschen sich zu gewissen Zeiten bzw. Mondphasen unter dämon. Einfluß in einen Wolf verwandeln, ist schon in der Antike bezeugt (gr. Lykanthropos, lat. versipellis; vgl. auch Ovids Metamorphosen I, 210—35, wo vom Arkaderkönig Lykaon die Rede ist, der den Göttern Menschenfleisch vorsetzte und zur Strafe dafür in einen W. verwandelt wurde). Weiters war der Glaube an den W. in Westeuropa (fr. loup-garou), Skandinavien und in den slawischen Ländern (bes. Serbien und Walachei, hier in Verbindung mit dem Gauben an → Vampire) bis in neuere Zeit verbreitet. In der Zeit von etwa 1300—1680 nennen Bücher über mag. Phänomene zahllose Fälle dieser Art, wobei die Verwandlung durch Anlegen eines Zaubergürtels oder durch Bestreichen mit einer Salbe (meist nach nächtlichem Ablegen der Kleider auf freiem Feld) eingesetzt habe.

Im → Malleus maleficarum wird die Fähigkeit, sich in Wölfe zu verwandeln, auch den Hexen zugeschrieben: Es frommt wohl, »einzusehen, daß die jetzigen Hexen durch die Macht der Dämonen öfters in Wölfe und andere Bestien verwandelt werden« (Ausg. 1982, 14). »Thomas von Aquin sah in den Werwölfen dämonenerzeugte Scheinwesen; eine tatsächliche Verwandlung hielt er für unvereinbar mit den göttlichen Naturgesetzen. Die Religionsethnologie sieht in der Lykanthropie eine in psychopathologische Bereiche dringende Zerfallserscheinung der alten Wolfsmythologie (F. Kretschmar, Hundestammvater und Kerberos II, Stuttgt. 1938)« (Bonin 1978, 311).

Noch im vorigen Jh. erörterte J. v. Görres ernsthaft die Frage, ob es sich dabei um eine reale oder um eine bloß visionäre Metamorphose der »dämonisirten« Menschen handle. Die Ursache für die Entstehung der W.-Sage ist vielleicht die mißverstandene Nachricht von schamanistischen Trance-Riten bei asiat. Volksstämmen, verbunden mit Berichten über Fälle von Tollwut. Zahlreiche Beispiele für den Glauben an mag. Tierverwandlung findet man in der »Daemonomania magorum« des Jean → Bodin; in der von Fischart übersetzten dt. Ausg. Straßbg. 1591 betitelt sich das betr. Kapitel »Von der Lycanthropia oder Wolffsucht / und ob der Teuffel die Menschen im Vieh und Thier verwandeln könne«. — P. Hughes (»Witchcraft«, Harmondsworth 1967, S. 156) weist auf das psycholog. Syndrom der »Lycorexie« hin, das z. T. auf einer Drüsenstörung beruht und die daran Erkrankten sich wie Wölfe fühlen und benehmen läßt. Volkskundl. Material bei Grimm, Dt. Mythologie, Ndr. 1953, S. 917 ff. u. Nachtr. (III) S. 316; desgl. Montague Summers, The Werewolf, London 1933. In Zedlers Universal-Lexikon Bd. 55/1748 heißt es: »Da der Aberglaube wegen der Zauberey noch starck im Schwange gieng, kamen dergleichen Thiere nicht selten vor; jetzo aber, dan den Leuten die Augen besser geöffnet worden, finden sie nicht mehr Statt.« Vgl. Görres 1960/III, S. 265 ff., → Anhorn, → Wilhelm von Paris. Vgl. auch R. Villeneuve, Loups-garous et vampires, Paris 1963. — Das W.-Motiv fand in der Trivialliteratur oft Verwendung, so etwa bei Dumas (»Le Meneur des Loups«, Paris 1856) u. ö. — K. Völker (Hg.): Von Werwölfen und anderen Tiermenschen. München 1972; Praetorius, Insel-TB 402, S. 169 ff.

GRAESSE 1843, S. 20—24; HERZ 1862; LEUBUSCHER 1850; ZEDLER 1961—64

WETTERZAUBER. Der keinen unmittelbar erkennbaren Regeln folgende Wechsel des Wetters, bes. das Eintreten von Unwettern, Hagelschauern usw. beschäftigte die Phantasie des Menschen wohl schon seit Urzeiten; der Gedanke, böses Wetter feindlichen Mächten zuzuschreiben, ist naheliegend (so etwa im Cod. Theod. De malef. IX, 16: »incantatores vel immissores tempestatum...«). W. in Nordwesteuropa wird schon bei Pomponius Mela (um 43 n. Chr.,; L. III, cap. 6) erwähnt. Im Norden sollen, späteren Berichten zufolge, vor allem die Lappen geübte Wettermacher gewesen sein, die Seeleuten günstigen Fahrtwind verkauften. Die Prozedur des W.s wird häufig so geschildert, »... daß die Wetter = Macherinnen ... Wasser in einen Kessel giessen und Feuer darunter machen; nachgehends, wenn das Wasser siedend, mit einem Koch = Löffel dasselbe beständig herum rühren, und einige Zauber = Worte dazu zu sprechen pflegten, wodurch der Himmel trübe, und Hagel und Sturm dadurch gemacht und zu wege gebracht werde« (Zedlers Lexikon Bd. 55/1748). Viele Volkssagen haben diese Ansicht erhalten, der zufolge die Hexen auch »Wetter sieden, Schauer rühren«, »Wolken schieben« und tot oder verwundet niederstürzen, wenn mit einer geweihten Kugel in die Unwetterwolken geschossen wird.

Als Abwehrmittel wurde das Wetterläuten (pulsatio campanarum temporum fulminis, → Glocke) empfohlen. In → Hexenprozessen tritt immer wieder die Anschuldigung des W.s auf, wobei meist vorausgesetzt wird, daß die Hexen im Auftrag des Teufels Böses zu tun verpflichtet sind. Gelegentl. sind auch egoistische Motive dafür verantwortlich: etwa der Wunsch, das eigene aufgespeicherte Getreide teurer verkaufen zu können, wenn der Hagel das der Nachbarn vernichtet (Byloff 1928). Auch Rachsucht aus gekränkter Eitelkeit wird als Motiv angeführt (→ Malleus maleficarum, Ausg. 1982, II/49 f.): Eine zu einer Hochzeitsfeier nicht eingeladene Hexe aus Waldshut am Rhein geht auf Anweisung des Dämons auf einen Berg und »da ihr, wie sie später gestand, das Wasser fehlte, um es in eine Grube zu gießen (welches Mittel sie ... beobachteten, wenn sie Hagel erregen), da ließ sie selbst in die Grube, die sie gemacht hatte, ihren Urin an Stelle des Wassers hinein und rührte das nach der gewöhnlichen Sitte in Gegenwart des Dämons mit dem Finger um. Dann warf der Dämon die feuchte Masse plötzlich in die Luft und schickte einen Hagelschlag mit gewaltigen Schloßen, aber bloß über die Hochzeitler und Städtler...« — Ein »Salon-W.«, gewissermaßen ein Beweisstück für bes. Fähigkeiten auf diesem Gebiet, ist die Kunst, in einer Zimmerecke die Sonne scheinen, in der anderen aber den Regen und Hagel fallen zu lassen (Byloff, Prozeß gegen Anna Neumann von Wasserleonburg). Vgl. Abr. Hosmanni »De tonitru et tempestate, d. i. Bericht von Donner und Hagelwettern, ob sie natürlich seyen«, Leipzig 1612; G. Müller u. G. Freygang, »Diss. phys. de magis tempestatem cientibus«, Viteb. 1676.

WETTERZAUBER: Zwei Hexen rufen ein Hagelunwetter herbei; nach → Molitor(is) 1508

Vgl. Auch Grimm, Dt. Mythologie, Ndr. 1953, über »hagelmachen und saat-verderben, tempestarii, immissores tempestatum« usw. (S. 908 ff.), wo auch Schimpfnamen für Hexen, wie »wetterkatze, donnerkatze, nebelhexe, strahl-hexe« usw., angeführt sind. Zahlr. Belege für W. aus Hexenprozeßakten bei Byloff 1929. Petrus Binsfeld (Tractat Von Bekanntnuß der Zauberer und Hexen, München 1591) weist aus der Gerichtspraxis auf die Wirksamkeit der → Glocken gegen den W. hin: es sei »offenbar und am Tag, daß die Bekanntnuß der Zauberer und Hexen wahr sey, damit sie bekennen, daß ihr Fürnemmen, durchs Geleut offt verhindert, damit ihre böse Rathschläg, welche sie in ihren Versamblungen begern anzurichten, nit mögen ins Werck richten«. (S. 74 v).

WIERUS (Weier, Wier, Weyer, Wierius), Johannes, geb. 1515 zu Grave in Nord-brabant, begann seine Studien als Schüler des → Agrippa von Nettesheim, machte nach dessen Tod (1535) ausgedehnte Reisen und wurde nach seiner Heimkehr Leibarzt des freisinnigen Herzogs Wilhelm IV. von Jülich, Cleve und Berg (1550), »in welchem Amte er sich 33 Jahre sehr rühmlich aufführte und selbigen Fürsten auf seinen Reisen in Teutschland und Preussen begleitete... (er) war auch an der Kayser Carl V, Ferdinands I, Maximilians II und Rudolphs II Hofe in Ansehen« (Zedlers Lexikon Bd. 56/1748, Sp. 512 ff.). Kulturge-schichtl. hochbedeutsam ist sein Buch »De praestigiis daemonum et incantatio-nibus et veneficiis libri V« (Basel 1563, 7. Aufl. 1583), von Neufforge als »die bedeutendste Kulturtat der Zeit« bezeichnet; W. vertrat darin die Ansicht, daß die »Hexen« nicht abgeurteilt werden sollten und daß (lt. Zedler) »alle dieje-nige, denen man dergleichen Dinge Schuld gäbe, Melancholische Personen wären, und dahero sich einbildeten, daß sie einen Pact mit dem Teufel hätten, so, daß sie in der That mehr Erbarmens- als Strafwürdig wären«. Damit zählt W. mit → Bekker, → Spee, Tanner und → Thomasius zu den Vorkämpfern gegen den → Hexenglauben: »De praestigiis daemonum. Von ihrem Ursprung, Onderscheid etc.«, Basel 1577, Ndr. 1969. »Histoires, disputes et discours des illusions des diables etc.«, Genf 1579, Ndr. Amsterd. 1971. Vgl. auch → Lerch-heimer.

Das Buch erlebte zahlr. Aufl. (lt. Zedler 1. Aufl. Basel 1556) und wurde auch ins Dt. übersetzt: »Von Zauberern und Hexen« (Tecklenbg. 1571), »De praesti-giis daemonum. Von Teuffelsgespenst, Zauberern und Gifftbereytern, Schwartzkünstlern, Hexen und Unholden« etc., Frankf. 1586; Ndr. d. Ausg. 1578: Amsterd. 1967. Dieses Werk wurde von Jean → Bodin sehr bekämpft, mit Hinweis darauf, daß W. zwar die Hexen verteidige, selbst aber wie → Agrippa teuflische Beschwörungsformeln lehre. Daß W. nicht bloß ein »Aufklärer und Neuerer«, sondern auch ein Kind seiner Zeit war, schildert Zed-ler: »Er beschrieb auch das Reich der Hölle mit dem Nahmen und Zunahmen

WIERUS: Porträt W.s, Holzschnitt aus dem 16. Jh., mit seiner Devise »Besiege dich selbst«

der 572 Fürsten unter den Teufeln, und der 7405926 geringen Geister. Ferner bekannte er, er habe des → Trithemii steganographia... gefunden, nebst den Nahmen der Teufel und den Gebeten, die man gebrauchen muß, wenn man sie um ihren Beystand anruffen will« (vgl. dazu Agrippa/Nowotny 1967). Zedler nennt an weiteren Werken des W. »De incantationibus ac veneficiis«, Basel 1556 u. 1583; »De lamiis et commentitiis jejunis«, Basel 1582; »Liber apologeticus de Pseudo-Monarchia Daemonum« (nach Nowotny die Persiflage eines »höllischen Dienststellenplanes«), Basel, ferner die in manchen → Bodin-Ausgaben als Anhang veröffentl. Diskussion mit diesem Autor; schließlich medizin. Werke wie »De morbo irae«, »De scorbuto«, »Observationes mediae rariores« und ein »in Deutscher Sprache geschriebenes Artzney-Buch, von einigen zu selbiger Zeit nicht gar zu bekannten Kranckheiten, Franckfurt 1588«. Eine lat. Gesamtausg. wurde 1600 in Amsterdam publiziert. — Als Herzog Wilhelm, der Schutzherr des W., unheilbar erkrankte, nahmen die Hexenverfolgungen zu und W. mußte den jülich-bergischen Hof verlassen. Er starb 1588 in Tecklenburg. — Biographie von C. Binz, Bonn 1885, Berlin 1896, Ndr. 1970; vgl. Graesse 1843, S. 55; Hammes 1977, 193 f.; Baschwitz 1963, 104 f.

WILHELM VON PARIS (Guillaume d'Auvergne), Bischof von Paris 1228—48 od. 49, stammte aus Aurillac (Auvergne) und galt als einer der bedeutendsten Gelehrten seiner Zeit. Die meisten seiner Werke (darunter »De immortalitate animorum« und »De anima«) wurden von Bl. Ferronius in 2 Folio-Bänden herausgegeben (Orléans 1647). In der Schrift »De universo«, entstanden um 1230, bietet W. v. P. eine bereits ausgebildete Lehre von den → Dämonen; weiters berichtet er u. a. ausführl. über das Kristallsehen (→ Kristallomantie) und erklärt es als »Erleuchtung der Seele durch ein geistiges Licht, das entweder Gott selbst ist oder von ihm vermittelt wird. Alles, was die Seele vom Körper lösen kann, ... (also etwa) Entrückung durch das Anschauen von spiegelnden Flächen, begünstigt den Empfang der Emanation« (geschr. um 1235; vgl. Bender 1966, S. 2 u. 20). Weiters berichtet W. v. P. (ähnl. wie → Vincentius Bellovacensis) über die schon damals geläufige Ansicht, daß Hexen auf Stöcken und Besen durch die Luft zu ihren Versammlungen reiten, wobei er jedoch der Meinung ist, daß solche Nachtfahrten nicht von Menschen unternommen werden, sondern von Dämonen, die durch ihre Kunst die Menschheit täuschen (Gervasius von Tilbury hingegen erzählt von Weibern, die sich furchtlos solcher nächtlicher Flüge rühmten). Daneben berichtet W. auch über einen vermeintl. → Werwolf (einen Mann, der sich zeitweise in einer Höhle im Dickicht verbarg und in einem ekstat. Zustand die Tierverwandlung zu erleben vermeinte) u. v. a. — Peuckert 1956, S. 62, veröffentlicht die Übersetzung eines Briefes von Roger → Bacon an W. v. P., worin die → Zauberbücher (De officiis spirituum, De morte animae, De arte notariae u. a.) verdammt werden, weil das Wahre darin mit so viel Falschem vermengt sei, daß man beides nicht mehr unterschieden könne. — Bibliographie: vgl. Überwegs Grundriß d. Phil. (Geyer) II, S. 358, 730—31.

WÜNSCHELRUTE, früher auch Glücksrute, Wickerute, Wahrsagerute, lat. virgula divinatoria od. mercurialis, ein noch heute wissenschaftl. umstrittenes Hilfsmittel der Wassersucher, einst von Bergleuten (Abb. bei Agricola) und Schatzsuchern sehr geschätzt. Bei → Agrippa von Nettesheim wird die W. noch nicht erwähnt, sondern erst bei → Paracelsus und → Basilius Valentinus. Es handelt sich meist um einjährige Astgabeln aus Haselstauden, die der Rutengänger an den Enden hält; über »Wasseradern«, Erzgängen, vergrabenen → Schätzen soll die W. in den Händen ihres Trägers zu zucken oder »auszuschlagen« beginnen. Auf diese Weise soll es auch möglich sein, die Tiefe des Gesuchten genau festzustellen.

»In den Gruben ist ein eigener Bedienter bestellet, den man den Ruthengänger nennet, und der nach der Anweisung der Ruthe die Arbeit angiebet. Es ist aber zu mercken, daß es mit solchem Ruthengehen ein ungewiß Werck sey, indem es nicht sowohl die Natur der Ruthe, als des Menschen selbst ausrichten soll, und die Ruthe nicht in aller Menschen Händen schläget, auch nicht alle Ruthen bey einem jeden Menschen, auch nicht zu allen Zeiten, noch auf alle Ertze. Bey einem schläget sie allein auf findige Gänge, bey einem andern auf alle Klüffte, und nicht auf Ertze allein, sondern auch auf Wasser… Die natürliche Würckung der Ruthen soll von den metallischen Aufdämpffungen herkommen, die das Holtz auf gleiche Weise bewegen, wie die Magnetnadel nach dem Norden gezogen wird. Anjetzo werden Ruthen von meßingenem oder eisernen Drate gemacht… Es ist auch dabey viel Aberglauben, mit Seegensprechen bey dem Zurichten, und mit Befragen bey dem Gebrauche, da man vornehmlich bey Erforschung verborgener Schätze nicht nur die Art des Metalles, sondern auch, wie tief es liege, wie viel es sey, ob es von Geistern bewahret werde… erkundigen will… Und wird heut zu Tage… diese Art und Weise, die natürlichen Schätze oder die Adern und Gänge der Ertze in der Erde … öffentlich gedultet…, dafern nur sonst keine verbotene oder zauberische Mittel dabey gebraucht werden« (Zedlers Lexikon Bd. 59/1749, Sp. 798—810). Görres (Ndr. 1960, 3. Bd., S. 208 bis 233) neigt dazu, die W. als dämon. Zaubermittel zu betrachten und nennt Fälle, wo sie bei »Absage an den Teufel«, Anrufung Gottes, Empfang der Sakramente usw. ihren Dienst einstellte. Sie wurde u. a. zum Herausfinden von Dieben, ebenso von Häusern, worin die Moral verletzt wurde, zur Klärung der Echtheit von Reliquien usw. verwendet. Sie war demnach in erster Linie ein Wahrsage-Gerät (daher der Ausdruck Rhabdomantie, Rutenwahrsagung, was

WÜNSCHELRUTE als Anzeiger von Bodenschätzen. Ausschnitt einer Tafel aus dem
»Bergwerck-Buch« des Agricola, Frankf. 1580

jedoch nicht im Sinne von Prophezeiung des Künftigen aufgefaßt wurde). Meist hielt man die W. für eine Äußerung der → magia naturalis. Ausführl., aber eher skeptisch, beschreibt → Flemming in seinem »Vollkommenen Teutschen Jäger« II/14—16 seine Erfahrungen mit einem Rutengänger. »Am wunderlichsten kam mir vor, daß er diese Ruthe auch zu andern Sachen gebrauchte, und sie seine Frage = Ruthe titulirte. Er gab ihr allerhand wunderliche Quaestiones vor, deren Antwort aber nicht allezeit eintraf. Es kam mir manches... verdächtig vor, indem er bey dem Ausschneiden ein Gebetlein sprach, die Geister conjurirte, und das Göttliche Wort mißbrauchte«. Nach der Ansicht von K. v. Eckartshausen (Aufschlüsse zur Magie, München 1788) wird die W. von den Dünsten der Metalle, die im Erdinnern »gezeuget werden«, wie von Ketten angezogen, oder diese Ausdünstungen ziehen sie nach unten, »wie es die magische Materie mit einer eisernen Nadel macht«; es gebe »unter den Leuten, die durch die W. wahrsagen, meistentheils Betrüger: unterdessen wäre es aber auch ein Vorurtheil, wenn man solche Wirkungen vollkommen verwerfen wollte«. Noch heute ist nicht geklärt, ob es sich etwa beim Wassersuchen mit Hilfe der W. um ein natürl. Phänomen (etwa um das Anzeigen einer Hypersensitivität des Rutengängers auf winzige geoelektrische Anomalien), um eine Äußerung paranormalen Wissens oder um Selbsttäuschung handelt. Eine eindeutige Erfassung der Realität des »Rutenphänomens« ist wissenschaftl. bisher noch nicht gelungen. Die Möglichkeit einer »paranormalen Informationserfahrung« wird besonders dann diskutiert (z. B. Bonin 1978, 537), wenn etwa »Entdeckungen nicht vor Ort, sondern anhand einer Landkarte« gemacht werden.

Häufig wird die Stelle im A. T., an der von Moses die Rede ist, der den Kindern Israels mit Hilfe seines Stabes in der Wüste Wasser aus dem Felsen schlägt, als Hinweis auf die W. gedeutet, die danach in alten Quellen auch »Moyses-Ruthe« heißt. Bibliograph. Hinweise bei Graesse 1843, S. 3 ff., sowie im Hinblick auf volkskundl. Material bei Grimm, Dt. Mythologie, Ndr. 1953, S. 13 ff. (wunsciligerta). Nicht bei Graesse genannt sind u. a.: Kirchmeier, M. Th., Curiöser Tractat v. d. W., aus d. Lat. übers. etc., Dresden 1702, und Albinus Theophilus, Kurtze Fortsetzung des entlarvten Idoli der W.... eine kurtze Entscheidung gegen Vertheidigung des Pantomysterii Herrn J. G. Zeidlers. Dresden 1706.

GÖRRES 1960; LEHMANN 1908; ZEDLER 1961—64

ZADDIK, hebr. »der Gerechte« (Mehrz. Zaddikim), Name der geistigen Führer in den ostjüd. Gemeinden, die sich der Bewegung des neueren Chassidismus — einer mystisch-pietistisch → kabbalistischen Bewegung, die im 18. Jh. bes. in Polen (Wolhynien, Podolien) blühte — angeschlossen hatten. Ihr Begründer war Rabbi Israel ben Elieser (1698—1759), meist »Baal Schem-Tov« (Meister des Hl. Namens) oder kurz Besht genannt und oft als »Messias« bezeichnet. Auffallende Krankenheilungen trugen ihm bald den Ruf eines Wundertäters ein und machten ihn zum Vorbild der in vielen Anekdoten und Legenden erwähnten »Wunderrabbis«; das Vertrauen weiter Kreise in die übernatürl. Fähigkeiten der Z.im bildete einen wichtigen Faktor in der Geschichte des Chassidismus. »Schon im Talmud begegnen wir Wundermännern, die als Vorbilder der Wundermänner des Chassidismus bezeichnet werden können. Unzählig sind die im talmudischen Schrifttum mitgeteilten, von frommen Männern bewirkten wunderlichen Begebenheiten« (Bloch o. J., S. 287). Das chassidische Weltbild zeichnet sich dadurch aus, daß es in in jenem der talmudischen Orthodoxie nicht ihr Auslangen findet; bei ihm ist das Böse die Wurzel des Guten, böse Strebungen sollen in ein Streben nach dem Göttlichen umgewandelt werden. Der Zaddik hat »den Trieb besiegt, die Vollendung erreicht, (und) löst sich von den irdischen Dingen los, ... der Leib ist nur dazu da, um ihm während seiner kurzen Weile in der niederen Welt eine Menschengestalt zu geben« (ebd.). Demgegenüber leugnen Historiker des Chassidismus jedoch nicht, daß manche Z. im den Aberglauben ihrer Anhänger nicht bekämpften und sich seiner zur Mehrung ihres Ansehens bedienten. Die negativen Seiten werden aber bei Betrachtung des myst. Schwunges und der »göttl. Begeisterung« (hitlahuvut) meist kaum beachtet. »Gott ist in allen Dingen als 'Deus sive natura' im Sinne Spinozas. Die Welt ist das Kleid, in das Gott sich hüllt. Es gibt Wechselwirkungen zwischen irdischer und himmlischer Welt. Nicht nur Gott wirkt auf die Menschen, sondern menschliche Gedanken wirken auch auf himmlische. Man könnte diese Leute [die Chassidim des 18. Jhs.] also Paracelsisten des Ostens nennen« (W. Leibbrand 1956, S. 57). Der im Geiste der Fröhlichkeit gefeierte Gottesdienst dient dazu, den Fluß der göttl. Gnade in die getrennten Teile der Schöpfung zu aktivieren und kosmische Harmonie herzustellen. Unter den Nachfolgern des Baal Schem-Tov sind bes. Jakob Joseph von Polonnoje (gest. 1782 oder 1769) und Dov-Bär von Meseritz (ca. 1710—72) zu nennen, ebenso Jakob Isaak (Jizchak), »der Seher von Lublin« (gest. 1815). Diesem wurden hellsichtige Fähigkeiten nachgerühmt; die napoleon. Kriege faßte er als endzeitl. Kämpfe auf und soll sich bemüht haben, mit mag. Mitteln den Sieg des Guten zu beschleunigen. Vgl. Simon Dubnow, Geschichte des Chassidismus, 1931; M. Buber, Tales of the Hasidim, 1947—48. Wundererzählungen eines MA. Kabbalisten, der als Vorläufer der späteren Z.im gelten kann: Die Schwochim des Rabbi Schmuel und Rabbi Juda Chassid, ed. Maitlis, London 1961. Kurze Zusammenfassung — Stichw. »Chassidäer« in Ersch-Grubers Enzyklopädie Bd. 16/1827, S. 192—96. Vgl. auch Gardet 1956, S. 85.

ZAHLENMAGIE beruht auf dem ursprüngl. wohl altoriental., dem Abendland in erster Linie durch die Pythagoräer vermittelten Suchen nach kosmischer Gesetzmäßigkeit und Harmonie, um auf diese Weise zu einer → Sympathie von → Mikrokosmos und Makrokosmos zu gelangen. »The Pythagoreans were among the first to be seduced by the discovery of a set of pure relationships into the belief that, by pure numbers and without experiments, one could explain the structure of the unviverse« (Dr. Alan Mackay, Univ. of London). In diesem Sinne weist O. Weinreich (Triskaidekad. Studien, Relig.-geschichtl. Versuche und Vorarbeiten 16/1, 1916) darauf hin, daß »dem antiken Menschen die Zahl als ordnende Wesen der Dinge eine viel bestimmendere Macht war, als sie unserem Denken erscheinen will, das darin weder vom Pythagoreismus oder seiner hellenist. Nachblüte, noch von der spätantik. oder mittelalterl. Zahlensymbolik befruchtet ist«. Entsprechend dieser der → Gnosis geläufigen Lehre aus dem Bereich der Pythagoräer ist die Zahl die »arché« aller Dinge (J. Kroll, Die Lehren des Hermes Trismegistos, Münster 1914, S. 204 f.). Schedl 1969, S. 292, weist darauf hin, »daß die Zahl nicht bloß in der kosmischen Philosophie der Griechen eine Rolle spielte« (Philolaos, 2. Hälfte d. 5. Jhs. v. Chr.: Die Zahl ist das herrschende und unerschaffene Band des ewigen Beharrens der innerweltlichen Dinge... In der Tat ist ja alles, was man erkennen kann, Zahl), sondern daß »die Zahl bekanntlich auch die Struktur literarischer Werke bestimmte, angefangen von Platons Timaios über Vergils Aeneis bis hin zu Augustinus. Die Zahl ist daher kein pythagoreisches Monopol, sie beherrschte das ganze antike Geistesleben. Insonderheit hat... Philo von Alexandrien gewußt, was Zahl ist, und ausführlich darüber gehandelt«. Vgl. dazu P. Friesenhahn, Hellenist. Wortzahlenmystik im N. T., Leipzig 1935, Ndr. Amsterdam 1970.

Die Wurzeln der Z. liegen wohl in der Himmelskunde, die → Astrologie und Astronomie zugleich war. Die Beobachtung der kosmischen Periodizitäten mußte zum Zählen und Messen führen, das erworbene Wissen um derartige Gesetzmäßigkeiten zur Heiligung der Zahl an sich, die nicht Zählmittel blieb, sondern selbst »verabsolutiert« wurde. Diese Lehre durchdringt, konsequent durchgeführt, das gesamte Leben des Menschen: etwa zur Beachtung der → Klimakterien, der guten und bösen Tage und Stunden. »Es ist sehr wahrscheinlich, daß in der Natur eine wunderbare Zahlenmystik stattfinde; auch in der Geschichte. Ist nicht alles von Bedeutung, Symmetrie und seltsamem Zusammenhang? Kann sich Gott nicht auch in der Mathematik offenbaren, wie in jeder anderen Wissenschaft?«(Novalis). Jedes Weltbild kennt seine »heiligen« Zahlen; im Abendland ist es die 3 (Dreifaltigkeit; »omne trium perfectum«, jede Dreiheit ist vollkommen; »aller guten Dinge sind 3« usw.) und die 7 (die Zahl der → Planeten, Tage eines Mondviertels und Tage der Woche; die 7 ist die »Krisis« bei den Pythagoräern und in der hippokratischen Medizin). → Zaubersprüche müssen häufig 7mal gesprochen werden und bestehen oft aus 3 ähnlichlautenden Silben. Traditionell ist in Europa 13 eine Unglückszahl. Hesiod warnt die Bauern, mit der Aussaat am 13. eines Monats zu beginnen. Agamemnon wurde am 13. Gamelion ermordet, »der Sohn des Harpagos im 13. Lebensjahr von Astyages geschlachtet, Numas Gattin starb im 13. Jahr ihrer Ehe« usw. (Stemplinger 1948, S. 208). — Der → Neuplatonismus, oriental. Einflüsse mit sich bringend, führte die Z. zu einem Höhepunkt. Da die gr. wie auch hebr. Buchstaben nicht nur Laut-, sondern auch Zahlwert haben, ergab sich das Prinzip der Isopsephie (Gleichwertigkeit von Namen und Zahlen: → Abraxas — Meithras — 365), das in mannigfacher Weise auch zu mag. Operationen verwendet wurde. Die → Kabbala (→ Gematrie) bediente sich ganz ähnl. Mittel. In den Klosterschulen des MA.s wurde die Lehre von der geheimen Bedeutung der Zahl in Verbindung mit dem Arithmetik-Unterricht gepflegt, u. zw. vor allem in Anschluß an schriftexegetische Bemerkungen in den Schriften von Augustinus, Gregor d. Gr., Alkuin und Hrabanus Maurus (776—869; »so enthält die Hl. Schrift unter den vielen und verschiedenen Zahlen andeutungsweise viele Geheimnisse, die jenen verborgen bleiben müssen, die nicht die Bedeutung der Zahlen kennen. Deshalb ist es notwendig, daß alle eifrig Arithmetik studieren, die ein höheres Verständnis der Hl. Schrift zu erlangen wünschen«; De cleric. instit. III, 22). Th. Ring 1972, S. 53, weist darauf hin, daß »unser Denken stets, wenn es ein Ganzes erfassen will, sich in einem Netz von Verhältniszahlen bewegt, deren Gesamtproportion dieses Ganze abstrakt zum Ausdruck bringt. Dies ist bei der Heisenbergschen Weltordnung nicht anders, nur komplizierter«. Er unterscheidet die linear fortsetzbare Rechenziffer von der »begrenzenden, Strukturverhältnisse darlegenden Ordnungsziffer«. Das Streben nach dem Erfassen dieser numerischen Werte gehöre zum »weitergeführten esoterischen Priesterwissen« der Antike.

»In allem diesem ist«, schreibt → Görres im 3. Bd. seiner »Christl. Mystik« (S. 596) »ein Kern der Wahrheit; auf Gott angewendet, oder einen solchen, der mit seiner Kraft ausgerüstet wirkte, oder wenigstens hellsehend innerhalb seines gewissen Kreises die Signaturen der Dinge erkännte, würde Alles aufs beste sich bewähren; will aber der Mensch aus eigener Machtvollkommenheit sich der Gottheit substituieren, so ist es eitel Hochmuth, der wie billig zu Falle kömmt«. In Zedlers Lexikon Bd. 60/1749 ist nicht nur von den »besonderen, prophetischen« Zahlen die Rede, die z. B. in der Schriftexegese eine Rolle spielen, sondern auch von den »cabbalistischen«, »davon die Juden solch groß Wesen machen... anbey aber von dem Sinne des Heiligen Geistes mehrentheils freventlich abgehen«. Für Menschen mit ausgeprägtem »Zahlensinn« ist die Z. oft nicht nur Gegenstand der Gedankenspielerei, sondern ein Mittel, mathemat. Gesetzmäßigkeiten gewissermaßen »ästhetisch« auf sich wirken zu lassen und daraus auf kosmische Grundgesetze rückzuschließen (magische Quadrate). Vgl. C. Schedl 1967; E. Bischoff, »Die Mystik und Magie der Zahlen«, Berlin 1920; K. Menninger, »Zahlwort und Ziffer«, Göttingen 1957; M. Riemschneider 1966. Über Zahlenspekulationen im Orient s. das Stichwort »Zahlen bei den Hebräern« von Kautzsch in Herzog-Hauck 21, S. 598 ff.; Stichw. »Zahlen« bei Bertholet 1985, 668 f. — Vgl. Tabelle S. 479.

ZAUBERBÜCHER, Sammelbezeichnung für mag. Bücher ohne höhere geistige Ansprüche, vor allem für Beschwörungsbücher und populäre Werke über das Auffinden der verborgenen → Schätze und die Anfertigung der mag. → Talismane. Schon in der Zeit des → Hartlieb war eine Reihe der in späteren Jahrhunderten oft genannten Z. geläufig, und → Trithemius nennt in seinem »Antipalus maleficorum« eine große Zahl: Clavicula Salomonis, Liber Officiorum, Job de Arabi, → Picatrix, Sepher Razielis, Liber Hermetis, Razielis liber puritatum Dei, Liber perfectonis Saturni, L. Cypriani, Ars calculatoria Virgilii, L. Simoni Mago, Rupertus, L. aristotelis, Flos florum, Almadel, Enoch, Messala, 4 annuli Salomonis, Speculum Josephi, Speculum Alexandri Magni L. secretorum Hermetis Hispani, Ganello, Michael Scotus, Albertus, Alucidarium necromantiae → Petri de Abano (Apono), Secretum philosophorum, Schemhamphoras, Salomonis Lamene, L. de compositione, L. rubeus, L. → Alberto Magno adscriptus, L. Salomonis de officio spiritum, Vinculum spirituum, Torzigei, De 4 speculis, L. Salomonis de septem nominum et de tribus figuris, L. de capite Saturni; weiters 42 Bücher über Talismanik u. ähnl. —
Nach der Erfindung des Buchdrucks erschienen häufig Z., oft dem sagenhaften Dr. → Faust zugeschrieben (vgl. → Grimoire). Sie zählten zwar meist zu den verbotenen Büchern (libri prohibiti, libri improbatae lectionis), doch gelang ihre Unterdrückung nie, solange es für sie Interessenten gab. Nicht selten sind fingierte Drucker und Druckorte, ebenso → spuriose Zuweisungen an berühmte Gelehrte (→ Albertus Magnus, → Paracelsus) nachzuweisen, um den Z.n eine höhere Autorität zu verleihen (so z. B. »Albertus Magnus' bewährte und approbierte sympathetische und natürliche egyptische Geheimnisse«, mehrere Ausg. o. J. im 19. Jh.; vgl. A. Spamer: Romanusbüchlein, 1958); vgl. Hansmann/Kriss-Rettenbeck 1977, 215 f.; R. Feldes (Hrsg.), Der wahrhaftige feurige Drache etc., Bonn 1979. Die größte Zahl der Z. stammt ursprüngl. aus dem 17. Jh., doch tauchen bis in die Gegenwart neue Ausgaben etwa des aus

Ismoli Paßran u. durch allen Engel
namen der V Höhenschaar Machim
des planetischen Marsus.
VI ☉ durch Gott Eloha verbunden mit
Vedahad durch seine zahl Tiphoreth
durch die Ordnung Malachim durch d.
Spaeram Schemeß durch den
Inteligentia St. Thidalamea durch
dessen Regentschaft St. Michael Dardiel Huratapel König Vatean
minister Tus Andas Kynabat u.
durch allen Engelnamen der IV
Höhenschaar Machon des planetischen Sola.
VII ♀ durch Gott TTT. Zebaoth Adonaj
Sabaoth durch seine zahl Nezah
durch die Ordnung der Elohim
durch die Spaeram Nogah durch
den Inteligentia St. Hadoiel u.
durch seine Regentschaft St. Anael

ZAUBERBÜCHER: Seite aus einem handgeschriebenen Z. der Sammlung
W. Kainz, Voitsberg; um 1917 entstandene Abschrift einer kabbalist.
Evocation von Gestirngeistern

dem alten Z. »Der wahrhafftige Feurige Drache« entstandenen »6. und 7. Buch Mosis« auf. Peuckert 1956 berichtet: »Im Jahre 1895 ward in der Gemeinde Knollengraben bei Grünkraut (Oberamt Ravensburg) ein Hexenmeister Wetzel verhaftet. Man fand in seiner Büchersammlung unter sehr vielen bekannten Schriften [z. B.] VI. und VII. Mose, zwei Handschriften: Pneumatologia occulta et vera — z. T. aus Agrippa, Offenbarungen der Äbtissin Gertrudis u. a. — und zweitens ein im 18. Jh. geschriebenes Rezeptbuch von 214 Seiten — einiges aus [→] Agrippa, einiges aus den Geheim- und Sympathiemitteln des Schäfers Thomas usw.«. Vgl. → Volksmedizin. Seltener wird der Begriff Z. für Lehrbücher über »Salonmagie«, Kartenkunststücke u. dgl. angewendet (z. B. Samuel Rowland's »The Art of Jugling or Legerdemaine«, 1614), etwa bei J. Kirchner, Lex. d. ges. Buchwesens, Stuttgt. 1953.

GRAESSE 1843, S. 24—31; HAYN-GOTENDORF, Ndr. 1967/68; PEUCKERT 1956

ZAUBEREI, sinngemäß meist gebraucht als »Volksmagie«, → Goëtie, niedere → Magie mit Hilfe böser Mächte, auch in betrügerischer Art (Gaukelspiel). Das Wort Z. wird abgeleitet von ahd. zoubar, engl. tiver — Rötel, angelsächsisch tēafor — Menninge: die rote Farbe, mit der die eingeritzten → Runen bestrichen wurden, damit sie »leben« und wirken konnten. Unter dem Einfluß der Christianisierung wurde der Begriff Z. »verteufelt«. Der Begriff der Z., wie sie etwa → Carpzov definiert, ist nicht unbedingt mit jenem der Hexerei identisch, da der Zauberer nicht wie die Hexe Umgang mit dem Satan haben muß, sondern einfach ein Gaukler (praestigiator) sein kann. In der → Carolina, Art. 109, wird die schadenbringende Z. unter die Androhung des Feuertodes gestellt, nicht jedoch jene, die »niemant schaden gethan hett«. In der Praxis wurden meist »Zauberer«, die nichts mit dem Teufel zu tun hatten, durch das Schwert (nicht auf dem Scheiterhaufen) hingerichtet. 1749 wird der Begriff »Zauberey« in Zedlers Lexikon Bd. 61 noch als »eines der allerschändlichsten Laster, die nur unter der Sonnen gefunden werden können«, definiert (Sp. 62, verfaßt von Walch), während dieses Wort schon bald nachher mehr den Anklang des zwar Bösartigen, aber doch Lächerlichen erhielt, wobei es immer mehr im Sinne von »Taschenspielerei« gebraucht wurde, offenbar unter dem Einfluß der allg. Skepsis nach der Aufklärung. Grimm, Dt. Mythologie, Ndr. 1953, stellt den Begriff der Z. in einen größeren religionswissenschaftl. Zusammenhang: »Wundern [Wunder tun] heißt übernatürl. kräfte heilsam, zaubern sie schädlich oder unbefugt wirken lassen; das wunder ist göttlich, der zauber teuflisch; erst den gesunkenen, verachteten göttern hat man zauberei zugeschrieben... Bald [nach der christl. Missionierung] erzeugten sich überlieferungen vom unmittelbaren zusammenhang des bösen feindes mit dem wesen der zauberei... dergestalt flossen verübte und eingebildete zauberkünste in einan-

LUCIFER, Empereur.

BELZÉBUT, Prince.

ASTAROT, Grand-duc.

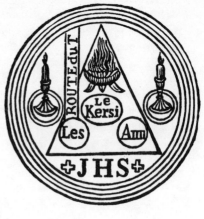

LUCIFUGÉ, prem. Ministr.

SATANACHIA, grand général.

AGALIAREPT., aussi général.

FLEURETY, lieutenantgén.

SARGATANAS, brigadier.

NEBIROS, mar. de camp.

ZAUBERBÜCHER: Links Embleme der wichtigsten → Dämonen, aus dem »Dragon Rouge«, Avignon 1522 (echtes Erscheinungsjahr: 1822); rechts Zauberkreis für → Beschwörungen, aus derselb. Quelle

der, daß sie weder in der bestrafung noch selbst in der begehung geschieden werden konnten« (Kap. XXXIV, S. 861 ff.) Vgl. dazu die christl.-ethische Wertung der Z., etwa »Unter Z. versteht der christl. Sprachgebrauch eine Verwendung dämonischer Kräfte im Dienst des Menschen. Dieselbe wird an sich schon, ob der Zweck, den man dabei hat, ein verwerflicher sei oder nicht, als eine schwere Sünde gegen Gott angesehen, da sie im Gegensatz zu Gottes Willen und Weisung steht, wonach der Christ allein bei Gott Hilfe suchen soll... Z. ist das willkürliche Schalten des Menschen mit übernatürlichen, jedenfalls geheimnisvollen Kräften« (v. Orelli in Herzog-Hauck, Realencykl. f. prot. Theol. u. Kirche 21, Ndr. Graz 1971, S. 612). Vgl. Stichw. »Zauber« bei Berthelot 1985, 670 f.

ZAUBERPAPYRI, vorwiegend aus dem Ägypten der hellenist. Zeit stammende Dokumente, die reiche Belege für den aus altägypt. und oriental. Quellen gespeisten → Aberglauben der Spätantike enthalten. Es handelt sich vorwiegend um Textstücke, die sich im Sinne der → Gnosis mit → Amuletten, Talismanen, mit → Astrologie und → Zaubersprüchen befassen. »Daß die Verfasser mag. Bücher ihre Weisheit selbst Gnosis nennen, bezeugen die Z. ausführlich und wiederholt... andererseits sehen wir die Gnostiker verschiedener Richtungen Zaubernamen für ihre Äonen gebrauchen, zauberhafte Erschließungen der himmlischen Regionen verheißen und Mittel anpreisen, durch die sich die sündhafte Seele eine Tarnkappe aneignen kann«, schreibt W. Schultz (1910, S. LXXVII) und fügt hinzu, »daß die älteren, noch nicht christlichen, sondern vielmehr ganz heidnischen Denkmäler gnostischer Lehre gerade in den Z. und mit Zauberworten durchsetzt uns überliefert sind«. Schultz schließt, daß die → Gnosis nicht aus dem Zauberglauben abzuleiten sei, sondern daß man die Z. als »Ablagerungsstätten« für mag. Gedanken ansehen müsse, in die »das eigentl. Zaubermäßige erst willkürlich eingefügt wurde«, wobei sich »in solchem Schutte hin und wieder noch bedeutsame, wenngleich arg beschädigte Reste alter Herrlichkeit finden«. Vgl. → Hermes Trismegistos, → Abraxas. Die gr. Z. sind vorwiegend oriental. beeinflußt; beste Ed. u. Übersetzg. hrsg. v. K. Preisendanz, Bibl. Teubneriana Nr. 4276—4279, vgl. Peterson 1959, S. 107 ff. und 333—54, mit reichen Literaturangaben. Vgl. auch H. G. Gündel, Weltbild und Astrologie in den griechischen Zauberpapyri, München 1968.

ZAUBERSPIEGEL, ein bes. Hilfsmittel der → Kristallomantie, wohl aus der Hydromantie, dem Wasserorakel, entwickelt. Der Spiegel an sich ist in der Volkskunde als Gegenstand zahlr. Bräuche und Überlieferungen bekannt (z. B. Dämonen können ihren eigenen Anblick nicht ertragen und fliehen ihn; bei Todesfällen muß er verhüllt werden, um nicht den darin abgebildeten Toten »festzuhalten«). In der letzten Stunde des Jahres wird jeder Spiegel zum Z., der

472

Künftiges sehen läßt. Ein oft genannter Z. ist der »Bergspiegel«, als viereckiger Glasspiegel mit Schiebedeckel beschrieben, der Erzgänge, vergrabene Schätze etc. zeigen soll. — Meist wird der Z. von Magiern verwendet, die ihn als Konzentrationsmittel für visionäre Erlebnisse verwenden (»Catoptromantie«), wie z. B. John → Dee. Die Herstellung eines solchen Gerätes wird als langwierig und komplizert beschrieben; noch im 19. Jh. erwähnt Cahagnet verschiedene Arten von Z.n: theurgische, hexerische, narkotische, magnetische, galvanische, kabbalistische Z. und solche nach → Cagliostro, Swedenborg und Potet. Der Z. kann auch bloß aus einer wassergefüllten Flasche zwischen zwei brennenden Kerzen bestehen, die so lange starr betrachtet wird, bis darin ein »Esprit« erscheint. Das »Spiegelsehen« (Inspectio speculi magici) ist z. B. im kursächs. Recht verboten und wird (lt. Zedlers Lexikon Bd. 38/1743) mit dem Schwert bestraft, falls der Magier »mit dem Teuffel Gespräche oder Gemeinschafft« hat; wer beim Spiegelseher Rat holt, hat mit Gefängnis oder schwerer Geldbuße zu rechnen (Ober-Amts-Patent von 1677, Pol. Ordn. von 1661; Const. El. Sax. 2, P. 4). — Abbildung eines geschliffenen kabbalist. Z.s bei Burland 1966, T. 30/31; ein Z. anderer Art bei Agrippa/Nowotny 1967, Fig. 47. Vgl. auch Halliday (Ndr. 1967) S. 150 ff.

BURLAND 1966; CAHAGNET 1854; PEUCKERT 1967, S. 205 ff.

ZAUBERSPRÜCHE, formelhafte Beschwörungsformeln, die sich anfänglich meist an übernatürl. Wesen richten und von Gebeten kaum zu trennen sind, später jedoch fast durchwegs aus bloßen Befehlen an die Umwelt bestehen, deren Erfüllung sich automatisch einstellen soll, ohne daß Götter, Dämonen oder Geister angesprochen werden. Relativ reich belegt sind Z., deren Vortrag man sich gleichzeitig mit dem Einritzen von → Runen vorstellen muß, aus dem Wohnraum der german. Völker, wobei aktive Beeinflussung der Umwelt und → Mantik mit Hilfe der Losstäbe (altnord. kefli, schwed. kafle), also eine Art von »Xylomantie«, nicht immer zu trennen ist. Das engl. Wort spell (Zauberspruch) ist wurzelverwandt mit angelsächs. speld (Span, Splitter: das Runentäfelchen). Zahlr. Belege bei Arntz 1935, S. 242 ff.

Aus Mitteleuropa sind zu erwähnen die vorchristl., in einer Niederschrift aus dem 10. Jh. erhaltenen »Merseburger Z.«; hier wird einleitend (als »Vor-Ahmung«) erzählt, wie im myth. Vorzeit ein Übel durch einen Spruch behoben wurde, der dann folgt und wieder wirken soll (so etwa der in zahlr. jüngeren Varianten erhaltene »Bein-zu-Bein«-Spruch als Heilzauber: »ben zi bena, bluot zi bluoda, lid zu geliden, sose gelimida sin«, d. h. als ob es geleimt wäre). Oft sind unverständliche, aus alten oder fremden Sprachen übernommene Worte und Namen in den Z.n erhalten, so etwa in der Kolonne VII der etrusk. »Agramer Mumienbinde«, wo vor dem Spenden der Trankopfer und dem Ausstreuen von »male« (?) immer wieder »ceia hia!« ausgerufen wird; nachher folgen die Worte »vile vale, staile trile, hia!« (n. Pfiffig, Die etrusk. Sprache, Graz 1969, S. 213). Ähnliche »Fremdworte« finden sich in dem altengl. Segen der Feldfrüchte »erce erce erce eorthan modor«, wobei die geheimnisvollen Worte aus sich heraus machtvoll wirken sollen (→ Ephesische Buchstaben). Häufig wurden drei ähnl. klingende Worte oder Silben aneinandergereiht, etwa »ISTA PISTA SISTA«, »HAX PAX MAX«, »PAX SAX SARAX«, z. B. in den → Grimoires. »Den Versuch, diese mystischen Laute und bewußt sinnlosen, aber an Sinnvolles anknüpfenden Zauberworte... einheitlich zu erklären, hat noch niemand unternommen. Trotzdem läßt sich vermuten, daß alle diese Arten, Unsagbares und Mystisches auszudrücken, alle diese leidenschaftlichen, stammelnden Versuche, sich der Gottheit verständlich zu machen oder sie gar dem eigenen Wollen zu unterwerfen, irgendeinmal aus einer gemeinsamen, heute nicht mehr zutage liegenden Wurzel hervorgegangen sind« (W. Schultz 1910).

So schreibt etwa der Neuplatoniker Jamblichos in »De Mysteriis Aegyptiacarum« VII, c. 3 über eine dem Wort an sich innewohnende theurgische Kraft und »von den göttlichen und heiligen Namen, daß sie unmittelbaren göttlichen Ursprungs seyen, und ihre geheime, den Göttern angemessene theurgische Bedeutung hätten, je fremdartiger sie lauteten« (Horst in Ersch-Grubers Enzyklopädie Bd. 9, S. 277). Ähnlich heißt es bei Proklos, daß die göttl. Wissenschaft durch Verbindung und Trennung der Laute das verborgene Wesen der Götter und Geister offenbare (Theol. Platon. II, c. 29). Der Theologe und Philosoph Pierre Poiret (1646—1719) schrieb, daß in der Urzeit der Mensch die Körperwelt durch Worte regieren und alle Kreaturen durch seine Stimme beherrschen konnte. »Es ist blos eine Erneuerung der ersten reinen Natur des Menschen, wenn die Heiligen der alten Zeiten so große Dinge thaten, wenn Noah die Thiere in die Arche zu sich rief, Josua der Sonne, Mose dem rothen Meer gebot. Denn der Mensch hat die Sprache nicht empfangen, um seines Gleichen seine Gedanken mitzutheilen, sondern um sich die Natur dadurch unterthänig zu machen«. In den → Grimoires finden sich häufig Z. in einer kaum übersetzbaren hebr.-griech. Mischsprache, so etwa »Hel Heloym Sother Emmanuel Sabaoth Agla Tetragrammaton Agyros Otheos Ischyros Athanatos Jehova Va Adonay Saday Homousion Messias Eschereyeye« (Herzog-Hauck, Ndr. Graz 1971, Bd. 12. S. 66).

Vielfach faßte man die mag. Worte als geheime Namen übernatürl. Wesen auf, wobei offenbar die Vorstellung galt, daß in Namen das Wesen der Benannten eingeschlossen wäre. Kurzgefaßte Z. sind die Zauberworte (→ abracadabra, hokuspokus), deren älteste Zeugnisse offenbar aus Altägypten stammen und später in der synkretistischen Geisteswelt der → Gnosis hochgeschätzt wurden; auch in der Mithras-Liturgie (Schultz 1910, S. 89) heißt es: »Küsse deine Amulette und bete 'Mokri mopheri mophere rizon / bleibe bei mir in meiner Seele / verlass' mich nicht: denn dir befiehlt / enthophenenthropioth'«. Ähnl. mag. Worte finden sich in den → Abraxas-Texten der Basilidianer und in der »Pistis Sophia« (aeeiouo-iao-aoioia: dieses Vokalspiel ist offenbar eine Umbildung des geheimen Gottesnamens im Anschluß an die antike Vorstellung, die 7 gr. Vokale αεηιουω symbolisierten den gesamten Kosmos). Da die einzelnen Buchstaben auch Zahlwert besitzen, ist diese Art der Wortmagie von der → Zahlenmagie nicht zu trennen. Charakterist. für den gesamten Ideenkomplex ist der Ausspruch des Roger → Bacon: »Alle Wunder am Beginn der Welt geschahen durch das Wort. Und das Wort, an dem die Seele sich erfreut, ist die eigentl. Leistung der vernünftigen Seele. Worten ist eine große Macht zu eigen: wenn sie mit Konzentration und starkem Verlangen, mit der rechten Absicht und gläubiger Zuversicht gesprochen werden. Wenn diese vier Dinge gegeben sind, wird die vernünftige Seele bald dazu gebracht werden, ihrem Wert und Wesen gemäß zu wirken, und zwar nicht nur auf sich selbst, sondern auch auf die Außenwelt«. — Reiches volkskundl. Belegmaterial u. a. bei Grimm, Dt. Mythologie, Ndr. 1953, Kap. XXXVIII (Sprüche und Segen). Belege aus dem german. Raum bei De. Vries, Altgerman. Religionsgesch. I/1956, S. 304 (»Der gewöhnl. Name für den Zauberspruch ist *galdr*. Dieses Wort ist vom Zeitwort *galan* abgeleitet, das sonst 'singen' bedeutet... Man darf daraus schließen, daß die mag. Lieder mit einer hellen, vielleicht zum Falsett neigenden Stimme gesungen wurden«). Sammlung von antiken Belegen: R. Heim, Incantamenta magica graeca latina, Jahrb. f. Klass. Philol., XIX, Suppl.-Bd. 1893. Vgl. auch R. Petsch, Spruchdichtung des Volkes, Halle 1938; F. Dornseiff, Das Alphabet in Mystik u. Magie, Berlin 1925, Ndr. 1980. V. J. Mansikka: Litauische Zaubersprüche, FFC vol. XXX (Helsinki 1929); A. Ch. Bang, Norske Hexeformularer, Kristiani 1901—02; F. Ohrt, Danmarks Trylleformler, Kopenhagen-Kristiana 1917—21; J. van Haver: Nederlandse Incantatieliteratur, Gent 1964. Vgl. Kap. »Wortmagie« bei H. Biedermann 1986, Das verlorene Meisterwort.

ZODIAKUS oder Tierkreis, jene ringförmige Region des Himmels, auf die sich die Ekliptik-Ebene projiziert, durch die bekannten 12 Tierkreis-Bilder (gr. Dodekatemoria) gekennzeichnet; diese 12 Zeichen sind erstmalig in einem Text aus dem Jahr 420 v. Chr. aus dem Orient belegt: Lohnarbeiter (Widder), Plejaden (Stier), Zwillinge, Krebs, Löwe, Ähre (Jungfrau mit Kornähre), Waage, Skorpion, schießender Kentaur (Schütze), Ziegenfisch (Steinbock), Gula (Wassermann) und zwei Schwänze (Fische). Damit war die Ekliptik in 12 Zeichen zu je 30° unterteilt, während sie früher 16 Sternbilder aufgewiesen hatte (Gressmann 1925). Für die → Astrologie handelt es sich bei diesen »Zeichen« jedoch nicht

ZODIAKUS: Synkretistische Darstellung aus dem Werk »Oedipus Aegyptiacus« des Athanasius → Kircher, 1653. Hier wird den 12 Tierkreiszeichen die Ordnung der Dekane (1 bis 36) gegenübergestellt und versucht, eine Entsprechung in »ägyptischen« Gottheiten zu finden (z. B. Widder — Amun; Skorpion — Typhon, d.h. Seth/Sutech). Nach U. Becker, Lexikon d. Astrologie, Freibg. 1981

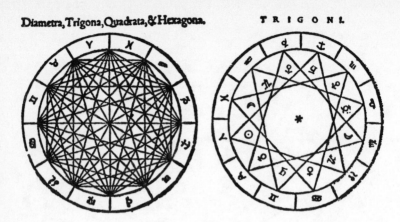

ZODIACUS: Aspekte und Trigone, nach der Ausgabe der Schriften des
→ Firmicus Maternus, 1551

um die echten Sternbilder, die infolge der Präzession des Frühlingspunktes (→ Weltzeitalter) um jeweils etwa 30° weitergewandert sind, sondern um Felder oder Bezirke des Himmels, die nur aus histor. Gründen die Namen der Sternbilder tragen. Sternbild und Tierkreisfelder deckten sich vor etwa 3000 Jahren; man kann daraus schließen, daß ungefähr in dieser Zeit das astrolog. Weltbild mit einer Vorstufe der heutigen Einteilung des Z. formuliert wurde. —

»Ursprüngl. wurden die Tierkreiszeichen sowohl in Babylon als auch in Griechenland für prakt. Zwecke benutzt, nämlich zur Zeitbestimmung bei Nacht — deswegen auch die exakte Einteilung in 30° — und schließlich die Einteilung in 12 Zeichen, weil der Kalender 12 Monate zu 30 Tagen hatte. Nach dem heutigen Stand der Forschung übernahmen die Griechen diesen babylon. Tierkreis, modifizierten ihn und ersetzten einige Namen und Zeichen (der Widder z. B. ist ein neues Zeichen, wahrscheinl. ägyptischen Ursprungs). Im 3. Jh. v. Chr. erreichte das in Mesopotamien entwickelte ... Konzept des Tierkreises Ägypten, wo es mit dem Dekan-System (s. u.) verschmolzen wurde...«(Lex. d. Astrol., hg. U. Becker, Freibg. 1981, 283 f.).

Die 12 »Zeichen« des Z. mit einem Bogen von je 30° lassen sich in Gruppen unterteilen: a) nach den 4 Jahreszeiten: als Frühlingszeichen bezeichnen die Astrologen Widder, Stier und Zwillinge (21. März — 21. Juni), als Sommerzeichen Krebs, Löwe und Jungfrau (21. Juli — 23. September), als Herbstzeichen Waage, Skorpion und Schütze (23. September — 21. Dezember) und als Win-

terzeichen Steinbock, Wassermann und Fische (21. Dezember — 21. März);
b) nach den 4 → »Elementen« in 4 Trigone: Feuerzeichen (Widder, Löwe,
Schütze), Wasserzeichen (Krebs, Skorpion, Fische), Luftzeichen (Zwillinge,
Waage, Wassermann) und Erdzeichen (Stier, Jungfrau, Steinbock); c) nach
den »3 Kreuzen« in das »kardinale Kreuz« (Widder, Krebs, Waage, Steinbock),
dem die vier Erzengel Gabriel, Raphael, Michael und Uriel entsprechen, in das
»bewegliche Kreuz« (Zwillinge, Jungfrau, Schütze, Fische) und in das »feste
Kreuz« (Stier, Löwe, Skorpion, Wassermann), auf das sich die alten
Weltecken-Hüter und im Anschluß daran die vier Evangelisten mit ihren Tier-
symbolen beziehen sollen (Lukas: Stier, Markus: Löwe, Johannes: Adler [im
Z. Skorpion] und Matthäus: Mensch oder Engel [im Z. Wassermann]).

Diese systematisierenden Spekulationen sind jedoch in der älteren Astrologie kaum nachweisbar und wurden erst in neuerer Zeit formuliert. Bereits in
älteren astrolog. Werken findet man hingegen die Einteilung des Z. in zwei
Teile: a) in die »nördlichen« Zeichen (Widder, Stier, Zwillinge, Krebs, Löwe
und Jungfrau) und in die »südlichen« Zeichen (Waage, Skorpion, Schütze,
Steinbock, Wassermann, Fische), weiters b) in die »Tages- oder Sonnenzei-
chen« (Löwe, Jungfrau, Waage, Skorpion, Schütze und Steinbock) und in die
»Mond- oder Nachtzeichen« (Wassermann, Fische, Widder, Stier, Zwillinge,
Krebs). —

Die den einzelnen Zeichen des Z. zugeschriebene Symbolkraft ist bereits seit
der Antike in fast unveränderter Weise immer wieder festgehalten worden. Im
»Gastmahl des Trimalchio« des Petronius (Arbiter elegantiarum), gest.
66 n. Chr., wird dem Gastgeber der »Cena« ein Vortrag über die 12 Tierkreiszeichen in den Mund gelegt, der heute »in einer Tageszeitung kaum auffallen
und als Wochenprognose genommen werden« könnte (Nowotny 1967,
S. 397). —

Eine ältere Einteilung als die in 12 Tierkreiszeichen ist die altägypt. in
36 »Dekane«, deren Aufgang nach jeweils etwa 10 Tagen für die Einteilung des
Jahres benutzt wurde; die ägypt. Namen in etwas entstellter Form sind bei
→ Firmicus Maternus erhalten; dieser Autor spricht von »vollen und leeren
Graden« (letztere sind jene, die keine Sterne der Dekanbilder enthalten). Eine
Liste der Dekan-Namen nach verschiedenen Quellen (bei Firmicus Maternus:
Senator, Senacher, Sentacher, Suo…) findet sich bei Agrippa/Nowotny 1967,
S. 437—40. Geistesgeschichtl. interessant ist die Liste der Dekannamen bei
Bischof Kosmas von Jerusalem (um 740), die das heterogene Pantheon des Hel-
lenismus spiegelt (Aidoneus, Persephone, Eros… Hephaistos, Isis, Sarapis,
Themis etc.). Vgl. → Facies. — Über die Einteilung der Ekliptik in 28 Mondsta-
tionen vgl. F. v. Richthofen, China Bd. 1, S. 404 ff. (Ndr. Graz 1971).
GUNDEL 1922, 1936, 1969; HENSELING 1924; ROSENBERG 1949

478

ZOSIMOS, Alchemist des 4. Jhs., der in Alexandria wirkte und wahrscheinl. mit dem von Suidas genannten Z. von Panopolis identisch ist. Seine in MA. hochgeschätzten Schriften, zus. mit jenen des Pseudo-Demokritos (Bolos von Mendes?) als die ältesten alchemist. Texte bezeichnet, führen die → Alchemie auf die von den »filii Dei« (A. T., 1. Mosis 6,2) verratenen Geheimnisse zurück, den Namen Alchemie auf einen mythischen »Chemes«. Da Z. auf ägypt. Boden wirkt, widmet er sein Buch dem Imhotep. Es enthält Geistesgut des → Neuplatonismus und der → Gnosis, vorwiegend in Schilderungen von Traumvisionen eingekleidet. Lt. Nowotny ist bei Z. die Vierheit (Tetrasomie, → Ei), auch als »unsere Magnesia« bezeichnet, »der schwarze Rabe«, aus Kupfer, Blei, Zinn und Eisen gebildet. Diese Metalle sind aus dem Blei (»alles stammt aus der Einheit, alles ordnet sich in ihr ein, sie erzeugt alles«) entstanden; sie sind in dieser Reihenfolge den Planeten Venus (→ Element Wasser), Saturn (Erde), Zinn (Luft) und Mars (Feuer) zugeordnet (→ Metallbezeichnungen). »Durch Einwirkungen von [→] Mercurius entsteht aus der Magnesia Silber oder Gold... Z. spricht von der Befreiung der Pneumata aus den Somata« (der »Seelen« aus der Materie; Agrippa/Nowotny 1967, S. 418).

Kiesewetter (1895/1977) meint, daß Z. »das Kupfer als Ausgangspunkt der Alchymie betrachtet, weil er am Anfang seiner Schrift sagt: 'Nehmt die Seele des Kupfers, welche über dem Wasser schwebt, und befreit einen luftförmigen Körper.' Die Erwähnung des letzteren läßt darauf schließen, daß wir hier wohl dem ersten Hinweis auf eine infolge der Einwirkung von Säuren erfolgte Gasentwicklung begegnen. Bemerkt sei noch, daß Synesios und Z. zuerst in deutlicher Weise Destillationsapparate beschreiben«. — Mit der Deutung der Visionen des Z. befaßte sich C. G. Jung, Zürich 1954 (Von den Wurzeln des Bewußtseins, S. 140 ff.), vor allem mit der Entstehung des »anthroparion« (→ Homunculus), das zunächst als Kupfermenschlein, dann als Silbermensch und endlich als Goldmensch (chrysanthropos) auftritt. Vgl. auch R. Reitzenstein, Collection des anciens alchemistes Grecs, Paris 1887—88, vol. II; alte Darstellg. von Olaus Borrichius, De Hermetis et Aegyptiorum Sapientia, Kopenhg. 1682.

LIPPMANN 1913—54

Die Zahlwerte der griechischen Buchstaben
in der hellenistischen Epoche

Vgl. das Stichwort „Zahlenmagie", S. 465—467

Gr.Buchstabe	Name	Lautwert	Zahlwert
A	alpha	a	1
B	beta	b	2
Γ	gamma	g	3
Δ	delta	d	4
E	epsilon	e (kurz)	5
Ϛ	stigma	——	6
Z	zeta	ds	7
H	eta	e (lang)	8
Θ	theta	engl. „th"	9
I	iota	i	10
K	kappa	k	20
Λ	lambda	l	30
M	my	m	40
N	ny	n	50
Ξ	xi	x	60
O	omikron	o	70
Π	pi	p	80
Ϙ	koppa	——	90
P	rho	r	100
Σ	sigma	s	200
T	tau	t	300
Υ	ypsilon	ü	400
Φ	phi	f	500
X	chi	ch	600
Ψ	psi	ps	700
Ω	omega	o (lang)	800
Ϡ	sampi	——	900

Erste Enneade (A–Θ), *Zweite Enneade* (I–Ϙ), *Dritte Enneade* (P–Ϡ)

Abgeändert nach Wolfgang Schultz 1910

BIBLIOGRAPHIE

In diesem Literaturverzeichnis sind nicht die im lexikalischen Teil genannten alten Primärquellen enthalten, sondern nur die neuere Sekundärliteratur und Nachdrucke bis etwa Anfang 1986, soweit sie in mehreren Stichworten zitiert wurde. Nur einmal verwendete Literatur dieser Art ist mit Erscheinungsort und -jahr an den betreffenden Stellen selbst zitiert. In die Bibliographie wurden auch mehrere Werke aufgenommen, die nicht als völlig seriös zu bezeichnen sind. Es liegt in der Natur der Materie, daß dies nicht selten der Fall ist; da jedoch auch hier häufig brauchbare bibliographische Angaben zu finden sind, konnte von einer Anführung dieser Schriften nicht ganz abgesehen werden.

H. Biedermann

AGRIPPA AB NETTESHEYM, H. C.: De Occulta Philosophia. Ndr. d. Ausg. Köln 1533, zus. m. zahlr. Reproduktionen von Hss. etc., erläutert und kommentiert von K. A. Nowotny (zit. »Agrippa/Nowotny«), Graz 1967

ALLEN, D. C.: The Star-Crossed Renaissance. The Quarrel about Astrology and its Influence in England. Durham 1941

ANDREÄ, J. v.: Die Chymische Hochzeit: Christiani Rosenkreutz. Anno 1459. Neue Ausg. n. der von Straßbg. 1616, Vorw. von A. Rosenberg. München-Planegg 1957

ARNOLD, P.: Histoire des Rose-Croix et les origines de la Franc-maçonnerie. Paris 1956

ASHMOLE, E.: Theatrum Chemicum Britannicum... Vorwort C. H. Josten. Ndr. der Ausg. London 1652, 1968

BÄCHTOLD-STÄUBLI, H.: Handwörterbuch des deutschen Aberglaubens. Berlin 1927—42

BACXSTROM, S.: Alchemical Anthology. London 1960

BAEUMKER, C.: Witelo, ein Philosoph des XIII. Jahrhunderts. München 1908
— Der Platonismus im Mittelalter. München 1916

BAISSAC, J.: Les grands jours de la sorcellerie. Paris 1890

BARBEL, J.: Geschichte der frühchristlichen griechischen und lateinischen Literatur. Aschaffenburg 1969

BAROJA, J. C.: Las brujas y su mundo. Madrid 1960. Dt. Ausg.: Die Hexe und ihre Welt. Vorw. v. W.-E. Peuckert, Stuttg. 1967

BARZILAI, F.: Gli Abraxas. Trieste 1873

BASCHWITZ, K.: Hexen und Hexenprozesse. Die Geschichte eines Massenwahns und seiner Bekämpfung. München 1963

BAUER, E. u. W. v. LUCADOU: Spektrum der Parapsychologie. Hans Bender zum 75. Geburtstag. Mit Beiträgen zahlr. Fachgelehrter. Freiburg. i. Br. 1978.

BAZALA, V.: Über das Pentagramm in Kroatien. Antaios I, No. 4, Stuttg. 1959

BECKER, G., S. BOVENSCHEN, H. BRACKERT et al.: Aus der Zeit der Verzweiflung. Zur Genese und Aktualität des Hexenbildes. Frankfurt a. M. 1977

BECKH, H.: Vom Geheimnis der Stoffeswelt — Alchymie. Basel 1931

BEITL, K.: Volksglaube. Zeugnisse religiöser Volkskunst. München 1983

BENDER, H. (Hrsg.): Parapsychologie. Entwicklung, Ergebnisse, Probleme. Wege der Forschung IV, Darmstadt 1966

BENZ, E.: Emmanuel Swedenborg, Naturforscher und Seher. München 1948 — Kosmische Bruderschaft. Die Pluralität der Welten. Freiburg i. Br. 1978

BERNUS, A. v.: Alchymie und Heilkunst. Nürnberg 1969

482

BERTHELOT, M.: Die Chemie im Altertum und im Mittelalter. Wien 1909. Ndr., Vorwort F. Strunz, Hildesh. 1968
— Collection des anciens alchimistes grecs. Paris 1887—88. Ndr. Osnabrück 1966
— La chimie au moyen-age. Paris 1893. Ndr. Osnabrück 1967
— Les origines de l'alchimie. Paris 1885. Ndr. Osnabrück 1966
BERTHOLET, A. und F. V. CAMPENHAUSEN: Wörterbuch der Religionen. Stuttgt. 1952. Neuaufl., bearb. v. K. Goldammer, 1962
BERTHOLET A. u. GOLDAMMER K.: Wörterbuch der Religionen. Kröners Taschenausg. Nr. 125
BIEDERMANN, H.: Paracelsus, ein Wegbereiter der Wissenschaft. Universum Nr. 18, Wien 1958
— Medicina Magica. Metaphysische Heilmethoden in spätantiken und mittelalterlichen Codices. Graz 1972
— Materia Prima. Eine Bildersammlung zur Ideengeschichte der Alchemie. Graz 1973
— Hexen. Auf den Spuren eines Phänomens. Graz 1974
— Das verlorene Meisterwort. Bausteine zu einer Kultur- und Geistesgeschichte des Freimaurertums. Wien-Köln 1986
BISCHOFF, E.: Die Elemente der Kabbalah. Geheime Wissenschaften II/2, Berlin 1921
BLAU, L.: Das altjüdische Zauberwesen. Budapest 1898. Ndr. Graz 1974
BLOCH, CH.: Aus Mirjams Brunen. Chassidische Erzählungen und Legenden, durchgesehen und mit einem Vorwort versehen von Salcia Landmann. Darmstadt o. J.
BLUMENBERG, H.: Die kopernikanische Wende. Frankfurt a. M. 1965
BOLL, F.: Sphaera. Neue griechische Texte und Untersuchungen zur Geschichte der Sternbilder. Leipzig 1903. Ndr. Hildesh. 1967
— Kleine Schriften zur Sternkunde des Altertums. Leipzig 1950
— und C. BEZOLD: Sternglaube und Sterndeutung. 3. Aufl. hrsg. v. W. Gundel, Leipzig 1926, 4. Aufl. 1931
BOLLE, F. (Hrsg.): Der Signatstern oder die enthüllten sämmtlichen sieben Grade u. Geheimnisse der mystischen Freimaurerei etc. Stuttgart 1866. Ndr. Freiburg i. Br. 1979
BONIN, W. F.: Lexikon der Parapsychologie und ihrer Grenzgebiete. Zürich 1978
BOREL, P.: Bibliotheca chimica sive catalogus librorum philosophorum. Heidelberg 1656. Ndr. Hildesh. 1968
BORN, W.: Fetisch, Amulett und Talisman. Ciba-Zeitschr. Nr. 47, Basel, Juli 1937
BOSMAN, L.: The Meaning and Philosophy of Numbers. London 1932
BOSSARD, R.: Psychologie des Traumbewußtseins. Zürich 1951
BOUCHÉ-LECLERQ, A.: L'astrologie grecque. Paris 1899
BRÜCKNER, W.: Bildnis und Brauch, Studien zur Bildfunktion der Effigies, Berlin 1966
BUBER, M.: Prophetie, Apokalyptik und die geschichtliche Stunde. Merkur 8/1954, S. 1101 ff.
BURCKHARDT, J.: Die Kultur der Renaissance in Italien. 17. Aufl., Leipzig 1930
BURCKHARDT, T.: Alchemie — Sinn und Weltbild. Olten 1960
BURLAND, C. A.: The Magical Arts. A short History. London 1966
— The Arts of the Alchemists. London 1967
BUSCHAN, G.: Tiere und tierische Produkte als Heilmittel in der Volksmedizin. Ciba-Zeitschr. Nr. 86, Basel, Nov. 1942
BYLOFF, F.: Das Verbrechen der Zauberei (crimen magiae). Graz 1902
— Der Ausklang der Zaubereiprozesse in Steiermark. Blätter f. Heimatkunde 9, 10, Graz 1924

483

— Der Teufelsbündler. Eine Episode aus der steirischen Gegenreformation. Graz o. J. (= 1926)
— Die Blutgenossenschaft der Zauberjackl. Zs. f. Kriminalpsychologie, 18. Jg., Heft 8
— Nestelknüpfen und -lösen. Arch. f. Gesch. d. Med., Bd. XIX/1927, Heft 2
— Die Zaubereibeschuldigung gegen Anna Neumann von Wasserleonburg. Blätter f. Heimatkunde 6, Graz 1928
— Volkskundliches aus Strafprozessen der österreichischen Alpenländer. Quellen z. dt. Volkskde., 3, Berlin 1929
— Hexenglaube und Hexenverfolgung in den österreichischen Alpenländern. Quellen z. dt. Volkskde., 6, Berlin 1934
CAHAGNET, L.-A.: Magie magnétique ou traité historique et pratique etc., Paris 1854
CANSELIET, E.: Alchimie. Paris 1964
CAVENDISH, R.: The Black Arts. London 1967. Dt. Ausg.: Die schwarze Magie. Frankfurt 1969
— (Hrsg.) Man, Myth and Magic. An illustrated encyclopaedia of supernatural. London 1970 f.
CHOULANT, L.: Handbuch der Bücherkunde für die ältere Medizin. Leipzig 1841. Ndr. Graz 1956
CLOSS, A.: Die Steinbücher in kulturhistorischer Schau. Mineralog. Mitteilungsblatt, Joanneum 1/1958, Graz 1958
COCKREN, A.: Alchemy Rediscovered and Restored. London 1956
COLLISON-MORLEY, L.: Greek an Roman Ghost Stories. Oxford 1912. Ndr. Chicago 1968
COPE, J. I.: Joseph Glanvil, Anglican Apologist. London 1956
CRAVEN, J. B.: Doctor Robert Fludd, Robertus de Fluctibus, the English Rosicrucian. London 1962
CUMONT, F.: Astrology and Religion among the Greeks and Romans. London 1912. Neue Ausg. New York 1960
DANZEL, Th. W.: Magie und Geheimwissenschaft in ihrer Bedeutung für Kultur und Kulturgeschichte. Stuttgt. 1924
DARMSTAEDTER, E.: Die Alchemie des Geber. Heidelberg 1922
— Arznei und Alchemie. Paracelsus-Studien (Studien z. Gesch. d. Medizin, hrsg. v. Sudhoff u. Sigerist), Leipzig 1931
DELACROIX, F.: Les procès de sorcellerie au XVIIIᵉ siècle. Paris 1894
DELATTE, A.: La catoptromancie grecque et ses dérivés. Paris 1932
DELITZSCH, F.: Biblische Psychologie. 2. Aufl. Leipzig 1861
DELUMEAU, J.: Angst im Abendland. Die Geschichte kollektiver Ängste im Europa des 14. bis 18. Jahrhunderts. 2 Bde., Reinbek 1985
DESSAUER, F.: Weltfahrt der Erkenntnis. Leben und Werk Isaac Newtons. Zürich 1945
DIEFFENBACH, J.: Der Hexenwahn vor und nach der Glaubensspaltung. Mainz 1886
DIEL, J. B.: Friedrich von Spee. Freibg./Br. 1873 (2. Aufl. 1901)
DIONYSIOS AREOPAGITA: Mystische Theologie und andere Schriften. Hrsg. v. W. Tritsch. München-Planegg 1956
DORNSEIFF, F.: Das Alphabet in Mystik und Magie. Leipzig-Berlin 1925. Ndr. Leipzig 1980
DROSS, A.: Die erste Walpurgisnacht. Hexenverfolgung in Deutschland. Reinbek 1978
DUERR, H. P.: Traumzeit. Über die Grenze zwischen Wildnis und Zivilisation. Frankfurt a. M. 1978
DUMCKE, F.: Die deutschen Volksbücher von Faust. Leipzig 1891

DUVEEN, D. J.: Bibliotheca Alchemica et Chemica. London 1949, Ndr. 1965
EBERT, F. A.: Allgemeines bibliographisches Lexicon. Leipzig 1821—30. Ndr. Hildesh. 1965
ECKARTSHAUSEN, K. v.: Aufschlüsse zur Magie aus geprüften Erfahrungen. Gekürzte Ausg. München 1923. Ndr. Schwarzenburg 1978
EIS, G.: Der Homunculus in Sage und Legende. Abbottempo Buch 4, 1967
EISLER, R.: The Royal Art of Astrology. London 1946
ELIADE, M.: Forgerons et Alchimistes. Paris 1956. Dt. Ausg. (Schmiede und Alchemisten) Stuttgt. 1960
— Schamanismus und archaische Ekstasetechnik. Zürich-Stuttgt. 1957
ENDRES, F. C.: Mystik und Magie der Zahlen. Zürich 1951
ENNEMOSER, J.: Geschichte der Magie, Leipzig 1844, Ndr. 1969. Engl. History of Magic. London 1854
ERD, E.: Der Paracelsus des 17. Jahrhunderts, Rudolf Glauber. — Also ist der Rubin aufgekommen; Johannes Kunckel. In: Pioniere und Außenseiter, 21 Biographien (Turris) Darmstadt 1968
ERNST, R. E.: Nostradamus. Vom Mythos zur Wahrheit. Wien-Köln 1986
EVANS, J.: Magical Jewels of the Middle Ages and the Renaissance. Oxford 1922
EVANS, H. R.: The Old and New Magic. Chicago 1906, London 1909
— History of Conjuring and Magic. Kenton 1928, 1930
EVOLA, J.: La Tradizione Ermetica. Bari 1948
EYSENCK, H. J. u. NIAS, D.: Astrologie — Wissenschaft oder Aberglaube? München 1982
FALIGAN, F.: Histoire de la légende de Faust. Paris 1888
FEDERMANN, R.: Die königliche Kunst. Eine Gesch. d. Alchemie. Wien 1964
FELDES, R. (Hrsg.): Der wahrhaftige feurige Drache. Zwei Zauberbuch-Parodien aus dem 18. u. 19. Jahrhundert. Bonn 1979
FERCKEL, S.: »Hexensalbe« und ihre Wirkungen. Kosmos Bd. 50, S. 414 ff., Stuttgt. 1954
FERGUSON, J.: Bibliotheca Chemica. Glasgow 1906, Ndr. London 1954
FESTUGIÈRE, A. J.: Corpus Hermeticum. Traduction (La Révélation d'Hermès Trismeguiste), Paris 1945—49
FIERZ-DAVID, H. E.: Die Entwicklungsgeschichte der Chemie. Basel 1945
FISCHER, H.: Mittelalterliche Pflanzenkunde. München 1929. Ndr. Hildesh. 1967
FRANCESCO, G. de: Scharlatanerie. Ciba-Zeitschr. Nr. 37, Basel 1936
FRANZ, A.: Die kirchlichen Benediktionen im Mittelalter. Freibg. 1909. Ndr. Graz 1960
FRANZ, M.-L. v.: Aurora consurgens. A Document of the Alchemical Problem of Opposites, Attributed to Thomas Aquinas. New York/London 1963
FRICK, K. R. H.: Die Erleuchteten. Graz 1973
— Licht und Finsternis, Teil 2. Graz 1978.
— Satan und die Satanisten. Teil 1 — Das Reich Satans. Graz 1982. Teil 2 — Die Satanisten. Graz 1986
FRIEDRICH, J.: Astrologie und Reformation. München 1864
FÜHNER, H.: Solananzeen als Berauschungsmittel. Arch. f. exp. Pathologie u. Pharmakologie, S. 281 ff., Bd. 111/1925
GADOW, G.: Die Feen an der Wiege. Bestimmen Gestirne unser Leben? Frankfurt a. M. 1979
GANZENMÜLLER, W.: Die Alchemie im Mittelalter. Basel-Paderborn 1938
GARDET, L.: Mystische Erfahrungen in nicht-christlichen Ländern. Colmar 1956
GEBER's Works, ed. by E. J. Holmyard, London 1928

GEIGER, A.: Wallensteins Astrologie. Eine kritische Überprüfung der Überlieferung nach dem gegenwärtigen Quellenbestand. Graz 1983

GESSMANN, C. W.: Die Geheimsymbole der Alchymie, Arzneikunde und Astrologie des Mittelalters. Graz 1899, Ndr. Berlin 1922, Ulm 1960, 1964

GESSMANN, G. W.: Die Pflanzen im Zauberglauben. Ein Katechismus der Zauberbotanik. Berlin 1899. Ndr. Den Haag o. J.

GIFFORD, E. S.: The Charms of Love. New York 1962. Dt. Ausg. 'Liebeszauber', Stuttgt. 1962

GLEADOW, R.: Magic and Divination. London 1941

GMELIN, J. F.: Geschichte der Chemie. Göttingen 1797—99

GOLDBECK, E.: Der Mensch und sein Weltbild. Leipzig 1925

GOLDSCHMIDT, G.: Die Alchimie der Ägypter. Die griechische Alchimie. Zur Sichtung und Erforschung der alchimistischen Handschriften. Notizen zum Thema »Ursprung der Alchimie«. Ciba-Zeitschr. Nr. 57, Basel, Mai 1938

— Die Quellen der mittelalterlichen Alchimie. Die Blüte der Alchimie bei den Arabern. Die mittelalterliche Alchimie im Abendland. Der Ausklang der mittelalterlichen Alchimie. Ciba-Zeitschrift Nr. 65, Basel, Januar 1939

GOLOWIN, S.: Die weisen Frauen. Die Hexen und ihr Heilwissen. Basel 1982

GOLOWIN, S.: Magier der Berge. Lebensenergie aus dem Ursprung. Basel 1984

GOLOWIN, S.: Edelsteine, Kristallpforten der Seele. Freiburg i. Br. 1986

GÖRRES, J. v.: Die christliche Mystik. Regensbg. 1879—90. Ndr. Graz 1960

GRABNER, E. (Hrsg.): Volksmedizin, Probleme und Forschungsgeschichte. Darmstadt 1967

GRAESSE, J.: Bibliotheca magica et pneumatica. Leipzig 1843. Ndr. Hildesh. 1960

GRAY, R. D.: Goethe the Alchimist. Cambridge Univ. Press 1952. Resümé in dt. Spr. in Antaios I, No. 4, Nov. 1959

GRESSMANN, H.: Die hellenistische Gestirnreligion. Beihefte z. 'Alten Orient', Leipzig 1925

GRILLOT DE GIVRY: Le Musée des sorciers, mages et alchimistes. Paris 1929, 1966

GROVES CAMPBELL, F. W.: Apollonius of Tyana. A Study of his Life an Times. Chicago 1968 (Ndr. d. Ausg. 1908)

GUNDEL, W.: Sterne und Sternbilder im Glauben des Altertums und der Neuzeit. Bonn 1922

— Der Ursprung der Astrologie, in SMH 1927/9 (München), S. 152—155

— Dekane und Dekansternbilder. Glückstadt-Hambg. 1936. Ndr. Darmstadt 1969

— Religionsgeschichtliche Lesefrüchte aus lateinischen Astrologenhandschriften. Brüssel 1936

GUNTHER, C. L.: Medicinisch-chymisch und alchymistisches Oraculum... alle Zeichen und Abkürzungen... Ulm 1755

GUNTHER, R. T. (Hrsg.): The Greek Herbal of Dioscorides. New York 1934, Ndr. ebd. 1959

HAAGE, B. (Bearb. u. Hrsg.): Das 'Kunstbüchlein' des Alchemisten Caspar Hartung vom Hoff. Litterae Nr. 39. Göppingen 1975

HAARDT, R.: Die Gnosis. Wesen und Zeugnisse. Salzbg. 1967

HAAS, C.: Die Hexenprozesse. Tübingen 1865

HALLIDAY, W. R.: Greek Divination. A Study of its Methods and Principles. Oxford 1913. Ndr. Chicago 1968

HAMMES, M.: Hexenwahn und Hexenprozesse. Frankfurt a. M. 1977

HANSEN, J.: Zauberwahn, Inquisition und Hexenprozeß im Mitelalter und die Entstehung der großen Hexenverfolgung. München-Leipzig 1900

— Quellen und Untersuchungen zur Geschichte des Hexenwahns und der Hexenverfolgung im Mittelalter. Bonn 1901

HANSMANN, L. und L. KRISS-RETTENBECK: Amulett und Talisman. Erscheinungsform und Geschichte. München 1966

HARLESS, A. v.: Das Buch von den ägyptischen Mysterien. München 1858

HARTLAUB, G. F.: Alchemisten und Rosenkreuzer. Der Kunstspiegel. Heilbronn 1947

— Der Stein der Weisen. Wesen und Bilderwelt der Alchemie. München 1959

— Das Unerklärliche. Studien zum magischen Weltbild. Stuttgt. 1951

HAUPT, J.: Die Elementargeister bei Fouqué, Immermann usw. Leipzig 1923

HAYN, H. und A. N. GOTENDORF: Bibliotheca germanorum erotica et curiosa. Ndr. d. 3. Aufl., Müller u. Kiepenheuer, Hanau 1967—68

HENCKEL, A. und A. SCHÖNE: Emblemata. Handbuch zur Sinnbildkunst des XVI. und XVII. Jahrhunderts. Stuttgt. 1967

HENSELING, R.: Werden und Wissen der Astrologie. Stuttgt. 1924

— Das All und wir. Berlin 1936

HERMETISCHES ABC deren ächten Weisen alter und neuerer Zeit vom Stein der Weisen. Berlin 1778—79. Ndr. Berlin 1921

HERMETISCHES ABC der ächten Weisen alter und neuer Zeiten etc., Berlin 1778. Ndr. Schwarzenburg 1979

HERTLING, G. v.: Albertus Magnus. Beitr. zu seiner Würdigung. Münster 1914

HERTZ, W.: Der Werwolf. Stuttgt. 1862

HERZOG, J. J. und D. A. HAUCK: Realencyclopädie für protestantische Theologie und Kirche. 24 Bde., Leipzig 1896—1913, Ndr. Graz 1969—1971

HETMAN, F.: Merlin, Porträt eines Zauberers. In: T. H. White, Das Buch Merlin. München 1980

HEUER, H. M.: Hax pax max. Wunder und Geheimnisse des Okkultismus. Hamburg 1973

HILDEGARD VON BINGEN: Wisse die Wege — Sci Vias. Hrsg. von Maura Böckler. Salzbg. 1954, 4. Aufl. 1961

HINSCHIUS, P.: Das Kirchenrecht der Katholiken und Protestanten in Deutschland. Bd. VI, Berlin 1897, Ndr. Graz 1959

HOLMYARD, E. J.: Alchemy. Harmondsworth 1953, Ndr. 1968

— Geber's Works (s. d.)

HOLZMANN, M. und H. BOHATTA: Deutsches Pseudonymen-Lexicon. Wien-Leipzig 1906. Ndr. Hildesh. 1961

HONNEGGER, C. (Hrsg.): Die Hexen der Neuzeit. Studien zur Sozialgeschichte eines kulturellen Deutungsmusters. Frankfurt a. M. 1978

HOPKINS, A. J.: Alchemy, Child of Greek Philosophy. London 1930

HORNEFFER, A.: Symbolik der Mysterienbünde. Heidelberg 1924. Ndr. Schwarzenburg 1979

HOVORKA, O. v. und A. KRONFELD: Vergleichende Volksmedizin. Stuttgt. 1908/1909

HÜBNER, J.: Curieuses und Reales Natur = Kunst = Berg = Gewerck = und Handlungs = Lexicon... Neue Aufl., verbessert... von D. Georg Heinrich Zincken, Leipzig 1746 (1. Aufl. 1704, 31. Aufl. 1824—28)

HUELSENBECK, R.: Sexualität und Persönlichkeit. Entwicklung und Bedeutung mentaler Heilmethoden. Frankf. 1959

HUSIK, J.: A History of Medieval Jewish Philosophy. o. O. 1916

HUSON, P.: Witchcraft and Demonology. New York 1978

JAMBLICHUS: Über die Geheimlehren. Hrsg. u. übersetzt von Th. Hopfner. Leipzig 1922. Ndr. Schwarzenburg 1978

(JOB, J. G. — ANONYM!): Anleitung zu denen curiösen Wissenschaften, nehmlich Physiognomia, etc. Frankf. 1737, 1747

JOSTEN, C. H.: Elias Ashmole (ed., with a biographical introduction by — —). Oxford 1966

JUNG, C. G.: Psychologie und Alchemie, Psycholog. Abh. IV. Zürich 1944
— Symbolik des Geistes. Zürich 1951
— Mysterium coniunctionis. Zürich 1955—56
— Der Geist Mercurius. Eranos-Jahrbuch 1942, Zürich 1943

KANNER, I. Z.: Jüdische Märchen. Frankfurt a. M. 1976

KARPELES, G.: Geschichte der jüd. Literatur. Berlin 1920. Ndr. Graz 1963

KERLER, CHR. u. R.: Geheime Welt der Talismane und Amulette. Rosenheim 1977

KESSLER, H.: Bauformen der Esoterik. Freiburg i. Br. 1983

KIESEWETTER, C. (K.): Geschichte des neueren Occultismus. Leipzig 1891
— Die Geheimwissenschaften. Leipzig 1895
— Der Occultismus des Altertums. Leipzig 1891—96
— Faust in der Geschichte und Tradition. Leipzig 1893. Ndr. Berlin 1921, Hildesheim 1963
— Geschichte des neueren Occultismus. Leipzig 1891—95. Ndr. Schwarzenburg 1977
— Die Geheimwissenschaften. Leipzig 1895. Ndr. Schwarzénburg 1977

KING, C. W.: The Gnostics and their Remains, Ancient and Mediaeval. London 1887

KIRCHNER, J.: Lexikon des Buchwesens, Stuttgt. 1952—53

KITTEREDGE, G. L.: Witchcraft in Old and New England. Cambridge/Mass. 1929

KLEIN, A.: Der»Kreuzweg«im deutschen Volksaberglauben. Blätter f. Heimatkde. 6, Graz 1928

KLEINPAUL, R.: Modernes Hexenwesen. Leipzig 1900

KLEUKER, J. F.: Magikon — das geheime System der Martinisten. Frankfurt u. Leipzig 1784, Ndr. Schwarzenburg 1980

KLIJN, A. F. J.: Edessa, die Stadt des Apostels Thomas. Das älteste Christentum in Syrien. Neukirchen-Vluyn 1965

KLOSS, G.: Bibliographie der Freimaurerei und der mit ihr in Verbindung gesetzten geheimen Gesellschaften. Frankf. 1844, Ndr. Graz 1970

KOPP, H.: Beiträge zur Geschichte der Chemie. Braunschw. 1869—75
— Die Alchemie in älterer und neuerer Zeit. München 1873. Ndr. Hildesh. 1962
— Die Entwicklung der Chemie in der neueren Zeit. München 1873. Ndr. Hildesh.1966
— Über den Zustand der Naturwissenschaft im Mittelalter. München 1889

KNUF, A. u. J.: Amulette und Talismane. Symbole des magischen Alltags. Köln 1984

KRAUS, P.: Jabir ibn Hayyan. Contribution à l'histoire des idées scientifiques dans l'Islam. Paris 1942—43

KRAUSE, A.: Die Astrologie. Entwicklung, Aufbau und Kritik. Leipzig 1927

KRISS-RETTENBECK, L.: Bilder und Zeichen religiösen Volksglaubens. München 1963

KÜNDIG, H.: Das Horoskop. Die Berechnung, Darstellung und Erklärung. Astrologica II, Zürich 1950

KUNZ, G. F.: The Curious Lore of Precious Stones. Philadelphia 1913

LAARSS, R. H.: Das Buch der Amulette und Talismane. Leipzig 1932

LAMMERT, G.: Volksmedizin und med. Aberglaube in Bayern. Würzbg. 1869

LANGLOIS, R. H.: La conaissance de la nature ed du monde au moyen-age. Paris 1911

LAGRUIER, L.: La faiseur d'or, Nicolas-Flamel. Paris 1936

LAUCHERT, F.: Geschichte des Physiologus. Straßbg. 1899

LAVER, J.: Nostradamus or the Future Foretold. Harmondsworth 1952

488

LEA, H. C.: Geschichte der Inquisition im Mittelalter. Übers. u. hrsg. von J. Hansen. Bonn 1909
— Materials towards a History of Witchcraft, arranged and ed. by Arthur C. Howland, Ndr. New York 1957
LEBRUN: Historie Critique des practiques superstitieuses. Amsterdam 1733
LEHMANN, A.: Aberglaube und Zauberei von den ältesten Zeiten an bis in die Gegenwart. 2. Aufl. Stuttgt. 1908; 1925; Ndr. Aalen 1969
LEIBBRAND, W.: Der göttliche Stab des Äskulap. Vom geistigen Wesen des Arztes. Salzburg 1953
— Die spekulative Medizin der Romantik. Hamburg 1956
LEICESTER, H. M.: The Historical Background of Chemistry. London 1956
LEISEGANG, H.: Die Gnosis, 4. Aufl. Stuttgt. 1955; Kröners Taschenausg. Nr. 82. Stuttgart 1985
LENGLET DU FRESNOY, P. N.: Histoire de la Philosophie Hermetique. Paris-Den Haag 1742
LENNHOFF, E. und O. POSNER: Internationales Freimaurerlexikon. Wien 1932, Ndr. Graz etc. o. J. (= 1965)
LEUBUSCHER, H.: Über die Werwölfe und Tierverwandlungen im Mittelalter. Berlin 1850
LEVI, E. (= A. L. Constant): The History of Magic. London 1922
LIECHTY, R. de: Albert le Grand et St. Thomas d'Aquin, ou La science au moyen-age. Paris 1880
LIPPMANN, E. O. v.: Entstehung und Ausbreitung der Alchemie. Berlin 1919—31
LITTLE, A. G. (Hrsg.): Roger Bacon Essays. Oxford 1914
LUCK, G.: Hexen und Zauberei in der römischen Dichtung. Lebendige Antike. Zürich 1962
LURKER, M. (Hrsg.): Wörterbuch der Symbolik. Kröners Taschenausg. Nr. 464. Stuttgart 1979
MacNEICE, L.: Astrologie (orig.»Astrology«, London 1964). Berlin-Frankfurt-Wien 1964
MARZELL, H.: Zauberpflanzen, Hexentränke. Brauchtum und Aberglaube. Stuttgt. 1964
MAURY, A.: La magie et l'astrologie dans l'antiquité et au moyen-age. Paris 1877
MAZAL, O.: Byzanz und das Abendland. Handbuch und Katalog d. Handschriften- und Inkunabelsammlung der Österr. Nationalbibliothek. Graz 1981
McINTOSH, CHR.: The Rosy Cross Unveiled. The History, Mythology and Rituals of an Occult Order. Wellingborough 1980
MEAD, G. R. S. (Hrsg.): Thrice Greatest Hermes. London 1949
MELY, F. de: L'alchimie chez les chinois et l'alchimie grècque. Paris 1895
MEYER, K.: Der Aberglaube des Mittelalters und der nächstfolgenden Jahrhunderte. Basel 1856, 1884
MEYSING, J.: Introduction à la numérologie biblique. Revue des sciences religieuses No. 40, 1966
MICHAUD, J. F.: Biographie universelle ancienne et moderne. 2. Aufl. Paris 1843—65, Ndr. Graz 1966—69
MIERS, H. E.: Lexikon des Geheimwissens. Freiburg i. Br. 1986
MOST, G. F.: Encyklopädie der gesammten Volksmedizin etc., Leipzig 1843—44, Ndr. Graz 1973
MÜLLER, C.: Hexenaberglaube und Hexenprozesse in Deutschland. Leipzig 1893
MÜLLER, E.: Der Sohar und seine Lehre. Leipzig 1923
MÜLLER, M. F. J.: Kleiner Beitrag zur Geschichte des Hexenwesens im 16. Jahrhundert. Trier 1830
MURRAY, M.: The Witch-Cult in Western Europe. Ndr. New York 1967

NEGELEIN, J. v.: Weltgeschichte des Aberglaubens. Berlin 1931

NEMEC, R.: Zauberzeichen. Magie im volkstümlichen Bereich. Wien-München 1976

NEUFFORGE, F. B. v.: Über den Versuch einer deutschen Bibliothek als Spiegel deutscher Kulturentwicklung. Berlin o. J. (= 1940). Ndr. Wiesbaden 1969

NIGG, W.: Heimliche Weisheit. Mystisches Leben in der evangelischen Christenheit. Zürich-Stuttgt. 1959

NOWOTNY, K. A.: Agrippa (s. d.)
— The Construction of Certain Seals and Characters in the Work of Agrippa von Nettesheim. Journ. of the Warburg and Courtauld Inst., vol. 12, London 1948
— Zur Geschichte der astrolog. Medaillen. Numismat. Zeitschr. Bd. 74/1955

OFFERMANNS, D.: Der Physiologus nach den Handschriften G und M. Beitr. z. Klass. Philologie, Meisenheim 1967

OLIVET, F. d': Die goldenen Verse des Pythagoras. Bern-München 1926. Ndr. Schwarzenburg 1979

OPPELN-BRONIKOWSKI, F. v.: Abenteurer am preußischen Hofe 1700—1800. Berlin 1927

OSBORN, M.: Die Teufelsliteratur des 16. Jahrhunderts. Berlin 1893

PAETOW, L. J.: A Guide to the Study of Medieval History. New York 1931. Ndr. ebd. 1959

PAGELS, E.: Versuchung durch Erkenntnis. Die gnostischen Evangelien. Frankfurt a. M. 1981

PANNIER, L.: Les lapidaires françaises du moyen-age. Paris 1882.

PARACELSUS VON HOHENHEIM, Th.: Sämtliche Werke, hrsg. v. K. Sudhoff u. W. Matthiesen, München-Berlin 1919—55

PAUWELS, L. und J. BERGIER: Aufbruch ins dritte Jahrtausend. Von der Zukunft der phantastischen Vernunft (orig. »Le Matin des Magiciens«), Bern-Stuttgt. 1962

PERRIER, T.: La médecine astrologique. Lyon 1905

PETERSON, E.: Frühkirche, Judentum und Gnosis. Studien und Untersuchungen. Rom-Freibg.-Wien 1959

PEUCKERT, W.-E.: Die Rosenkreuzer. Jena 1928
— Deutscher Volksglaube des Spätmittelalters. Stuttgt. 1942
— Theophrastus Paracelsus. Stuttgt.-Berlin 1944
— Pansophie. Ein Versuch zur Geschichte der weißen und schwarzen Magie. 2. Aufl. Berlin 1956
— Astrologie. Geschichte d. Geheimwissenschaften I, Stuttgt. 1960
— Die große Wende. Das apokalyptische Saeculum und Luther. Darmstadt 1966
— Gabalia. Ein Versuch zur Geschichte der magia naturalis im 16. bis 18. Jahrhundert. Berlin 1967
— Quellen und Untersuchungen zur Geschichte des Hexenglaubens im 16.—18. Jahrhundert. Hildesh. 1968
— (s. auch Baroja, Thurneysser)

PETZOLD, L. (Hrsg.): Magie und Religion. Beiträge zu einer Theorie der Magie. Wege der Forschung 337. Darmstadt 1978

PICO DELLA MIRANDOLA, G.: Opera Omnia. Basel 1557—73, Ndr. Hildesh. 1967

POISSON, F.: Théories et symboles des alchimistes. Paris 1891

PLOSS, E. E., H. ROSEN-RUNGE, H. SCHIPPERGES, H. BUNTZ: Alchimia. Ideologie und Technologie. München 1970

POPPE, M. v.: Neuer Wunder-Schauplatz der Künste und interessantesten Erscheinungen im Gebiete der Magie, Alchymie, Chemie, etc. Stuttgt. 1839

POUCHET, F. A.: Histoire des sciences naturelles au moyen-age. Paris 1853

RAPP, L.: Hexenprozesse und ihre Gegner in Tirol. Brixen 1891

READ, J.: Prelude to Chemistry. London 1936

REGINO VON PRÜM (REGINO ABBAS PRUMIENSIS): Libri Duo de Synodalibus Causis et de Disciplinis Ecclesiasticis, hrsg. v. F. Wasserschleben. Leipzig 1840. Ndr. Graz 1964

REITZENSTEIN, R.: Alchemistische Lehrschriften und Märchen bei den Arabern. Religionsgeschichtl. Versuche, 19/2, Berlin-Leipzig 1922—24

RIEMSCHNEIDER, M.: Von Null bis Tausendeins. Das Geheimnis der numinosen Zahl. München 1966

RIEZLER, S.: Geschichte der Hexenprocesse in Bayern, im Lichte der allg. Entwicklung dargestellt. Stuttgt. 1886, Ndr. 1967

RICHTER, E.: Der nacherlebte Hexensabbat. Zu Will-Erich Peuckerts Selbstversuch usw., Forschungsfragen unserer Zeit, VII. Jg. 1960

RING, Th.: Astrologie ohne Aberglauben. Düsseldorf 1972

RITTER, H.: Picatrix, ein arabisches Handbuch hellenistischer Magie. Vorträge d. Bibl. Warburg 1921—22, Leipzig 1923

ROSENBERG, Alfons: Zeichen am Himmel. Die Entwicklung des astrologischen Weltbildes. Astrologica I, Zürich 1949

— (Hrsg.) Joachim von Fiore. Das Reich des Heiligen Geistes. München-Planegg 1954

— (Hrsg.) G. Langer, Liebesmystik der Kabbala. München-Planegg 1955

— (Hrsg.) Andreä — s. d.!

— Die Seelenreise. Wiedergeburt, Seelenwanderung und Aufstieg durch die Sphären. Olten/Freibg. i. Br. 1952

— Durchbruch zur Zukunft. Der Mensch im Wassermann-Zeitalter. München-Planegg 1958

— Sibylle und Prophetin. Weilheim/Obb. 1960

— Praktiken des Satanismus vom Mittelalter bis zur Gegenwart. Nürnberg 1965

— Engel und Dämon. Gestaltwandel eines Urbildes. München 1967

RUDOLPH, K.: Die Gnosis, Wesen und Geschichte einer spätantiken Religion. Göttingen 1980

RUSKA, J. F.: Tabula Smaragdina. Heidelbg. 1896, 1926

— Arabische Alchemisten. Heidelbg. 1926

— Turba Philosophorum. Heidelbg. 1931

RYDBERG, V.: The Magic of the Middle Ages. London 1879

SACHS, H.: Eiggentliche Beschreibung aller Stände auff Erden... (m. Holzschn. von Jost Ammann), Frankf. 1668, Ndr. Leipzig 1966

SCHAVERNOCH, H.: Die Harmonie der Sphären. Die Geschichte der Idee des Welteinklangs. Freiburg i. Br. 1981

SCHEDL, C.: Siegel Gottes und Zaun des Gesetzes. Der biblische Schöpfungsbericht als Zahlengebäude. ADEVA-Mitteilungen Heft 11, Graz, März 1967

— Talmud, Evangelium, Synagoge. Innsbruck-Wien-München 1969

SCHERR, J.: Deutsche Kultur- und Sittengeschichte. 13. Aufl., Leipzig 1866

SCHICK, H.: Die geheime Geschichte der Rosenkreuzer. Das ältere Rosenkreuzertum. Ndr. Schwarzenburg 1980

SCHILD, W.: Alte Gerichtsbarkeit. Vom Gottesurteil bis zum Beginn der modernen Rechtsprechung. München 1980

SCHIPPERGES, H.: Der Garten der Gesundheit. Medizin im Mittelalter. Zürich 1985

SCHMIEDER, K. Ch.: Geschichte der Alchemie. Halle 1832. Neue Aufl., hrsg. u. eingeleitet von F. Strunz, München-Planegg 1927. Ndr. Ulm 1959

SCHMITZ, H. J.: Die Bußbücher und die Bußdisciplin der Kirche. Die Bußbücher und das kanonische Bußverfahren. Kirchheim u. Düsseldf. 1883—98, Ndr. Graz 1958
SCHMITZ, R.: Mörser, Kolben und Phiolen. Aus der Welt der Pharmazie. Stuttgt. 1966
— Wandlung der Apotheke — Wandel in der Pharmazie. Kosmos 1966, S. 417 ff., Stuttgt. 1966
SCHNEEGANS, K.: Abt Trithemius und Kloster Sponheim. Kreuznach 1882
SCHNEIDER, W.: Lexikon alchemistisch-pharmazeutischer Symbole. Weinheim 1962
SCHOLEM, G.: Ursprung und Anfänge der Kabbala. Studia Judaica III, Berlin 1962
— Die jüdische Mystik in ihren Hauptströmungen. Zürich 1957
— Die Kabbala und ihre Symbolik. Zürich 1960
— Jüdische Mystik in Westeuropa im 12. und 13. Jahrhundert. Judentum im Mittelalter, Miscellanea Medievalia IV, Berlin 1966
— Über einige Grundbegriffe des Judentums. Frankfurt a. M. 1970
— Judaica 3. Studien zur jüdischen Mystik. Frankfurt a. M. 1981
SCHUBART, R.: Der babylonische Turm — das Weltmodell der Antike. Antaios Nr. 3, Stuttgt. 1960
SCHUBERT, U. u. K.: Jüdische Buchkunst. Erster Teil. (Buchkunst im Wandel der Zeiten). Graz 1983
SCHULTES, R. E. u. A. HOFMANN: Pflanzen der Götter. Die magischen Kräfte der Rausch- und Giftgewächse. Bern 1980
SCHULTZ, W.: Dokumente der Gnosis. Jena 1910
— Zeitrechnung und Weltordnung. Leipzig 1924
SCHWARZENFELS, G. v.: Rudolph II., der saturnische Kaiser. München 1961
SCHWEISHEIMER, W.: Astrologie und Medizin. Materia Medica Nordmarck XVII/2, Hamburg, August 1965
SCHWERTZ, F.: Die Iatromathematik. Die Iatrochemie. Die Iatrophysik. Die Systematiker des 18. Jhs. Gesch. d. Medizin. Ciba-Zeitschr. Nr. 53, Basel, Januar 1938
SECK, F.: Johannes Kepler und der Buchdruck. Zur äußeren Entstehungsgeschichte seiner Werke. Börsenbl. f. d. dt. Buchhandel, Frankfurt a. Main, Nr. 43, 29. Mai 1970
SELIGMANN, K.: Das Weltreich der Magie. 5000 Jahre geheime Kunst (Nachw. G. F. Hartlaub). Stuttgt. 1958
SELIGMANN, S.: Der böse Blick und Verwandtes. Berlin 1910
— Die magischen Heil- und Schutzmittel aus der unbelebten Natur. Stuttgt. 1927
SEROUYA, H.: La Kabbale, ses origines, sa psychologie mysterique, sa métaphysique. Paris 1947
SIGGEL, A.: Arab.-deutsches Wörterbuch der Stoffe aus den drei Naturreichen, die in arab. alchemist. Handschriften vorkommen. Veröffentl. d. Inst. f. Orientforschung, Berlin 1950
— Katalog der arab. alchemist. Handschriften Deutschlands. Union Académique Intern., Berlin 1949—50
SILBERNAGEL, I.: W. J. Trithemius, Landshut 1868; Regensbg. 1885
SIUTS, H.: Jenseitsmotive im deutschen Volksmärchen. Leipzig 1911
SOLDAN, W., H. HEPPE, M. BAUER: Geschichte der Hexenprozesse. Ndr., bearb. v. W.-E. Peuckert, Hildesh. 1968
SPENCE, L.: Encyclopaedia of Occultism. London 1920
SPUNDA, A.: Das Weltbild des Paracelsus. Wien 1941
STAUDENMAIER, L.: Die Magie als experimentelle Naturwissenschaft. Leipzig 1922. Ndr. Langen 1982

492

STEINSCHNEIDER, M.: Zur pseudoepigraph. Literatur, insbes. der Geheimen Wissenschaften des Mittelalters. Berlin 1862
— Die arab. Übersetzungen aus dem Griechischen. Ndr. versch. Aufsätze, erstmalig in einem Bd., Graz 1960
STEMPLINGER, F.: Antiker Aberglaube in modernen Ausstrahlungen. Leipzig 1922
— Antiker Volksglaube. Stuttgt. 1948
STRAUSS, H. A.: Der astrologische Gedanke in der deutschen Vergangenheit. Berlin-München 1926
STRUNZ, F.: Albertus Magnus. Weisheit und Naturforschung im Mittelalter. Wien-Leipzig 1926
— Astrologie, Alchemie, Mystik. Ein Beitrag zur Geschichte der Naturwissenschaften. München-Planegg 1928
— Theophrastus Paracelsus, Idee und Problem seiner Weltanschauung. Dt. Geistesgesch. in Einzeldarstellungen, Salzburg 1937
SUDHOFF, K.: Bibliographia Parcelsica. Berlin 1894. Ndr. Graz 1958
— (Theophrastus Paracelsus von Hohenheim, s. Paracelsus)
SWOBODA, H.: Propheten und Prognosen. München 1979
TAYLOR, F. S.: The Alchemists. London 1951
TEGTMEIER, R.: Okkultismus und Erotik in der Literatur des Fin de Siècle. Königswinter 1983
THORNDIKE, L.: A History of Magic and Experimental Science. London 1923—58
— Science and thought in the fifteenth Century. New York 1929, Ndr. 1962
— More Light on Cecco d'Ascoli. The Romanic Review 1946, S. 193 ff.
THURNEYSSER, L.: Der Alchymist und sein Weib. Gauner- und Ehescheidungsprozesse des Alchymisten — —, hrsg. von W.-E. Peuckert. Stuttgt. 1956
TONDRIAU, J.: L'Occultisme. Verviers 1964
TONDRIAU, J. und R. VILLENEUVE: Dictionnaire du diable et de la démonologie. Verviers 1968
TRACHTENBERG, J.: Jewish Magic and Superstition. A Study in Folk Religion. New York 1939
TREVOR-ROPER, H. R.: The European Witch-Craze of the 16th and Centuries. Harmondsworth 1969
TSCHIRNHAUS, E. W. v.: Medicina Mentis et Corporis. Leipzig 1695. Ndr. Hildesh. 1964
VAJDA, G.: Recherches récentes sur l'ésotérisme juif. Revue de l'Hist. des Religions, Paris (CLXIV/1963, CLCV/1964)
VAN LENNEP, J.: Art et Alchimie. Etude de l'Iconographie Hermetique et de ses Influences. Paris-Brucelles o. J. (1966)
VAN MOORSEL, G.: The Mysteries of Hermes Trismegistus. Utrecht 1955
Die Symbolsprache in der hermetischen Gnosis. Symbolon Bd. 1, Basel 1960
VAUGHAN, Th.: The Works of — —, Eugenius Philaletha. Hrsg. v. A. E. Waite, London 1919
VIELHAUER, I. u. H. ZIMMER (Hrsg.): Das Leben des Zauberers Merlin. Geoffrey von Monmouth, Vita Merlini. Amsterdam 1956
VILLIERS, E.: Amulette und Talismane und andere geheime Dinge. Bearb. v. A. M. Dachinger. Berlin-München-Wien 1927
VINCENTIUS BELLOVACENSIS (VINCENT DE BEAUVAIS): Speculum Quadruplex, naturale — doctrinale — morale — historiale. Douai 1624. Ndr. Graz 1965
VORE, N. de: Encyclopedia of Astrology. Toronto 1947
VRIES, J. de: Altgermanische Religionsgeschichte, 2. Aufl. Berlin 1956—1957

WAITE, A. E.: The Brotherhood of the Rosy Cross. London 1924. Ndr. New York 1961
— The Real History of the Roscrucians. London 1887
— The Holy Kabbalah. London 1929
— The Hermetic Museum, Restored and Enlarged. London 1893, 1953
— (s. Vaughan)
WALKER, D. P.: Spiritual and Demonic Magic from Ficino to Campanella. London 1958
WEHR, G.: Rosenkreuzerische Manifeste. Die Grundschriften der Rosenkreuzer. Schaff-
hausen 1980
WEINREB, F.: Zahl, Zeichen, Wort. Das symbolische Universum der Bibel. Reinbek 1978
WELLER, E.: Lexicon Pseudonymorum. Wörterbuch der Pseudonymen aller Zeiten und
Völker. Regensbg. 1886. Ndr. Hildesh. 1963
WICHMANN, J.: Wicca. Die magische Kunst der Hexen — Geschichte, Mythen, Rituale.
Berlin 1984
WOLLENIK, F.: Abwehrhand und Drudenfuß. Felsbilder in Bayern. Hallein 1982
WUTTKE, A.: Der deutsche Volksaberglaube. 3. Aufl., bearb. von E. H. Meyer. Berlin 1900
YGE, C. d': Nouvelle Assemblée des Philosophes Chymiques. Paris 1957
ZAHLNER, F.: Kleines Lexikon der Paranormologie, hrsg. v. A. Resch, Innsbruck. Abens-
berg 1972
ZEDLER, J. H. (Hrsg.): Grosses vollständiges Universal = Lexicon aller Wissenschaften
und Künste, etc., einschl. d. Suppl.-Bde. 68 Bde. Leipzig-Halle 1732—54, Ndr. Graz
1961—64
ZINGERLE, I. V.: Barbara Pachlerin, die Sarnthaler Hexe, und Mathias Perger, der Lauter-
fresser. Zwei Hexenprozesse. Anhang: Ein altes Loosbuch. Innsbruck 1858
ZINNER, E.: Astronomie, Geschichte ihrer Probleme. Freibg.-München 1951
— Die Sterne und der Mensch. (2. Aufl. von »Sternenglaube und Sternforschung«,
1953), München 1959
— Geschichte und Bibliographie der astronomischen Literatur in Deutschland zur Zeit
der Renaissance. 2. Aufl. Stuttgt. 1964
ZWETSLOOT, H.: Friedrich Spee und die Hexenprozesse. Trier 1954

INDEX

(Personen- und Sachregister)

In diesen Index wurden nur solche Begriffe aufgenommen, die unter normalen Bedingungen gesucht werden, nicht jedoch alle Namen von Edelsteinen, Dämonen, alchemistischen Tarnbezeichnungen usw; in solchen Fällen muß der betreffende Oberbegriff nachgeschlagen werden.
Begriffe wie Magie, magisch usw., die praktisch auf jeder Seite des Buches nachzuweisen wären, wurden ebenfalls nicht in den Index aufgenommen. Die registrierten Eigennamen sind die von historischen Persönlichkeiten, jedoch nicht von Autoren moderner Sekundärliteratur.
Die **fettgedruckten** Zahlen im Index weisen darauf hin, daß der betreffende Begriff in Form eines eigenen Stichwortes behandelt wird.

Abano, Petrus von s. Petrus Aponensis
Abarbanel, Rabbi 121
Aberglaube **15**, 90, 99, 110, 168, 203, 226, 232, 344, 415, 422, 439, 445, 448, 461
Abracadabra **17**, 411, 473
Abraham **19**, 23, 167, 244, 264
Abraxas(gemmen) **17**, 55, 340, 420, 466, 471, 474
Adam **22**, 26, 52, 79, 131, 238, 244, 268, 269, 295, 296, 331
Adept(us) 187, 221, 448
Aderlaß-Männchen **23**, 274
Adlerstein (Aetites) **25**
Agathodaimon(es) **26**, 44, 127, 378
AGLA **26**, 327, 391, 422
Agrippa v. Nettesheim **27**, 43, 46, 56, 85, 111, 113, 117, 141, 143, 153, 164, 179, 223, 234, 235, 239, 246, 273, 281, 298, 301, 318, 327, 330, 332, 337, 342, 344, 347, 349, 352, 354, 366, 414, 424, 458, 460
Ägypten 369, 478
Ägyptisches Weltsystem **30**
Albertus Magnus **30**, 77, 80, 95, 138, 193, 234, 254, 305, 321, 350, 366, 404, 425, 438, 442, 443, 467
Albigenser 341
Albumazar **31** f., 330
Alchabitius **32**, 38, 330
Alchemie, Alchemisten 29, 31, **32** f., 44, 51, 57, 58, 64, 72, 73, 77, 78, 82, 95,

102, 103, 119, 125, 135, 136, 146, 163, 165, 168, 169, 185, 187, 191, 193, 203, 220, 221, 223, 237, 240, 244, 249, 255, 257, 258, 259, 261, 264, 272, 273, 274, 277, 283, 284, 293, 301, 303, 307, 308, 322, 323, 328, 336, 343, 350, 360, 361, 364, 366, 367, 370, 372, 374, 375, 377, 378, 380, 386, 392, 393, 394, 395, 401, 405, 406, 410, 420, 423, 425, 427, 431, 433, 440, 443, 448, 449, 478
Alembic 33, **37**, 44, 125, 368, 408
Alexander VI., Papst 234, 348
Alexandrien 202, 203, 345
Alfons X., der Weise **37**, 347
Ali Puli (Alipuli) **38**
Alkahest **39**, 146, 148, 348
Allermannsharnisch **38**, 43, 162
Almutin (Almuden) **39**
Alp, Alb **39**, 140, 210, 229, 302, 340, 439
Alraun(e) 39, **41**, 157, 223, 231, 268, 290, 344, 375, 420
Aludel 72, **43**
Amalgam 34, 109, 309, 393, 431
Ambix 37, **44**
Ammoniak 298
Ampelitis **44**
Amulett(e) 18, 26, 38, 39, **44** f., 62, 96, 97, 140, 162, 163, 174, 185, 254, 284, 319, 345, 369, 391, 416, 427, 445
Analogien s. Entsprechungen
Andreae, J. v. **47** f., 372, 373

Androgyn 22, 34, 36, **51 f.**, 184, 300, 364, 374, 378, 407
Anhorn **53**, 207, 319, 332, 455
Antichrist **53 f.**, 193
Antimon 83, 115, 255, 377, 381, 395, 408
Aphrodisiaca 290; s. Liebeszauber, Philtren
Apollonius v. Tyana 79, 278, 369, 416, 430, 438
Apulejus 203, 219, 344
Aquila **56**, 110, 183
ARARITA 327, 328
Arbatel **56**, 153, 180
Arbor philosophica 32, **57**
Arcandisziplin 35, **57 f.**, 151, 315
Arcanum **58 f.**, 181, 223, 402, 423, 427
Argentaurum Company **59**, 72
Arnaldus Villanovanus **59 f.**, 73, 119, 138, 298, 312, 355, 360
Arpe, P. F. **62**, 420
Artemidoros v. Daldis 63, **64**, 117, 332
Artephius **64**
Ascendent **64 f.**, 223
Ashmole, E. 370, 372
Askion Kataskion s. Ephesische Buchstaben
Asmodeus 131
Aspekte **65**, 95, 109, 121, 252, 352, 359, 431, 476
Astaroth 132
Astralgeister 283; s. Planetengeister, Intelligentia
Astrologie 29, 38, 64, **65 f.**, 71, 95, 102, 106, 109, 133, 150, 156, 169, 185, 195, 197, 226, 228, 229, 240, 246, 252, 265, 268, 298, 304, 305, 308, 309, 316, 322, 330, 340, 341, 342, 347, 348, 350, 356, 359, 362, 375, 378, 386, 390, 394, 401, 405, 427, 430, 431, 441, 454, 465, 471, 474
Astronomus 69, 70, **71**, 224, 356, 443
Athanor **71 f.**, 125, 135, 293
Atwood, M. A. **72 f.**
Atz(el)männer 89, 198, 267
Augustinus, St. 128, 149, 230, 234, 402
Aura 106, 309
Auripigment **73**, 254, 431
Aurum nostrum **73 f.**, 260, 360, 432
Avicebron 321

Avicenna **75**, 234, 338
Aymericus s. Eymeric
Azoth **76**, 146, 156

Bacon, Francis (Baco von Verulam) **77**, 216, 293
Bacon, Roger 30, **77 f.**, 234, 420, 426, 460, 474
Bahir **78 f.**, 244
Balinus **79 f.**
Balneum Mariae **80**, 293
Balsamo, G. s. Cagliostro
Baphomet **80**, 347
Barrett, F. 113, 114, 132
Basilisk **80 f.**
Basilius Valentinus **83 f.**, 283, 286, 311, 380, 381, 395, 407, 421, 443, 461; s. Thölde
Beaumont, J. **84**
Beelzebub 131
Bekker, B. **84 f.**, 212
Belial 53, 131
Belot, J. **85**, 116, 117, 424
Berthold d. Schwarze **85 f.**
Beschwörung(en) **86 f.**, 150, 153, 159, 171, 236, 267, 323, 342, 354, 366, 389, 390, 424, 470
Besessenheit **88**, 97, 121, 130, 154, 190, 270, 328, 366
Bibliomantie **89**, 270, 292, 402
Bildzauber **89 f.**, 155, 169, 198, 208, 231, 267, 287
Binsfeld, P. 214, 218, 458
Blei 90, 360, 386, 406, 431; s. Metallbezeichnungen, Saturnus
Blumen **91**
Bodin, J. 39, 91, **92**, 93, 161, 173, 207, 218, 230, 292, 455, 458
Bogumilen **92 f.**, 185, 340, 384, 415
Böhme, J. 339, 379, 396, 424
Bonatti, G. **95**, 330
Bonifacius VII., Papst 60, 62
Bonus, P. **95**, 119
Borri, G. F. 95, 424
Böser Blick 44, 96
Bötekunst **97 f.**
Böttger, J. F. **98**, 260
Boyle, R. 77, **98 f.**, 145, 152, 322
Breton, N. le **99**, 402

Bruno G. 273, 424
Buer 132
Burchard v. Worms 16, **99**, 253

Cagliostro **100 f.**, 343, 379, 472
Calces metallorum **102**, 367
Campanella, T. 91, **102 f.**
Caput mortuum **103**, 108
Cardanus, H. **104 f.**, 138, 143, 156, 217, 229, 277, 332, 333, 445
Carolina (Const. Crim. Car.) **106 f.**, 186, 231, 469
Carpzov, B. **107 f.**, 207, 426, 469
Cartari, V. 334, 411
Cäsarius v. Heisterbach 130
Casaubon(us), M. **108**, 133, 452
Cauda pavonis **108 f.**, 374, 406
Cecco d'Ascoli, F. **109 f.**, 379
Centiloquium 23
Chaldäer 16, **110**, 292, 441, 454
Chalid, Prinz 378
Champier, S. 342
Chaos **110**, 201, 249, 324, 415
Characteres 46, 57, 86, 92, 105, **111 f.**, 113, 153, 162, 164, 174, 185, 235, 257, 281, 298, 341, 345, 349, 383, 391, 420, 438
Charadrius **111**, 112
Chassidismus s. Zaddik
Chemiatrie 96, 99, **115**, 121, 146, 157, 200, 203, 277, 309, 314, 336, 338, 395, 402, 427
Chiromantie 85, 116, **117**, 118, 186, 198, 230, 291, 342, 390, 434
Chronokratorien 117, 226, 454
Chymische Hochzeit 49, 51, 52, 56, 72, **117 f.**, 183, 374, 407, 434
Coagulatio 406; s. Solve et coagula
Codex Casselanus 119, 120, 160, 250, 333
Collationes Cassiani 88, **121**, 130, 155
Coniunctio 51, 119, 121, 174
Coniunctio aurea 32, **121 f.**, 176, 330, 431, 443, 444
Corpus alchimisticum **123**, 250
Corpus hermeticum **123 f.**, 202, 203
Court de Gébelin, A. **124**, 343, 421
Cremer, Abt 286, 311
Crimen exceptum 207, 210, 213, 237
Crimen magiae 107, 213, 287
Crocus 56, **124 f.**

Crollius, O. 115, **125**, 146, 239, 307, 336
Cucurbit **125**, 368
Cyprianus Antiochenus **125**, 388

Dämonen 29, 41, 88, 93, 97, 102, 111, 121, 125, 126, **127 f.**, 142, 149, 156, 161, 185, 204, 205, 210, 234, 253, 268, 272, 292, 300, 317, 318, 322, 349, 361, 366, 367, 381, 387, 399, 422, 425, 435, 440, 443, 460, 470
Defixionstafeln s. Fluchtafeln
Dee, J. 108, 119, **133**, 318, 375, 424, 425, 472
Dekane **133 f.**, 156, 252, 381, 475, 476
Delrio (Del Rio), M. 28, **134**, 200
Destillation 125, 367, 368, 408, 416
Dietericus, H. **134**
Digby, K. **135**
Digestion 76, **135**, 148, 222, 407
Dionysius Areopagita 130, 150
Dioskurides, P. 41, **135 f.**, 138, 284, 290, 319, 366, 396, 414
Dippel, J. K. **137**, 260
Divination s. Mantik
Dorn(eus), G. 33, **137**, 338, 339, 375
Drachenkopf **137**
Dracula 439, 440
Drudenfuß 40, 340; s. Pentagramm
Dualismus 128, 183

Eckartshausen, K. v. 138, 367, 414, 464
Edelsteine 31, **138 f.**, 240, 248, 268, 274, 301, 317, 355, 369, 386, 401, 441, 443
Ei (symbol., philosoph.) 110, **141**, 295, 478
Eisen s. Mars, Metallbezeichnungen
Ekstase 218, 320
Elben 210
Elementargeister (-wesen) **141 f.**, 153, 157, 230, 251, 318, 323, 357, 361, 442, 453
Elemente 75, 91, 98, 104, 110, 127, **143 f.**, 163, 169, 190, 195, 255, 273, 295, 303, 312, 340, 352, 383, 410, 431, 477, 478
Elias Artista **146**, 239
Elisabeth I. 96, 133
Elixir (vitae) 33, 39, 58, 60, 75, 78, **146 f.**, 152, 177, 201, 222, 277, 283, 333, 338, 361, 374, 379, 402, 407, 431, 443
Elkesaiten 378

Emanation 321, 387
Engel 19, 22, 29, 86, 93, 102, 106, 130, 142, **148 f.**, 153, 189, 190, 367, 383, 400, 421, 424, 425, 435
Entsprechungen 23, 35, 66, 91, 104, 117, **150 f.**, 170, 190, 249, 278, 300, 304, 305, 354, 362, 413
Ephesische Buchstaben (Worte) **151**, 473
Erde s. Elemente
Eschatologie s. Antichrist, Weltuntergang
Esoterik 45, 57, 78, **151 f.**, 202, 242, 314, 330, 336, 372, 421
Espagnet, J. d' **152 f.**
Evocation 87, **153 f.**, 341, 347
Exorcismus 86, 88, 97, 127, 151, **154 f.**, 190, 251, 271, 299, 328, 367
Eymeric, N. **155**

Fabre, N. **156**
Facies **156**; s. Dekane
Familiar(e) 28, 41, 104, 106, 132, 143, **156 f.**, 231
Farben s. Grün, cauda pavonis, Rot und Weiß
Faust 28, 86, 119, 143, 156, **157 f.**, 223, 232, 233, 263, 268, 300, 318, 327, 340, 356, 366, 390, 448, 467
Felsbilder (-ritzungen) 115
Fermentatio s. Goldhefe
Fernel, J. **161**
Festmachen 39, 41, **162 f.**, 168, 208, 392
Feuer 143, **163**, 407; s. Elemente
Feuersegen **163 f.**, 391
Fiat 110, **164**, 328
Ficino, M. 123, **164 f.**, 265, 332, 347
Fictuld, H. 38, 76, **165**, 187
Firmicus Maternus 62, 133, 156, **166 f.**, 224, 250, 476, 477
Fixsterne 115, 143, 234, 347, 362
Flaga 157, 323, 338
Flamel, N. 19, 73, **167 f.**, 244, 311
Flemming, J. F. 162, **168**, 254, 284, 387, 448, 461
Fluchtäfelchen 89, **168 f.**
Fludd, R. (R. de Fluctibus) 117, **169 f.**, 223, 239, 284, 305, 372, 424, 433
Folter 107, 213, 214, 260, 368, 410, 426
F. R. C. s. Rosenkreuzer

Freimaurerei 35, 100, 110, 264, 343, 372, 380, 396
Freischütz **171 f.**, 254
Friedrich II., Stauferkaiser 59, 95, 390

Gabalis, Comte de s. Villars
Gaffarel, J. **174**, 420
Galgenmännchen 43, 157
Gassendi, P. 171, 175, 217, 273
Gassner, J. J. 155
Gauricus, L. **175 f.**, 193, 311, 348
Geber (Dschabir) 36, 44, 60, 75, 145, **176 f.**, 343, 396, 410
Geheimschrift 114, 168, 406, 422, 435; s. Steganographie
Geheimwissen s. Esoterik
Geiler v. Keisersberg **177**
Geister 108, 169, 181, 348, 368, 382, 402, 410, 422, 461
Gematrie **177 f.**, 179, 246, 466
Geomantie 56, 113, 178, **179 f.**, 292, 341, 383
Gervasius v. Tilbury 205, 460
Gesner, K. 26
Gespenster 39, 84, 140, 391, 402, 410, 423
Gestirnkult 36, 110, 236
Ghule 440
Gilles de Raiz **180 f.**, 211, 384
Ginseng 290
Glanvil(l), J. **181**, 452
Glauber, R. 57, 146, 148, **181 f.**, 402, 445
Glocke **182**, 458
Gluten **183**, 449
Gnomen 39, 141, 142, 157, 442
Gnosis, Gnostizismus 19, 22, 34, 51, 52, 60, 79, 151, 169, **183 f.**, 188, 223, 242, 244, 315, 320, 340, 374, 378, 384, 398, 409, 423, 425, 465, 471, 473, 478
Gobineau d. M. **186**
Goclenius, R. **186**
Godelmann, J. G. **186 f.**
Goëtie 187, 280, 367, 424, 469
Gog und Magog 53
Gohor(r)y, J. 143, 167, 328
Gold 22, 187, 256, 273, 284, 322, 360, 392, 395, 401, 406, 407, 409, 429, 431, 478; s. Sol, Metallbezeichnungen
Goldhefe 407

Gold- u. Rosenkreuzer 35, 51, 58, 165, **187 f.**, 249, 293, 330, 372, 399
Golem 30, **189**, 223, 239, 246, 375
Görres, J. v. 88, 94, 96, 130, 154, **189 f.**, 251, 253, 277, 279, 341, 344, 387, 439, 451, 455, 466
Gotfried v. Vierbo **190**
Gral **190 f.**
Grandier, U. 270, 271
Grassaeus, J. (Grasshoff) 51, **191**, 192, 296
Gratarolus, J. 176, **191**, 193, 265, 377, 433
Grillandus, P. 93, 115, **193**, 290
Grimoires 91, 187, **193 f.**, 222, 473; s. Zauberbücher
Grün **195**, 262, 299
Gruenpeck, J. **195**, 266
Guaïta, St. de **195**, 331, 336, 379, 384, 421
Guazzo, F. M. **195 f.**, 207, 210
Gubernator **197**
Gummi **197**, 293, 374
Guthmann, Ae. 164

Hagecius, Th. (Hajek) **198**, 375
Handlesekunst s. Chiromantie
Hartlieb, J. **198**, 322, 328, 366
Hartmann, J. 115, 125
Häuser (astrolog.) 64, **198 f.**, 223, 228, 359
H(e)inzelmann 43, 157, 252
Helmont. J. B. v. 110, 115, 148, **200 f.**, 233, 251, 308, 309, 338, 343, 408, 424, 433, 438
Helvetius (Schweitzer) 146, **202**, 311
Hemen Etan 415
Hermaphrodit 165, **202**, 300, 301, 352, 374; s. Androgyn
Hermes Trismegistos 26, 80, 123, **202**, 264, 378, 394, 416, 434, 471
Hermetik (-isch, Hermetiker) 110, 123, 124, 143, **203**, 240, 316, 317, 331, 410, 424, 433, 442, 453
Hexagramm 383
Hexenglaube (-lehre) 84, 89, 92, 97, 104, 134, 155, 177, 181, 186, 187, 196, **203 f.**, 213, 246, 248, 263, 289, 304, 307, 319, 354, 376, 381, 384, 403, 410, 426, 443, 449, 456, 458, 460
Hexenmal 210, 214, 232

Hexenprozesse 86, 107, 187, 193, **213 f.**, 226, 248, 253, 258, 287, 289, 318, 344, 368, 381, 403, 414, 451, 456
Hexensabbat(h) 186, 196, 204, 205, 211, 258, 328, 357, 358, 360, 414
Hexensalbe 198, 205, 207, 210, 211, **216 f.**, 258, 355
Hexenschuß s. Injecta
Hexensekte 237
Hexenwaage 354
Hildegard v. Bingen 80, **219 f.**, 305
Himmel(s)tau **220 f.**, 295, 409
Hitchcock, E. A. 32, 38, **221**, 323, 333, 432
Hitze **221**, 440
Hohberg, W. H. v. 81, **221**, 411
Höhle 80, 333
Hokuspokus **222**, 473
Hollandus, J. I. **222 f.**, 256, 408
Homunculus 43, **223**, 239, 309, 364, 398, 478
Horoskop 39, 64, 109, 160, 166, 198, **223 f.**, 228, 248, 252, 276, 308, 309, 351, 352, 359, 405
Horst, C. G. 97, 117, **226**, 236, 473
Hundertjähriger Kalender **226**, 227, 357
Hyleg (Hylech) 39, **228**, 405

Iatrochemie 36, 115, **229**, 314; s. Chemiatrie
Iatromathematik **229**, 305, 330, 362
Iluminaten 100
Impotenz 127, 212, 319; s. Nestelknüpfen
Incantation 143, 318, 383; s. Beschwörung, Evocation
Incubus u. Succubus 99, 130, 141, 210, **229 f.**, 268, 301, 332, 426
Indagine (J. v. Hagen) 104, 117, 193, **230**
Indicia magiae 107, 210, 213, **231 f.**, 391
Indiculus superstinionum 39, **232**, 318
Injecta 208, **233**
Inquisition, Inquisitoren 155, 205, 213, 231, 237, 288, 356, 415
INRI **233**, 328
Institoris, H. **233 f.**, 288
Intelligentia (u. Daemonium) 111, 153, **234 f.**, 281, 298, 301, 330, 347, 352, 366, 437
Invultuatio s. Bildzauber
Irenäus 19, 54, 185

Jacquier, N. **237**
Jakob I. 451
Jamblichos 27, 164, 202, 279, 320, 347, 424
Jean de Meung 167, **237 f.**, 311
Jeanne d'Arc 43, 180
Jehuda Löw, Rabbi 189, 375
Jesus Christus 19, 88, 109, 132, 184, 253, 387
Jezîra, Sepher 189, **238 f.**, 242, 244, 246, 399
Joachim v. Fiore 146, **239 f.**, 267
Josephus Flavius 41, 154, 369
Julianus Apostata 320
Jupiter 121, 143, 234, **240 f.**, 303, 417

Kabbala 27, 78, 169, 177, 179, 187, 189, 238, **242 f.**, 251, 315, 325, 327, 336, 348, 356, 394, 399, 421, 424, 430, 442, 453, 464, 466
Karl V. 106, 330
Katharer 78, 185, 205
Kautz, C. F. F. A. **246**
Kelley, E. 133, 375
Kepler, J. 38, 71, 171, 224, **246 f.**, 252, 294, 352, 359, 375
Ketmia Vere 58, 188, 220, 295, 374
Khunrath, H. **249**, 296, 338
Kielkröpfe 210
Kircher, A. 18, 23, 245, 273, 284, 355, 389, 406, 413, 475
Kirchweger, A. J. 110, **249 f.**
Kleiner Bauer 191, 296
Kleopatra 119, 120, 123, 148, **250**
Klimakterien 197, **250**, 465
Klingsor **251 f.**
Knauer, P. M. 226
Knorr v. Rosenroth, Ch. 246, **251**, 400
Kobold 143, 157, 181, **251 f.**, 402
Kometen 195, 198, **252**, 316, 338, 359, 423
Konjunktion 65; s. Coniunctio
Kortum, A. 296
Kreuzwege 86, **253**
Kristallkugel, Kristalle, Kristallomantie 133, 155, 159, 198, 231, **253**, 460, 471
Krötenstein 254
Kugeln, sympathet. 168, 173, **254 f.**
Kunckel, J. 91, 145, 148, **255 f.**

Lacinius, J. 95, **257 f.**, 366
Laigeneau, D. 82, **258**
Lambspringk **258 f.**, 311, 333
Lancilot, C. 33
Lancre, P. de 153, **258 f.**, 261, 368
Lapis noster **260**
Lapis philosophorum s. Stein der Weisen
Lascaris Archimandrita **260 f.**, 448
Läuterung, 33, 244, 296
Lavater, J. C. 356
Leim 56, 183, 295
Leo (Löwe) 135, 141, **262**, 263
Lercheimer v. Steinfelden 160, **263 f.**
Lévi, E. 195, **264**, 330, 336, 421
Libavius, A. 56, 115, **264 f.**, 308, 360, 372
Lichtenberger, J. 121, **265 f.**
Liebeszauber 89, 91, 99, 193, 203, 284, **267 f.**, 287, 318, 344, 369
Lilith 132, **268 f.**
Lilly, W. 95, **269 f.**
Losbücher 180, **270**, 291
Loudun **270 f.**
Lucifer 126, 132
Luft 143, 144, 296; s. Elemente
Lullus, R. 51, 85, **272 f.**, 360, 374, 377, 442
Luna 274, 302; s. Mond, Silber
Luther, M. 130, 154, 174, 175, 212, 230, 267, 308, 316, 372

Madathanus, H. 146, 191, **277**, 311
Magia naturalis 31, 104, **277 f.**, 280, 305, 355, 389, 422, 463
Magie (Hauptstichwort) **278 f.**
Magische Quadrate 111, **281 f.**, 298, 367, 385, 417
Magisterium 176, 191, **283**, 407
Magnesia **283**, 298, 396, 478
Magnet(ismus) 99, 124, 138, 254, 277, **283 f.**, 396
Magnum opus **152**, 284; s. Stein d. Weisen
Majer (Maier), M. 59, 141, 169, 272, **284 f.**, 307, 311, 364, 372, 375
Makrokosmos s. Mikro/Makrokosmos
Malachias **286 f.**
Maleficium 94, 99, 163, 169, 187, 205, **287 f.**, 292, 423
Malleus maleficarum (Hexenhammer) 82, 90, 97, 130, 134, 154, 155, 162, 171,

207, 231, 233, 267, **288 f.**, 299, 328, 403, 426, 455
Mammon 132
Mandragora 41, 136, 216, **290 f.**
Manget, J. J. 152, 168, **291**, 311, 314, 377, 433
Manichäismus 94, 340, 394, 409
Manilius 25, 67, 166
Mantik 89, 110, 151, 179, 198, 253, 260, **291 f.**, 317, 342, 347, 349, 369, 402, 412, 430, 472; s. Orakel
Maria (Aegyptiaca, Judaica) 80, **293**, 295
Mars 143, 168, 229, **293 f.**, vgl. Metallbezeichnungen, Planeten
Martin v. Cochem, P. 23, 274, 294, 301, 386, 401, 441
Martines de Pasqually 100
Martinisten 336, 379
Materia prima 44, 108, 110, 189, 191, 197, 249, 262, 283, **294 f.**, 300, 301, 331, 406, 408, 420, 434, 440
Mathematici, Mathematik, 110, 321, 256, 361, 423
Maximilian I. 195, 288, 435
Maximos v. Tyrus 127
Maxwell, W. 384
Medaillen 57, 62, 74, 111, 262, **298 f.**, 420, 427, 441
Mengo (Mengus), G. 155, 260, 290, **299**
Menstruum 119, 146, 195, 220, 255, 262, **299**, 438
Mephistophclcs 28, 156, 159, **300**
Mercurius 51, 56, 83, 98, 110, 119, 145, 176, 200, 220, 223, 255, 273, 296, **300 f.**, 303, 308, 338, 370, 374, 393, 401, 408, 433, 449; s. Quecksilber
Merkur 75, 76, 106, 113, 300; s. Planeten
Merlin(us) 109, 240, 269, 270, **301 f.**, 307
Mesmer, F. A. 124, 159, 284
Metallbezeichnungen (alchemist.) 240, 298, 300, **302 f.**, 350, 387
Metoposkopie 104, 186, 198, 229
Meyfart, J. M. **304**
Mikro/Makrokosmos 25, 66, 134, 169, 229, 249, **304 f.**, 339, 465
Mithras 19
Mizaldus 277, **305**, 414
Molitor(is), U. 204, 206, 290, **305 f.**, 457

Mond 23, 36, 104, 137, 143, **274 f.**, 416; s. Luna
Morienes (Morienus) **307**, 378, 432
Morin(us), J. B. 224, **308**
Mortificatio **308**
Moses 128, 293, 463, 469, 473
Mumia **309**, 338
Mundanastrologie 176, 198, 224, **309 f.**, 362
Musaeum Hermeticum 83, 168, 191, 202, 237, 258, 284, 286, 302, **311 f.**, 323, 343, 365, 393, 410
Mutterrecht 205, 212
Mutus liber 220, **312 f.**
Mylius, J. D. **314**
Mysterien 152, 166, 320
Mystik, Mystizismus 190, 246, **314 f.**, 321, 352

Nashornbecher 254, **316**
Nausea, F. 252, 316, 360
Nazari, G. B. **316 f.**, 335
Neander **317**
Nekromantie 108, 133, 153, 187, 292, **317 f.**, 322, 402, 430
Nekyomantie 317, 402
Nestelknüpfen 205, 208, 267, 287, **318 f.**
Neuplatonismus 75, 78, 110, 149, 164, 166, 185, 202, 203, 234, 239, 242, 315, **320 f.**, 331, 332, 337, 341, 348, 412, 423, 424, 478
Newton, I. 99, **322**
Nifo (Niphus, Nyphus), A. 64, 236, **330**
Nigidius Figulus 386
Nigromantie 86, 187, 292, **322 f.**, 367, 383, 435
Nil nisi parvulis **323**, 344
Nollius, H. **323**
Norton, Th. 58, 286, 311, **323 f.**
Nostradamus 175, **325 f.**
Notarikon 164, 246, **327 f.**, 422
Nyder (Nider), J. 154, 177, 217, 237, **328 f.**
Nymphen 141, 142

Okkultismus 152, 264, 309, **331**, 336, 384, 452
Olympiodoros 22, 293, **331**
Oneiromantie 64, 291, **332 f.**, 342
Opposition 65, 352

Orakel 23, 26, 89, 110, 270, 321, 327, 332, 369, 401, 421; s. Mantik
Origenes 185
Ossuna, F. de 67, 207, 391
Ouroboros (Uroboros) 120, 317, **333 f.**, 344, 360, 420
Ovid 89, 203

Pansophie 323, 372
Pantheus 249, **336**
Papus 195, 330, **336**, 380, 421
Paracelsus 28, 45, 47, 71, 76, 83, 104, 115, 124, 130, 137, 138, 142, 145, 146, 148, 169, 174, 176, 200, 223, 267, 284, 288, 300, 304, 309, 314, 318, 323, **336 f.**, 364, 372, 375, 380, 395, 402, 407, 410, 414, 424, 434, 437, 442, 447, 453, 461, 467
Passauer Kunst 162, 163, 341
Patarener 94
Pegius, M. **340**
Pelikan 112, **340**, 368, 374
Pentagramm 40, 46, 94, **340 f.**, 384
Pereira, B. 341
Periodizität 92
Pessulanten **341**
Petronius arbiter 477
Petrus Aponensis (P. v. Abano) 229, **341 f.**, 366, 424, 467
Petrus Hispanus 268
Peucer(us), C. **342 f.**
Pfaff, J. W. 240, 276, 294, 301, 309, 362, 386, 441
Philaletha, Philalethen 124, 311, 323, 333, **343 f.**, 448
Philo v. Alexandria 22, 465
Philtren 107, 203, 208, 267, 268, **344 f.**
Phlogiston 102
Phönix 78, 345
Phylacteria 46, **345**
Physiologus 111, **345 f.**
Picatrix 153, 174, 342, **347**, 467
Pico della Mirandola, G. 229, 246, 342, **348**, 442
Pictorius, G. **349**
Pistis Sophia 185, 474
Planeten 32, 36, 57, 65, 104, 105, 111, 117, 118, 200, 223, 226, 234, 240, 293, 298,

300, 302, 312, 340, 347, 349, 359, 362, 369, 378, 386, 394, 401, 429, 431, 465
Planetengeister 342, 347, 354, 366, 424; s. Intelligentia
Plotin 127, 164, 234, 320, 412
Poimandres 123
Poiret, P. 473
Poltergeist 252
Pomponazzi 193, 265, 330
Ponderation **354**, 451
Porphyrios 127, 320, 424
Porta, G. B. 104, 217, 254, 277, 347, **355 f.**, 396, 397, 406
Postel, G. 246, **356**
Practica (praktizieren) 71, 122, 338, **356 f.**, 443
Praetorius, J. 207, 211, **357 f.**, 415, 449
Primärdirektionen **359**
Priscillianus (-ismus) 94, 415, 423
Prodigia 292, 359, 415
Projectio(n) 73, 340, **360 f.**, 406, 431
Proklos 320, 347
Psellos, M. 36, 88, 121, 127, 130, 138, **361**, 424
Ptolemaios (Ptolemäus), C. 38, 311, 349, 359, **362 f.**
Puffers 221
Punktierkunst s. Geomantie
Putrefactio(n) 109, 223, 406, 440
Pyramiden 378, 416
Pythagoräer 152, 201, 238, 340, 361, 416, 425, 442, 465

Quadrat(e) 65, 111, 164, 234, 380, 385; s. Mag. Quadrate
Quadratur d. Zirkels **364**, 365
Quecksilber 33, 64, 77, 83, 99, 119, 167, 197, 201, 255, 262, 274, 300, 303, 308, 333, 360, 406, 407, 431; s. Mercurius
Quercetanus 312, **364**, 396
Quintessenz 143, 370, 408

Rabbi(ner) 189, 400, 464
Rabenhaupt **366**, 407
Räucherungen 86, 235, 354, **366 f.**, 422, 425
Raziel (Rasiel) 23, 189
Rebis 51
Rectificatio **367**

Reductio(n) 406
Regino v. Prüm 67, 447
Regulus **367**, 395
Rémy, N. 207, **368**
Retorte 102, 340, **368**
Reuchlin 27, 246
Reverberatorium 72, 221
Ring(e) 254, 292, **369**, 383, 420, 438
Ripley, G. 108, 303, 335, **370 f.**
Ritualmagie s. Beschwörung, Evocation, Incantation
Rhabdomantie s. Wünschelrute
Rosenkreuzer (auch neuere) 47, 72, 83, 110, 117, 164, 165, 169, 187, 223, 239, 284, 336, 343, 370, **372 f.**, 379, 408, 440, 453
Rothscholz, F. 165, 311, **374 f.**, 428
Rot und Weiß 22, 119, **374**; s. Chymische Hochzeit
Rudolf II. 39, 125, 133, 189, 198, 246, 284, 347, **375**, 393
Rulandus, M. 56, 124, 338, **375**
Runen 115, 345, **376 f.**, 469, 472
Rupe(s)cissa **377**, 396, 408

Sabier (Ssabier, Elkesaiten) 36, 153, 176, 236, 347, 350, **378**
Sacrobosco, J. de 109, **378 f.**
Safran s. Crocus
Saint-Germain, C. de **379**
Saint-Martin, L. M. C. **379 f.**, 421
Sal (»Salz«) 83, 98, 110, 146, 176, 200, 255, 300, 316, 338, **380**, 409; s. Elemente
Sala, A. 115, **381**
Salamander 141, 142
Salem 157, **381**, 382
Salmiak 56, 296
Salomo(n) 150, 154, 191, 193, 195, 264, 286, 369, **381 f.**, 385, 418, 467
Satan 79, 130, 132, 196, 208, 260, 324, 451; s. Teufel
Satanael 94, 384
Satanismus 94, 195, 207, **384**, 415
Sator arepo 164, 281, **385 f.**
Saturn(us) 106, 113, 121, 143, 303, 333, 350, **386 f.**; s. Blei, Planeten
Schamanismus 87, 157, 203, 425, 455
Schätze 41, 86, 168, 317, 378, **387 f.**, 404, 461, 467

Schemhamphorasch 149, 150, 198, 381, 467
Schott(ius), C. 277, **389**
Schwarze Magie s. Nigromantie, Goëtie
Schwarze Messe s. Satanismus
Schwefel 36, 91, 119, 255, 262, 407, 410, 422, 432; s. Sulphur
Schwindeschema 18
Scot(us), R. **389 f.**
Scotus, M. **390 f.**
Scutum Davidis 163, **391**
Seelenfunken 246, 315
Segen (-zettel, -formeln) 132, 232, **391 f.**, 445, 461
Sehfeld, F. **392 f.**, 448
Sendivogius, M. 296, 311, 360, 375, **393 f.**
Seni, G. B. (Senno) 394
Senoir Zadith 394
Sennert, D. 221, 396
Sephirot 29, 79, 238, 399, 400
Serenus Sammonicus 17
Set(h)on(ius), A. 360, **395**, 448
Sextil 65
Seyler, W. 75
Shakespeare, W. 41
Sibylle(n, -schriften) 204, 208, 219, 240, 266, 347
Signacula s. Characteres
Signatstern **395 f.**
Signaturen (-lehre) 117, 125, 339, 356, 395, **396 f.**, 445
Silber 274, 284; s. Luna, Metallbezeichnungen
Simon Magus 109, 223, **398 f.**, 467
Sincerus Renatus 165, 187, 399
Sintflut 121, 143
Sohar (Zohar) 79, 238, 242, 251, 356, **399 f.**, 442
Sol (Sonne) 143, 302, 333, **401**, 416; s. Planeten, Metallbezeichnungen
Solutio(n) 401, 434
Solve et coagula **401**, 402, 411
Soror mystica 220, 314
Sortes vergilianae 89, 250, 270, **401 f.**
Spagyrik 99, 181, 314, 274, **402**
Spectrum **402 f.**; s. Gespenst
Spee v. L., F. 212, 290, 304, **403**, 426
Sperber, J. 280
Sperma 22, 119, 185, 223, 293, 274, 409

Spiegel 97; s. Zauberspiegel
Spina, B. de 290, **403 f.**
Spiritismus 318, 430
spurios **405**
Sprenger, J. 288, **404**
Springwurz **404 f.**
Stabius, J. **405**
Stahl, G. E. 102, 396
Starkey, G. 110, **405 f.**, 407
Steganographie **406,** 460
Stein der Weisen 22, 34, 39, 47, 51, 56, 58,
    60, 76, 82, 99, 109, 135, 148, 152, 164,
    167, 197, 260, 262, 283, 284, 294, 301,
    314, 323, 331, 340, 366, 367, 379, 393,
    395, 401, **406 f.**, 431, 433, 434
Stercoristen 298
Sternschnuppen 220, 295, **408 f.**
Sterzinger, F. 215, **410,** 426
Stjernhelm, G. 143
Stoltzius, D. 308, 374, **410,** 449
Strindberg, A. 36
Suchten, A. v. 280
Sulphur (»Schwefel«) 75, 76, 83, 98, 110,
    119, 145, 176, 200, 255, 296, 300, 338,
    408, **410 f.**, 433; s. Elemente
Swedenborg(ianer) 138, 305, 343, 423, 472
Sylphen 141, 142, 442
Sylvius, F. 115
Symbole (-ik) 141, 333, 364, 368, 377,
    411 f.
Sympathie(n) 91, 117, 138, 140, 174, 235,
    249, 267, 278, 283, 303, 343, 366, 378,
    397, **412 f.**, 424, 447, 465
Synagoga diabolica 205, 237, **414 f.**, 449;
    s. Hexensabbat

Tabula smaragdina 304, **416,** 433
Talisman 19, 26, 44, 62, 75, 111, 140, 164,
    174, 236, 254, 284, 298, 327, 345, 347,
    350, 416, 427, 437, 467
Tanckius, J. 297, **420 f.**
Tanner, A. 212, 290, 403
Tarock, Tarot 124, 195, 264, 292, 336,
    380, **421**
Tempelritter 80, 94, 281, 347
Temurah 146, 246, **421 f.**
Tetragrammaton 60, **422,** 473
Teufel 28, 84, 108, 130, 149, 182, 230, 237,

253, 292, 300, 307, 318, 323, 357, 384,
    391, 427, 452, 456, 472; s. Satan
Teufelsdreck 367, **422**
Teufelspakt 205, 288, 448
Tharsander (G. W. Wegener) **422 f.**
Thema 224
Theodosius II. **423**
Theosophie 35, 125, 150, 339, 343, 379,
    423 f., 453
Theresiana (Const. Crimin. Th.) 215, 231
Theriak 341
Theurgie 56, 149, 179, 182, 187, 279, 280,
    367, **424 f.**
Thölde, J. 83, 223, 421
Thomas v. Aquino 30, 130, 234, **425 f.**,
    443, 455
Thomasius, Ch. 84, 108, 162, 212, 215,
    271, 403, **426,** 452
Thurneisser (Thurneysser), L. 360, 366,
    399, **427 f.**
Tiffereau, Th. **429 f.**
Tierkreis s. Zodiacus
Tingierung (Tinctura) 34, 273, 325, 360,
    406, 431, 445
Tisch **430**
Titis, P. de **430 f.**
Toledanerbriefe **431**
Tollius, J. 312
Tortur s. Folter
Transmutation 75, 77, 99, 108, 137, 152,
    167, 202, 264, 284, 298, 307, 316, 333,
    336, 360, 379, 395, 406, 430, **431 f.**,
    443, 448
Transplantatio morborum 97, 309, **432 f.**
Traum (-deutung) 62, 64, 106, 157, 332,
    347, 355, 366; s. Oneiromantie
Trevisanus 296, 401, **433 f.**
Tricass(i)o de Cerasari 117, **434**
Trigon 65, 476
Trismosin(us) **434 f.**
Trithemius 23, 31, 142, 159, 230, 267, 268,
    318, 319, 337, 363, 383, 398, 406, 424,
    435 f., 460, 467
Tschirnhaus(en), E. W. 98
Turba philosophorum 80, 165, 372
Twardowski 161

Undinen 141 f.
Unsichtbarkeit **438**

Vampir(e) 246, **439 f.**, 455
Vaughan, Th. s. Philalethes
Venter equinum 223, 293, 406, **440**
Venus 113, 143, 217, 303, 440; s. Planeten
Vergilius 401
Vettius Valens 67, **441**
Vigenère, B. 305, 442
Villars (Montfaucon de) **442**
Vincentius Bellovacensis 140, 147, 345, 402, **443**, 460
Virdung, J. 121, 122, **443 f.**
Vitriol 102, 164, 195, 222, 295, 367, 407, **443 f.**
Voarchadumia 336
Volksmedizin 134, 168, 274, 304, 398, 412, 432, 445 f., 469

Waffensalbe 168, 309, 412, **448**
Wagner (Famulus) 159, 448
Wagnereck, H. v. 448
Wahrsagekunst s. Mantik
Walch, J. G. 215, 469
Walchin, D. J. **449**
Walpurgisnacht 211, 415, **449**
Wasser 143, 144, 200, 249, 253; s. Elemente
Wassermann-Zeitalter s. Weltzeitalter
Wasserprobe 232, 354, **451 f.**
Webster, J. **452**
Wedel, G. W. 84
Weigel, V. 424, 453
Weiße Magie s. Theurgie
Welling, G. v. 110, 142, 411, 442, **453 f.**
Weltuntergang 60, 360
Weltzeitalter **454**, 476; s. Chronokratorien
Werwolf 53, 99, 205, 439, **454 f.**, 460

Wetterzauber 99, 130, 198, 205, 287, **456 f.**
Wierus (Weyer), J. 28, 56, 92, 130, 132, 216, 263, 290, 403, 426, **458 f.**
Wilhelm v. Paris 186, 205, 455, **460 f.**
Wöllner, J. Chr. v. 396
Wortmagie s. Zaubersprüche
Wünschelrute 168, 221, 291, 364, 387, **461 f.**

Yse 347

Zaddik(im) 244, 400, **464 f.**
Zahlenmagie 171, 185, 238, 242, 243, 361, **465 f.**, 474
Zauberbücher 31, 56, 86, 125, 150, 161, 162, 182, 193, 198, 231, 253, 267, 268, 383, 387, 425, 437, 446, 460, **467 f.**
Zauberei 39, 107, 108, 150, 211, 231, 280, 322, 376, 387, 426, **469**
Zauberkreis 86, 153, 159, 253, 470
Zauberpapyri 111, 185, 414, 416, **471**
Zauberspiegel 133, 231, 253, **471 f.**
Zaubersprüche (-worte) 86, 92, 97, 132, 163, 164, 174, 185, 194, 208, 222, 242, 267, 317, 389, 391, 412, 465, **472 f.**
Zauberzeichen s. Characteres
Zementation 59
Zimpel, F. 402
Zinn 197; s. Metallbezeichnungen, Jupiter
Zitierung s. Beschwörung
Zodiakus (Tierkreis) 23, 133, 140, 143, 156, 198, 223, 240, 262, 274, 275, 294, 301, 303, 312, 347, 351, 362, 387, 441, 454, **474 f.**
Zosimos 23, 197, 202, 223, 293, 298, 331, **478**

Weitere Lexika als Sonderausgaben in der Reihe **FORUM***plus*

Gerhard Löwe/ Heinrich A. Stoll:
Lexikon der Antike
Griechenland und das römische Weltreich

Umfassendes, wissenschaftlich fundiertes Nachschlagewerk zu allen Bereichen des Klassischen Altertums: zu Göttern, Helden, Literatur, Kunst, Religion, Mythologie, wichtigen Personen und Ereignissen sowie dem Alltagsleben. Zeittafeln, Karten und ca. 70 Zeichnungen ergänzen die einzelnen Artikel.
ISBN 3-928127-39-X

Helmut Freydank/ Walter F. Reineke u.a.:
Lexikon Alter Orient
Ägypten - Indien - China - Vorderasien

Dieses Nachschlagewerk informiert über die wichtigsten Namen, Ereignisse und Entwicklungen der großen Kulturen des Alten Orient: über das historische Geschehen, Rechtssysteme und Dynastien, über Religion, Philosophie, Mythologie sowie Kunst, Kultur, Sprache und Literatur, Riten und Alltagsleben. Über 100 Zeichnungen und Karten runden das Werk ab.
ISBN 3-928127-40-3

Max-Otto Hermann:
Handbuch der Tempel-, Kult- und Ruinenstätten der Welt

Verzeichnis der wichtigsten Tempel-, Kult- und Ruinenstätten sowie Bodendenkmäler der Kulturen der Welt aus Frühzeit und Altertum. 10000 archäologische Stätten, Heiligtümer, antike Ortsnamen, Nekropolen und Museen sind in diesem Lexikon in Kurzdarstellungen vereint.
ISBN 3-928127-49-7

Gerhart B. Ladner:
Handbuch der frühchristlichen Symbolik
Gott, Kosmos, Mensch

Mit diesem Standardwerk liegt eine allgemeinverständliche Einführung in die vielgestaltige Symbolwelt der ersten christlichen Jahrhunderte vor. Diese wird anhand von Beispielabbildungen aus der spätantiken und frühchristlichen Malerei, Plastik und Architektur dokumentiert. Gegenstand der ganzheitlichen Betrachtung sind die frühchristliche Kunst, Theologie, Kosmologie, Anthropologie sowie das gesamte kirchliche Leben.
ISBN 3-928127-36-5

Als Studienausgaben in der Reihe ALBUS-elementar sind erschienen:

R. Jütte / A. P. Kustermann / I.-L. Schack:
Jüdische Gemeinden und Organisationsformen.
Die Jiddische Sprache. Das Jiddische Sprichwort

In diesem Buch finden sich zwei eigenständige, abgeschlossene Werke
wieder. Im ersten Teil ein von R. Jütte und Abraham P. Kustermann
herausgegebener Band, der in Einzelbeiträgen Struktur und Funktion
jüdischer Gemeinden und Organisationsformen von der Antike bis zur
Gegenwart untersucht und beschreibt. Im zweiten Teil I.-L.Schacks
Sprichwortanalyse und -interpretationen von 450 jiddischen
Sprichwörtern, mit denen sie dem Leser einen Einblick in die jiddische
Sprache gewährt.
ISBN 3-928127-53-5

Otto Mazal:
Handbuch der Byzantinistik

Dieses Handbuch bietet einen umfassenden Überblick über alle
Bereiche des Lebens im byzantinischen Reich von 324 bis zum
Niedergang im Jahre 1453. Über die Darstellung der Kultur- und
Glaubenswelt, der Kunst und der Architektur von Byzanz hinaus ist es
ein wertvoller Beitrag zur Geschichte des europäischen Mittelalters.
ISBN 3-928127-56-X

Ambros J. Pfiffig:
Die Etruskische Religion

Gesamtdarstellung der etruskischen Religion sowie gelungener
Versuch der Einordnung des aus verschiedenartigen Quellen verfügba-
ren Materials über das religiöse Leben der Etrusker in den Rahmen der
Religionsgeschichte und Religionsethnologie. Sakrale Stätten, Götter.
Kulte, Rituale, Orakelwesen, Tod und Jenseits, Religion und Sexualität
u.v.a.
ISBN 3-928127-54-3

Konrad Hecht:
Der Sankt Galler Klosterplan

Untersuchung des im 9. Jahrhundert gezeichneten Pergamentplans für
das Kloster St. Gallen mit 90 Abbildungen und Plänen. Das
Alltagsleben im Kloster wird dem Leser sichtbar vor Augen geführt,
beispielsweise wie eine Klosterküche der damaligen Zeit aussah, wie
ein Klostergarten angelegt und Gottesdienst gehalten wurde oder wie
man als Mönch mit Abt und Dienstleuten zusammenlebte.
ISBN 3-928127-48-9

Alfred Sellner
Fremdsprachliche Redewendungen im Alltag
Sprichwörter, Floskeln, Phrasen, Zitate, Sentenzen

ISBN 3-928127-50-0

Praktisches Handbuch wesentlicher Wendungen und Redensarten der großen europäischen Sprachen *Latein, Englisch, Französisch, Italienisch, Spanisch, Altgriechisch* - einschließlich der *amerikanischen Umgangssprache*.

In diesem Nachschlagewerk werden in über 8500 alphabetisch geordneten Stichworten die fremdsprachlichen Redewendungen vorgestellt, übersetzt und sinngemäß erläutert und in den sprachlichen, literarischen sowie geschichtlichen Zusammenhang gestellt. Neben Information und Wissensvermittlung ist dieses Lexikon gleichzeitig unterhaltsames Lesevergnügen.

Weitere Sonderausgaben in der Reihe **FORUM**_plus_

Jakob Grimm:
Deutsche Mythologie

Das dreibändige Standardwerk der germanisch-deutschen Religions-
und Altertumskunde ist der unveränderte Nachdruck der Ausgabe von
1875-78. Das zu Lebzeiten Grimms bereits berühmte Monumental-
werk ist auch heute noch eine Fundgrube für jeden an Sprachkunde,
Altertumskunde, Religionsgeschichte, Kulturgeschichte und Volksglauben interessierten Leser.
ISBN 3-922383-68-8

Hermann Riehl:
Die Völkerwanderung
Der längste Marsch der Weltgeschichte

In lebendig spannendem Stil werden Fakten und Hintergründe des
längsten Marsches der Weltgeschichte, der Völkerwanderung, auf-
gedeckt. Den Fall Roms, den Hunnensturm, die Völkerschlacht, das
neue Europa u.v.a. beschreibt der Autor. Das atemberaubende Buch
wird durch zahlreiche Fotos und Karten ergänzt. Zeittafel und
Personenregister runden das Werk ab
ISBN 3-928127-25-X

Plutarch:
Griechische Heldenleben

Der Band enthält eine Auswahl der wichtigsten Lebensbeschreibungen
berühmter griechischer und römischer Helden des bekannten griechischen Historikers und Philosophen. Neben den bekannten Griechen
Themistokles, Perikles, Alkibiades, Dion, Alexander und Agis stehen
die großen Römer Coriolan, Tiberius und Gaius Gracchus, Sulla,
Cäsar, Pompeius, Cicero und Brutus.
ISBN 3-928127-30-6

Horst Geyer:
Über die Dummheit

Amüsant und bissig, ohne Entbehrung der psychologischen
Grundlage, beleuchtet Professor Dr. Horst Geyer - Mediziner und
Anthropologe - die Dummheit in Ihrer Erscheinungsvielfalt, in
Ursache, Verbreitung und Auswirkung. Das geistreiche Werk wird
durch Aphorismen zur Lebenstorheit sowie einen wissenschaftlichen
Anhang abgerundet.
ISBN 3-928127-15-2